全国礼仪专业人才资质指定培训教材

# 礼仪师培训教程

杨茳　赵梓汝　主　编
全国专业人才教育委员会　审　定

人民交通出版社股份有限公司
China Communications Press　Co.,Ltd.

**图书在版编目(CIP)数据**

礼仪师培训教程/杨莅等主编．—北京：人民交通
出版社,2007.7
ISBN 978-7-114-06647-4

Ⅰ．礼…Ⅱ．①杨…Ⅲ．礼仪-技术培训-教材
Ⅳ．K891.26

中国版本图书馆 CIP 数据核字(2007)第 093877 号

全国礼仪专业人才资质指定培训教材

| | | |
|---|---|---|
| 书　　名 | : | 礼仪师培训教程 |
| 著 作 者 | : | 杨　莅　赵梓汝 |
| 责任编辑 | : | 刘永芬 |
| 出版发行 | : | 人民交通出版社 |
| 地　　址 | : | (100011)北京市朝阳区安定门外外馆斜街 3 号 |
| 网　　址 | : | http://www.ccpress.com.cn |
| 销售电话 | : | (010)59757973 |
| 总 经 销 | : | 人民交通出版社发行部 |
| 经　　销 | : | 各地新华书店 |
| 印　　刷 | : | 北京宇星舟科技印刷有限责任公司 |
| 开　　本 | : | 787×1092　1/16 |
| 印　　张 | : | 35.75 |
| 字　　数 | : | 864 千 |
| 版　　次 | : | 2007 年 7 月第 1 版 |
| 印　　次 | : | 2019 年 6 月第 3 次印刷 |
| 书　　号 | : | ISBN 978-7-114-06647-4 |
| 印　　数 | : | 10001～12000 册 |
| 定　　价 | : | 88.00 元 |

(有印刷、装订质量问题的图书由本社负责调换)

# 编 委 会

# 序 XU

《礼仪师培训教程》一书即将出版了。这是一本好书，是一本非常好的书，非常值得向全社会推介。

本书主编、项目总策划人、行业经济专家杨莅，不仅设计、规划和组织完成了礼仪系列资质认证体系，同时又研发出完整的礼仪培训教学体系。在本书两年多的成稿过程中，从封面采样、设计到本书框架设计，做了大量的组织协调工作。在书稿筹划阶段，为编好这本教材，他遍访了北大、清华、人大等院校的教授、学者，以及多家礼仪培训机构的名家，就礼仪理论方面广泛征询意见，奔走于外交部礼宾司、外交学院、军委外事局、国家机关事务管理局、人民大会堂接待部门、国家精神文明办、团中央、奥组委等相关部门之间，深入各商务公司与他们探讨礼仪实际操作流程。在书稿完成过程中，他收集了大量基础资料，经常与相关领域专家在一起研究修改意见，他的热情与勤奋为本书完成起到了重要作用。

《礼仪师培训教程》一书，可称应运而生。它立意高远，目标明确，信念坚定，论述周严，内容丰富，史料精确，而且可读性、可用性均好。

中华民族是一个礼仪之国，是一个绵延数千年而不断的文化之邦。

文化者，人化也，人化者，美化也，美化者，强化也。

按照这个观点研究中国文化史，其中，不可忽视的是一个礼字。我同意这种看法，礼是中华民族在几千年的实践中，逐渐形成的一种很好的思维方式，也是一种行为准则。要了解中国文化就要了解礼。

回顾中国古代，特别是先秦诸子百家，在他们的言论中，都涉及礼，《礼记》中讲："是故圣人作，为礼以教人，使人以有礼，知自别于禽兽。"又说：礼也者，理也。礼也者不可易者也。

我生在书香门第，父母均为教师，家父还是清华、北大，最早研究国学的研究生。在我幼年，家父、家母经常对我进行理、礼、利、力的教育。

所谓理，即天理良心之理，是客观规律之道，办任何事都要按规律办事，不违规，不违理，不违反大道。

所谓礼，即非礼勿动，之礼。

所谓利，即利益之利，有利己、利他之别。

所谓力，即有理走遍天下，无礼寸步难行，有理有力，有礼始显力。

家父母还告诉我，咱们姓李的本姓理，祖先因坚持原创触犯了统治者，全家逃到山林中，看到李子树，因吃李子才得生存，自此之后改为姓李。为此子子孙孙都应讲理，懂礼才能有力量，使大多数人民得利。这些话，我一直铭记在心。

　　最近些年，我又出访过北美、欧洲一些国家，特别是美国、英国、德国、法国、意大利等国，我发现他们不仅十分重礼，而且十分重仪，我们无论走到哪些国家，无论在会议期间，还是街头巷尾中，无论是在正式会晤，还是在个人访问时，都会感到西方人士，大多数的人都彬彬有礼，而且很有绅士风度。

　　而我们中国自文革以后，对旧的礼仪否定了，而新的又没有建立，所以经常在各种中外场合，常有不文雅，不文明等失礼之处。杨茳、赵梓汝主编的《礼仪师培训教程》出版了，书中对各种礼仪有着详尽的介绍，既有理论，又有实践，既有学术思考，又有典型例证，此书既可作为礼仪教科书，又可作为礼仪手册。古人云："大乐与天地同和，大礼与天地同节。"又云："大乐必易，大礼必简。""中正无邪，礼之质也；庄敬恭顺，礼之制也。"书中较好地体现了这些古训。我坚信它将是一本受欢迎的书。所谓礼，着重强调敬与爱。所谓仪，又着重强调美与善，如能使真善美相结合，法德爱相统一，我坚信社会将会和谐。为此，我愿向各行各业推荐，我相信大家读后，一定会从中受益。同志们如发现书中有不妥之处，请及时提出，以便修改使之于完善。

2007 年 6 月 20 日
于北京花园村

# 前言 QIANYAN

礼仪,作为在人类历史发展中逐渐形成并积淀下来的一种文化,始终以某种精神的约束力支配着人的行为,从一个人对它的适应和掌握的程度,可以看出他的文明与教养的程度。因此,礼仪是人类文明进步的重要标志。随着现代社会文明程度的不断进步,人的素质也逐渐得到提高,高素质的人对礼仪文化也就更为重视。

从目前礼仪发展的状况,以及礼仪的实际需要出发,我们可以把现代礼仪分成:传统礼仪、商务礼仪、社会公共礼仪、政务礼仪、军事礼仪等五大分支。但所谓五大分支,只是相对而言。因为礼仪是门综合性的学科,各分支礼仪内容都是相互交融的,大部分礼仪内容都大体相通。

对礼仪的研究,目的在于让它更好地服务于社会。对礼仪进行分类也是为了更好地研究礼仪,发展礼仪。本书共分为五大部分,除了我们熟知的传统礼仪、商务礼仪、公共礼仪、政务礼仪,同时还增添了不常提及的军事礼仪,以利于读者了解礼仪的全貌。

目前,出版的礼仪方面的教材和丛书已经很多了。在这种情况下,要编写一本适合时代需要,能满足广大读者要求,严谨又有创新的礼仪书籍,难度是比较大的,但我们仍在以下几个方面做了努力:

1. 礼仪的分类。一般而言,人们习惯按政务礼仪、商务礼仪、服务礼仪、公共礼仪、涉外礼仪等来分类。但是,经过我们对各种资料的整合发现,按照过去的分类方式,各种礼仪之间就难免会有重叠和疏漏,因此,在前人研究成果的基础上,我们进行了现在的分类,以使礼仪的范畴更加广泛。

2. 全书分为实际操作和理论介绍两大部分,显现出实际操作的分量,使读者在学习的过程中,既学习了理论知识,又掌握了实际操作的本领,极大地方便读者的学习和使用,这正是本书的优势和特色,也是我们编写本书的初衷。

3. 内容的选择。市面上的礼仪书籍多如繁星,每个人对礼仪的理解也有所差异,我们努力吸取现有各种礼仪的精华,兼顾古今中外的礼仪规范,融知识性、资料性、实用性与操作性于一体,吸取国内外最新的研究成果,突出礼仪的社会功能作用,使各种礼仪的内容更加全面和科学。

4. 内容的完善。本书的内容翔实,不仅涵盖了当今社会生活的各个方面,还增加了平常很少涉及的军事礼仪。同时,在某些分类礼仪概念的诠释方面做了详尽的阐述,使之更加准确地体现出分类礼仪的真实内涵。

5.编写体例的创新。本书不仅侧重于现代礼仪的实用价值,还着重追溯了礼仪的源头,对于许多礼仪的起源,从古到今的历史沿革,都做了详尽的阐述。另外,还从宗教的角度,阐明了各种礼仪的差异。比如传统礼仪,就从分别阐述了佛教、基督教、犹太教以及道教的礼仪规范,以便于大家对各种礼仪的理解和使用。

本书已被国家专业认证机构指定为礼仪(礼宾)师资质认证专用教材,也可作为各类普通高等院校、中等专科学校文科专业的必修课教材和其他学科专业的公共课选修教材,也可作为社会各界礼仪培训的教程和礼仪从业者的工具书。

中国经济出版社叶亲忠编辑为本书初稿提出很好的建议,甘肃庆阳师专张希人老先生的《新编礼仪精典》著作给了很好的启示,人民交通出版社张征宇主任和刘永芬编辑为本书的写作和出版做了大量工作。特别是刘永芬编辑不仅多次提出修改意见,还亲自核稿,为赶制出版,百万字的书稿核校几遍,夜以继日、加班加点,她这种忘我的工作精神和认真负责的工作态度让我们备感敬佩。胡善林先生后期参与了本书的文稿整理工作,倾注了很大精力,我们这里向他们表示衷心的感谢。

在整个编写过程中承蒙许多人士和许多部门、单位的指导与帮助,分别就本书各章节提出了许多中肯的建议,并给予鼓励和启发,这里不一一赘述。

限于编者的水平,本书难免会出现一些纰漏和不足,恳请专家、读者提出批评建议,以使其在不断修订中日臻完善。

杨 茳
2007 年 6 月

# 目 录 MULU

## 下篇　礼仪操作

11

# 绪　　论

礼仪是人类文明进步的重要标志之一,是一个国家、民族文化的重要组成部分,始终以某种精神的约束力支配着每个人的行为。

中华民族具有五千年文明史,是唯一传承千年文明的民族,自古以来素有"礼义之邦"的美誉。礼仪文化作为中国传统文化的一个重要组成部分,对中国社会历史发展产生了广泛而深远的影响,其内容十分丰富。礼仪所涉及的范围十分广泛,几乎渗透于社会的各个方面。

中国的礼仪,始于周,经过几千年的不断发展变化,逐渐形成体系。古代的"礼"和"仪",实际是两个不同的概念。"礼"是文明、制度、自然法则、准则、交往方式和一种社会意识观念,"礼"是中华民族的一种思维方式,一种行为准则;"仪"是"礼"的具体表现形式,它是依据"礼"的规定和内容,形成的一套系统而完整的程序。我国传统上把礼分为礼法与礼义。礼法,指的是行为,即礼的形式。礼义是指形式的意义,二者缺一不可。有礼义没有礼法,再好的礼义也无从体现;有礼法没有礼义,礼法就成了一个没有灵魂的空壳。中国古代的礼仪是以修身为基础,《礼记》曰,"德辉动于内","礼发诸外",强调礼和修身相结合,这是礼的最高境界,最根本的目的是提升人的素质,规范人们的行为。

## 一、礼

在我国古代典籍中,有关"礼"的内容十分丰富,几乎涵盖了我国传统文化的方方面面。因此,可以说中国传统文化就是礼仪文化。具体来说,"礼"大致包括以下内容:

### 1."礼"是文明的标志

人类自诞生起就开始对文明和美的追求。礼是人们步入文明社会的"通行证"。是一个国家、一个民族战胜野蛮和落后、摆脱愚昧和无知,走向开化、进步与文明的标志。韩愈在《原道》中说:"孔子之作《春秋》也,诸侯用夷礼则夷之,进于中国则中国之。"讲的主要是严夷夏之别。而夷夏之别就是一个"礼"。春秋乱世,本质上是文明与野蛮的斗争,即"礼"者与"非礼"者的斗争。而历史文明的进步,就是在文明战胜野蛮之后逐渐取得的。

### 2."礼"是自然法则在人类社会的体现

孔子在回答鲁哀公"君子何贵乎天道"之问时说:"贵其'不已'。如日月东西相从而不已也,是天道也;不闭其久,是天道也;无为而物成,是天道也;已成而明,是天道也"。宇宙永存,自然法则不可改变,是天然合理的,儒家看到了天地的永不衰竭的生命力和创造力,这是孔子的天道观。人类社会要与天地同在,就必须"因阴阳之大顺",顺应自然规律,仿效自然法则才能生存。治国、修身之道只有与天道一致,才是万世之道,所谓"天不变,道亦不变",说的就是这个道理。儒家认为礼就是天道在人类社会的运用,儒家在礼的设计上,处处依仿自然,使之处处与天道相符,由此取得形而上的根据。

### 3."礼"是安邦定国之根本

"礼"是我国特有的文化现象,是中国古代社会政治、经济、文化世代相承的主要形态。历代圣君贤臣都将礼作为安邦定国、励精图治的主要手段。《左传·隐公十五年》云："礼,经国家、定社稷、序民人,利后嗣者也。"《国语·晋语》云："夫礼,国之纪也,国无纪不可以终。"《荀子·大略》云："礼之于正国家也,如权衡之于轻重也,如绳墨之于曲直也。故人无礼不生,事无礼不成,国家无礼不宁。"等等。由此,我们可以得出结论,"礼"起着维护社会秩序的作用,是安邦定国之根本。

#### 4.“礼”是国家典制

国家典礼都是按照以人法天的原则制定的。《周礼》设计出一套理想官制,设天地春夏秋冬六官,象征天地四方六合。六官各辖六十职,共计三百六十职,象征天地三百六十度。隋唐以后,这套制度成为历朝的官制模式。称职官制度为职官礼,称军政制度为军礼,甚至连营造法式,也因品阶官爵高下而异,处处包含等级制度,所以也是处处为礼。

#### 5.“礼”是社会行为准则

儒家认为人的活动,应该符合于"德",要体现仁、义、文、行、忠、信的要求,为此,根据德的行为要求,制定为一套规范,也称之为礼。儒家将伦理道德归纳为一系列准则,认为是社会活动中最合理的原则。《礼记·曲礼》说:道德为万事之本,仁义为群行之大,人要施行道德仁义四事,不用礼则无由得成。要通过教人师法、训说义理,来端正其乡风民俗,不得其礼就不能备具。争讼之事,不用礼则难以决断。君臣、上下、父子、兄弟等等的上下、先后之位,也必须根据礼才能确定。从师学习仕官与六艺之事,没有礼就不能亲近。班朝治军,莅官行法,只有用礼,才有威严可行。

#### 6.“礼”指仪典、仪式

《周礼·春官·大宗伯》中提到了当时朝廷举行的五种主要仪典:吉礼、凶礼、军礼、宾礼、嘉礼,一般称之为"五礼",指的都是有一定规模、规格和程序的仪式行为规范。至于在民间,家家户户都要举行的婚礼、丧礼、寿礼,以及为了招待客人而举行的宴饮,也同样有一定的规模、规格和程序,约定俗成,主要表现为外在的行为规范,历来也都称之为"礼"。在这里,"礼"与"仪"很难区分,"礼"就是"仪"。

#### 7.“礼”是对人的尊敬和礼貌

《礼记·月令》云："勉诸侯,聘名士,礼贤者。"这里的"礼",作"尊敬"解。《吕氏春秋·慎大览·下贤》云："故贤主之畜人也,不肯爱实者礼之。"这里也作"尊敬"解。元曲《竹叶舟》中说:"这秀才不礼我也。"也就是"这秀才不尊重我"的意思。礼仪,实际上是由一系列的、具体的、表现礼貌的礼节所组成。"礼"表示人们在交往中相互表示敬重和友好,其本质是尊敬人。

#### 8.“礼”通“理”

"礼"通"理",它有道理、事理的意思。

在古代典籍中有这样的记载:《礼记·促尼燕居》云："子曰:'礼也者,理也。乐也者,节也。君子无理不动,无节不作'"。《礼记·乐记》又云："礼也者,理之不可易者也。"《疏》云："理,谓道理,言礼者使万事合于道理也。"《管子·心术上》亦曰:"礼者,谓之有理。"等等。

这表明,在待人接物的礼节上,礼仪是人与人之间相互的稍许压抑自我,迎合对方,明事理,辨是非的行为。在能明事理、辨是非的人们中,每个人都是礼仪端正的人。

#### 9.“礼”指礼物

对"礼"有起源于远古时期祭祀活动的说法。在祭祀中,人们除了用规范的动作、虔诚的态度向神表示崇敬和敬畏外,还将自己最有价值、最能体现对神敬意的物品(即牛、羊等牺牲)奉献于神灵。也许从那时起,"礼"的含义中就开始有物质的成分,礼可以以物的形式出现,即礼物。

让我们再来看看古书中的记载:《礼记·表记》云:"子曰:'无辞不相接也,无礼不相见也,欲民之毋相亵也'。"引文中的"礼",说的是礼物,意思是说民间往来相见,都要送礼物,"无礼不相见"。《注》云:"礼,馈奠也。"意思说在丧礼上送的礼物。

以上关于"礼"的几个方面的内容,严格说来,只是涵盖了中国古代关于"礼"的所有意义的一部分。柳诒徵说:"故中国古代所谓'礼'者,实无所不包,而未易以一语说明其定义也。"著名史学大师钱穆先生认为中国的核心思想就是"礼",礼是中国传统文化的核心。已故著名礼学家钱玄先生也说,"礼"的"范围之广,与今日'文化'之概念相比,或有过之而无不及"。也有人认为,中国的"礼",实际上是儒家文化体系的总称。

## 二、仪

"仪"在古代,其内容也是十分丰富,很多时候都同"礼"相近,但与"礼"相比,内容更为具体。概括来说有如下几种理解:

### 1. "仪"指法度、准则

《管子·形势解》云:"法度者,万民之仪表也。"《淮南子·修务训》云:"设仪立度,可以为法则。"《史记·秦始皇本纪》云:"普施明法,经纬天下,永为仪则。"这里"仪"同"礼",是指国家政治生活中的制度、法律、规则。墨子也说:"凡出言谈则不可而不先立仪而言。"(见《非命下》),又说:"顺天之意,谓之善言谈;反天之意,谓之不善言谈。……故置此以为法,立此以为仪。"(见《天志中》)。墨子强调的"立仪",就是确立法度、准则,若无合理的、公认的标准,讨论问题、拟定名目必然散漫无着落。

### 2. "仪"指仪式、仪典、仪礼

《周礼》、《仪礼》和《礼记》是中国古籍中最重要的礼仪专著。《仪礼》是其中之一,春秋战国时代一部分礼制的汇编,起初只称《礼》,也称《礼经》,后来改称为《仪礼》,这里的"仪"就有仪式、仪典、仪礼的意思,是为了强调它记载仪式规范的这一侧面。

### 3. "仪"指礼节、规矩

《晋书·祖逖传》云:"逖性放荡,不修仪检。"这里的意思是指个人在行为举止方面的表现。

### 4. "仪"指容貌、举止

《诗·大雅·丞民》:"令仪令色,小心翼翼。"《诗·邶风·柏舟》:"威仪棣棣。"《毛传》:"君子,望之俨然可畏,礼容俯仰,各有威仪耳。"《宋史·杨承信传》云:"承信身长八尺,美仪表,善持论,且多艺能。"这里说的,都是容止仪表、体态风度等方面。

总之,中国传统的礼仪文明是宝贵的思想资源,礼仪文化几乎可以成为我国传统文化的代名词。礼仪在我国作为道德规范和准则,内容十分庞杂,尽管它在历史的演进过程中发生过一些变化或改进,但它始终对中华传统文化和民族生活产生着深刻影响。在新的历史时期,重建符合时代要求的礼仪规范是为了比较完整、客观地反映礼仪的真正内涵,将礼仪的社会功能作用提升到一个重要地位。同时,也为了改变部分礼仪学者将礼仪仅仅理解为着装、化装、站坐、迎来送往等礼节礼貌上面,没有深入到礼仪的本质。所以,应该给礼仪以比较系统的、全方位的诠释。

# 礼仪文化

Liyi Wenhua

# 第一部分　传统礼仪

## 第一章　传统礼仪概述

中国是一个历史悠久,文化底蕴深厚的国家。在数千年的发展中形成了独特的民族习俗,代表着中华民族文明教化的水平。继承发扬民族的优秀文化传统,尤其重要的是传承本民族优秀的礼仪文化,已成为当前一项非常紧迫的重要任务。了解民族文化、熟知传统礼仪使我们每个炎黄子孙不可数典忘祖。

### ▶ 第一节　传统礼仪的含义

古代人们常常用到"礼俗"一词,实际上礼和俗是不同的。一般来说礼通行于贵族之中,即"礼不下庶人",庶人则只有俗,即所谓"民俗"。

民俗,即民间风俗。它是指由一个国家或民族广大人民群众所创造和传承的生活文化,是历代老百姓相沿已久,约定俗成的风尚、礼仪和习惯的总和。在人类社会的发展过程中,不同民族或人群随着敬神祭祀产生、社会朝代更迭,军事战争动荡,人口迁移融合,生活方式改善,思想文化传承等综合因素的作用,即自然环境和社会环境的变化,使各民间和各民族形成了不同的礼俗,有了各自特定的包括传统礼仪在内的民族传统文化。因此,民族礼俗起源于人类社会群体生活的需要,在特定的民族、时代和地域中不断形成、扩大和演变,为民众的日常生活服务。

由俗到礼是中国古代人文精神的直接体现。从周代实施的周公制和作乐开始,经过孔子、荀子的提倡和发挥,使"礼"形成一个博大的体系,中国儒家文化提出的"因俗制礼",就是利用现有的风俗形式和内在的合理部分,再加整理、提高,注入新的精神,使人民喜闻乐见,被其所化。他们一方面刻意保留各地基本风俗,另一方面通过推行各种形式的礼来移风易俗,走进文明。因此,俗与礼是紧密相连,具有不可分割性。可以说,从俗到礼是中国古代文明的一次重大飞跃,奠定了中华文明的底蕴。传统礼仪由此开始传承并发扬光大。

传统礼仪指的是一种悠久的文化传承,是通过文化上的传统接力过程代复一代传继下来的社会生活方式、社会意识观念、人文精神价值和道德行为准则。传统礼仪涉及的内容很多,直至今日它所研究的疆域仍在不断的拓展,就应用范畴而言,传统礼仪的基本内容包括三个方面:

(1)物质方面:包括居住(建筑)礼仪、服饰礼仪、生产礼仪、饮食礼仪等。

(2)精神方面:包括祭祀礼仪、宗教礼仪、信仰礼仪、礼仪禁忌等。

(3)社会方面:包括家庭礼仪、节日礼仪、人生礼仪、组织礼仪、社会活动礼仪等。

## 第二节 传统礼仪的基本特征

由于自然环境与人文环境的差别,传统礼仪常常会呈现出错综复杂的特点。要想全面而准确地把握一般传统礼仪所具有的全部特征,事实上是很难的。这里所说的传统礼仪的基本特征,主要是指各地各民族礼仪所共有的基本特征。

### 一、规范性

规范性是传统礼仪的一个极为重要的特征。它指的是传统礼仪对社会所有成员行为方式和道德规范所具有的约束作用,它涉及到人类衣食住行、社会组织、婚丧嫁娶、岁时习俗、民间信仰、文学艺术等各个领域。因此,传统礼仪在制约、规范人类行为的过程中,一直发挥着其他意识形态所无法比拟的作用。大到国家、民族、个人,小到家庭、行业,人们在群体行为模式的形成过程中,传统礼仪所起的作用是决定性的。在传统社会中,同一地域的人们会有相同的服饰,相同的饮食习惯,相同的民居住房,都恪守着相同的礼仪习俗、民间信仰,都与礼的规范作用分不开,是传统礼仪规范的必然结果。

### 二、传承性

礼仪一旦形成,便受到民族心理、地域观念等延缓性因素的影响或制约,它不仅会在本民族内得以延缓传承和发扬光大,而且还可能超越时空的界限,向外传播,使各民族的传统礼仪文化得以交融。

### 三、变异性

变异性是指传统礼仪在传承过程中,为适应新的生存环境所呈现出的某些具有变异特点的外部特征。传统礼仪犹如一条流动的河,不变的传统礼仪是不存在的。

传统礼仪的变异往往是由于社会环境与自然环境的变化决定的。当然,与社会环境的变化相比,自然环境的变化对传统礼仪的影响要小得多,也缓慢得多。而影响传统礼仪发生变异的社会环境中,外来文化的影响,也是传统礼仪发生变异的关键因素之一。

传统礼仪的变异性表现在移风易俗方面最为明显。通常情况下,这种变异是社会发展的必然结果,无需人为干预。但如果某些传统礼仪确已落伍并成为陋俗,礼仪的变革则势在必行。

总之,传统礼仪总是处于一种动态的发展变化之中。

### 四、融合性

传统礼仪的融合性有三个方面的含义:

(1)不同民族传统礼仪的融合。汉族固然以自己的传统礼仪为主体,但在实际上是融合了其他少数民族的礼俗而自成体系的,如古代的闽越族的一些礼俗就被汉族所继承。另外,各少数民族在保留其独特礼俗的同时,也吸收了大量汉族礼俗,并把它们与本民族的礼仪融合起来。

(2)不同地区汉民族传统礼仪的融合。在古代社会,由于战争和朝代的更替,中原黄河流域的汉人不断向外地迁徙,还有不少是来自其他地区的汉人。这些来自不同地区的汉人,在具体礼俗上还是有些差异,有的甚至差别很大,相继进入同一个地域后,也逐渐与汉族传统礼仪融为一体。

(3)中外民族礼仪的融合。商品经济的发达和海外贸易的繁荣,使开放的沿海地区较之内地早接受外来的文化。以宗教信仰为例,除道教、佛教、民间宗教及其他民间信仰外,还有从外国传入的伊斯兰教、基督教、天主教、婆罗门教、印度教、摩尼教等等。这些外来的宗教不但为侨民所信仰,在汉族中也拥有不少信徒。各种传统宗教与外来宗教和平相处,互相交融渗透。

## 五、民族性

民族之间礼仪是不同的,它不仅是民族成员互相认同的重要标志,也是各民族相互区别的重要标志,什么民族行什么礼仪,是不能错乱的,因此传统礼仪具有鲜明的民族性。

## 六、可操作性

切实有效,实用可行,规则简明,易学易会,便于操作,是礼仪的一大特征,传统礼仪也是如此。传统礼仪既有总体上的原则和规范,在具体的细节上也有一系列的方式和方法,使人们能够广泛地运用于交际实践中,具有切实可行的可操作性特征。

**复习思考题**

1.传统礼仪的基本内容包括哪几个方面?
2.传统礼仪的基本特征是什么?

# 第二章 诞 生 礼

诞生礼是人生的开端礼,在人生仪礼中本来应当是一种重大仪式,但是,由于产育的生理特殊性及婴儿出生的某些信仰禁忌原因,诞生礼仪式往往在极小范围内举行。这种仪式既包含新生儿祝吉的意义,也有为产妇驱邪的表示,而且往往带有神秘色彩。

出生是人生历程的第一步,它所包含的意义很重要,它需要举行一系列的仪式,以得到社会、家庭、邻里的承认。因为文化背景的不同,出生仪式在中外有所区别,但其中蕴含的对生命的尊重和承认、对新生命的美好祝愿则是任何国家和民族都是共通的。

## ▶ 第一节 传统诞生及成长礼

在我国,生儿育女不仅是个人的、家庭的大事,也是家族、亲族乃至乡里社区的喜事。因此,庆贺诞生的礼仪不只局限在家庭,而且具有一定的社会性。从婴儿诞生之际,一直到婴儿满一周岁,其间的礼仪活动频繁多样,充分体现了家庭、家族、亲族乃至社会对新生命的关怀。

虽然我国地域辽阔,民族众多,但是诞生礼中基本上都包括了催生、报喜、三朝礼、满月礼、百日礼、命名礼等环节,只是形式有繁有简罢了。

### 一、催生与分娩

人类自诞生之日起,便为了自身的生存极力繁育自己的种群,新生命的不断诞生使得人类能够世代繁衍,生生不息。为了迎接新生命的诞生,几千年来人们在生育繁衍方面创造了形形色色的民俗规范和仪式,从男女结婚甚至结婚前开始,这一套民俗习惯就开始在男女的生活中发挥影响。一般来说,人类的生育习俗在促进母婴健康、保证种族繁衍方面发挥着积极的作用。

在催生方面,民间习俗也是有很多规定的。所谓"催生",多是指孕妇的娘家借此将婴儿出世后需用的东西送过来,或送他物作寄托,希望女儿快生、顺产之意。

孕妇临产的那个月叫达月,到了达月,娘家必送礼物以示催生。催生礼,一般有衣、食两项。衣有凡婴儿出生后所需用的衣服、鞋帽、包被、诞兜及至尿布都送上;食有鸡蛋、红糖、长面、桂圆、核桃等等。

"十月怀胎,一朝分娩"。孕妇分娩,不仅地点有诸多习俗,分娩行为也伴随有许多仪俗。临产期之前,有送礼"分痛"的习俗。杭州、开封人要送眠羊、卧鹿给孕妇,称作"分痛",意思是分担孕妇分娩的痛苦。及至临产时,普通的仪俗是家人把屋里的所有箱柜、盘盒全都打开,还要把房门打开,以此模拟妇女骨缝之"开"。此外,许多地方还有在院门上挂弓箭的仪俗,以求抵御、射杀各种邪祟,祓除他们的障碍,使婴儿顺利降生。湘西土家族生子难产,则要大祭,请土司于村外荒野河滩边,杀羊"打波斯",邀请亲朋出钱买羊,俗称"吃分子",取其与"分子"谐音的吉利。

从以上催生和分娩的礼仪来看,从古到今,不同的地方,不同的民族,其风俗都不尽相同,但有一点是共同的,那就是人类对新生命诞生的渴望和美好祝愿的心理是相同的。

### 二、诞生与报喜

生儿育女是家庭、家族的一桩大喜事。因此,当婴儿一降生,主人就要到亲戚、朋友、邻家以及宗祠去报喜,报喜也就成为婴儿初生时的一项礼仪活动。报喜之举,其意义是比较丰富的,它与宗法关系、邻里关系、姻亲关系都有一定的影响。

古代中国进入宗法社会后,人们就特别重视传宗接代。新生婴儿由于性别的不同,当他们一来到世间,欢迎他们的却是两种并不相同的眼光。《诗经·小雅·斯干》记载:"乃生男子,载寝之床,载衣之裳,载弄之璋";"乃生女子,载寝之地,载衣之裼,载弄之瓦"。故后人称生男生女为"弄璋弄瓦"。璋即圭璋,是一种宝玉,为春秋时功臣朝见王侯时所执,使男婴弄璋,是希望他长大后做官。瓦是古代妇女纺织时用的纺锤,让女婴弄瓦,有从小就培养她勤于纺织的寓意。先秦时期还有习俗:新生儿出生,如果是男孩,应在门左挂一张木弓,象征男子的阳刚之气;如果是女孩,则在门右挂一块手帕,象征女子的阴柔之德。山东青岛地区在孕妇平安分娩后,家里要办的第一件事是"挑红",就是在大门上挂一块红布,告示乡邻孩子已经平安降生了。

婴儿出生后,要派人向产妇娘家"报生",娘家要再次送来鸡蛋、线面、鸡等礼品,以示庆贺,并让产妇补养身体。报喜之人根据各地的习俗不同也有不同,一般是由产妇的丈夫、新生儿的父亲亲自去报喜,随身携带的礼品则各有特点。如湖南的习俗是由婴儿之父带一只大雄鸡、一壶酒和一篮鸡蛋去岳母家报喜。如生男,则在壶嘴插朵红花,如生女,则在壶身贴一"喜"字。岳家备宴,招待女婿和乡邻。

不管是生男生女,对家庭来说都是喜事。在古代社会,男女有别、男尊女卑的礼俗流传下来,以致产生了生男生女不同的礼仪风俗。社会在发展,时代在前进,随着人们思想观念的转变,生男生女都一样,女儿也是传后人,已被广大的人们所接受。尽管仪式不同,但都寄寓着对新生儿深厚的祝福和殷切的期望。

### 三、三朝礼

婴儿出生的第三日,称为"三朝",在这一天举行的礼仪,称"三朝礼"。许多民族在这一天都要给婴儿沐浴,并宴请宾客,接受亲友庆贺,故此俗在一些地方又叫"洗三礼"。

中国古代民间,孩子出生三天后,家人才可去抱他(她)。如果是男孩,还要举行射"天地四方"之礼,预示男孩将以上事天地,下御四方为己任。洗三朝的习俗各地基本都有,大致做法差不多,给婴儿洗澡,办筵席宴请邻里、亲友,吃喜面、喝喜酒,只是名称或有不同。如山东青岛地区叫"过三日",安徽徽州、江苏无锡等地叫"做三朝",湖南长沙除"洗三朝"外,还有"拜三朝"、"游三朝"的叫法。

这天产妇开始给新生儿喂奶。为了使婴儿将来能吃苦,喂奶前在奶头上先洒几点黄连水,使婴儿吃奶前先尝到苦味。尔后将糖等汁水用手指抹在婴儿嘴上,让婴儿吃奶。台湾高山族在三朝行开荤礼:父母和其他长辈用一块烧糊的猪皮先擦婴儿的嘴,然后大家也都用这块猪皮擦嘴,表示家里添了一口人,已经和家里人一起吃东西了;同时也是为了祝愿孩子以后能够吃上好东西,过上好日子。

**四、满月礼**

小孩出生后长至满月,就该举行出生以来最为隆重的一次礼仪活动——满月礼。满月礼为中国古老的文化传统之一,有些地方称"弥月礼"。我国自唐代以后民间便有给新生儿做满月的习俗。满月礼均隆重浩大,亲朋四方云集往贺,主家大摆筵席待客,谓"弥月之喜",但其具体礼俗各地不尽相同。其主要有如下几个风俗:

**1.满月酒**

喝满月酒是民间普遍流行的满月礼风俗。这一天,亲朋好友带礼物来道贺,主人设丰盛宴席款待,称为满月酒,庆祝"家有后人"、"添丁之喜"、"足月之喜"。

**2.剃胎发**

满月时,为小孩第一次剪理头发,称为剃胎发。一般是请理发匠上门,理完后给赏钱。小孩则穿着新衣。一些地区剃头时额顶要留"聪明发",脑后要蓄"撑根发"。剃下来的头发需谨慎收藏,有的地区是将胎发用红布包好,缝在小孩枕头上,有的则是搓成圆团,用彩线缠好,挂在床上辟邪。安徽徽州的习俗是在婴儿满月时剃胎发。剃毕,取熟鸡蛋去壳,在婴儿头顶上滚动数下,据说是为解除胎气。

**3.移窠**

在民间又叫移巢、满月游走等。民间风俗,婴儿初生是不能随便走动的,到了满月时就可以了。此时,母亲抱着婴儿到别人房间中去,四处游走,便是移窠。目的是让婴儿象征性地见见面,将来有出息、能干。如广东惠州在满月礼过后,婴孩和产妇都可出门走动了,有些走外婆的,会把小孩及产妇接回娘家小住一段时间,这就是传统"移巢"风俗。

到了现代,同样流行满月礼仪,不过礼仪与古代有所不同。

(1)拍摄写真照片。孩子的父母及祖辈的亲人可以亲自为孩子手工制作一套婴儿汉服,然后在影楼拍摄婴儿写真,这样无论是对孩子还是父母都有很好的纪念意义。

(2)摆设满月宴。为满月的婴儿举行丰盛的满月宴,邀请亲朋好友分享婴儿成长喜悦,接受亲友祝福,这在现代社会最为流行。

被邀请参加满月宴的亲朋好友有的送礼金,有的送别具深意的各种成长纪念礼物,不过现在多以送礼金为主。在出席满月宴的时候,无论是主人还是宾客都应该穿着正式的服装。在满月宴会上宾客还应注意用餐的基本礼仪。

**五、百日礼**

顾名思义,百日礼即为婴儿出生满一百天时,应该举行的仪式。"百"是一个重要的数目,含有"圆满"、"完全"的意义。举行"百日礼"也就要在"百"字上大做文章。在古代社会,这一天要为婴儿穿"百家衣"、带长命锁。

**1.穿"百家衣"**

百家衣是从各家讨来的碎花布缝成,讨的人家越多越好,布的颜色也是多种为上。花布中唯有紫色较难讨换,因为"紫"谐音"子",人们不愿把子送人,所以只有到孤寡老人处较容易讨到。这一天还要喝喜酒、吃喜面,亲朋好友欢聚一堂,祝贺孩子长命百岁。

**2.戴长命锁**

长命锁是挂在儿童脖子上的一种装饰物。民间认为,只要佩挂上这种饰物,就能辟灾去邪,"锁"住生命。一般要戴到 12 岁。

## 六、周岁礼

周岁礼即婴儿出生满一年,这是孩子的第一个生日。三朝、满月、百日礼可以视作纯粹的诞生礼仪,周岁礼则具有比较独特的地方。它是诞生礼仪的总结,也是寿礼的开始。

我国习俗在给婴儿庆周岁生日时,民间常有"抓周"仪式,又称"抓阄"。这一习俗早在南北朝就已经流行民间,给婴儿庆周岁生日并行"抓周"的仪俗,各地基本相同,一般都是摆出糕点、书、笔、印章、算盘、铜钱、化妆品、玩具等,让孩子任意抓取,以此预卜他长大后的爱好和前程、命运。届时亲朋都要带着贺礼前来观看、祝福,主人家设宴招待。这种"抓周",是寄托了上一辈对下一辈子的希望。在湖南,这种宴席上菜要"重十",须配以长寿面,菜名多为"长命百岁"、"富贵康宁"之意,要求吉庆、风光。

抓周习俗至今仍在不少地方的不少人家施行,仍然保留着预测幼儿兴趣爱好及未来前途的意义。

## 七、命名礼

在婴儿诞生的一段时间里,一般都要给婴儿起个好听吉祥的名字。有的地方在满月时,有的地方在周岁时,各地时间不一样。

命名的习俗在中华民族历史的长河里,已经历了几千年的演化。但实际上无论古今,对于命名的时间都没有十分严格的规定。人之所以要命名,据东汉著名学者许慎的《说文解字》说:"名,自命也,从口从夕。夕者,冥冥不相见,故以口自命。"姓名本是代表人的一种符号,是一种称谓符号,姓名与本人本无必然联系,但由于它是人的代号,人与姓名也就有了联系。古人说:"名以正体",就是说,名是用来作标志、正名分的。概括来说,名能够折射出民族文化的某些方面,诸如语言、习俗、文化心理、宗教观念、人生观等。

古代的命名礼是庄重、严肃的。《礼记·内则》详尽地记载了当时的命名礼仪,其仪式大体可以分出三个步骤:(1)保姆抱着婴儿与孩子的母亲来见孩子的父亲,讯问应答以后,父亲执着儿子的手,给他命名;(2)孩子的母亲记下丈夫所言,并回去将婴孩交给师傅,师傅将婴儿的名遍告女客与家中妇女;(3)孩子的父亲把婴孩的名字报告给宰,宰则遍告诸男,并记下婴孩的生年月日而收藏起来;同时又通告闾史,闾史记录,一式二份,其一上报更高一级的行政长官州史,州史再上报给州伯,州伯便让手下人把"户口"收藏在"档案柜"里。

后来,命名礼仪渐渐不那么严格、繁琐,但命名的习俗仍然十分重要。其内容丰富,形式多样,命名方法也是五花八门、精彩迭出。概括来说,有情境法、期望法、言志法。情境法是指以孩子诞生时的奇瑞、征兆、父母家人的感想、诞生时的情境取名,比如以出生地取名。这样取来的名字往往具有纪念意义。父母家人对新生儿是满怀期望的,这就是期望法的基础。期望的内容不外是多福多寿、多才多艺、有高尚的人格、有伟大的功绩,福来、有为就属此类。孩提时取名一般由父祖家人进行,名主不能参与意见,而他要表现自己的志趣,就要在长大后改名、自命名,这样就形成了言志的命名法。

## 八、成人礼

成人礼，是一个人生理发育成熟时所举行的仪礼，在世界各民族中都曾盛行过。成人礼的主要目的是使受礼者经历种种生理和意志上的磨炼。并通过这种磨炼的考验，将他们接纳到成人社会中来。后来，随着社会的发展，逐渐演变成为人生仪礼中的一种象征仪式。

中国古代婚俗中，青年男女在一定的年龄阶段要举行成人礼。为男子举行的成人礼叫"冠礼"，为女子举行成人礼叫"笄礼"。《礼记》中说："男子二十而冠，女子十五而笄"。

如四川省凉山地区彝族少女的成年礼，是举行换裙子的仪式。成人礼所换的裙子，是成年的标志。彝族少女的成人年龄，一般规定在 15～17 岁之间，而且大都是单岁换裙子。换裙子的仪式非常隆重，要杀猪宰羊、大宴宾客。

成人仪式不仅标志着一个人生理发育的成熟，同时也表明他有权承担社会赋予他权利和义务。在婚姻习俗中，成人礼则标志着青年男女恋爱生活的开始。当然，要让青年从"成人礼"中体会出"成人"所具有的内涵并不容易。因而这就需要社会各部门及家庭在教育过程中增加"成人"责任感的熏陶，使他们从"成人"这一跨越中感受到沉甸甸的分量，而不只是简单的年龄上的递增。

## 第二节　基督教诞生礼

在世界上信奉基督教的国家，诞生礼也就是庄重的洗礼仪式。信奉基督教（包括天主教、正教和其他一些较小教派）的各民族都有为新生儿举行洗礼的习俗。所谓"洗礼"就是基督教的入教仪式，分注水洗礼和侵礼两种，并以前者为主。该教认为这是耶稣立定的圣事，可赦免入教者的"原罪"和"本罪"，除去污垢，变得纯洁，使其成为教徒，以后有权领受其他"圣事"，日后才有资格升入天堂。

### 一、选择教父教母

教父教母的职责是，在新生儿受洗时为其作保，代其申明信仰。在其父母无力或不尽责任而不向孩子进行宗教教育时，教父或教母有义务根据自己在洗礼上所发的誓愿代行父母职责。

实行教父教母制的教会，一般要求孩子有教父或教母一人，也允许有两人，但大多数教会的习惯是教父、教母各一人。新教的许多派别允许认教父教母，但不要求他们与孩子的亲生父母一起承担监护义务。受洗的成年人应有主教所认识的一名教徒陪同为其作保，并负责监督。

由于教父教母与孩子的一生都有着密切的关系，因此婴儿的父母在选择时是很审慎的。都是选择正直可靠、行为端正、受人尊敬、名声较好的人担任孩子的教父教母。一般被邀请做孩子教父教母的人会认为这是对自己的信任，是一种荣誉，而乐意承担这份责任。在孩子宗教信仰方面或有困难时给予照顾和帮助，若万一父母双双早逝，教父教母还要担负起抚养他成人的义务。

### 二、新生儿洗礼

婴儿受洗礼，在时间、服装、仪式等方面都有约定俗成的规定。

洗礼一般在婴儿一两周或两个月到六个月期间举行。只有在极为特殊的情况下,孩子往往长到几岁才举行洗礼。例如,耶稣本人就是在成年后接受"施洗者约翰"为他施洗的。

根据传统习惯,男女婴儿应穿用质料柔软的细纱做成的白色长衫,长度以盖住脚面为宜,衣衫上镶有花边和装饰有手绣的花,外面还要套上精致的白色长外衣。有的家庭给婴儿穿的是父母乃至祖父母受洗礼时穿的衣服,切忌穿黑色。

在基督教国家中,绝大多数的人都是在婴儿时由家长抱到教堂受洗的。婴儿正式起名与洗礼同时进行,所以洗礼也叫"命名礼"。婴儿父母在教堂定好日期后,即发请帖邀请亲友参加,一般只请至亲近友,人数不会太多。

施洗礼时,婴儿由教母抱着站在教堂内圣坛前的"圣水盆"旁,孩子的父母等人围拢过来,由牧师或神甫宣读《圣经》中的有关章节,口诵规定的礼文,并接过孩子,用手蘸圣水滴在孩子头上,口称:"我奉圣父、圣子、圣灵之名给你施洗。"然后,再说几句愿孩子长大后要博爱人类、侍奉上帝之类的话,洗礼遂告完毕。洗礼之后自然是要庆祝一番,婴儿的父母要举行一次午宴或茶会,邀请施礼的牧师或神甫、孩子的教父教母及亲朋好友参加。被邀请者要给孩子带一些礼物,如玩具、衣服、儿童画册等等。教父教母的礼物照例要贵重些。

如今,时髦的礼物是送男孩一个小巧玲珑的银制啤酒杯,送女孩子一条项链或一只银制咖啡杯,上面刻着孩子的姓名和洗礼日期。在德国和瑞典等国家,洗礼用的蜡烛要精心收藏的,它对孩子的一生具有特殊意义。据说点燃洗礼烛可逢凶化吉、祛除百病。

## 🔘 第三节　伊斯兰教诞生礼

伊斯兰教是世界三大宗教之一,我国有十个民族信奉伊斯兰教。因此他们的诞生礼受到伊斯兰教的影响,同时也保留了中国民间的传统特色。现以回族为例。

### 一、诞生礼

伊斯兰教把今世看作来世的铺垫,因此,他们把婴孩的出生看为一种大礼。临产前,孕妇要洗大净,尽快住进产房,叫作"占房"。

在婴孩出生的第三天,家人要用洁净的热水给小孩洗澡,洗掉孩子身上的污垢,称为"洗三"或"三洗"。这与中国民间传统的"洗三"很相似。主人还要用羊肉臊子面款待亲朋好友。而乡亲、朋友在洗三(喜三)这天,给产妇送油香、鸡蛋、肉等营养品,表现了回族内部的互相关心、互相帮助的风尚。

同样,孩子满月后,要举行满月礼,也称为贺满月。这天,要请理发师剃光孩子的胎毛,将剃下来的小孩头发绾成一个小球,用线和纱布包住,连在小孩的枕头上,意为吉利、壮胆、健康成长。主人家要做饭菜、炸油香、油果子、馓子等,款待来庆贺的亲朋好友。

孩子在一百天,也要举行"百日礼"。回族也叫"赶百路子",祝愿孩子一生中走宽敞的道路,奔远大的前程。

### 二、命名礼

命名礼一般在婴儿出生的当天或三天之内举行,有的地方在"三洗"这一天举行。届时,请一位阿訇给小孩命名,即起经名。命名礼首先由家庭主人把孩子抱到门槛里,阿訇则站在门口或门槛外,先对着婴儿的右耳低念"邦克",即在清真寺宣礼塔上召唤教民上寺之礼拜的宣礼词,再对着小孩的左耳低念"尕麦体",即教民汇集到清真寺后准备礼拜的招呼词。然后,是男孩便在左耳里慢慢吹一口气或轻轻咬一下,是女孩则在右耳朵里吹一口气,意思是将婴儿由清真寺外唤到清真寺内,成为一个穆斯林。阿訇举行这种仪式后,便从众多的先贤中为婴儿选出一个美名(一般都是《古兰经》中记载的圣人的名字),告诉家里人,以示吉庆、俊美。

命名礼这天,经济条件较好的家庭宰羊,一般的家庭也要炸油香、馓子等,请阿訇,送左邻右舍,亲戚朋友,以示庆贺。命名礼结束后,要用红枣、红糖、冰糖水等东西给小孩儿开口。

### 三、抓岁礼

抓岁礼也称抓周,是在一部分回族中举行的一种礼仪。尤其是有的回族生第一胎,或有些没有生育能力领养别人孩子的,则更重视这种礼仪。

当小孩一周岁,家里要准备一个大岁糕。岁糕必须做成圆的,厚约三四寸,直径一尺左右,用蒸笼蒸。花样要新颖美观,一般由六至八个三角形组成,每个三角形上的图案必须是用面制作的牡丹、梅花、荷花等花草,每朵花的中间放一个大红枣,岁糕做得既白又软,吃起来香甜可口。切糕人要选请长辈或年老的人。

在抓岁这天,还要邀请亲戚朋友和左邻右舍到家吃岁糕。来宾一般要给孩子带上玩具等小礼品,表示庆贺。

举行抓岁礼时,主人要在客厅放一个大桌子,桌子上依次摆上钢笔、毛笔、《古兰经》、玩具等。然后,把小孩放到桌子上,让小孩任抓。来宾和全家大小围着孩子一起观看,希望孩子能抓一个比较理想的东西。

抓岁仪式结束后,主人便端出岁糕、烩菜(糕),和来宾一起会餐一顿,祝福孩子年复一年喜庆平安、健康成长。

**复习思考题**

1. 满月礼是出生以来最为隆重的一次礼仪活动,它主要有哪些风俗?

2. 在古代社会,为孩子举行百日礼时,一般有什么风俗习惯?

3. 在举行成人礼时,古代和现代有什么区别?

4. 比较基督教与伊斯兰教的诞生礼有何异同点?

# 第三章　婚姻嫁娶礼仪

婚姻是人生大事,婚礼是人们用以规范婚姻关系的重要手段。作为人生礼仪的一个重要部分,它构成两性共同生活的社会关系,自古以来就是人类社会生活的重要内容,同时它作为一项重大的民俗活动,也包含了极其丰富的社会文化内涵。

各国、各民族的婚礼千差万别,有着不同的文化内涵,有着不同的习惯和风俗。但不论在什么地方,婚礼的内在意义都是一样的:一是使婚姻取得社会的承认,二是体现人们对新婚夫妇的美好祝愿。这说明婚姻礼仪是婚姻自身的社会性决定的,其作用和意义是客观存在的。

## 第一节　婚　聘　六　礼

六礼,中国婚姻仪礼,指从议婚到完婚的手续与过程。始于周代。《仪礼·士昏礼》载其内容为:请媒提亲谓之纳采;询问女方名字及出生年月谓之问名,俗称讨八字;男方将占卜的吉兆告诉女方家谓之纳吉;婚约成立,正式送聘礼谓之纳征;男方择定婚期,通知女家求其同意,谓之请期;新郎亲自迎娶谓之亲迎。六礼多行于贵族,民间则从简。

古代婚姻的娶亲程式的六种礼节周代即已确立,以后各代大多沿袭周礼,但名目和内容有所更动。到清末后,六礼演变纷繁,也就逐渐衰落了。

虽说婚聘“六礼”是封建时代婚礼的模式,但是对今天的新婚礼仪模式也有很大影响。“六礼”实际上是中式婚礼六个阶段的仪式。

### 一、纳彩

纳彩,为六礼之首礼。男方欲与女方结亲,请媒妁往女方提亲,得到应允后,再请媒妁正式向女家纳“彩择之礼”。《仪礼·士昏礼》:“昏礼,下达纳彩。用雁。”古纳彩礼的礼物只用雁。纳彩是全部婚姻程序的开始。后世纳彩仪式基本循周制,而礼物另有规定。清代的纳彩多为订婚礼,与历代不同。

后世纳彩的礼物都有象征意义。民俗中将这些具有象征意义的礼品分为四类:

第一类表示吉祥,像以羊代“祥”,以鹿代“禄”;

第二类是夫妻好合的祝吉物,如胶漆的和谐,凤凰的合俪,鸳鸯的和鸣;

第三类象征以男性为主的夫妇关系,如以雁候阴阳喻妻从夫,以蒲苇喻妇女的柔顺,以附生于山顶、屈从成性的卷柏喻妇女的服从;

第四类是表示一般德性的,如舍利兽廉而谦,受福兽体恭心慈,乌鸦反哺、孝顺。

### 二、问名

问名,六礼中第二礼。即男方遣媒人到女家询问女方姓名,生辰八字。取回庚帖后,卜吉合八字。仪礼·士昏礼"宾执雁,请问名;主人许,宾入授。"郑玄注:"问名者,将归卜其吉凶。"问名之后,男女家双方要交换"草帖子",也就是互相通告各自的情况。

问名也携礼物,古礼也用雁,大概纳彩、问名是一次进行的,后世的纳彩、问名就是如此。

男女两家收到这八字以后,都要请算命先生来批"八字",看看男女当事人的相性如何,如果相性好婚事就继续进行,不好就免谈。假如一切都很顺利,这门婚事才能进入正题,也就是开始谈论聘金和嫁妆,

关于婚龄,民间有一些俗规禁忌。男女年龄是不能超过正常婚龄太多的,假如婚龄超过太多,就会有嫌疑了。此外,还有生肖方面的禁忌。古人阴阳等信仰观念极重,有五行相生相克之说,又有属相相合相冲之说。一事不合,婚事便没有成功的希望。

### 三、纳吉

纳吉,六礼中第三礼。是男方问名、合八字后,将卜婚的吉兆通知女方,并送礼表示要订婚的礼仪,古时,纳吉也要行奠雁礼。在行纳吉礼时,定聘的定金必须是偶数,外边包上红纸,俗称"红包"、"喜钱"或"定钱"。定礼也都要成双成对,忌讳单数。礼单、礼帖用红纸(忌用白纸)写好,上边的字数也要成偶数,忌单数。如"一头猪"要写成"全猪成头";"一盘菜"要写成"喜菜成盘"等等。这些,都是为取意"双双对对,万年富贵",以象征新婚夫妻婚姻美满的。在定聘时,还忌讳说"重"字和"再"字。

以上忌单喜双,讳"重"讳"再"的禁忌习俗都是担心美好的姻缘被破坏的心意表露。

### 四、纳征

纳征,亦称纳成、纳币,六礼中第四礼。就是男方向女方送聘礼。《礼记·士昏礼》孔颖达疏:"纳征者,纳聘财也。征,成也。先纳聘财而后婚成。"男方是在纳吉得知女方允婚后才可行纳征礼的,行纳征礼不用雁,是六礼唯一不用雁的礼仪,可见古人仪礼之分明。历代纳征的礼物各有定制,民间多用首饰、细帛等项为女行聘,谓之纳币,后演变为财礼。

旧时,这一仪礼非常隆重,男方往往借此机会荣耀门庭富贵、婚礼盛大,通常备有礼单。礼品装入箱笼,或挑或抬,走街串巷,燃放鞭炮,吹奏鼓乐,在媒人、押礼人的护送下送至女家。聘礼中各样物品要取吉祥名称,数目也要取双忌单。中原一带的习俗中,女方收聘礼时,不留公鸡,并配回一只母鸡。母鸡要活的,且忌白色的。回礼之后,还发送陪嫁的嫁妆。嫁妆中的被子,禁忌九月里做,喜好在十月里做。俗语云:"等十月,忌九月。"因为"十月套被十相出(希望连生十子),九月套被九女星(恐怕连生九女)"。而且套被子时忌用白线,喜用红线。缝制者忌寡妇或儿女不全的人参与,以图吉祥。

### 五、请期

请期又称告期,俗称选日子,六礼中第五礼。男家派人到女家去通知成亲迎娶的日期。《仪礼·士昏礼》:"请期用雁,主人辞,宾许告期,如纳征礼。"请期仪式历代相同,即男家派使者去女家请期,送礼,然后致辞,说明所定婚期,女父表示接受,最后使者返回复命。至清代,请期多称通信,即男家用红笺将过礼日、迎娶日等有关事项一一写明,由媒人或亲自送到女家,并与女家商议婚礼事宜。

婚姻大事,嫁娶的日子是最关键的,一定要择吉避凶。一般要占卜择定合婚的吉日良辰,以及合适的迎亲、送亲之人。民间安排年份是放在无甚特殊情形的正常年份办喜事,日子一般选双月双日。但是,嫁娶月份日期不能与男女双方的属相犯冲,迎亲、送亲的人也不能犯属相的忌讳。

### 六、亲迎

亲迎又称迎亲,六礼中第六礼。是新郎亲往女家迎娶新娘的仪节,也是古今婚礼中最为繁缛隆重的仪节。《诗经·大雅·大明》:"大邦有子,天之妹,女定厥祥,亲迎于渭。"亲迎礼始于周代,女王成婚时也曾亲迎于渭水。此礼历代沿袭,为婚礼的开端。亲迎礼形式多样。至清代,新郎亲迎,披红戴花,或乘马,或坐轿到女家,傧相赞引拜其岳父母以及诸亲。岳家为加双花披红作交文,御轮三周,先归。新娘由其兄长等用锦衾裹抱至轿内。轿起,女家亲属数人伴送,称"送亲",新郎在家迎候。

## ▶ 第二节　古代婚典仪程

远古的婚姻,以掠夺婚为主,因为抢婚多是在黑夜进行,所以婚姻最早称为"昏因",所谓婚礼即"昏时成亲"的意思。由于掠夺婚带有浓重的野蛮色彩,再加上各方面条件的制约,最初意义上的婚礼是非常简单的。随着人类文明和政治经济的发展,婚礼逐步成为人们生活中的重要礼仪。经过几千年的发展和传承,婚礼习俗已经作为一种独特的文化现象植根于整个中华文化之中。

### 一、迎亲

古礼迎亲的第一个程序是由新郎迎接新娘。古时迎亲在黄昏,婚礼的取义就在于此。婚是个形声字,其中的一部分在这里,新郎是受父亲之命去迎亲的;到了女家,女方的人要出门相迎,新郎进门要献上礼品雁,这个仪俗叫"奠雁",是古代婚礼中比较重要的仪程;然后,新郎要把新娘很礼貌地接到车上,迎往家中。后世的迎亲之举似乎要复杂得多。

迎亲的轿子要有人压轿。旧时北京是娶亲太太压轿:她在喜房给天地爷上香以后,用小镜子照轿,用芝兰香熏轿,再往轿子里撒一些桂圆、荔枝、枣儿、栗子、花生之类的"喜果",然后盘腿坐在轿子里压轿。有些地方压轿不用太太,而用父母双全的童子,取新婚夫妇和合到老、早生贵子之意。

迎亲的队伍来到女家,女家并不是立即就迎进门来,而是将院门紧闭,或是拦起来,这叫拦门。这时,便要有一番礼仪性的对答,比如由娶方的娶亲人喊"开门,开门,别误了良辰吉时!"女方隔着街门向外喊话,要求鼓手们奏些喜庆乐曲;或者由娶亲人唱拦门喜歌。拦门到了一定的时间,娶方才能进门。

进门以后,娶方要送上礼品,这些礼品因时代和地区的不同而存在着极大的差异,但都代表吉庆的意义。女家也要设筵款待娶方。

待新娘子开脸和妆扮完毕,新娘由送亲太太搀扶上轿,或由兄长背上轿。离别之时,新娘可能哭哭啼啼,但这不犯忌讳,新娘哭哭啼啼上轿,人们反认为是大吉大利。据说,新娘哭得越响,婆家越有财。许多少数民族婚礼中则有"哭嫁"之举。

娶亲的归途,必须走另一条路,称"不走回头路"。如果路上碰到庙、井、祠、坟、大石、大树等,都要把娶亲轿子遮起来,为的是避邪。如果遇到另一家娶亲的,轿夫们要比试技艺,尽量使轿子抬得平稳一些,有的地区新郎双方要换胸花。如果遇见出殡的,娶送亲人员都要说:"今天吉祥,遇上财宝啦!"。

### 二、拜堂

娶亲的队伍回到男家时,不是马上进门,而是把喜轿关在门外,俗称"憋性子",意思是把新娘的性格憋得柔顺些。喜轿到院子里,要从预先摆好的炭火盆上慢慢跨过,意思是烧去一切不吉利的东西,日后夫妻会越过越红火。落轿以后,新郎要象征性地朝喜轿射三次箭,称"桃花女破周公",也叫"射煞",也是避邪驱祟的意思。

新娘从轿里出来,又有传席之仪。所谓席,也就是铺在地上的红毯。这种仪俗在唐代就普遍存在了,用意是传宗接代。下轿以后,一些地区有跨鞍的仪俗,新娘要跨过马鞍,"鞍"与平安的"安"谐音,这个仪俗的意义就是祝福新郎新娘平平安安。

新娘入洞房之前,还有一个比较突出的仪式,那就是拜堂,也称"拜天地"。古代婚礼仪式之一。所拜为天地、祖宗、舅姑(公婆),并夫妻交拜,表示从此女子成为男家家族的一员,因而成为婚礼过程中最重要的大礼。一般是三拜,即"一拜天地,二拜高堂,三是夫妻对拜"。拜堂的仪俗是杂多、五彩缤纷的。华东、西北一些地区有所谓"拜人",所拜的都是来客中放礼钱的,要放"拜礼",都要受拜。拜人时,司仪按预先拟好的礼单唱名,然后由"接礼的"找所唱者接礼,接礼后,司仪唱"×××礼钱×块,磕下哇",新郎新娘便鞠躬行礼。

拜堂以后,便是大宴宾客。婚宴作为重要的宴饮活动,自然有极多的讲究,比如座次的排列、菜肴的配置、敬酒祝酒等,有的还大唱宴席歌,以此来营造气氛,抒发情感。

### 三、洞房仪俗

新郎新娘入洞房后,有一系列的仪俗。诸如:坐帐,亦称"坐福",即新郎新娘双双坐在洞房的炕沿上或床边,新郎将自己的左衣襟压在新娘的右衣襟上,表示男人应该压女人一头。

撒帐,这项仪俗是指亲朋在新人入洞房以后,把喜果等撒向新娘怀中,撒向合欢床上,甚至撒向洞房的每一个角落。一般所撒物品是常见的枣、栗子、花生等,利用谐音表示"早立子"、男孩女孩"花搭着生"。撒帐的仪俗始于汉代。

吃"子孙饺子"的仪俗。旧时北京的子孙饺子是由女家包好带来的,由男家煮熟,同时男家还要做长寿面。吃子孙饺子的时候,照例要有一群孩子在窗外问"生不生?"娶亲太太或新郎回答"生!"或者干脆把饺子煮得半生不熟,让新娘自己说"生"。这叫"讨口彩",是早生孩子的吉兆。

古代婚礼有同牢合卺的仪俗。"同牢"指新人入洞房以后一起吃一牲牢;一起喝酒则叫"合卺"(卺是由同一个瓜、瓠等分剖两半儿做成的瓢)。同牢、合卺在后世已发展为吃团圆饭、喝交杯酒。交杯酒也叫交心酒、合欢酒、合婚酒、卯颜酒等。和古礼的合卺一样,喝交杯酒标志着男女完婚,有祝福新人和美的意义。方式是用红绳系住两只杯子的杯柄,夫妇一起举杯饮酒;有的是同时喝掉一半,然后交换杯子,喝尽杯中酒。与古代合卺如出一辙的是喝和合茶。喝茶时,要求新郎新娘共坐一条凳子,新郎把左脚放在新娘右腿上,新娘同样,新郎左手与新娘右手相互放在肩上,双方另一只手的拇指和食指合成正方形,放一只茶杯喝茶。同牢是指新婚夫妇同吃一份牲牢。牲牢本来多是用于祭祀的,指整牛、猪、羊。古时同牢在新房进行,新郎脸向东,新娘面向西,一起吃牲牢,表示从此成为一家一姓之人。后世团圆饭和同牢仪俗基本相同。北京吃团圆饭是让新郎、新娘坐于首席,娶亲太太和送亲太太奉陪,吃馒头表示"满口福",吃丸子表示"团圆"、"圆圆满满",吃四喜肉表示"喜喜欢欢"。

与同牢、合卺同样表示成婚的还有"结发"(一称合髻)。结发本来指束发,后来把元配夫妻称作结发夫妻。结发本来不是婚礼的仪俗,后来演化出婚礼结发的仪俗,即将新婚夫妻的头发象征性地结扎一下,也有新郎新娘分别剪一缕头发用彩线扎在一起作信物的。

还有"闹洞房"这一习俗,从史籍可知这习俗古已有之,汉代已经十分流行。现在,不只乡村的旧式婚礼上此俗犹存,城里人的婚礼上也少不了这样的场景。闹洞房除逗乐之外,还有其他的意义,诸如把洞房闹得热闹红火,驱除冷清之感,增加新婚的欢乐气氛,因而有些地方又称"暖房"。

### 四、婚后礼仪

婚典后的礼仪,不容忽视,其中突出的仪俗是熟识姻亲双方的家族。传统婚礼的此类仪俗有成妇、成婿礼,认大小、回门、试厨等。

成婚只是完成了男女的结合,所以除了前述一系列的"成妻"、"成夫"仪式外,还要举行"成妇"、"成婿"礼。

成妇礼是结婚次日或第三天,新娘盛装进厅堂,正式祭拜男家祖先,先与新郎向外面同拜天地神明,向内面拜神佛祖先,婢女捧茶给新娘,新娘接来供神明及祖先,俯伏再拜后起立。这时公婆南面接受媳妇四跪拜,后新娘向公婆敬茶,公婆敬毕,媳妇再四拜,公婆亦答礼。然后拜尊长并敬茶,完后,弟妹子侄拜新娘。礼成之后,引新妇入厨房,象征性地做家事,如起火、喂鸡、鸭,作为料理家务的开始,自此,正式成为家庭中的一分子。

成婿礼是婚后第四日、六日、十日或十二日,新婚夫妇回女家,称"做客"或"返外家",亦即所谓"归宁"。午前,新郎新娘到女家,进堂先拜祖先,再拜父母及诸尊长,最后会见弟妹子侄,互赠礼仪。同时左邻右舍来看新子婿,品头论足,议论纷纷,新婿此时最尴尬。中午,女家设宴款待,称"请子婿"。直到黄昏时刻才回家,俗谓"暗暗摸,生查埔(男孩)",并携回"带路鸡",公母各一只,甘蔗丛两株,象征子孙旺盛。

认大小、回门是在洞房花烛夜后,第二天一早,新婚夫妻要一同祭拜神、佛和宗亲三代,并拜见父母等长辈,定名分,认大小。婚礼举行后的第三天,通常新娘要回娘家与父兄亲友行回见礼。这就是所谓"回门",也叫"回酒"。一般是一大早娘家便派人赶着马车来接新妇,新妇临行前,向公婆叩头,然后与新郎坐马车到娘家会亲。到娘家后,新婚夫妇要向家堂中的神、佛及宗亲牌位行礼,然后给女方父母及长辈们行叩首礼。见完礼后,便摆开宴席,请新婚夫妇喝酒。饭后,新郎独自回家,新娘则要到晚上才能回来。

试厨也是古来就有的仪俗,即新婚的第三天,新娘子下厨房做饭,伺候公、婆。一般这种仪俗多是象征性的,从中可以看到传统社会中男女地位以及角色的不同。

婚典后的礼仪,不容忽视,其中突出的仪俗是熟识姻亲双方的家族。传统婚礼的此类仪俗有成妇、成婿礼,庙见、认大小、试厨、回门等。

成婚只是完成了男女的结合,所以除了前述一系列的"成妻"、"成夫"仪式外,还要举行"成妇"、"成婿"礼。周代的婚礼是成婚后的第二天,新妇要早起沐浴,用竹器盛枣子、栗、姜桂、干肉作见面礼来拜见舅姑(公、婆);第三天,公婆用一杯酒醮新妇,新妇答一杯,然后公婆从西阶下堂,媳妇从东阶下,表示从此新妇代替了主位,公婆是客,这便是"著代"之礼。如果公婆已经去世,便在三个月后到宗庙行"奠菜"的庙见礼。也有不论公婆是否在世都行庙见礼的。古人重视"成妇"过于"成妻"。晋代以来,新妇三日拜公婆,宾客列观。唐代在婚后次日拜公婆,并拜新郎的尊长及故旧,称"拜客"。后世也有当夜拜公婆的,但次日仍要献茶。旧时北京的这项仪俗称作"拜三代",俗称"认大小",即新娘子辨认、识记丈夫家的长幼三代。首先要拜叩祖先,俗说不拜祖宗,新娘子还算不上这一家的人。之后再给父、母(公、婆)等长辈行三叩首礼。对于平辈则只是一揖,唯独对于大姑子则叩首,称"高见礼"。受礼的长辈们可以给新婚夫妇一些珠翠、首饰、衣料、化妆品等作为礼品。与庙见用意一致的仪俗有"上新坟"或"喜坟",即婚后的第三天新郎领新娘一起到祖坟烧纸供祭。

婚嫁之礼以男家为重,但女家也要庆贺一番。有"回门"仪俗及"成婚"。回门就是婚典的第二或第三天,新郎新娘回到女家,女家设宴款待宾客。宋代的时候,新婚要在第二天到岳家"复面拜门",否则与回门一起进行。一般来说,女家的礼数以此日为正,客人也是这一天来得最多。照例,这天女家的亲友们也要戏耍新郎,热闹一番。新郎也要像新娘在男家认大小一样,在这里也叩拜尊长,认大小。

## 第三节　现代婚姻礼仪

婚姻,是人生礼仪中的一大礼。它构成两性共同生活的社会关系,自古以来就是人类社会的重要生活内容。作为社会生活方式的婚姻礼仪必然带有那一社会的烙印,而当社会发生变革时,其影响也必然反映到婚姻礼仪上来。社会的进步,也必然导致婚姻礼仪的进步。现代社会的婚姻礼仪发生了许多变化,充实了具有现代化生活气息的新内容,但一些基本程序与旧时并无根本改变。

### 一、恋爱礼仪

我国传统的婚嫁礼俗基本上是排除恋爱的,恋爱在其中没有丝毫的地位。偶有的偷情恋爱,中古以来根本被视为非礼,当然无法纳入传统礼仪的规范。在现代社会,恋爱不仅在婚姻过程中起了决定的作用,而其本身也已经形成了一套完备的仪俗。

恋爱本来是男女双方间的个人行为,具有相当的排他性特点。然而,由于它是人们的一种普遍的行为,故而也就逐渐产生了具有规范性的仪俗,把恋爱活动纳入了这一仪俗之中。虽然这种仪俗的规范性不像某些礼仪的规范性那样强,但大多数人还是遵循这一仪俗行事的。

#### 1.确定恋爱关系

恋爱关系的确定,大体可以分为两种情况,即:一是纯粹的自由恋爱,一是经介绍而确立恋爱关系。纯粹的自由恋爱是在两人相识的情况下展开的。在这一过程中,可以说是情先于礼的,两人是在互相爱慕的情况下"挑明了"确定恋爱关系的。如果双方爱的苗头已经显露,男方主动一些是自古就传下来的礼节;但女方也可以如此。如果一方不同意,可以婉拒。经人介绍而确定恋爱关系,可以说是一种礼先于情的模式。介绍人向双方介绍相互情况,精心选择见面的地点。一两次见面以后,如果双方谈得来,就可以确定恋爱关系,继续交往下去。如果觉得没有继续交往的必要,可以婉言拒绝,并请介绍人转告对方。确定恋爱关系后,在实施中也有一些礼节。比如请介绍人一起吃顿饭(介绍人介绍相识的场合),或男女双方各请一要好的朋友小聚(自己相识的场合),也有请双方家长见面小聚的。这种礼节,无非旨在说明男女双方正式获得恋爱的"权利",同时亦产生了情感。

上述确定恋爱关系的仪俗,大多见于城市或汉族人群中。在少数民族那里,还有一些别致的确定恋爱关系的仪俗。这些仪俗的基本特点是,男女青年在自由活泼的社交活动中,以具有民族特色、民俗色彩和符合青年特点的方式确定恋爱关系。分布于广西壮族自治区的毛南族,以"抢帽"的方式确定恋爱关系。壮族青年是以歌谈情说爱的,所以他们恋爱关系也是靠歌来确立的。

### 2.恋爱过程

恋爱关系确定,男女双方开始正常交往。这种交往以感情为纽带,但同时也受到礼俗的节制。只有这样,感情才能不断升华,才能牢固、持久,才能得到社会的承认。

我国传统的表达情感方式含蓄、内向,甚至近于木讷、呆板,这在现代社会是不足取的。同时,过于外向、张狂也不足取。在男女交往中应"发乎情、止乎礼"。不能把林间漫步的恋人拥腰抱肩视作伤风败俗,但也不应提倡公共场合长时间的拥吻之类。分时间、场合亲昵,应该是基本的原则。见到朋友、亲戚、同事、师长,应该很有礼貌地把对方予以介绍,大方而不忸怩;如果见到对方的家长,通常则以"伯母"、"伯父"来称呼,不可过于疏淡,也不可过于热络。

恋爱过程中更应注意双方间礼俗分寸的把握。这表现在约会、情书、身体接触、居处、购物等方面。这些方面的问题都必须引起人们足够的注意,如果这些问题处理不当,很容易引起男女双方感情的罅隙,甚至导致恋情的夭折。

首先是交往的进程问题。男女双方的恋爱,是以情和性为基础的,性的吸引在其中起着不可估量的作用。尽管性是人的根本欲求,但男女恋爱决不能任其泛滥。身体的接触、接吻,都要有一定的限度,要讲一定的节律,性的问题则更应该充分重视。在双方尚未充分了解、尚未明确未来的情况下就草率发展性关系,是不可取的。传统的贞洁观念有其封建的糟粕,但女方有一定的持守、男方给对方一定的尊重,都是必要的。现代社会,婚前性关系不再会令人谈虎色变,但也有许多人提出忠告:把第一次性关系放在新婚之夜,会让人倍觉性给予的珍贵,会使婚姻生活更加幸福美满。而轻率的要求或许诺,会让对方有轻浮之感。

其次,恋爱期间,双方在一起的时候多些,但也应该注意到时间问题。当然,这里不仅指准时约会,而是进一步指安排好谈情说爱和工作学习等等的关系。

恋爱期间购物也是一个常见的问题。一般来说,男子大多不愿逛商店,女方应该掌握好这种心理,恰当地选择时间地点;当然男方适当的迁就也是必要的。两人一起就餐,男方付账,这在我国是比较通行的法则。但购物就不能如此了。如果女方邀男方去买东西,就应自己付账,不应该因男方的主动而一味让人家付账。

### 二、订婚礼仪

现代的订婚仪式比较简单。一般来说,也不外是男女双方作一般的约定或法律性的约定,告知父母以及亲友,进行一些有庆贺意义的活动。订婚的实质即是一种婚姻的约定。

首先,当事人双方的父母要见见面。牵线人当然是他们的儿女。一般应该是男方的父母去看望女方的父母,表示自己对儿子和对方女儿的婚姻很高兴、很满意,并希望早日完婚等等。前去的时候,携带必要的礼品当然是必要的。

在中国,订婚时举行一些庆贺性质的活动几乎是惯例。最常见的是举行一次宴会。中式的此类宴会一般在饭店举行,宴会上的礼仪不外是由家长宣告子女订婚的消息,来宾予以祝贺。西式的订婚宴会一般采用鸡尾酒会或晚宴形式。订婚的消息由女方或其母亲来宣布。未来的新郎应站在女主人的身旁,对他无需作正式介绍,只要他站在女方家人一旁,由姑娘介绍给大家即可。如果采用晚宴的形式,订婚的消息可由女方父亲宣布,并提议向新人祝酒。

订婚宴会上向新人祝福,是必要的礼仪。姑娘的父亲宣布订婚消息后,即可起身举杯提议祝酒。在客人的要求下,新人可以讲几句话感谢大家的祝愿。

婚姻本是一件人生大事,订婚时男方给女方兼具志庆、纪念双重意义的订婚戒指,已经渐渐地被人们认可。订婚戒指应该戴在左手无名指上。订婚戒指在婚礼上应该取下来,婚后再和结婚戒指一起戴上。如果女方的父母已故,女儿也可以戴上其亡母的订婚戒指,但不能戴她的结婚戒指。

### 三、约定婚期

按一般的习惯男女双方在领完结婚证书,举行过订婚仪式之后,就需要约定具体的结婚日期,并举行庆典活动。

结婚是人一生中的大事,约定婚期又称"择日",由两人和双方家长共同商议的,由于受传统婚嫁礼俗的影响,喜欢选"黄道吉日"、"逢双不逢单"等。其实这都是不科学的,迷信的。一般应考虑以下几个方面:

(1)婚姻检查结果,虽说婚前体检现已自由选择了,但为对方和下一代负责,还是应该检查一下双方的健康状况。如发现有传染性疾病和严重的心脏病的,应暂缓婚期,耐心治疗,康复后再定婚期。

(2)看女方月经期,月经期内结婚,容易因性交把细菌带入阴道,通过宫颈进宫腔,引发子宫内膜炎,输卵管炎,还可能因盆腔充血而造成血量增多。因此,选日子应避开女方的月经期,选择在下一次月经来潮前的一周内结婚,可避免结婚当月怀孕,也有利于优生优育。

(3)结婚准备工作是否就绪了。如新房是否布置好了,衣物、家具、家电等是否置齐了,关键婚礼经费是否准备好了。

(4)看时节,节假日、春秋季节或农闲时节比较适宜,可以增加喜庆气氛,使时间更宽裕,也方便亲友参加。而春天,生机勃发;秋天,金风送爽,天气暖和,是结婚的佳日。

(5)考虑工作任务是否繁重,最好找一个工作比较轻松的日子,将婚礼举行得从容些、井然有序些,甚至还能有一个短期的蜜月旅行。

(6)考虑尽量避开结婚高峰期。若在此时举行婚礼,饭店、婚庆服务比较难预定,且价格也比平常高出许多。还应该考虑主要亲友是否能参加婚礼。

#### 四、婚礼的准备

订婚仪式之后，双方约定婚期，接着就应该着手进行婚礼的准备工作。

在中国传统中，送彩礼、准备嫁妆是婚礼之前很重要的一项活动。

父母亲送给孩子们的礼物不外两类，一类是支持新家庭生活的实用的物品；一类是带有吉庆、纪念意义的物品。

举行婚礼前，还应该拟定参加婚礼的宾客名单，邀请亲朋好友，并提前一两周发出邀请，有外地亲友的更要提前一些，这样给客人充分的准备时间，以避免因与其他事务冲突而不能出席婚礼。

邀请的方式多种多样，大体为口头与书面两种。口头邀请一般用于经常能见面的亲友，打个电话邀请即可。也可以采用书面发请柬的方式，对请柬的大小、质量、印刷、风格等应该予以全面的考虑。请柬应该是典雅、喜庆的，一般选择红色和烫金的。至于请柬的写法，可以参照礼仪操作部分关于请柬的内容。请柬一般应由父母署名发出。对于新郎新娘的朋友，新郎或新娘也可以自己书写，这样会显得关系更加密切。此外，还可以随请柬发出几种附件：一是指示婚礼地点的路线图，二是标示客人宴席座位的座位卡。如果需要了解参加人数，请柬上可写明"请回复"。作为接到邀请的亲友，无论请柬上写没写"请回复"，最好能及时地和邀请者联系，说明自己能否参加。这是必要的礼貌。

#### 五、婚仪

婚仪也就是婚礼当天相关的诸多仪俗。在世界各地，婚仪是五花八门、异彩纷呈的；同样，我国的婚仪也有着地区、民族和时代的差别。在现代中国，占主导地位的依然还是传统的迎亲方式，与西方的新郎新娘同赴教堂不同。婚仪有繁有简。在这种传统式的婚仪以外，还有一些新式的婚礼方式，比如集体婚礼、旅游结婚、广告婚礼等等；婚庆服务机构也有自己的一套仪程。这些非传统的婚礼仪式正逐渐在现代青年中变得普遍起来。

##### 1. 传统婚仪

当前我国最普通的结婚仪式，是在饭店或家中举行宴会。在宴会厅的正中，设一张"主桌"。主桌上可放一只花篮、一瓶鲜花或一对龙凤喜烛。新郎新娘通常有男女傧相陪伴。男女傧相一般都是选最知己的朋友充任。选任男女傧相的主要条件，第一当然要仪态端正；第二要未婚者，年龄一般都是较新郎新娘为轻；第三要注意身材高矮，适配新郎新娘，否则很不雅观。在宴会中，新郎新娘须相偕至各席敬酒，以表示谢意。这里特别提醒你一句话，在敬酒时，一方面固然不能推辞宾客们向你敬酒，但无论你的酒量多宏，也得保留余量，不要被灌得酩酊大醉。这最好的办法，是邀一位或几位酒量较宏的朋友作陪，在必要时，可由他们替你作挡"酒"牌，这是既不失礼，又不致破坏欢乐气氛的好办法。

结婚当晚，往往有所谓"闹新房"的余兴节目，如果不闹得过分，确可增加欢乐热闹的气氛，是无伤大雅的。

结婚时新郎新娘可着礼服。新郎如按国际礼节，晚间应穿燕尾服，但以目前而论，以西装最为普遍，其次则中山装为多。新娘的礼服，一般皆为白纱或白缎之礼服。这里附带说明，傧相的礼服以与新人一致为佳。在宴会敬酒时，新郎新娘可换常服相陪。

### 2.旅游结婚

结婚是人生的一件大事,每个人都希望自己的婚礼能留下美好的回忆。随着时代的变迁,21世纪的今天,婚礼不再以铺张排场的婚宴为代表,而是呈现着个性与多元。跳出传统婚宴,选择轻松、浪漫的旅游结婚,成了时下年轻人的时尚选择。一张结婚证、一次浪漫而新奇的旅行,谱写着一首首新时代的结婚奏鸣曲。

行前的准备与一般外出大同小异,只是要作一些新婚应有的准备,比如带好结婚证明以及相应的卫生用品等等。

一般来说,行前及返回时,双方的家庭都该有一个小小的迎送仪式。行前双方家人及好友前往送行,说些祝福的话。送些旅行必备品也可以,但应注意,这些东西新人都会准备好了的,礼品最好等他们回来后送往新居。至于返回时,迎接人的范围就可以缩小了。

### 3.集体婚礼

集体婚礼是近些年来我国提倡婚事新办而产生的新事物,也为许多青年男女所钟爱。这种婚礼形式不铺张浪费,但是又显得华贵气派,程序较少而且具有纪念意义。

现在流行的集体婚礼有自发组织的,但更多的是由群众组织出面组织的。一般的组织者多为单位组织,有时是单独组织的,有时是两个或三个团体一起组织的。这项活动与平时的"红娘"活动一起形成连续体系,在我国婚姻建设方面起到了一定的作用。

集体婚礼与传统式婚礼比较起来,仪式性更强。参加婚礼的男女一般都要特意装扮,大多是新郎西服革履,新娘穿漂亮的嫁衣或披婚纱,头插花朵,新郎新娘都胸戴红花。其他参与婚礼活动的人也都要打扮得整齐利落。婚礼的会场也要布置得喜庆吉祥,一般正面上挂横幅,写"某单位集体婚礼"字样,下面贴金色或大红色的双喜字。会场还要布置鲜花、工艺品以及其他装饰品,如果有别人送给结婚者集体的字画及其他物品,也应予以张挂展览。

婚礼一般由发起的群众团体的领导主持,议程无一定之规。常见的是由主持人宣布婚礼开始,新郎新娘在《婚礼进行曲》中进入会场(或由座位起立集中),主持人或证婚人为新人证婚,新郎、新娘向来宾及相关人员鞠躬致意,并相互致意。此时,伴娘或参与婚礼的青年人向新郎新娘身上抛撒彩屑,以示祝愿。接下来由单位领导及员工代表等致祝词,之后由新郎新娘代表、家长代表发言。此外还可以有单位或个人向新人赠纪念品等仪节。到了一定的时间,婚礼仪式即可宣告结束。有的集体婚礼还要由单位筹办喜宴。

### 4.广告婚礼

严格来说,广告婚礼不能说是一种婚礼,它仅是一种宣布结婚的形式而已。这种形式往往是利用大众传播媒介,将结婚的消息向亲友宣告,即算完成。由于这种形式往往又代替了婚礼,因而也把它算作是新式婚礼的一种。

广告婚礼有时和其他形式复合。比如有的青年人旅游结婚前在报端发一则启事,告知自己结婚的消息,并指明不办婚宴,而是外出旅游,什么时候返回,欢迎来访等。

### 六、婚宴礼仪

由于习惯和条件限制,人们一般不太重视婚仪,往往将婚仪和婚宴结合起来,即新娘被接到男家以后,稍事休息即再赶到婚宴所在的地方,大部分的客人则直接前往赴宴。

婚宴的座次,一般要安排新郎新娘的专席或分别设专席。家长、贵宾也应该有专席。如果能在各席设座位,或由迎宾员引座,就更方便了。

　　无论是与婚仪合并的婚宴,还是单纯的婚宴,往往是在席前由司仪主持,讲一些客套话,新郎新娘鞠躬礼拜,大家祝贺,司仪举杯祝酒。接下来便进入正式的宴会。

　　席间,新郎新娘要在傧相的陪同下,依次给宾客祝酒。这时,男女傧相就担负起了引导、斟酒、解说等等的职责,新郎新娘只双手擎杯敬酒即可。被敬的人,应该说一些"白头偕老"、"幸福美满"等的祝福之词。

　　即便是现代婚礼,逗新郎新娘的风俗仍然存在。当新郎新娘来到熟识的年轻人跟前敬酒时,这人往往要出一大堆难题,比如让新人讲恋爱史,让他们做某种亲昵的动作等。

　　婚宴的持续时间往往比较长。这时,傧相应该很好地照顾新人。来宾不必非等到席终不可,重要的节目过后,和主人或司仪等打一声招呼,就可以提前退席。无论哪位来宾退席,司仪或主人都应送行,关系较密切的重要宾客,新人及其家长亦应送行,直到送完最后一位准备离席的客人,婚宴也就宣告结束。

### 七、婚后礼仪

　　婚宴结束以后,有关婚姻的礼仪相对来说就比较少了。这些礼仪,主要集中在答谢有关人员、走亲访友等方面。

　　答谢婚礼的参加者、祝贺者,尤其是那些送了礼品的人,也是一项不可或缺的内容。此外,对于那些没有参加婚宴的同事或比较熟识的人散发喜糖,也是现在常见的礼数。

　　如前所述,传统婚礼有所谓"认大小"的风俗,它是传统亲族观念的反映。在现代社会,此项礼俗也仍然存在。婚后拜访双方的至亲好友,可以说就是突出的表现。经过这种礼节性的拜访,亲友间就会相互熟识起来,接纳新郎或新娘为其成员。一般来说,当他们来拜访,亲友应当给以衷心祝福。

## 第四节　基督教婚礼仪程

　　世界上信奉基督教的民族都在教堂举行婚礼。举行教堂婚礼的那天,新娘应一大早就起床,先请人做好发型或洗头自己做发型。然后沐浴换装。新娘在母亲和主女傧相的帮助下,提前穿好结婚礼服。新娘母亲通常坐在第一辆汽车里,可以由一个年龄小的子女或两位女傧相陪伴,但必须留一个空座给她的丈夫,因为从教堂回来,他们俩人要同坐在这辆车里。主女傧相、女傧相们和捧花少女分别坐在后面的汽车里,形成一条龙。新娘则由父亲陪伴,乘坐最后一辆汽车,要在婚礼开始的前一两分钟到达教堂。汽车必须一直等候在教堂门口。等婚礼仪式一结束,新郎过来代替丈人陪同新娘,同她一起乘车去参加婚宴。

　　按照传统习惯,新娘新郎的双亲,只能在两位新人走进来坐在教堂座位上之后,才能出现。然而,近几年来,在有些婚礼上,新郎的双亲却站在教堂门口,与前来的宾客一一打招呼,闲谈。

　　在教堂举行婚礼,对座次也有讲究。新娘的双亲坐在前排的左边,面对圣坛。新郎的双亲坐在前排的右边。如果教堂有两条走道,女方的双亲应坐在右边走道的左边,男方的双亲应坐在左边的走道右边。这样,男女两方双亲都安排在教堂的中间座位上。教堂前几排后面的座位都为"专座区",是留给新婚夫妇的家庭成员和贵客的。过去是用一根缎带把专座隔开,缎带横跨过道,被称为"缎带前区"。现在稍有不同的是,在专坐席上放着一束花或用一个白色的蝴蝶结装饰每一排座位的一端。

根据基督教的要求,婚礼开始前15分钟,新郎和男傧相到达教堂后从旁门入内。他们坐在教堂法衣室或牧师的书房里,一直等到教堂司事或引座员来报告新娘已经到达为止。然后他们与牧师一起来到教堂的大厅。

新郎的父母在婚礼前5~10分钟时到达教堂,由主迎宾员引到过道右边前排入座。当新娘的母亲到达时,主迎宾员应以同样的方式将新娘母亲引到左边前排座位就座。无论谁坐在前排,他们均代表新娘父母。需强调的是,在新娘母亲入座前,人们不能就座。

当结婚仪式音乐一奏响,牧师率先进入教堂,紧跟其后的是新郎和男傧相。牧师走上圣坛,然后面向大家。新郎站在圣坛下面右方,男傧相站在新郎的左边,稍微靠后。他们也转过身来,面向来宾。

随后的结婚队列是,由矮到高的两队男傧相走在最前面,接着是从矮到高的女傧相,再后是持花女孩,然后是持戒指的随从,最后是新娘挽着她父亲的右臂慢步向前。每两行队列约相隔四步左右的距离。队列中的每个人都应该缓慢而从容地前进,不得慌乱或踌躇。

按照传统的习惯作法,若无男童捧拖裙,新娘得自己提着拖裙与她的父亲同行,走在父亲的右侧。这样安排可以很自然地使她同新郎相会。如果新娘父亲不在人世,则由祖父、兄弟或叔叔中的任何一个人来代替。倘若新娘是外国人,娘家无人参加婚礼,可由新郎的父亲代替。

当结婚进行曲一奏响时,结婚仪式就正式开始。此时,双方的母亲都从座位上站起来,其余的宾客也都跟着站起来,面向走过来的结婚队列。一直到牧师做了祈祷和致辞后,大家才在原地坐下。这时,引路的随从们已走到圣坛下面,分开两队在两边站好。女傧相们也在随从们的面前分开站好,两边各站一半。主女傧相站在左边,与右边的主男傧相相对。捧花女孩站在主女傧相的旁边或后面,持戒指的随从站在男傧相的后面。

当新娘走近圣坛时,新郎应上前迎接。此时,新娘的父亲收回自己的胳膊,新娘把鲜花从右胳膊移到左胳膊上。然后把右手伸给新郎,挎在他的左臂上,或者手牵手、肩并肩地站在圣坛前。新娘父亲走到自己的座位上,同新娘母亲坐在一起。

按照新教的结婚俗规,新娘的父亲则一直要与女儿在一起,站在左边稍后一、两步的位置上。牧师则站在新人面前一两步的距离,宣读结婚证书,然后询问:"是谁嫁出这位女子?"新娘父亲向前走一、两步,女儿转身把右手递到父亲面前。父亲拿起女儿的手,放到牧师手上说:"是我。"或者说:"她母亲和我。"新娘此时应轻轻吻她父亲,以感谢父母的养育之恩。然后新娘的父亲退到台阶下面前排左边的座位跟前,坐在自己的妻子旁边。牧师用右手举起新娘的手,再用左手举起新郎的手,并且非常庄重地将新娘的手放在新郎的手上。新娘新郎共同宣誓,表达他们相亲相爱、忠贞不渝的决心。到戴戒指之时,主男傧相从持戒指随从的托盘上或自己兜里拿起戒指递给牧师。牧师把戒指交给新郎,赐福于他们。新郎接过戒指,戴在新娘的左手指上。但必须注意,结婚戒指不应戴在订婚戒指的外侧,应将订婚戒指戴在结婚戒指的外侧。

如果是交换结婚戒指,主女傧相把新郎应戴的戒指交给新娘,在牧师的祝福之后,由新娘把戒指戴在新郎的手指上,并重复新郎所说过的话:"这枚戒指象征着我们俩人的结合。"在祝福和祷告声中,牧师大声地向新人宣布:他们已成为正式的夫妻。

当牧师向新人祝福后,新娘家雇佣的乐队奏起了赞美歌。新娘撩起面纱,从主女傧相手里接过花束,与新郎接吻。然后,手捧花束的新娘和新郎转过身来,新郎用右臂挽住新娘的左臂,一步一步地走下圣坛。捧花女孩、持戒指随从、主女傧相和男傧相跟随其后,再后是其他女傧相和随从。当结婚队伍走出教堂时,早已有汽车在门口等候。新婚夫妇在男傧相的帮助下乘上第一辆汽车,驶往婚宴地点。主女傧相和女傧相们乘第二辆汽车。随后是新娘双亲、新郎双亲的汽车,随从们的汽车紧跟其后,也赶去参加赴宴。

## ▶ 第五节　伊斯兰教结婚礼仪

伊斯兰教的婚姻观是客观的,主张不能越其礼,不能废其事。婚事全由男女双方决定,父母有选择之责,无包办之理。由于生活习俗等原因,穆斯林实行民族内通婚制,即族内婚,也允许单向同异族通婚,即穆斯林男青年可娶非穆民女子为妻,但要求女方皈依伊斯兰教。

伊斯兰教认为求婚、允婚、证婚是构成婚姻关系的有效条件。信仰伊斯兰教的民族,传统的结婚礼仪方式虽有差异,但基本内容是相同的。

第一,提亲、订亲、结婚一般选在主麻日,取吉利之意。

第二,男女双方准备确定婚姻关系时,男方家长带上茶叶、糕点和聘礼、聘金去女方家,要请阿訇诵念《古兰经》表示祝福,双方互换"乜帖"(经名柬),男女双方家长和亲友要当众"拿手"表示祝贺,女方收下聘礼,把茶叶糕点分成若干份,分送至亲好友,宣布订婚。

第三,穆斯林结婚前,新郎新娘双方要大净沐浴,结婚仪式的重要内容是请阿訇念"尼卡哈"经和写"伊扎布"(结婚证书)证婚。阿訇宣读伊扎布后,问新郎是否愿娶,新郎回答"达单";再问新娘是否愿嫁,新娘回答"盖必勒图"。双方家长"拿手"祝贺,然后跪听阿訇诵念"尼卡哈"经,阿訇边诵经边把喜果撒在新人头上。仪式完毕,请阿訇一同参加婚礼喜筵。

回族婚事先从订婚开始,媒人前往女家提亲,女家父母一般不表态,等到回族节日,男女双方及父母互相相看。如果相中,在下一个主麻日前,女方才收下媒人带来的男家送的茯茶等礼物。订婚这天,女家把男家送来的茯茶分成若干小块分送亲友邻里,并给未来女婿回送由姑娘亲手缝制的衣帽鞋袜等礼物。

按照习俗,订婚吉日大都选在"主麻日"(星期五)。小伙子的家长在德高望重的长者与亲朋好友的陪同下,携带聘金、面条、槟榔、手镯以及糕点等礼品前往姑娘家,并由姑娘亲自接待和接受礼品。这就标志着男女双方情愿结为终身伴侣。

交完"尼卡银"(彩礼)后,双方家长就商定完婚的良辰吉日。将槟榔馈赠左邻右舍与亲朋好友,便是向大众宣布婚事告成。女方将男方提供的"尼卡银"作为添置嫁妆与举行婚礼之用。面条是对女方父母表示敬意。

婚礼亦选在"主麻日"举行。婚礼上按照伊斯兰教仪式举行。

前三天,双方家庭在房前的空敞平地上用帆布搭成大伞形临时栅屋,这一天,他们称之"作锅",意谓洗头。新娘要在这一天挨家逐户邀请全乡的妇女(主要是年轻妇女)来她家洗头。

前二天,男女双方得全身沐浴,俗称"大、小净"。沐浴同天下午,乡里男女青年分别宴请新郎、新娘(女请新娘、男请新郎),同时请本乡老妇为新娘梳妆打扮。晚上,新郎、新娘各在自家"迎宾堂"接待宾客,筵席排列成双,以示新婚成双成对。在宴席上,年轻人尽情歌唱,念清真教道,直至深夜。这一天也叫"阿斗格"。

前一天,回族人称为"邀"。当天,新娘家宰牛屠羊,摆设餐席,招待前来贺喜的宾客。宾客按照习俗向新娘馈赠现金、日用品和厅堂摆设。晚上,新娘重更新装(大净)以示洁净无秽,热情邀请宾客喝茶和娱乐活动。

婚礼是在吉日(主麻日)凌晨举行,新郎家设"餐会",招待宾客,赠送槟榔。晨礼后,宾客进新郎家馈赠贺礼。"餐会"结束,由年轻朋友、新郎哥哥或叔舅组成迎亲队伍,前往迎亲。新娘头戴黑面纱,身穿结婚礼服,放声嚎哭对父老兄妹和亲朋好友表示惜别,随迎亲队伍来到新郎家。迎亲队伍回到家时,鞭炮齐鸣。新娘在乡邻与亲友的拥簇中迈进婆家大门,接着便是新郎家人请阿訇主持婚礼仪式。

下午,新郎家再设宴席请阿訇、乡亲为新郎和新娘念"尼卡哈",举行婚礼的宗教仪式。婚礼仪式比较简单,新郎、新娘头戴礼拜帽(男戴白帽,女戴盖头),面对阿訇坐着,阿訇分别问男女双方是否相爱,获得肯定答复之后阿訇便念"尼卡哈"经(证婚词),郑重其事地祝福新郎新娘百事和睦,白头偕老。

然后,阿訇把男方准备好的喜果儿撒向新婚夫妻,撒向来宾,俗称"打喜果",亦称"撒喜果儿","撒金豆",以示共享幸福与欢乐。此俗源于伊斯兰教传入中国早期的传说,相传,宋代穆斯林商人来华,举行婚礼时,向参加婚礼的人(多贫者)抛撒金钱、珍珠等,后人称此为"撒金豆"。当然,新郎接到阿訇抛撒的红枣、花生、糖果和槟榔等礼品和食品后,也分给围观的小孩与人群。

当晚,新郎以喜糖、喜茶、吉餐热情地招待所有亲朋好友和邻里父老,人们亦相应地尽情献词、唱歌、做游戏,祝贺婚礼成功,欢宴直至东方破晓才结束。

第二天,新娘清晨起身,打扫屋前屋后及邻近大街小巷,然后自己出资买羊或鸭做顿丰盛的饭菜款待全家,并把由娘家带来的鞋靴送给新郎的父母兄弟姐妹,表示今后是婆家的人,希望能受到欢迎与之和睦相处,至此婚事活动全部结束。

**复习思考题**

1. 我国古代的婚聘六礼,包括哪些方面?他们各有什么相关礼仪?
2. 简要阐述古代婚典仪程的整个过程?
3. 现代社会的婚姻有哪些主要步骤?每一步骤又有哪些相关的礼仪?
4. 简述基督教婚礼仪程。
5. 简述伊斯兰教婚礼仪程。

# 第四章　生日寿礼

人生几十个春秋,从婴儿变成老者,每一次生日都真实地记录了人们成长的历程。大多数人每年都要庆贺自己或亲友的生日,这种庆贺已逐渐成为一种礼仪文化。

## ▶ 第一节　传统寿礼

我国人生礼仪以诞生和丧葬礼为两极。以成年礼、婚礼为中介,分成两个大的段落。在这两个段落之间,人生礼仪比较稀少,寿礼便是其中的一个。上了年纪的老人尤其看重寿诞礼仪。

### 一、寿礼的缘由

寿诞礼仪的基础,是我国传统比较独特的文化信仰传统。我国古代有所谓"五福",讲的是五种人生理想。民间的说法是福、禄、寿、喜、财。古籍的说法略有不同,寿排在五福之首。《尚书·洪范》说:"五福,一曰寿,二曰福,三曰康宁,四曰攸好德,五曰考终命"。不仅寿居首位,而且其他几福比如康宁、考终命也多与此有关。古人解释,考终命为"皆生姣好以至老也",与寿有一定的关系。可见,人的一生,寿是至关重要的。

正是基于上述观念,古人今人都十分重视寿龄。在古代文献资料中,这方面的记载不计其数。人们不仅在现实生活领域千方百计地寻求、实践长寿之道,也苦心孤诣地在信仰、礼仪生活里创造、应用长寿之术。首先,人们创造了祝福、庆贺长寿的礼仪——寿礼。其次,人们根据社会价值观等赋予一些行为以特定的意义,比如拣佛头儿上寿,对人弄刀折寿……从而趋利就福、远祸避患。再次,人们还创造了寿星这样一位吉祥人物,时常加以礼奉;把寿字用许多形体写出来,组成"百寿图";择定许多长寿的象征物,入诗入画,借以寄托长寿愿望。所有这些,构成了我国传统寿诞礼俗的丰富画卷。而其中寿礼最为突出。

### 二、寿诞仪式

寿诞之礼的历史很古老,大约在春秋时期就比较盛行了。《诗经·豳风·七月》写道:"跻彼公堂,称彼兕觥,万寿无疆"。《大雅·江汉》说:"虎拜稽首,天子万年。……作召公考,天子万寿"。后世祝寿的吉庆话"万寿无疆"、"寿比南山",那时就已经实际运用了。传统中国社会极其讲究孝顺,而寿礼办得体面也就成为后辈表示孝顺的大好机缘。

寿诞,生日举行庆祝仪式,俗称"做寿"、"做生日",一般指十年一次的大生日。孩子10岁生日叫做"长尾巴",由外公外婆或舅父舅母送米和衣物鞋帽以示庆贺。中、青年生日,没有请客庆贺之例,俗谚"不三不四",是说20、30、40不庆寿,逢这样年庚,只增加一些荤菜而已。40岁不做寿,还因"四"与"死"谐音,做寿不吉利。寿庆通常从50岁开始,50岁为"大庆",60岁以上为"上寿",两老同寿为"双寿"。儿女们在寿辰日要给父母做寿。谚云有"做七不做八"之说。

80岁寿辰多沿至下年补行。俗称"补寿"、"添寿",也有提前一年庆寿的。凡成年人寿庆,男子"做九不做十",不计足龄;女子则"做足不做零";有的地方是男女皆"贺九不贺十"。旧俗还因百岁嫌满,满易招损,故不贺百岁寿。

传统寿礼有一套仪规。先要设寿堂,摆寿烛,挂寿幛,铺排陈设,张灯结彩,布置一新。到了生日那天,寿堂正中设寿星老人之位,司仪主持仪式,亲友、晚辈都要来上寿。辈分不同,礼数有别。平辈往往只是一揖,子侄辈则为四拜。有的并不设寿翁,客人只是到寿堂礼拜,而由儿孙辈齐集堂前还礼。

寿筵是寿礼的重要一环,主家往往大开宴席,款待来客。宴席的馔肴不外乎鸡鸭鱼肉、山珍海味,但少不了的是面,俗称"长寿面"。贺寿的来客都要携带寿礼,诸如寿桃、寿糕、寿面、寿烛、寿屏、寿幛、寿联、寿画、寿彩、万年伞等。这些礼品一般都要加上一些象征长寿的图案。

### 三、人寿俗信

寿诞礼仪的许多仪式是建立在民间信仰基础上的,关于人的寿命的俗信很多。我国有些地方很注重亲情,不仅父母在世时子女要为老人举办寿庆活动,即使父母逝世后,有的子女也要为他们追行寿礼,称为"冥寿"、"阴寿",也称"冥庆"或"阴庆"。还有"借寿"、"补寿"等习俗,无非是想通过某种手段来满足人们长命百岁的愿望。随着社会的进步和人们迷信观念的逐渐淡薄,这些信俗大多已废绝。

## ▶ 第二节 现代寿礼

### 一、生日礼

生日礼,俗称"过生日",对老年人则称"祝寿"。由于过生日和祝寿有着一定的区别,这里分别叙述。

生日在传统社会也是要大过特过的,现代社会青少年过生日,有和过去相同的礼仪,但掺和了西方礼仪的新仪俗,这就是所谓"生日晚会"。生日晚会为了营造气氛、表达美好心愿,也有约定俗成的仪式。首先点燃蜡烛,大家在烛光下向主人表示祝贺,由代表致辞,或与会者分别致辞,然后主人致答谢词,接着大家一起唱"祝你生日快乐"的歌曲。分吃蛋糕之前,主人要默默地许一个美好的心愿,然后用一口气吹灭生日蛋糕上的蜡烛。蛋糕由主人或其他人按到会人数分成等份,分给大家吃。之后,可以表演一些节目助兴。

不论是亲朋好友还是家人,给过生日的主人都要送件小礼品。少年小伙伴送礼品,一张生日卡或其他小礼品即可,不必过分隆重,但要表达一定的意愿。至于青年朋友,选择的礼品则应能体现友情的价值。父母家长送孩子生日礼品不宜给钱或过于贵重的礼品,有纪念、祝愿意义应是选择礼品的标准。

当今,祝贺生日有了新的发展。比如为过生日的朋友或亲戚点播歌曲,成为比较流行的一种做法。这种做法借助于大众传媒,新颖别致、深情款款,颇有纪念意义。

### 二、寿礼的安排

老年人的寿礼一般不自己亲自操办,而是多由自己的子女或其他家人出面举行。在寿礼之前一段时间,应预先通知亲朋好友,可以发请柬,也可找别人带个口信,或打个电话。直系亲属即使不请,也应该自己到场。

寿礼一般安排在寿辰当天,但也可前推后移,与寿星的某个重大纪念日合并祝贺。亲友如因故不能当天前往,则可携寿礼在前一天去"预祝",或后一天"补祝"。

### 三、寿筵礼仪

祝寿活动往往以寿筵形式展开,可在家设宴,也可以在饭店包席。不论在哪儿,都要加以布置,正中悬挂"寿"字,可以张灯结彩,布置一些花篮、寿桃等。如果有客人送的寿联寿幛,可以挂出,既表示对客人的尊重,又增添了祝寿气氛。子女要在门口迎接客人,引导客人入席。安排坐席时,寿星如贵宾,要安排在显要舒适的位置。

寿筵开始,由家人和重要贵宾致辞,大家举杯向老人祝寿。致辞可长可短,只要表达出美好的祝福就可以了。特别是对于年高体虚的寿星,仪式要简短。最后大家分吃"长寿面"。现代的寿筵中,往往以精美的寿糕,即大生日蛋糕来代替寿面。寿宴结束后还可以安排其他娱乐活动。

### 四、祝寿舞会

在老年人生日的时候,如果为其举办生日舞会,一定要布置得雅致、祥和,例如可以摆放一些花草、盆景,灯光缓和,且适宜采用金黄的暖色调,点缀些红色以显喜庆。选用的舞曲宜选舒缓、优美的舞曲或老歌。

如果是自家小型的寿礼,则可简易一些,以叙家常、自娱自乐为主,唱唱歌,做做游戏也可。

要注意的一点是,选择祝寿形式一定要考虑寿星的性格脾气和习惯特点,如:年事已高的不宜办舞会,有的老人忌讳点生日蜡烛,因为点生日蜡烛含"吹灯拔蜡"之意。安排活动要事先征求老人的意见。

### 五、拜寿礼节

为寿星拜寿的宾客或亲朋好友要衣装整洁,最好穿着色调明快的服装,忌穿全黑、全白或只有黑白图案的服装。说话要恭敬,避免不吉利或易引起不快的语言。祝词可以是对老人祝福庆贺,也可是赞美老人取得的成绩或作出的贡献,还可以表达尊敬或友谊之情。

来客都应当选择好祝寿礼品,应以祝贺老人健康长寿为中心,可以送寿桃、寿糕、寿面、寿烛、寿屏、寿幛、寿联、寿画等,字画多以松、鹤为内容;可以送对方喜欢的工艺品,也可送好酒好茶、手杖等老年用品或服饰等。现代生活中,又十分时兴送花,送花篮和盆花均可,一般送代表健康长寿的文竹、万年青、小榕树、罗汉松等。还有的可以购置一些保健器材作为祝寿礼,如电子按摩仪、健身球或其他保健用品等。

**复习思考题**

1. 人的一生,为什么要重视寿礼仪式?
2. 传统的寿诞仪式是怎样的?
3. 现代的寿礼仪式与传统的寿礼仪式有什么区别?

# 第五章 丧葬礼仪

死亡对于人们来说是没有办法避免的,茫茫宇宙,大千世界,人们在这里诞生、成长,直到最后的死亡。几千年来人们形成的丧葬礼仪,是既要让死去的人满意,也要让活着的人安宁。在整个丧葬的过程中,是生者与死者的对话,两者之间存在着一个坚韧的结——念祖怀亲。这个结,表现在生者和死者之间的实体联系中,也表现在两者之间的精神联系之中。而这就揭示了中国人生死观的深层内涵。

在世界各地各民族中早已形成既相近又有区别的各种自成体系的丧葬礼仪。来自不同国家、不同民族的"地球村民"们在葬俗上存在着相当明显的差异,但也有共通之处,有道是"人之终,亲朋痛;崇丧葬,世所同",对亡灵尊重、崇尚的理念是永恒不变的。

## ▶ 第一节 古代丧葬仪规

丧葬是人类社会一种特有的文化现象,是全面反映民族文化,体现民族精神世界的表现之一,也是增强民族心理素质和民族自我意识的方式。我国古代各民族的葬法、葬式和葬制多种多样,充分表现了我国古代各民族的民俗文化和丧葬文化的丰富内涵。

### 一、葬法

葬法是指遗体安葬的方法,诸如土葬、水葬、崖葬、火葬、天葬等。这些葬法之间又有种种关系,有的是基本形态,有的是变异形态,有的是复合形态。

土葬是我国古今最普遍的葬法。方法是用棺材或其他葬具装殓尸体,掘土为墓,埋尸墓中。土葬和农业文明关系密切,是在农业文明的基础上产生的。没有定居农业,恐怕不会有土葬,农业文明造就的亲土、恋土、入土为安的意识支撑着这种葬法。

火葬是我国最古老,也最现代的葬法,其方法是将尸体装殓以后,用火焚化,保存骨骸。火葬最早流行于古代少数民族,史料记载上古实行火葬的多为游牧民族,反映了一些民族人死后乘火升天、走向光明的观念。汉族认为这种葬法不能体现对死者的美好心情,与儒家礼教不合,明、清时被明令禁止。火葬后的骨灰有多种处理方法,或者挖坑深埋,或者倾入河流,或者盛在陶罐、石匣、木盆里,或者放于石穴、悬崖。火葬具有经济、简便、卫生等优点。

水葬在我国并不普遍。我国沿海还有把棺材放在海滩上,任海潮漂浮棺材入海而水葬的。

天葬,又称鸟葬或空葬,是藏族的一种古老风俗,也是藏族地区最普遍的葬法。人去世后,遗体用白色氆氇裹上,并用土坯做垫,放在屋内的一角。停尸三五天后,要选择吉日,举行出殡仪式。背尸人将死者背上天葬台后,先将尸体放置好,天葬师动手肢解尸体,召呼秃鹫将肉骨全部吃完。这就预示着死者的灵魂已归天或转世了。至此,天葬仪式结束。

崖葬是流行于我国西南少数民族的一种葬法。这种方法或者是把棺材安放在通风的岩洞里,洞口用草木遮掩;或者是把棺木放在悬崖上,多具棺木上下参差。这种葬法也叫"悬棺葬"。

## 二、葬式

葬式是指安置尸体的体位、姿势的方式方法。人死后埋葬的姿势和生前的睡姿一样,并不是整齐划一的。这些不同的葬式固然是葬法、葬具等影响的结果,但同时更反映了各自所基于的信仰观念的不同。

在各种葬式中,仰身直肢葬是最普遍的一种。它的说法是:人死就是长眠,仰身平躺是长眠最好的姿势;同时,仰面朝上便于与活人交流。与仰身葬相对的是俯身葬,这种葬式则出于对鬼灵的惧怕和防御。实行俯身葬的民族认为只有让死者趴下,他的灵魂才不会骚扰人间。屈肢葬就在人体尚未僵化之前,将其回变胎儿状,意为走时应和来时一样,祝愿死者及早投胎转世。此外,还有其他葬式如坐式、蹲式、站式等。

## 三、葬制

葬法和葬式受自然环境、生存、形态、文明程度以及宗教信仰的影响很大,而葬制则主要受社会形态、社会意识的影响。葬制是丧葬的规则,如单身葬、合葬,是单独建坟还是实行氏族、家族、公共基地制,丧葬的等级(墓穴、殉葬)等等。

单身葬是最原始最通行的规制之一。首先是由自然规律决定的。因为人大多是一个一个地死去,自然也就一个一个地安葬。但后世单身葬失去了它的位置,其中有些客观因素,单身葬不如合葬省工省地。

丛葬是指多个死者安葬在一具棺木、一窟墓穴中,它的特点就是好多人安葬在一起。丛葬可分几种类型:一是同性而葬,指许多相同性别的人安葬在一起,一是男女分边合葬,即男女同葬一处,但依性别画界线。另外,丛葬也可能是同一氏族的合葬,即"聚族而葬"。丛葬有一次完成的,有的则是第一次单身葬,第二次拣骨丛葬。

合葬是指有婚姻关系的死者合葬在一起,如夫妻合葬。一般来说,夫妻不会同时死去,所以需要虚左以待(男)、或虚右以待(女),这样即出现了合葬细节上的变化。合葬有"并穴合葬"、"异穴合葬"、和"同坟异穴合葬"等类型。

村葬是指不分民族、家族,村里的死者都安葬在一起公共的墓地里。这种公共葬地是村社墓地,是所有村民公共的财产。城镇墓地有的仍以民族、家族为单位"小聚葬",有的不分民族、姓氏、职业、年龄、性别,实行杂葬。我国传统上持续最久、影响最大的墓地型是家族墓地,家族墓地按男性算世系,排列墓次,可以说家族墓地是我国传统家族制度的缩影。时至今日,家族墓地仍有存在;只有在大城市或较为发达的地区,才形成了新的公墓形式。

殉葬是古代葬礼中以活人或器物陪葬的陋俗。远古时有以死者生前的用具、用品或武器等随死者埋葬的习俗。进入奴隶社会后,殉葬之风甚盛。从考古发掘的商西周贵族墓中,发现大批殉葬者的尸骨和器物。春秋战国时,人殉受到非议,开始用陶俑、木俑陪葬。公元前384年,秦献公下令废止人殉。但在封建社会,人殉并没根绝。

丧葬的物质的和礼仪的等级,也是传统葬制的重要内容。这表现在墓葬的大小及营造规格,棺椁的俭奢,随葬品的多寡,仪制的隆简等等。

## ▶ 第二节　传统送葬仪式

人去世后,家属和亲友都十分悲痛。重要人士的逝世,还会引起社会的震动和关注。举行丧葬仪式,是表达人们对逝者的敬意与悼唁,寄托生者的哀思。

丧葬礼仪是人生的最后一个礼仪,因此程序繁多,尤其是在中国的民间。

### 一、停尸仪式

传统的中国丧葬礼仪讲究寿终正寝。即在病人生命垂危时,亲属要给他脱下旧衣,穿戴好内外新衣。病人在咽下最后一口气前,亲属们要把他移到正屋明间的灵床上,守护他度过生命的最后时刻,这叫做"挺丧"。

在弥留时刻,家属要给死者沐浴,一方面寄托了生者对死去的人的深深的孝敬之情,一方面主要是要让死者的灵魂知道,是让他干干净净地到达阴间,被祖先所收容。随后,家属还必须要给死者穿上寿衣,寿衣是传统的式样,要恢复原来的装束,因为按照传统的观念,人死之后就要去见远古的老祖宗,如果老祖宗认不出自己的子孙,就不让他认祖归宗。沐浴更衣之后,亲属要马上把尸体移到灵床上。同时还要采取一些仪式,把死者的灵魂也引到灵床上去。例如,我国山东临沂一带的习俗,是用一块白布从梁上搭过来,再用一只白公鸡在病床上拖几下,顺着白布从梁上递到外间屋,在死者身边走上一圈,然后把公鸡杀死,这叫做"引魂"。

### 二、报丧仪式

在一切准备就绪以后,就要选日子报丧。报丧是人死后所要进行的第一种仪式。

不同的地方,报丧方式也有所不同。在广西一带的地区,按照旧规矩,响三次火炮就表示报丧,这叫做"报丧炮",然后派人告诉给亲友。也有的地区在死了人的家中要拿白纸扎成旗帜立在门前作为报丧的信号。还有的地方,报丧的人到亲友家门不能直接入内,必须要等在门口喊屋里的人,等到他们拿一铲子火灰撒在门外之后,才可以进门报丧。这样做是为了辟邪。也有的地方报丧俗规非常严格,丧家如果死的是男人,必须由侄子到亲戚家报丧,死的如果是女人,必须由儿子、女儿给外婆家报丧。我国的东北一带,是用在门外悬挂纸条的方式来报丧的。纸条数根据死者年龄的不同来确定的,一岁一条,另外加上两条,表示天和地。并且他们用死者性别的不同来决定悬挂纸条的位置,死者是男性则悬挂在门的左面,死者女性则悬挂在门的右面,人们一看到门口的纸条就知道这家死了人,死者的寿数,以及是男是女。

在汉族的观念里,报丧不仅是一种形式上的礼仪,更是一种和亲属家人一起分担悲痛的做法。

### 三、做"七"仪式

按照古代的丧葬习俗,灵柩最少要在家里停三天以上。据说是希望死者还能复生。三天还不能复活,希望就彻底破灭了。

近代以后,灵柩一般都在"终七"以后入葬。人们认为,人死后七天才知道自己已经死了,所以要举行"做七",每逢七天一祭,"七七"四十九天才结束。这主要是受佛教和道教的影响。

"做七"期间的具体礼仪繁多，每个地方又有不同的做法。在广州一带，旧式丧葬习俗中的第五个七天，必须有外嫁女回来，这一天的费用完全由外嫁女负担，如果死者没有外嫁女，就由外嫁的侄女或侄孙女来做。人死后的第一个七天、第三个七天和第七个七天，叫做"大七"。在这一天祭奠中有"走七"的习俗，就是说在这一天的祭奠中，外嫁女儿和媳妇们，每人各自提一只灯笼，在规定的仪式中飞也似的赛跑，争取第一个跑回家，俗称"争英雄"，认为这样死者灵魂能庇佑降福。人们认为人虽然死了，但灵魂仍然和活人一样有情感。

### 四、吊唁仪式

在"做七"的同时还要进行吊唁仪式。唁是指亲友接到讣告后来吊丧，并慰问死者家属，死者家属要对着尸体哭泣，并对前来吊唁的人跪拜答谢并尽迎送之礼。一般吊唁者都携带赠送死者的衣被，并在上面用别针挂上用毛笔书写的"某某致"字样的纸条。

首先要布置灵堂。灵前安放一张桌子，悬挂白桌衣，桌上摆着供品、香炉、蜡台和长明灯等。在没有收殓之前，这盏长明灯不管白天晚上都要有人看守，不能让它熄灭，因此就必须要搭灵棚。接下来就要举行开吊仪式。这是最讲究排场的一个仪式。吊唁开始，爆仗齐鸣，礼仪程序非常有讲究，吊祭的人都穿着素服，以亲疏尊卑为顺序，一家一堂，本家先祭，外客后祭，一律跪拜行礼，长者在前，晚辈在后，专门设一赞礼生手持焚香一束，立在东面。另外设一个赞礼生立在西面。最后，要燃放爆竹，以标志祭拜礼仪的结束。

### 五、入殓仪式

吊唁举行完毕之后，就要对死者进行入殓仪式。入殓有"大殓"和"小殓"之分。小殓是指为死者穿衣服。据史书的记载，古代小殓是在死亡的第二天早晨的卧室门里。那个时候，先把小殓衣陈列在房里，然后铺设好殓床，接着举行着装仪式。主人和主妇都要把头上的饰物卸下来，把头发盘束在头上，男子要露臂，大家都要不停地号哭，以示悲痛至极。主持仪式的人开始为死者穿衣，先在床上铺席，再铺绫，它们的质地，要据死者的身份而定。无论贵贱尊卑，死者都应该穿上十九套新衣。穿好以后，亲属用被子把尸体裹上，然后用绫带捆紧。在这以后，再把布囊（称"冒"，分为上下两截）套在尸体上，然后盖上被子，覆盖好尸体。

"大殓"是指收尸入棺，汉族民间俗称为"归大屋"。这就意味着死者与世隔绝，与亲人最后一别，所以举行大殓仪式非常隆重。

大殓的时间是在小殓的第二天，就是人死后的第三天举行，以等待他生还过来。按照民间习俗，要在棺底铺上一层谷草，然后在铺一层黄纸，意思是死者的灵魂能够高高地升入天堂。而七星板则是求寿之意。在七星板上铺黄绫子绣花的棉褥子，俗叫铺金，褥子上锈海上江牙、八仙过海等图案，意思是超度死者的灵魂升天成仙。

当主人"奉尸殓于棺"的时候，是最能表现也最需要抒发子女们的孝心的时候，是亲人孝思形式化的最佳场合。所以，家人们都要捶胸顿足号啕大哭。

在合上棺材之前还要往棺内放些葬物。民间的讲究是让死者左手执金，右手握银。多是让亡人左手拿一个一两重的小金元宝；右手拿一个一两重的小银元宝或银子；而穷人就只好放些铜钱，或当时社会上通用的硬币，如大铜子、小钢板之类。最差也得给亡人手里放一块手绢。

为了保证亡人能够落个尸首完整，据说，凡是亡人生前从身上脱落下来的东西，比如老年时,脱落的牙齿,以及小殓沐浴时所剪下来的指甲,都应殓入棺内。

尸体、殉葬物放妥后,接着要钉棺盖,民间称为"镇钉"。镇钉一般要用七根钉子,俗称"子孙钉",据说这样能够使后代子孙兴旺发达。

入殓后,雨打棺。否则,以为后代子孙会遭贫寒。入殓前后,停棺在堂,直至出殡。

### 六、丧服仪式

在所有的这些丧葬习俗中,丧家必须穿戴丧服,主要是为了表示孝意和哀悼。这本来是出自周礼,是儒家的礼制,后来,又被人们引申成为亡人"免罪"。每个家族成员根据自己与死者的血缘关系,和当时社会所公认的形式来穿孝、戴孝,称为"遵礼成服"。

两千年来,汉族的孝服虽然有传承和变异,但仍然保持了原有的定制,基本上分为五等,即:斩榱、齐榱、大功、小功、缌麻。五服之外,古代还有一种更轻的服丧方式,叫"袒免"。在史籍中记载:朋友之间,如果在他乡,"袒免"就可以了。袒,是袒露左肩;免,指不戴冠,用布带缚髻。

到了近现代的时候,中国的丧葬习俗受到西方的影响,丧服有了很大改变。通常是在告别死者、悼念亡魂时,左胸别一朵小黄花,左臂围一块黑纱。有些妇女死了亲人在发际插一朵白绒花。这些象征的致哀方式,比起古代丧服,要大大简化了。

### 七、出丧择日仪式

尸体收殓之后就要把灵柩送到埋葬的地方下葬,叫做出丧,又叫"出殡",俗称为"送葬"。停尸祭祀活动后就可以出丧安葬。在许多民族中对出丧日期都要慎重选择。

东北地区的朝鲜族、赫哲族、满族均选择单日出殡,而不能在双日出殡,据说,双日出殡意味着要死两个人。云南一带的景颇族认为选择出丧日期以十二属相中会进洞的动物之属相最为吉利,比如属龙、蛇、鼠三天都是好日子,其余天日忌出殡。广西一些民族地区则忌讳犯"重丧"日期出丧。在旧时,浙江一带也忌讳"重丧"日期出丧,如遇上这类情况,要举行特殊的丧仪,往往是在三、五更盖棺,抬至郊外。丧家不穿麻,不能哭,要等七日后,才呼号奔告亲朋,然后再补丧礼。而西藏米林县的巴族,出丧的日期要由巫师行杀鸡看卦来定,以鸡肝上纹路的走向显示吉凶。另外,在一些接近汉族的民族地区也有由"阴阳先生"的占卦决定日期的。

还有一些民族和地区不但择日,还择时。彝族人家中有人去世,一般在家停尸很短,多是上午死,下午葬;下午死,晨葬。云南一带的苗族(黑苗)一般在早上出丧。而花苗和白苗则在午后和黄昏出殡。贵州一带的苗族(白苗)是在天刚亮出丧。东北黑龙江一带的赫哲族多在晌午出殡。广东等地瑶族出殡时间多在中午或午后,以为这种时刻最吉利。

### 八、下葬仪式

下葬是丧葬仪式的最后一个环节。这是死者停留在世间的最后时刻,因此一般都非常郑重其事。

由于各个民族所处的生存环境不同等原因,形成了很多不同的下葬风俗仪式。这种下葬的仪式反映了人们对灵魂的崇拜。汉族主要是实行土葬。墓地是死者的最终归宿,所以墓地的选择是埋葬死者的头等大事。墓地要选在地势宽广,山清水秀的地方,找出生气凝结的吉穴,从而可以使死者安息地下,庇佑子孙。

下葬仪式是非常讲究和烦琐的。抬灵柩的人叫做"八仙",挖棺材洞穴叫作"打穴"。在打穴之前还要祭祀开山,孝子要烧香点烛行开山礼。有的地方要请地仙,要画太岁,还要避开太岁的方向,不然就是"太岁头上动土"。开山的时候要在做墓穴的地方前后打个木桩,然后让孝子在打木桩的范围内用锄头挖三下,接着八仙就过来做穴,做好之后再把太岁的画像烧掉。一般这种墓穴,是把灵柩推进去的。

灵柩在山上停放好之后还有很多不同的风俗。在一些地方,孝媳妇要在灵前作揖拜礼,然后捧把黄土,在怀里包着,跑回家里把黄土撒到猪栏鸡笼和床下,据说这样就可以得到亡灵的保佑。

在旧时,祭祀墓穴是人们非常看重的。祭祀的时候把一只公鸡杀死,用它的血来祭奠。下葬之前还要由死者的儿子把编成的五谷囤装上五谷杂粮放在墓穴里。囤口上面盖着一张小烙饼。在墓穴里还要放一个陶瓷罐,罐子上面放一盏豆油灯,叫作长明灯。有的地方还在墓室上嵌一面铜镜,象征太阳。在古代的时候,有钱的人家要远离坟墓,射三支箭,然后马上后退。这样不敢靠近灵柩是因为担心压不住鬼邪,自己会遭殃。在灵柩放进墓穴的时候都必须放炮,说是为死者饯行去阴间。

旧时的规矩,下葬的时间很是讲究的,必须是太阳落山之时灵柩也落土。落土的时候"八仙"拽着棕绳徐徐放下,四平八稳之后,亲属们必须抓起泥土扔到灵柩上,这叫作"添土"。灵柩下去之后,先要盖一层薄土,再把墓穴里挖出来的土撒在上面,之后要放上一只碗,叫作"衣饭碗"。这样做是为了以后迁坟的时候动作轻些,免得惊动亡灵,招来不幸。

民间的习俗认为,人死后的灵魂随时可能从坟墓里跑出来,跟着活人回家。所以下葬的人必须绕墓转三圈,在回家的路上也严禁回头探视。否则看见死者的灵魂在阴间的踪迹,对双方都是不利的。实际上这也是一种节哀的措施。不然的话死者的亲人不停地回头观望,总也不舍得离开,是很难劝说的。

埋葬之后人们必须要洗手,有的还要用酒来洗。这样是表示今后再也不死人,用来驱除晦气。接着丧家要谢吹鼓手和客人。之后还要举行辞灵仪式,祭拜死者的灵位。在有的地方辞灵之后,只要是亲属就要在一起吃饭,这叫作"抢遗饭"。

这些民间传统的风俗习惯都反映了生者对于死者的敬意和对生命兴旺的美好愿望。

## 第三节　现代丧葬礼仪

随着社会的进步,人们文化水平的提高,旧式的丧礼已越来越不为人们所采用,新式丧礼已渐成风气。

### 一、追悼会仪式

以上所述的为我国传统的丧葬礼仪,在我国农村地区还非常普遍。在现代城市里,以开追悼会的形式,代替传统的丧葬仪式,以寄托哀思,既简单,又方便;既严肃,又壮观。它不仅经济,而且也很有纪念意义。

追悼会的会场一般设在原设的灵堂,也可以另找会场。会场布置务必庄严肃穆,正中悬挂死者遗像,已经火化的就将骨灰盒置放灵堂桌上,覆盖红布。未火化的,正中放置棺材,周围摆放花圈、松柏,两边墙上挂上挽联、挽幛。正面墙上挂着书有"×××同志追悼会"的横幅,白纸黑字。如果向遗体告别,横幅上则写着"向×××同志遗体告别"。会场布置好后,可安排参加追悼会者站好队,逝者亲属站立左边,主要亲属站前排,其他与会者则站在会场正中,面向死者遗像或遗体,分排站好。追悼会主持者则站立前排左边,一半向着死者亲属,一半向着其他与会者。其后追悼会正式开始。

### 二、遗体告别仪式

现代社会提倡火葬,所以遗体告别的仪式显得比较要紧。遗体告别仪式或在医院的特有场所举行,或在公墓的专门场所举行。不论在哪里,会场的布置都要庄严、肃穆。大厅的内外应该挂些亲友送的挽联等,厅内亦应如此,并摆放些鲜花、松柏,把遗体环绕起来。在遗体的旁边,还可以放一些死者生前的喜爱物,或代表其业绩的物品,比如所著的书等。亲友来参加告别的进入大厅以前应该戴好小白花,依次进入大厅,分别在哀乐声中向死者三鞠躬致哀。

遗体告别时,家属们是极其哀痛的,但亦不应因此失仪。一般的小事可由一些亲友来主持,但届时须臂戴黑纱依次站在告别室靠出口的一侧,和吊唁者握手道谢。一般来说,家属们此时都难忍悲哀之泪,但不宜放声大哭出来,否则会影响整个仪式的气氛。告别前后,至亲好友向家属问候一声,叮嘱他们节哀,或是告别握手时道声"珍重"、"节哀",都会受到死者亲友感激的。

遗体告别仪式之后,死者生前所在单位负责同志及死者亲属,要护送遗体到火化场火化。

### 三、葬后礼仪

亲人去世之后,痛苦并未因葬礼的结束而结束,相关的礼仪也仍然存在。为死去的亲人服丧,是无可非议的。在中国传统中,服丧制度十分严格,有所谓"五服"制度的周密规定。不过,这些制度已随历史而成为陈迹。近代以来,服丧的仪俗有所改变,那就是只在右臂戴一块黑纱,穿一些暗色的衣服。对于直系亲属来说,这种礼仪还是应该遵守的。葬后开始的一段时间内,死者的亲属还是少参加一些公共活动、社交活动为好。这时候,守丧者不宜去娱乐场所或其他正式的聚会,这不仅是对死者和他人的尊重,对于自己身心健康的恢复也是大有益处的。

死者亲属正常生活的恢复,亲友也是有责任的。至亲好友应该经常看望他们,和他们谈些不涉及死者的事情,或带他们参加一些有益的活动。这段时间里,无论谈话还是写信,都应该避免提及令死者家属伤心的事情。

### 四、参加吊唁的礼仪

吊唁一般应亲自前往,因病、因事不能前往时,则应写信、发短信、发微信或委托他人代为慰问。如死者是至亲好友,应考虑带妻子和孩子前往。去吊唁之前应与死者亲属联系,送上花圈挽联表示对死者的怀念,还可帮助家属做些具体事情或在其他方面给予帮助。

追悼会是很沉痛和肃穆的场合,因而,吊丧人的穿着要庄重,一般宜穿深色衣服,也可穿比较素雅的服装,衣服上可佩戴白花、黄花或黑纱。

另外,作为死者的亲戚、朋友或同志应劝说死者家属丧事从简,不能搞带有封建迷信色彩的纪念活动。

## 第四节　基督教葬礼

西方丧葬礼俗主要受基督教文化的影响。基督教将每一个人的灵魂直接与上帝发生关系，不允许偶像崇拜，崇尚灵魂升华而轻视肉体，因此西方的丧葬风俗是简丧薄葬。基督教的丧礼更多的是为死者祈祷，祝其灵魂早日升入天堂，解脱生前痛苦。基督教认为人死后灵魂需要安静，因此丧礼非常肃穆。在基督教文化影响下，上至王公贵族，下至平民百姓，丧葬基本从简，即所谓在上帝面前"灵魂平等"的原则。

### 一、教堂葬礼

在西方信奉基督教的国家，葬礼一般都在教堂举行。家里如有人去世，先要与教堂商定举丧日期，并要用适当的方式通知亲友。此外，尸体要用清水洗净，他们认为水有着无限的神力。它能净化人的躯体、净化人的心灵和灵魂，并能祛邪镇妖。人降临尘世要洗礼，离开尘世也要洗尸，洗刷尘世间的一切罪孽。

在教堂举行葬礼的这一天，亲朋好友手持鲜花或花圈陆续来到教堂。首先由牧师或神甫主持追思礼拜，参加葬礼者按事先的安排唱圣诗赞诗、奏哀乐、祷告、宣读由丧家提供的死者生平。

教堂葬礼只是整个葬礼的前半部分，后半部分是在墓地举行，只有死者的家属、近亲和亲密的朋友参加，一般好友在参加完教堂葬礼后即可离去，不必去墓地。

在西方国家，葬礼多以土葬为主，亲朋目送灵柩安葬在事先指定好的墓穴中。人们围绕在墓穴周围，为死者祷告，愿他安息、灵魂升入天堂。

### 二、出席葬礼的礼仪

在西方国家，出席葬礼要尽可能穿黑色的衣服，男子要系黑色无花图案的领带，如果没有黑衣服就穿颜色暗淡、深沉的服装。

同时，在葬礼上要保持肃穆、安静。整个葬礼自始至终都沉浸在一种庄严肃穆的气氛中，没有捶胸顿足、号啕痛哭的场面。除了小声的抽泣声，多数人都在沉思默祷，默默地为死者送行。

西方的墓地是万紫千红、鲜花盛开的。墓地四周是郁郁葱葱的树木，主要是四季常青的苍松翠柏。在和暖的季节，百花齐放，鲜花既代表了人们对死者的追思，也是对生者的慰藉。每当想起死者，人们会到墓地去扫墓、献花，静静地呆上一会儿，以寄托自己的哀思。

另外，在葬礼上，唯一可送的礼物就是鲜花。可送成束的鲜花，也可送用鲜花做成的花圈。在鲜花的饰带上要写上死者、吊唁者的名字及"安息吧"、"永别了"之类的题词。

### 三、居家服丧

葬礼举行后，丧家还有一个丧期。虽然近些年对这方面的要求已不那么严格，穿衣服要以素雅的颜色为主，不要参加舞会、宴会及场面热闹的大型应酬，以一段宁静的生活度过丧期。

## 第五节　伊斯兰教葬礼

伊斯兰教法规定穆斯林实行土葬。《古兰经》云："凡有血气者，都要尝死的滋味，我以祸福考验你们，你们只被召归我。"认为穆斯林死亡为一个人最后的必然归宿，是肉体的消失和精神的升华,是人生的复命归真,不是生命的终结。教法规定速葬为"穆斯泰哈布"(即嘉许的行为)。伊斯兰教葬礼三项基本要求是土葬、从速、从俭。教法规定善葬亡人,是活人的善举和义务。在亡人待葬期间,不宴客,不服孝,禁止袭用非教法规定的一切习俗。

穆斯林称"死"为"归真",阿拉伯语"冒台"的意译,忌称"死亡"。我国回族对待归真的信念,既不盼望,也不视为可怕。认为生是死的起点,死是生的必然归宿;死是肉体的消失和精神的升华,是人生的复命归真,而不是生命的终结。所以回族葬礼不主张"号哭"和"铺张"。

伊斯兰教殡葬的仪式是:

**1.病人"归真"前应做四件事情**

(1)病人留遗嘱。病人亡故前,在清醒时应叮嘱家人为自己偿还债务,分配遗产和施舍,请人们原谅过错及讨讨口唤等。病人自己可请阿訇代为念"讨白",向真主悔罪求得饶恕。

(2)提念"清真言"。病危时依据圣训,守候人要给病人提念"清真言",务使病人记住真主,勿留恋尘世,切勿强求,以防病人因临终痛苦而伤其诚信。

(3)诵读《古兰经》"雅辛章"。该章概述伊斯兰教信仰的三大原则,即作证真主,承认先知和信复活日。为临终病人诵读,使其从容死去归主,同时使活人受其教诫和回赐。

(4)病人绝气后,脱去衣服,合其双眼,闭其口齿,顺其四肢,整理容发,使亡人面向"克尔白"天房,覆盖白布单。

**2.病人去世后应做的四项主要工作**

(1)准备亡人的殓衣(即"可凡")。根据圣训、教法规定,殓衣要用白棉布。男殓服三件,女殓服五件。

(2)净礼(俗称"洗埋体")。为亡人冲洗大净,然后再包裹白布(俗称"可凡布")。

(3)殡礼,即站"者那则"。教法规定举行殡礼是"副天命",凡参加站"者那则"的人,都须沐浴净身、洗衣,其仪有举意、抬手、大赞、不躬、不叩、不跪坐。

(4)埋葬。穆斯林都有抬送亡人的传统美德,参加送葬被视为圣行,抬送"埋体"为应尽义务。

中国穆斯林把伊斯兰教葬礼习惯称为清水洗,白布裹,简短殡礼,深土埋葬,简称为洗、穿、站、埋四项副天命。在教法规定的日期中,除远来亲友外,不在丧主家中吃饭,以免增加丧家负担。中国穆斯林习惯上在亡人入土前后举行一系列宗教仪式,如点香、传经、诵经,做"都阿",念"七窍米"、写护心"都阿",念土块"都阿"、下土经、回头经,过七日、月头、四十日、百日、周年、三年及生殁之辰等纪念活动,多为亡人亲属对死者表示追思怀念的一种形式,或代亲赎补罪过、祈求真主恕饶人生前过失的一种善良愿望。

**复习思考题**

1.在我国古代社会,人去世后,有哪些葬法?

2.在古代社会,对死人的安葬方式有什么不同?

3.葬制是古代社会的又一丧葬礼仪,它的具体内容是什么?

4.传统的送葬礼仪在我国民间很普遍,简要叙述一下它的具体过程?

5.现代的丧葬礼仪突出了新时代的特点,它与传统的丧葬有什么不同点?

6.简要阐述基督教与伊斯兰教在葬礼上各自不同的仪式?

# 第六章　祭祀礼仪

祭祀，乃为与神相接之具体表示，用意固在敬神，而亦重在求神。所谓敬神，即上天尊祖，崇德报功。求神，祈祷消灾降福，富贵长命，风调雨顺，合家平安。

古代中国的祭祀种类繁多，礼仪复杂。包括古代王礼中的"吉礼"，这主要是朝廷祭祀祖先和祭天时举行的盛大典礼。还有中国民间的祭祀祖先、扫墓等习俗。从根本上说，主要是为了人类与各种神灵沟通，达到驱恶迎祥的目的。

## ▶ 第一节　古代吉礼

吉礼，就是祭祀的典礼。古代认为祭祀是"国之大事"，故把吉礼列为五礼之首。当时的祭祀种类繁多，《周礼》书里开列的就有对上帝、日月星辰、社稷、五岳、山林川泽以及四方百物的祀典，都属于吉礼。

### 一、祭祀天神

在我国古代，祭祀天神以圜丘祭天为主。据《周礼》记：冬日至，于地上之圜丘；夏日至，于泽中之方丘。可见，最初之祭天，是取自然之丘，后来帝王选适当之地，于地上筑土为丘，设坛以供祭祀之用。所谓坛，即其与庙有所不同，人们建庙祭神，立神位于庙中。而坛则平时不设神像，届时供列祭品，设神位行祭。祭天之坛称圜丘，其象征天圜。

周代祭天的正祭是每年冬至之日在国都南郊圜丘举行，圜丘祭祀的主祀者应为天子。秦及西汉初年只郊祭白、青、黄、赤四帝或五帝（加黑帝），而无圜丘祭天之礼，西汉一代，圜丘祭天之礼仅举行数次而已。东汉光武帝即位于鄗，在其南郊立坛，祭告天地。祭礼依照西汉平帝元始中的郊祭仪式进行，天地合祭，称天帝为"皇天上帝"。后汉时期在洛阳城阳建圜丘。三国、晋及南北朝时期，各汉族政权郊礼或举或否，举行者基本上依照旧典，与东汉礼制无大差别。隋唐时期圜丘制度与东汉时期相似，隋代将祭祀昊天上帝、日、月、皇地祇、神州社稷、宗庙定为大祀，祭星辰、五祀、四望等定为中祀，祭司命、司中、风师、雨师、山川等定为小祀。唐代立国，圜丘规制与祭仪基本依照隋朝制度，宋代沿袭唐代。元朝综合唐、宋、金旧议，在大都的正门东南七里建祭台，合祀昊天上帝和皇地祇。明初，在南京正阳门外、钟山之阳建圜丘，后在圜丘之上覆以大屋，称为大祀殿，迁都北京后，在南郊建大祀殿，规制一如南京，合祀天地。后在大祀殿故址建大享殿。努尔哈赤建立后金后，以本民族习惯设杆祭天。太宗皇太极在盛京（今沈阳）建圜丘、方泽坛，祭告天地，改元崇德，改国号为大清。清定都北京后修复了北京正阳门南圜丘及各种配套建筑。后经乾隆时改修，成为今天尚存的天坛古建筑群，包括圜丘、大享殿、皇穹宇、皇极殿、斋宫、井亭、宰牲亭等。不过，清廷在按照汉族古礼进行圜丘祭天的同时，也未放弃本民族习俗，仍然保持堂子祭天的礼仪。在堂子中举行的祭礼很多，尤以元旦拜天、出征凯旋告祭为重,皇帝都要亲往致祭。

此外,古时还有许多祭天典礼,如祭五人帝、感生帝,祈谷,大雩(求雨),明堂之制,祭祀日月、星辰,祭祀云、雨、风、雷等等。

## 二、祭祀地神

远古时已有对土地的崇拜,大地生长五谷,养育万物,犹如慈爱的母亲,因此,古代有"父天而母地"的说法。古文献记载土地神是"社",祭礼叫"宜"。在殷商甲骨文里已有对社土的祭祀,还有大量的祭祀山岳河流的记录,主要目的是祈求农作物的丰收。地神,称为"地祇"。"社",通常是主某一片土地之神。所以,《礼记·王制》有"天子祭天地,诸侯祭社稷"的说法。另外,阴阳家说,地中央曰昆仑,统辖四方大九州;神州是九州之一,下又分小九州,即中国的九州。汉代经学家也有分地神为昆仑之神与神州之神的说法。

### 1. 方丘祭地

祭地的正祭,是每年夏至之日在国都北郊水泽之中的方丘上举行的祭典。水泽,即以水环绕;方丘,指方形祭坛,古人认为地属阴而静,本为方形。水泽、方丘,象征四海环绕大地。祭地礼仪与祭天大致相近,但不用燔燎而用瘗埋,即祭后挖坎穴将牺牲等祭品埋入土中。祭地用的牺牲取黝黑之色,用玉为黄琮,黄色象土,琮为方形象地。

秦朝统一天下后,一直没有方丘祭地之礼之说。秦始皇即帝位后所祠八神有"地主",祭的是泰山梁父。汉高祖时有专祠祠地。汉武帝提出在汾阴祭祀后土,后汉沿用其制,同时仍保留了汾阴后土祠的祭礼。曹魏明帝时,也与祭天一样一分为二,方丘祭天与北郊祀地,晋武帝时合二而一。南北朝时,南朝各国多在北郊祭地,而北朝各国方泽祭地时也有同祭昆仑地祇、神州之神的。

隋朝初年在宫城之北建方丘,夏至之日祭皇地祇,孟冬则在北郊祭祀神州之神。唐初沿用隋制,贞观时,规定只祭皇地祇及神州。高宗永徽时又废去神州之祀。武后于南郊合祀天地。《开元礼》定夏至日方丘祭地之仪,仍以神州地祇从祀;孟冬祀神州地祇。宋代祭地大致同《开元礼》,由于天地祭祀分合之争十分激烈,祀典也因而常有变动。

明朝初年在南京钟山之北建方丘坛。嘉靖时,在北京安定门外建方丘,即地坛,并建造皇地祇室,用以收藏皇地祇及从祀众神木主,每岁夏至祭祀。

清代沿用明制,于安定门外方泽水渠中设坛,地坛之南有皇祇室,坛外又有南、北瘗坎各二,还有神库及神厨、祭器等库及井亭、宰牲亭、斋宫等配套建筑。

### 2. 祭祀社稷神

《周礼》说:"建国之神位,右社稷,左宗庙。"社是土神,稷是谷神。祭祀社稷神目的是祈谷,因此有"春祈秋报"之祭。春祈在社日(仲春之月吉日)举行,秋报在秋收后(孟冬之月吉日)举行,这是社稷的正祭。

祭祀社稷时,服希冕,祭品用太牢。在奉献的祭品中,牲血很重要,故有"以血祭祭社稷"之说。祭社时击鼓伴奏,跳帗舞,举行占卜仪式,卜问来年是否会丰收。除春、秋两次祭社稷外,凡有出兵、田猎、巡狩、祈祷等大事,也都要祭社。

汉代时国家立有太社、太稷,各县立有"公社",每年春二月及腊月两次祭祀。隋代初年,在长安含光门之右分别并建社、稷坛。唐代亦以仲春、仲秋二时戊日祭太社、太稷,社以勾龙配享,稷以后稷配享。孟春吉亥,祭帝社于藉田,天子亲耕。唐代将"籍田坛"看作是帝社,武后改为"先农坛",祭祀神农。唐以后,社稷坛制度逐渐稳定下来。天子太社,用五色土,社主用石条制作。只有元代社坛不用五色土,全用黄土。明太祖又将社、稷合为一坛,建制与前朝社坛相同,分建大社、太稷神位。明永乐后及清代,社稷坛都在北京紫禁城端门之右(今中山公园内),每岁春、秋二季仲月上戊日举行祭祀,由皇帝亲祭。地方府、州、县各有社、稷,亦在同时祭祀,由地方官主祭。

### 3. 封禅

封禅不是单纯的祭地礼,封为祭天,禅为祭地,封禅就是祭祀天地。封与禅一般都同时进行。"封禅",专指在泰山的天地祭祀。《史记·封禅书》正义说:"此泰山上筑土为坛以祭天,报天之功,故曰封,此泰山下小山上除地,报地之功,故曰禅。"之所以在泰山举行封禅大典,是因为泰山为东岳,东方主生,是万物之始,是阴阳交替之处。相传远古在泰山举行封禅典礼的有七十二家。历代好大喜功的帝王多将封禅作为一代盛典,给予特别的重视。

《史书》所记封禅,可靠的是秦始皇二十九年(前218年)的泰山封禅。秦始皇修建车道,从山南登顶,立石纪功;又从北路而下,禅于梁父。

汉武帝元封时也去泰山行封禅礼,先到梁父,祭祀地主。礼毕,武帝与侍中等登山顶,山顶也筑一土封,下圆上方,上建方石。

唐高宗封禅泰山,从驾的文武大臣、兵士、仪仗队伍长达数百里。其礼仪为:先在泰山南四里筑圆坛,三重,十二阶,如圜丘之制,坛上饰以青色,四面各如其方之色,并造玉、策三枚、玉匮一、金匮二、石检等在泰山之上,筑登封之坛,上径五丈,高九尺,四面有陛,坛上饰以青色,四面各如其方之色,亦造玉牒、玉匮、石检等以备用。在泰山下的社首山筑禅坛,方形八隅,一重,八陛,如方丘之制,坛上饰以黄色,四面各如其方之色,准备玉策等物,与上面相同。封禅礼开始之日,唐玄宗在山下圆坛亲祭昊天上帝,祭毕,亲封玉策,聚五色土封之。然后,率侍臣等登泰山。次日,就山上登封之坛封玉策,封毕,下山。次日,在社首山禅坛亲祭皇地祇。次日,御朝觐坛以朝群臣。礼毕,宴文武百官,大赦改元。

### 4. 四望山川

"四望"是望祭天下名山大川之神。同一山川,至其地而祭之,直呼为祭,远望而祭之,则名曰"望"。望祭也在国都四郊举行,四方各建一坛,以望祀一方的名山大川,祭品用牲要与各方之色相合。正祭之外,国家如有军事行动,也要预先进行望祭,称为"前祝";战争获胜后,燔柴以望,称为"告成"。国家如果有凶灾变异,也要进行望祭,天子向受灾方向行礼祷告,祈求神祇的佑护。

秦朝祭山川,设专祠祭名山大川。西汉建立后,汉高祖刘邦分封建国,各诸侯国各自奉祠境内名山大川。隋文帝开皇中,文帝诏令祭祀"四镇",即东镇沂山,南镇会稽山,北镇医无闾山,冀州镇(中镇)霍山。以后,又以吴山为西镇,成为"五镇"。

唐朝时,五岳、四渎、四海、四镇(当时不祭中镇霍山),每年一祭,各自于五郊迎气之日祭祀。元代世祖中统后,遣使祀岳、镇、海、渎十九处,分为东、西、南、北、中五道,各遣汉官、蒙古官一人前往祭祀。

明代南京、北京皆有山川坛。嘉靖时,改山川坛为天地神祇坛,地祇分五坛:五岳、五镇、五陵(祖宗陵墓山)、四海、四渎,并以京畿及天下山川从祀。

清初设山川海渎配享方泽之祭,又建地祇坛,位于天坛之西,兼祀名山大川。五岳、五镇、四海、四渎,皆依时遣使前往祭祀。另外,又封努尔哈赤、皇太极等祖先陵墓所在之山及长白山等,按时祭祀。

土地是繁衍我们人类生命的灵魂,万物滋生的源泉,人类对于土地的顶礼膜拜从未间断。在各种祭祀地神的活动中形成了一套具有中国传统特色的祭地礼仪。历代皇帝更是多次修建祭地圣坛,每年夏至率领皇室贵族和文武百官前往举行祭地大典,其目的就是祈求国泰民安、风调雨顺。

### 三、祭祀人神

#### 1. 宗庙祭祖

宗庙祭祖是由古代巫教中的祖先崇拜演变而来的。对死去的祖先,无法一一分别祭祀,于是作出种种规定,形成祭祀制度。在规定祭祀对象时,首先是在远祖中寻找对本族有特殊功绩的祖先人物作为固定的、永远要祭祀的对象,其次只祭近几代死去的祖先。在祭祀方法上,则采取合祭和对主要祖先轮流祭祀的方法。所谓合祭,又称祫祭,就是对原先单独立庙祭祀的祖先,随着世系已远,毁其庙,平时将神主藏于太祖庙,五年一次,出其神主合祭。

周代极为重视宗庙,有"君子将营宫室,宗庙为先"之说。周代宗庙中的神主通常用桑、栗等木制作而成,长方形,平时收藏在"祏"(收藏神主的石函)中,祭祀时取出。在祭祀宗庙的正典中,像祭天一样,要使用尸作为先祖的代表。为尸者要与死者有血缘关系,血脉贯通,祖先之灵才能降临。但死者之子在祭祀中要担任主祭。祭祀之前,先要进行修除、择土、卜日、斋戒等准备工作。祭祀之日,入庙后先到太室行裸礼,即用圭瓒酙香酒,灌注入地,以告知先祖之灵降临受祭。祭礼毕,所用祭品分而食之,称为馂。牺牲之肉,生曰脤,熟曰膰,祭后要分赠给参加祭祀的宾客或颁赐给同姓诸侯。祭祀时的乐舞,奏《夷则》,歌《小吕》,以享先妣,奏《无射》,歌《夹钟》,舞《大武》,以享先祖。

自秦以后,历代皇帝皆立宗庙,一岁祭祀数次,但宗庙多少不一。

#### 2. 祀先代帝王

祭祖是对祖宗的祭祀,不同于祭神。"祖,始也,言为道德之初始,故云祖也;宗,尊也,以有德可尊,故云宗。"中华民族都是炎黄子孙,共认炎、黄二帝为祖宗。所以,祖宗是对先世的通称,特别是对始祖及先世中有功德者的尊称。对于皇帝来说,除了本家本族之外,先前的历代帝王也是他们的祖宗。古人云:"夫圣王之制,祭祀也。法施于民,则祀之;以死勤事,则祀之。"可见,祭祖在很大程度上是后人对祖先功德表达景仰和怀念之情的一种方式和礼仪。

传说中的三皇五帝以及商、周以来的有功德的帝王,常被列入国家祀典。《礼记·曲礼》说:"夫圣王之制礼也,法施于民则祀之,以死勤事则祀之,以劳定国则祀之,能御大灾则祀之,能捍大患则祀之。"

我国古代,人们相信人死了之后魂魄也变成神灵,所以祭祖与祭神并非截然分开,往往是祭神和祭祖合为一起的。早在夏商周三代,即在祭祀天地之神时,便配祀祖宗先代帝王了。

先秦时期,有关帝王祭祀前代帝王的记载,多为祭祀天地之神时的配祀,专祭古帝王者亦有,但比较少见。秦汉以后,皇帝祭祀古代帝王的记载便渐渐多起来了。

自秦汉至北朝的六七百年间,封建统治者对先代帝王的崇祀,虽说代有所为,未曾间断,但是多有变化,在祭祀的时间、地点、方式、礼仪等方面未有定制、常制,具有明显的随机性。

隋统一天下后,整肃礼制,隋代祭祀先代帝王已形成定时、定地、定式的制度。

唐初祭祀先代帝王与名臣,基本同隋制。时至中唐,情况发生了重大变化。唐玄宗天宝年间,于京城长安建置两个帝王庙,一曰三皇庙五帝庙,一曰三皇以前帝王庙。这是历史上于京城建帝王庙,集中祭祀唐代以前帝王的肇始。此外,唐代还在先代帝王发迹之处建庙,令地方长官按时致祭。

到了两宋,国都汴梁和杭州都没有帝王庙的建置,对先代帝王及名臣的祭祀,分别在其陵庙所在地举行。所祭的先代帝王进一步增多,且有主次重轻之分。

元代崇祀先代帝王之典不废,但没有唐、宋隆重。明朝对历代帝王和名臣的崇祀极为重视,超越前代。值得称道的是,元代还增建了一批古帝王庙,如至元十二年(公元 1275 年),立伏羲、女娲、舜、汤等庙,至元十五年(公元 1278 年)修会川盘古王祠等。

明朝对历代帝王和名臣的崇祀极为重视,超越前代。洪武三年(公元 1370 年)遣使访寻先代帝王陵寝,遣官往祭。并命奉祀官见有陵寝被盗发者,要掩埋好;毁坏的地方,要修补完整;有庙堂颓圮者,要加以修葺;当地官府要严禁采伐陵木,并每年按时祭以太牢。当地官府要遵照致祭。永乐年间,对历代帝王庙和名臣多在天坛举行郊祀大典时附祭,南京的历代帝王庙,则遣官行祭礼。嘉靖九年(公元 1530 年),厘正祀典,废除郊祀附祭历代帝王之制,在皇城西建立帝王庙。正殿五室,名曰景德崇圣之殿。

清代,封建统治者崇祀历代帝王的礼制与活动,汇其大成,推向顶峰。清室入关,定鼎北京,宫殿城池,沿用明旧。历代帝王庙也成为清室继承前明的一宗历史文化遗产,并在完善崇祀历代帝王的礼制上,较明代"更上一层楼"。

### 3. 祀先圣先师

《礼记·文王世子》说:"凡学,春官释奠于其先师,秋冬亦如之。凡始立学者,必释奠于先圣先师,及行事,必以币。"可见,祭祀先圣先师是立学之礼。除释奠礼外,还有释菜之礼,此为始入学所行之礼,远较释奠简陋,故有"礼有释奠,有释菜,莫厚于释奠,莫薄于释菜"之说。汉代以后,有的尊制礼作乐的周公为先圣,绍述孔子为先师。也有的以孔子为先圣,颜回为先师。总起来说,先圣先师祭祀以孔子为中心进行。

对孔子的祭祀始于汉高祖十二年(公元前 195 年)。东汉时期,开始在学校祭祀先圣先师周公、孔子。

隋朝每年四仲月上丁日在国子寺均释奠于先圣先师,州郡学则以春、秋二仲月释奠,唐高祖武德二年(公元 619 年),在国子学立周公、孔子庙。太宗时,以孔子为先圣,以颜渊为先师,亦称亚圣。唐玄宗时,调整孔庙规制,孔子塑像正中坐,颜子等十哲亦为坐像,因曾参大孝,特为之塑像,坐于十哲之下,又在庙壁上绘 70 子及 22 贤像。

宋朝,在北周国子监孔庙的基础上加以增修,塑先圣、亚圣、十哲像,并画 72 贤及先儒 21 人像于东西两庑之木壁上。元朝在大都立孔庙,武宗至大元年(公元 1308 年),加封孔子为大成至圣文宣王。

明初,以太牢祀孔子于国学,并遣使到曲阜致祭。永乐迁都北京,照南京制度建太学、孔庙。清定都北京后,以国子监为太学,立文庙。帝王大多亲临孔庙行释奠礼,典礼隆重。各地府、州、县也都立孔庙,地方官员都要以时祭祀。

清定都北京后,以国子监为太学,立文庙。称孔子为"大成至圣文宣先师"。顺治十四年

(公元 1657 年)，孔庙神主又改题为"至圣先师"。康熙二十二年(公元 1683 年)，御书"万世师表"牌额悬于大成殿。光绪三十二年(公元 1906 年)，祭孔又由中祀升为大祀，采用八佾。帝王大多亲临孔庙行释奠礼，典礼隆重。

除京师立孔庙外，曲阜阙里的孔庙在历代一直都保存下来，载于国家祀典，祭祀活动由孔子裔孙主持，不少帝王都曾派遣官员前往致祭，也有的帝王亲到曲阜祭祀孔子。各地府、州、县也都立孔庙，地方官员都要以时祭祀。

### 4. 祭祀其他人神之礼

**(1)祀先农**

先农神是我国古史传说中最先教民耕种的神者，代表人物是炎帝神农氏。历代帝王都十分重视农业生产，祭祀农神，祈求丰收，于是便有了藉田礼。"藉田礼"实际是帝王在特定的田地里模拟耕种的仪式。周以后，帝王率文武百官行藉田礼逐渐成为制度，与躬藉田耕同时，举行祭享先农的礼仪。汉代，藉田仪式通常在都城南郊举行。这种集亲耕、观耕与祭祀先农为一体的仪式并非年年举行的常典。唐宋以后，藉田礼不断松弛，但一直没有被废止。明清时期，随着封建王朝典章制度的完备，祭先农与藉田礼被列为国家重要祀典。

**(2)祀先蚕**

祀先蚕，亦称"祈蚕桑"、"亲蚕"，古代吉礼的一种。"先蚕"指最早发明种桑养蚕的人，相传为黄帝妃嫘祖，民奉之为蚕桑之神。战国时，附会以天驷星座代表先蚕。周代，天子诸侯皆设有公桑蚕室，筑於河川附近。仲春二月，天子后妃，以少牢祭祀先蚕神，三月朔亲率内外命妇在北郊亲躬亲桑事，以鼓励蚕桑生产其意义与籍田相似。

元代无先蚕之祭。明嘉靖九年(公元 1530 年)，才开始在安定门外建先蚕坛，世宗亲自决定先蚕坛规制。清康熙时，始在丰泽园立蚕舍。雍正时，拟在安定门外建先蚕坛，未及行。乾隆时，在皇城内西苑东北隅(今北海公园后门一带)建先蚕坛，三面种桑柘，坛东筑观桑台，前为桑园，并建有亲蚕殿、先蚕神殿、浴蚕池、蚕署、蚕所等。此后或由皇后亲祭先蚕西陵氏，或由妃代祭，或遣官摄祭。

### 四、其他祭祀

#### 1. 蜡腊之祭

蜡、腊本是两种祭祀，蜡祭百神，为报答一年来恩佑之功；腊，原写作"臘"，祭先祖、五祀。史书记腊祭，始见于《左传》。《史记》记秦惠文王十二年(前 326 年)初行腊祭。秦始皇信从歌谣之言，腊祭更名为"嘉平"。汉代仍改为腊，祭祀宗庙、五祀、百神，慰劳农夫，大饷燕饮。

北周时，腊祭又称蜡祭，于十一月祭神农氏、伊耆氏等。隋初沿用周制，定孟冬下亥日蜡百神，腊宗庙，祭社稷。唐贞观十一年(公元 637 年)，定蜡腊之礼，于季冬寅日蜡祭百神于南郊；卯日祭社稷于社宫，辰日腊享于太庙。祭礼同圜丘祭祀。

宋代以十二月戌日为腊日，建蜡百神坛，同日祭社稷，享宗庙。神宗元丰时又改为腊祭前一天蜡祭百神，四郊建四坛，各祭其方之神。南宋绍兴时定蜡东方、西方为大祀，蜡南方、北方为中礼。元、明后，国家祀典已无蜡腊之祭，但地方州府或有"八蜡庙"，蜡腊之祭仍在民间举行。

#### 2. 五祀

五祀指祭祀门、户、井、灶、中霤，也有作户、灶、中霤、门、行的。汉魏时，都按季节行五祀，孟冬之月"腊五祀",总祭一次。

唐、宋、元时又采用"天子七祀"之说,祀司命、中霤、国门、国行、泰厉、户、灶。明、清两代仍祭五祀,岁终在太庙西庑下合祭。清康熙以后,罢去门、户、中霤、井的专祀,只在农历十二月二十三日祭灶。

### 3. 马神之祭

所谓马祖,是指天马四星;先牧,是指开始养马之人;马社,是指开始乘马之人;马步,是指能降灾祸于马的神灵。此四者通称马神。隋代祭马神,祭礼在四仲月举行。唐代沿袭隋制,仲春之月祭马祖,仲夏之月祭先牧,仲秋之月祭马社,仲冬之月祭马步。祭礼都在大泽中举行,宋代建有祭坛,明初将祭祀时间改为春、秋二仲月甲、戊、庚日举行,后又为诸神合建一坛,每年仲春祭祀。永乐迁都北京后,在莲花池建马神祠。

### 4. 旗纛之祭

祭旗纛之礼开始于唐代,宋、元皆因袭之。明代除京师外,各诸侯国以及天下各卫所,也都有旗纛之祭。

清康熙皇帝征噶尔丹凯旋,在安定门外筑坛,祭祀随营旗纛,用太牢。雍正初年,规定三年一祭旗纛。平时旗纛皆收藏在内府,祭祀时取出,设坛位。各省亦祭旗纛,由武官戎服行礼。

### 5. 城隍之祭

城隍是地方神的一种。如同人间的地方官吏,省城隍即为一省之主,县城隍为一县之主,分管天下地下一省一县之事。城隍之祭,古已有之。吴赤乌年间有城隍之祀,六朝以后逐渐普遍。唐时文人均有祭城隍文,大多为祈雨、求晴、禳灾,诸为本地谋风调雨顺,安居乐业而作。五代后唐康泰年间,始封城隍为王爵,宋时将城隍神列入祀典,于是其祀遍于天下。明洪武二十年(公元1387年)改建城隍庙宇如公廨,设座判事,如人间衙门状。清代循明旧制,仍将祀奉城隍列入祀典。清代和民国初年,各地城隍在清明节及阴历七月十五日等节日,均有城隍更衣和出巡之会。

### 6. 祀灶神

灶神是东厨司命定福灶君的俗称,又称灶君、灶王。灶神之祭,古已有之。汉代以前,灶神所主仅为饮食。汉代起灶神即掌握一家的寿夭祸福。后演变成每年于农历十二月二十三日祭祀灶神,到除夕接神时,再行供奉。至今亦然。

### 7. 祀土地神

土地神,又称"土地公"、"福德正神"。可以说,在旧中国的土地上,凡是有人烟、村落的,都祀奉土地神。从汉代起,土地神都已有人名,各地分别释为大禹或勾龙。三国时钟山的土地神为蒋子文。宋代起,土地的崇拜逐渐盛行,并有各种封号。明太祖时革除了土地神的各种爵位,而仅称某地之土地神,土地神庙在农村中到处可见,一般规模都很小,有的不过垒上数石成一小龛而已。

### 8. 祀门神

门神,即守卫门户之神。人居室之门有神,古已有传说,并加祀奉。汉代的门神指神荼(shu)、郁垒(lu)。张贴门神之俗在六朝时当已形成。唐以后的门神所指略有变化,后世因袭之,于是秦琼和尉迟敬德永为门神,秦为白脸,尉迟为黑脸。宋代以后,门神的绘制愈加多样,有的戴虎头盔,有的穿袍挂带,旁边另有爵鹿、蝠喜、宝马、瓶鞍,皆取美名以迎吉祥。

## ▶ 第二节　祭 祀 仪 规

在中国古代,祭祀既是民间重要的民俗行为,又是国家一项重要的政治制度,在民间的社会生活与国家的政治生活中起着非常重要的作用,故历朝受到重视。于是,与祭祀相关的仪规也就产生了。

### 一、祭祀种类

从祭祀的组织者、时间和地点的不同来看,可将祭祀分做三类。

依组织者可以划分为公祭和私祭,也可以说是国祭和家祭。公祭或国祭是由国家组织的,祭祀的对象多是民族的始祖、故去的国君以及其他显赫的人物。汉族国祭的,主要有黄帝和孔子。轩辕黄帝为中华民族的始祖,历朝各代国君常率领百官大臣到黄帝陵致祭。孔子是我们民族的文化祖先,是"至圣先师",也是国祭的对象。家祭是由家庭组织的,家祭的对象是其始祖和近祖,是比国祭更为常见的祭祖礼仪,次数要频繁得多。

依时间为祭礼分类,分为恒常的和随机的。恒常的祭祀指岁时年节和生辰忌日的祭祀。随机的祭祀礼仪比较特殊,大多是家庭、家族发生了重大事件,需要向祖先报告时进行的。在这些岁节之中,有的只是洒扫焚香之祭,有的则有一套极为严谨的礼仪;有的庙祭,有的墓祭;轻重不等,内容独具特色。

依据祭祀地点的不同,又可以将祭祀分为墓祭和庙祭两种。墓祭指子孙携带祭品到墓地去祭祀祖先,清明扫墓、十月朔送寒衣、上年坟、上喜坟均属此类。墓祭的礼仪、祭品等要比庙祭简单,但因经济情况的差异也大有不同。正如《中华全国风俗志》所说:"祭祀,缙绅人家有家庙,细民从寝堂设龛","岁时有祭,忌日有祭,富家有庙,贫家第设主而已。祭礼之品仪,亦随家之贫富以为丰俭。"

### 二、祭祀规则

古礼对祭祀有着严密的规定,不同身份的人有不同祭品、仪式以及祭祀时间、对象的区别,必须严格遵守。除了这些不同以外,共同的是祭祀的基本原则。此外,在民间,长期以来还形成了许多有关祭祀的俗信,影响着祭祀礼仪。

据史籍记载,在3000多年前的商代,殷人已经有了一套比较成熟的祭祀制度。到战国时代,祭祀习俗已经制度化、等级化。当时规定,天子建七庙,中间为太祖之庙,两旁三昭三穆;诸侯五庙,太祖庙与二昭二穆;大夫三庙,太祖庙与一昭一穆;庶民百姓则在家里祭祀。此外,祭器、祭品以及仪注也有严格的规定,不允许逾制;否则就是淫祀,淫祀无福。不过,我国先秦古礼后来大都混乱、废弛了,也就是孔子所谓的"礼崩乐坏",史籍所载的"礼乐征伐自诸侯出"。然而,礼仪规制尽管发生了变化,但宗旨、大原则却没有变,一直延续了下来。

从《礼记·祭义》的记载可知,祭祀的原则不只一条,但最根本的一条是"敬"。"君子生则敬养,死则敬享,思终身弗辱也"。也就是说,正人君子在父祖活着的时候尽心赡养,死后虔诚祭祀,丝毫不敢怠慢。勿使祖先遭受困苦、屈辱。

敬的大原则并不是空泛的,它有一些具体的内容。首先,在祭祀的疏密程度上体现敬的原则；其次是仁爱、虔诚的心理；第三是敬畏、谨慎的神情和言行。具体到祭仪的几个程序来说，站着的时候要谦恭、弯腰垂首；上前的时候要和颜悦色；供奉祭品以飨祖先，要诚心诚意；退下去的时候，要俯首、恭顺；祭仪完了，还要有敬畏之色，不能随便了之。

### 三、祭祀仪典

祭祀活动的最终表现是祭典，所有的规制、原则、俗信都在这里汇合。在这里，物质的"道具"如祭器、祭服、祭品，是比较重要的方面，与此相对的还有更为要紧的仪注，它们的结合，就形成了祭典。

祭典是开始于人类早期原始宗教活动的一种主要形式，一直蔓延至今。今天人们仍能在香烟袅绕中看到各种名目繁多的祭祀活动。特别在那些发展缓慢的少数民族部落地区，那种带有强烈宗教色彩的祭祀仪典，依然是整个民族的盛大节日。

在祭典活动中，祭器是传统祭典重要的道具，在我国古代是非常发达的。旧时，祭器依据人们社会地位的不同而有严格的区别，尤其是在鼎的运用上，更是不容分毫差错。传统祭礼一般的祭器有：椅、桌、床、席、香炉、香盒、香匙、烛檠、茅沙盘、祝版、环玟、酒注、茶瓶、盥盘和架子、帨巾和架子、火炉等。对祭器的要求是"专"、"洁"。专指祭器专用，用过一次便仔细清洗、整理，专门收藏起来，决不挪作他用。洁指干净整洁，孝、敬、诚就在这上面体现出来。

祭祀不能穿家常便服，而要郑重其事。平民百姓尽量盛装整洁，缙绅官宦之家则穿"公服"，也就是出门、见客、上朝的官服、礼服一类。

祭祀礼仪的中心是祭仪。从文献资料可以知道，历代的祭祀礼仪大同小异，基本遵循着同样的路线。

## 第三节　现代祭祀

### 一、祭轩辕黄帝

据了解，《史记》中第一次有祭祀黄帝的明确记载。自汉代以来，历代王朝多有公祭黄帝的传统。20世纪80年代以来，清明公祭黄帝的典礼越来越受到海内外中华儿女的关注。如今，黄帝陵每年都要接待数十万名前来谒陵祭祖的华夏儿女。

从2004年起，公祭黄帝陵采用天子等级的青铜祭器。每件祭器均铸"黄陵祭器"四字，并予以编号。祭祀大院还列置天子等级的旗帜。新祭祀大典增加了祭祀乐舞，这是以往祭祀中没有的。

2006年清明节公祭轩辕黄帝典礼在陕西省黄陵县的黄帝陵前隆重举行，上万名海内外中华儿女在此共同缅怀中华民族的"人文始祖"轩辕黄帝。

### 二、祭神农炎帝

2004年重阳，炎帝陵祭祖大典在中国湖南的炎帝陵举行，用一种特别的方式来祭奠、告慰中华民族的始祖：神农炎帝。

自宋代始，历朝历代对炎帝陵庙进行了不断的维护修葺，祭祀不辍。宋太祖建庙以后，对炎帝陵的祭祀"三岁一举,率以为常"。明、清两代的御祭活动达 53 次之多。民国时期,湖南省政府主席薛岳曾于 1940 年 10 月 10 日,特遣省政府秘书长李杨敬率各厅负责人专程前往炎帝陵致祭。历代以来,民间祭祀更是香火鼎盛,绵绵不绝,延续至今。新中国成立后,炎帝陵于 1986 年进行了一次大规模的整修。炎帝陵修复以来共举办大型祭祀活动 200 余次,1993 年、1994 年、1997 年、1999 年、2002 年分别举办了湖南省各界公祭炎帝陵典礼;株洲市自 1992 年以来每年都举办"炎帝节"祭祖活动;炎陵县也于每年清明举行公祭典礼。

台湾对炎帝神农氏的祭祀活动,以民间为主,多在农历四月二十六日神农大帝诞辰日进行。

### 三、民间祭祀仪节

民间的祭祀主要是祭祖,也就是追念先人,具水源木本之义,报本返始之意。同时温习生死两面之感情,庆贺家庭之连续莘传。甚至子孙之繁衍,后裔之发达,亦莫不归功于宗祖之阴德。

#### 1. 家祭

家祭,又称常祭,即在居家内设龛(位)祭祖。家祭以家庭为基本单位,规模较小,仪式也较简单。宋代以后,民居普遍采用堂室结构,百姓也把厅堂作为祭祖场所。堂上一般奉高、曾、祖、祢四代祖先牌位,且配以妻室牌位。牌位用木块制作,上方削去四角,呈半弧形,书写祖考、妣的姓名、字号。神牌前摆一张长桌子(横案),用于放供品、香烛等。牌位和神龛的方向以坐北朝南为尊。

祖先的生日与忌日(特别是忌日)举行祭祀活动。届时,家人沐浴更衣,在家长的率领下,在祖先的牌位前烧香礼拜,供上若干菜肴祭品。

除了生、忌日和年节的定时祭祖外,还有一些不定时的家祭活动,如婚、娶、添丁、盖房、中举、出仕升官等等喜庆日子,均要祭祀祖先,告慰亡灵。旧时,农业丰收时,也要蒸一碗新米饭祭祀祖先和土地公,名叫"尝新"。有些人家,每逢朔望日也祭祖,甚至"有事则祭"。家祭虽然次数较多,与其他祭祖活动相比较,仪礼相对简单。但由于设祭的子孙们大多与父、祖辈一起生活过,他们对近亲祖先有较深厚的感情,所以家祭时的感情比较真诚浓烈。

#### 2. 忌辰

忌辰亦为家祭,唯性质稍有不同。祭为吉礼,忌辰虽非凶礼,然父母、丈夫忌日尚有吊哭者,甚或赴坟地啼泣者。忌辰多是祖宗生死之日,生日为"生忌",死日为"死忌"。

每岁每祖、每妣忌辰,合家男女,无论大小,必先斋戒,脱下吉服,换上素衣(不是孝衣),备办酒肴时鲜果品,致祭于该祖或妣之前。然后合家之人,按序一一叩拜。忌辰家人多坐守家内,亦不哀哭,不许出外宴乐,平淡度日而已。

#### 3. 墓祭

墓祭,即在祖先坟茔上致祭。祭祀时间一般有春祭(清明)和秋祭(重阳节),个别地方有冬至祭墓的。墓祭的对象可分为近祖和远祖两个类型。

对于近祖墓茔的祭祀略如家祭,一般由血缘较亲近的族人参加,甚至以家庭为单位,每年春秋必祭,仪式也比较简单,一般是供三牲、烧纸钱,同时打扫、维修墓茔,挂纸(压钱纸)而已。

对于远祖的墓祭,是以家族为主体举行的,一般可分为"支房祭"和"合族祭"两种。由于年代久远,次数一般较少,但仪式十分隆重,特别是大姓望族,为了显耀家族兴旺发达,往往场面盛大,铺张排场。

**4.祠祭**

祠祭,即在祖祠内致祭祖先亡魂。祠祭是祭祖活动中最正规的一种,春秋二祭,一般都比较郑重肃穆,世家望族尤为隆重。凡世家巨族,每于冬至祭始祖。有的家族为了把祠祭举办得更隆重些,多把祠祭日与传统节日结合起来。

**5.祭扫仪式**

现在,农村中许多地方都已平坟还田;有的地方实行火葬,骨灰寄放在殡仪馆;有的则埋入公墓,因此,祭扫仪式也有新的改革,不再像传统的形式那样复杂。

每逢清明或忌日,主要仪式如下:

(1)肃立默哀。参加人数较多时也可放哀乐。

(2)主祭者就位,众亲友于原地就位。

(3)主祭者到墓前献花果,拈花献花,捧果献果,主祭者行一鞠躬礼。

(4)有条件的,还可读祭文。祭文是在清明和忌日扫墓活动中,由主祭人诵读的悼念性的文字。祭文不受时间性的限制,它可以缅怀故人。

(5)祭扫先人时,可先献上花圈或一束鲜花。行鞠躬礼或祭奠默哀后,要打扫一下坟墓周围的环境卫生,骨灰寄放在殡仪馆的,可先献上精制的微型花圈或塑料花束。然后,把骨灰盒的积尘掸净,瞻仰遗像,鞠躬行礼,并低头默哀,以寄托本身的哀思。

**复习思考题**

1.在我国古代,圜丘祭天的仪式是怎样的?

2.在我国古代,祭祀地神一般有哪些内容?

3.在我国古代,祭祀人神一般包括哪些方面?

4.古代祭祀有哪些种类?它们各自的内容是什么?

5.简要阐述古代祭祀仪典的相关仪程?

6.在我国民间,祭祀有哪些内容?

# 第七章 中外民间礼俗及禁忌

自古以来,"礼仪"在传统文化中一直扮演着举足轻重的地位,《礼记》便记载了许许多多相关的生活规范。民间百姓的生活形态在时空与地域的双重演进下,造就了民间礼俗的复杂与多元,其涵盖的层面也相当广泛。

世界上每个国家、每个地区、每个民族都有自己独特的民间礼俗和传统的节日礼俗及禁忌。正是由于它们的不同,才构成了丰富多彩的中外民间礼俗。

## 第一节 中国民间节日礼俗

传统节日的形成过程,是一个民族或国家的历史文化长期积淀凝聚的过程。下面列举的这些节日,无一不是从远古发展过来的,从这些流传至今的节日风俗里,还可以清晰地看到古代人民社会生活的精彩画面。

这里所介绍只是汉民族的一些较大的传统节日。我国是个多民族的国家,各民族都有自己的文化习俗,众多的民族节日,是一份有待挖掘的文化宝藏。

### 一、元旦

中国的元旦,据传说起于三皇五帝之一的颛顼,距今已有 3000 多年的历史。"元旦"一词最早出现于《晋书》:"颛帝以孟夏正月为元,其实正朔元旦之春"的诗中。南北朝时,南朝萧子云的《介雅》诗中也有"四季新元旦,万寿初春朝"的记载。

中国最早称农历正月初一为"元旦",元是"初"、"始"的意思,且指"日子",元旦合称即是"初始的日子",也就是一年的第一天。正月初一从哪日算起,在汉武帝以前也是很不统一的。因此,历代的元旦月、日也并不一致。夏朝的夏历以孟喜月(元月)为正月,商朝的殷历以腊月(十二月)为正月,周朝的周历以冬月(十一月)为正月。秦始皇统一中国后,又以阳春月(十月)为正月,即十月初一为元旦。从汉武帝起,才规定孟喜月(元月)为正月,把孟喜月的第一天(夏历的正月初一)称为元旦,一直沿用到清朝末年。但这是夏历,亦即农历或阴历,还不是我们今天所说的元旦。

公元 1911 年,孙中山领导的辛亥革命,推翻清朝的统治,建立"中华民国"。为了"行夏正,所以顺农时,从西历,所以便统计",民国元年决定使用公历(实际使用是 1912 年),并规定阳历(公历)1 月 1 日为"新年",但并不叫"元旦"。

今天所说的"元旦",是公元 1949 年 9 月 27 日,中国人民政治协商会议第一次全体会议,在决定建立中华人民共和国的同时,也决定采用世界通用的公元纪年法,并将公历 1 月 1 日正式定为"元旦",农历正月初一改为"春节"。

庆贺新年的开始,欢度元旦可说是世界各国各地区的普遍习俗。如今,在我国,每逢元旦,全国放假三天。全国各地张灯结彩,欢庆元旦。

## 二、除夕

除夕是指每年农历腊月的最后一天的晚上,它与春节(正月初一)首尾相连。"除夕"中的"除"字是"去;易;交替"的意思,除夕的意思是"月穷岁尽",人们都要除旧部新,有旧岁至此而除,来年另换新岁的意思,是农历全年最后的一个晚上。故此期间的活动都围绕着除旧部新、消灾祈福为中心。

西周、秦朝时期每年将尽的时候,皇宫里要举行"大傩"的仪式,击鼓驱逐疫疬之鬼,称为"逐除",后又称除夕的前一天为小除,即小年夜;除夕为大除,即大年夜。

民间各地除夕风俗不同,大致有以下几种。

### 1. 贴门神

最初的门神是刻桃木为人形,挂在门的旁边,后来是画成门神人像张贴于门。传说中的神荼、郁垒兄弟二人专门管鬼,有他们守住门户,大小恶鬼不敢入门为害。

唐代以后,又有画猛将秦琼、尉迟敬德二人像为门神的,还有画关羽、张飞像为门神的。门神像左右户各一张,后代常把一对门神画成一文一武。

### 2. 贴春联

春联亦名"门对"、"春帖",是对联的一种,因在春节时张贴,故名。春联的一个源头是桃符。最初人们以桃木刻人形挂在门旁以避邪,后来画门神像于桃木上,再简化为在桃木板上题写门神名字。春联的另一来源是春贴。古人在立春日多贴"宜春"二字,后渐发展为春联。

### 3. 贴年画、贴挂千、贴福字、贴窗花

年画,也和春联一样,起源于"门神"。年画三个重要产地:苏州桃花坞,天津杨柳青和山东潍坊,形成了我国年画的三大流派。此外,除夕还有贴福字、贴窗花的习俗。

### 4. 吃年夜饭

年夜饭在除夕的夜晚又称"团年"或"合家欢",因为这顿饭以后就要告别旧岁迎来新岁了,所以又称"分岁"。年夜饭是全家大团圆的宴会,无论男女老幼都要参加,为了这个团圆,外出的家人或子女都要赶在除夕前返回家来,如果没能及时赶回来,餐桌上要给未归人留一个空位,摆一双筷,表示全家团聚。

满桌的酒菜中必须要有鱼,表示新的一年有余钱、余粮,一切都很宽裕。还必须有一碗红烧丸子,表示阖家团圆。年夜饭的名堂很多,南北各地不同,有饺子、馄饨、长面、元宵等,而且各有讲究。

### 5. 给压岁钱

吃完年夜饭后,长辈要将事先准备好的压岁钱分给晚辈,据说压岁钱可以压住邪祟,因为"岁"与"祟"谐音,晚辈得到压岁钱就可以平平安安度过一岁。压岁钱有两种,一种是以彩绳穿线编作龙形,置于床脚;另一种是最常见的,即由家长用红纸包裹分给孩子的钱。压岁钱可在晚辈拜年后当众赏给,亦可在除夕夜孩子睡着时,由家长偷偷地放在孩子的枕头底下。

相传,古时候有一种身黑手白的小妖,名字叫"祟",每年的年三十夜里出来害人,它用手在熟睡的孩子头上摸三下,孩子吓得哭起来,然后就发烧,讲呓语而从此得病,几天后热退病去,但聪明机灵的孩子却变成了痴呆疯癫的傻子了。人们怕祟来害孩子,就点亮灯火团坐不睡,称

为"守祟"。

在嘉兴府有一户姓管的人家,夫妻俩老年得子,视为掌上明珠。到了年三十夜晚,他们怕祟来害孩子,就逼着孩子玩。孩子用红纸包了八枚铜钱,拆开包上,包上又拆开,一直玩到睡下,包着的八枚铜钱就放到枕头边。夫妻俩不敢合眼,挨着孩子长夜守祟。半夜里,一阵巨风吹开了房门,吹灭了灯火,黑矮的小人用它的白手摸孩子的头时,孩子的枕边迸裂出一道亮光,祟急忙缩回手尖叫着逃跑了。管氏夫妇把用红纸包八枚铜钱吓退祟的事告诉了大家,大家也都学着在年夜饭后用红纸包上八枚铜钱交给孩子放在枕边,果然以后祟就再也不敢来害小孩子了。原来,这八枚铜钱是由八仙变的,在暗中帮助孩子把祟吓退,因而,人们把这钱叫"压祟钱"。又因"祟"与"岁"谐音,随着岁月的流逝而被称为"压岁钱"了。

现在长辈为晚辈分送压岁钱的习俗仍然盛行。

### 6.守岁

我国民间在除夕有守岁的习惯。守岁从吃年夜饭开始,这顿年夜饭要慢慢地吃,从掌灯时分入席,有的人家一直要吃到深夜。

守岁的习俗,既有对如水逝去的岁月含惜别留恋之情,又有对来临的新年寄以美好希望之意。古人在一首《守岁》诗中写道:"相邀守岁阿戎家,蜡炬传红向碧纱;三十六旬都浪过,偏从此夜惜年华。"珍惜年华是人之常情,故大诗人苏轼写下了《守岁》名句:"明年岂无年,心事恐蹉跎;努力尽今夕,少年犹可夸!"由此可见除夕守岁的积极意义。

## 三、春节

农历正月初一是中国最古老又最为隆重的节日——春节。春节古代又有"元辰"、"元朔"、"元日"、"正朝"、"正旦"等,俗称"年初一",还有"上日"、"正朝"、"三朔"、"三朝"、"三始"、"三元"等别称,意即正月初一是年、月、日三者的开始。

### 1."年"的由来

(1)"年"的最初概念,是与作物生长的周期性和人类生产的劳动的周期性相关联的。庄稼获得了好收成,人们不免要庆祝一番,久而久之,就成为了一个节日。据文献记载,早在尧舜时代,就有欢度丰收,喜迎岁首的习俗。

(2)相传在远古时代,有一种凶猛的怪兽叫"年"。它体大如牛,独角长尾,长着血盆大口,行走如飞,经常出来伤害人畜。天神把"年"锁进深山,只允许它一年出山一次。有一次大年三十,"年"又出山为害。它来到一个村庄,被一家门口晒的大红衣服吓跑了,到了另一处,则被灯光吓得抱头鼠窜。于是人们掌握了"年"怕响声、怕红色、怕火光的弱点。此后,每至年末岁首,人们就放鞭炮来代替甩牧鞭,用贴红联来代替大红衣服,用挂红灯、点旺火来代替火光,久而久之,就形成了过年的种种习俗。大年初一,亲友互相探望,祝贺没有受到"年"的伤害,逃过"年"这一难关,所以"过年"又称"年关",这就是拜年的由来。

在南北朝时把春节泛指为整个春季。据说把农历新年正式定名为春节,是辛亥革命后的事。1913年,当时的内务总长朱启钤在政府报告中说:"拟清家阴历元旦为春节……凡我国民,均得休息。"从此后"春节"才叫开了。过春节时,民间习惯扫尘、贴剪纸、贴年画、贴福字、除夕夜守岁、放爆竹、吃年夜饭、拜年等。

过年,是一个隆重的节日。节前要准备过年的物品,农村一般喜欢制米糖米果,酿米酒,杀猪宰鹅鸭。亲友之间馈送猪肉果糖。

农历十二月二十四日过小年。旧社会长工吃小年饭就跟主人结账下工。

除夕，又叫"大年三十"，即春节的前一天，春节间最重要的一段时辰。在这天晚上，要接回灶神，全家共吃年夜饭。近十年来，除夕守岁看中央电视台的春节联欢晚会也成了新的重要活动内容。

大年初一，男女老少都会穿戴一新，长辈往往给小孩子分发"压岁钱"，祝福其健康成长。机关、单位领导等通常组织团拜活动，向员工祝福。

大年初二是出嫁女儿回娘家拜年的日子，直到初四都忙于走亲拜友，十分热闹；大年初五称"破五"，节间不能打破碗碟，万一打了，要齐道"岁岁（碎碎）平安"。不能动剪刀等禁忌解除，商店营业，农家可以重新点火做饭。

### 2.春节

#### （1）贴春联

春联起源于"桃符"。最初是用桃木雕刻出"神荼"、"郁垒"这两个神像，挂在大门上，用来镇妖避邪。后来，大概由于雕刻神像太费时，就用两块木板，画上神像来代替，叫作"桃板"。再以后进一步简化，只在桃板上写上"神荼"、"郁垒"的名字，往门上一挂就完事，叫作"桃符"。这种春节挂"桃符"的习俗从战国延续到唐代。到了五代，桃符仁才出现联语，代替原来的"神荼"、"郁垒"的字样。

桃符改称为"春联"和用红纸写春联，都是开始于明代。因明太祖朱元璋十分喜欢春联，所以朱元璋大力提倡，及后春节贴春联便成为一种风俗，流传至今。

春联又名"对联"、"门对"、"对子"等，春节时贴在门上或楹柱上，由上联、下联和横披组成，它是中国独创的一种文学形式。每逢春节，家家户户无不贴春联庆贺。鲜红的春联，抒发了人们美好的愿望，点缀出一派盎然春色。

#### （2）贴年画

按照中国古老的风俗，每逢新春佳节，家家户户都要精心美化自己的住舍，在屋内墙壁上贴崭新的年画，给人以春意融融、喜气洋洋的感觉。

年画是中国特有的一种绘画艺术，它是伴随春庆祈年和驱凶避邪的活动而产生的。年画起源于门画，与桃符有着同样悠久的历史。门画最初的题是门神，据南朝《荆楚岁时记》中记："正月一日，绘二神贴户左右，左神荼，右郁垒，俗谓之门神。"人们通过年画来祈求全家平安吉利的愿望。

#### （3）舞龙

舞龙，又名"耍龙灯"、"龙灯舞"，是汉民族传统的舞蹈形式之一。每逢喜庆节日，各地都有舞龙的习俗。

舞龙起源于汉代，经历代而不衰。舞龙最初是作为祭祀祖先、祈求甘雨的一种仪式，后来逐渐成为一种文娱活动。到了唐宋时代，舞龙已是逢年过节时常见的表现形式。

关于舞龙的来历，民间有这样一个传说：一天，龙王腰痛难忍，龙宫中的所有药物都吃了，仍不见效，只好变成老头来到人间求医。大夫把脉后甚觉奇异，问道："你不是人吧！"龙王看瞒不过去，只好说出实情。于是大夫让他变回原形，从其腰间的鳞甲中捉出一条蜈蚣。经过拔毒、敷药，龙王完全康复了。为了答谢治疗之恩，龙王向大夫说："只要照我的样子扎龙舞耍，就能风调雨顺,五谷丰登"。这件事传出后,人们便以为龙能兴云布雨,每逢干旱便舞龙祈雨,并有春舞青龙、夏舞赤龙、秋舞白龙、冬舞黑龙的规矩。

(4)舞狮

舞狮,也叫"耍狮子"、"狮子舞",它与舞龙一样,是我国的传统舞蹈形式,也是一种流行很广的民间体育活动。又常在春节或庆典活动舞狮。

舞狮开始于南北朝。在我国,舞狮的形式多种多样,大致可以分为北方舞狮和南方舞狮两种。北方舞狮的外形与真狮很相像,全身狮披覆盖,舞狮者(一般两人合舞一只大狮子)只露双脚,不见其人。南方舞狮主要流行在广东。这种舞狮多由一人舞狮头,一人舞狮尾。狮子的造型、式样、颜色多与北方狮不同。

人们为什么特别喜欢在春节时舞狮呢?相传明代初年,广东佛山出现一头怪兽,每逢新旧岁之交,便出来糟蹋庄稼,伤害人畜,百姓叫苦连天。后来,有人建议用狮舞来吓唬怪兽,果然奏效,那怪兽逃之夭夭。当地百姓认为狮子有驱邪镇妖之功,有吉祥之兆,所以每逢春节便敲锣打鼓,挨家挨户,舞狮拜年,以消灾除害,预报吉祥之意。

如今,春节习俗有所改变。扫尘、守岁、拜年等习俗依然盛行,但是祭神等一些带有封建迷信色彩的陋俗已经逐渐被摒弃。在春节期间,还有许多有特色的活动,例如有的地方组织赶庙会,举行舞狮、踩高跷等富于民族特色的游艺活动,为人们过节增添了许多丰富的内容。

### 四、元宵节

"元"是第一的意思,"宵"是夜晚。元宵节指的农历元月十五,是一年中的第一个月圆之夜,因此也是一个十分隆重的日子。元宵节又称"上元节"、"花灯节"。

传说汉初,吕氏乱政,在众臣的帮助下铲除了吕氏政党,拥立刘恒登基,称汉文帝。文帝深感太平盛世来之不易,便把平息"诸吕之乱"的正月十五,定为与民同乐日,京城里家家张灯结彩,以示庆祝。从此,正月十五便成了一个普天同庆的民间节日——"闹元宵"。这就是元宵节的来历。

到了魏晋时期,人们欢度元宵又增添了祭门神、祀蚕神、迎紫姑等活动,使元宵节内容更趋丰富。唐宋时期,浙江各地的元宵观灯习俗已十分盛行。元宵夜灯市以南宋为最盛,明清沿袭。

清代杭州,据《江乡节物诗》载十三日上灯节,家家户户以糯米粉搓成小粉团,煮以供祖先,称为"上灯圆子"。十五夜,用糯米粉搓成大圆子,其中馅有切得细细的胡桃、花生、芝麻、枣子、鸡油、豆沙之类,名曰:"灯圆"。现代,元宵节吃汤圆已成为一种固定的民间习俗了。汤圆是用糯米粉包着各种馅滚成的圆子,取"团圆"的意思。

夜晚来临,乡村城镇,到处织灯结彩。各地举行盛大的灯会,各式各样巧夺天工的花灯映得元宵之夜格外绚丽。近些年,北方一些城市还兴起了冰灯、游园活动,更增添了一份异彩。除去大型的灯会,各家各户也都在门口挂上彩灯,讨取吉祥。

赏灯的同时,往往还要进行"猜灯谜"的活动,即将各地谜语写成彩条系在花灯上,供人猜度取乐,是一种极有趣味的习俗,不仅增加了节日气氛,还能增长人们的知识。

民间过节还要"闹红火"(或称"闹元宵"、"闹灶火"),在宽敞地方击太平鼓,扭秧歌,踩高跷,跑旱船,表演各种歌舞杂戏,热闹非凡,不论在城市还是在乡间都深为人们喜爱。

### 五、二月二（春龙节）

"二月二，龙抬头"，说的是每年农历二月初二，传说是龙抬头的日子，这一天叫作"春龙节"。我国北方广泛流传着"二月二，龙抬头；大仓满，小仓流"的民谚。

龙在中国人的心目中有着极其崇高的地位，古时认为龙是天子的象征，是祥瑞之物，更是和风化雨的主宰。所以"二月二，龙抬头"这句谚语表示春季来临，万物复苏。蛰龙开始活动，预示一年的农事活动即将开始。

在"二月二"这天，人们在饮食上有一定的讲究，因为人们相信"龙威大发"，就会风调雨顺，才能五谷丰登，所以这一天的饮食多以龙为名。吃春饼名曰"吃龙鳞"，吃面条则是"扶龙须"，吃米饭名曰"吃龙子"；吃馄饨名曰"吃龙眼"，而吃饺子名曰"吃龙耳"。这一切都是为了唤醒龙王，祈求龙王保佑一年风调雨顺，获得好收成。

这一天还要吃猪头。古代猪头是祭奠祖先、供奉上天的供品，平常的时间猪头是不能随便吃的，一般农户人家辛辛苦苦忙了一年，到腊月二十三过小年时才杀猪宰羊。从这一天起就开始改善伙食，每天饭菜都要见点肉，除夕夜全家吃团圆饭，初一吃饺子，破五吃饺子，正月十五吃元宵，等到正月一过，年也过了，节也过了，腊月杀的猪肉基本上都吃光了，最后只剩下一个猪头，这猪头只能留在二月二才能吃。龙王是管降雨的，所以农民要把最好的祭品上供给龙王吃。

在众多的食俗活动中，这天摊煎饼和吃炒豆的人最多。民间认为，这一天是东海龙王的生日，煎饼是龙王的胎衣。吃煎饼，是为龙王嚼灾，扔煎饼，是为了掩埋龙王的胎衣。

在往昔，北京到了农历二月二这天，各家各户要吃"懒龙"，说是吃了"懒龙"，可以解除春懒。

"二月二"这天的另一项活动是皇帝耕田。因为每年的二月二这天差不多是在惊蛰前后，"惊蛰一犁土，春分地气通"。从此北方就到了春耕大忙的时候。为了动员人们赶快投入春耕生产，别误农时，二月二这天皇帝要象征性地率百官出宫到他的"一亩三分地"耕地松土。明朝和清朝前期的帝王每年二月二，都要先到农坛内耕地松土。从清朝雍正皇帝开始，每年的二月二这天改为出圆明园，到"一亩园"（今海淀圆明园西侧）扶犁耕田。

### 六、寒食节与清明节

寒食节是在清明节的前一天，古人常把寒食节的活动延续到清明，久而久之，人们便将寒食与清明合二为一。现在，清明节取代了寒食节。

清明节是我国重要的传统节日，是中华民族包括海外华人的重要节日之一。清明节古时也称三月节，已有两千多年历史。在中国农历二十四个节气中，既是节气又是节日的只有清明，故有"清明前后，点瓜种豆"、"植树造林，莫过清明"的农谚，可见这个节气与农业生产有着十分密切的关系。

从节日上来说，它是祭祖日，主要的纪念仪式是扫墓，扫墓是慎终追远、敦亲睦族及行孝的具体表现。基于上述意义，清明节因此成为华人的重要节日。

关于寒食节的来历，还有一个催人泪下的历史故事。相传春秋的时候，晋公子重耳流亡到魏国，被困，饥饿难耐。他手下的一位忠贤之士介子推看在眼里，便偷偷割下自己大腿上的一块肉,烤熟了给重耳吃,这才救了一急。后来重耳回国登了王位,做了晋文公,封臣时却把介子推漏掉了。介子推并不怨恨,背上老母隐居到山西绵山。重耳醒悟后立即派人前去寻找,后寻不得,便放火烧山,心想孝顺的介子推一定会背老母出山的。没想到,母子两个骨气刚强,宁愿被烧死也没有出来。重耳十分后悔、哀痛,遂命在这一日不准生火,只能吃冷食,称作"寒食节"。

每逢寒食,人们即不生火做饭,只吃冷食。在北方,老百姓只吃事先做好的冷食如枣饼、麦糕等;在南方,则多为青团和糯米糖藕。每届清明,人们把柳条编成圈儿戴在头上,把柳条枝插在房前屋后,以示怀念。

随着历史的发展,清明节逐渐成了中国老百姓传统的节日,人们庆祝的方式多种多样,主要有以下方面的习俗。

### 1. 扫墓

清明节流行扫墓,其实扫墓乃清明节前一天寒食节的内容。因寒食与清明相接,后来就逐渐传成清明扫墓了。古时扫墓,孩子们还常要放风筝。有的风筝上安有竹笛,经风一吹能发出响声,犹如筝的声音,据说风筝的名字也就是这么来的。

扫墓是清明节最早的一种习俗。按长期形成的风俗习惯,人们多在清明扫墓,但祭扫仪式并不一定在清明的当天,而是在临近清明的"单"日举行。扫墓当天,子孙们先将先人的坟墓及周围的杂草修整和清理,然后供上食品鲜花等。按照旧的习俗,扫墓时,人们要携带酒食果品、纸钱等物品到墓地,将食物供祭在亲人墓前,再将纸钱焚化,为坟墓培上新土,折几枝嫩绿的新枝插在坟上,然后叩头行礼祭拜,最后吃掉酒食回家。

这种习俗延续到今天,已随着社会的进步而逐渐简化。由于火化遗体越来越普遍,其结果是,前往骨灰置放所拜祭先人的方式逐渐取代扫墓的习俗。清明节当天有些人家也在家里拜祭祖先。

"烧包袱"是祭奠祖先的主要形式。所谓"包袱",亦作"包裹"是指孝属从阳世寄往"阴间"的邮包。一般,包袱里有各种各样的冥钱。

不论以何种形式纪念,清明节最基本的仪式是到坟前、骨灰放置处或灵位前追念祖先。中华人民共和国成立后,各地群众多在清明节前后前往革命烈士陵园扫墓,表达对先烈的缅怀之情。

### 2. 踏青节

清明节,又叫踏青节,按阳历来说,它是在每年的4月4日至6日之间,正是春光明媚草木吐绿的时节,也正是人们春游(古代叫踏青)的好时候,所以古人有清明踏青并开展一系列体育活动的习俗。

清明节的习俗是丰富有趣的,除了讲究禁火、扫墓,还有踏青、放风筝、荡秋千、蹴鞠、打马球、插柳等活动和娱乐游戏。相传这是因为清明节要寒食禁火,为了防止寒食冷餐伤身,所以大家来参加一些体育活动,以锻炼身体。因此,这个节日中既有祭扫坟墓的悲酸之泪,又有踏青游玩的欢笑声,是一个富有特色的节日。

## 七、四月八(浴佛节)

农历四月初八为浴佛节,相传是为纪念佛祖释迦牟尼的诞辰。

浴佛节是旧时传统节日之一,其主要习俗是浴佛、放生、吃乌饭等。此外还有一些其他杂俗。

四月初八,各寺庙以香汤浴佛,并作龙华会。参加浴佛活动的除僧众外,亦有民间善男信女。浴佛日放生,即买了活鱼、鳝等放回水中。

新中国成立后,浴佛节已不成为民间节日。旧俗中除保护耕牛尚有地方流行外,其他活动已极少见。浴佛仅仅是寺庙的佛事,与百姓无关了。

### 八、端午节

端午亦称端五,是我国最大的传统节日之一。"端"的意思和"初"相同,称"端五"也就如称"初五";端五的"五"字又与"午"相通,按地支顺序推算,五月正是"午"月。又因午时为"阳辰",所以端五也叫"端阳"。五月五日,月、日都是五,故称重五,也称重午。

#### 1.端午节的起源

关于端午节的起源,主要有"屈原说"、"伍子胥说"、"曹娥说"、"恶月说"和"夏至说"五种。其中"屈原说"在民间流传最广。

(1)屈原说

端午节的第一个起源就是纪念历史上伟大的民族诗人屈原。屈原,名平,是战国时代的楚国人,22岁时,就已官居左徒、三板大夫,辅助楚怀王。其时楚怀王受到奸臣的进谗,没有接受屈原关于联齐抗秦的主张,被说客张仪骗到秦国软禁起来,逼他割地献城,后因忧虑成疾,不久便死于秦国。

屈原知道后悲愤欲绝,上书请求顷襄王为怀王报仇。但顷襄王宠信奸佞,不思振复,将屈原削职放逐江南,其后楚国被秦国攻陷,亡在旦夕。屈原救国的愿望破灭了,在极度忧愤悲怆的心境下,于公元前278年(屈原62岁时)农历五月五日纵身投入波涛汹涌的汨罗江。

楚国人民闻讯,纷纷划船去追他,但追至洞庭湖上,已不见踪影。这便成了每年此日竞赛龙舟的起端。之后,人们每年这个时候,都把米撒入江中以祭祀他。但由于人们祭屈原的米,都让江上的蛟龙吃掉,故后来人们改用楝叶、芦叶和五彩丝包裹粽子。此后,历代沿袭下来,便演变成端午节吃粽子的风俗。

(2)伍子胥说

端午节的第二个起源是伍子胥的忌辰。伍子胥名员,楚国人,父兄均为楚王所杀,后来子胥弃暗投明,奔向吴国,助吴伐楚,五战而入楚都郢城。当时楚平王已死,子胥掘墓鞭尸三百,以报杀父兄之仇。吴王阖闾死后,其子夫差继位,吴军士气高昂,百战百胜,越国大败,越王勾践请和,夫差许之。子胥建议,应彻底消灭越国,夫差不听,吴国大宰,受越国贿赂,谗言陷害子胥,夫差信之,赐子胥宝剑,子胥以此死。子胥本为忠良,视死如归,在死前对邻舍人说:"我死后,将我眼睛挖出悬挂在吴京之东门上,以看越国军队入城灭吴。"便自刎而死,夫差闻言大怒,令取子胥之尸体装在皮革里于五月五日投入大江,因此相传端午节亦为纪念伍子胥之日。

(3)曹娥说

端午节第三个起源是为纪念东汉孝女曹娥救父投江而死。曹娥是东汉上虞人,父亲溺于江中,数日不见尸体,当时孝女曹娥年仅14岁,昼夜沿江号哭。过了17天,在五月五日也投江,五日后抱出父尸。就此传为神话,继而相传至县府知事,令度尚为之立碑,让他的弟子邯郸淳作诔辞颂扬。孝女曹娥之墓,在今浙江绍兴,后传曹娥碑为晋王义所书。后人为纪念曹娥的孝节,在曹娥投江之处兴建曹娥庙,她所居住的村镇改名为曹娥镇,曹娥殉父之处定名为曹娥江。

（4）恶月说

端午节第四个起源是恶月说。从端午节的名称来推敲端午节的意义,是最顺理成章的做法,"端"是起始的意思,"午"与"阳"字相通,是"阴"的反义词,端午节在农历五月,是进入夏天的时分,气温开始上升,蚊虫亦容易滋生,人们亦较易生病,所以古人称五月为"恶月"或"百毒月"。端午节的其中一个习俗便是在家门前插挂菖蒲及艾草,这些都是避病驱邪的东西,由此推敲,端午节是一个警惕人们小心生病的节日。

（5）夏至说

端午节第五个起源是夏至说。古代汉人重视五月五日与夏至相同。至今,端午风俗有不少是从夏至传来的,如端午"采杂药"便是一例。端午既在仲夏,把夏至的某一些风俗借来,也很相宜。

如果把一太阴周期(即十九年)内的端午节(五月初五)与阳历对照列成一表,便会发觉端午节落在阳历的5月27日至6月25日之间,与夏至的日期(6月21日或22日)非常相近,由此看来,端午节承自夏至的说法亦不无道理。

**2. 端午节的主要习俗**

（1）赛龙舟

赛龙舟又叫龙舟竞渡,划龙船或俗称"扒龙船",不仅是一种历史悠久的水上竞技活动,也是端午节民俗活动中最热闹有趣的节目。所谓龙舟就是首尾做成巨龙形状的船只。划龙舟早在西周就出现了,但是当时是让国王乘坐的,并不是用来比赛。关于端午节龙舟竞渡,相传起源于楚国人民不断在汨罗江上找寻屈原的尸体,所以一面划船,一面敲锣打鼓,久而久之,自然演变而成的。

端午节龙舟竞赛一直受到人们的喜爱,从龙船的制作,点睛仪式,下水典礼的举行,都有一套严肃庄严的规定。

龙舟竞赛的场所,大都在河流或海口。比赛前先用浮旗分出左右两个水道,彼此相隔50米以上,比赛的龙舟一次两艘,船头插着红色的三角旗,叫作"龙舌旗",或长方形的红旗,叫作"龙目旗",旗上写着"四时无妄"、"八节有庆"、"风调雨顺"、"国泰民安"等吉祥字句,船尾还有一只大型的三角旗,写着"水仙尊王"。参赛的人数视船只大小或主办单位的规定而定,一般是24人或32人,船首有两人,一人准备抢旗,一人则敲锣或打鼓,船尾一人把舵,其余的人分别坐在船只的两侧把桨划船。号令一响就努力往前划,比赛的胜负视哪一方先抢得浮标上的旗帜,就获得胜利。

随着古代中外文化的交流,赛龙舟的风俗,先后传入日本、朝鲜、越南和东南亚国家,近年来已经成为一项世界性的体育竞赛活动。

（2）吃粽子

粽子古称角黍,筒粽,原是南方的一种用芦叶把米包起来煮食的风味小吃,汉代以后才与屈原联系起来,并逐渐固定在端午节吃。

粽子有甜的和咸的两种,甜的有糖粽、豆沙粽等。粽是用糯米混粉蒸煮而成,豆沙粽则是糯米内包豆沙蒸煮而成。咸的有肉粽和菜粽两种,肉粽是糯米内包猪肉、蛋仁、香菇、虾米、蚵干等佐料,而菜粽只包花生米。这四种粽子都是以荷叶包裹,外形为四角锥形,制作时,先用咸草系住二三十个缠在一起。这种咸草,称为粽索,上端必须把它编成辫发的交结状,这叫作"粽步",这是从古代"苇菱"变化而来的,意思为拔除不祥。

（3）悬钟馗画像

民间多在端午节这天,将钟馗像悬挂在厅堂之上,据说可以驱五毒,避邪祟,也就是钟馗能驱逐群鬼,保护一家大小的平安。钟馗像为红须怒目,手里拿着宝剑,脚下踏有形状凶狠的妖怪,而其身捐身后,通常有蝎子、毒蛇等物。

（4）挂菖蒲、艾叶

民间谚语说:"清明插柳,端午插艾。"在端午节,民间特别是农村家庭,门窗上要挂菖蒲、艾叶,用以驱鬼避邪保平安。虽然这是迷信,但因艾叶、菖蒲具有杀虫、驱寒、消毒之用,故这一习俗一直保持下来,城乡许多家庭都在这一日采集艾叶,以备常年家用。

（5）吃大蒜头、喝雄黄酒

端午节,每个家庭要备一桌丰盛于平日的饭菜,全家共享。这一餐习惯上要吃大蒜子煮肉,喝雄黄酒。大人会在不能喝酒的孩子额头上沾上雄黄,或画一个"王"字,祛病消灾。

（6）佩香囊

端午节小孩佩香囊,不但有避邪驱瘟之意,而且有襟头点缀之风。香囊内有朱砂、雄黄、香药,外包以丝布,清香四溢,再以五色丝线弦扣成索,做成各种不同形状,结成一串,形形色色,玲珑夺目。

到了今天,每年的五月初,中国百姓家还有互赠节礼这一礼俗。端午节,亲朋好友之间有送节礼的风俗,一般以粽子、咸蛋等相赠,女婿要去给丈人、丈母娘拜节。

**九、六月六**（天贶节）

六月六,又称天贶节（天贶即"天赐"）,俗称"杯官生日"。官,亦称鄱官,相传是灾害之神。是日城内多设醮,以禳灾。农家则剪纸为田神,上涂鸡血,举之于竹竿,每田插一根,叫敬官。有的于五更时杀雄鸡祭于田间,叫祭官,以求禳灾丰稳。读书人曝晒书画,妇女翻晒珍贵衣服。寺庙词堂翻晒经书族谱和菩萨袍服,故是日又名晒谱节,谚云:"六月六,人晒衣裳龙晒袍"。

"天贶节",始于北宋真宗年间,原是帝王举行祭天活动的节日。后来江南民间就利用这个日子暴晒衣物、给猫狗洗浴,形成一些风俗习惯。

六月初六,黄梅已过,正值盛夏。清末民初,无锡地区曾流行"六月六,家家晒红绿"的谚语。许多人家都重视在这一天把藏在箱、橱的棉衣被褥等取出来,在炽烈的阳光下晒一晒,可防霉烂。有人还戏称晒衣服为"晒龙袍",讨个吉利。读书人家则趁这一天整理书箱、书橱,摊晒书籍、字画于庭院,以免发霉和发生蠹鱼蛀蚀。

无锡民间又曾流行"六月六,狗惚浴"的谚语,猫和狗将于秋天换新毛,夏天六月六正是脱旧毛之际,主人把它们投放河中,洗一洗冷浴,再用刷子给予梳理,能除去寄生身上的一些虱子。

在山西省晋南地区,农历六月初六日,又称为"回娘家节"。六月六姑娘回娘家,要用新产的小麦面粉蒸一个大月形的角子馍,意喻自家又获得了丰收。丈母娘招待姑爷,要做七八样饭菜,主食有凉粉、凉面、蒸馍、烙饼等等。

另外,六月初六日,在晋北地区习惯称为"虫王节"。季节上正是农作物害虫繁衍的时期,也是农家盼望雨水的季节。是日,农家要进行集会,宰牲、设供、焚香、敬纸,(虫子)(虫方)庙里祭虫王,龙王庙里祭雹神,祈求保佑庄稼丰收。

**十、乞巧节(七夕节)**

农历七月初七是我们中国人的情人节,也有人称之为"乞巧节"、"七夕节"或"女儿节"。这一天是女儿家们最为重视的日子。七月初七之所以称为乞巧,是因为民间俗信这天牛郎织女会天河,女儿家们就在晚上以瓜果朝天拜,向女神乞巧,希望能求得佳婿。

乞巧,她们除了乞求针织女红的技巧,同时也乞求婚姻上的巧配。所以,世间无数的有情男女都会在这个晚上,夜静人深时刻,对着星空祈祷自己的姻缘美满。

谈到"乞巧节",不得不提民间流传的爱情故事——牛郎织女。他们一年一度相会的七夕,被多情儿女视为爱情的象征。他们的爱情悲剧,在每个华人的心灵里,留下了深深的印象。因此,每到七夕的夜晚,多情人都会对着暗夜的星空祈祷爱情永恒不渝。

乞巧的仪式源自古代织女桑神的原始信仰,这种信仰结合了牛郎织女每年七月七日相会的说法,成为了我们今时今日的七夕乞巧民间信仰。

织女是善纺织、巧针线的仙子,受到女孩子们的崇拜,所以这天夜晚,要摆设香案,虔诚求教,趁织女与牛郎会面之机,乞求织绣的技巧。古时女子常用日下穿针、迎风理线的方式来比试巧拙,同时还会摆上些瓜果乞巧,各个地方乞巧的方式不尽相同,但是都各有趣味。

在福建、广东及东南亚一带,最时兴于七夕拜七姐。这的确是旧日女儿家的大节日。大部分的省都有庆祝七夕的乞巧,但大多当作一般庆典庆祝。唯有福建和广东相当重视,大伙儿摆七凑热闹,十分隆重。

今天,乞巧节仍是一个富有浪漫色彩的节日,但是很多习俗已经弱化或消失,只剩下象征忠贞爱情的牛郎织女的传说,一直流传在民间。

**十一、中元节**

中国旧俗以农历七月十五日为"中元节",俗称七月半。有些地方又俗称"鬼节","施孤",与清明、十月一朝合为三鬼节。民间的鬼节与佛教的中元节、盂兰盆节有着密切的关系,但又有自己独特的色彩。就这样,僧、道、俗三流合一,构成了农历七月十五丰富的节俗活动。

中元节的起源,与佛教的"盂兰盆会"也有很大的关系。"盂兰"是梵语,倒悬的意思,盆是指供品的盛器。他们认为供此具可解救已逝去父母、亡亲的倒悬之苦。

到了西晋,《盂兰盆经》被译成汉文,因为它所提倡的报答父母养育之恩,和我国儒家传统的孝顺父母的思想大致相同,所以受到君王的赞扬和重视,并在我国广为流传。自梁武帝在南方创设盂兰盆会后,已成为一种习俗,规模有增无减。唐代宗李豫每逢七月十五日,都要在宫中举行盛大的盂兰盆会。城中的寺院也要备办供品,陈列于佛像之前,十分虔诚。

宋、元年间,七月十五这一天已演变为民间的祭祖日,家家祭祀亡亲,并且盛行放河灯超度孤魂野鬼活动。到了清代,对七月十五日中元节的祭祀活动,更为重视,各地寺、院、庵、观普遍举行盂兰盆会,并在街巷设高台诵经念文,做水陆道场,演《目连救母》戏,有的还有舞狮、杂耍等活动,夜晚还把扎糊的大小纸船,放入水中,点火焚化,同时还点放河灯,谓之"慈航普度",十分热闹。此外,当时各家各户,都要在门外路旁烧纸钱,以祀野鬼。

时至今日,七月十五日中元节这一天,我国仍有许多地方保持着祭祀祖先的习俗。

## 十二、中秋节

农历八月十五日,是我国传统的中秋节,也是我国仅次于春节的第二大传统节日。八月十五恰在秋季的中间,故谓之中秋节。我国古历法把处在秋季中间的八月,称谓"仲秋",所以中秋节又叫"仲秋节"。

### 1. 中秋节传说

(1)中秋传说之一——嫦娥奔月

相传,后羿向王母求得一包不死药交给妻子嫦娥珍藏被小人蓬蒙看见,他威逼嫦娥交出不死药。嫦娥无奈中拿出不死药一口吞了下去。嫦娥吞下药,身子立时飘离地面、冲出窗口,向天上飞去。由于嫦娥牵挂着丈夫,便飞落到离人间最近的月亮上成了仙。

后羿回到家,知道后既惊又怒,抽剑去杀恶徒,蓬蒙早逃走了,后羿气得捶胸顿足,悲痛欲绝,仰望着夜空呼唤爱妻的名字。这时他惊奇地发现,今天的月亮格外皎洁明亮,而且有个晃动的身影酷似嫦娥。他拼命朝月亮追去,可是他追三步,月亮退三步,他退三步,月亮进三步,无论怎样也追不到跟前。

后羿思念妻子,派人到嫦娥喜爱的后花园里摆上香案,放上她平时最爱吃的蜜食鲜果,遥祭在月宫里眷恋着自己的嫦娥。百姓们闻知嫦娥奔月成仙的消息后,纷纷在月下摆设香案,向善良的嫦娥祈求吉祥平安。

从此,中秋节拜月的风俗在民间传开了。

(2)中秋传说之二——朱元璋与月饼起义

中秋节吃月饼相传始于元代。当时,中原广大人民不堪忍受元朝统治阶级的残酷统治,纷纷起义抗元。朱元璋联合各路反抗力量准备起义。但朝廷官兵搜查的十分严密,传递消息十分困难。军师刘伯温便想出一计策,命令属下把藏有"八月十五夜起义"的纸条藏入饼子里面,再派人分头传送到各地起义军中,通知他们在八月十五日晚上起义响应。到了起义的那天,各路义军一齐响应,起义军如星火燎原。

很快,徐达就攻下元大都,起义成功了。消息传来,朱元璋高兴得连忙传下口谕,在即将来临的中秋节,让全体将士与民同乐,并将当年起兵时以秘密传递信息的"月饼",作为节令糕点赏赐群臣。此后,"月饼"制作越发精细,品种更多,大者如圆盘,成为馈赠的佳品。以后中秋节吃月饼的习俗便在民间流传开来。

### 2. 中秋节主要习俗

(1)赏月

在唐代,中秋赏月、玩月颇为盛行。在宋代,中秋赏月之风更盛,每逢这一日,京城的所有店家、酒楼都要重新装饰门面,牌楼上扎绸挂彩,出售新鲜佳果和精制食品,夜市热闹非凡。百姓们多登上楼台,一些富户人家在自己的楼台亭阁上赏月,并摆上食品或安排家宴,团圆子女,共同赏月叙谈。

明清以后,中秋节赏月风俗依旧,许多地方形成了烧斗香、树中秋、点塔灯、放天灯、走月亮、舞火龙等特殊风俗。

(2)吃月饼

我国城乡群众过中秋都有吃月饼的习俗,俗话中有:"八月十五月正圆,中秋月饼香又甜"。月饼最初是用来祭奉月神的祭品。"月饼"一词,最早见于南宋吴自牧的《梦粱录》中,那时,它也只是像菱花饼一样的饼形食品。后来人们逐渐把中秋赏月与品尝月饼结合在一起,寓意家人团圆的象征。

以月之圆兆人之团圆,以饼之圆兆人之常生,用月饼寄托思念故乡,思念亲人之情,祈盼丰收、幸福,都成为天下人们的心愿,月饼还被用来当作礼品送亲赠友,联络感情。

(3)燃灯

中秋之夜,还有燃灯以助月色的风俗。在湖广一带有用瓦片叠塔于塔上燃灯的节俗。在江南一带则有制灯船的节俗。在近代中秋燃灯之俗更盛。中秋夜灯内燃烛用绳系于竹竿上,高树于瓦檐或露台上,或用小灯砌成字形或种种形状,挂于家屋高处,俗称"树中秋"或"竖中秋"。富贵之家所悬之灯,高可数丈,家人聚于灯下欢饮为乐,平常百姓则竖一旗杆,灯笼两颗,也自取其乐。

(4)观潮

在古代浙江一带,除中秋赏月外,观潮可谓是又一中秋盛事。中秋观潮的风俗由来已久,早在汉代枚乘的《七发》大赋中就有了相当详尽的记述。汉以后,中秋观潮之风更盛。明朱廷焕《增补武林旧事》和宋吴自牧《梦粱录》也有观潮的记载。这两书所记述的观潮盛况,说明在宋代的时候中秋观潮之事达到了空前绝后的巅峰。

(5)玩兔儿爷

中秋节有一种重要玩具是兔儿爷。兔儿爷是根据月宫中白兔捣药的传说而制作的一种泥制空心彩塑,是崇拜月神的一种形式。兔儿爷初时是作为偶像被供养祀拜,后来其娱乐游戏功能越来越突出,遂作为中秋节应节之耍货(儿童玩具)。旧时,每逢中秋,上至东安市场的高级耍货店,下至各大庙会集市及繁华地区的街道两旁,均摆有售卖兔儿爷的摊子,摊上设数层书架,逐层增高,大的摆在上层,小的摆在下层,楼梯式的货架上,各就各位,十分壮观。

北京民间以兔儿爷为内容的歇后语不下数十条,如"兔儿爷拿大顶——窝犄角"、"兔儿爷掏耳朵——歪泥"、"兔儿爷过河——滩泥"等等。说明兔儿爷在民间有着极为深远的影响。

(6)其他习俗

中国民族众多,风俗各异,中秋节的过法也是多种多样,并带有浓厚的地方特色。

在北方,山东省即墨中秋节吃一种应节食品叫"麦箭"。山西省潞安则在中秋节宴请女婿。大同县则把月饼称为团圆饼,在中秋夜有守夜之俗。

在江南一带的民间在中秋节的习俗也是多种多样,南京人中秋爱吃月饼外,必吃金陵名菜桂花鸭。

江西省婺源中秋节,儿童以砖瓦堆一中空宝塔,塔上挂以帐幔匾额等装饰品,又置一桌于塔前,陈设各种敬"塔神"的器具。夜间则内外都点上灯烛。

在四川,人们过中秋除了吃月饼外,还要打粑、杀鸭子、吃麻饼、蜜饼等。有的地方也点桔灯,悬于门口,以示庆祝。也有儿童在柚子上插满香,沿街舞动,叫作"舞流星香球"。

在广东潮汕各地也有中秋拜月的习俗,主要是妇女和小孩,有"男不拜月,女不祭灶"的俗谚。晚上,皓月初升,妇女们便在院子里、阳台上设案当空祷拜。银烛高燃,香烟缭绕,桌上还摆满佳果和饼食作为祭礼。当地还有中秋吃芋头的习惯,潮汕有俗谚:"河溪对嘴,芋仔食到"。

在福建浦城,女子过中秋要穿行南浦桥,以求长寿。在建宁,中秋夜以挂灯为向月宫求子的吉兆。上杭县人过中秋,儿女多在拜月时请月姑。

## 十三、重阳节

农历九月九日,是我国传统的重阳节,又名重九节、登高节、菊花节、茱萸节。我国古代把"九"定为阳数,农历九月九日,月日并阳,两阳相重,两九相叠,故名"重阳",又名"重九"。今天的重阳节又被赋予了新的含义,在1989年,我国把每年的九月九日定为"老人节"。

传说东汉时,在江南青山脚下来了一位白发老人,对人们说,九九重阳这一天有灾祸,必须上山饮菊花酒,方可免灾。人们将信将疑,在九月九之前纷纷举家搬至山顶,并照老人指点,在山上饮菊花酒。果然,九月九月那天,村寨被一场大火烧光,幸亏人已上山,免于灾难。自此,每年到了重阳节前夕,人们都要登高饮酒。居住平原的百姓因无山可登,就在重阳节这天在自制的米粉糕点上插上一面彩色小三角旗,借以示登高(糕)、避邪之意。久而久之,这种习俗流传开来。

在我国,早在战国时代就形成此节。西汉初年,宫中即有重阳节之俗,而且要佩茱萸,食蓬饵,饮菊花酒。唐代则正式由朝廷批准民间以中和、上巳、重阳为节令。明代皇宫初一吃花糕,九月重阳皇帝亲自到万岁山登高。此风一直流传到近世。每到这一天,人们出游登高,赏菊花,饮菊花酒,佩茱萸,吃重阳糕。时至今日,一些地区仍保存着这种风俗。

(1)登高

登高是重阳节的重要风俗。魏晋时代,登高的日期已专定在九月九日。在宋代,登高之风依然风行。明代,皇帝亲自到万岁山登高。清代,皇宫御花园内设有供皇帝重阳登高的假山。在民间,早期以登阜成门外五塔寺和左安门内法藏寺为盛,晚清以登陶然亭、蓟门烟树(德外土城)、八大处等为多。

(2)插茱萸

古代重阳节插茱萸之俗风行。茱萸,又名"越椒"或"艾子",是一种药用植物。古人把茱萸作为驱邪的神物,称"辟邪翁",每逢重阳节人人都要佩带。这种习俗在汉代就已出现。宋代,插茱萸之俗不如以前盛行。宋代以后,重阳插茱萸的习俗开始衰微,而直接作药用;在明清时,又用袋装茱萸以避毒害。如今,插茱萸的习俗已不传行。

(3)吃重阳糕

重阳节吃糕,如同中秋节吃月饼一样,都是应时节令食品。从民俗意义上看,"糕"与"高"同音,古人相信"万事皆高"。重阳时吃糕,象征步步登高,意义独特。据史籍载,重阳糕不仅自家食用,也被用于馈赠,颇具礼俗意义。

(4)赏菊

重阳赏菊在我国古代早已有之。到宋代,赏菊成为一时盛举。届期,无论皇室贵戚还是文人士子、小民百姓,都要赏玩菊花。文人士子们还举办社交宴乐性的菊花会,赏菊吟诗。清代,有的地方重阳前后要举行菊花大会。此时,人们来来往往倾城出动观看菊花,热闹空前。

(5)饮菊花酒

古时重阳节,饮菊花酒之俗,从医学角度看,菊花酒可以明目、治头昏、降血压,有益人们的身体健康。重阳佳节,在登高赏菊之余,饮上一杯甘甜、健身的菊花酒,更增添了节日的情趣。

### 十四、十月朝

农历十月一日,在我国古代是一个重要的节令,俗称十月朝。"朝"之意与"晨"相当,作白昼解。它是我国三大"鬼节"之一。

十月朝作为古代一年中的重要节日,它首先是一个重要的祭祀节日。东周时都要举行隆重的祭祀先祖和祭祀天宗、公社、门闾等活动,后来演变为上层权贵祭宗庙。在民间主要是祭祖。

民间则相传这一习俗是为了纪念孟姜女为夫万里送寒衣、哭倒长城而流传下来的。民间传说,孟姜女新婚燕尔,丈夫就被抓去服徭役,修筑万里长城。秋去冬来,孟姜女千里迢迢,历尽艰辛,为丈夫送衣御寒。谁知丈夫却屈死在工地,还被埋在城墙之下。孟姜女悲痛欲绝,指天哀号呼喊,感动了上天,哭倒了长城,找到了丈夫尸体,用带来的棉衣重新妆殓安葬。由此而产生了"送寒衣节"。

在宋代,有送寒衣习俗。到明清时,寒衣作为祭品,是用彩纸作衣冠等致祭,后来改用纸包袱并书死者姓名替代。此外,还有敲太平鼓、吃豆制品、酿冬酒、作暖炉会等习俗。

在近代,十月朝的习俗在我国许多地方仍在传行。据《中华全国风俗志》载,在山东惠民一带,"十月一日,祭先墓,剪彩纸为衣裳焚化,谓之送寒衣。"在江苏东台一带,十月朝还有一种奇特的习俗,称"送苍蝇"。在浙江、安徽等地,都有十月朝祭祖、送寒衣等习俗。

### 十五、冬至

冬至俗称"冬节"、"长至节"、"亚岁"等,是我国农历中一个非常重要的节气,也是一个传统节日,至今仍有不少地方有过冬至节的习俗。早在2500多年前的春秋时代,我国已经用土圭观测太阳测定出冬至来了,它是二十四节气中最早制定出的一个。因为它的日子并没有固定,所以和清明一样,被称为"活节"。时间在每年的阳历12月22日或者23日之间。

在我国古代对冬至很重视,冬至被当作一个较大节日,曾有"冬至大如年"的说法,而且有庆贺冬至的习俗。

#### 1. 冬至的传说

有关冬至的来历,在民间有许多传说,主要有三种。

(1)冬至传说之一

过去老北京有"冬至馄饨夏至面"的说法。相传汉朝时,北方匈奴经常骚扰边疆,百姓不得安宁。当时匈奴部落中有浑氏和屯氏两个首领,十分凶残,百姓对其恨之入骨,于是用肉馅包成角儿,取"浑"与"屯"之音,呼作"馄饨"。恨以食之,并求平息战乱。因最初制成馄饨是在冬至这一天,在冬至这天家家户户吃馄饨。

吃"捏冻耳朵"是冬至河南人吃饺子的俗称。相传南阳医圣张仲景曾在长沙为官,他告老还乡那时适是大雪纷飞的冬天,寒风刺骨。他看见南阳白河两岸的乡亲衣不遮体,有不少人的耳朵被冻烂了,心里非常难过,就叫其弟子在南阳关东搭起医棚,用羊肉、辣椒和一些驱寒药材放置锅里煮熟,捞出来剁碎,用面皮包成像耳朵的样子,再放下锅里煮熟,做成一种叫"驱寒矫耳汤"的药物施舍给百姓吃。服食后,乡亲们的耳朵都治好了。后来,每逢冬至人们便模仿做着吃,是故形成"捏冻耳朵"此种习俗。以后人们称它为"饺子",也有的称它为"扁食"和"烫面饺"。人们还纷纷传说吃了冬至的饺子不冻人。

（2）冬至传说之二

在江南水乡,有冬至之夜全家欢聚一堂共吃赤豆糯米饭的习俗。相传,有一位叫共工氏的人,他的儿子不成才,作恶多端,死于冬至这一天,死后变成疫鬼,继续残害百姓。但是,这个疫鬼最怕赤豆,于是,人们就在冬至这一天煮吃赤豆饭,用以驱避疫鬼,防灾祛病。

（3）冬至传说之三

冬至吃狗肉的习俗据说是从汉代开始的。相传,汉高祖刘邦在冬至这一天吃了樊哙煮的狗肉,觉得味道特别鲜美,赞不绝口。从此在民间形成了冬至吃狗肉的习俗。现在的人们纷纷在冬至这一天,吃狗肉、羊肉以及各种滋补食品,以求来年有一个好兆头。

**2. 冬至主要习俗**

（1）祭俗

冬至是汉民族祭天的日子。对天与地的崇拜是汉民族最庄重、最神圣的信仰。祭天是冬至日最重要、最隆重的风俗,每年冬至日,皇帝都要来圜丘坛举行告祀礼,禀告上天五谷业已丰登,主祭昊天上帝,配祭皇帝列祖列宗及日、月、云、雨、风、雷诸神,这就是祭天大礼。

在民间,出于对天的敬畏和信仰,在冬至日也有各种对天的祭祀仪式。除了祭天,冬至节也是先民感怀祖先之德、祭祀祖先的日子。

（2）食俗

冬至节是一个食俗非常丰富多彩的节日。冬至日正值隆冬,节日食俗以"进补"为主题。冬至经过数千年发展,形成了独特的节令食文化。诸如馄饨、饺子、汤圆、赤豆粥、黍米糕等都可作为节日食品。曾较为时兴的"冬至亚岁宴"的名目也很多,如吃冬至肉、献冬至盘、供冬至团、馄饨拜冬等。

（3）礼俗

冬至节礼俗主要有拜师和赠鞋袜等。冬至这天是学生向老师表达敬意的日子,据说,此日,小学学生穿新衣,携酒脯,各赴业拜师。冬至节,旧俗由学董牵头,宴请教书先生。先生要带领学生拜孔子牌位,然后由学董带领学生拜先生。山西民间有"冬至节教书的"的谚语,说的就是这种尊师风俗。至今民间仍有冬至节请教师吃饭的习俗。晋西北习惯用炖羊肉招待教师,其情盛浓。

赠鞋袜的习俗则是因为这天日影最长,所以古俗以鞋袜献给尊长庆贺冬至,表示足履最长之日影祝祷长寿。另外还有赠鞋于舅姑的习俗,后来逐渐变成了舅姑赠鞋帽于甥侄了。不管是赠尊长还是赠孩童,都是一种感怀生命的美好习俗。

（4）娱俗

冬至节,民间娱俗主要有唱"九九歌"和绘"九九消寒图"。九九歌是一种节令民间歌谣。每当冬季来临时,慈爱而灵慧的母亲们常给孩子吟出这样的歌谣:一九二九不舒手,三九四九冰上走,五九六九沿河看柳,七九冰开,八九雁来,九九加一九,犁牛遍地走。这歌,便是几乎流传于我国各地的九九歌。

绘"九九消寒图"是冬至的又一娱俗。消寒图是记载进九以后天气阴晴的,以卜来年丰欠。画消寒图这种风俗,虽然简单,但如果巧心酝酿则别有韵致,常被寄寓了各种各样的感情在其中。

另外,冬至节,有些地方的儿童做"拿寨"、"打瓦"的游戏,少年开始学武术,叫做"看冬"。

### 十六、腊八节

腊八节,即农历十二月初八,是汉族传统节日,由来已久。唐朝张守节《史记正义》:"十二月蜡日也,猎禽兽以岁终祭先祖,因立此日也。"汉代以冬至后第三个戌日为"蜡日",南北朝时始改为十二月初八日,谓之"腊八节"。古时的春节,实际上从这天就算开始了。

在民间腊八熬粥,除了供佛祀祖以外,主要是在亲友邻居之间当作相互馈送的礼物。其次才是自家享用。但是,凡有亲丧"守制"的则不熬粥。

腊八粥的种类极多,主要是根据贫富来决定。旧时,米粮店一进腊月就将芸豆、豌豆、小豆、豇豆、绿豆、小米、大米、高粱米等掺杂在一起出售,谓之杂豆米、腊八米。一般人家就将这种杂豆米加上小枣、栗子之类的干果,熬成粥之后再加上红、白糖,还有的加上玫瑰、木樨(腌桂花)等甜调料。

腊八节,除了熬腊八粥之外,民间还有用米醋在坛子里泡"腊八蒜"的风俗习惯。从腊月初八封上坛子口,放在较暖的屋子里,到除夕夜间吃大年饺子时,才打开受用。泡好的蒜都是碧绿的颜色,就像翡翠一样,配上深红的米醋,煞是好看,给家宴上增添了节日色彩。

### 十七、小年

农历十二月二十三日(或二十四日),民间称为"过小年",是祭祀灶君的节日。它是整个春节庆祝活动的开始。

祭灶的风俗,由来甚久。灶君,在夏朝就已经成了民间尊崇的一位大神。记述春秋时孔丘言行的《论语》中,就有"与其媚舆奥,宁媚与灶"的话。先秦时期,祭灶位列"五祀"之一(五祀为祀灶、门、行、户、中雷五神。中雷即土神。另一说为门、井、户、灶、中雷;或说是行、井、户、灶、中雷)。祭灶时要设立神主,用丰盛的酒食作为祭品。要陈列鼎俎,设置笾豆,迎尸等等,带有很明显的原始拜物教的痕迹。

据学者研究,最初的灶神是蛙,后来,有轩辕皇帝、神农氏、火神祝融之说。其中以祝融作为灶神被祭祀的时间最长。在漫长的中国社会发展中,还有很多人物被民间传说塑造为灶神。成书于唐代的《酉阳杂俎》里就说:"灶神名隗姓张,状如美女,又名单,字子郭。"在现代搜集到的大量灶神传说中,形迹不同、名字各异的灶神,也大多姓张;在流传中,也有其他姓的灶神与张姓的灶神并存。民间流传着灶祃(灶神像,一般是套色木刻),上面画着灶神及财神(招财童子和利市仙官)、喜神、福神、聚宝盆以及灶神上天所使役的马匹等。还有的画上画着两个灶王,传说一个姓张,一个姓李。中国道教兴盛之时,曾借《经说》之论,将灶神说成是一位女性老母。"管人住宅。十二时辰,善知人间之事。每月朔旦,记人造诸善恶及其功德,录其轻重,夜半奏上天曹,定其簿书"。后来就发展成了既有灶君爷爷,又有灶君奶奶之说。在不同的地区里,灶君夫妇又由不同的人选来充当,同时伴随着当地流行的民间传说故事。

古人祭灶的日期,历来说法不一,后经演化把时间固定在腊月二十三日或二十四日。这一天,也就成了传统的祭灶节日。

过小年主要习俗有两个:扫年和祭灶。

(1)扫年

扫年,即扫尘,也称"扫房"。实际上就是大搞家庭环境卫生。北方人以腊月二十三为小年,称"扫房";南方人以腊月二十四为小年,称"掸尘"。

以前家中一般在房间内垒有灶堂,烧火做饭全在房内,煤、柴产生的灰尘极多,一年下来,房顶遍挂灰尘,极不卫生与雅观。

到了腊月二十三这一天,家家户户黎明即起,扫房擦窗,清洗衣物,刷洗锅瓢,实施干净彻底的卫生大扫除。小年的前几天,家家打扫房屋,意为不让灶王爷把土带走。另外,房间打扫完以后,还要放几个爆仗,一来可以震掉灰尘,同时也表示吉祥。因此,也是小孩子很喜欢的活动。

（2）祭灶

据说,每年腊月二十三,灶王爷都要上天向玉皇大帝禀报这家人的善恶,让玉皇大帝赏罚。等到大年三十的晚上,灶王还要与诸神来人间过年,那天还得有"接灶"、"接神"的仪式。

祀灶是在二十三日晚间进行的。灶神画像贴在正屋锅灶墙上,两旁有一幅"上天言好事,回宫降吉祥"对联,横批是"一家之主"。祭祀时,伴随着一些简单的仪式,摆上糖瓜、果品和一碗面汤,然后烧香叩头,把旧灶神揭下烧掉,这叫辞灶,这就是送灶王爷上天了。在神像前供奉麦芽糖制的糖瓜或关东糖（北京称南糖）,意在让灶王爷把嘴黏住,以免他到天上玉皇大帝那里去乱说乱奏。还要烧些纸钱,意思是送给灶王爷上天路上用的盘缠。还要给灶王的坐骑准备一桶水和一些草料和杂粮（黑豆）,供灶王喂马之用。在祭祀时,户主口中念颂着"上天言好事,下界保平安"这类口诀。然后全家人依次叩头,为灶神送行。旧俗,祭拜时,一般是男子先拜,尔后女子再拜。有的地方,妇女是不能祭拜灶王爷的,有"男不拜月,女不祭灶"的说法。在山东通常都由男人致祭,但现在却是有所不同。旧灶烧了以后,有的把新灶当时贴上,有的则到除夕再贴,所以对联又有"二十三日上天去,正月初一下界来"的词句。

## 第二节　中国少数民族礼俗与禁忌

中国自古以来就是一个统一的多民族国家。新中国成立后,通过识别并经中央政府确认的民族共有56个。由于汉族以外的55个民族相对汉族人口较少,习惯上被称为"少数民族"。

由于历史上多次民族迁徙,以及朝代更迭、战争和移民戍边等原因,形成了"十里不同风,百里不同俗"的各种岁时、节令、信仰、娱乐以及奇异的婚俗、礼俗、衣俗、食俗等等……

### 一、回族

回族是我国少数民族中分布地域最广的。回族大多使用汉语汉文,其语言基本上保持西北各省方言特色,由于地缘与宗教关系,还夹杂有方言和少量阿拉伯、波斯语,以及维吾尔、哈萨克词语及宗教词汇。有些回族人兼通维吾尔族、哈萨克族等民族的语言、文字。

#### 1. 食俗

回族人食牛、羊、驼、鸡、鸭、鱼肉等家庭日常饭食。回族喜欢饮茶,各家都备有茶具,来客则以盖碗盅沏茶并加方块糖。

#### 2. 习俗

回族人传统的衣饰,年长者多穿黑色布料外衣,喜穿白衬衣,青色和棕色坎肩,中老年男子常戴白色小圆帽。老年妇女多着青色服装，布料多为平绒和条绒，白袜子，平绒或条绒布鞋，扎腿，蒙白色盖头。青年妇女喜穿大襟绣花外衣、绣花胸兜、扎绣花围裙，喜戴首饰，多戴耳环、发卡。已婚妇女要盘发（或梳两条辫子），蒙黑色盖头或戴白布深檐圆帽。

### 3. 婚俗

回族人从订婚到结婚，聘礼繁多。男女恋爱后，由男方差媒人提亲，送"开口礼"，女方同意成亲，便可送大礼、会大亲（双方家长互相邀请），领取结婚证书，订日子完婚。成亲时，在农村有请阿訇念"尼卡哈"（结婚词）的习俗。三天"回门"，女方父母和亲戚还要在新娘、新郎临走时赠礼品。

### 4. 节庆

回族主要传统节日有圣纪节、"开斋节"（即肉孜节）和"宰牲节"（即古尔邦节）。

### 5. 禁忌

回族人最重要的禁忌是不吃猪肉，忌讳与猪有关的任何东西及话题。同时忌食的还有马、驴、骡、狗及凶猛禽兽和无鳞鱼，并且忌食所有动物的血和自死的东西。

回族人外出一定要戴帽子，忌露顶，回族有敬长传统，忌出言不逊。

## 二、蒙古族

蒙古族的语言属阿尔泰语系蒙古语族。塔城地区的蒙古族操卫拉特方言，使用托忒蒙古文，亦推广内蒙古自治区蒙古族使用的胡都木蒙古文。

### 1. 食俗

以奶制品、肉和面食为主。蒙古族除手抓肉外，还喜炖羊肉、火锅。面拌以炒面为主。食用时加酥油或牛羊油，以茶水搅拌。各类面食也是常用食物。

### 2. 习俗

家中来客，不管常客还是陌生人，以笑面迎接，摆上奶酪、奶油和各种面制干粮，捧上奶茶。茶后，向客人敬上醇美的奶酒和白酒，主人把自己酒碗里的酒让在座的每一个人都喝一口。为了凑兴，常以唱歌劝酒。对贵客则宰羊款待。老年人来到时，则要外出迎接，走时搀扶上马。到长辈家里做客，一般要带些糖果、饼干、酒和自制面食品做礼物。蒙古族人民尊敬长辈，进门、入座、喝茶、饮酒、吃饭时，让长者优先。

### 3. 婚俗

蒙古族同姓不婚。须由喇嘛以生辰查看经典进行"合婚"。新中国成立前，男女婚姻多由父母方父母或其亲戚带上白酒等礼品去女方家中求婚。订婚时，男方带上自制的奶酒、一只熟羊和其他礼品，到女方家中，先敬哈达，再致订婚词，然后把带来的奶酒倒入碗中，给在场的女方亲友、邻居每人品尝一口。然后大家饮酒、吃肉。结婚前，男方还要给女方送过礼（即聘礼），多为肉、酒和新娘的梳妆具和衣料。聘礼多少，由双方长者商定。出嫁前一日，女方家中举行送嫁宴会，亲友赴宴，以唱歌、跳舞倾诉亲人的依恋和父母的养育之恩。婚礼上，除宴饮、歌舞活动外，并安排一些诙谐戏。

### 4. 节庆

蒙古族节日主要是春节、那达慕大会、祭俄博等。春节，又称"白节"、"大年"，是蒙古族的传统节日。蒙古族年节，虽然与汉族节一致，并吸收了一些汉族习俗，如吃五更饺子，放鞭炮等。但也有很多蒙古族传统习俗,如除夕吃"手把肉",以示合家团圆。初一凌晨晚辈向长辈敬"辞岁酒",亲朋间互赠哈达,恭贺新年吉祥如意。草原上的大年,直到正月十五始止。蒙古族群众把举行"那达慕"大会的日子看作是盛大节日,每年都要举行一次传统的那达慕大会,时间一般在牲畜肥壮的秋天。这是人们为了庆祝丰收而举行的文体娱乐大会,内容包括射箭、赛马和摔跤比赛。"祭俄博",一般都在七月中旬。它是蒙古族牧民一年一度的草原盛会。会上,除了请活佛、喇嘛念经,祭祀山神,祈祷人畜平安外,还要进行一些娱乐活动。

### 5. 禁忌

蒙古族人骑马、驾车接近蒙古包时忌重骑快行,以免惊动畜群;若门前有火堆或挂有红布条等记号,表示这家有病人或产妇,忌外人进入;客人不能坐西炕,因为西是供佛的方位;忌食自死动物的肉和驴肉、狗肉、白马肉;办丧事时忌红色和白色,办喜事时忌黑色和黄色;忌在火盆上烘烤脚、鞋、袜和裤子等;禁止在参观寺院经堂、供殿时吸烟、吐痰和乱摸法器、经典、佛像以及高声喧哗,也不得在寺院附近打猎。

### 三、维吾尔族

"维吾尔"是维吾尔族的自称,意为"团结"或"联合"。维吾尔族有自己的语言,维吾尔语属阿尔泰语系突厥语族;文字是以阿拉伯字母为基础的拼音文字。

#### 1. 食俗

日食三餐,早饭吃馕和各种瓜果酱、甜酱,喝奶茶、油茶等,午饭是各类主食,晚饭多是馕、茶或汤面等。以面食为主,喜食牛、羊肉。维吾尔族喜欢饮茯茶、奶茶。夏季多伴食瓜果。

#### 2. 习俗

维吾尔族待客和做客都有讲究。如果来客,要请客人坐在上席,摆上馕、各种糕点、冰糖等,夏天还要摆上一些瓜果,先给客人倒茶水或奶茶。待饭做好后再端上来,如果用抓饭待客,饭前要提一壶水,请客人洗手。吃完饭后,由长者领做"都瓦",待主人收拾食具完,客人才能离席。吃饭时,客人不可随便拨弄盘中食物,不可随便到锅灶前去,一般不把食物剩在碗中,同时注意不让饭屑落地,如不慎落地,要拾起来放在自己跟前的"饭单"上。共盘吃抓饭时,不将已抓起的饭粒再放进盘中。饭毕,如有长者领做"都瓦",客人不能东张西望或立起。吃饭时长者坐在上席,全家共席而坐,饭前饭后必须洗手,洗后只能用手帕或布擦干,忌讳顺手甩水,认为那样不礼貌。

#### 3. 婚俗

男女青年结婚时,由阿訇或伊码目(均为宗教职业者)诵经,将两块干馕沾上盐水,让新郎、新娘当场吃下,表示从此就像馕和盐水一样,同甘共苦,白头到老。婚宴要在地毯上铺上洁白的饭单,最先摆上馕、喜糖、葡萄干、枣、糕点、油炸馓子等,然后再上手抓羊肉、抓饭。

#### 4. 节庆

维吾尔族信奉伊斯兰教,传统节日有:肉孜节、古尔邦节、初雪节等。维吾尔族十分重视传统节日,尤其以过"古尔邦"节最为隆重。届时家家户户都要宰羊、煮肉、赶制各种糕点等。屠宰的牲畜不能出卖,除将羊皮、羊肠送交清真寺和宗教职业者外,剩余的用作自食和招待客人。过肉孜节时,成年的教徒要封斋一个月。封斋期间,只在日出前和日落后进餐,白天绝对禁止任何饮食。

## 四、藏族

藏族自称"博巴",意为农业人群,是最早起源于雅鲁藏布江流域的一个农业部落。藏族有自己的语言和文字。

### 1. 食俗

绝大部分藏族以糌粑为主食,即把青稞炒熟磨成细粉。食用糌粑时,要拌上浓茶或奶茶、酥油、奶渣、糖等一起食用。藏族传统菜肴有很多,例如:足玛米饭,血肠,奶酪等。

### 2. 习俗

藏族在迎接客人时除用手蘸酒弹三下外,还要在五谷斗里抓一点青稞,向空中抛撒三次。酒席上,主人端起酒杯先饮口,然后一饮而尽,主人饮完头杯酒后,大家才能自由饮用。饮茶时,客人必须等主人把茶捧到面前才能伸手接过饮用,否则认为失礼。吃饭时讲究食不满口,嚼不出声,喝不作响,拣食不越盘。用羊肉待客,以羊脊骨下部带尾巴的一块肉为贵,要敬给最尊敬的客人。制作时还要在尾巴肉上留一绺白毛,表示吉祥。

献哈达是藏族待客规格最高的一种礼仪,表示对客人热烈的欢迎和诚挚的敬意。哈达是藏语,即纱巾或绸巾。它以白色为主,亦有浅蓝色或淡黄色的。最好的是蓝、黄、白、绿、红五彩哈达。五彩哈达用于最高最隆重的仪式如佛事等。

### 3. 婚俗

藏族青年自由恋爱。男子求爱则抢走姑娘的帽子,几天后归还,姑娘同意就收下,不同意就不要帽子了。姑娘求爱则赠送随身佩戴的饰物,男子收下就表示愿意。

### 4. 节庆

藏族普遍信奉藏传佛教,即喇嘛教。过去许多传统日均与宗教活动有关。藏历元旦是最重要的节日。藏历正月十五,当地群众有观酥油花灯的习俗。4月15日纪念佛诞和唐文成公主入藏的吉日良辰,民间举行庆祝活动。藏族的节日还有萨噶达瓦节、雪顿节、花灯节和望果节。

## 五、高山族

高山族有自己的语言,没有自己的文字。居住在台湾的高山族同胞有自己独特的文化艺术,他们的口头文学很丰富,有神话、传说和民歌等。高山族人大多数从事农业,少数捕鱼、狩猎,有雕刻和编织等手工艺。

### 1. 食俗

以稻米为日常主食,辅以薯类和杂粮。蔬菜来源比较广泛,大部分靠种植,少量依靠采集。高山族普遍爱食用生姜,有的直接用姜蘸盐当菜,有的用盐加辣椒腌制。肉类的来源主要靠饲养的家畜、家禽,居住在山林里的高山族,捕获的猎物几乎是日常肉类的主要来源。

### 2. 习俗

宴客时先把鸡腿留下来,待客人离去时让他们带在路上吃,意为吃了鸡大腿,走路更有气力。高山族各族的祭祀活动很多,诸如:祖灵祭、谷神祭、山神祭、猎神祭、结婚祭、丰收祭等等,以五年祭最为隆重。届时除摆酒席供品外,还伴以各种文体活动。

### 3.婚俗

婚礼及宴请的场面十分丰盛和壮观,尤其要准备大量的酒,届时参加者都要豪饮,并有不醉不散的习俗。

### 4.节庆

高山族性格豪放,喜在节日或喜庆的日子里举行宴请和歌舞集会。每逢节日,都要杀猪、宰老牛,置酒摆宴。高山族节日宴客最富有代表性的食品是用各种糯米制作的糕和糍粑。

### 5.禁忌

妇女怀孕后忌用刀斧,忌食猿肉、山猫肉、穿山甲肉和并蒂果实等。妇女用的织布机男人不能随便摸弄。

## 六、壮族

壮族是中国少数民族中人口最多的一个民族,信仰原始宗教,祭祀祖先,部分人信仰天主教和基督教。

### 1.食俗

大米、玉米是壮族地区盛产的粮食,自然成为他们的主食。

壮族对禽畜肉一般都不禁吃,壮族人习惯将新鲜的鸡、鸭、鱼和蔬菜制成七八成熟,菜在热锅中稍煸炒后即出锅,可以保持菜的鲜味。自家多酿制米酒、红薯酒和木薯酒,度数都不太高。

### 2.习俗

壮族是个好客的民族,过去到壮族村寨任何一家做客的客人都被认为是全寨的客人,往往几家轮流请吃饭,有时一餐饭吃五、六家。平时即有相互做客的习惯,比如一家杀猪,必定请全村各户每家来一人,共吃一餐。招待客人的餐桌上务必备酒,方显隆重。敬酒的习俗为"喝交杯",其实并不用杯,而是用白瓷汤匙。客人到家,必在力所能及的情况下给客人以最好的食宿,对客人中的长者和新客尤其热情。用餐时须等最年长的老人入席后才能开饭;长辈未动的菜,晚辈不得先吃;给长辈和客人端茶、盛饭,必须双手捧给,而且不能从客人面前递,也不能从背后递给长辈;先吃完的要逐个对长辈、客人说"慢吃"再离席;晚辈不能落在全桌人之后吃饭。

路遇老人,男的要称"公公",女的则称"奶奶"或"老太太";遇客人或负重者,要主动让路,若遇负重的长者同行,要主动帮助并送到分手处。

### 3.节庆

壮族最隆重的节日是春节,其次是七月十五中元鬼节、三月三、清明上坟、八月十五中秋,还有端午、重阳、尝新、冬至、牛魂、送灶等等,几乎每个月都要过节。

春节一般在腊月二十三过送灶节后便开始着手准备,二十七宰年猪,二十八包粽子,二十九做糍粑。除夕晚,在丰盛的菜肴中最富特色的是整煮的大公鸡,家家必有。年初一喝糯米甜酒、吃汤圆(一种不带馅的元宵,煮时水里放糖),初二以后方能走亲访友,相互拜年,一直延续到十五元宵,有些地方甚至到正月三十,整个春节才算结束。互赠的食品中有糍粑、粽子、米花糖等。

三月三按过去的习俗为上坟扫墓的日子,届时家家户户都要派人携带五色糯米饭、彩蛋等到先祖坟头去祭祀、清扫墓地,并由长者宣讲祖传家史、族规,共进野餐。还有的对唱山歌,热闹非凡。

其他节日食俗也都各有讲究,各具特色,比如中元吃鸭、端午吃粽、重阳吃粑等等。

#### 4. 禁忌

壮族人忌讳农历正月初一这天杀牲;有的地区的青年妇女忌食牛肉和狗肉;妇女生孩子的头三天(有的是头七天)忌讳外人入内;忌讳生孩子尚未满月的妇女到家里串门。

### 七、苗族

苗族是个能歌善舞的民族,尤以情歌、酒歌享有盛名。芦笙是苗族最有代表性的乐器。苗族地区以农业为主,以狩猎为辅。

#### 1. 食俗

大部分地区的苗族均以大米为主食。油炸食品以油炸粑粑最为常见。肉食多来自家畜、家禽饲养,四川、云南等地的苗族喜吃狗肉。苗家的食用油除动物油外,多是茶油和菜油。

以辣椒为主要调味品,有的地区甚至有"无辣不成菜"之说。苗族的菜肴种类繁多,常见的蔬菜有豆类、瓜类和青菜、萝卜,大部分苗族都善做豆制品。各地苗族普遍喜食酸味菜肴,酸汤家家必备。苗族的食物保存,普遍采用腌制法,蔬菜、鸡、鸭、鱼、肉都喜欢腌成酸味的。苗族几乎家家都有腌制食品的坛子,统称酸坛。

苗族酿酒历史悠久,从制曲、发酵、蒸馏、勾兑、窖藏都有一套完整的工艺。日常饮料以油茶最为普遍。湘西苗族还特制有一种万花茶。酸汤也是常见的饮料。

#### 2. 习俗

苗族十分注重礼仪。客人来访,必杀鸡宰鸭盛情款待,若是远道来的贵客,苗族人习惯先请客人饮牛角酒。吃鸡时,鸡头要敬给客人中的长者,鸡腿要赐给年纪最小的客人。有的地方还有分鸡心的习俗,即由家里年纪最大的主人用筷子把鸡心或鸭心夹给客人,但客人不能自己吃掉,必须把鸡心平分给在座的老人。如客人酒量小,不喜欢吃肥肉,可以说明情况,主人不勉强,但不吃饱喝足,则被视为看不起主人。

#### 3. 婚俗

在青年男女婚恋过程中必不可少的食品是糯米饭。湖南城步的苗族把画有鸳鸯的糯米粑作为信物互相馈赠;举行婚礼时,新娘新郎要喝交杯酒,主婚人还要请新郎、新娘吃画有龙凤和奉娃娃图案的糯米粑。

#### 4. 节庆

苗族过去信仰万物有灵,崇拜自然,祀奉祖先。节日较多,除传统年节、祭祀节日外,还有专门与吃有关的节日,如吃鸭节、吃新节、杀鱼节、采茶节等。过节除备酒肉外,还要必备节令食品。

#### 5. 苗年

苗年一般先在正月第一个卯日,历时三、五天或十五天。年前,各家各户都要备丰盛的年食,除杀猪、宰羊(牛)外,还要备足糯米酒。年饭丰盛,讲究"七色皆备"、"五味俱全",并用最好的糯米打"年粑",互相宴请馈赠。

#### 6. 杀鱼节

多在江边,由妇女带上饭、腊肉、香肠等酒菜,只要捉到鱼,即燃起篝火,架锅煮鱼直到尽兴方归。

**7. 禁忌**

有些苗族地区，忌随时洗刷饮甑、饭包、饭盆，只能在吃新米时洗，以示去旧米迎新米。随时洗刷会洗去家财，饭不够吃。在山上饮生水忌直接饮用，须先打草标，以示杀死病鬼。忌动他人放于路边的衣物，以免传染麻风病。忌孩子在家中乱耍小弓箭，恐射中祖先。忌跨小孩头顶，否则孩子长不高。禁忌妇女与长辈同坐一条长凳。

客人不要称主人"苗子"，他们喜自称"蒙"；禁杀狗、打狗，不吃狗肉；不能坐苗家祖先神位的地方，火炕上三角架不能用脚踩；不许在家或夜间吹口哨；不能拍了灰吃火烤的糍粑；嬉闹时不许用带捆苗家人；遇门上悬挂草帽、树枝或婚丧祭日，不要进屋；路遇新婚夫妇，不要从中间穿过等。

产忌：产妇生育，忌外人入室。不慎误入者，出门时须洗脚，并喝下一碗冷水，以防将产妇的奶水"踩干"。产妇忌吃老母黄牛肉、母猪肉、公鸡肉、小鱼、蔬菜、辣椒等。有些苗族地区，忌孕妇与孕妇会面，亦忌去别的产妇家，否则认为会延长产期。

农事禁忌：苗族人每年第一次往田里送粪归来时忌见外人，若遇之，忌打招呼。栽秧时若见秧田有鱼时忌说鱼，否则鱼会吃秧根。在田中忌提及老鼠，唯恐其听到前来糟蹋庄稼，只能以"他们父子"来代称之。忌戊日，正月立春后，凡遇戊日忌动土挑水。

丧葬禁忌：有些苗族地区，忌男性死于白天，女性死于夜晚，认为时辰不对，死者须再要一异性死者相伴。故死时不适，丧家常请巫师念咒"改"，同时做一手掌大小的木棺同葬，示已有伴。忌棺内放铁、铜等非银金属及棉花和涂有桐油之物。有些苗族地区，村寨死人当天，可上山劳动，但忌下田。是日，同村人忌挑柴回家，否则挑柴者会有灾难。停柩期间，家属忌吃蔬菜。入葬后一月内，家中任何东西不得出卖或借人。

## 八、满族

满族有自己的文字，满语为满族本民族语言。现代满族普遍使用汉语，除了一些学者还能应用满语外，目前会说满语的满族人屈指可数，大多数满族人已经不懂满语了。

**1. 食俗**

主食多是小米和高粱米、粳米，喜在饭中加小豆或豇豆，如高粱米豆干饭。有的地区以玉米为主食，喜以玉米面发酵做成"酸汤子"。东北大部分地区的满族还有吃水饭的习惯。满族的饽饽历史悠久，清代即成为宫廷主食。其中最具代表性的是御膳"栗子面窝窝头"，也称小窝头。满族民间常以秋冬之际腌渍的大白菜（即酸菜）为主要蔬菜。主要食物还有黏豆包、血肠、萨其马等。

**2. 习俗**

满族人孝敬长辈，注重礼节，在路上遇见长辈，要侧身微躬，垂手致敬，等长辈走过再行；不但晚辈见了长辈要施礼，在同辈人中年轻的见了年长的也要施礼问候；亲友相见，除握手互敬问候外，有的还行抱腰接面礼；妇女相见，兴手拉手之礼，俗称"拉拉礼"；满族有重小姑习俗。满族未结婚的姑娘地位很高，公婆上坐，小姑侧坐，媳妇则侍立于旁谨慎侍候；过春节时要拜两次年，年三十晚上拜一次，为辞旧岁，年初一再拜一次，叫迎新春。

**3. 婚俗**

满族婚礼既带有本民族浓厚的特点，又融合了不少汉民族的风俗礼节，一般要经过以下程序：

订婚：有两种形式。一是双方家长有意，托媒做亲，男方向女方或是女方向男方求婚。另一种是男女双方互不认识，托媒人为子女订婚，并由媒人转交双方的"门户贴"，开具双方的旗佐、履历、姓氏、三代。此外，还要互相检验生辰八字。

放定：即递财礼，分放大定和放小定两种。放小定是未来的媳妇拜见姑母兄嫂等男方家至亲时，得到财物。放大定叫做"过大礼"，俗称"下大菜"，就是选择吉日，男方将聘礼送到女方家。

婚礼仪式带有民族特点如送亲的要喝"迎风酒"；新娘到男方借好的寓所住宿，俗称"打下发"；新郎新娘的"拜北斗"。举行"撒盏"仪式等许多结婚礼俗。

### 4. 节庆

传统节日主要有春节、元宵节、二月二、端午节和中秋节。节日期间一般都要举行珍珠球、跳马、跳骆驼和滑冰等传统体育活动。

### 5. 忌讳

满族生活中有许多忌讳，犯忌则被视为无礼貌。满族不兴戴狗皮帽、吃狗肉，最忌讳别族人戴狗皮帽进家来。还有尊卑、等级关系上的忌讳和规矩。新媳妇不能同公公、婆婆、丈夫同桌吃饭。长辈吃饭，媳妇在旁伺候，否则，就视为不敬不孝。大爷伯父辈不得同侄儿媳妇开玩笑，侄儿媳妇不许在大爷面前露胳膊露腿。过去满族妇女旗袍长至盖脚背，袖长至手背后，与今日之短袖旗袍大相径庭。

## 九、土家族

土家族人自称"毕兹卡"，意为本地人。土家族有自己的语言，大多数人通汉语，目前只有几个聚居区还保留着土家语。没有本民族文字，通用汉文。崇拜祖先，信仰多神。

土家族爱唱山歌，山歌有情歌、哭嫁歌、摆手歌、劳动歌、盘歌等。传统舞蹈有"摆手舞"、"八宝铜铃舞"及歌舞"茅古斯"。乐器有唢呐、木叶、"咚咚喹"、"打家伙"等。

### 1. 食俗

日常主食除米饭外，以包谷饭最为常见。有时也吃豆饭，粑粑和团馓也是土家族季节性的主食。菜肴以酸辣为其主要特点。尤其喜食合渣，民间常把豆饭、包谷饭加合渣汤一起食用。土家族的饮酒，特别是在节日或待客时，酒必不可少。其中常见的是用糯米、高粱酿制酒，度数不高，味道纯正。

### 2. 习俗

土家族很注重礼仪，见面要互相问候，家有来客，必盛情款待。土家族平时粗茶淡饭，若有客至，夏天先喝一碗糯米甜酒，冬天就先吃一碗开水泡团馓，然后再以美酒佳肴待客。一般说请客人吃茶是指吃油茶、阴米或汤圆、荷包蛋等。无论婚丧嫁娶、修房造屋等红白喜事都要置办酒席，一般习惯于每桌九碗菜、七碗或十一碗菜，但无八碗桌、十碗桌。因为八碗桌被称勺吃花子席，十碗的十与石同音，都被视为对客人不尊，故回避八和十。

### 3. 节庆

土家族民间十分注重传统节日，尤其以过年最为隆重。届时家家户户都要杀年猪，做绿豆粉、煮米酒或咂酒等。猪肉合菜是土家族民间过年、过节必不可少的大菜。每年农历二月二日称为社日，届时要吃社饭。端阳节吃粽子。糯米粑粑是土家族民间最受欢迎的食品之一。

**4.禁忌**

土家族禁止在房屋和祖坟周围随便动土,认为房屋内外和祖坟周围有各种尊神保护,若在房屋内外、祖坟周围动土,则会触犯神灵,犯了凶,家里就会发生不吉利之事。

## 十、朝鲜族

中国的朝鲜族是十七世纪时由朝鲜半岛迁徙过来的,以能歌善舞而著称于世。男子喜欢摔跤、踢足球,女子喜欢压跳板和荡秋千。朝鲜舞蹈包括长鼓舞、刀舞、扇舞、巫舞等。朝鲜族有自己的语言文字。

**1.食俗**

喜食并擅做米饭,一次一锅可以做出质地不同的双层米饭,或多层米饭。各种用大米面做成的片糕、散状糕、发糕、打糕、冷面等也是朝鲜族的日常主食。

朝鲜族日常菜肴常见的是"八珍菜"和"酱木儿"(大酱菜汤)等。咸菜是日常不可缺少的菜肴,朝鲜族泡菜做工精细,享有盛誉。

**2.习俗**

朝鲜族人非常尊重老人,并将8月15日定为"老人节"。晚辈不能在长辈面前喝酒、吸烟;与长者同路时,年轻者必须走在长者后面,若有急事非超前不可,须向长者恭敬地说明理由;途中遇有长者迎面走来,年轻人应恭敬地站立路旁问安并让路;晚辈对长辈说话必须用敬语,平辈之间初次相见也用敬语。

餐桌上,匙箸、饭汤的摆法都有固定的位置。如匙箸应摆在用餐者的右侧,饭摆在桌面的左侧,汤碗摆在右侧,带汤的菜肴摆在近处,不带汤的菜肴摆在其次的位置上,调味品摆在中心等。

**3.婚俗**

姑娘和小伙的接触传话,需要一个"媒人"。首先,男方家要让媒人到女方家"看善",与汉族的"相亲"相似,如满意,小伙正式向姑娘求婚,女方若也同意,男方家就往女方送"四柱"。四柱就是在一张纸上写着姓名和星辰宿象(出生的年月日时)女方再拿姑娘的四柱与之对"穹合"。所谓"穹合",就是指男女的属相是否相顺而不相克。如二人生肖相合,女方就经媒人通知男方家,说两个人的"穹合"相对,男方可"择日"确定举行婚礼的日期并送"青缎"、"红缎"等彩礼到女方家。

结婚仪式在新娘家举行。新郎一行人手捧用红包巾包着的木雕大雁来到新娘家后,新娘家用木盆把木雁接过去,然后把新郎让进客房——"舍廊房",新郎在此戴上纱帽,系上冠带,新娘头上戴"簇头里",手戴"汉衫"走进樵礼厅举行结婚仪式。结束后,新郎便开始"赏大桌",即品尝佳肴,由新娘家的客人和自家的亲戚们陪同。行过樵礼仪式后,双方便正式结为夫妻。

**4.节庆**

朝鲜节日与汉族基本相同。此外有三个家庭节日,即婴儿诞生一周年,"回甲节"(六十大寿)、"回婚节"(结婚六十周年纪念日)。朝鲜族一向崇尚礼仪,注重节令。每逢年节和喜庆的日子,饮食更加讲究,所有的菜肴和糕饼,都要用辣椒丝、鸡蛋片、紫菜丝、绿葱丝或松仁米、胡桃仁等加以点缀。

除了传统节日外,小儿周岁、结婚、老人六十大寿,都要大摆筵席,宴请宾客。届时要先在餐桌上摆一只煮熟的大公鸡,公鸡的嘴里还要叼一只红辣椒。筵席的传统菜点不仅花样繁多,造型也要优美华丽,好多食品都要做成鸟兽形。所有礼仪筵席,以祝贺老人六十大寿的"花甲"席最为讲究和隆重。

5. 禁忌

婚丧、佳节期间不杀狗、不食狗肉,忌讳人称"鲜族"。

### 十一、其他少数民族

哈萨克族十分讲究清洁卫生,不能随便坐主人、长辈的床铺,更不能躺卧;忌讳客人坐在火炉右边;忌讳别人说他们的孩子肥胖;忌讳别人当面数自家的牲畜;忌快马奔至门前才下马,因为只有报丧才能这样。

塔吉克族十分重礼节,骑马做客要在毡房后下马。忌在家门口下马;交谈时忌讳脱帽。

白族称呼人要带"阿"字;为客人敬茶忌斟满。白族人崇尚"六",送礼均要带六。

侗族有打油茶敬客的习俗。敬茶时,主人说请后才能动手吃,吃时只能用一只筷子。油茶必须吃三碗以上,否则不礼貌;如果不添了,在把筷子横架在碗上。

赫哲族忌从火上跨过,忌说火的坏话,灭火要先说:"请火神爷把脚挪一挪。"出猎时遇火烧后的灰烬也要行礼。

彝族人很好客,客人来到都要隆重欢迎、接待,对贵客"打羊"招待。

佤族忌讳在屋正中的柱子上挂东西;忌把竹叶等绿色物品拿进屋;忌摸别人的头和耳朵;忌讳向未出嫁的姑娘送饰物和香烟。

傣族人忌讳别人在其屋内吹口哨或剪指甲。

哈尼族忌讳他人到产妇家借家具。

景颇族忌讳用手摇熟睡的人。

锡伯族忌讳吃狗肉。

鄂伦春族忌讳说自己长辈的名字和死人的名字。

怒族忌讳拒绝赠送的礼物和食品。

阿昌族忌讳男子扶妇女的肩膀。

布朗族忌讳走路时从别人面前擦过,或从腿上跨过。

崩龙族见面时,男的忌讳拍摸肩头,女的忌讳触动包头。

## ▶ 第三节 民间宗教节日礼俗

流传于民间的这些传统的、多姿多彩的宗教节日,究其根源都是与人们的生产活动、文化生活、宗教信仰密切相关的。这些节日世代相沿,已成为人民生活中重要的、不可缺少的内容了。

### 一、佛教的节日

佛教的主要节日有佛诞节、成道节、涅槃节等,它们都是纪念佛祖释迦牟尼的出生、成佛和死亡等事宜而设立的节日。

### 1. 佛诞节

夏历四月初八日为释迦牟尼佛诞生日,称"佛诞节",是佛教界最隆重节日。是日,各大寺都要根据佛经中有关佛诞生时感九龙吐水洗浴圣身之记述,用各色香水灌洗一手指天一手指地的太子像(即释迦牟尼佛诞生像),称为"浴佛"。

浴佛法会期间,施主常设斋供养三宝,广植福田。此外,也于佛诞日举行"放生"等活动。有的地区举行相互泼水、龙舟大赛、花车游行等活动,反映了人们祈盼风调雨顺、五谷丰登的美好愿望。

### 2. 成道节

成道节是纪念佛祖释迦牟尼成佛的节日。时间是每年农历十二月初八,在我国民间又称为"腊八节"。

相传佛祖有感于人世间生、老、病、死各种痛苦,于 29 岁离开王宫出家修行,苦行 6 年,日食一麻一米,被饿成皮包骨也未得道,决定改变修行方式,遂入尼连禅河洗浴,但因身体太虚弱,不能自出。此时天神暗中相助示意牧羊女向他供献乳糜,使其恢复体力。吃后他端坐在菩提树下,静思 7 天,于农历十二月初八悟道成佛,这一天为佛成道节。后世佛教取意牧羊女献乳糜供佛的传说,每逢成道日,煮粥供佛是其独有特点。每年农历的 12 月 8 日,寺院僧众都要集于大殿梵香、诵经、讲道说法、熬粥供佛。

### 3. 涅槃节

涅槃节是佛教纪念释迦牟尼逝世的节日。由于南传佛教和北传佛教对释迦牟尼卒年说法不一,所以时间也不相同。南传佛教认为释迦牟尼卒年是在公元前 543 年,并以此纪年为佛纪。我国、日本、朝鲜等国的大乘佛教,一般以每年农历 2 月 15 日为涅槃节。

相传释迦牟尼成道后,传道 40 余年,80 岁时在拘尸那城结束最后一次传法,于农历 2 月 15 日逝世,佛教称之为涅槃(修道所达到的最高的精神境界)。这一天佛教寺院一般都要举行法会,挂涅槃图像,念诵《遗教经》,大多数妇女当日禁食禁歌,示修苦行。

## 二、基督教的节日

基督教的节日是指纪念耶稣诞生、复活、受难、显灵等的特殊日子。与之对应的就是圣诞节、复活节、受难节和主显节。

### 1. 圣诞节

圣诞节是基督教纪念耶稣基督诞生的节日。教会规定:从公元 354 年开始,每年的 12 月 25 日为圣诞节,它的节期延续很长,即从 12 月 24 日的下午至次年的 1 月 6 日。圣诞节不仅是传统的宗教节日,也是欧美各民族最重要的节日。

《圣经》上说耶稣是夜里诞生的,因此圣诞节的庆祝活动从 12 月 24 日就开始了。圣诞夜是个狂欢夜,家家户户都要摆上五光十色的圣诞树,作为幸福的象征,并围着它载歌载舞,迎接耶稣降临;红白相映成趣的"圣诞老人"圣尼古拉,赐人福祉和给孩子们赠送礼物;人们互赠贺年卡片,互祝节日快乐;夜晚在圣诞树、圣诞蛋糕、圣诞马槽上都要点燃圣诞蜡烛,表示喜庆,象征光明;圣诞节前夕和当天早晨信徒们纷纷走上教堂去唱赞美诗,接受神职人员的祝福;餐桌上布满丰盛食品,全家人团聚在一起共进圣诞晚餐。

## 2. 主显节

主显节是纪念耶稣曾三次向世人显示其神性的节日。

据载，第一次显现是在耶稣诞生时，东方天空出现异星，引领东方三博士前往朝拜，他们见了卧于马槽中的耶稣，献上黄金、乳香和没药三样礼物，这次显现他是基督。

第二次显现是他开始传道受洗时，"圣灵"如鸽子，降临在他肩上，天空有"你是我的爱子，我喜欢你"的声音在回响，这次显现他是上帝的儿子。

第三次显现是在参加迦拿城的婚宴时，他将水变成了酒，这一次显现出他的荣耀。

公元4世纪，天主教会正式确定1月6日为主显节。每年这一天，教堂都要在搭好的圣诞假山马槽中，特塑三王朝圣献礼的雕像，并作弥撒。当神父读到"他们三王见到婴孩和他的母亲玛利亚，就俯伏朝拜"的文字时，全体人员也要随之一齐伏身，肃然下跪恭拜。主显节一般随一年一度的圣诞节的结束而结束。

## 3. 受难节

受难节是纪念耶稣遇难的节日。《圣经》记载，耶稣遇难于星期五，时间依复活节反推，即复活节的前两天为受难节。对于耶稣受难日，西方各国习俗不同，有的认为这是个不吉利的日子，因此他们有很多禁忌，例如：洗衣、理发、打扫房间、给马匹钉铁蹄，甚至做与指甲有关的任何事情都是不明智的。也有的认为，"遇难尽管不吉，但这一天对某些事来说，却是一年中最适宜的"，如播种"欧菜"，其他日子播种都会给牲畜带来死亡。这一天给婴儿断奶会给孩子带来幸福的机会。许多地方，不同教派都会在耶稣受难这一天联合举行礼拜，以示团结。

## 4. 复活节

复活节是基督教纪念耶稣复活的节日。传说耶稣被钉死在十字架上，死后第三天复活升天。每年在教堂庆祝的复活节指的是春分月圆后的第一个星期日，如果月圆那天刚好是星期天，复活节则推迟一星期。因而复活节可能在3月22日至4月25日之间的任何一天。

在多数西方国家里，复活节一般要举行盛大的宗教游行。游行者身穿长袍，手持十字架，赤足前进。他们打扮成基督教历史人物，唱着颂歌欢庆耶稣复活。复活节期间，人们还喜欢彻底打扫自己的住处，表示新生活从此开始。

## 三、伊斯兰教的节日

伊斯兰教有自己特殊的节日，即与教义教规有关的圣纪节、开斋节和宰牲节。

### 1. 圣纪节

圣纪节，是伊斯兰教的三大节日之一。相传，伊斯兰教创始人穆罕默德诞生于伊斯兰教历纪元前51年（约公元571年）3月12日，逝世于伊斯兰教历11年（公元632年）3月12日，所以，伊斯兰教历的每年3月12日，是穆罕默德诞辰和逝世的纪念日，又称"圣忌"和"圣祭"。

回族穆斯林一般都将"圣纪"和"圣忌"合并纪念，俗称"圣会"。我国西北地区在过圣纪节时，侧重纪念逝世日，就像给先人过周年一样，诵经"尔麦里"，以示怀念。

节前，由清真寺里的主持阿訇讲一下过节的重要性和需要做的准备工作，之后，穆斯林自愿捐赠粮、油、肉和钱物，并指定若干人具体负责磨面、采购东西、炸油香、煮肉、做菜等。勤杂活都是回族群众自愿来干的。回族穆斯林把圣纪节这一天的义务劳动视为行善做好事，因此，争先恐后。

节日里,清真寺挂起横幅,横幅上一般都用阿拉伯文书写纪念穆罕默德的字样,同时,还专门有七八个人身着节日礼服恭候在寺门内外,迎送来去的宾客。这一天,回族群众聚集在清真寺诵经、赞圣、礼拜。阿訇宣讲穆罕默德的生平简历、功绩品德以及在传教中所受的种种磨难和许多智勇善辩、善战的生动的历史故事,教育回族群众不忘至圣的教诲,做一个真正的穆斯林。

会礼结束后,开始会餐。有的地方经济条件较好,地方也宽敞,摆上十几桌乃至几十桌,大家欢欢喜喜,一起进餐;有的地方是吃份儿饭,回族群众叫"生份碗子",即每人一份。对于节前散了"乜贴"、捐赠了东西而没来进餐的,要托亲友、邻居给带一份"油香"去品尝。

总之,回族圣纪节的特点是众人赞圣,众人捐散,大家一起来吃饭,表现了回族人民团结、友爱的精神和喜悦的心情。

### 2. 开斋节

开斋节是伊斯兰教徒庆祝斋戒期满的日子,是穆斯林的盛大节日之一。我国新疆地区的伊斯兰教徒称开斋节为"肉孜节"。按照伊斯兰教教法规定,每年教历 9 月是圣洁的月份,除病人、旅行者、孕妇、乳婴和作战士兵外的全世界的穆斯林都必须斋戒一个月。

斋戒的目的是控制个人私欲、戒除邪念,培养坚强意志、廉洁守法,一心向往安拉。

节日这天,虔诚的穆斯林一大早就起床祷告,男女沐浴后身着盛装,到清真寺或广场会礼,在阿訇的带领下,集体做礼拜,庆祝穆斯林斋功顺利完成。会礼后,穆斯林举行"团拜"仪式,互致节日快乐。青年男女往往选择这一天举行婚礼,以增添节日的气氛。随后几天,穆斯林探亲访友,请客吃饭,馈赠礼品,庆祝活动一般要持续 3～5 天。

### 3. 宰牲节

宰牲节是伊斯兰教徒为纪念先知宰牲献祭的日子,又称古尔邦节(阿拉伯语"献牲"),时间是伊斯兰教教历的 12 月 10 日。

相传伊斯兰教的先知易卜拉欣,夜梦安拉令他亲手杀死自己的儿子,以考验他对安拉的忠诚,他惊醒后辗转难眠,觉得不能违背向真主许下的诺言,决定杀掉儿子。次日,正是回历 12 月 12 日,易卜拉欣在麦加附近的米那山谷里正准备忠实执行真主的旨意时,他的忠诚感动了安拉,安拉派天使送来了羊,让他以羊代子。从此,古阿拉伯人便形成每年宰牲献祭的风俗。人们就把这一天定为"宰牲节",每年都要在这一天杀牲纪念,这就是宰牲节的由来。

以后每年过此节,凡牲畜超过一定数量的人家,都要宰杀一些牛羊,除了自食以外,互相馈赠,或送给清真寺,以示纪念。节日期间,全体穆斯林沐浴盛装,除会礼、宰牲外,亲朋好友之间都要相互拜访、赠送礼品、缅怀先人等,热闹非凡。

伊斯兰教除了上述三大节日外,还有一些纪念日:如阿术拉节、登霄节、拜拉特节、盖德尔夜、法蒂玛节等。

## ▶ 第四节　国外一些国家的礼俗与禁忌

人类社会的文明从开始产生就不断地向前发展着,由于历史、文化背景、人种和民族以及地域的差异,世界各国人民在历史的发展长河中都形成了自己民族独特的生产和生活习惯,它们各具特色,共同构成了人类文化的一部分。了解它们的文化礼俗,这对于国际间的友好交往有着十分重要的意义。

## 一、亚洲国家

亚洲是世界上第一大洲,位于东半球,屹立在世界的东方。亚洲有40多个国家和地区,人口众多。在历史上亚洲各国之间交往频繁,关系密切,因此相互间影响不小,许多国家民族的习俗、礼节都有相近之处。

在亚洲,人们信奉佛教为多,其次为伊斯兰教,也有一部分信基督教,故亚洲可称之为三大宗教影响最大的地区。

下面我们就选择几个具有代表性的国家作一简单介绍。

### 1. 日本礼俗

日本人总体特点是勤劳、守信、遵守时间、工作和生活节奏快,他们重礼貌,妇女对男子特别尊重,集体荣誉感强。

日本人大多信奉神道教和佛教。佛教是从中国传过去的。少数日本人信奉基督教或天主教。

日本人的饮食习惯别具一格,他们的日常饮食主要有三种料理:第一种是传统的日本料理,又称"和食"。这是日本人祖祖辈辈流传下来的独特饮食方式。第二种是从中国传过去的"中华料理",即中餐。他们偏爱我国的广东菜、北京菜、淮扬菜以及带辣味的四川菜。第三种就是从欧洲传过去的"西洋料理",即西餐。

日本人吃菜喜清淡,忌油腻,爱吃鲜中带甜的菜,还爱吃牛肉、鸡蛋、清水大蟹、海带、精猪肉和豆腐等。但不喜爱吃羊肉和猪内脏。日本人喜欢喝酒,日本清酒、英国威士忌、法国白兰地和中国"茅台"等名酒都爱喝。日本人饮食上忌讳8种用筷子的方法,叫做"忌八筷",即忌舔筷、迷筷、移筷、扫筷、抽筷、掏筷、跨筷和剔筷。同时,忌用同一双筷子给宴席上所有人夹取食物。

日本人在待人接物以及日常生活中十分讲究礼貌、注重礼节,还形成了某种礼仪规范。如:在待人接物上谦恭有礼,说话常用自谦语,特别是妇女,在与人交谈时总是语气柔和、面带微笑、躬身相待。

日本人忌讳绿色,忌荷花图案,忌"9"、"4"等数字。

### 2. 新加坡礼俗

新加坡人十分讲究礼貌礼节,服务质量很高。新加坡华裔在礼仪方面和我国相似,而且还保留了中国古代传统,比如两人见面时,相互作揖。通常的见面礼节是鞠躬、握手。印度血统人仍保持印度的礼节和习俗,妇女额头上点着檀香红点。男人扎白色腰带,见面时合十致意。马来血统、巴基斯坦血统的人按伊斯兰教的礼节行事。

华裔新加坡人信奉佛教,而且很虔诚。他们喜欢在室内诵经,诵经的时候不可以被打扰。

在新加坡随地吐痰、扔弃物都要受到法律制裁。

### 3. 印度礼俗

印度居民大多信奉印度教,其次为伊斯兰教、基督教、锡克教。在印度,月亮是一切美好事物的象征。

到印度庙宇或家庭做客,进门必须脱鞋。迎接贵客时,主人常献上花环,套在客人的颈上。

花环的大小长度视客人的身份而定。献给贵宾的花环既粗又长,超过膝盖。给一般客人的花环仅到胸前。妻子送丈夫出远门,最高礼节是摸脚跟和吻脚。到印度家庭做客时,可以带水果和糖果作为礼物,或给主人的孩子们送点礼品。

印度人忌讳吃猪肉,牛肉。他们一般不喝酒,但有喝茶的习惯。印度人最不喜欢吃大荤,吃素食的人较多,等级越高,吃荤越少。喜欢中国的粤菜、苏菜。

忌讳白色,习惯用百合花作悼念品。他们忌讳弯月图案,视 1、3、7 为不吉祥数字。和印度人交谈,要回避有关宗教矛盾、和巴基斯坦的关系、工资以及两性关系的话题。

## 二、非洲国家

非洲是一块古老的大陆,由于西方资本主义国家的入侵和奴役,非洲国家的发展呈现出于各种不同的情形,总的来说贫富悬殊很大。各国各地风俗习惯和礼仪也不大相同,有的已经走进现代文明社会,有的则还过着原始人的生活。下面我们就选择几个具有代表性的国家作些简介。

### 1. 埃及礼俗

埃及人见面介绍行握手礼,有的也行亲吻礼,往往还要双方互致问候。人们最广泛使用的问候语是"祝你平安","真主保佑你"。

在埃及,老年人将年轻人叫做"儿子、女儿",学生管老师叫"爸爸、妈妈",穆斯林之间互称"兄弟",这并不表示具有血缘关系,而只是表示尊敬和亲切。

跟埃及人打交道时,如果能使用一些阿拉伯语的尊称,通常会令他们更加开心。埃及人正直、宽容好客。去埃及人家做客时,应事先预约,按照惯例穆斯林家的女性,尤其是女主人是不待客的,不要对其打听或问候。和埃及人谈论的话题,应该是阿拉伯人感兴趣的话题,如埃及古老的文明等。

埃及人忌蓝色和黄色。认为蓝色是恶魔,黄色是不幸的象征,遇丧事都穿黄衣服。埃及人还忌针,因为针在埃及是贬义词,每日下午 3 至 5 时是严禁买针和卖针的时间,以避"贫苦""灾祸"。

### 2. 南非礼俗

与南非人打交道,首先要了解交往对象的宗教信仰,然后予以尊重。

信仰基督教的南非人,忌讳 13 和星期五。

南非的黑人忌讳别人在言行举止上对其长辈和祖先表现出失敬。在有些部落即使儿媳妇直呼公公的名字也被禁止。

在许多黑人部族里,妇女的地位比较低下,神圣的地方是禁止妇女接近的。

南非人为人处世大胆而直爽,跟南非黑人交谈时,忌谈黑人部族或派别之间的关系及其矛盾;不要为白人摆好;不要非议黑人的古老习俗;不要为对方生了男孩而表示祝贺,在许多部族里,这件事并不让人欢喜。

## 三、欧洲国家

欧洲国家,人口密集,民族众多,因此各个国家的礼俗习惯都不尽相同。下面我们就选择几个具有代表性的国家作些简介。

### 1. 英国礼俗

英国人重视礼节和自我修养,所以也注重别人对自己是否有礼,重视行礼时的礼节程序。他们很少在公共场合表露自己的感情。

英国人,特别是年长的英国人,喜欢别人称他们的世袭头衔或荣誉头衔,至少要用先生、夫人、阁下等称呼。见面时对初次相识的人行握手礼。在大庭广众之下,他们一般不行拥抱礼,男女在公共场合不手拉手走路。

英国人较注意服饰打扮,什么场合穿什么衣服都有讲究。下班后,英国人不谈公事,特别讨厌就餐时谈公事,也不喜欢邀请有公事交往的人来自己家中吃饭。在宴会上若英国人当主人,他可能先为女子敬酒,敬酒之后客人才能吸烟、喝酒。当着英国人面要吸烟时,要先礼让一下。

英国人对数字除忌"13"外,还忌"3"。与英国人谈话,不可把手插入衣袋。忌当着英国人的面耳语,不能拍打肩背。英国人忌用人像作商品装潢,忌用大象图案,因为他们认为大象是蠢笨的象征。英国人讨厌孔雀,认为它是祸鸟,把孔雀开屏视为自我炫耀和吹嘘。他们忌送百合花,认为百合花意味着死亡。

### 2. 法国礼俗

法国人乐于助人,谈问题不拐弯抹角,但不急于做出结论,做出结论后都明确告知对方。约会讲准时,不准时被认为是无礼貌。

在公共场所,不能随便指手画脚、掏鼻孔、剔牙、掏耳朵;男子不能提裤子,女子不能隔着裙子提袜子;女子坐时不能跷起二郎腿,双膝要靠拢。男女一起看节目,女子坐在中间,男子则坐在两边。不赠送或接受有明显广告标记的礼品,而喜欢有文化价值和艺术水平的礼品。不喜欢听蹩脚的法语。

法国人行接吻礼时,规矩很严格;朋友、亲戚、同事之间只能贴脸或颊,长辈对小辈是亲额头,只有夫妇或情侣才真正接吻。

法国人忌黄色的花,认为黄色花象征不忠诚;忌黑桃图案,视之为不吉利;忌仙鹤图案,认为仙鹤是蠢汉和淫妇的象征;忌墨绿色,因为纳粹军服是墨绿色;忌送香水给关系一般的女人,在法国认为送香水给女人意味着求爱。

### 3. 德国礼俗

德国人好清洁,纪律性强,在礼节上讲究形式,约会讲准时。在宴会上,一般男子要坐在妇女和职位高的人的左侧。女士离开和返回饭桌时,男子要站起来以示礼貌。请德国人进餐,事前必须安排好。他们不喜欢别人直呼其名,而要称头衔。接电话要首先告诉对方你的姓名。与他们交谈,可谈有关德国的事及个人业余爱好和体育,如足球之类的运动,但不要谈篮球、垒球和美国式的橄榄球运动。

除宗教禁忌外,德国人对颜色禁忌较多,茶色、黑色、红色、深蓝色他们都忌讳;服饰和其他商品包装上禁用"干"或类似符号;他们还忌吃核桃,忌送玫瑰花。

### 4. 俄罗斯礼俗

俄罗斯人性格豪放、开朗,喜欢谈笑,组织纪律性强,习惯统一行动。这个民族认为给客人吃面包和盐是他们最殷勤的表示。他们与人相见,开口先问好,再握手致意。朋友间行拥抱礼并亲面颊。与人相约,讲究准时。他们尊重女性,在社交场合,男性还帮女性拉门、脱大衣,餐桌上为女性分菜等。称呼俄罗斯人要称其名和父名,不能只称其姓。他们爱清洁,不随便在公共场所扔东西。俄罗斯人重视文化教育,喜欢艺术品和艺术欣赏。当代年轻的俄罗斯人中也有不少开始崇拜西方文化,酷爱摇滚乐、牛仔裤等舶来品。俄罗斯人普遍习惯洗蒸汽浴,洗法也很特别,洗时要先用桦树枝拍打身子,然后再用冷水浇身。

与俄罗斯人交往不能说他们小气。初次结识俄罗斯人忌问对方私事。不能与他们在背后议论第三者。对妇女忌问年龄等。

**四、美洲国家**

美洲是北美洲和南美洲的合称。人们又把美国以南的美洲地区叫拉丁美洲,那里多数地方过去是西班牙、葡萄牙的殖民地,因此拉美人的生活习惯与这两个国家相近似。拉美人热情好客,并有送礼的习惯。北美洲的美国和加拿大的居民是英、法欧洲国家移民的后裔,所以生活习惯、欲食习惯、交往方式上多同于欧洲人。

下面我们就选择几个具有代表性的国家作些简介。

**1. 美国礼俗**

美国的主要宗教是基督教和天主教。美国目前约有 57％的居民信仰基督教,约有 28％的居民信仰天主教。在美国,还存在着多种其他的宗教信仰。美国没有法定的国教。

美国人在人与人之间的交往上比较随便。在美国,朋友之间通常是熟不拘礼地招呼一声"哈罗",哪怕两个人是第一次见面,也不一定握手,只要笑一笑,打个招呼就行了,还可直呼对方的名字,以示亲热。

在正式场合下,握手是最普通的见面礼。美国人握手时,男女之间由女方先伸手。男子握女子的手不可太紧,如果对方无握手之意,男子就只能点头鞠躬致意。长幼之间,年长的先伸手;上下级之间,上级先伸手;宾主之间,则由主人先伸手。

一般说,美国人不随便送礼。有的在接到礼物时常常显得有些难为情。如果他们凑巧没有东西回礼,就更是如此。但是逢到节日、生日、婚礼或探视病人时,送礼还是免不了的。

在美国人家中做客,不必过分拘礼。如果主人请你就座,你为了表示客气而不马上坐下,反而会使主人感觉不安,以为椅子上不洁或有其他不便。做客时不可随意观看主人桌上的字纸或翻阅文件,不要抚弄室内的古董珍玩,更不要询问室内用具的价格。

美国人忌"13"、"星期五"等,他们还忌蝙蝠作图案的商品和包装,认为这种动物吸人血,是凶神的象征。美国人忌讳与穿着睡衣的人见面,这是严重失礼的,因为他们认为穿睡衣就等于不穿衣服。美国人不提倡人际间交往送厚礼,否则要被涉嫌认为别有所图。

**2. 加拿大礼俗**

在加拿大,人们相遇之时,都会主动向对方打招呼、问好。即便彼此双方互不相识,通常也往往会这么做。要是见过一次面的人再度相逢时,则双方通常都会显示出更大的热情。他们除了双方要互致问候之外,彼此一定还要热烈地握手。需要指出的是,加拿大人虽然有时也以拥抱或亲吻作为见面礼节,但是它们通常仅仅适用于亲友、熟人、恋人或夫妻之间。关系普通者,一般都不会以此作为见面礼节。

在加拿大从事商务活动,宜穿保守式西装。加拿大人饮食习惯与英、法、美相似,其独特之处是特别爱吃烤制食品,口味清淡,不爱吃辣的东西,喜食牛肉、鱼、蛋、各种野味和蔬菜;忌食虾酱、鱼露、腐乳和臭豆腐等有怪味、腥味的食物和动物内脏及脚爪。日常饮食一日三餐,早、午餐较简单,晚餐较丰盛,传统菜肴为法国菜。加拿大人喜欢饮酒,尤以白兰地、香槟酒为最爱,对饮料中的咖啡和红茶也很感兴趣。

加拿大人多为欧洲移民后裔,禁忌与欧洲人有很多相同之处。加拿大人忌讳别人赠送白色的百合花,因为加拿大人只有在葬礼上才使用这种花,这点要千万注意。颜色方面,他们一般不喜欢黑色和紫色。在宴席上,他们喜用双数(偶数)安排座次。

### 五、大洋洲国家

大洋洲是世界上第七大洲,是由澳大利亚、新西兰及许多岛国组成的。16世纪前,这里人烟稀少,只有土著人居住。后来随着英国和其他欧洲移民的迁居,大洋洲诸岛就成了英国等发达国家的殖民地。

#### 1. 澳大利亚礼俗

澳大利亚是一个后起的资本主义国家,曾沦为英国殖民地,独立后仍为"英联邦"成员国。澳大利亚的人口中95%为英国移民的后裔,通用英语。

大多数澳大利亚人信奉天主教和基督教。

当北半球的国家在12月底欢度圣诞节的时候,位于南半球的澳大利亚正处于仲夏时节,所以澳大利亚的圣诞节与众不同,别有风趣。圣诞老人穿着大红皮袄、踏着雪橇与烈日下大汗淋漓、吃着冰淇淋的人们形成鲜明的对照,是一番少有的庆贺景象。

由于历史的原因,人口中英国移民的后裔占绝大多数,他们的饮食习惯与英国人相差不多。菜要求清淡,不喜欢辣味。澳大利亚人喜吃新鲜蔬菜、煎蛋、炒蛋、火腿、鱼、虾、牛肉等。菜肴中的脆皮鸡、炸大虾、油爆虾、糖醋鱼、奶油烤鱼和烧西红柿等是他们常吃的食品。对于中餐,澳大利亚人偏爱广东菜。无论吃西餐或是中餐,他们习惯用很多调味品,在餐桌上由自己调味。

澳大利亚人见面时行握手礼,握手时非常热烈,彼此称呼名字,表示亲热。他们办事爽快、认真,喜欢直截了当,也乐于交朋友,碰见陌生人喜欢主动聊天,共饮一杯酒后,就交上了新朋友。澳大利亚人注意遵守时间并珍惜时间。

#### 2. 新西兰礼俗

新西兰在独立前是英国殖民地,现为"英联邦"成员国。

新西兰人中有的信奉基督教,属圣公会、长老会,有的信奉天主教。

由于盛产乳制品和牛羊肉,所以新西兰人的饮食中少不了这些食物。当然,他们的基本饮食习惯还是与其祖先——英国移民一致。该国虽然人口不多,但每年人均啤酒消耗量却很大。

与澳大利亚人一样,见面行握手礼。守时惜时,待人诚恳热情,没有英国式的保守、刻板。

新西兰人受信仰的宗教影响,故也有西方人通常的忌讳。

### 六、其他节日礼俗

#### 1. 情人节

情人节,又称"圣瓦伦丁节"。它最初起源于古代罗马,于每年2月14日举行,现已成为欧美各国青年人喜爱的节日。

关于情人节的来源,最常见的说法是:传说中瓦伦丁是最早的基督徒之一,为掩护其他殉教者,瓦伦丁被抓住,投入了监牢。在那里他治愈了典狱长女儿失明的双眼。当暴君听到着一奇迹时,他感到非常害怕,于是将瓦伦丁斩首示众。据传说,在行刑的那一天早晨,瓦伦丁给典狱长的女儿写了一封情意绵绵的告别信,落款是:From your Valentine(寄自你的瓦伦丁)。当天,盲女在他墓前种了一棵开红花的杏树,以寄托自己的情思,这一天就是2月14日。自此以后,基督教便把2月14日定为"情人节"。

玫瑰表明专一、情感和活力。通常在情人节中,以赠送一支红玫瑰来表达情人之间的感情,以此作为情人节的最佳礼物。情人节的巧克力也是不可或缺的。巧克力自它诞生以来就于情爱有着千丝万缕的联系,相爱的人们用甜蜜的巧克力表达对爱人的浓浓情谊。

### 2. 狂欢节

欧洲和南美洲地区的人们都庆祝狂欢节。但各地庆祝节日的日期并不相同,一般来说大部分国家都在2月中下旬举行庆祝活动。各国的狂欢节都颇具特色,但总的来说,都是以毫无节制的纵酒饮乐著称。其中最负盛名的要数巴西狂欢节。

狂欢节起源于古代罗马人和希腊人迎新春的典礼。在中世纪,天主教想压制所有异教徒的思想,却未能取消狂欢节,于是就把它纳入自己的年历,即感恩节。在欧洲,尤其是葡萄牙,人们用抛举同伴和戴着面具到街上跳舞来庆贺。后来葡萄牙把传统带到了殖民地巴西。不过有人认为,巴西的狂欢节不同于传统的狂欢节,可能是来源于巴西的非洲黑人对本土文化的崇拜,还有人认为它或许是非洲和伊比利亚两种文化的混合体。

在过节期间,男女老幼可以尽着性子穿奇装异服,把自己装饰成各种形象,走上街头、广场,跟着乐队、彩车一起疯狂地笑闹,往往难以区分表演者和观众。人们到处彼此祝贺,彩车上经常向人群撒下糖果和节日礼物。

### 3. 愚人节

每年四月一日,是西方的民间传统节日——愚人节,也称万愚节。对于它的起源众说纷纭。一种说法认为这一习俗源自印度的"诠俚节"。该节规定,每年三月三十一日的节日这天,不分男女老幼,可以互开玩笑、互相愚弄欺骗以换得娱乐。较普遍的说法是起源于法国。

1564年,法国首先采用新改革的纪年法——格里历(即目前通用的阳历),以一月一日为一年的开端,改变了过去以四月一日作为新年开端的历法。新历法推行过程中,一些因循守旧的人拒绝更新。他们依旧在四月一日庆祝新年。主张改革的人对这些守旧者的做法大加嘲弄。聪明滑稽的人在四月一日这天给顽固派赠送假礼物,邀请他们参加假庆祝会,并把这些受愚弄的人称为"四月傻瓜"或"上钩之鱼"。以后,他们在这天互相愚弄,日久天长便成为法国流行的一种风俗。该节在十八世纪流传到英国,后来又传到美国。现在,人们节日期间的愚弄欺骗已不再像过去那样离谱,而是以轻松欢乐为目的的。

今天,愚人节已经发展成为一个国际性节日,差不多在整个欧洲和北美都流行。随着时间的推移,愚人节作弄人的手法,也是花样翻新,新意百出。被愚弄者,不必大发其火,要有"绅士"风度,一笑置之,才符合愚人节与人为善的真谛。

### 4. 母亲节

母亲节的创始人是美国人安娜·查尔维斯女士。她母亲于1905年逝世,为了纪念母亲,提倡孝道,她立志要实现母亲的遗愿——创立母亲节,在社会上大声疾呼,并为此付出了全部精力和财力。第一个母亲节于1908年5月10日在西弗吉尼亚和宾夕法尼亚州举行,在这次节日里,康乃馨被选中为献给母亲的花,并以此流传。

1914 年 5 月 7 日,美国国会通过决议,规定每年 5 月的第二个星期日为母亲节,由威尔逊总统 5 月 9 日签署颁布施行。从此,母亲节成为美国全国性的节日。现在,每年 5 月的第二个星期日,是某些国家的母亲节,已成为一个国际性的纪念节日。它是为歌颂世间伟大的母亲,纪念母亲的恩情,发扬孝敬母亲的道德而定立的。

母亲节这天,所有家庭成员都要尽可能使母亲从家务劳动中解放出来,孩子们可以为母亲做一顿早餐,赠送一份礼物。而鲜花更是不可缺少,可以用康乃馨向母亲表达感激、爱戴之情。

### 5. 父亲节

"父亲节"是 1910 在美国华盛顿州的士波肯市,由杜德太太所发起的。她的母亲去世很早,父亲一人把儿女们带大,但因操劳过度而病倒,不久即逝世。为了纪念父亲,感谢他为儿女们所付出的爱心,她倡议并推动了"父亲节"运动。后于 1924 年由总统签署,正式成为美国国定纪念日,时间是用每年 6 月的第三个礼拜日(纪念她父亲的生日)。

在这一天,子女们一早起来,自己动手为父亲做一顿丰盛的早餐,并亲手端到父亲床前。孩子们还要制作一些精美的小礼品送给父亲。与母亲节一样,在父亲节这天,人们也在胸前佩戴特定的花朵。一般来说,佩戴红玫瑰表示对健在父亲的爱戴,佩戴白玫瑰则表达对故去父亲的悼念。但是开始时有的地方用蒲公英作为父亲节的象征,有的地方则用衬有一片绿叶的白丁香作为父亲节的象征。

### 6. 感恩节

1620 年,102 名遭到迫害的英国清教徒们乘"五月花"号帆船远渡重洋到达美国的普利茅斯港,准备开始新的生活。第一年冬天过后,只有 50 人幸存。第二年春天,当地印第安人送给他们很多必需品,并教会他们如何在这块土地上耕作。这一年秋天,移民们获得了大丰收,11月底,移民们请来印第安人共享玉米、南瓜、火鸡等制作成的佳肴,感谢他们的帮助,感谢上帝赐予了一个大丰收。自此,感恩节变成了美国的固定节日。

11 月的第四个星期四是感恩节,家家户户举行丰盛的晚宴,其中烤火鸡和南瓜馅饼是必不可少的佳肴,故感恩节又名"火鸡节"。

感恩节是美国假日中最地道、最美国式的节日。每逢感恩节这一天,美国举国上下热闹非常,人们按照习俗前往教堂做感恩祈祷,城乡市镇到处都有化妆游行、戏剧表演或体育比赛等。

今天的感恩节是一个不折不扣的国定假日。在这一天,具有各种信仰和各种背景的美国人,共同为他们一年来所受到的上苍的恩典表示感谢,虔诚地祈求上帝继续赐福。

**复习思考题**

1. 我国传统的民间节日有哪些?它们各自有哪些不同的礼俗?
2. 简要阐述一下我国主要的少数民族有哪些礼俗和禁忌。
3. 简要叙述佛教、基督教和伊斯兰教的节日礼俗。
4. 简要阐述一下国外一些主要国家的礼俗和禁忌。

# 第八章 宗 教 礼 俗

宗教的产生和发展是随着社会的发展而不断演变的,由民族性宗教发展成为世界性宗教。宗教礼俗即各宗教特殊的信仰和习俗。

## ▶ 第一节 道教的礼俗

道教源于中国,主要流传在汉族地区,但在白、羌、苗等少数民族地区也有流传,并已传到东南亚和北美、欧洲的华人社会中。

道教信奉的神仙众多,每逢神仙诞辰之日都是道教的节日。每逢节日,各道观都要举行比较隆重的仪式,设坛诵经礼忏,祝颂圣诞。道观周围也自然成为经济文化的庙会集市,并且相沿成习,成为代代相传的民俗。

道教礼仪是道士日常生活中的行为表现规范。其与戒律所不同之处是,戒律是用条文明确下来,违者必罚。而礼仪则是道士最起码的举止规范,违者则视为品行不端。属于道教仪范部分,道教的礼仪内容很复杂,小到日常称呼,大到出入行走,凡事都有一定的礼仪。同时,一个修道或奉道者的外在礼仪风范也是其道德修养的体现。

道教自创立后,在形成自己独特的礼仪形象时,承继了道家和吸收了儒家以及中国传统礼仪的一些礼节,结合道教的实际情况,在对道士的衣食、住行、视听、称谓、诵听、斋醮等众多方面进行规范,约束道士,清心修道,超越凡尘。

道教自张道陵创教后,就制定了一套礼仪,以后历代不断增改、完善。全真丛林制度的建立,对礼仪的要求则显得尤为重要。道教对违反礼仪者,没有具体的惩罚措施,常以清规论处。

### 一、道教威仪

所谓威仪是指各种礼仪细节,道教用此词指称各种仪式与戒条。威仪的作用是为道教徒提供标准的礼仪和行为准则,包括吃住仪、穿着仪、沐浴仪、科斋仪、供养仪等各式各样的仪礼和细密的清规戒律。这里只就约束道教徒行为的威仪择要介绍。

#### 1. 吃住礼仪

在过去,道教的丛林宫观对吃住有严格的仪范。道上吃饭要依仪范进斋堂吃饭,名"过堂"。常住在斋堂吃饭有三种规矩:一是便堂,不讲礼仪,随便用斋,但必须食素,且不能说狂语;二是过堂;三是过大堂。过堂吃饭叫"过斋堂",要衣冠整齐,在斋堂门外排班进斋堂用斋。吃饭时,叫"让斋"。不"过大堂",平时过堂,由堂头"让斋"。"让斋"完毕,侍者归座,合堂用斋,切忌"响堂"。用斋毕,堂头目视侍者,传者下座,喊:"大众结斋"。

道众吃饭时必须先供奉祖师。

腊月二十八日客堂备席,请果茶执事团年,道众吃"混元菜"。年三十下午于山门外设香案,供本宫前羽后化各派灵位牌,监院、高功、经事去大厨房"接灶",做祝寿科仪,接着便是接喜神、抢喜钱。

初一至初五日:这五天中午皆吃"混元菜"。现在一般宫观,吃饭另行"过小堂"仪,很少举行"过大堂"礼仪。

**2.称谓**

根据道士修行程度和教理造诣,以及担任的教职,都有其相关的称谓,主要称谓有:天师、法师、炼师、祖师、宗师、真人、黄冠、羽客、先生、居士、方丈、监院、知客、高功、道人、道长。

**3.穿着礼仪**

服饰是道教宗教形态上的一个突出标志,人们可以从服饰上清楚地辨认出道教徒。道士在庙都必须头上戴巾,身穿道服、白袜、覆鞋。

道人服饰,古有"羽服"、"羽衣"之称。道教服饰最早的统一定制是从南朝刘宋时的陆修静开始的。

现代道人穿的服装,大小上衣皆为"大领",是明代以前汉民族的服装样式。黄色黑边,受戒时用;法衣,指做道场"高功"穿的法服和行宗教大典时"方丈"穿的法服;花衣,是经师上殿念经、做道场穿的法服,也有素净不绣花的,通称"班衣"。大褂、道施一般多用蓝色,以象天色和东方青阳之气;法衣则多红、黄色,也有蓝色、绿色;方丈穿的法衣多为紫色;班衣以红、黄居多。

道教把道教徒戴的帽子称为"巾"。巾有九种,分别为:混元巾、庄子巾、纯阳巾、九梁巾、浩然巾、逍遥巾、三教巾、一字巾、太阳巾。

道士的合格服饰,不仅是衣帽整齐,而且要衣冠整齐。所谓的"冠'不仅是指帽子,而且指特制的礼饰,最通用的有黄冠、五岳冠、五老冠等。这些是做法事时用的,专场专用,不能随便戴上。

道人的鞋、袜也有规矩,鞋以青布双脸鞋为最合格,一般穿青布圆口鞋或青白相间的"十方鞋",多耳麻鞋也可。袜则统用白布高简袜。

道人裤管必须装入袜简内,不得敞着裤管。不穿高筒白袜,亦需把裤管齐膝下绑扎。不扎裤脚上殿,殿主不让进殿,进了殿要受罚。

**4.沐浴礼仪**

道教对沐浴的礼仪比较复杂。这里简述其中主要的几点。

不应与俗人同浴,入浴堂不得与别人共语。沐浴微咒曰:天地开朗,四大为常,去水解秽,辟除不祥,双童守护,七灵安房,云津炼灌,万气混康,内外利贞,保兹黄裳。

**5.科斋礼仪**

斋醮是道士日常生活中必修之课。斋醮的礼仪很复杂,如敬香、礼叩、做道场等。敬香时,还应上供敬神。上供有香、茶(水)、灯、花、果等。道人把供品双手端到供桌前,双手高举供品与额相齐,躬身一礼,然后放到供桌上。供品排列顺序是从内到外,茶、果、饭(米制品)、菜(青菜、干菜)、馒头(面制品),还可以酌水献花以表道心。

道人上香,先在香炉中虔诚地上三柱香。不上断香,不上没燃着的香。点燃后若起明火,可上下摆灭,不可用秽气吹灭。三炷香点燃后,来到垫前双手举香与额相平,躬身一礼。再到香炉前左手上香,香与香之间距离不可过寸。上香次序为先中,次左,再上右香,上香后复回跪垫礼叩。

道士礼叩分为三礼三叩、三礼九叩两种。行礼时,双手上不过眉,下不过膝。其具体拜法是：端身正立，二目垂帘，平心静气，二足离跪势约五寸，二足跟距离约二寸，足尖相距约八寸，形成外八字状。

三礼九叩是道教隆重大礼。逢初一、十五、祖师圣诞等道教节日，住观道众做析样、祝寿接驾道场时，方丈、监院拈香行此三礼九叩大礼。

道士必须参加各种道场活动，衣冠整齐，虔诚祈祷，不得打闹嬉笑，要庄严从事。道士出家后还需"冠巾"。"冠巾"是出家道人正式成为道人的仪式。这种仪式只在子孙庙举行。冠巾也叫"小受戒"。行冠巾礼时有冠巾师（高功）、度师（即恩师、师父）、拢发师、引进师或引礼师等数师在场。

斋醮科仪的礼仪很复杂，也是最讲究、最重要的。做道场时，一定要以道教常规对待。

每逢朔、望以及重大道教节日，除给祖师朝拜外，还要弟子给师父顶礼，学生给先生顶礼。

戊日是道教忌日，不拜神，不敬香，按古代定制，戊日时宫观要关门休息。

#### 6. 供养礼仪

敬礼神像仪式，如：神像开光、神殿装饰、献神供、敬香等，都属于供养的范畴。

（1）神像塑造：神像有木雕、泥塑、夹艺脱空、石雕等种。在雕塑神像时，要进行敬神仪礼。其仪式主要有二：首先上供、焚香、诵经礼拜。然后择吉日良辰"装脏"。"装脏"的内容通常有：经典，它代表神灵和智慧；铜镜，象征神明能洞照人世善恶；历书、五谷，象征神明能保佑风调雨顺，五谷丰登；沉香、朱砂、雄黄，表示可以避邪；红、黄、青、白、黑五色线，以应五行俱全；金银珠宝，表示神明能佑人富贵吉祥；灵符、香灰，表示神通。

（2）神像开光：神像塑好后，择吉日举行"开光点眼"仪式。事先准备好朱砂、白芨、金鸡（即雄鸡）、镜子、面巾、新毛笔等物，届时上供、焚香、诵经、念咒（念《金光神咒》）、焚表、诵念圣诰，由高功将神像上的红布取下，用新面巾为神像指面，然后用新毛笔蘸朱砂、白芨和金鸡血的混合液点神像眼睛（也还顺便点口、鼻、耳，表示开窍），与此同时，在殿外由一道士用镜子将阳光反射到神像的眼睛中，以喻太阳的神光使神像能洞察人间。举行"开光点眼"仪式，旨在诚心祈祷神的分灵降临人间附之神像之上，使其成为具有通神启灵的分灵身。

### 二、斋醮仪式

#### 1. 斋醮仪式的发展过程

在道教宫观内，人们常常可以看到道士们身着金丝银线的道袍，手持各异的法器，吟唱着古老的曲调，在坛场里翩翩起舞，犹如演出一场折子戏，这就是道教的斋醮科仪，俗称"道场"，谓之"依科演教"，简称"科教"，也就是法事。

"醮"的原意是祭，为古代礼仪。《说文》曰其一为冠娶，二为祭祀。道教继承并发展了醮的祭祀一面，借此法以与神灵相交感。

"醮"亦有"醮法"。所谓"醮法"，指斋醮法事的程式、礼仪等规矩。

"醮"的名目很多，大凡世人有所需就会有相应的建醮名目，如祈雨九龙醮、正一传度醮、罗天大醮等等。斋法与醮法本不一样，后来相互融合，至隋唐以后，"斋醮"合称，流传至今，成为道教科仪的代名词。

"科仪"指醮祷活动所依据的一定法规。宫观道众每逢朔、望曰，重要节日，祖师圣诞，都要举行祝寿、庆贺等典礼，这些常行的仪规统属斋醮科仪。

斋醮祈祷，古即有之。早在东汉以前，就有"斋戒""醮""坛"等说法，这在《礼记》、《易经》、《高唐赋》、《史记》等书文中均有记载,说明道教斋醮科仪源于中国古代的祈祷仪式。

据《魏书·释老志》记载,张道陵创教之初,因传授《天宫章本》中的某些斋祠醮法,使弟子"各成道法",于是,其事大行"。《天宫章本》可谓最早的科:醮书。

总而言之,这一时期是道教科仪的开创阶段,所以科仪在内容和形式上都十分简单,但不可否认的是,斋醮科仪产生了。

### 2. 斋醮仪式的基本程序

举行一项斋醮科仪,往往要通过建坛、设置用品、涌经拜忏、踏罡步斗、掐诀念咒等来共同完成,这其中人(道士)是最积极、最活跃的因素,因为所有的这些都是由他们(道教称醮坛执事)来完成的,这一切就构成了一个完整的斋醮科仪。

醮坛:建醮必先设坛,称为"醮坛",又称"法坛"。"坛"则指在平坦的土地上,用土筑的高台,用以祭祀天神和祖先。

不同形式的斋醮,往往建有不同规模的坛。大型斋醮活动,通常筑有若干个坛,其中一个是主坛,叫作"都坛",其余的坛叫作"分坛"。

全真派醮坛,称为"混元宗坛",用"道经师宝"印。方丈传戒的戒坛,称为"玄都律坛"。正一派醮坛,称为"万法宗坛",用天师之印,为"阳平治都功"印,沿袭至今。

在斋醮仪式中,各有一定称谓和职守的道士,统称为执事,即醮坛执事。据《金箓大斋补职说成仪》,执事主要有:高功、监斋、都讲、侍经、侍香、侍灯、知磬和知钟、炼师、摄科、正仪、监坛、清道、知炉、词忏、表白。

道教醮坛之上,讲究一定规矩,谓之威仪。因斋醮人神交接,怠慢不得,故立下清规,目的是"戒其惰慢,检其愆违,察其行藏,观其诚志,若有过失,随事纠举。"

现行道教常用的斋醮科仪很多,大略有:早晚坛功课、祝将科仪、祭孤科仪、祝寿科仪、庆贺科仪、接驾科仪、大回向科仪、进表科仪、水火炼度仪、灯仪等十几项。

道教斋醮科仪对中国社会和道教的发展都产生了深远的影响。它是道教开展正常宗教活动的主要内容;是道教教理教义的行为体现;是弘道扬教的重要途径;是道教徒表达信仰的主要方式;是道教联系群众的纽带;也是群众了解和信仰道教的桥梁。

### 三、道教戒律

道教戒律是约束道士思想言行,防止"恶心邪欲","乖言戾行"的条规。初期戒律简约,主旨为戒贪欲、守清静。两晋南北朝时期,沿袭佛教戒律,并吸取儒家纲常观念而制定"五戒"、"十戒"和其他戒律。清代开创传戒制度,公开设坛说戒,广收门徒。凡愿入道者必须受戒方能为道士。清初著有"三堂大戒",凡是受此三戒之道士,须经百天戒期。

元明时期,戒律之外又出现清规。戒律为警戒于事前的行为准则,清规则是对犯律道士的惩处条列,它仍袭于佛教。

## ▶ 第二节 佛教的礼俗

佛教是世界上最古老的宗教之一,与基督教、伊斯兰教并称世界三大宗教,因创始人佛陀而得名。佛教起源于公元前 6 世纪至前 5 世纪的古印度,由古印度迦毗罗卫的王子乔达摩·悉达多所创,后人称之为释迦牟尼,意为释迦族圣人。目前,世界上的佛教徒有3亿多人。

佛教分为南传、北传两种。南传佛教为小乘教派,主要影响在泰国、缅甸、马来西亚、柬埔寨、老挝、斯里兰卡等国,以及我国西南少数民族地区。北传佛教为大乘教派,受其影响的有印度、中国、日本、韩国及越南等国。我国汉族大分部地区信奉的是大乘教派。

## 一、佛教的礼仪

### 1.称谓

"称谓"是一种礼仪,也是身份的代表。在佛门里,称谓常是职务的代表,从中更透露出无限的佛法妙谛。

(1)对出家僧尼的称呼:法师、师父、大师、和尚、上人、长老、知客师、香灯师、律师、论师、禅师、弘教师、弘讲师。

(2)出家僧尼彼此的称呼:师父、师兄、同参、法眷:法门(又称同门、同参、法属、法亲、法缘、道友、道旧)。

(3)对在家信众的称呼:师姑、教士。

(4)在家信众彼此的称呼:师兄、师姐、同修、莲友。

### 2.敬师拜佛礼仪

佛教讲究,三千威仪,八万细行。佛教徒拜见长老高僧,礼敬诸佛菩萨,在不同的场合,为表示自己尊敬与虔诚的程度,有各种不同的行礼方式。这里包括了从简单的合掌到复杂的行十方礼。

(1)合掌。以两掌相合,十指相并,平胸端直,以表恭敬之态。若指掌不合,乃是心慢礼散所致,必须纠正。念佛、绕佛、唱赞、念咒时,均应合掌。

(2)问讯。以两手相屈,弯腰至膝,操手下去,合掌上来,两手拱举齐眉叫做问讯。《地持论》说:"当安慰舒颜,先语平视,和色正念,在前问讯。"

(3)长跪。以两膝着地,先下右膝为礼。《神足无极经》说:"月天子即从座起,更整衣服,前下右膝,叉手长跪。"尼女体弱,佛叫长跪。'

(4)礼拜。即是五体投地,《长阿含经》说:"二肘、二膝、头顶,谓之五体。"礼拜时,必须并足(前距八寸,后跟距二寸)正身,合掌俯首,手牵袈裟,先以右膝着地,次下左膝,以二肘着地,舒二掌,过额承空以示接足之敬,以头在地良久,方成一拜。

(5)顶礼三拜。即礼拜三次,表示尊敬。俗家两拜,是法于阴阳;佛家三拜,以表三业归敬。《智度论》说:内式礼拜,大约身口二业;佛法以心为本,以身口为末,故以三拜为礼数。

礼拜还有两种禁忌:一是拜僧,若这位僧人正在礼佛、说法、诵经、写经、饮食、漱口、剃头、裸身、大小便时不得礼拜。二是拜佛,若在大殿拜佛,不能见蒲团就用。因中间所设的蒲团,有的备上香之用,有的为主法者专用。一般人拜佛,可用靠边的蒲团,或不用蒲团就地而拜,这样更能表示对佛的恭敬。

(6)行十方礼。多在普佛、蒙山施食等法事中行之,是将问讯和礼拜相结合,形成一组连续的动作,向各个方位行礼的方法。

(7)展具礼拜。礼拜前先敷展卧具于地,全展开的称为"大具";展开一半的称为"半具";展开回摺的称为"田字具";展成四招的称为"四摺具";不展开的称为"一字具",又叫随具。其中展大具是最隆重、最虔诚的礼节,展半具为大和尚礼佛所专用。

(8)拈香礼拜。拈香的方法是:在香案前把香点燃后,用两手的中指和食指夹着香杆,大拇指顶着香的尾部,执于胸前。再举香齐眉,放回胸前。先插右面,默念"誓断一切恶";再插左面,默念"誓修一切善";后插中间,默念"誓度一切众生"。插完后,合掌再默念:"愿此香花云,直达三宝所,恳求大慈悲,施与众生乐。"若是燃檀香,即先用左手拈起一瓣,双手拇指和食指拿着香的两头,其余手指张开伸直,高举齐眉,右手将檀香放进香炉。再用右手拈起第二瓣,如此交替,拈香三瓣。其观想默念与上长香相同。

### 3. 持戒

佛教的清规戒律很多,这些戒律是对佛教徒的行为、思想的种种束缚,其目的是加强佛教信仰,统一僧伽行为。作为佛教徒必须受三皈依,即"皈依佛、皈依法、皈依僧"。戒律中最严的是破戒,如果破戒,哪怕是违反了其中一戒,就失去寺院修佛资格,并被逐出教门。

### 4. 袈裟、绕佛、朝山

袈裟是佛教徒穿的衣服,俗称"僧服"。袈裟有三种:一是用五条布缝制的"安陀会"又叫五衣,日常穿用;二是用七条布缝制成的"郁罗多僧",又叫七衣,礼诵、听讲时穿用;三是用九条以上的布缝制成的"僧伽梨",重大场合或进入王宫时穿用。袈裟原为紫色,自佛教出现派系之后,各派的衣色有了青色、黄色、赤色的区别。

朝山是指佛教徒到名山大寺去进香拜佛。小乘教徒进入寺庙时须脱鞋,进殿只朝拜"释迦牟尼"佛像;大乘教徒进入寺庙可不脱鞋,进殿除朝拜佛祖外还要朝拜弥勒佛、观世音以及三世十方众佛和菩萨。

### 5. 功课和法事

佛教徒入寺后,须晨钟暮鼓,香火袅袅,朝暮课诵,认真做早晚功课。凡出家的僧尼,每天早晚两次念诵佛经。"法事"又叫"佛事",包括诵经、供佛、拜忏等。比如佛像落成后,选择良辰吉日供奉致礼,叫"开光";每天早、午在佛像前供粥和饭菜叫"上供";僧尼逝世后要举行火葬,请高僧封缸举火,称为"茶毗";释放被捉的活物叫"放生",如此等都有严格的程序,僧伽众人必须依照遵守。

## 二、佛教的禁忌

佛教最基本的戒律(禁忌)是"五戒十善"。五戒,就是杀生戒,偷盗戒,邪淫戒,妄语戒,饮酒戒。十善实际上是五戒的分化和细化,分为身、语、意三业的禁忌,其内容包括,身体行为的善(禁忌):不杀生,不偷盗,不邪淫;语言方面的善(禁忌):不妄语,不两舌,不恶口,不绮语;意识方面的善(禁忌):不贪欲,不嗔恚,不邪见。

佛教对出家僧人的要求和禁忌更为严格,如佛教规定出家人饮食方面的禁忌很多,其中素食是最基本、最重要的一条。素食的概念包括不吃"荤"和"腥"。"荤"是指有恶臭和异味的蔬菜,如大蒜、大葱、韭菜等。"腥"是指肉食,即是各种动物的肉,甚至蛋。佛教还要求僧人不饮酒、不吸烟、不吃零食。

佛教在个人生活方面的禁忌主要有:不结婚,不蓄私财等。除此以外,这方面的禁忌还包括不自歌舞,不视听歌舞,不涂香装饰,不坐卧高广床座,不坐卧高级豪华床位,不接受金银财宝,不做买卖,不看相算命等。

## 第三节　基督教的礼俗

基督教是信奉耶稣基督为救世主的各教派的统称，为世界上最大的宗教，于公元1世纪由巴勒斯坦拿撒勒人耶稣所创立。

基督教是以信仰耶稣基督为救主的宗教。天主教、新教、东正教、基督教马龙派统称基督教——中文中"基督教"往往特指新教（又俗称"耶稣教"），三大教派（天主教、东正教和新教）和基督教马龙派的统称一般用"基督宗教"这个词。

基督教，传播范围遍及世界各地，正式信徒人数达15亿，它对人类的历史，包括思想、文化、政治、经济、道德、习俗等一切方面，尤其是人类的精神生活，产生过不可估量的影响。

### 一、基督教的礼仪

基督教有一系列与教规有关的礼仪，有些礼仪如礼拜、祷告等等早已成为了西方人生活中的习惯。

#### 1. 称谓

基督教的信徒之间称平信徒，在我国习惯称教友。基督新教教徒之间可称兄弟姐妹，因为大家同是上帝的儿女；也可称同道，因为大家都信奉耶稣所传的道。

教会的神职人员，则按其职称称呼，如某某主教、某某牧师、某某神父等。

#### 2. 洗礼

洗礼是基督教的入教仪式。经过洗礼后，就意味着教徒的所有罪获得了赦免。洗礼的方式有两种：点水礼和浸水礼。点水礼是用一小杯水蘸洒在受洗礼者的额头上，或由神职人员用手蘸水在受礼者额头上画十字。浸洗礼的洗礼方式是把受礼者全身浸入水中。天主教多为施点水礼，东正教则通常施浸洗礼。

#### 3. 礼拜

礼拜是信徒们在教堂里进行的一项包括唱诗、读经、祈祷、听讲道和祝福的宗教活动，每周一次。星期日做礼拜为"主日礼拜"，因为据《圣经·新约》中记载，耶稣在这天复活。另有少数教派是规定星期六（安息日）为礼拜，这天称为"安息日礼拜"。

除每周一次的常规礼拜之外，基督教会还举办结婚礼拜、葬礼礼拜、追思礼拜、感恩礼拜和圣餐礼拜等礼拜活动。

#### 4. 祈祷

祈祷俗称祷告，这是基督教信徒向上帝和耶稣表示感谢、赞美、祈求或认罪。祈祷有口祷、默祷两种形式，个人独自进行的祈祷为私祷，在礼拜、聚会时众信徒由神职人员主颂的为公祷。祈祷时通常信徒双手指交叉合拢并置胸前，闭上双目，排除杂念，祷告完毕时口呼"阿门"，表示"惟愿如此，允获所求"之意。

#### 5. 忏悔

忏悔又叫告解，这是信徒单独向神职人员表白自己的过错或罪恶，并有意悔改。神职人员听后要对其劝导，并对此忏悔内容予以保密。

#### 6. 终傅

终傅是基督教信徒在临终前请神职人员为其敷擦"圣油"（一种含有香液的橄榄油），用以赦免其一生罪过的宗教仪式。

**7. 守斋**

基督教规定:每星期五和圣诞节除夕(12月24日)为守斋日,届时信徒不食一切肉类食品,只食用蔬菜和鱼。

**8. 圣餐**

圣餐是纪念基督救赎的宗教仪式,起源于《圣经》中耶稣和众门徒共进晚餐的故事。据《新约全书》记载,耶稣在进最后的晚餐时,拿起饼和葡萄酒祝祷后分给门徒,说:"这是我的身体和血,是为众人免罪而舍弃和留出的。"然后,分给众人,并要求后世信徒也要经常以这种方式来记住他。因此,又叫领圣体,意为分享耶稣的生命。

## 二、基督教的禁忌

基督教与其他宗教一样,也有着自己的一些禁忌,最常见的是如下几点:

**1. 数字 13**

信基督教的人认为13是不吉利的数字,请客吃饭、开业典礼等不能在13号,宴会上不能摆13人一桌,各种活动尤其要避开既是13日又是星期五的日子,因为在最后的晚餐上,耶稣说了在座的人中,有一个将出卖他,这时,在场的恰好有13个人;又因为耶稣受难在星期五,所以不吉利。西方人若碰上某月13日正巧又是星期五,就称这是个黑色的日子。在这一天,人们忌讳出门、办重要的事、赴宴或举行活动。

**2. 十字架**

在基督教国家,对一切无意中形成十字架形状的东西如四个人之间交叉握手、餐桌上餐具交叉摆放、床与房梁方向正好呈垂直交叉等都十分忌讳,认为是不吉利的。

**3. 带血的食物**

基督徒一般忌吃带血的食物,如鸡血、鸭血、猪血等。安息会的信徒还不食猪肉。

**4. 不可制造和敬拜偶像。**

**5. 不许妄称圣父耶和华的名。**

## ▶ 第四节　伊斯兰教的礼俗

伊斯兰教兴起于公元7世纪初的阿拉伯半岛,创始人是阿拉伯人穆罕默德。"伊斯兰"在阿拉伯语中,意为"顺服"、"和平";其教徒一般称为"穆斯林",意为"虔诚者"、"归顺者"。伊斯兰教的主要经典是《古兰经》。伊斯兰教是世界三大主要宗教之一。它主要流传于西亚、北非、中亚、南亚次大陆和东南亚各地,近几十年来,在西欧、北美一带也有了传播。伊斯兰教在一些国家被定为国教,它主要有什叶派和逊尼派两大教派。

## 一、伊斯兰教礼仪

在全世界有数以亿计的穆斯林信徒,有着自己独特的礼仪习俗,很重视礼仪,礼仪规范十分严格。

**1. 称谓**

伊斯兰教注重人际交往,穆斯林相见,先要互相问安,后再交谈。伊斯兰教注重称谓,反对在命名中使用吉利词语如"发财"、"得胜"、"高贵"等，喜欢用"天仆"、"天悯"等词语。宗教领袖、教长、清真寺的主持人，什叶派的政教领导人，尊称为伊玛目。主持清真寺教务者尊称为阿訇，教坊首领尊称为教长阿訇，经文大师尊称为开学阿訇，伊斯兰学者尊称为毛拉。

伊斯兰寺院，由教长、海布推、穆安津等教职人员管理。上述教职人员在我国被统一称之为阿訇，维吾尔族穆斯林称"毛拉"。"阿訇"在波斯语中原意为"学者"、"教师"；一般负责主持清真寺的寺务和教务。在寺中求学的学生称"满拉"或"海里凡"，对有学识和地位的穆斯林长者，尊称为"筛海"、"握力"、"巴巴"或"阿林"等。教长对教民称"高目"（阿拉伯语）或"哈宛得"（波斯语）；对到麦加朝觐过的穆斯林，在其姓名前冠以"哈吉"，这是十分荣耀的称谓。

### 2. 问候和拿手

见到尊长，应直立敬礼。同辈相见，行握手礼。十分亲密的友人，行拥抱吻礼。见面互相敬礼的同时，还互相用祝辞祝贺对方。如：穆斯林之间彼此表达亲近上好，可用"色俩目"，阿拉伯语音译，原意为和平、平安、安宁，作为相互祝福和问候的话语。当听到有人向自己说祝安词时，必须立即作答，若群体听到有人致祝安词时，至少应有一人代行答和。按照伊斯兰教的习俗，致祝安词时，年轻者先说于年长者，行进者先说于伫停者，站立者先说于已坐者，进门者先说于门内者，少数人先说于多数人，男子先说于女子。男子向女子祝安词时，应注意不要握手，而是保持一定距离，以示庄重。这些问候，不宜在沐浴或如厕时使用，也不能在礼拜和诵经时使用。上门拜访，一定要征得主人家同意，方可入门。子女在晨礼前、午时脱下衣装后、宵礼后，要进入长辈卧室，必须先征得长辈同意。伊斯兰教提倡孝敬父母，善待亲属，怜恤孤儿，救济贫民，亲爱近邻、远邻和同伴，款待旅客，宽待奴仆。尤其是把孝敬父母提到敬拜安拉之后的高度。

拿手，是男性穆斯林之间的握手礼。方法是：双方单腿弓步，双手相握，右手拇指交叉在里，左手辅握在外，两人右肩头紧靠，同时诵念真主嘉惠彼此及眷属。拿手礼的适用范围较广，如表示互助、互勉、尊老爱幼、敬师爱徒、恭敬本教等。

### 3. 礼拜仪式

礼拜是穆斯林敬拜安拉的一种仪式。一般在清真寺中集体举行，进入清真寺要注意衣着洁净，不能袒胸露背，不能大声喧哗，不能唱歌跳舞，更不能讲污言秽语。非穆斯林不要进入礼拜大殿，更不能在里面放置有偶像的东西。家中或是郊外只要干净的地方也可以举行礼拜。礼拜有多种形式：五时礼拜，主麻礼拜（每周五午后的集体礼拜）、节日礼拜和殡礼礼拜。

### 4. 净礼

净礼是穆斯林在做礼拜之前的一种宗教仪式，包括沐浴、洁处、净衣等，目的是使自己和礼拜之处都洁净无污。净礼分为大净和小净两种。伊斯兰教规定，成年的男女穆斯林，在封斋前必须大净，就是要用净水洗涤全身，要求处处都要洗到，并在净身的每一动作中，默念相关的祷词。如果有一根毛发没有洗到，这次大净便被认为无效。小净是穆斯林在礼拜或功修、诵经时必须做的，即用净水洗涤某些肢体和器官。无论大净或小净，都必须采取沐浴方式，不能用盆（或桶），更不能在池内洗涤。洗涤时都要求做到内心立意或口中默念经文，诵吟真主尊名。

在无水或不能洗涤的情况下，可以用洁净的土、砂等作为代用物，举行象征性的净礼。因以"土、砂"为多，故又称为"土净"，方法是取净土，一拍抹脸、一拍抹两手和两肘。土净是应急时象征性的做法，所以不适用于所有的拜功。

### 5. 入清真寺礼仪

人们进入清真寺,要注意衣着整齐、洁净,不袒胸露臂,不穿短裤,不穿短裙,不抽烟,不高声喧哗,更不能唱歌跳舞,不能讲污秽言语。一般非穆斯林不要进入礼拜大殿,更不能在里面放置有偶像的东西。

## 二、伊斯兰教的禁忌

### 1. 饮食禁忌

伊斯兰教的饮食宜忌,是穆斯林与非穆斯林区别的主要标志之一。大体上说,植物中的五谷菜蔬瓜果,动物中的牛羊驼兔、鱼鸭鸡鹅皆属清洁合宜的食物。具体地说,凡是吃谷类的飞禽、反刍的牲畜,其本性善良的都可以吃。飞禽中喙如鸡嘴的吃谷类可食,鹰嘴的吃肉类不可食;牲畜中长分蹄的反刍类可食,长爪吃肉类的不可食。如:不食猪和不反刍的猫、狗、驴、骡、鸟类及没有鳞的水生动物等。《古兰经》规定海中一切水产品都是可食的,但由于各学派对经文理解不同,主张不一,执行中各有差异:有的学派主张除鱼类外,其他水产动物均不可食;有的学派主张除蛙类外,一切水产动物均可食;还有的则主张一切水产动物无例外地均可食。

非生物食品,除污秽的、污染的、伤人的、醉人的以及牵连到人为的责任(偷、抢)等以外的都可食用。

经云"禁止你们吃自死物、血液、猪肉,以及诵非真主之名而宰杀的、勒死的、捶死的、跌死的、牴死的、野兽吃剩的动物,但宰后才死的,仍然可吃;禁止你们吃在神石上宰杀的……"

动物的自死,或为疾病,或为衰老,而死亡的动物不可食。血液不可食。《古兰经》明文规定特别禁食猪肉,该习俗在西亚曾是普遍流行的禁忌,其渊源古老已不可考。其他如勒、捶、跌、牴等窒息死的和野兽咬死的"腐肉",均属诵非真主之名而宰、没有放血的肉类,均不可食。因之屠宰可食禽畜,一般必须宰断气管、食管及颈部两侧的两根血管,宰者必须是穆斯林,宰时要诵念真主尊名。对可食动物身上的某些部位也有不能食用的规定。

伊斯兰教禁止饮酒。还禁绝吸食服用鸦片、吗啡、海洛因等麻醉品。禁吸纸烟、旱烟、水烟等一切吸烟行为,因为教法明文规定:凡一切损害身体、伤害邻里、浪费财帛之行为,均属于非法的。

### 2. 穿着禁忌

伊斯兰教讲究衣着规矩,提倡衣着要符合自己的社会地位和身份。伊斯兰教认为,不论男女,服饰都要体现男女有别,内外有序,要符合教法、教律,符合经训要求,要能体现穆斯林男子的气质和修养,体现伊斯兰妇女的庄重和美德,体现伊斯兰的道德、信仰、人格和尊严,而不是随便穿什么、戴什么都是可以的、无关大局的,恰恰相反,穆斯林的服饰上有信仰,有教门,同其他信教者及一切不信仰宗教者是有严格区别的。如:男子禁止穿纯丝织品制成的衣服、色彩鲜艳的衣服、戴金银饰物。到清真寺做礼拜,参加葬礼等,则必须戴弁。弁是上小而尖、下大而圆的帽子。穆斯林妇女有戴面纱、盖头的习惯。在伊斯兰国家里,外国妇女在着装上应避免袒胸露臂,穿短裙或短裤。

### 3. 禁止求签、玩赌、拜偶像

伊斯兰教禁止求签、玩赌、拜偶像。自古至今,男女老少均不让阴阳、算命先生给自己算命,也不去给别人算命,不揣骨相面,不信风水阴宅,不求仙方神药,不搞驱鬼治病等等。禁止拜任何偶像,家里忌摆各种人物和动物塑像,墙上也不愿挂人头画像,只挂山水风景画。还严禁玩赌,认为玩赌对己、对别人、对社会都不利,认为玩赌是"核俩目"(非法的),所赚之钱不劳而获,是不义之财,使不得。

**4. 不得主动向伊斯兰妇女表示热情**

穆斯林妇女一般不外出参加社交活动。与外人见面时,她们还要戴盖头、罩面纱,不应在与穆斯林的交往中主动问候女主人,或向女主人赠送礼品。

**5. 不要用左手与穆斯林握手**

穆斯林握手、端饭、敬茶均用右手,用左手被视为不礼貌。

许多穆斯林认为人的左手不洁,所以与之握手时,不要去使用左手,尤其是不要单用左手。在用餐与接触对方时,亦需注意此点。

**复习思考题**

1. 简述道教有哪些礼仪和仪式?

2. 简述佛教有哪些礼仪?

3. 简述基督教有哪些礼仪和禁忌?

4. 简述伊斯兰教有哪些礼仪和禁忌?

# 第二部分　政　务　礼　仪

## 第一章　政务礼仪概论

政务礼仪是人类文明和国家形成的重要标志。如果说，其他礼仪是中国传统文化与现代文明的融合，那么政务礼仪就是国家典制与政治一切活动的准则。

讲究政务礼仪，不仅可以树立国家、政府、行政组织的形象，赢得人民的信任，而且还有利于使国家工作人员自身得到良好的人格提升和形象塑造。

### 第一节　政务礼仪的基本概念与内涵

在日常生活和工作中，我们经常会提到政务礼仪，那么，什么是政务礼仪？它的核心问题是什么？

政务礼仪是指一个国家、一个政府、一个行政组织，在其内部和在其与外界进行各种交往活动时，必须遵循的道德行为规范和准则。政务礼仪的本质就是通过一些规范化的行为以显示国家行政职能部门尊严、尊重、尊敬的行为准则。政务礼仪的核心是用一种行为的准则，来约束国家政府职能部门执行政务活动的方方面面。政务礼仪涉及国家的尊严和主权，体现本国人民的风貌，反映本国人民的礼仪传统，具有很强的政治性、权威性、庄重性和严肃性。其根本目的是提高整个国家行政部门的工作效率，维护国家行政部门的形象和个人形象，要求每个公务人员能真正自觉地恪守职责，勤于政务，廉洁奉公，忠于国家，忠于人民，严格要求自己，规范自己在政务活动中的行为。

政务礼仪其内涵包括政务礼节和政务仪式两个方面。

### 一、政务礼节

政务礼节也就是政府职能部门在政务交际过程中，相互表示尊重、友好、祝愿、慰问以及给予必要的协助与照料的惯用形式。

政务礼节作为政务礼仪的具体表现方式，主要包括待人的方式、招呼和致意的形式、重要场合的举止、风度和衣着等。据《礼记·儒行》说："礼节者，仁之貌也。"即是"仁儒之外貌"。在世界范围内，政务礼节有共性，更有特殊性，不同政体的国家都有自己的政务礼节，如中国古代的作揖、跪拜，南亚诸国的双手合十，欧美国家的拥抱、亲吻，少数国家和地区的吻手、吻脚、拍肚子、碰鼻子等，都是不同国家的礼节的表现形式。当然，随着时代的进步，这些礼节形式也会不断优化整合、变化发展,例如:中国古代,觐见皇帝要行三跪九拜之礼,而今则惯用国际通行的握手礼。在欧美各国,人们最早是以拥抱、亲吻为主要见面礼。16 世纪末,由于鼠疫流行,为避免相互传染而代之以鞠躬致意、行屈膝礼或挥帽礼。

### 二、政务仪式

政务仪式是指政府职能部门在隆重而正式的场合,在礼遇规格和礼宾次序等方面为个人、集体乃至国际社会都必须普遍遵守的基本原则和行为规范,它是礼貌、礼节的最高表现形式。在我国,"仪"的概念在奴隶社会向封建社会转型的春秋时期才提到,意即"仪式、仪文"。到了封建社会"仪"又具体了容貌和外表、仪式和礼节、区分尊卑的准则和法度等含义。延至今日,仪式主要是指特定场合举行专门化、规范化否认活动。如今,世界各国的政府职能部门在政务交往中,更多的是注重政务礼节,但在隆重而正式的场合,则强调必须遵守政务仪式。例如,各国在迎接外国元首或政府首脑到访时,都必须举行检阅仪仗队、奏国歌、升国旗、鸣放礼炮、举行正式宴会等礼宾仪式。

## 第二节　政务礼仪的缘起与演变发展

一般认为,由于人们彼此间的交往而需要、产生,形成礼仪。在西方,"礼仪"原意为"通行证",引申意为规矩、规则。在中国历史上,"礼"和"仪"是两个内涵不同的概念。"礼"来源于古代的祭祀活动。礼的含义随着时代的变迁、人们交往的增加和社会的发展而不断变化。

最初,礼主要用于供神、祭祀,以示对天地神灵、祖先等的敬意。在周代,礼除了用于祭祀之外,主要指西周时期的贵族等级制度和社会宗法制度,是治国之本。"礼"也是儒家伦理规范的基础。重礼是我国古代社会每一个人立身处世的根本,并以此区分人格的高低。"礼"成了治国驭民的重要手段。"礼"又包含着另外的意义,即礼仪。

### 一、政务礼仪的缘起

中国是世界文明发源地之一,是一个具有五千年历史的文明古国,素有"礼义之邦"之称。从古代起,中国人就以讲究礼仪闻名于世,随着文明进步,时代发展,礼仪已成为衡量一个国家、民族文明程度的重要标志之一。

我国早期的政务礼仪,形成于我国前国家时期,并在春秋、战国时期逐渐走向成熟完备。在古代,没有政务礼仪的说法,因此,早期的"朝仪"则可视为政务礼仪的最初形态。随着社会等级制度的日益森严,各种礼仪也日益繁杂化、规范化、经典化。作为体现君臣关系的"朝仪",到西周时基本趋于完备。当时各个诸侯国之间的来往,得由周天子批准,否则被认为是不合"礼"的行动,因而会受到谴责。

据记载,周代的朝仪分四类。

第一类称作"外朝",由秋官朝士负责主持仪式,处理诉讼判罪之类的刑事案件。这一仪式一般在朝堂举行。

第二类称作"中朝",由夏官司士负责主持仪式,是周天子会见群臣的仪式,一般在天子负责处理政事的正殿大门前进行。届时各级官吏要各按尊卑高低贵贱的等次,从不同的方位进入正殿院内,然后周王对孤、卿一一行揖礼,请他们就位。

第三类称做"内朝",也叫做"寝朝",一般在王宫正殿举行。天子在"中朝"与群臣见过面行完礼后,就退入"内朝"处理各种奏报、政事。

第四类称做"询事之朝",小司寇负责主持仪式。这一仪式一般在王宫大门外的广场上举行。这种朝会往往只在国家遇到了外敌入侵、强盗横行或迁徙国都、国君无嫡亲即位、选立新君等特殊大事才举行,以便征询各方面的意见。

此外,天下诸侯还要定期"觐见"周天子。诸侯朝觐天子时,要各依品级的不同行不同的礼仪。春秋战国时,所谓"礼崩乐坏",各诸侯国对朝仪各有增损因革。此后有人把朝觐君称做"朝",把君会见臣称做"会",把各诸侯国的诸侯或他们的代表相见并订立盟约,称做"会盟"或"盟会"。也有人把君臣相见统称为"朝",把相见后举行的宴会称为"会"。但无论是何种"朝"、"会",一般都要举行一定的仪式,而这些仪式通常就称做"朝仪"。

此外,中国古代最早、最重要的礼仪著作《周礼》、《仪礼》、《礼记》对古代政务礼仪都有较为详细的阐述。

## 二、政务礼仪的演变发展

西周时期形成的政务礼仪到了西汉时期共经历了两次大的改革。

第一次是在西汉政权建立伊始。秦朝灭亡以后,出身低微的汉高祖刘邦做了皇帝,受不了众多的朝规礼仪的约束,宣布废除秦朝各种朝仪。那些同他从前一起"脚碰脚"的开国元勋们,也多是既没读过多少书,又不懂上层社会礼法的屠狗、织苇之徒。他们常常居功自傲,乐得随意行事,少有约束。这样一来,每当朝会、庆贺之时,君臣们都个个开怀畅饮,人人大说大笑。更有甚者,喝醉之后,还大呼小叫地随便喊刘邦的名字,甚至拔剑击柱,整个朝堂之内一片混乱,全然没有一点规矩。天长日久,这种场面见得多了,刘邦就不知怎么越看越不顺眼。善于察言观色的儒臣叔孙通看到这种情景后,就自告奋勇地请求为刘氏王朝制定一套简便易行的朝仪,教习群臣。汉高祖七年,长乐宫落成,新朝仪首次正式推出。

在叔孙通的导演下,刘邦从朝仪演习中严明的等级秩序体会到了皇权的尊贵,使自己的"皇权"欲望得到了满足,也使封建礼制对"朝仪"的本质得到了充分的体现。《礼记·曲礼下》、《诗经·周颂·雍》所描述的中国古代理想政治秩序下的君臣关系,及公众场合下的君臣礼仪是:君要仪貌"端重威严",臣要行止"谦和虔敬",只有这样,才能形成"贵有常尊,贱有等威"的等级次序,从而达到"礼尊贵贵,不得相逾,所以为礼也"的理想境界。进而使人们从各种政务礼仪中感觉到,贵贱尊卑的等级差别出于天帝的安排。作为朝仪的"政务礼仪",更可以说是历代统治者将民间礼仪提炼成为一种国家礼典,并对这种礼典仪式加以装潢和粉饰,从而形成的一种君臣相见庄严肃穆、令人敬畏的场面。

第二次是由西汉的思想家董仲舒提出。董仲舒将封建专制制度的理论系统化,提出"唯天子受命于天,天下受命于天子"的"天人"感应之说,把礼仪具体概括为"三纲五常"("三纲"指三种绝对服从的关系,即:"君为臣纲,父为子纲,夫为妻纲""五常"指五种人伦关系的原则,即:仁、义、礼、智、信),建议汉武帝采纳"罢黜百家,独尊儒术"的主张,使得儒家"以礼治国"的思想为历代封建王朝所崇尚。并根据自己统治的需要,不断加以修改、补充和完善,保证了中国在一个封闭但又自成体系的社会制度中稳定、有序地发展,从而促进了古代社会的"礼治"向封建社会的"法治"的转化。

由上可见，从原始社会走向封建社会的漫长阶段，我国古代的"礼仪"从本质上更偏重于政治体制上的道德教化，也就是更接近于政务礼仪。但当进入封建社会后，"礼"就逐渐演变为"治国之法"，包括如政治、教化、刑法、官制等内容的一个时代的典章制度。与此同时，"仪"作为"仪式"、"仪文"成为区分贵贱、尊卑、逆顺、贤愚的准则和法度。

随着社会的演进，古代的这些政务礼仪也在不断地摈弃发展。现代政务礼仪吸收继承了古代礼仪中的文明成果，反映着社会物质文明和精神文明的成果，更多的是体现国家和政府职能部门的权威尊严、文明素养、尊敬尊重，对外树立国家的形象，对内体现人民民主，是国家工作人员处理大量政治工作事宜与外交事务所必须遵从的行为准则。

## ▶ 第三节　政务礼仪的构成要素

礼仪是礼节、仪式的统称，它是指在人际交往中自始至终地以一定的、约定俗成的程序、方式来表现的律己、敬人的完整行为。礼貌是礼仪的基础，礼节是礼仪的基本组成部分。

政务礼仪作为指导、协调国家和国家之间、国家和人民之间的关系的行为方式和活动形式，如国宾迎送礼仪、国家重大典礼礼仪、政务就职授勋礼仪、政务庆典礼仪等，涉及了政治生活的各个方面。然而，不论这些具体的礼仪形式多么繁杂，也无论它们之间多么千差万别，只要我们仔细研究就会发现，它们的构成（即内容）基本上是相同的，主要包括政务礼仪的主体、客体、媒体、环境等基本要素。

### 一、政务礼仪的主体

政务礼仪主体是指政务礼仪行为和礼仪活动的操作者和实施者。

政务礼仪区别于其他礼仪形式的关键就在于其礼仪主体是组织，即礼仪的主体是一个行政组织，乃至国家。它的特点是礼仪活动规模较大、较为复杂。例如：2004 年 12 月印度尼西亚发生强烈地震，引发海啸，遭受巨大损失，中国政府致电印尼政府表示诚挚的慰问。那么，中国政府就是慰问这一政务礼仪行为的主体。

当然，对于政务礼仪的主体来说，其礼仪行为或礼仪活动不可能靠组织自身来完成，必须由具体的人（即礼仪主体的代表者）代表组织进行具体操作和实施。当礼仪行为或礼仪活动规模较大、规格较高时，这样的代表者往往由多人组成，即升格为代表团。例如：2005 年 5 月 9 日在莫斯科红场举行的世界反法西斯战争胜利 60 周年庆祝活动和阅兵式上，有 53 个国家的领导人代表自己的国家（礼仪主体）出席了这次盛会，并实施了一系列政务礼仪行为和礼仪活动。

### 二、政务礼仪的客体

政务礼仪客体的外延是非常广泛的。可以说，一切在政务礼仪主体看来具备真、善、美的东西，都可以成为政务礼仪的对象。当《国歌》响起时，我们庄严地肃立——祖国是我们的礼仪对象；当五星红旗每天黎明在天安门广场冉冉升起时，国旗护卫队凝神注目行礼——五星红旗是他们的礼仪对象；国宾登上长城，游览黄河——长城、黄河是他们的礼仪对象。当然，由于礼仪主体具有不同的价值标准，真、善、美的东西在他们眼里不尽相同，因而他们的礼仪对象也是存在反差的。例如:日本的靖国神社里供奉着几十名第二次世界大战日本战犯的牌位,每年8月15日盂兰盆节时,总有不少日本右翼分子前往参拜,重温"大东亚共荣圈"的旧梦——日本战犯的亡灵是这些右翼分子的礼仪对象。由上可见,礼仪对象根据政务礼仪主体价值标准的差异,而千差万别。

值得注意的是,政务礼仪主体和政务礼仪对象(即礼仪主体与礼仪客体)的关系,是一个矛盾的两个方面,两者既互相对立又互相依存,并在一定条件下互相转化。例如:通常在阅兵式上,检阅长官向列兵们致意问候时,检阅长官是礼仪的主体,列兵们是礼仪对象。随后,列兵向检阅长官行礼致意时,检阅长官是礼仪的对象,列兵们则成了礼仪的主体。总之,政务礼仪主体与政务礼仪对象之间的关系不是一成不变的。

### 三、政务礼仪的媒体

任何礼仪行为和礼仪活动,都不可能凭空进行,必须依托一定的媒介或媒体来实现礼仪内容与礼仪形式的统一。政治生活中,礼仪媒体的类型是多种多样、千变万化的。

根据大量的政务礼仪实践说明,生活中的人、物、事在一定的环境条件下,都是可以作为政务礼仪媒体发挥作用的,因此,从宏观上我们可以将政务礼仪媒体划分为人体礼仪媒体、物体礼仪煤体和事体礼仪媒体三大基本类型,并在此基础上构建起政务礼仪媒体系统。人体礼仪媒体如讲究敬语相待、文书规整、手势准确、体姿优雅、表情自然、体触有节等;物体礼仪媒体如讲究鲜花寓意、物品形态、礼品特色等的馈赠礼仪等;事体礼仪媒体如讲究谈判艺术、礼宾规格、诚实守信等。值得注意的是:在政务礼仪具体操作时,不同的礼仪媒体往往是交叉结合、配套使用。

### 四、政务礼仪的环境

政务礼仪环境主要分为礼仪的自然环境如天气状况、地理位置、自然灾害等和礼仪的社会环境如世事变迁、战争胜负、风俗更易、人际关系等。

礼仪环境无论怎样变化,都体现于时间和空间的变化之中。随着时间和空间的不断变化,礼仪环境也相应地有所改变,并经常对礼仪的实施起着制约的作用。因此,我们必须根据礼仪环境的变化去适应和遵从各种不同的礼俗。例如:1972年,美国总统尼克松为了准备他的"改变世界的一星期"的中国之行,可谓费尽了心机。他知道到了中国免不了要用筷子,于是,临行前就专门练习了一番。2月21日,尼克松一行抵达北京的当天晚上,周恩来总理设宴款待他们。宴会上,尼克松自如地用筷子夹取食物,使在场的人大感意外。尼克松的充分准备不仅收到了预期的外交效果,还为世人所津津乐道。

由此可见,我们在实际操作和实施政务礼仪的时候,一定要对我们面临的政务礼仪环境深入地进行研究,准确地加以把握,根据具体的政务礼仪环境,恰如其分地运用政务礼仪规范。只有这样,才有可能获得比较理想的礼仪效果。

## ▶ 第四节　政务礼仪的内容与形式的关系

政务礼仪内容和形式作为矛盾的两个方面相互依存,统一于政务礼仪或政务礼仪媒体之中,它们之间的关系主要表现为以下两个方面。

## 一、主从关系

一般来说,政务礼仪内容是矛盾的主要方面,处于决定地位;而政务礼仪形式是矛盾的次要方面,处于服从地位。然而,在政务礼仪实践中,许多人由于不明白政务礼仪内容与政务礼仪形式之间的主次关系,计较礼仪形式而完全忽略礼仪内容,以致做了许多错事、蠢事。

例如:17世纪40年代,法国国王路易十三有一次找红衣主教黎塞留议事,正巧碰上这位红衣主教大人有病卧床不起。当臣民躺着的时候,国王怎么能站着或坐着与臣民谈话呢? 出于维护国王的尊严,路易十三干脆也在红衣主教的身边躺下来,然后才开始议事。其实,站着也好,坐着也好,躺着也好,都只是礼仪形式问题,只要主教大人在实质上是尊重国王的,国王的尊严就不会因为这个可以理解的实际情况而受到影响和损害,倒是国王躺下来这个做法显得十分愚蠢和可笑。

## 二、互相转化

政务礼仪内容和政务礼仪形式的主、次地位也不是绝对不变的。在一定条件下,这两个方面又是可以互相转化的。政务礼仪行为或活动过程中一旦出现这种情况,就应该采取适当的办法,及时进行调整,以避免出现礼仪失误。

例如:20世纪50年代初,有一次周恩来总理在中南海勤政殿设宴招待欧洲客人,席间有一道汤,汤中的冬笋片刻成的图案"卍",是"万德吉祥"的标志,表示对客人的良好祝愿。可是汤端上来的时候,冬笋片不知怎么翻了个身,变成了法西斯的标志"卐"。在一般情况下,菜肴中的一个小小的雕刻图案毫无疑义属于礼仪形式问题,然而在这个特定场合,这个冬笋片的图案却具有非同寻常、不可小觑的意义,如果处理不当,必然酿成不小的礼仪失误。事实上,客人们已经注意到这个情况并且很惊讶,于是向周总理请教。周总理也发现了这个问题,当即神色自若地解释说:"这不是法西斯的标志! 这是我们中国传统的一种图案,叫'万'字,象征'福寿绵长',是对客人的良好祝愿!"随后他又风趣地说:"就算是法西斯的标志也没有关系嘛! 我们大家一起来消灭法西斯,把它吃掉!"话音未落,已经满座欢笑,气氛更加热烈友好。

### 复习思考题

1. 什么是政务礼仪? 它包含哪两个方面的内容?
2. 简要阐述政务礼仪的起源与发展过程。
3. 政务礼仪内容主要由哪些要素构成的?
4. 政务礼仪的内容与形式两者之间的关系是怎样的?

# 第二章  政务礼仪的基本原则

在政务活动中,国家工作人员应遵循的礼仪规范和要求十分具体。作为国家工作人员,掌握政务礼仪的基本规范,还要善于抓住其核心内容,也就是抓住决定政务礼仪的一些根本性的原则。

## 第一节  政务礼仪的实施原则

在各种政务活动中,如何运用政务礼仪,怎样发挥政务礼仪的作用,都应注意以下基本原则。

**一、注重政府形象的原则**

政府形象直接影响到政务礼仪的成功与否。在政治活动中,政府的行为方式在很大程度上反映了一个国家、政府的权威、本国人民的基本风貌,是树立国家形象的第一因素。因此,在政治活动中强调礼仪,会起到意想不到的效果。

**二、讲究真实、真诚的原则**

政务礼仪的核心是政务,但政务活动的对象却是人,所以,努力创造和谐的人际关系应是政务礼仪的第一要旨。政务活动中对人应真心实意,对事要实事求是,不说谎,不欺人,相信他人,尊重他人。

**三、倡导宽容为怀的原则**

在国家与国家之间,国家与人民的交往中,由于立场、观点、思想方法及其他方面的原因,会出现这样那样的不尽如人意的事情,这些都不利于开展政务礼仪工作和交往活动。因此,必须克服心胸狭隘、嫉妒心强、猜疑心重这些不健康的心态,强调心胸开阔、雍容大度、心平气和、谦逊自爱;多理解、少猜疑,多为他人着想,少为自己烦恼;真诚待人,从善如流。

**四、恪守时间的原则**

在政治活动中,遵守时间,按时赴约,是政务礼仪的一项基本原则,失时、失约就成了严重的失礼行为。在政治工作中,遇到有约会、会议、接见、会谈等活动,决不能拖延迟到,迟到不仅是一种十分失礼的事情,有时还会影响到办事的效果。如的确因故迟到、失约,则事后要详细说明并郑重道歉,以挽回不良后果与影响。

**五、注重信用的原则**

讲究信用历来是中华民族的传统美德,在政务交往中必须遵守"信用"二字。言必行,行必果,是政务过程中的一条基本原则。在政务交际活动中,要做到守时守约,说到做到;要讲究信誉,真实可靠;要言行一致,取信于人。

信誉是组织的生命,每一位国家工作人员在工作活动中都应为树立国家、政府良好的信誉而努力。

### 六、把握技巧的原则

要使得政治活动顺利进行,必须讲究礼仪,明确政治交往中的基本礼貌、礼节等,把握其中的技巧和艺术。在政治活动中,无论是举办大型庆典,还是与他国建交等,都要遵循一定的礼节,恰到好处地营造出交际中友好、亲切、和谐的气氛。要做到不失礼,必须顾及各种技巧、表现方式与表现手段。采取灵活多样、新鲜生动的交际方式和交际技巧,在政治活动中会起到事半功倍的效果。

## ▶ 第二节 政务礼仪中的基本要求

在国际社会,每个国家都有各自的民风民俗、礼仪礼节和禁忌,因此国际交往中的礼仪活动要复杂得多,敏感得多。一个精心安排的欢迎仪式,能使来宾一踏入被访国就能产生良好的第一印象;一个圆满的欢送仪式,也能给来宾留下一个难忘的回忆。反之,如果处理不好,不仅会影响到东道主与外宾的关系,甚至会影响到国家、民族之间的关系。因此,掌握好政务礼仪,适应中国改革开放的要求,是国家工作人员的一项紧迫任务。

那么,该如何运用政务礼仪,怎样发挥政务礼仪的作用呢?一般来说,应遵循以下三项基本要求。

### 一、礼尚往来,重情轻礼

礼尚往来,既是人之常情,也是政治交往中的需要。与他国建交、逢年过节、颁奖授勋等,恰当地送些礼物,往往有助于联络感情、密切关系、加深友谊。但是,馈赠作为一种礼节,应该讲究一定的原则,应该体现出重情轻礼的信条。

### 二、用词准确,待人谦逊

政治活动中的语言交谈,是交流信息、加深了解、增进友谊的基本手段之一,成功的交际往往有赖于成功的交谈,而成功的交谈则又取决于用词的态度。在正常的政治交往中,应做到用词准确,以便能言简意赅,为对方所接受。同时,待人要真诚、谦逊、热情,不矫揉造作、孤芳自赏,这样就能获得别人的尊重与信任。

### 三、尊老敬贤,敬上爱下

尊老敬贤是中华民族的传统美德。在政治活动中,同样要对老者、贤者给予一定的尊重与爱戴。同时,在政治交往中,既要敬重自己的上级,不媚颜屈膝,不趾高气扬,又要爱护自己的下级,体现大家风范。这样既可以获得各种信息,又增强社交的适应性。

## ▶ 第三节 政务礼仪的社会功能

政务礼仪作为一种行为准则或规范,一经产生,便具有其自身的功能,可以用来指导人们的一言一行、一举一动。同时,政务礼仪的功能发挥又不可能是凭空的,它必须借助于现实的政治交际活动,并且要以遵循政务礼仪的基本原则为前提。因此,作为一个国家工作人员,加强现代政务礼仪的修养不仅是重要的,而且是必需的,否则就不能以良好的个人形象代表国家和政府。

总体来讲,加强现代政务礼仪修养有下面几项重要作用:

### 1. 有利于规范国家工作人员的社会行为准则

礼仪从古至今都是衡量一个人文明程度的准绳。在政治场合,国家工作人员按规定的要求进行交往,有助于相互间的沟通和形成共识。政务礼仪作为一种具有权威性的行为规范,还执行着提升国家形象和人民信任的功能。政务礼仪同时还要求国家工作人员按照社会公认的行为模式去生活,去交往;非礼勿视,非礼勿动。

### 2. 有利于塑造良好的国家和政府公众形象

"形象"一词的本意,是指人或物的外观或形体,在社交中专指参与交往的主、客双方在对方心目中形成的综合化、系统化的印象。

讲究政务礼仪有助于国家、政府塑造良好的公众形象。严谨的仪式程序,得体的言谈,高雅的举止,良好的气质风度,必定会在公众心目中留下尊严而庄重的印象,从而对外建立起友谊和信任关系,对内起着引导和榜样的作用。

### 3. 有利于建设社会主义精神文明

建设文明社会是人类社会发展过程中不可缺少的重要内容,是需要全体社会成员参与的极其宏伟的系统工程。它的根本任务之一就是要培养人们有情操、有道德、讲文明,恢复和发扬良好的社会风气。

建设文明社会需要通过一定的形式来推动,政务礼仪是推动文明社会建设的一种好形式,它是从精神文明建设的角度出发,通过仪表、举止和讲究礼貌、执行礼节来体现和培育人们的情操、道德和行为规范。

"礼仪"在现代生活中,是"文明"的代用词,它是社会文明的重要标志,又是民族的道德理想的体现。在社会生活中,培养良好的政务礼仪风范,能有力地推动社会主义精神文明建设,对构建社会主义和谐社会有着重要作用。

### 4. 有利于树立国际形象、增强民族自信心

在对外交往中讲究礼仪,可以展示中国人民的精神风貌,加深与世界各国人民的友谊和交流,提高我国的国际地位和声望。当然,我们要在继承和发扬本民族优秀礼仪文化的基础上,广泛吸收世界各国的优秀礼仪文化,融会贯通,逐步形成一套与世界礼仪接轨的现代政务礼仪,以促进与世界各国人民的友好往来,让中国更好地了解世界,也让世界更好地了解中国。

**复习思考题**

1. 政务礼仪有哪些实施原则?
2. 政务礼仪的基本要求是什么?
3. 怎样理解政务礼仪的社会功能?

# 第三章　政务外交礼仪

政务外交礼仪是政务礼仪基本的组成部分,也是国家政治事务中最重要的一项事务,它关系着国家与国家之间的友好程度,以及国家在国际上的地位高低。因此,各国在对外交往活动中,都有一套严格的礼仪规范。

## 第一节　政务外交礼仪概述

政务外交是国家与国家之间以和平方式进行交往、交涉的政治行为,是国家内政的延伸,是维护国家主权,实现国家意志和对外政策的主要方式和手段。

政务外交的主要执行者是国家元首、政府首脑以及外交部长和驻外使节、各类外交官员。

为了实现国家意志和对外政策,增进同各国的友好关系,邀请外国贵宾参加国家举行的庆典、吊唁、元首就职,国家元首、政府首脑,政府职能部门外交部、外交代表机关和其外交人员进行诸如访问、谈判、交涉、发出外交文件、缔结条约、参加国际会议和国际组织等对外活动等,为表示其严肃性和郑重性,往往要制定一定的规矩和程序,遵循一定的形式和礼节,讲究一定的规格和仪式。这种规矩、程序、形式、礼节、规格和仪式就叫政务外交礼仪。

我国政务外交礼仪工作的具体内容有:国宾来访接待礼仪,我国国家领导人出国访问出席国际会议礼仪,使节礼仪及外交特权与豁免,涉外庆祝、吊唁事宜等等方面。

## 第二节　政务外交礼仪的起源和发展

古代中国,自中原地区崛起,东不过大海,西不越西山,地理位置相对封闭。古代的中国人认为,中原就是天下的中心。在中原王朝的王畿之外,广大的周边地区,几乎毫无例外地都变成了中央王朝的"服"。商代以前是"五服",至西周时为"九服"。可以说,那个时代"只有国,而无际",即"普天之下,莫非王土;率土之滨,莫非王臣"。周朝末期,由于"礼崩乐坏",周天子虽然名义上保持着尊贵,而在实际上已无力约束诸侯,特别是对意欲争霸的齐、晋、楚、秦等强大诸侯国,就更加无可奈何了。这一时期,各诸侯国之间互派使节,订立同盟、缔结条约、召开盟会,俨然如独立国家。再到后来的战国时期,无论是"合纵",还是"连横",都是名副其实的外交,其礼仪也是名副其实的外交礼仪。

早期外交礼仪与"内交"礼仪并无多大的不同。虽然在实际执行中仍有相当大的随意性,但是,当时的外交礼仪已经形成了一定的制度和比较严格的程式。

早期的政务外交礼仪,形成于我国前国家时期,并在春秋、战国时期逐渐走向成熟完备。到了秦朝,设立了专门的涉外接待机构,称为"典客"。

刘邦建立西汉后,沿袭秦制,专门涉外接待的官署仍称"典客"。景帝中六年(前144年)改为"大行令",所属有行人、译官、别火三令、丞等。武帝太初元年(前104年),改"大行令"为"大鸿胪",行人改名为大行令。大行令秩六百石,所属除丞外,有治礼郎数十人。行人为掌交际礼仪之官。《周礼》秋官有大行人、小行人,为掌四方朝聘宾客及使命往来之官。南北朝时期,"诸国使邸"出现,将"大鸿胪"改名为"鸿胪寺",鸿胪寺外交礼仪职能更加完善。

唐代是我国封建社会的鼎盛时期,外交事业空前繁荣。鸿胪寺的机构和职能更为规范,分工更为细腻,同今天的外交部礼宾司已十分相似。宋、明、清各朝承袭了汉唐礼仪制度,仍以鸿胪寺作为对外礼仪部门。

新中国成立后,中央人民政府设立典礼局,1958年精简机构时,典礼局撤销,其工作改由国管局交际处和外交部礼宾司办理。

随着时代的发展,我国的政务外交礼仪也不断改革,它在发展我国的对外友好关系中发挥了积极作用。

## ▶ 第三节 政务外交的原则

政务外交礼仪在其漫长的实践过程中,逐渐形成了一些有规律性的东西。这些规律是原则,是做好政务外交工作的保证,礼宾人员在策划、操作礼仪活动时,应严格遵守和执行。这些原则归纳起来,大致有八项。

### 1. 主权平等原则

"主权平等"包含两方面的含义:一方面,每个国家都享有平等权利,不受他人侵犯;另一方面,每个国家都有尊重别国主权的义务,不得借口行使自己的主权而侵犯他国的主权。

"主权平等"原则在国际外交实践中主要恪守和平共处五项原则:互相尊重国家主权和领土完整;互不侵犯;互不干涉内政;平等互利;和平共处。这个原则虽然已成为共识,有的则见诸于法律或规定,但是在现实国际政治中,不时有被践踏现象,这是令人遗憾的。

### 2. 对等原则

对等,指规格对等、身份对等、礼遇对等,就是礼尚往来,你如何对待我,我也如何对待你。"来而不往,非礼也。"

"对等原则"在政务外交礼仪实践中表现为两国领导人互访,讲究级别、规格、访问天数、招待费用等各方面的对等;两国政府谈判代表的级别、成员组成等讲究对等;两国建立外交关系的级别、派往对方的外交代表机构对等;两国外交官的活动,也讲究对等。双方在签订条约时,本方保存的文本上,本方的签名在前等方面。

有时候,对等原则的反面运用在外交上也经常发生,这往往是在国家关系处在困难的时候,以后发制人的方式,采取报复性措施,如你驱逐我的外交官,我也驱逐你的相同级别、相同人数的外交官员。

### 3. 平衡原则

"平衡原则"是指无差别、不厚此薄彼。面对众多地位相同、相当或相等的对象(如国家、人物、团体、国旗等),要做到一视同仁,待遇应该大体相当。国家不论大小,接待同一级别的外宾应按同一规格,不能厚此薄彼。古语说,不患苦,而患不均。意在讲究平衡的外交礼节,忌讳在众多客人中,毫无理由地优厚或冷落某一人。

例如,多国地位相同的领导来参加国际会议,礼遇不能有明显的差别;在乘车、住房等方面安排上也要大体相当。至于位次先后顺序排列,则可按礼宾次序原则办理。

**4. 右上原则**

在礼仪活动中,位次的排列十分重要。在礼宾次序确定之后,座位、站位如何安排,国旗如何悬挂,仍需明确上位(尊位)的位置。排在上位,是礼遇和尊崇的体现。那么,礼仪的上位在哪里呢?二人并列,左边的和右边的,谁为尊?我国自古以来的尊位在左边,而当前国际上通行以右为上的礼仪做法。

但是,我国在无外宾参加的国家礼仪活动中礼宾次序以左为上,如全国人大、国务院等开会的座位安排等。

这里需要说明的是,美国及拉美等一些国家比较特殊。他们在接待贵宾时,往往把本国国旗挂在上位,即右边,而把客方国旗挂在左边。对此,外交礼宾工作人员,应该心里有数。

**5. 礼让原则**

我国古人说,"礼辞让之心,礼之端也。"礼让原则也是政务外交礼仪中的一项重要内容。我们日常生活中,也经常会听到这样的说法,"入乡随俗"、"客随主便"、"主随客便"等,无一不是说,礼让原则的重要性。

外交礼仪活动中,礼让情形是常见的,如让客人入上座;会谈让客人先讲等。

**6. 惯例原则**

政务外交礼仪工作中的惯例,指国家间或政府间为进行官方交往而皆应遵守的、约定俗成的常规做法。即国际上一些国家的传统习俗和习惯做法经过长期实践,被国际社会普遍认可和广泛接受的外交成例、做法(如外交特权与豁免等)。

例如,欢迎国家元首、政府首脑来访的仪式上,鸣放礼炮分别为 21 响、19 响;同人握手,应握右手;同人拥抱、贴面,应以自己右面与人相贴等等。

外交实践离开了外交惯例就成了无水之源、无本之木。

**7. 序列原则**

序列原则也即礼宾次序原则。礼宾次序体现东道主对各国宾客的礼遇,在一些国际性会议上则表示各国主权平等的地位。

礼宾次序的排列,有些已由国际法或国内法所肯定。如《维也纳外交关系公约》对外交代表的排序做了界定:使馆馆长分三个等级(向国家元首派遣之大使或教廷大使;向国家元首派遣之公使及教廷公使;向外交部长派遣之代办)。特使,为执行某临时使命的外交代表,通常由国家元首或政府首脑派遣。使命完成归国后,特使身份即告结束。

**8. 互惠原则**

互惠,就是互相给予对方以优厚的待遇。外交上的互惠,主要是给大使馆和外交人员以特权与豁免,其法律依据是《维也纳外交关系公约》。一般来说,互惠不是自然而然形成的,而是有条件享受的。

上述八项原则时刻不可忘记,如果要想搞好政务外交礼仪,只靠掌握这些原则还很不够,必须得学会灵活运用。

## ▶ 第四节 国 宾 访 华

国宾,指应邀访问本国的外国国家元首、政府首脑。这是许多国家习惯的称呼。

参照国际通行做法,在我国目前的礼宾实践中,国宾是指外国国家元首和政府首脑;重要外宾是指外国国家副元首、政府副首脑、外交部长和其他正部级及正部级以上官员。

### 一、访问分类

国宾和重要外宾访华依其不同性质,主要分为以下几类:

**1. 国事访问**

指外国国家元首应我国家主席的邀请对我国进行的享有最高礼遇的访问。我国一般给予最高礼宾接待规格。

欢迎仪式的内容包括:军乐团奏两国国歌;检阅陆、海、空三军仪仗队;检阅分列式;鸣放礼炮 21 响(如在室内举行仪式,则无分列式,不鸣放礼炮)。

**2. 正式访问**

指外国政府首脑应我国务院总理的邀请对我国进行的正式的访问。我国一般给予相应的礼遇和礼宾接待规格。

欢迎仪式内容包括:鸣放礼炮 19 响,其余安排同国事访问。

目前,重要外宾的访问一般也称正式访问,其中国家副元首的正式访问有欢迎仪式,内容包括:军乐团奏两国国歌;检阅陆、海、空三军仪仗队;无分列式,不鸣放礼炮。

**3. 工作访问**

一般指外国有实权的国家元首和政府首脑应我国家主席、国务院总理或中国政府的邀请,对我国进行的以工作为主的访问,礼仪安排从简,访问时间较国事、正式访问短。

**4. 其他访问**

一般以中国政府名义邀请,根据来华目的分为非正式访问、私人访问、度假访问、过境停留和治病等,享有一定的礼遇,礼仪安排从简。

按照国际通行做法,我国对礼宾接待工作大致可分为访华名义、接待计划、迎送、会见和会谈、宴请(酒会、茶会、冷餐会)、签字仪式、文娱活动、献花圈、参观游览等内容。下面将几个主要礼宾活动的内容、具体要求和操作要领作一简单介绍。

### 二、访华名义

邀请外国国家元首或政府首脑访华通常由外交途径进行,一般以国家主席或国务院总理名义邀请外国国家元首或政府首脑对中华人民共和国进行国事访问或正式友好访问。有时也以中华人民共和国政府名义发出邀请,口头或书面方式都可以。被邀请国以口头方式或书面答复接受邀请均可。

外交部发言人应当在国宾访华前以适当时间发布国宾即将访华的消息。国宾访华抵达北京前夕,新华社发稿介绍国宾简历,同时发出访华国宾的照片。

### 三、接待计划

在政务外交活动中,接待计划又称为接待预案,指的是接待方对于国宾的接待工作所进行的具体规划与安排。

在正常情况下,制订接待计划不仅应当力求周详,而且还应当强调接待计划的具体化、规范化和成文化。在具体制订接待计划时,应充分体现接待方针,反映具体的接待内容。

一般而言,正式接待计划均应包括以下八个方面的内容:

(1)做好安全保护工作;

(2)了解对方访华的具体要求和愿望;

(3)了解代表团名单;

(4)确定接待规格;

(5)拟定访华路线;

(6)安排膳宿;

(7)备好交通工具;

(8)选定陪同团成员。

### 四、迎送

#### 1. 掌握抵达、离开的时间

迎送时,必须准确掌握国宾乘坐飞机(火车、船舶)的抵离时间,及早通知全体迎送人员和有关部门。

迎接人员应在飞机(火车、船舶)抵达之前到达机场(车站、码头),送行人员应在国宾登机之前抵达。如国宾乘坐班机离开,应通知其按航空公司规定时间抵达机场办理有关手续(也可由接待人员提前前往代办手续)。

#### 2. 机场迎接及摩托车护卫

当国宾抵达北京首都机场时,即表示国宾正式访华的开始。一般而言,应在机场行走道上铺上红地毯,以迎接国宾的到来。外交部礼宾司长或副司长以及来访国驻华大使登机欢迎国宾,请国宾下飞机。国宾下飞机时,陪同团长及其他欢迎人员在飞机舷梯旁与国宾握手,儿童向来访国宾献花。如有其他国驻中国使节前往迎接,国宾则与他们握手,然后与来访国驻华使馆外交人员以及前往欢迎的其他人员握手或招手致意。

机场欢迎仪式结束,陪同团长陪同国宾上车离开机场。国宾车队在进入市区时,由九辆摩托车护行。摩托车护行礼遇直至钓鱼台国宾馆国宾下榻处或其他下榻处。

#### 3. 正式迎送仪式

正式欢迎国宾仪式一般在人民大会堂东门外广场举行。广场上空要悬挂来访国和中国国旗,参加欢迎仪式的来访国宾的随行人员以及来访国驻华使馆人员须提前抵达人民大会堂。来访国宾和夫人(如偕夫人),在陪同团长(和夫人)陪同下,按时抵达仪式现场。国宾下车后,主持仪式的国家主席或国务院总理与国宾握手,儿童献花。

中方领导人向国宾(和夫人)介绍出席欢迎仪式的中方高级官员,来访国宾向中方领导人介绍随其来访的主要随行人员,并与参加仪式的使馆人员握手或挥手致意。然后中方领导人陪同国宾登上检阅台(夫人则站到随行人员行列之首),面向仪仗队,国宾在右,中方领导人在左。军乐团奏两国国歌,同时鸣放礼炮。一般为外国国家元首鸣 21 响,为外国政府首脑鸣 19 响。仪仗队队长迈上前向国宾报告仪仗队准备完毕,请国宾检阅。随后中方领导人陪同国宾走下检阅台,沿红地毯走向仪仗队,仪仗队队长尾随。国宾和中方领导人行至军旗前,国宾向军旗致敬。检阅仪仗队时,国宾走在中方领导人的左侧。

检阅完毕,国宾与中方领导人面向仪仗队致意,仪仗队队长举刀还礼。国宾与中方领导人沿红地毯从中国人民解放军军乐团和来访国驻华使馆人员前走过,再次登上检阅台,检阅三军仪仗队分列式,然后与参加仪式的中外要人离开迎宾场地,进入人民大会堂。

### 4. 话别

国宾结束首都访问赴我国省(自治区)、市访问或离开北京回国之前,中方领导人要前往国宾下榻的国宾馆进行话别。话别时陪同团长在座。如国宾夫人随访,中方领导人夫人也应在场。话别时中方领导人把记录国宾访问北京的相册赠送来访国宾。相册扉页上签署中方领导人的名字。

这种话别礼仪也可不安排赠送相册,也不必由中方领导人签名,附中方领导人名片即可。

### 五、国宴

中华人民共和国主席或国务院总理为来访国宾举行正式的欢迎宴会,称为国宴。

国宴使用的请柬一般镶有国徽图案。请柬在国宾抵达前印好并及时送至被邀请的来访国驻华使馆被邀请的外交官、来访国周边国家的友好使节以及出席国宴的中方陪席人员手中。请柬上措辞应视不同来访国宾而异,对国宾冠以尊称,主人落款为中华人民共和国主席或中华人民共和国国务院总理。请柬印有英文译文或来访国的文字,同时请柬还需注明出席者桌次和服饰的要求。

宴会厅内要悬挂来访国以及中国国旗,以及安排乐队演奏国歌或席间乐,席间有时致辞或祝酒。目前,在我国举行的国宴上不演奏国歌,只奏席间乐。席间乐包括来访国宾所喜爱乐曲或民间音乐,力求典雅庄严,切忌庸俗滥调。

国宴菜单由中方礼宾官员精心拟定,本着勤俭节约,不失大方的原则,并根据来访国宾的生活习惯和宗教信仰,有针对性地安排菜肴。一般来说,菜单包括冷盘或称拼盘、四菜一汤(或两菜一汤、三菜一汤)、点心、甜食、水果,夏季的甜食一般改为冰淇淋。国宴上用酒视国宾爱好而定。

### 六、会见与会谈

国宾访华期间,我国党政一两位主要领导人视情况分别会见来访国宾。常以人民大会堂、中南海、钓鱼台国宾馆作为会见的地点。会见时陪同团长及有关部委负责人陪见,给通讯社、报社、电视台、广播电台等记者预留三至五分钟的现场采访时间。

我国党政领导人会见国宾就其性质说,分为礼节性会见、事务性或政治性会见,或兼而有之。会见国宾当天或次日,由广播电台、电视台、通讯社、报社报道有关消息。

### 七、签字仪式

签字仪式的地点一般在人民大会堂或钓鱼台国宾馆。签字仪式大厅布置庄严,签字桌为一长条台，长台中央摆设双方国旗，桌上摆放好签字用具。

出席签字仪式的双方官员提前在签字桌后的架上站好，面向摄影记者，来访国随行人员在右，中方人员在左。国宾和中方主要领导人随后进入并站立在前列中间。然后签字人入座，双方助签人分别将本国文本递交签字人签字，接着，由双方助签人文换文本。签字人签署对方文本后，由签字人亲自换文本。最后宾主举起香槟酒祝贺。

### 八、文艺晚会

国宾首次访华，中方有时为其安排专场文艺晚会。文艺晚会为来访国宾提供了解中国古老和现代文明的机会。

专场文艺晚会的节目视来访国宾兴趣、爱好而定，并能体现中国历史悠久的文化。因此，具有中国特色的歌舞、京戏、音乐、杂技等可供选择。中方在拟定节目时，还应考虑来访国宾的风俗习惯、生活习惯和宗教禁忌，尽力使国宾渡过一个愉快的晚上。

### 九、访问参观游览

首都北京有众多名胜古迹、公园、博物馆、展览馆、商店、市场……为国宾提供了参观游览、了解中国古老文化的条件。然而国宾在北京只停留两三天，中方只能根据国宾的要求和爱好安排参观游览。在拟定游览路线的时候，一定要充分考虑行程的安全，以及来访国宾的体力等因素。

省市访问是国宾访华的重要组成部分。不同国宾访问省市目的不尽相同，有的要求访问古老城市，了解更多的中国历史和文化，有的则希望看看中国的经济特区，更多了解开放的中国的现状，有的则是访问和游览兼之。这些都视国宾的要求而定。

## 第五节　我国领导人出国访问、出席国际会议

### 一、出访名义

我国国家领导人出国访问，通常先由双方通过外交途径商妥。出访名义根据出国访问性质和邀请名义而定，并与东道国进行商议。如无异议，商妥后即可对外公布。

国家主席出国进行正式访问，称国事访问，或正式友好访问。国务院总理出国访问称为正式访问。有时为突出表示访问旨在加强两国关系，特意在"访问"之前冠以"友好"两字，称作"正式友好访问"。

### 二、先遣组

为了做好我国国家领导人出国访问工作，中方通常派出先遣组前往东道国与东道国商定访问日程、礼宾、新闻、警卫安全等事宜。先遣组还需先期察看中方领导一行下榻宾馆及每场活动的场地。先遣组由外交部有关司人员、中央警卫部门人员等组成。在互惠的条件下，先遣组受到东道国免费的招待。有时先遣组在东道国的费用自理，但以对等为前提。

### 三、访问日程

访问日程由中方与东道国通过外交途径商定，由东道国根据中方的访问目的、访问日期和访问的城市拟定。同时东道国也应考虑来访的中国领导人的年龄、身体健康状况、生活习惯和爱好等。访问国有责任向东道国提供出访的中方领导人的相片、简历、生活习惯和血型等。如国务院有关部门负责人随访，宜视情况，商请东道国安排外交、经贸、科技、文化、军事等有关部门对口会谈。有时访问日程还包括中方随行人员参加各项活动的具体安排等。

访问日程一般包括：迎送仪式、宴会、领导人会见、会谈、记者招待会、参观游览等，有时还包括谒墓、签字仪式、文艺晚会等。如夫人随访，东道国为夫人专门安排的活动日程，也列入小册子中。接待小册子还包括中方领导一行乘车住房安排，东道国出面接待的官员及工作人员名单、联系电话等。有的还包括每场礼仪活动的细节说明以及示意图表。

### 四、访问日期、交通工具

国家领导人出国访问的日期必须选择双方均为方便的时间。与东道国商谈访问日期时，必须避开被访国的官方假日或民间节日、宗教节日。

出国访问的交通工具由中方负责。在通常的情况下，国家领导人乘坐专机出国访问，视被访国的地理位置、距离远近，与民航有关部门商议决定专机机型。也可乘专列火车前往。

### 五、随行人员

国家领导人出访的随行人员分为正式随行人员（也称陪同人员）和工作人员，随行新闻记者、机组人员等。

如夫人随同出国访问，其礼宾顺序通常列在其丈夫之后。如夫人以本人职务排列，则不属此列。

### 六、新闻报道

我国国家领导人出国访问，国内人民也是十分关注的，因此，及时反馈信息，新闻报道也就显得尤为重要。

新闻部门为此确定新闻报道总方针，按此安排各项新闻报导工作。

在通常情况下，出国访问的国家领导人离开国内以及访问期间的重要活动的消息、照片均由随行的电视台记者拍电视新闻发回国内播送。访问期间中方将通过各种新闻媒介宣传访问活动，包括抵达东道国首都时在机场向新闻记者发表书面讲话、随行新闻官员介绍访问的情况，出访的我国国家领导人接受东道国记者采访或中方举行记者招待会，有时还与东道国国家领导人联合举行记者招待会。离开东道国前夕，由随行的主要陪同人员向随行的中国记者发表谈话，介绍访问的成果。

### 七、住宿乘车安排

我国领导人出国访问，住宿通常由东道国安排住国宾馆或政府官邸。东道国礼宾部门根据中方提供的随行人员名单按礼宾顺序安排住房。安排住房时，需提醒东道国礼宾人员将中方官员的秘书、警卫人员、医务人员、译员、礼宾人员安置在中方官员附近的房间。有时也可向东道国索取房图,根据需要自行安排,然后同东道国商议。一般情况下,安排首长以及全体随行人员同住一地,如条件不许可,则安排分住两地,但以联系方便、确保安全为前提。

如赴东道国首都以外的城市访问,其交通工具由东道国负责。东道国通常安排中方人员乘专机、专列或包机,乘火车时可加挂车厢。

### 八、访问期间的礼仪活动

访问、会议期间,东道国举行的礼仪活动将贯穿始终,由于国家不同,民族之差异,礼仪活动也不尽相同。但按照通行原则,东道国常见的礼仪活动有以下 14 种:

#### 1. 派专机护航

通常,出访专机离访问国首都约 100 公里处时,东道国会派数架战斗机迎接护航。这种传统礼仪,主要是安全考虑,同时也表达了东道主对出访国领导人的敬意。目前世界上很多国家已取消专机护航的礼仪,但一些国家还保留这一传统的做法。

#### 2. 铺红地毯

东道国通常在停机坪、贵宾室,欢迎和欢送之地点,会见、会谈、签字仪式和参观地点,下榻宾馆等处,铺上红地毯,欢迎我国国家领导人的到来。这种传统礼仪,表示了东道主对我国国家领导人的敬意。

#### 3. 举行欢迎和欢送仪式

欢迎和欢送仪式有的在机场或车站举行,有的国家则在特定的场所,诸如总统府、议会大厦、国宾馆等举行。

有的国家欢迎我国国家领导人光临,还采用富有民族特色的舞蹈,敬献花环或者献上面包和盐的传统礼仪。

#### 4. 组织摩托车队护卫

在通常的情况下,我国国家领导人所乘坐的贵宾车行进时由数辆或十余辆摩托车队护卫行进。这种摩托车护卫同样被视为一种礼遇,一来表示东道主对我国国家领导人的敬意,二来摩托车队为贵宾车队鸣锣开道,确保贵宾车队的安全、行进之方便。

#### 5. 赠送金钥匙

在一些国家中钥匙是高贵饰物之一,它象征一种权位和荣誉。当我国国家领导人抵达时,赠送金钥匙便成为他们必须安排的礼仪之一。不仅表示对我国国家领导人的热烈欢迎和尊敬,也象征两国友好关系和高度互相信任。

#### 6. 谒墓或献花圈

根据东道国的习惯,前往谒陵墓或向该国已故领导人、民族英雄和革命领袖、烈士献花圈也是重要礼仪之一,这不仅表示我国国家领导人对该国先烈的敬意和尊重,也表达了对该国人民的友好情谊。

#### 7. 举行会见或会谈

在我国国家领导人访问期间,东道国视访问者的身份安排东道国相应的领导人及有关高级官员会见。

正式会谈的地点通常安排在东道国国家元首或政府首脑的办公大楼会议厅举行,会谈前后的其他礼仪与国宾访华相似。

**8. 举行盛大欢迎宴会**

东道主在中国国家领导人抵达当天或次日晚上举行盛大欢迎宴会,这种宴会为国家最高档次的宴请活动,称为国宴。

**9. 观看文艺晚会**

东道国为我国国家领导人访问专门举行的晚会。这种晚会可为音乐晚会也可为歌舞晚会。文艺晚会多是汇集国家和民族优秀之文艺节目。

根据东道国礼宾要求,出席晚会需穿着高雅服饰,或整齐服装,衣冠不整被视为失礼之举。

**10. 举行签字仪式**

访问期间双方就政治、经济、贸易、文化或科技合作交流达成协议,缔结条约、协定或公约时均举行签字仪式。双方商定发表联合公报或联合声明也可举行签署仪式。仪式结束,通常是出签署文件和为此举行的仪式体现访问之成果。

**11. 出席开幕剪彩**

访问期间,如逢该国正在举行某项重大的庆典活动,东道主和正在该国访问的中国领导人为其开幕剪彩,将视为一种礼节。这种礼仪体现两国之间友好合作关系,增添访问的光彩。

**12. 举行记者招待会**

访问期间为了向外界宣传我国的对外开放政策,以及宣布访问的成果等等,我国国家领导人为此举行记者招待会。如未能举行记者招待会,则接受记者采访。这种活动通常由访问国提出,东道国礼宾和新闻部门协助安排。有时东道国和访问国联合举行记者招待会,也被视为一种礼仪活动。

**13. 出席授勋仪式**

我国国家领导人在访问期间接受授勋,诸如接受为某名流学院的荣誉学位或为某市的荣誉市民等等,为此出席授勋仪式或市政招待会,这种礼仪活动也是相当普遍的。

**14. 参观或游览**

我国国家领导人在访问期间有选择地参观游览,不仅领略了异国风情,也表示对东道主的尊重。参观游览后按主人的意愿,一般要题词签名,以示谢意,做到礼貌周到,这是礼仪活动中礼尚往来的具体表现。

## 九、赠送礼品

为了答谢东道国的接待,习惯上我国国家领导人均向东道国领导人和出面接待的负责官员赠送礼品,礼品因人而异。尤其对东道国领导人赠送的礼品,必须有针对性。

东道国通常向中方回赠礼品或者以书面或口头表示谢意。礼宾官员将回赠礼品逐一登记,及时报告上级。

## 十、欢迎仪式

当我国国家领导人出国访问归来时,我国一般都举行欢迎仪式。目前,这种欢迎仪式一般都在人民大会堂北大厅中央大厅举行。旨在方便迎接者,节约他们的时间,有利于首都市区至首都机场沿途的交通管制,有利于安全措施的实行。

## 第六节　政务外交吊唁礼仪

各国对国家元首逝世的治丧活动因制度和习惯不同而做法各异,但大致都有如下安排:

发布讣告,宣布致哀期,全国停止各种娱乐活动,下半旗致哀。治丧国除发布讣告外,还由外交部发出照会通知当地各国使馆,同时还由治丧国驻外使馆通知驻在国外交部和当地各建交国使馆。

治丧活动主要有:向遗体告别或瞻仰遗容;接受各界人士的吊唁;举行追悼大会或葬礼。政府首脑的治丧仪式大致与元首相同,但规格略低于元首。

治丧期间,当事国的驻外使馆也设灵堂接受驻在国国家领导人和各界人士的吊唁。

有的国家在其领袖人物逝世举行葬礼时,火车、轮船、军舰、工厂等鸣笛致哀。届时如外国轮船适值靠该国码头,亦应鸣笛。

遇有在世界事务中有重要影响的外国领导人逝世,不少友好国家还以政府命令规定本国的致哀期。葬礼当天,如正值议会开会,则以默哀或临时休会等方式表示哀悼。

联合国对会员国元首或政府首脑逝世,联合国旗下半旗一天,并且不升所有会员国国旗。安理会和其他各委员会开会时,由执行主席宣布默哀表示哀悼。

## 第七节　省级及以下机关的涉外交往

省级及以下机关的涉外交往,也是政务外交的一种方式。这对于增进各国人民之间的了解和友谊,促进国际间的经济、科技和文化交流,建立和发展国与国之间的友好关系,都具有十分重要的意义。省级及以下机关的涉外交往面向社会,接触面宽,渠道多,方式方法灵活多样,它有力地协助和支持"国家外交",与"国家外交"相辅相成,相得益彰。

省级及以下机关的对外交往,同"国家外交"一样,也应当讲究国际礼仪,遵从国际礼仪的一般准则;待人接物应当彬彬有礼,不亢不卑,落落大方。这两者在礼仪做法上是相通的。省级及以下机关的涉外交往的礼宾工作可以借鉴并参考"国家外交"的礼仪准则。

**复习思考题**

1.什么是政务外交礼仪? 它是怎样起源和发展的?

2.当外国领导人来华访问时,我国需要做哪些方面的工作?

3.当我国领导人出访时,我国政府需要做哪些准备工作? 被访问国又该做哪些接待工作?

# 第四章 公 文 礼 仪

公文,即相对私人文书而言的公务文书的简称。公文礼仪,即国家工作人员在撰制和办理公文时应当遵守的规范和惯例。

公文具有严肃的政治性、规范的程式性、绝对的权威性、直接的实用性和明确的工具性等鲜明的特点。它在国家政务工作中扮演着重要的角色,因此遵行公文礼仪成为国家工作人员的一项基本职责。

## ▶ 第一节 公文礼仪概述

公文,是公务文书的简称。它是指各级行政机关、企事业单位及社会团体在处理各种事务中形成的体式完整、内容系统的各种书面材料。广义的公文还包括图表、录像、录音、物证等各种适应实际需求的内容。

公文礼仪,即各级行政机关在撰制、行文和办理公文时应当遵守的规范和惯例。我国公文礼仪的基础,是以国务院办公厅重新颁布的《国家行政机关公文处理办法》为标准。因为公文是传达、贯彻党和国家的方针政策,发布行政法规和规章,施行行政措施,请示和答复问题,指示和商议工作,以及报告情况,交流经验的重要工具。所以,遵行公文礼仪成为各级行政机关公务人员的一项基本职责,树立良好的公文礼仪规范,可以表现出各种组织和个人的良好风范。

## ▶ 第二节 公文礼仪特点

因为公文明显地不同于报刊、图书、资料等书面文字材料,所以公文礼仪具有鲜明的特点。

### 1. 严肃的政治性、权威性

公文是党政机关行使管理职能、办理具体事务的重要工具,公文内容必须完全符合党和国家的方针、政策,对国家政治、经济和社会生活的各个领域都有着指导作用。因此,公文文体要观点鲜明,严肃郑重,具有很强的政治性、权威性。

### 2. 直接的实用性

公文是用来处理公务的文书,所以它总是根据现实需要,针对实际问题而制发,有着明确的写作目的和较强的针对性。

### 3. 真实的可靠性

公文涉及的事实以及所引用的材料和数据,必须真实可靠,不得有任何虚假和错漏。内容真实、准确,这是公文写作最基本的原则。一般文章写作中不能使用虚构、想像、添枝加叶、移花接木的方法。因此,公文写作一定要核准事实和数据,确保材料的可靠性。

### 4.规范的程式性

为维护公文的权威性和严肃性,国家有关部门对公文的文体、结构、格式进行了统一规范,公文制发者必须严格遵循。

### 5.具体的实效性

制发公文都有具体的制发目的和公务职能,公务问题的解决必须迅速、及时。所以,对公文的处理一般有着严格的时间要求,公文的效用也常常是有时间限制的。

### 6.明确的定向性

公文都是由某一个特定机关制发的,并且大部分都是写给特定对象阅读的,作者与读者之间有具体、明确的对应关系。公文的这种定向性特点使得写作有着很强的针对性。

## 第三节　公文礼仪规范

### 1.公文内容要翔实准确

公文礼仪包括范围相当广泛,在各级行政机关、企事业单位及社会团体都有可能形成一定的书信关系,比如邀请函、传真等。在撰写时应当力求准确、适当地表达出礼仪上的要求,根据不同的时机和对象,把公文写得恰如其分、恰到好处。有时候,还可根据具体情况写进一定的实质内容,以便使礼仪公文达到更好的效果。公文中涉及的时间、地点和其他有关资料,均应经过核对,做到翔实可靠。不应把礼仪公文仅仅视为"应景文章",简单抄袭套用现成的格式。

### 2.公文全称要体现礼貌

职业公文类型广泛,包括贺函、贺电;感谢信、感谢电和感谢公告;邀请函、邀请电和复件;国书、全权证书、授权证书、委任书等,还包括一些事项通知。

需要特别指出的是,职业礼仪公文应注意在文字中的名字、名称,在第一次出现时都应使用全称。比如文电中的外国国名,如习惯用简称,可使用正式简称。某些特殊国家,不可使用简称。文中的单位名称,第一次亦应使用全称。对方的职衔、姓名要用全称。

### 3.公文称谓要表现尊重

在公文中对对方在社会中的职务、职称、地位的称呼,称为公职位,如主席、总理、部长、局长、校长、主任、经理、董事、会长、秘书长、理事等。如果收信人有过两种以上的职务(或职衔),甚至同时身兼数职,就需要选择一个适当的称呼。选择的原则是视书信内容与受信人的哪个职位关系密切。如受信人从前是寄信人的老师,现在当了局长,而寄信人的书信重点是叙师生情谊,那么这封信的称谓就应以表示师生关系为宜。

### 4.公文要体现尊敬谦虚

古人曾在书信中表现出"自谦而敬人"的美德。清华大学历史系彭林教授在谈到书信礼时,曾提到书信中的敬称称呼是向对方表明尊重,一般用古代的爵称,君、公等,也可在称谓前加敬字,或者称字和号。像"夫人"一词,是专用来称对方或他人妻子的,也包含尊敬的意思。但称呼自己的妻子为我夫人就不合适了。古人"自谦而敬人"的做人原则在书信中表现为对别人用敬称的同时自己用谦称。

公文是书信的一种,它应该体现的也是一种礼仪规范,即国家工作人员在对外交往中尊敬谦虚的传统美德。

**复习思考题**

1.什么是公文礼仪?

2.说一说公文礼仪有哪些特点?

3.简要阐述公文礼仪有哪些礼仪规范?

# 第五章 政务会议礼仪

大到一个国家,小到一个行政组织,每天都会举行各式各样的政务会议。政务会议与商务会议、群众集会等相比,最大的不同点就是政治性、严肃性。通常以参加人的身份表示会议的级别,又具有层级性、庄重性和权威性,所以比一般的会议更讲究礼仪。礼仪活动也将贯穿政务会议始终。

## 第一节 政务会议礼仪概述

会议,通常是指将特定范围的人员召集在一起,对某些专门问题进行研究、讨论,有时还需做出决定的一种社会活动的形式。在处理日常性行政事务时,各级政府部门往往召开各种会议。

不论是召集、组织会议,还是参加会议,为会议服务,政务礼仪人员都必须遵守一些基本守则、规矩。

在现代社会,政务会议已成为各个国家、政党以及行政组织等开展政治活动、经济活动、文化活动和其他活动的重要方式之一。政务会议同时也是实现各级领导布置任务、检查工作、统一认识、落实政策、调查情况、交流经验、统筹协调、纠正错误、解决问题的重要手段。政务会议活动已经深深地植根于政治生活的各个领域,成为政务交往展开的一项不可或缺的活动方式。

## 第二节 政务与会人员礼仪

### 一、会议组织者

会议组织者是会议的策划者和服务者,要对会议进行严密的组织,为会议的顺利进行提供各种服务。需要及时掌握会议动态,要热情周到,认真负责,耐心细致,彬彬有礼。

### 二、会议主持人

主持人是政务会议的组织者、领导者。主持政务会议,事先要对政务会议内容、程序、时间和人员的安排做到心中有数。主持会议时要严谨、认真。不同性质和不同内容的政务会议,可以表现不同的主持风格,如庄重严肃,或轻松活泼,还要把握政务会议的气氛和进行节奏。主持人要处处尊重听众,尊重发言人,防止出现不礼貌的语言和表情。

### 三、会议主席团成员

主席团成员首先要明确自己的身份和责任,严格要求自己,以身作则,率先垂范,成为所有与会人的楷模。出席政务会议要守时,绝不可迟到,确实不能按时出席的必须向主持人或有关工作人员请假。入场要按照顺序井然入座,不可临时推推让让,故作姿态。如果会场有掌声欢迎,主席团成员应鼓掌微笑致意。

### 四、会议嘉宾

政务会议嘉宾与主席团成员一样,在会场中占有重要位置。作为嘉宾参加政务会议,除了必须像主席团成员那样讲究礼仪外,还应当注意了解政务会议内容、程序和对本人的要求;了解政务会议时间、地点和有关规定;参加政务会议要守时、礼貌,客随主便,听从主持人安排,切不可敷衍应付,甚至高傲自负。

### 五、会议发言人

发言人是会场的中心人物,对政务会议的质量起重要的作用。发言人的发言要言之有物、言之有理、言之有味,使听众能了解主旨,从而有所收获。发言人要尊重听众,尊重主持人,遵守政务会议纪律。

发言人要注重自己的仪表和举止姿态。要衣着整洁、举止庄重、表情自然、精神焕发。

发言前,要环顾全场,向听众致意,如有掌声,亦应鼓掌还礼。

发言时,要讲究语速,不快不慢;讲究音量,不高不低;讲究节奏、语气、声调;始终要保持充沛的感情,重要的地方,要加重语气、提高音调,形成高潮。如果会场出现气氛松弛、听众精神涣散时,应考虑调整语气、稳定情绪,必要时应调整内容、压缩时间。

报告结束时,要向听众和主持人致谢。

### 六、会议代表

参加政务会议的代表,要遵守纪律、讲究礼仪。进入会场,动作要严谨轻缓,发言人发言开始和结束时,要鼓掌致意,重要的贵宾讲话时,可以全体起立,并报以掌声。发言人发言时,要认真倾听,确实必须离开时,应当向有关人讲明原因,离席时要弯腰、侧身,尽量少影响他人,并表示歉意。

## ▶ 第三节　几种常见政务会议的礼仪

政务会议的种类和形式很多,在此我们以几种常见会议的礼仪要求为例,通过比较,阐明特点,以便我们对各种不同的会议礼仪能准确把握。

### 一、政务代表大会礼仪

政务代表大会包括人民代表大会、党员代表大会、共青团员代表大会、妇女代表大会等类型。政务代表大会的礼仪,主要包括以下几方面。

政务代表大会会场布置总的原则是:庄严隆重,朴素大方。一般应在大会主席台正中悬挂中国共产党党旗。有条件的可在大会主席台正中悬挂党徽,两侧各悬挂五面红旗,红旗下摆放若干松柏盆景。

主席台上可摆放适当花卉盆景。主席台台口上方可悬挂红底白字的大会会标。主席台对面,悬挂一幅反映大会主题且富有号召力的横标。

会标和横标用字要规范,宜采用长宋体。

党员代表大会投票箱一般要采用红色票箱。

**二、政务新闻发布会礼仪**

政务新闻发布会是国家、政府或党政机关为公布与解释重大新闻而公开举行的会议,因参加的人员以记者为主,故又称为"记者招待会"。其根本目的就在于通过适当的传播渠道和方式,直接与媒体和公众,或通过媒体向公众进行有效地沟通,达到宣传国家政策方针,发布法规规章、传达施政意图、澄清事实、解释立场、纠正谬误等。因此,就政府工作部门而言,新闻发布会是政务公共关系事务中重要的组成部分。

其礼仪主要有如下几点:

(1)新闻发布会在某件有重大新闻价值的事件发生时,由单位文秘人员协助主要领导干部及时举行。

(2)小型新闻发布会布置成"圆桌型"会场形式,大型新闻发布会采用"教室型"会场形式。会场力求安静、舒适。

(3)由政府部门主要领导干部担任主持人。主持人简单介绍情况后,由文秘人员作详细发言。发言者要头脑清醒,口齿清楚,应答能力强,有风度。

(4)会议主办单位发言人要尊重记者提问,不能用任何动作、语言或表情阻止记者发言。但主持人可以凭自己的才能把握会议主题,引导记者深入提问,避免重复提问。

(5)会议可以根据需要,向与会人员提供各种文字、图表、音像资料,会前会后还可以组织现场参观,但时间不宜过长。

(6)在发布会上,作为参加会议的记者要注意本身的仪表举止,提问要遵守秩序,提问完毕,要向发言人致谢。

(7)电台、电视台的记者参加新闻发布会,要保证视听设备正常使用,防止破坏会场的气氛。

**三、政务工作会议礼仪**

政务工作会议是由不同方面的人聚集在一起,为达成同一目标、得到统一结论而召开的会议。政务工作会议的礼仪,主要有以下几点:

(1)工作会议的通知,应着重写明会议的目的,以便对方慎重选派代表参加。如有必要,还应该写明会上计划讨论的事项,以便会议参加者准备资料。

(2)工作会议人数不宜过多。会场宜小,座位安排宜采用"圆桌型"或"方桌型"。

(3)工作性会议遇到意见分歧,裁决时虽然也要"少数服从多数",但会议主持人应冷静慎重地对待少数人的意见,尊重这些意见并交付全体人员反复推敲。

**复习思考题**

1.什么是政务会议礼仪?

2.参加政务会议的与会人员,需要注意哪些相关礼仪?

3.简要说明几种常见政务会议礼仪的规范。

# 第六章　政务接待、访问礼仪

礼尚往来,迎送接待是政务交往中常见的礼仪活动。政务接待、访问礼仪正是对政府与政府之间、行政组织与行政组织之间,相互访问与迎送活动的规则与仪式的高度概括。

学习政务接待与访问的礼仪知识,不仅能增进兄弟单位、部门的深厚情谊,还能帮助行政职能部门在相互交往中建立联系,交流信息,以便使政务工作展开得更加顺利。

## 第一节　政务接待礼仪概述

接待工作是政府机关部门的日常性政务工作之一。就本机关而言,所接触的接待工作主要是来宾接待与信访接待两大类。不论是接待远道而来的贵宾,还是接待来信来访的人民群众,都必须友好而热情,做到既一视同仁,又有所区分。来宾的接待,在此特指在日常工作里接待的如约来访的正式客人,尤其是较为重要的正式客人,有必要时要制订接待计划,排好礼宾次序,做好迎送及陪同工作;对待来访者,应当以礼待人,做到平易近人,热情助人。在任何情况下,都不允许对来访者不理不睬,怠慢轻视,推诿训斥,或者讥讽挖苦。

在政务礼仪活动中,政务接待占有极其重要的位置。其中,迎客和送客又是政务接待的两个重要环节,因此,能否做好这两个工作,事关政务接待的成败。一个精心安排的欢迎仪式,能使来宾一踏上被访处就产生良好的第一印象;一个周到圆满的欢送仪式,会给来宾留下美好而难忘的回忆。因此,热情迎送,善始善终,使来宾高兴而来,满意而归,就显得尤为重要。

## 第二节　政务接待礼仪规范

在政务活动中,政务接待工作相当普遍,但其中的礼仪规范又涉及许多方面,因此,国家工作人员应做好相关的接待礼仪工作。

首先,确定接待规格。通常主要是依据来访者的身份、访问性质和目的来确定。主要接待人员通常都要同来宾的身份相当,不能相差太大,以同客人对口、对等为宜,以示对客人的尊重。

其次,安排迎接工作。接待人员应在客人抵达之前到机场、车站或码头,不能出现让客人等候的现象。接待贵宾时,应事先在机场(车站、码头)安排好贵宾休息处。当客人到达时,接待人员应陪同乘车。陪车时,应请宾客坐在主人右侧。上车时,客人要从右侧门上车,主人从左侧门上车。如果客人已先上车并坐在了主人位置上,则不宜再请客人挪换座位。

再次,做好食宿安排。客人的住处、膳食应事先订好。如有条件,在客人到达之前,就应将住房地点、用膳方式、日程安排、联络方式、联络人等事宜通知到具体客人。如做不到,可将上列事项打印好,在客人到达时分发给每个客人,这样可避免混乱,使客人心中有数,主动配合。

接待安排计划,要根据客人的民族、习俗、身份及要求,本着交通便利、就近安排、吃住方便的原则来制订。整个接待活动应安排得热情周到,有条不紊,使客人有"宾至如归"的感觉,不能出现冷淡、粗心或怠慢客人的情形。

最后,话别送行。当来宾离开时,接待方为其举行的送行仪式一般较为简化,通常包括话别和送行等具体程序。做好接待工作,就要注意有始有终。在来宾结束了访问,即将离别之际,接待方必须认真地做好话别和送行工作。

如果来宾是从外地而来,那么按照送别礼仪,在来宾离开本地之前,主办方应专程前往其住所进行探望。

在一般情况下,公务接待人员应专程陪同来宾乘车前往机场(车站、码头),亲自为来宾送行。在来宾正式登机(登车、登船)离开本地之际,前往送行的接待人员一定要与对方一一握手道别,并预祝对方旅途愉快。当来宾所乘的交通工具离去时,要向其挥手致意。特别要强调的是,当对方所乘的交通工具尚未开动或离去时,接待人员是绝对不能够先行离开的。

## 第三节　政务访问礼仪

### 一、访问前的准备

作为访问者,在提出访问前,应该把访问的具体时间、地点、目的等问题考虑周到。一般而言,领导人的出访日程,由东道主提出,在经双方磋商确定后,双方都要根据日程的需要,在礼宾、安全、住宿、交通等各方面做出具体的部署和安排。这些安排牵涉到很多方面,因此,如无特殊原因,一般不宜对已确定的日程作大的变动。

出访人员的组成,应视出访的目的、任务、性质加以配备。人员应力求精干,在政治上、业务上均能不辱使命。国家行政职能部门领导人出访,分正式的随行人员(或代表团团员)和工作人员。配偶如陪同出访,亦应列入名单(其次序在领导人之后)。名单应按礼宾顺序排列,写明姓名、职务,并尽早提交给对方。

出访人数,邀请单位往往事先限定,不能随意超过。即使领导人出访,如随行人员过多,为避免给东道主造成接待困难,有时也只好自己承担一部分人的费用。代表团过于庞大,也会造成旅行路程的诸多不便。

### 二、访问期间的礼仪要求

#### 1. 遵守时间,不得失约

这是涉外交往中极为重要的礼貌行为。参加各种活动,应按约定时间适时到达。因故迟到,要向主人和其他客人表示歉意。尽量做到不失约,如确不能赴约,要有礼貌地尽早通知主人,并以适当方式表示歉意。失约是非常失礼的行为。

#### 2. 尊重老人和妇女

男士对同行的老人妇女应主动予以照顾,例如,主动帮助提拿较重物品,进出大门主动帮助老人妇女开门和关门,主动让老人妇女先行等。在公共场合,男士更应礼让老人和妇女。男士对初次见面的女士,不可主动要求握手;如握手,只轻轻一握即可,不要紧握不放。

### 3. 尊重往访地风俗习惯

不同的国家（地区）、民族，由于不同的历史、宗教等因素，各有特殊的风俗习惯和礼节，出访人员均应予以尊重。团组成员在出访前应适当了解这些风俗习惯，应多了解、多观察，不懂或不会做的事，可仿效当地人的做法，做到客随主便。

### 4. 合理着装，入乡随俗

在会谈及约会客人或出席音乐会等场合应着正装，男士一般应着西装打领带、穿皮鞋（深色皮鞋不要穿浅色袜子）；非正式场合（如参观、游览或旅行过程中）可着便装或根据主人的要求着装。任何服装均应注意清洁、整齐，衣领袖口要干净，皮鞋要擦亮。在任何情况下不应穿短裤参加涉外活动。

在饭店，不可穿内衣、睡衣和拖鞋离开房间到处走动；不要将洗涤衣物挂在窗外及阳台上。

### 5. 互赠礼品，礼尚往来

出访团组在国（境）外原则上不赠送礼品。如确有必要赠送礼品的，需注意以下事项：

在选择礼品时，应尽量选择具有一定纪念意义、民族特色，或具有某些艺术含量，或为受礼人所喜爱的小艺术品、小纪念品和画册等，并要注意往访地人们的喜好和禁忌。一般应是便于携带和运输的物品。

赠送的礼品一般要用礼品纸包装好。即使礼品本身装在盒子里，也应另加包装。礼品一般应由团长代表团组当面赠送。团长在赠送礼品时可对所赠礼品作一些简要介绍和说明。

对方回赠礼品时，应双手接过礼品并与对方握手，同时表示感谢。

**复习思考题**

1. 什么是政务接待礼仪？
2. 简述政务接待有哪些礼仪规范？
3. 在政务访问期间，政务访问人员需要注意哪些相关礼仪？

# 第七章　政务参观、慰问礼仪

政务参观、政务慰问是国家工作人员的主要工作内容之一,也是国家工作人员做好本职工作的重要保证。国家工作人员除了要遵守有关的法规外,还应遵循一定的礼仪规范。相信对国家工作人员工作的顺利展开会有所帮助。

## 第一节　政务参观礼仪概述

政务参观,指的是因为工作需要而有计划、有准备地对特定的项目所进行的实地观察。而政务参观礼仪就是政府工作人员在进行参观的时候,必须遵守的参观的礼仪规范。

在进行政务参观时,政府工作人员首先都应当被视为工作的一种需要,而绝非娱乐休闲。虽然说参观是一项开阔眼界、增长知识、陶冶情操的活动,并且有可能在尽量短的时间内获得更多的信息。但是,应该注意,不要因为自己的求知欲和好奇心而干扰了别人。特别是因公进行的正式参观,不管其具体项目如何,亦是在执行公务。

因此,作为国家工作人员,无论是个人参观还是集体参观,遵守参观礼仪规范就显得尤为必要。

## 第二节　政务参观礼仪的规范

### 一、选定项目

在进行政务参观前,首先要选好参观的项目。选择参观项目应该和自己的工作相关。通过对此项目的参观,将有助于目前和今后的工作。具体说来,选择参观项目要遵循以下要求。

**1.有针对性**

实际上,和工作相关、有助于工作开展的可供参观项目很多,没有必要一一安排参观。所以在选择参观项目的时候,一定要有针对性,一定要选择最重要、最有实际价值的项目。

**2.坚持量力而行**

在安排参观的具体项目的时候,要同时兼顾参观的费用、时间、路途以及近期的工作等各种因素。一定要充分考虑到各种实际困难,并从实际可能出发,坚持量力而行。

**3.照顾个人意愿**

选择参观项目的时候,要照顾个人的意愿。一般来讲,要尽可能尊重参观者本人或者其中绝大多数的意愿,要照顾参观者个人的特点和兴趣,适合其专业与特长,这样才能充分调动起参观者个人的积极性。

**4.讲究客随主便**

参观项目应由宾主双方共同商定。凡因公进行的正式参观,都要提前做好必要的计划。

## 二、参观准备

欲使参观达到既定的目标,在参观之前,就必须做好充分准备。必要时,还需要制订专门的参观计划。

参观计划的主要内容大体上包括下述几项:一是参观项目;二是参观人数;三是负责人以及工作人员;四是起止时间;五是交通工具;六是饮食住宿;七是安全保卫;八是费用预算。计划中的内容,在报请上级批准后,应向全体参观人员进行传达,让大家做到心中有数。外出参观之前,还要做好以下准备工作:

(1)了解背景。包括参观项目的历史、现状、发展前途,参观项目的主要特色、优点与不足,参观项目的在本地区、本行业以及在国内外的反响等等。

(2)详细分工。把领队、带路、接洽、应酬、翻译以及交通、膳宿、安全、保健等各个方面的具体工作,都落实到个人,在参观之前,还可结合每位参观者的个人所长,把提问、记录、录音、拍照、摄像等具体任务分配下去。如出面与对方进行应酬、寒暄;进行即席发言;送纪念品酬谢对方的盛情款待等等方面,都要安排专人,提前准备好。

## 三、参观要求

外出参观访问,既然是工作所需,就要像平常办公一样,专心致志、全力以赴、集中精力、服从组织。

**1.集中精力**

参观的时候,一定要聚精会神,要看好、听好、要记好,不能"走马观花",更不能中途退出。在规定允许的前提下,参观者应当尽自己的一切可能,以笔记、绘画、录音、拍照、摄像等各种形式,为自己的参观做好"记录"。主要是记下东道主方面的介绍、说明,陈列的图表、模型、实物,现场的总体印象等。

**2.文明礼貌**

参观的时候,因为代表的是本单位的形象,所以要非常注重个人的举止、言行。比如不在参观的时候,高谈阔论、随地吐痰、乱扔垃圾、乱刻乱画。

**3.服从组织**

国家工作人员在参加集体性的参观活动时,必须注意要个人服从集体。整个参观过程中,自己都要服从命令、听从指挥,不允许随意自行其是。

参观的时候,不应该乘机处理个人的私事,不应中途擅自离队;外出要请假,归队要准时,尽量不要在集体参观时个人独自行动。

## 四、参观规定

在进行政务参观的时候,要认真遵从东道主方面有关参观的具体规定,绝不能明知故犯。参观者要遵守下面的相关规定:

**1.时间规定**

每一个具体参观项目都有规定的参观时间,超过规定的时间,通常不会予以接待。

**2.路线规定**

参观一般都会划定一定的行进路线,在参观时只能按此行进,不要突发奇想,给主办方带来为难。

**3.人员规定**

有些参观项目,东道主还会按照自己特定的标准,对参观者的身份及其具体人数做出一定的限制性规定。

**4.服饰规定**

根据不同的参观项目,也会对参观者遵守服饰有一定要求,或是为了表示庄严肃穆,或是为了环境保护,或是为了方便工作。

**5.物品规定**

因为参观项目的不同,或是出于安全、卫生等方面的考虑,有些参观场所是限制参观者携带食品、饮料、易燃品、易爆品等物品;有的参观项目对笔记、录音、拍照、摄像及其用具,也有明文的禁止或限制。

**6.传播规定**

某些涉及到专利、秘密的参观项目,一般要求参观者保密,不得公开扩散,不可接受新闻界的采访,不可向非相关人士进行传达。

## 第三节　政务慰问礼仪的含义与类型

政务慰问是指国家领导人或省市级领导,以一定的形式(语言或物品)对有需要的人进行安慰和问候,力求使对方的心情稳定或者安适。开展慰问活动可以履行道义责任,给人以鼓励、同情、理解和支持。

所谓政务慰问礼仪,即进行政务慰问时所应当遵守的惯例。

慰问,如果就其实质而言,可以分为礼节性慰问与实质性慰问这两种最常见、最基本的慰问形式。对于二者的异同,国家工作人员应当有所了解。

礼节性慰问,通常指的是出于感情上的同情与道义上的责任,对他人所进行的慰问。这种慰问,多用于普通关系者或陌生者之间。它出现的频率较高,重在讲究礼貌和同情。在慰问用语上,则大都比较客气而浅显。这种类型的慰问,在一定环境之下可以冲淡对方的焦虑之情。

实质性慰问,则是指在熟人特别是关系密切者之间所采用的意在帮助他人排解危难、烦躁或忧虑,使之忘却悲哀,或转忧为安的慰问。这种慰问,重在通过道理上的启迪和事实上的点拨,给予对方以理解、同情、支持和鼓励。因此,相对来说,它的实际意义更大一些。若有可能,国家工作人员应当尽可能地有意识地选择这种类型进行慰问。

在具体形式上,上述两种类型的慰问又可以有进一步的区分,其中最为常用的慰问形式有如下三种。

## 一、探望式慰问

探望式慰问,即登门探访、看望慰问对象,通过会面、交谈、劝解等方式而进行的一种慰问。从礼仪上讲,探望式慰问最为正式、庄重。从实际效果上讲,它最容易使慰问的双方直接进行交流与沟通,既便于慰问者察言观色、审时度势地对慰问对象进行疏导,又有助于对方求得心理上的平衡——因为在通常情况下,身处困境或逆境的人,在内心深处,是非常渴望他人的关怀,非常希望能有倾诉的对象。

## 二、函电式慰问

函电式慰问,即采用书信、电报、传真、电子邮件以及其他书面形式,对慰问对象所进行的慰问。这种形式,不仅适用于慰问双方身处异地之时,而且可以为与慰问对象身在一地者所采用。采用函电式进行慰问,可以饱含感情,尽言心曲,道口头表达之所不能,并且可以使慰问更全面、更得体。这是探望式慰问所难以做到的。

## 三、礼品式慰问

礼品式慰问,即以向慰问对象赠送慰问性礼品的方式所进行的慰问。向慰问对象所赠送的慰问品,讲究借物寓情,令人喜悦。一般认为,鲜花、书籍、录音磁带、激光唱盘等等,都是可以广为应用的慰问品。除此之外,能够为慰问对象解决实际困难,或对其能够有所帮助的物品,诸如食品、衣物、现金亦可用做慰问品。礼品式慰问倘若运用得法,一样可以发挥极好的慰问功效。

以上三种具体的慰问形式,可以单独使用一种,也可以合并使用,以便强化慰问的效果。

国家工作人员在进行慰问,选择具体的慰问类型与形式时,应当综合考虑慰问的主要原因、慰问双方的关系和慰问的可操作性等三项要素,然后再作决断。

# ▶ 第四节 政务慰问中的禁忌

国家工作人员在进行慰问时,要想使之收到好的效果,就必须把握好慰问的尺度,注意具体的分寸,否则就会事与愿违,产生严重的副作用。

进行慰问时,必须把握好的最重要的尺度,就是要想方设法让慰问对象能够接受自己的关怀与照顾,能够感受到自己所给予对方的爱心、善意与温暖。

具体而言,要在进行慰问时把握尺度,在实践中就应当自觉地避免以下八种慰问的不适当做法。

### 1. 犯忌

慰问时犯忌,指的是触犯了慰问对象的个人禁忌。

### 2. 添愁

慰问时添愁,指的是因为自己的言谈举止不够检点,而使慰问对象平添忧愁,烦恼倍增。

### 3. 揭短

人各有短,照理说对此应予以正视,不过对于需要他人抚慰的慰问对象来讲,更为需要的则是发现长处,增强信心,走出低谷。

**4. 哀怜**

国家工作人员在慰问他人时,可以适度地对对方表现出同情与爱护,然而过分地可怜对方,为对方惋惜那些既往之事,则未必适当,反而显得你过分虚假。

**5. 假设**

慰问时虚拟假设会让慰问对象懊悔不已,故此应当刻意予以避免。

**6. 怀旧**

慰问他人的时候,应当紧紧地掌握好慰问的主导方向,那就是需要一心一意地向前看。

**7. 戏说**

慰问他人时,应当"报喜不报忧",多言愉快之事,免谈伤心之事。这样做,主要是为了改善气氛,促使慰问对象心情开朗。

如果在慰问时胡诌一气,乱开玩笑,不但难以博得慰问对象的千金一笑,而且还有可能会伤害对方的自尊心。

**8. 作假**

慰问时作假,是指在原则性的问题上说假话、开空头支票,欺骗、愚弄慰问对象。对于重要的问题,必须持诚恳而坦率的态度。不好讲的话可以不讲,不好做的事可以不做,但是绝不能因为虚伪作假,而对不起渴望真诚、敏感脆弱的慰问对象。

**复习思考题**

1. 什么是政务参观礼仪?
2. 简要论述政务参观礼仪的相关规范?
3. 什么是政务慰问礼仪?
4. 在进行慰问的实践中,应当自觉避免哪些不适当的慰问做法?

# 第八章　政务会晤、会见礼仪

在政务活动中,不论是双边会晤,还是多边会晤;不论是上级对下级的接见,还是下级对上级的晋见,凡是会晤、会见,均有礼仪活动。有关会晤、会见的礼仪规范甚多。

## ▶ 第一节　政务会晤、会见概述

会晤,亦称会面,一般是指在较为正式的场合与他人郑重其事地见面。根据会晤时来宾参加数量的不同,可将其划分为双边会晤与多边会晤。一般而言,双边会晤要比多边会晤略显得更为正式一些。根据会晤时宾主双方具体身份的不同,可将其划分为会见、接见与晋见。

会见,又称接见、召见、拜见(谒见、觐见)、拜会。国际上,凡身份高的人士会见身份低的,或是主人会见客人,一般称为接见或召见。凡身份低的人士会见身份高的,或是客人会见主人,一般称为拜见或拜会。拜见君主,又称谒见、觐见。接见和拜会后的回访,称回拜。目前,我国在涉外活动中都将这种接见称为"会见"。但我国各级领导人会见下属人员,如国家领导人会见参加某一会议的代表或先进人物就称为接见。

政务会见就其内容来说,有政治性的、礼节性的、事务性的和慰问性的,或兼而有之。政治性会见一般涉及双边关系、国际局势等重大问题。礼节性会见是指出于礼貌而与对方举行的会见。礼节性会见一般时间较短,话题较为广泛。事务性会见则有一般事务交涉、业务商谈等等。慰问性会见是指为了慰问、鼓励、褒奖有关人员举行的会见。在我国,领导人接见有功人员或出席会议下属人员属慰问性会见。

## ▶ 第二节　政务会晤、会见的礼仪规范

在正式会晤或会见中,接待方作为主人,就应该掌握好待客之道。待客之道的核心,在于待客以礼,根据这一指导思想,需注意以下礼仪规范。

### 一、做好安排

在举行会晤之前,主办方应先期做好接待准备工作。它们具体是指:

**1. 环境卫生**

在客人到来之前,需要对会晤场地专门布置,并进行一次清洁卫生工作,以便创造出良好的待客环境,并借以完善主办方的整体形象,同时体现出对于来访对象的重视。

**2. 待客用品**

通常,在来宾来访之前,需要准备好必要的待客用品,以应来宾之需。在一般情况下,茶水是必不可少的待客用品。最好给来宾准备干净的一次性水杯和袋装茶叶,待客人就座后再进

行倒水工作。此外,鉴于吸烟的危害性,除非客人提起,在正式会晤中一般不必准备香烟和烟灰缸。

### 3. 交通工具

在接待会晤来宾时,要事先考虑交通问题。如果力所能及,则最好主动为其安排或提供交通工具。这样做,不仅是为来宾排忧解难,而且也能体现主办方的待客之诚与善解人意。

## 二、讲究仪表

在参加会晤时,宾主双方都要讲究仪表。无论是穿着打扮,还是仪容仪表,或者神态表情,都要精心准备,这样才能显示出双方人员对此次会晤的高度重视。

## 三、宾主见面

在来宾到来之时,主人对其欢迎与否,来宾是十分敏感的。因此,在来宾抵达之后,主人要做的第一件事,就是要向对方表示热烈欢迎。

一般来讲,握手、问候、表示欢迎是主人必不可少的"迎宾三步曲"。假如来宾到达时,恰逢有其他人在场,主人应为其相互介绍。

面对众多来宾,在握手、问候、让座、献茶时,可以依照惯例"依次而行",女士优先,尊者居前。但在态度和行动上,要一视同仁,平等对待,不可有意分亲疏、论贵贱、分性别、厚此薄彼。

## 四、座次排列

在政务会晤中,接待来宾时,座次排列问题在接待工作中的具有十分的重要性。

一方面,主人要注意把"上座"让给来宾就座。所谓"上座",在待客时通常是指宾主并排就座时的右座;距离房门较远的位置;宾主对面就座时的面对正门的位置;或是以进门者面向为准,位于其左侧的位置。

另一方面,在就座之时,为了表示对客人的敬意,主人应请客人先行入座。千万不要不让座,或是让错座。

## 五、热情相待

在会晤之时,主办方一定要表现出自己的热情、真诚之意。做到了这一点,就会让来宾更好地感觉到主办方是真心实意欢迎他们的。对来宾的热情相待,应当体现于一心一意、兴趣盎然两方面。

### 1. 一心一意

会晤之时,来宾是最重要的,待客就是主人的"工作重心"。因此,在会晤来宾时,一定要真正做到时时、处处、事事以来宾为中心,切勿三心二意,顾此失彼,有意无意地冷落来宾。

### 2. 兴趣盎然

会见客人时,要调控好自己的情绪,始终如一地精神饱满、满腔热情。即便情况特殊,也不要一脸疲倦,更不要以冷面对人。与客人交谈过程中,要充当称职的主持人和热心听众的双重角色:作为主持人,主人要为双方寻找共同的话题,避免交谈出现冷场。当交谈不甚融洽,要适时转移话题,避免尴尬;作为听众,主人需要在客人讲话时全神贯注、洗耳恭听,并且表示兴趣浓厚。

### 六、宾主合影

会见后可安排宾主合影,以进一步表示友好,亦可留作纪念。合影要事先设计好合影图,即参加合影人员的位置图,合影时由工作人员引导宾主双方按预定位置站好。接见下级代表时的合影,领导人的座位上可事先贴上姓名。合影图的设计要考虑以下几点:

(1)主人居中,主宾居主人之右,第二主宾或主宾夫人居主人之左。如合影人数为双数,则主人居左,主宾居右。

(2)宾主双方其他人员按身份高低相间排列。

(3)两端由主方人员把边。如果主客双方交叉排列出现客方人员把边的情况,应当将两端主客双方人员的位置对换,以确保由主方人员把边。但合影人数较少时,则不必如此。

(4)合影人数较多时,应准备阶梯型合影架,使后排高于前排。

(5)接见下级人员时合影,领导人坐前排,身份最高者居中,其他领导人先左后右向两边排开。

### 七、宾主送别

来宾提出告辞后,主人应适当挽留。来宾起身后,主人方可起身。送本地来宾,送别地点应为楼下、大门门口,至少应为室外。送外地来宾,送别地点可以是车站、机场、港口或其下榻之处。告别时应与之握手并道"再见"。来宾离去时,应向其挥手致意。客人离开后直至看不见为止,主人方可离开。

**复习思考题**

1. 什么是会晤?
2. 什么是会见?
3. 在举行政务会晤与会见时,需要注意哪些方面的礼仪规范?

# 第九章　政务谈判礼仪

政务谈判礼仪是国家工作人员在进行政治活动过程中经常遇到的一种礼仪规范。相比较于其他性质的谈判,政务谈判更为严肃和规范。

## ▶ 第一节　政务谈判礼仪概述

所谓谈判,又叫做会谈,指的是有关各方为了各自的利益,进行有组织、有准备的正式协商及讨论,以便互让互谅,求同存异,最终达成某种协议的整个过程。

从实践上看,谈判并非人与人之间的一般性交谈,而是有备而至,方针即定,目标明确,志在必得,技巧性与策略性极强。虽然谈判讲究的是理智、利益、技巧和策略,但这并不意味着它绝对排斥人的思想、情感从中所起的作用。在任何谈判中,礼仪实际上一向颇受重视。其根本原因在于,在谈判中以礼待人,不仅体现着自身的教养与素质,而且还会对谈判对手的思想、情感产生一定程度的影响。

一般来说,作为国家工作人员,因为工作的需要,经常会同其他部门、其他单位、其他行业甚至国外的人士进行接洽商谈,以便为维护各自所代表的部门、单位、行业或者国家的利益进行讨论,抒发己见,求同存异,互谅互让,从而达成某种程度上的一致,或是争取达成某种程度上的一致。同时,国家公务员的另一项重要的工作职能就是代表国家行使执法的权利,而这又往往与老百姓的短期利益相冲突,成为矛盾的焦点。所以,国家工作人员在谈判时所遵守的礼仪规范显得尤为重要。所谓政务谈判礼仪是指政府工作人员在进行谈判时要遵守的礼仪规范。

## ▶ 第二节　政务谈判的特点

政务谈判,从严格的意义上来说,指的是政府工作部门用以协调、解决人民内部矛盾或达成某种协议进行有组织、有准备的正式洽商,始终坚持或反复调整各自的目标,以求最终达成某种协议的整个过程。

与其他各种类型的谈判相比,政务谈判主要具有如下三个特点。

### 1. 官方性

国家工作人员本身就是政府官员,在政务谈判中,谈判人员始终代表着一级政府,并且维护着国家的利益。因此,政务谈判往往具有很强的官方色彩。

### 2. 机密性

政务谈判通常事关国家利益,有时还会与其他单位、其他行业、其他地区甚至其他国家的利益有涉,故此应严格保守谈判的机密。

### 3. 广泛性

一般而言,由政府部门出面组织的谈判工作都会牵涉许多行政工作部门,而非由哪一个行政组织可以解决。另外,政务谈判涉及的范围非常之广,政治、经济、军事、教育、科学、技术、文化、卫生、体育、外交等,都可以列入其中。所以政务谈判并非局限于某一领域之内,而是具有广泛性。

## 第三节　政务谈判的礼仪规范

国家工作人员因为工作的需要,经常需要代表自己所在的单位、部门,与其他部门、其他单位、其他行业的人士进行接洽商谈,以便维护各自一方的利益,并就某些问题达成一致。比较正规的工作性洽商,即可称之为谈判。

在任何谈判中,礼仪实际上都一向颇受重视。其根本原因在于,在谈判中以礼待人,不仅体现着自身的教养与素质,而且还会对谈判对手的思想、情感产生一定程度的影响。

一般而言,政务谈判的礼仪重点涉及谈判地点、谈判座次、谈判表现等具体方面。

### 一、谈判的地点

在正式谈判中,具体谈判地点的确定很有讲究。它不仅直接关系到谈判的最终结果,而且还直接涉及到礼仪的应用问题。对参加谈判的每一方来说,确定谈判的具体地点均事关重大。从礼仪上来讲,具体确定谈判地点时,有两个方面的问题必须为有关各方所重视。

(1)商定谈判地点。在谈论、选择谈判地点时,既不应该对对手听之任之,也不应当固执己见。正确的做法,是应由各方各抒己见,最后再由大家协商确定。

(2)做好现场布置。在谈判之中,身为东道主时,应按照分工,自觉地做好谈判现场的布置工作,以尽地主之谊。

### 二、谈判的座次

举行商务谈判时,有关各方在谈判现场具体就座的位次,要求是非常严格的,礼仪性是很强的。从总体上讲,排列正式谈判的座次,可分为两种基本情况。

#### 1. 双边谈判

双边谈判,指的是由两个方面的人士所举行的谈判。在一般性的谈判中,双边谈判最为多见。

双边谈判的座次排列,主要有两种形式可供选择。

(1)横桌式。横桌式座次排列,是指谈判桌在谈判室内横放,客方人员面门而坐,主方人员背门而坐。除双方主谈者居中就座外,各方的其他人士则应依其具体身份的高低,各自先右后左、自高而低地分别在己方一侧就座。双方主谈者的右侧之位,在国内谈判中可坐副手,而在涉外谈判中则应由译员就座。

(2)竖桌式。竖桌式座次排列,是指谈判桌在谈判室内竖放。具体排位时以进门时的方向为准,右侧由客方人士就座,左侧则由主方人士就座。在其他方面,则与横桌式排座相仿。

### 2. 多边谈判

多边谈判,在此是指由三方或三方以上人士所举行的谈判。多边谈判的座次排列,主要也可分为两种形式。

(1)自由式。自由式座次排列,即各方人士在谈判时自由就座,而无须事先正式安排座次。

(2)主席式。主席式座次排列,是指在谈判室内面向正门设置一个主席之位,由各方代表发言时使用。其他各方人士,则一律背对正门、面对主席之位分别就座。各方代表发言后,亦应下台就座。

## 三、谈判的表现

举行正式谈判时,谈判者尤其是主谈者的临场表现,往往直接影响到谈判的现场气氛。一般认为,谈判者的临场表现中,最为关键的是讲究打扮、保持风度、礼待对手等三个问题。

### 1. 讲究打扮

参加谈判时,国家工作人员一定要讲究自己的穿着打扮,以此来表示自己对于谈判的高度重视。

(1)修饰仪表。参加谈判前,应认真修饰个人仪表,尤其是要选择端庄、雅致的发型。一般不宜染彩色发。男士通常还应当剃须。

(2)精心化妆。出席正式谈判时,女士通常应当认真进行化妆。但是,谈判时的化妆应当淡雅清新,自然大方,不可以浓妆艳抹。

(3)规范着装。国家工作人员在参加正式谈判时的着装,一定要简约、庄重。一般而言,选择深色套装、套裙,白色衬衫,并配以黑色皮鞋,才是最正规的。

### 2. 保持风度

在整个谈判进行期间,每一位谈判者都应当自觉地保持风度。

具体来说,在谈判桌上保持风度,应当主要兼顾以下两个方面。

(1)心平气和。在谈判桌上,每一位成功的谈判者均应做到心平气和,处变不惊,不急不躁,冷静处事。既不成心惹谈判对手生气,也不自己找气来生。在谈判中始终保持心平气和,是任何高明的谈判者所本应保持的风度。

(2)争取双赢。谈判往往是一种利益之争,因此谈判各方无不希望在谈判中最大限度地维护或者争取自身的利益。然而从本质上来讲,真正成功的谈判,应当以妥协即有关各方的相互让步为其结局。这也就是说,谈判不应当以"你死我活"为目标,而是应当使有关各方互利互惠,互有所得,实现双赢。在谈判中,只注意争利而不懂得适当地让利于人;只顾己方目标的实现,而指望对方一无所得,是既没有风度,也不会真正赢得谈判的。

### 3. 礼待对手

在谈判期间,国家工作人员一定要礼待自己的谈判对手。具体来讲,主要需要注意以下两点。

(1)人事分开。在谈判中,必须明白对手之间的关系是"两国交兵,各为其主"的。因此,要正确地处理己方人员与谈判对手之间的关系,就是要做到人与事分别而论。也就是说,大家朋友归朋友,谈判归谈判。在谈判之外,对手可以成为朋友,在谈判之中,朋友也会成为对手,二者不容混为一谈。

（2）讲究礼貌。在谈判过程中,国家工作人员不论身处顺境还是逆境,都切记不可意气用事、举止粗鲁、表情冷漠、语言放肆、不懂得尊重谈判对手。在任何情况下,谈判者都应该待人谦和,彬彬有礼,对谈判对手友善相待。即使与对方存在严重的利益之争,也切莫对对方进行人身攻击、恶语相加、讽刺挖苦,不尊重对方的人格。

**复习思考题**

1.什么是政务谈判礼仪?

2.政务谈判有哪些特点?

3.政务谈判有哪些礼仪规范?

# 第十章　政务签字仪式礼仪

政务签字仪式是政务谈判达成协议后的必要程序,也是日常政务活动中常见的礼仪活动。无论是举行签字仪式的前期准备,还是签字仪式的过程,都有着不同的礼仪规范和要求。国家工作人员掌握这些具体的礼仪规范,将有助于开创政务活动的新局面。

## 第一节　政务签字仪式礼仪概述

政务签字,即政务合同的签署。它在政务交往中,被视为一项标志着有关各方的相互关系取得了更大的进展,以及为消除彼此之间的误会或抵触而达成了一致性见解的重大的成果。

政务签字作为政务谈判的延续,只有在各方对会谈成果满意时才会举行。举行政务签字仪式本身说明会谈双方的诚意,体现各方对会谈成果的重视,因此,签字各方都会派出身份较高的领导人出席,有时还邀请第三方作为见证人,邀请记者采访并作宣传报道。这样,既强化了见证的作用,又扩大了影响,有利于树立政府的形象。

相对于商务签字仪式而言,政务签字仪式更加严肃、慎重。因此,对于签字仪式的要求也就更加规范化。

## 第二节　政务签字仪式礼仪

在政务交往活动中,双方经过洽谈、讨论,就某项重大问题意见、重要交易或合作项目达成一致,就需要把谈判成果和共识用准确、规范、符合法律要求的格式和文字记载下来,经双方签字盖章形成具有法律约束力的文件。围绕这一过程,一般都要举行签字仪式。

### 一、签字仪式的准备

签字仪式是由双方正式代表在有关协议或合同上签字并产生法律效力,体现双方诚意和共祝合作成功的庄严而隆重的仪式。因此,主办方要做好充分的准备工作。

#### 1. 确定参加仪式的人员

根据签字文件的性质和内容,安排参加签字仪式的人员。参加签字仪式的人员有的涉及到国家部委,有的涉及到地方政府,也有的涉及到对方国家,因此要作相应的安排,原则上是强调对等,人员数量上也应大体相当。一般来说,双方参加洽谈的人员均应在场。客方应提前与主办方协商自己出席签字仪式的人员,以便主办方作相应的安排。具体签字人,在地位和级别上应要求对等。

#### 2. 做好协议文本的准备

签字事关重大,一旦签字即具有法律效力。所以,待签的文本应由双方与相关部门指定专人,分工合作完成好文本的定稿、翻译、校对、印刷、装订等工作。除了核对谈判内容与文本的一致性以外,还要核对各种批件、附件、证明等是否完整准确、真实有效以及译本副本是否与样本正本相符。如有争议或处理不当之处,应在签字仪式前,通过再次谈判以达到双方谅解和满意后确定。作为主办方,应为文本的准备过程提供周到的服务和方便的条件。

### 3. 落实签字仪式的场所

落实举行仪式的场所,应视参加签字仪式人员的身份和级别、参加仪式人员的多少和所签文件的重要程度等诸多因素来确定。著名宾馆、饭店,政府会议室、会客厅都可以选择为签字场所。既可以大张旗鼓地宣传,邀请媒体参加,也可以选择僻静场所进行。无论怎样选择,都应是双方协商的结果。任何一方自行决定后再通知另一方,都属失礼的行为。

### 4. 签字仪式现场的布置

现场布置的总原则是庄重、整洁、清静。我国常见的布置为:在签字现场的厅(室)内,设一加长型条桌,桌面上覆盖着深冷色台布(应考虑双方的颜色禁忌),桌后只放两张椅子,供双方签字人签字时用。礼仪规范为客方席位在右,主方席位在左。桌上放好双方待签的文本,上端分别置有签字用具(签字笔、吸墨器等)。如果是涉外签字,在签字桌的中间摆一国旗架,分别挂上双方国旗,注意不要放错方向。如果是国内地区、单位之间的签约,也可在签字桌的两端摆上写有地区、单位名称的席位牌。签字桌后应有一定空间供参加仪式的双方人员站立,背墙上方可挂上"××(项目)签字仪式"字样的条幅。签字桌的前方应开阔、敞亮,如请媒体记者,应留有空间,配好灯光。

## 二、签字仪式的礼仪

签字是洽谈结出的硕果。签字仪式上,双方气氛显得轻松和谐,也没有了洽谈时的警觉和自律,但签字仪式礼仪仍不可大意。

(1)注意服饰整洁、规范。参加签字仪式,应穿正式服装,庄重大方,切不可随意着装。这反映了签字一方对签字的整体态度和对对方的尊重。

(2)签字者的身份和职位双方应对等,过高或过低都会造成不必要的误会。其他人员在站立的位置和排序上也应有讲究,不可自以为是。在整个签字完成之前,参加仪式的双方人员都应平和地微笑着直立站好,不宜走动、谈话。

(3)签字应遵守"轮换制"的国际惯例。也就是,签字者应先在自己一方保存的文本左边首位处签字,然后再交换文本,在对方保存的文本上签字。这样可使双方都有一次机会首位签字。在对方文本上签字后,应自己与对方签字者互换文本,而不是由助签者代办。

(4)最后,双方举杯共饮香槟酒时,也不能大声喧哗叫喊。碰杯要轻,尔后高举示意,浅抿一口即可,举止要文雅有风度。

### 复习思考题

1. 什么是政务签字仪式?

2. 简述政务签字仪式礼仪。

# 第十一章　政务就职礼仪

政务就职仪式是国家机关主要工作人员走向政坛的重要程序。政府对就职仪式的重视，人民对政务就职仪式的关注，正是国家法制健全的体现，是人民当家作主意识的提高。通过政务就职礼仪，人民知道自己把权交给了谁，而国家工作人员也将以此作为鞭策，在以后的从政生涯中，真正地为民办好事，做好人民的公仆。

## 第一节　政务就职仪式的现实意义

许多国家元首就职时举行隆重的仪式，国王登基则举行加冕典礼。就职时通常要举行宣誓仪式，并发表施政演说。有的国家元首或国王就职还举行盛大的招待会、阅兵式、文艺体育表演等活动。就职仪式一般邀请各国外交使节参加，有的还邀请外国政府派遣代表或特使参加。新元首或新国王往往还礼节性的接见各国外交使节。

国家机关的主要工作人员通过就职仪式，人民群众借此可以知道自己的权力授予给了谁，被授予权力者是否忠诚于人民。在领导执政之始，首要的是要听听他们怎样说，并把这种誓言和承诺作为日后检验其行为的一把尺子，以利于人民群众的监督。所以，当众任命，公开宣誓，不仅仅是一种形式，而是有着深厚内涵的政治仪式。这既是政治文明的一种体现，也是民主政治的一种体现。

而作为当政领导人，也借此可以明白这种形式背后的沉甸甸的内容，明晓这种公开承诺就意味着将自己置于光天化日之下，置于人民群众众目睽睽的监督检验之下，时刻牢记着人民不但给予了政府组成人员权力，也时刻在关注着他们，监督着他们。宣誓就职后的国家机关工作人员就会感到责任重如山，就会在工作和实践中忠实于自己的诺言，忠实于权力的授予者，最终忠实于人民，为人民的利益和福祉不懈地努力和奋斗，为社会的公平公正和文明进步尽心竭力、全力以赴。

## 第二节　政务就职仪式的历史演变

在中国古代社会，天子、皇帝之类最高统治者的权力是至高无上的，但他们的精力却是有限的。因此，他们从中央到地方都要任命一大批官吏帮他们处理国家大事。为了使皇帝统治工具的官吏们对皇帝感恩戴德，中国古代的最高统治者还制定了一套任官仪式。

按《后汉书·礼仪志》的记载，皇帝任命诸侯王与公时，百官届时都要参加典礼，待参加典礼的官员各就各位后，负责导引的谒者要把负责代皇帝宣读任命诏书的光禄勋和被任命者分别引导到各自的位置，被任命者要在殿下指定的位置俯身坐下。待一切参与典礼的职事人员都准备停当，皇帝也升坐御座后，光禄勋要向前走一步向皇帝行一拜礼，然后举起一只手，宣读诏书说,某年某月某日某时,皇帝下诏书任命某人为某官。负责主持仪式的谒者站着高喊:皇帝起立对谢恩者还礼。皇帝站起来表示对王公的谢恩承情,然后再坐下。皇帝坐下后,受任命者再次向皇帝行拜礼,感谢皇帝对自己的礼遇,然后站起来,回到为他准备好的座位上。然后供奉皇帝赐封给的礼物,礼仪结束,参加典礼者各按次序退出。此后历代虽各有增减,但主要内容并无太大的变化。

与此相对应,历代还形成了一套官员上任礼仪。尽管各代不尽相同,但主要内容也不外乎以下四项:

第一,谢恩。三、四品以上的高级官员多数是由皇帝亲自任命的,因此他们上任前要向皇帝谢恩。以此来向皇帝表示感谢、忠孝之情,并听取有关指示。同时还要向推荐、保举自己的官员直接或间接地表示谢意。

第二,接受同僚庆贺。升官、发财一直是中国人生命历程中的两大喜事,而官场中的关系网又是升官、发财的基础与阶梯,因此无论高中低官员升迁,按惯例同僚都要为他饯行以示庆贺,以便将来互相提携。

第三,赴任机构迎接,属员参见。中国传统礼仪,凡新官上任,所属机构都要举行盛大的迎接仪式,为新官"接风洗尘",而属员都要参见新官,以示服从、合作。

第四,增加特权与荣耀。凡由皇帝亲自任命的高级官员成为大臣,一旦要到新机构上任,就会享受到与其政治地位相适应的各种特权,如增加俸禄、荫子孙、朝廷赏赐各种礼品等等;与此同时,各种能使其身份、门第得到荣耀的礼仪也不断举行,如给其祖宗、妻子封赏,皇帝赐字赐匾,扩建宗庙祠堂等。

从上述记载不难看出,在中国传统社会中,"君"是最"尊贵"的。他不但可以随意任命、处罚、赏赐各级官员,而且还要通过一定的等级规范使官员们高低尊卑贵贱各有等差,使他们像进入大殿的台阶一样,一层层、一阶阶地忠实而严密地拱卫着自己的"至尊"地位。

但是,自从新中国建立起无产阶级人民民主专政政权以后,权力不再掌握在一个人或几个人手中。做官任职尽管也有光大门楣的作用,但更多的是体现党和人民的一种信任、一种鞭策、一种庄严的重托,因此,不仅担子重,而且责任大。举行就职仪式,就是为了让政府官员明确,国家的权力来自于人民的意识,权力是人民给的,要为人民用好权,执好政,必须对人民负责,必须对人大机关负责。

但是,长期以来的官本位、权力本位意识还左右着人们的思想。有的人,把人民赋予的权力当作自己的资本,以权谋私,干出损害人民和国家利益的非法勾当。随着社会主义民主和法制的健全,权力属于人民的理念会回归本位,故就职礼仪也就显得尤为重要。

## ▶ 第三节　政务就职仪式规范

### 一、宣布开始

主持人宣布就职仪式正式开始。此刻,全体与会者应当进行较长时间的鼓掌,以热烈的掌声来表达对于新上任官员的祝贺之意。在此之前,主持人应邀请有关各方人士在主席台上就座,并以适当的方式暗示全体人员保持安静。

## 二、奏国歌

奏国歌,全体与会者必须肃立。这一程序使就职仪式显得更为庄严而隆重。

## 三、宣誓与监督

新上任的官员宣誓,由上一级领导人监督。如果是一个新领导班子上任,需依次宣誓,或由最高官员率主要官员宣誓。

## 四、新任官员致辞

按惯例,在就职仪式上,应由新上任官员上台致辞。致辞除了表示感谢的话以外,还要明晰自己的职责,提出以后的施政方针,最后表示不辜负党和人民的期望。

## 五、最高领导讲话

新任官员致辞后,接着由参加仪式的最高领导讲话。主要是提出对新任官员和领导班子的期望,并表示衷心祝贺。

## 六、仪式结束

主持人宣布就职仪式结束。此时此刻,全体与会者应再次进行较长时间的热烈鼓掌。

按照仪式礼仪的总体要求,就职仪式同其他仪式一样,在所耗费的时间上也是宜短不宜长的。在正常情况下,每一次就职仪式从头至尾所用的时间,大体上不应当超过一个小时。为了做到这一点,就要求就职仪式在具体程序上讲究简单。正因为如此,一些原本应当列入正式程序的内容,例如进行参观、观看文娱表演等等,均被视为正式仪式结束之后所进行的辅助性活动而另行安排。

### 复习思考题

1.怎样理解现代官员上任时举行就职仪式的现实意义?
2.简要阐述政务就职仪式的历史演变?
3.简要阐述政务就职仪式规范。

# 第十二章  政务演讲礼仪

在政治活动中,国家工作人员的演讲水平不仅能反映出其道德修养和文化水平,而且能表现出其工作能力和执政水平,甚至还可能影响到国家和集体的形象。

## 第一节  政务演讲的礼仪原则

演讲,又叫演说或讲演。是指演讲者在特定场合,当众所进行的具有独立品格和风格魅力的一种口语表达方式,或向听众就某一事件、某一问题,发表个人见解,抒发情感,或是论证某种观点,从而达到感召听众,实现信息交流的一种活动。演讲是借助主体形象,有声语言和态势语言,有目的、有条理地把自己的看法和观点与听众进行巧妙沟通的语言艺术。它与一般的交谈或闲聊不同,演讲实际上就是当众所进行的正式发言。

在政务活动中,国家工作人员发表的演讲,多数都是礼仪性的,比如,国家工作人员更多需要准备的,是致欢迎词、欢送词、祝贺词、答谢词、介绍词、解说词等等。这类演讲往往具有临时性、广泛性、应酬性等特点,故此,它又被称为即席演讲。

当众发表演讲,是对国家工作人员应变能力、表达能力的公开考试。因此,在平时要加强自身能力的提高,在战时要沉着冷静,超常发挥,只有这样,才能对个人形象与政府声誉,都会有极大的提高。

其实,演讲也有一定的礼仪原则可循。

在声音上,应当抑扬顿挫,有所变化,借以突出重点,表达感情,或是调动听众的情绪。

在语言上,应当尽量生动、形象、幽默、风趣,可以多举例证,多打比方,多使用名言警句,但不要乱开玩笑,尤其不要讲下流话和脏话、黑话。

在时间上,应力求点到为止,短而又短。照常理来说,发表即席的演讲,讲上三分钟左右即可,一般不要超过五分钟。遇上"限时演讲",即演讲的时间有所规定,则宁肯时间没用完,也不要超过。

在表情与动作上,应是当喜则喜,当悲则悲,不要面沉似水,或表情失当。应当站着演讲,辅以适当的手势亦可,但不要摇头晃脑,指手画脚,将拳头煞有介事地挥来挥去。

在内容上,应当言之有物,力戒陈词滥调,无病呻吟,无的放矢。

从结构上讲,任何演讲的内容都不外乎由开场白、正题与结束语三部分构成。演讲的"重头戏",务必要放在正题之上。

## 第二节  政务演讲礼仪规范及基本准则

演讲,就是一个人讲,很多人听的一种说话方式。演讲者除了其思想、感情能够得到充分的表现外,个人仪表也是演讲者情趣、气质、修养的外在展示。对于国家工作人员,经常参加各种政务会议,演讲就显得尤其重要。

### 1.演讲者的礼仪规范

演讲者应适度讲究其仪表,着装得体、大方、整洁。男士要具有绅士风度,女士要有淑女风范,切忌头发蓬乱,胡子拉碴,衣衫不整,或浓妆艳抹,花枝招展。

演讲的语言礼仪主要是语言准确,简单明了,不故作高深,夸夸其谈;语言规范、标准,适当考虑当地或听众的方言、俚语、歇后语等地方语言特色;语音清晰、流利,音量要大一些,让听众不费力就能听清楚;语气要抑扬顿挫有节奏感,还应富有变化,重要的词语要适当加重语气或适当重复强调。

演讲是通过演讲者的语言和姿态的结合来获取演讲效果的,因此,体态语在演讲中处于非常重要的地位。一般演讲者站立台前,挺胸直腰,端正庄重,可以前后左右地进行一些小范围的步伐移动,适当配合一些手势以加强表达效果。表情自然大方,精神饱满,面部表情随演讲内容的变化而变化,有时略带微笑,有时严肃有加。目光温和、慈祥,正视全场的每一个角落,不要忽视某一角落,也不要集中于某部分听众。

演讲还应把握好时间,提高演讲时间的有效性。在45分钟的演讲中,对听众最有效的时间是前15分钟,因此演讲时间控制在15~20分钟之内比较好。若要超过,应在演讲20分钟后休息一会儿或换一个人演讲。一般来说,演讲时间越短,收益越大。如果是一个较长的演讲,演讲过程中可以穿插些生动活泼的对话。

### 2.演讲的基本准则

一个成功的演讲者,在演讲过程中,能掀起一个又一个高潮,全场掌声、笑声此起彼伏。要达到这样的要求,在演讲中就必须注意:

(1)演讲过程千万不能冷场

演讲者在演讲之前要充分调整好自己的情绪,放松心情,千万不能紧张,尽可能让自己愉快起来,可以适当地开开玩笑,说说笑话等。即将登台时,尽量让自己处于放松状态。讲的时候,要思路先行,把握整体,大胆地、毫不犹豫地讲下去。

(2)演讲要实事求是,不要过分夸张

有的国家工作人员好大喜功,事情还没有做,就把它想像得很顺利,夸大其词,夸夸其谈,真正做的过程中又不过如此,最后出现不理想的结局,落下一个讲大话、眼高手低的不好名声。

(3)演讲语言要尽量通俗易懂

在政务演讲活动中,国家工作人员尽量不要过多使用专业术语或穿插外语单词,演讲中要尽量使语言表达通俗易懂,不要过多地使用专业术语或穿插外语单词,这样会让听众感到演讲者肤浅、华而不实。

(4)演讲中不要轻易否定别人

在演讲中,如果需要否定别人,不要轻易去做,要考虑周到,谨慎而为。因为我们否定了别人,就可能树立了一个敌人。此时我们可以找一些借口否定,如借用某名人、伟人的话,向对方表达自己的意思,这样一来,别人的感受往往就不会那么强烈,而我们否定的目的也达到了。

(5)演讲结尾要干练,不要拖沓

演讲的结尾要简洁、干净利落,切忌画蛇添足,节外生枝。结尾是为主题服务的,离开了主题,结尾就失去了意义。围绕主题,结尾可采用名言警句、决心誓言、希望号召等结束语来收拢全篇,揭示题旨,加深认识,要注意措辞新颖、铿锵有力、富有感染力。

**复习思考题**

1.在政务演讲礼仪中,有哪些礼仪规范可循?

2.简要阐述政务演讲礼仪规范及基本准则。

# 第十三章　政务表彰、授勋礼仪

嘉奖有功之人历来是国家、政党、行政组织、社会团体树立正面典型,弘扬时代精神的手段。政务表彰、授勋更是一门关系行政部门展开工作的手段。因此,对那些对国家作出杰出贡献的人士进行嘉奖就不能马虎,而要严格地按照礼仪规范,严肃、认真地执行。

## ▶ 第一节　政务表彰、授勋的意义

自改革开放以来,我国涌现出了一大批杰出人士,他们在取得自身事业发展的同时,也为国家和社会做了贡献。作为事业成功人士,他们当中许多人在拥有丰富的物质条件之后,实现自身社会价值就成为其强烈的追求。因此,对他们的表彰,当然应重在精神激励。所谓精神激励就是通过对成绩的认可、记功命名、授予荣誉称号、提级升职等手段,满足人的社交、自尊、自我发展和自我实现的需要,以激发人的荣誉感、光荣感、成就感和自豪感,从而在更高的层次上调动人的积极性。

授予荣誉称号是一个好办法,我们党和政府历来重视这项工作。在这方面我们有成功的经验,许多荣誉称号,一直到今天其对社会的激励效果仍然不错。我国古代为了解决封官与表彰功勋的矛盾,曾有官爵分立之法:"有能者授官,有功者封爵",这在一定程度上既满足了功臣勋旧的要求,又缓解了官僚队伍极度膨胀的矛盾。西汉著名政治家晁错在《论贵粟疏》中提出"纳粟授爵"的政治主张,在当时对促进农业生产发展产生了积极的影响。现在,世界上也有许多国家采取"封爵"或"授勋"的方式,如英国的"皇家爵士"、法国的"拿破仑勋章"等等,表彰社会杰出人才,收到很好的社会激励效应。适应社会主义市场经济发展的要求和社会主义民主政治的发展趋势,借鉴国外成功经验和我国传统做法,我们建议国家设立"国家经济贡献勋章"称号,以奖励那些为国家做出巨大贡献,造福社会,具有很高社会名望的人士。

目前,国家和政府工作部门都设立了各种勋章、奖章、荣誉称号、奖励基金,表彰为国家作出杰出贡献的国家领导人、社会活动家、劳动模范、先进工作者、或评比活动的优胜者,以表彰他们在某个领域的卓越贡献。同时通过树立正面典型,弘扬时代精神,鼓舞人们积极向上、不断进取。

政务表彰礼仪是以国家、政府或行政组织的名义表彰某些集体或个人先进事迹并宣布给予奖励的一系列礼仪规范,其总的特点是要求开得隆重热烈,严肃而不失活泼。

## ▶ 第二节　政务表彰、授勋的历史沿革

在古代中国,战争频繁,那些大将们为君主出生入死打下一片江山,因此,取得胜利以后,君王们都会与功臣们分享战争成果。因此,表彰、嘉奖的手段不计其数,有赏赐金银财宝、有授

官职等,但最高荣誉莫过于赐爵授勋。

爵赏有功是上级统治者控制下级统治者最有力的工具和方法之一。因此中国古代从殷商时代起,天子在实行分封的同时,就要赐受封者"爵"。爵本是一种酒器,后来逐渐引申演化为权力的象征,成为表示官员地位、身份高低的一种头衔。凡受爵者都可世代相袭,守土治民,使等级制与世官世禄制密切结合,官因爵来,爵定位次尊卑,官定职务的大小。

到了战国时期,随着军功制的兴起,王位传子,宗亲分封的世官世禄制被打破,封爵打破了血缘的限制,五等爵号逐渐被废除。到秦孝公任用商鞅变法时,明确规定了二十级爵制。在这时,也明确规定了爵分官民,这在我国历史上是仅有的。

汉代封爵没有明确的制度,但汉初基本上沿袭了秦制,且因夺取政权的需要,楚汉战争时汉高祖刘邦就分封了韩信、英布等七个异姓王。魏晋以后,爵位制度逐渐系统化,除宗室外,只有极少数高官才能授爵。西晋时,由于封爵过重,诸王既可典国又享租税,还可自选属官,从而造成八王之乱。

隋唐时期,除少数例外,只有皇室才能封王,异姓功臣则封公、侯、伯、子、男等若干等级的爵位。但这时,封爵并不治民,只是一种政治上的荣誉地位标志和经济上的租调收入分配。这样,封爵制度经过几个朝代的周折,终于同官吏制度分开。

宋代对功臣的封爵,基本上同唐代一样。明代的爵级最简单,除开国之时授过公、侯、伯、子、男五种外,后来不再授子、男,故实际上只有公、侯、伯三种爵位,而且在爵号之前不再都冠以地名,也可以加上别的称号,连一点食封的虚名也不保留了。

清代的爵位分为两个系统,一是皇族的爵级,分为亲王、郡王、贝勒、贝子、镇国公、辅国公、镇国将军、辅国将军、奉国将军、奉恩将军十级。二是皇族之外的爵级,又分为公、侯、伯、子、男、轻车都尉(以上各级又分为三等)、骑都尉、云骑尉、恩骑尉九级。爵与等级、特权的关系始终紧密相连,直至封建社会终结。

与"爵"相对应的另一类标志等级的荣誉称号是"勋"。勋始于北朝周、齐交战之际,本来是赏给立功将士的荣誉称号,后来也恩及朝官。隋文帝时定勋级为上柱国至都督共十一等。唐高宗时又定"勋"为十二级,通称勋官。宋、辽、金、元都沿袭了唐代的勋官制度。明代又分为文勋与武勋,名称也与过去不同,较为特殊。清代废除了勋官制度,将"勋"与"爵"合而为一,从而使勋完成了其功能,退出了中国礼仪等级的舞台。

而现代社会的授勋,许多国家和国际组织设立了各种勋章、奖励基金、奖章、荣誉称号等,授予本国和外国的领导人、社会活动家、学者、专家、使节以及其他知名人士,以表彰他们在某个方面的卓越贡献或为发展国与国之间的友好关系所建立的特殊功绩。

## ▶ 第三节 政务表彰、授勋的礼仪规范

### 一、准备工作

#### 1. 确定出席对象和范围

颁授仪式的出席对象应当根据颁授仪式的性质、规格和目的确定。如举行涉外授勋和颁奖仪式,应当邀请有关国家和国际组织人士参加。勋章和奖章规格较高的颁授仪式,参加者的

身份要与之相适应。

**2. 确定授勋人和颁奖人**

勋章、奖章、荣誉称号和奖励基金的等级和社会影响是确定授勋人、颁奖人身份的主要依据。如国家级勋章和奖章应当由国家元首亲自授予，省级荣誉的称号应当由省长亲自授予。如授勋和颁奖的对象及等级较多，要考虑各等级的授勋人和颁奖人的身份，请身份较高和知名度较大的人士授勋和颁奖，以提高颁授仪式的社会影响力。

**3. 发出邀请和通知**

出席对象一般以书面的方式发出邀请或通知，其方法可参考举行政务会的做法，重点是做好领受人的邀请或通知。邀请信或通知中要明确说明领受人是否必须亲自参加，如领受人本人因故不能亲自前来领奖，是否可委派他人出席代领。给领受人的邀请信或通知应当附上回执，以便了解掌握领受人的出席情况，并便于做好接待工作。

**4. 其他准备**

要根据授勋和颁奖的内容准备好勋章、奖章、奖杯、奖牌、奖状、奖金支票（也可在颁奖时颁发一张注明奖金数额的证书）、奖品、鲜花、托盘（盛放奖章和奖励品等）、音乐磁带等物品。奖状的书写一定要规范，要具体写明领受人的姓名、奖励的项目名称和等级、发证机关名称、发证日期，并加盖发证机关的印章。

**二、布置会场**

颁授的仪式繁简不一，现场布置的要求也不尽相同。一般说来，授勋和表彰的仪式宜在室内举行，若布置在室外，应高搭主席台，会场四周遍插彩旗。规格较高的表彰会，还可以敲锣打鼓，安排欢迎的人员等。会场布置应体现庄重的气氛。主席台上，要在正上方悬挂横标，上面写明"××表彰大会"。主席台两旁应悬挂一些相应的标语。为了更加突出气氛，还可在礼堂的休息大厅、走廊或场地四周布置一些彩旗，也可在休息大厅或场地旁的橱窗里布置图片和文字说明，对受奖的个人或集体的主要事迹作简要介绍。主席台上按上台人数放几排长桌，桌上覆盖白色或红色台布，按一定次序摆放好上台就座者的名签。重要的颁授仪式现场要升挂国旗；如向外国的政府官员授勋，可悬挂双方的国旗。会标要写明颁授仪式的内容或性质。专门举行的颁授仪式，还要做好签到工作的各项准备。

简单的颁授仪式主席台上可以不设桌椅，颁授人和领受人相对站立。大型颁授仪式，颁授人和领受人在主席台上就座，也可安排领受人在主席台下的前排就座。主席台的前台可以放置一些盆花。领受人的座位应根据颁授次序安排，并事先设计好上台领受的路线，以保证上台领奖时次序井然。讲台一般设在主席台的右侧，并配备话筒。

颁授对象较多时，勋章、奖杯等物品可以放在主席台的桌上，并与每个颁授人的座位相对应。但应注意摆放得美观、协调、不影响主持人及发言者讲话。颁授对象较少时，可以由礼仪人员在颁授仪式开始时，用托盘将勋章或奖杯等物品端上，一一颁授。

此外，事先也可邀请一些记者前来。

**三、颁授次序**

颁授仪式开始之前，奏乐迎接接受表彰的人员入场。主持人宣布颁奖仪式开始。

首先是由有关领导讲话，简要说明表彰的原因并简介受表彰者的事迹。

接着,开始颁发奖状,奖章或授予勋章,同时敲锣打鼓或者奏乐。如果是授勋,则要全场起立,奏国歌。涉外的隆重仪式则要先奏军乐,由仪仗队护送两国国旗和勋章在军乐声中进入大厅,将两国国旗按主左客右竖立在主席台两侧,乐队奏两国国歌。

在主席台下的工作人员,引导受奖人员按一定的顺序整齐地上台,并把他们分别引到各个负责为之发奖的领导人面前,然后迅速退去,负责递送奖品、奖状等物的工作人员应迅速地把这些物品递交给领导人员。领导人在给受表彰人奖品或奖状等物时应主动与受奖人握手,并表示"祝贺"、"希望"等。受表彰人在台上应该站得大方、端庄、优雅、稳健,接受奖品时站在与颁奖人相距三步左右的位置,面带微笑,伸出双手郑重去接,同时要腾出右手与颁奖人握手。如果颁奖者问起自己的姓名、年龄、职务等情况,要作简要的回答。然后,受表彰人面向来宾,把奖状或奖品高举过头,接着深深鞠躬,向与会者表示感谢。与会者应报以热烈的掌声。最后,受表彰人按工作人员的指挥下主席台。

如果是有等级的颁奖,应按次序宣布,由接受一等奖的先上台,待其下台后再由受二等奖者上台,依此类推。有时也可为了烘托气氛、形成高潮而让受一等奖者最后上台。

在整个颁授过程中,应该注意为摄影、录像等工作提供方便。为了取得最佳摄影、录像效果,通常可以事先让记者或其他有关人员观察现场,选择最佳摄取角度。

### 四、致辞与答谢

颁授完毕后,通常要请来宾当中职务较高的领导人或影响较大的社会名流致贺词,一般可安排一到三位,从其各自不同的角度简要地表示祝贺与鼓励。

然后,再由受奖者或受奖者的代表致答谢词。答谢词应该简明扼要、精练恰当,开门见山,坦诚、直接地表达感谢之情和继续努力的决心,切忌套话连篇,啰嗦冗长。另外,答谢词应注意脉络清楚、条理分明,要有谦虚精神;同时还应洒脱大方,不要过于拘泥或谦虚过度,而要表现出应有的气度来。

### 五、仪式结束

最后,主持人宣布颁奖仪式结束,再次奏乐欢送受奖人员和来宾退场,然后其他与会者方可离去。

以上所说的是颁授仪式的一般礼仪规范。如果是简单的授勋仪式,可由授勋人与授受勋章者相对站立,相隔数步,授勋人宣读授勋决定,然后将勋章佩带在接受者胸前,并将勋章证书递送给接受人。有时双方还先后致辞。

有的授勋要举行庄严隆重的仪式。授人与接受人在主席台上,其他来宾在台下就座。仪仗队护送两国国旗与勋章在军乐声中进入大厅,将两国国旗竖立在主席台两侧,乐队奏两国国歌。授勋人致辞并宣读授勋决定,将勋章佩挂在接受人胸前,后者致答词。

**复习思考题**

1.怎样理解政务表彰与授勋的意义?

2.简要阐述政务表彰与授勋仪式的历史沿革。

3.简要阐述政务表彰与授勋仪式的礼仪规范。

# 第十四章　政务宴会礼仪

在政务交往中,宴请客人的问题往往备受重视,不仅宴请的规模、宴请的规格、宴请的档次,参加的人员有一定的规定,而且宴会的具体安排也有一些规范化的做法。因此,为了使各项政务宴请活动获得圆满成功,宾主双方必须懂得宴请的基本常识,并遵守宴请活动中的各项礼仪规范。

## 第一节　政务宴请的历史沿革

据我国古代《周礼》等书记载,古代有飨、食、燕(宴)三礼,其中飨为大,食为次,燕最次。飨礼为"正礼之隆者",要在宗庙中举行,烹太牢以饮宾客,献酒数依品级而别,上公九献,其余依次而减。《仪礼》中仅存《燕礼》一篇,礼节相当繁琐。

到了西汉,天下初定,汉高祖刘邦常在诸侯群臣朝见时宴飨,但礼仪并不严格。

在唐代,在圣诞(皇帝诞辰)朝贺之后,亦设筵宴。元旦、冬日以及圣诞筵宴称为"大宴",其他节日,如立春、上元、寒食、上巳、端午、七夕、中秋、重九等,皇帝也赐百官宴,称为"节宴"。

在宋代,朝廷每年春秋之季仲及圣节、郊祀、籍田礼毕,以及巡幸还京、国有大庆等,皆设大宴;凡皇帝游幸苑囿以及观稼、畋猎,所到之处设宴,谓之曲宴。

而明代,宴会又有了不断发展,宴会分为大宴、中宴、常宴、小宴。一般只有节日,像立春、元宵、四月八日、端午、重阳、腊八日,或者在郊祀或宗庙及宫殿建成之际才有机会行"大宴仪"。

及至清代,宴会有元日宴、冬至宴、千秋宴、大婚宴、凯旋宴、宗室宴、外藩宴等。在清代,每年的元旦(春节)和万寿节都要在紫禁城太和殿举行规模盛大的筵宴——国宴,庆祝国泰民安,皇帝万寿无疆。

以上就是我国古时不同朝代宴会的情况,它反映了我国古代宴请礼仪的发展概况,体现了古代皇权一种至高无上的威严;它是古代宫廷文化的一部分,是中国礼仪文化发展的缩影。

新中国成立后,政务宴会的形式、规格更加多样化,使得政务宴请更具有时代精神,并与国际接轨。

## 第二节　常见的政务宴请形式

宴请是人际交往中最常见的交际活动之一。根据宴请的性质和目的,我们一般把政务宴请分为以下几种形式。

### 一、政务宴会

政务宴会分为国宴、正式宴会、便宴三种主要形式。按举行的时间,又有早宴(早餐)、午宴、晚宴之分。其隆重程度,出席规格以及菜肴的品种与质量等均有区别。一般来说,晚上举行的宴会较之白天举行的更为隆重。

### 1.国宴

国宴指的是国家元首或政府首脑为国家的庆典,或为外国元首、政府首脑来访而举行的正式宴会,因而规格最高。宴会厅内悬挂国旗,安排乐队演奏国歌及席间乐。席间致辞或祝酒。

具体礼仪规范可参考本书国宴部分。

### 2.正式宴会

正式宴会安排大体与国宴相同。它一般不挂国旗、不奏国歌,有时亦安排乐队奏席间乐。宾主均按身份排位就座。许多国家正式宴会十分讲究排场,在请柬上注明对客人服饰的要求。外国人对宴会服饰比较讲究,往往从服饰规定体现宴会的隆重程度。对餐具、酒水、菜肴道数、陈设,以及服务员的装束、仪态都要求很严格。

### 3.便宴

便宴即非正式宴会,常见的有午宴、晚宴,有时亦有早上举行的早餐。这类宴会形式简便,可以不排席位,不作正式讲话,菜肴道数亦可酌减。西方人的午宴有时不上汤,不上烈性酒。便宴较随便、亲切,宜用于日常友好交往。

## 二、政务招待会

政务招待会是安排较为灵活的宴请形式,通常备有食品、酒水饮料,出席人员不固定席位,可自由活动,形式较活泼,便于宾主广泛接触交谈。常见的有:

### 1.冷餐会(也叫自助餐)

这种宴请形式的特点,是不排席位,菜肴以冷食为主,也可用热菜,连同餐具陈设在菜桌上,供客人自取。客人可自由活动,可以多次取食。酒水可陈放在桌上,也可由招待员端送。冷餐会在室内或在院子里、花园里举行,可设小桌、椅子,自由入座,也可以不设坐椅,站立进餐。根据主、客双方身份,招待会规格、隆重程度可高可低。

### 2.酒会(又称鸡尾酒会)

这种招待会形式较活泼,便于广泛接触交谈。招待品以酒水为主,略备小吃。不设座椅,仅置小桌(或茶几),以便客人随意走动。酒会举行的时间亦较灵活,中午、下午、晚上均可,请柬上往往注明整个活动延续的时间,客人可在其间任何时候到达和退席,来去自由,不受约束。

## 三、工作进餐

工作进餐,一般按用餐时间分为工作早餐、工作午餐、工作晚餐。它是现代政务交往中经常采用的一种非正式宴请形式(有的时候由参加者各自付费),利用进餐时间,边吃边谈问题。在代表团访问中,往往因日程安排不开而采用这种形式。

此类活动一般只请与工作有关的人员,不请配偶。双边工作进餐往往排席位,尤以用长桌更便于谈话。如用长桌,其座位排法与会谈桌席位安排相仿。

## ▶ 第三节　政务宴会礼仪规范

### 一、规格礼仪

政务宴会尤其讲究规格。确定规格要注意以下几个因素：

（1）宴会的目的。若欢迎或欢送外国元首或政府首脑，根据国际惯例，应以东道国国家元首或政府首脑的名义举行国宴。若为了体现宾主双方之间的亲密友好，无拘无束，也可设以私人名义便宴招待。这是从宴会的形式上看，规格不高，但由于双方的身份相等，实际规格并未降低，而且宴会的效果非常好。

（2）宴请对象的身份。这是决定宴会规格的主要因素。对象身份高，宴会规格也要相应提高。

（3）主客之间的关系。关系密切友好的，采取高规格接待。有时为体现对某个国家或某项工程的重视，也可以破例，高规格宴请对方，由身份较高的领导人宴请身份较低的客人。

### 二、邀请礼仪

政务宴请活动，一般均发请柬，这既是礼貌，亦是对客人起提醒、备忘之用。邀请有些国家的最高领导人作为主宾参加活动，需单独发邀请信，其他宾客发请柬。

宴会的名义与宴请对象要相适应。也就是说，宴会出面人与宴请对象的身份要大体相当。如宴会出面人身份低，使客人感到冷落；而身份过高亦无必要。如果客人携配偶一起来访，出于礼节，可邀请客人夫妇共同出席宴会。如主人已婚，可以主人夫妇的名义出面邀请客人夫妇。

邀请范围一般都是同宾主双方关系比较密切的人士。有时邀请这位，没有邀请那位，会引起猜测和不必要的误会。因此，需慎重考虑邀请范围，仔细审核名单，注意各方面的平衡。

### 三、迎候礼仪

主人一般在门口迎接客人。官方活动，除男女主人外，还有少数其他主要官员陪同主人排列成行迎宾，通常称为迎宾线。其位置宜在客人进门存衣以后进入休息厅之前。与客人握手后，由工作人员引进休息厅。如无休息厅则直接进入宴会厅，但不入座。

有些国家官方隆重场合，客人（包括本国客人）到达时，有专责人员唱名。

休息厅内有相应身份的人员照料客人，由招待员送饮料。

主宾到达后，由主人陪同进入休息厅与其他客人见面。如其他客人尚未到齐，由迎宾线上其他官员代表主人在门口迎接。

小型宴会，客人到齐后，由主人陪同一起进入宴会厅。参加大型宴会的一般客人应提前进入宴会厅。主要客人到齐后，由主人陪同按礼宾次序排列先后进入宴会厅，这时全场起立，鼓掌表示欢迎。主人与主宾入席后，其他人方能坐下，宴会即开始。

### 四、桌次礼仪

国际上的习惯，桌次高低以离主桌位置远近而定，右高左低。同一桌上，席位高低以离主人的座位远近而定。男女间隔安排,以女主人为准,主宾在女主人右侧,主宾夫人在男主人右侧。

我国政务宴请习惯按职务排列,以便于谈话。如夫人出席,通常把女方排在一起,即主宾坐男主人右侧,主宾夫人坐女主人右侧。

礼宾次序是排席位的主要依据。多边活动还需注意客人之间的政治关系,如政见分歧大、两国关系紧张者,尽量避免排到一起。此外,适当照顾各种实际情况,例如身份大体相同,使用同一语言者,可安排在一起。

遇主宾身份高于主人,为表示尊重,可请主宾坐在主人的位置,主人则坐主宾位置,第二主人坐在主宾的左侧。但也可按常规安排。

如果本国出席人员中有身份高于主人者,如部长请客,总理或副总理出席,可请身份高者坐主位,主人坐身份高者左侧,主宾坐身份高者右侧。

主宾有夫人,而主人的夫人又不能出席时,可请其他身份适当的女士做第二主人。如无合适人选,也可把主宾夫妇安排在主人的左右两侧。

在许多国家,译员不入席,坐在主人和主宾身后。在我国,一般将译员安排在主宾右侧(圆桌)或主人左侧(长桌)。目前我国国宴主桌译员不入席。

**五、致辞礼仪**

我国举行的政务宴会,致辞的时间一般都放在宴会一开始,即先致辞,后用餐。先由主持人介绍致辞人的身份,然后开始致辞。

欢迎或欢送宴会,宾主双方都要致辞,顺序为先主后宾。这里所讲的主是举行宴会的主人,而不是东道主。如中国总理举行欢迎宴会,中国总理是主人,外国总理为客人;而外国总理在中国举行答谢宴会,则外国总理为主人,中国总理为客人。

**六、散宴和送别礼仪**

小型宴会,吃完水果,宴会自然结束。主要客人起身告辞,主人送至门口或车前。

大型宴会,可以由主持人在发表一番热情洋溢的祝词之后,宣布宴会结束。先请主要客人和领导退席,然后其他客人相互告别离去。

**复习思考题**

1. 简要阐述政务宴请的历史发展过程?
2. 政务宴请常见有哪些主要形式?
3. 简要阐述政务宴会有哪些礼仪规范。

# 第十五章　政务庆典仪式礼仪

国家行政职能部门经常需要牵头举办一些典礼,或与企业联合举办。对于前者,国家工作人员要以主人身份参与活动,对各方来宾行主人之礼;而后者,政府职能部门主要是做好引导工作,以促使典礼的顺利进行。因此,不论是何种方式举办的庆典仪式,国家工作人员都应有必要的风范。

## ▶ 第一节　政务庆典仪式的准备

### 一、制订庆典计划

组织筹备一次庆典,先要做出一个总体的计划。总体计划有两大要点:一要体现出庆典的特色;二要安排好庆典的具体内容。

#### 1. 做好舆论宣传工作

事前应利用传媒多作报道,发布广告,造成一定的舆论声势,引起公众的广泛关注,同时还应提前向媒体记者发出邀请,请其届时光临现场进行采访、报道,以便于进一步扩大影响。

#### 2. 拟定宾客、人员名单

除媒体记者外,参加庆典仪式的人员还应包括:政府相关部门领导和社会知名人士。人员的具体名单一旦确定,应尽早发出邀请或通知。

#### 3. 确定庆典特色

庆典是庆祝活动的一种形式,应当以庆祝为中心,把每一项具体活动都尽可能组织得热烈、欢快而隆重。不论是举行庆典的具体场合、庆典进行过程中的某个具体场面,还是全体出席者的情绪、表现,都要体现出红火、热闹、欢愉、喜悦的气氛。

#### 4. 安排庆典内容

庆典的内容安排,至少要注意来宾的接待、庆典的时间、天气以及庆典的程序等问题。来宾的接待应当精心安排好,庆典的天气也很重要。在确定庆典仪式的时间时,应向气象部门了解前后的天气变化,作为参照。

### 二、布置庆典仪式现场

庆典仪式的现场一般选在广场上或有意义建筑物的正前门,现场布置要突出喜庆、隆重的气氛,应备有标语、彩旗、横幅、气球等。依据仪式礼仪的有关规范,国家工作人员在布置举行庆典的现场时,需要通盘思考的主要问题有:

#### 1. 地点的选择

在选择具体地点时,应结合庆典的规模、影响力等实际情况来决定。本政府礼堂、会议厅,门前的广场等等,均可以选择。不过在室外举行庆典时,切勿因地点选择不慎,从而制造噪声、妨碍交通或治安,顾此而失彼。

**2.环境的美化**

在反对铺张浪费的同时,应当量力而行,着力美化庆典举行现场的环境。为了烘托出热烈、隆重、喜庆的气氛,可在现场张灯结彩,悬挂彩灯、彩带,张贴一些宣传标语,并且张挂标明庆典具体内容的大型横幅。

**3.场地的大小**

在选择举行庆祝仪式的现场时,应当牢记并非愈大愈好。从理论上说,现场的大小应与出席者人数的多少成正比。也就是说场地的大小,应同出席者人数的多少相适应。

**4.音响的准备**

在举行庆典之前,务必要把音响准备好。在庆典举行前后,播放一些喜庆、欢快的乐曲,只要不抢占"主角"的位置,通常是可以的。但是对于播放的乐曲,应先期进行审查。

**三、组织庆典接待小组**

庆典的接待小组,原则上应有年轻、精干、身材与形象较好、口头表达能力和应变能力较强的男女青年组成。

接待小组成员的具体工作有以下几项:来宾的迎送、来宾的引导、来宾的陪同和来宾的招待。

**四、其他事项**

在准备工作中,上述大的方面落实以后,还有不少具体事务要做,各方面人员到位后应认真落实,不可忽视。任何一个环节的具体工作都不能出差错,如现场接待人员佩戴的标志(胸卡、绶带等)要突出;来宾的胸花、席卡、饮品、礼物等都要一一准备好。贵宾到场时还应由主要负责人亲自相迎等方面。

## 第二节　几种常见的庆典仪式

**一、开幕、闭幕仪式**

开幕式、闭幕式是各种会展活动正式开始前和结束时的礼仪和庆祝活动。比如各种代表大会、运动会、展览会、博览会、电影节、艺术节、文化周等,都可以举行开幕式和闭幕式。

开幕式、闭幕式的种类繁多,繁简不一,组织准备工作应根据会议和活动的具体内容和性质来进行。下面以中等规模的开幕式、闭幕式为例,介绍主要的准备工作。

**1.确定参加对象、范围**

开幕式、闭幕式的参加对象应当包括下列几方面的人士:

(1)主办单位及其上级机关的领导人。

(2)协办单位、承办单位、赞助单位的领导或代表。

(3)东道主以及与活动有关的机关、事业单位的领导或代表。涉外活动的开幕式和闭幕式也可邀请有关国家、地区、组织的代表参加。

（4）群众代表。为使开幕式、闭幕式的气氛隆重，可以选派一些群众代表参加，人数根据规模要求而定。

（5）有关新闻单位。

**2. 确定主持人、致辞人和剪彩人**

（1）主持人。开幕式、闭幕式和典礼通常由东道主或主办方主持。

（2）致辞人。致开幕词人的身份一般应当高于主持人，如致辞人为正职，则主持人为副职。仪式较为简单的，可由主持人致开幕词。

（3）剪彩人。剪彩人当是主办单位身份最高的领导人，也可安排上级领导、协办单位领导与主办单位领导共同剪彩。开幕式由双方或多方联合举办的，各方均应派出代表参加剪彩，剪彩人的身份应大体相当。

**3. 发出邀请**

邀请对象、范围以及剪彩人一旦确定，应及时发出邀请。凡外单位的领导和代表应当书面邀请。书面邀请分为请柬、邀请信和通知三种形式。书面邀请发出后，还应当用电话跟踪落实。

**4. 现场布置和物品准备**

开幕式、闭幕式一般在活动现场举行。现场可摆放花卉、悬挂彩旗和标语，也可根据内容需要播放音乐、表演舞蹈、敲锣打鼓，以体现热烈隆重的气氛。

涉外的重要开幕式，还应悬挂有关国家的国旗。签到是举行开幕式、闭幕式的重要环节，一般用簿式签到。庆祝性的开幕式和典礼还要给来宾和领导准备胸带和胸花。有时，举行开幕式或典礼之后还安排参观、植树纪念、文艺体育表演等活动。活动结束后，请领导和来宾留言或题词。

## 二、政务奠基仪式

政务奠基仪式，指的是大厦、场馆、亭台、楼阁、园林、纪念碑等一些重要的建筑物，在动工修建之初正式举行的庆贺性活动。

奠基仪式举行的地点，一般应选择在动工修筑建筑物的施工现场。而奠基的具体地点，则按常规均应选在建筑物的正门的右侧。在一般情况下，用以奠基的奠基石应为一块完整无损、外观精美的长方形石料。在奠基石的下方或一侧，还应安放一只密闭完好的铁盒，内装与该建筑物相关的各项资料以及奠基人的姓名。届时，它将同奠基石一道被奠基人等培土掩埋于地下，以示纪念。接着由奠基人双手持握系有红绸的新锹为奠基石培土。随后，再由主人与其他嘉宾依次为之培土，直至将其埋没为止。

## 三、政务揭幕仪式

政务揭幕仪式都由具体的企事业单位负责，但一般而言都是由政府牵头，也是属于政务庆典仪式的范畴。为叙述方便，将上述各种仪式和典礼统称为揭幕仪式。

**1. 揭幕仪式的准备**

揭幕仪式的各项准备工作的要求与开幕式、闭幕式大体相同。不同之处有以下几点：

(1)确定实施剪彩、奠基、揭牌、揭幕、启动、点火等仪式或者下达开工命令的人员。以上人员一般是主办单位或上级机关参加揭幕式职务最高的领导。

(2)现场布置与物品准备

建设工程的奠基或开工仪式应当在施工现场举行,要事先搭好临时性的主席台、设讲台或落地话筒,时间较短的仪式一般不放桌椅,全体人员均站立参加。

揭牌(碑、像)仪式多在安放现场举行,全体人员站立参加。所揭之碑、牌、像等事先用绸缎罩住,绸缎的颜色应与仪式活动的主题相适应,一般为红色或墨绿色绸缎。揭牌(碑、像)仪式如在会场内举行,则主席台中间放置桌椅,供领导人和嘉宾就座,右侧(以主席台的朝向为准)设讲台和话筒,左侧放置所揭的碑、牌、像等。

点火或启动仪式,要事先选择好举行仪式的合适地点,并确保安全;设置好点火或启动的装置,并检查其性能是否良好,以保证点火或启动一次成功。

通车仪式要准备好足够的车辆,并装饰成彩车,有的还配以锣鼓和乐队,以显示喜庆的气氛。每辆车要经过严格检修,避免通车时出现故障。

仪式现场的会标要醒目,要给人耳目一新的感觉。

**2. 揭幕仪式的注意事项**

一般来说,举行的揭幕仪式,其程序也与开幕式大体相同。但以下几点应当注意:

(1)仪式开始后,先由主办单位领导致辞,对前来参加仪式的上级领导以及来宾表示感谢,同时介绍工程项目、落成的碑或像等的情况及其意义。然后由其他方面人士致辞,最后请上级机关的领导或代表致辞。联合主办的仪式,各方均应派代表致辞。

(2)揭牌、揭幕、剪彩后,可安排正式通车、打桩、开工。有的开工仪式不举行剪彩、奠基,而是由现场身份最高者下达开工命令。

## 四、政务交接仪式

政务交接仪式,指在政务活动中,国家工作人员在举行交接仪式时所须遵守的有关规范。通常,它具体包括交接仪式的准备、交接仪式的礼仪规范等方面的内容。

**1. 交接仪式的准备**

准备交接仪式,主要要关注下列三件事:即来宾的邀约、现场的布置、物品的预备等等。

(1)来宾的邀请

一般应由交接仪式的东道主负责。

从原则上来讲,交接仪式的出席人员应当包括:上级主管部门的有关人员,当地政府的有关人员,行业组织、社会团体的有关人员,各界知名人士,新闻界人士,以及协作单位的有关人员等等。

在举行交接仪式时,东道主既要争取多邀请新闻界的人士参加,又要为其尽可能地提供一切便利。

(2)现场的布置

举行交接仪式的现场,亦称交接仪式的会场。在对其进行选择时,通常应视交接仪式的重要程度、全体出席者的具体人数、交接仪式的具体程序与内容,以及是否要求对其进行保密等几个方面的因素而定。

（3）物品的预备

在交接仪式上,有不少需要使用的物品,应由东道主一方提前进行准备。主办交接仪式的单位,也需为交接仪式的现场准备一些用以烘托喜庆气氛的物品,并应为来宾略备一份薄礼。

**2.交接仪式的礼仪规范**

当主持人宣布交接仪式正式开始时,全体与会者应当进行较长时间的鼓掌,以表达对于东道主的祝贺之意。

当由上一届政府职能部门与下一届政府职能部门正式进行有关政权的交接时,双方应面带微笑,双手递交、接收有关物品。在此之后,还应热烈握手。

按惯例,在交接仪式上,需由有关各方的代表进行发言。他们依次应为:上一届政府职能部门的代表,下一届政府职能部门的代表,来宾的代表等等。这些发言,通常宜短忌长,只需要点到为止的即可,每个人的此类发言应以三分钟为限。

按照仪式礼仪的总体要求,在正常情况下,每一次交接仪式从头至尾所用的时间,大体上不应当超过一个小时。为了做到这一点,要求交接仪式在具体程序上讲究少而精。

## 第三节 国家主要节庆活动

### 一、国际劳动妇女节

妇女节又称"国际妇女节",是世界各国妇女争取和平、平等、发展的节日,节期在每年三月八日。

1857年3月8日,美国纽约的服装和纺织女工举行了一次抗议,提出反对非人道的工作环境,12小时工作制和底薪。两年以后,又是在3月,这些妇女组织了第一个工会。

1908年3月8日,1500名妇女在纽约市游行,要求缩短工作时间,提高劳动报酬,享有选举权,禁止使用童工。5月,美国社会党决定以2月的最后一个星期日作为国内的妇女节。

1909年3月8日,美国芝加哥的劳动妇女和全国纺织服装工业的女工举行罢工游行,要求增加工资,实行8小时工作制和拥有选举权。这是历史上妇女的第一次游行示威。这一举动得到美国和世界各国劳动妇女的热烈支持和响应。

1910年,德国社会学家蔡特金建议为了纪念美国服装工人的罢工应设定一天当"国际妇女节",但并未定出具体日期。

1975年,联合国将3月8日订为国际妇女节,正式确认了世界普通妇女平等参与社会的长期传统。1977年大会又通过了一项决议,强调妇女权益和和平日的具体日子由各成员国按照自己国家的历史和民族传统习俗确定。

1924年,中国共产党在广州召开了第一次"三·八"节纪念大会。1949年,我国中央人民政府做出决定,将三月八日定为妇女节,该日全国妇女放假半天,各单位都要召开庆祝会。妇女们欢聚一堂,畅谈抒发感情,憧憬未来。

### 二、植树节

1979年,在邓小平提议下,第五届全国人大常委会第六次会议决定每年3月12日为我国的植树节。

现在每到这一天,上至中央政府,下至地方,人们纷纷参加植树造林活动,绿化祖国,已成了既轰轰烈烈,又扎扎实实的群众自觉活动。

由于我国幅员辽阔,气候条件差异较大,各地适合植树的时间也不尽一致,所以,许多省市还规定了自己的植树日。

### 三、国际劳动节

19世纪80年代,美国和欧洲的许多国家为了刺激经济的高速发展,不断采取增加劳动时间和劳动强度的办法来残酷地剥削工人。在美国,工人们每天要劳动14～16个小时,有的甚至长达18个小时,但工资却很低。1886年5月1日,美国芝加哥的工人为争取实行八小时工作制而举行大罢工,并获得胜利。为纪念这次伟大的工人运动,1889年7月第二国际宣布将每年的五月一日定为国际劳动节。

中央人民政府政务院于1949年12月将五月一日定为法定的劳动节,是日全国放假一天。节日期间,举国欢庆,人们聚集在公园、剧院、广场,参加各种庆祝集会或文体娱乐活动,并对有突出贡献的劳动者进行表彰。

### 四、青年节

由于第一次世界大战结束后的"巴黎和会"无理拒绝了中国作为战胜国要求废除不平等条约的正当主张,战败国德国在中国山东的不法权益又被列强瓜分给日本,激起中国人民的极大愤慨。1919年5月4日,北京三千多学生高呼"外争国权、内惩国贼"口号,举行游行示威,并迅速发展成为全国规模的反帝爱国运动和以民主科学反对封建文化传统的新文化运动。

为了纪念1919年反帝爱国的"五四运动",1949年12月,中华人民共和国中央人民政府政务院正式宣布中国青年节的节期为5月4日。此后,每年5月4日这一天,全国各地青年都要以举办报告会、演讲会、文艺晚会等形式,纪念"五四运动",青年们还要集中进行各种社会志愿和社会实践活动欢度"五四"青年节。

### 五、儿童节

1949年11月,国际民主妇女联合会在莫斯科举行理事会议,为了保障世界各国儿童的生存权、保健权和受教育权,为了改善儿童的生活;反对战争对儿童的虐杀和毒害,理事会决定每年的6月1日为国际儿童节。中国曾于1931年将儿童节定在每年4月4日。

新中国成立后,中央人民政府政务院于1949年12月23日中央人民政府政务院规定"六·一"国际儿童节为中国儿童的节日。1950年3月30日,教育部发出通告,规定6月1日为儿童节,废除旧的"四·四"儿童节。

以后每年6月1日,规定少年儿童放假一天。全国各地少年儿童都要举行各种活动与世界各国儿童共同欢庆自己的节日。

### 六、中国人民解放军建军节

1927年4月蒋介石叛变革命后,中国共产党为挽救革命,于这年8月1日,由周恩来、贺龙、叶挺、朱德、刘伯承等同志率领北伐军 3 万余人，在江西南昌举行了武装起义。起义部队于 1928 年 4 月到达井冈山，与毛泽东领导的部队胜利会师，组成了中国工农红军，从此建立了在中国共产党领导下的革命军队，并逐步发展壮大，成为今天的中国人民解放军。所以，8 月 1 日这一天被规定为建军节。

中国人民解放军建军节，又称"八一"建军节。日期为每年的 8 月 1 日。全国各地在这一天开展拥军优属，拥政爱民活动，举行军民联欢会、复退军人座谈会或烈士军属座谈会。

**七、抗日战争胜利纪念日**

1945 年 9 月 2 日，参加对日作战的同盟国代表接受日本投降签字仪式在停泊于日本东京湾的美军军舰"密苏里"号上举行。日本代表在无条件投降书上签字，中、美、英、苏等九国代表相继签字。至此，中国抗日战争胜利结束，世界反法西斯战争也落下帷幕。

9 月 3 日，中国国民政府下令举国庆祝，放假一天，悬旗三天。

新中国成立后，于 1951 年 8 月 13 日，中华人民共和国中央人民政府政务院发出由周恩来总理签署的通告，确定抗日战争胜利纪念日为 9 月 3 日。

以后我国在 9 月 3 日这一天，都举办庆祝活动。民主党派"九三学社"就是为了纪念这个日子而命名的。

**八、教师节**

公历 9 月 10 日，是我国的教师节。

我国历史上最早出现的教师节是 1931 年。拟定每年 6 月 6 日为教师节，并发表《教师节宣言》，提出改善教师待遇、保障教师工作、增进教师修养三项目标。虽然，这个教师节的诞生没有被当时的国民党政府承认，但在全国各地产生了一定影响。

鉴于"六·六"教师节是教师自发组织设立的，国民党政府没有承认，1939 年决定另立孔子诞辰日 8 月 27 日为教师节，并颁发了《教师节纪念暂行办法》。当时未能在全国推行。

1984 年 12 月 15 日，北师大钟敬文、启功、王梓坤、陶大镛、朱智贤、黄济、赵擎寰联名，正式提议设立教师节。1985 年 1 月 21 日，第六届全国人大常委会第九次会议做出决议，将每年的 9 月 10 日定为教师节。

以后每年的教师节，全国各地的教师都以不同方式庆祝自己的节日。在这一天，全国各地举办茶话会、表彰会、联欢会等各种形式，欢庆教师节。学生们主动送给老师有意义的小礼品如鲜花或精美的节日贺卡等，表达敬意和谢意。

**九、国庆节**

国庆是一个主权国家的建立、独立或革命起义纪念日。国庆这种特殊纪念方式一旦成为新的、全民性的节日形式，便承载了反映这个国家、民族的凝聚力的功能。同时国庆日上的大规模庆典活动，也是政府动员与号召力的具体体现。显示力量、增强国民信心，体现凝聚力，发挥号召力，即为国庆庆典的三个基本特征。

我国的国庆日是 10 月 1 日，它是中国人民政治协商会议第一次会议把 10 月 1 日定为中华人民共和国国庆日。

1949 年 10 月 1 日中华人民共和国成立后,国庆的庆祝形式曾几经变化。

在新中国成立初期(1950~1959 年),每年的国庆都举行大型庆典活动,同时举行阅兵式。1960 年 9 月,中共中央、国务院本着勤俭建国的方针,决定改革国庆制度。此后,自 1960~1970 年,每年的国庆均在天安门前举行盛大的集会和群众游行活动,但未举行阅兵。

1971~1983 年,每年的 10 月 1 日,北京都以大型的游园联欢活动等其他形式庆祝国庆,未进行群众游行。1984 年,国庆 35 周年,举行了盛大的国庆阅兵和群众庆祝游行。在此后的十几年间,均采用其他形式庆祝国庆,未再举行国庆阅兵式和群众庆祝游行。1999 年 10 月 1 日,国庆 50 周年,举行了盛大国庆阅兵和群众庆祝游行。这是中华人民共和国在 20 世纪举行的最后一次盛大国庆庆典。

新中国成立以来,在国庆庆典上共进行过 13 次阅兵,分别是 1949~1959 年间的 11 次和 1984 年国庆 35 周年、1999 年国庆 50 周年的两次。

我国的国庆纪念日是近代民族国家的一种特征,是伴随着近代民族国家的出现而出现的,并且变得尤为重要。以后每年国庆节,全国放假七天,各族人民以各种庆祝方式欢度国庆。

## 第四节　祭天大典及国葬

### 一、祭天大典

祭天是祭祀中最重要的礼仪活动。祭祀,包括祭天、祭神、祭祖等重要的礼仪活动。在古代社会除特殊情况外,皇帝都要亲往行礼。祭天定在每年冬至日,意为"迎长日之至"。

根据《周礼》《礼记》等书中的零散资料综合观之,其仪节大略如下:祭祀的前 10 天,周王要先到祖庙祭告,然后到祢室占卜,卜吉。从卜日开始,周王和与祭臣僚斋戒,熟悉祭天的礼仪,还要审视将要敬献给天帝的牺牲是否合格以及祭器是否清洁。祭祀这天,周王首先服皮弁以听祭报。然后穿戴专供祭天之用的大裘,内着象征着天的衮服,头戴前后垂有 12 旒的冕,乘坐素车前往圜丘,车上插有 12 旒的旗,旗上绘有龙和日、月等图案。到达圜丘后,周王脱去大裘,仅着衮服,腰间插大圭,手持镇圭,立于圜丘东南侧,面向西方。周王点燃堆集好的柴垛,烟火蒸腾而上。此时,乐声大作,请求天神降临,并迎接尸(由活人装扮的天帝的化身)登上圜丘。接着,将牺牲迎至祭祀场所,由周王亲自主持将其宰杀。然后,依次祭献玉帛、牲血、全牲、大羹、黍稷等,每次祭献都同时献酒。献祭完毕,尸赐酒于周王及祭献者,称为酢。饮毕,周王与舞队同舞《云门》之舞。然后,再用车将尸送走,将祭品撤下,祭礼即告完毕。

秦朝及西汉初年,只郊祭白、青、黄、赤四帝或五帝(加黑帝),而无圜丘祭天之礼。三国、晋及南北朝时期,各汉族政权郊礼或举或否,举行者基本上依照旧典。较大的变化是:从南齐武帝永明二年(公元 484 年)开始,改变了郊祀时搭建临时性的帷帐的旧制;梁代郊祭天地不用牺牲,只用蔬果。

隋唐年间,由国子祭酒羊彦之等议定祀典,使南北朝时纷杂的礼制复归于统一。宋代初年,圜丘之制沿袭唐代,未作大的改动。不过,清廷在按照汉族古礼进行圜丘祭天的同时,也未放弃本民族习俗,仍然保持堂子祭天的礼仪。

民国期间,县府有春秋时祭或应县民之请,举行祈福之祭。官方祭祀活动的范围及规模明显缩小。但社会各界,仍在以不同的祭祀方式慎终追远。

中华人民共和国成立后,政府一般不出面公开祭天大典活动。因历史上一直有祭祀黄帝陵的传统,在 1955～1962 年,每年都举行祭典黄帝陵的活动,但均为省级领导主祭,以后祭礼中断。到 20 世纪 80 年代初期,部分省市政府逐渐恢复祭祀活动,如陕西省政府连续多年举行黄帝陵公祭大型礼仪活动,古老的祭祀活动逐渐受到政府的重视。但是,无论是祭天还是祭黄帝,无论是官方祭祀还是民间祭祀,也许人们在意的不是仪式本身,而是敬祖爱国情怀的延续。

## 二、国葬

国葬是指以国家名义为有特殊功勋的人举行的葬礼。

古人对不同等级的人之死有不同的叫法。皇帝之死曰崩,以示皇帝之死与常人不同凡响。皇帝初死,还没来得及上谥号,称大行皇帝。

帝王们则更加讲究,为显示帝王的尊荣与权势,认为"事死如事生,礼也"。所以,帝王死后,葬礼的仪式如此隆重,规模如此宏大,礼节如此繁多,这是一般平民百姓所不能企及的。

大致说来,皇帝的棺椁在灵堂和殡宫期间,主要有大丧礼、朝夕奠、奉移殡宫礼和上谥号等程序。皇帝棺椁安葬前,先要移到陵寝边的行宫内,叫作"暂安"。停灵之殿就叫暂安殿。

皇帝棺椁出殡宫之前,要焚烧纸人、纸马、楼库、器皿、松亭松轿、衣帽鞋履、衾枕被子,靡费巨大。出殡那天,执事官在殡宫外摆放好大车,王公大臣、文武百官等都在大门外守候。皇帝来到棺椁前哀痛哭奠一番,祭酒三杯,祭完退到大门口东侧站立,待棺椁出宫时,跪在一旁,众大臣随跪两边,棺椁过后,皇帝率众大臣目送棺椁上车。按典章规定,皇帝步行送大车出城外,然后另乘轿子,由另外一条路先行赶到前面的行宫迎接灵车的到来,然后再接再送,直到灵车到达暂安殿为止。

灵车所经过的地方,当地官员在路边百步之外跪迎默哀。所经过的门桥,都要由大臣祭酒,而且每天早、中、晚都要祭奠一次。

棺椁后面是大队武装护卫,车马绵延数十里之长,充分显示出皇家的气派。最后面的是文武百官、皇亲国戚的车队。沿途要有专人负责撒纸钱。灵车到达陵寝前,守陵的大臣都在十里之外跪迎,将棺椁送到暂安殿之后暂安仪式才告结束。

暂安礼之后,最重要的活动——奉安礼(即安葬仪式)的准备活动开始了。

首先修理奉安所经御路,开辟坦途,修桥开渠,还要铺垫黄土,并组织护路工队,随时修补和保护路面,保证畅通。同时,为保证奉安时棺椁安全起见,照例要演习"皇杠"数次。

一切就绪之后,奉安礼正式开始。先行祭奠,尔后进行"小请",即用 64 人杠将棺椁抬到暂安殿前的大路上,再换 128 人抬的"独龙杠"。棺椁前的出殡队伍由四部组成,最前列的仪仗队伍分持大小各色旗帜,形状各异。后随大轿小轿、彩绸扎的彩亭、一柄黄缎绣花伞,后面是金鼓重乐和笙管笛箫轻乐各一班,吹吹打打。再后有身穿孝衣的两排人,手托木盘,盘上放香炉,一路之上,香烟袅袅。另有一班人也身穿孝衣,沿途抛撒纸钱。第三部分又是禁军卫队,气氛森严。第四部分是和尚、尼姑、喇嘛、道士、道姑的行列,身着本教法衣,手执法器,唪诵本教经典。他们之后是送葬的王公大臣。大臣一律穿青衣袍褂,青布鞋子。

队伍进了陵区大门后,来到牌楼门前,随即换上 64 人杠,抬到地宫外口,安放于特备车上,左右有护卫人员,前后有杠夫牵引,徐徐将灵车滑入地宫中,移棺上宝床。钦天监指挥杠夫按山势走向安放棺椁于宝床中央的金井之上。然后点燃万年灯,将先皇生前喜爱的珍玩、书籍、衣被等摆放在供桌上,送葬人员先后退出,更换衣服。这时有专人关闭石门,事先派定的瓦工赶砌地宫外口,使之不露痕迹。众王公大臣来到隆恩殿做最后的告别祭奠,礼成之后,除少数不便离开的人员之外,其余的众人一齐随圣驾回京。

新中国成立以后,根据丧事从简的原则,我国的国葬一般包括吊唁和追悼大会两项主要活动。而且,国葬也不再是皇权的象征,只要是对国家有突出贡献的,国家都将以国家名义对其进行安葬。

**复习思考题**

1. 在举行政务庆典仪式前,需要做哪些方面的准备工作?
2. 简述几种常见政务庆典仪式的相关礼仪。
3. 在一些重大的节日中,一般我国是怎么进行庆祝的?
4. 在我国古代,各个朝代是怎样进行祭天大典的?

# 第三部分　商务礼仪

# 第一章　商务礼仪概论

商务礼仪是根据礼仪适用对象而产生的一个礼仪分支,指的是商务活动中应当遵循的礼仪规则。礼仪不仅能体现出一个组织内在和外在的形象,也是一个优秀的商务人员业务能力的亮点,是个人素质的体现,更成为一个组织形象的延伸。

了解商务礼仪的重要性和在商务活动中的应用,使商务人员能够掌握商务礼仪的原则及基本技巧,培养良好的职业道德,树立得体的个人形象和良好的职业风范。

## 第一节　商务礼仪的含义

商务活动,是指各类组织形态之间,各类组织形态与个体之间所能从事的一切商业行为。商务活动所涉及的内容多样,繁琐,是一个多层次、多结构、多角度的行为。商务活动的基础是建立在买卖双方对对方商业动机相互认可和接受之上的,其目的是为了获得价值的实现、增值和转换,具有现实性和直接性。因此,每一个行为体在从事商务活动时都会对不同的商务对象选择交易方案和交往法则。随着长期的社会结构变化、地域经济差异、民族文化背景、道德行为标准的不同,产生了商务活动的基本规则,如经济强势的国家或地区受其影响更加明显,国际商务就是在英美文化的基础上形成。所以在自然环境和社会环境综合因素的影响下,商务活动渐渐演化成了有秩序的、规范的、通用的一些方式。

在长期的商业交往中,为了实现商务活动的有序进行,根据一些惯例,结合各地的习俗,在商务活动过程中有了一些约定俗成、共同遵守的通行的礼仪习惯,逐渐形成了商务礼仪。它体现的是在充分尊重和确认商务利益的同时,尊重人们长期以来形成的,以不同的民族文化与道德传统为背景的行为与思维习惯,尤其是礼仪习俗,保证以更加体面和友好的方式达到商务最大利益的实现。

商务礼仪,是礼仪内容的一个分支,是政府、企业以及商务人员或其他人员在商务活动中,为塑造组织和个人的良好形象而应当遵循的对交往对象表示尊敬与友好的规范或程序。

商务礼仪是在商务活动中体现相互尊重的行为准则。商务礼仪的核心是一种行为的准则,用来约束我们日常商务活动的方方面面。商务礼仪的核心作用是为了体现组织与组织、人与人之间的相互尊重,是在商务活动中,对于组织形态和文化内涵的外在表现方式及个人文化修养通过仪容仪表、言谈举止的一种普遍要求。商务礼仪是一般礼仪在商务活动中的运用和体现,包括商务礼节和商务仪式两方面的内容。

商务礼节是指人们在商务交往活动中,为表示尊重对方而采取的约定并形成习惯的规范形式。商务仪式即指按程序进行的礼节形式。一般来讲,在商务活动中言行合情合理、优美、大方、得体、符合要求,按约定俗成的规矩办事、礼貌待人;按约定俗成的、大家都可以接受的礼节程序接待客户等都属于商务礼仪的范畴。

商务礼节同商务礼仪既相互联系又有所区别。商务礼节产生于商务礼仪之前,在商业活动的初始阶段,从事商业活动的人们之间的礼节是单调的、简单的。随着业务活动的复杂化和现代化,商务礼节越来越多,也越来越复杂,逐渐在人们中间形成了一种"约定俗成的规矩",于是就产生了一定的礼节程序,商务礼仪也就从商务礼节中自然而然地游离了出来。商务礼节是商务礼仪的基础,没有商务礼节,商务礼仪是不存在的,没有形成一定程序的礼节是杂乱无章的礼节,而杂乱无章的礼节是不可能取得好的效果的。但就目前来讲,我国的商务礼节、礼仪是没有多少差别的。

## ▶ 第二节　商务礼仪的基本特征

在各种商业活动中,商务礼仪具有以下基本特征:规定性、信用性、时机性和文化性等等。

### 一、规定性

从礼仪的范围看,商务礼仪具有规定性。通过礼仪可以协调组织及人们之间的行为,因而它的适用范围是组织活动和人际交往活动。商务礼仪不同于一般的人际交往礼仪。商务礼仪的适用范围,包括从事商品流通的各种商务活动,凡不参与商品流通的商务活动,都不适用商务礼仪。

### 二、信用性

从礼仪的内涵看,商务礼仪具有信用性。商务活动具有双方利益上的需要,而不是单方面的利益需求,因此,在商务活动中,诚实、守信非常重要。所谓诚实,即诚心诚意参加商务活动,力求达成协议,而不是夸夸其谈,不着边际,毫无诚意。所谓守信,就是言必信,行必果。签约之后,一定履行。即使发生意外,不能如期履约,也应给对方一个满意的结果来弥补,而不应该言而无信,决而不行。

### 三、时机性

从礼仪的行为看,商务礼仪具有时机性。商务活动的时机性很强,有时事过境迁,失去良机;有时在商务活动中,说话做事恰到好处,问题就会迎刃而解;有时商务从业人员固执不让步,对方也可能被拖垮,从而失去了一次成功的机会。

### 四、文化性

从礼仪的性质看,商务礼仪具有文化性。商务活动虽然是一种经济活动,但是商务礼仪却体现的是文化含量。企业展示自身形象,商务人员体现文明礼貌,谈吐优雅,举止大方的风貌,必须建设良好的企业文化及不断提高个人文化素质,树立文明的企业组织形象,在商务活动中表现出文明典雅、有礼有节的素养。

## 第三节　商务礼仪的基本原则

在从事各种商业活动、具体遵行商务礼仪时,应遵行以下基本原则:尊重原则、真诚原则、谦和原则和宽容原则等。

### 一、尊重原则

尊重是礼仪的情感基础。在我们的社会中,人与人是平等的,无论职务高低、年龄长幼、民族大小都没有贵贱之分。尊重长辈,尊重领导,关心客户,这不但不是自我卑下的行为,反而是一种至高无上的礼仪,说明一个人具有良好的个人素质。只有相互尊重,才能建立、维持和谐愉快的人际关系,才给事业上的合作提供良好的基础。

### 二、真诚原则

真诚是做人之本,也是商务人员的立业之道。商务活动并非短期行为,从事商务,讲求礼仪,越来越注重其长远效益,只有恪守真诚原则,着眼于将来,通过长期潜移默化的影响,才能获得最终的利益。对于企业和商务人员来讲,良好的社会关系是使其在生意场上立于不败之地的一项很重要的资本。

### 三、适度原则

人际交往中要注意各种不同情况下的社交距离,也就是要善于把握住沟通时的感情尺度。在人际交往中,沟通和理解是建立良好的人际关系的重要条件,但如果不善于把握沟通时的感情尺度,即人际交往缺乏适度的距离,结果会适得其反。

### 四、宽容原则

从事商务活动,也要求宽以待人,在人际纷争问题上保持豁达大度的品格或态度。在商务活动中,出于各自的立场和利益,难免出现冲突和误解。遵循宽容原则,凡事想开一点,眼光看远一点,善解人意、体谅别人,才能正确对待和处理好各种关系与纷争,争取到更长远的利益。

### 五、谦和原则

谦和,在社交场上即表现为平易近人、热情大方、善于与人相处、乐于听取他人的意见,显示出虚怀若谷的胸襟,因而对周围的人具有很强的吸引力,有着较强的调整人际关系的能力。

### 六、自律原则

商务礼仪由对待个人的要求和对待他人的做法两部分组成。对待个人的要求即自律,是商务礼仪的基础和出发点。学习和应用商务礼仪,最重要的就是要自我要求、自我约束、自我控制、自我对照、自我反省。

在商务交往中离不开和各种各样的人打交道,不失足于人,不失色于人,不失口于人,这是古训。在商务交往中,如果掌握了商务礼仪规范,就会在心目中树立起道德信念和行为规范,并以此来约束自身行为,在商务交往中就会自觉地按照礼仪规范去办事。

总之,掌握并遵行商务礼仪的基本原则,在人际交往、商务活动中,就有可能成为待人诚恳、彬彬有礼之人,并受到别人的尊敬和尊重。

**复习思考题**

1. 什么是商务礼仪?

2. 商务礼仪包括哪两个方面? 它们之间的相互关系如何?

3. 商务礼仪的基本特征是什么?

4. 商务礼仪有哪些基本原则?

# 第二章　商务社交礼仪

商务人员在参加各种商务活动时，一言一行都关系到他们的体面。他们的表现是否符合社交礼仪的规范，将会直接影响到单位的形象和和交际的效果。具有良好的社交礼仪风度的商务人员，在任何交际应酬场合都将会受到交际对象的欢迎。

## ▶ 第一节　商务会面礼仪

商务交往中，见面时的礼仪是要讲究的，特别是第一印象非常重要。根据常规，在商务交往中所应遵守的见面礼仪，主要涉及介绍、握手、互换名片等三个方面的内容。

### 一、介绍礼仪

#### 1. 称呼礼仪

称呼，也叫称谓，是对亲属、朋友、同事或其他有关人员的称呼。

商务交往，称呼的基本规范是要表现尊敬、亲切和文雅，使双方心灵沟通，感情融洽，缩短彼此之间的距离。

#### 2. 自我介绍礼仪

进行自我介绍，要简洁、清晰，充满自信，态度要自然、亲切、随和，语速要不快不慢，目光正视对方。在社交场合或工作联系时，自我介绍应选择适当的时间，当对方无兴趣、无要求、心情不好，或正在休息、用餐、忙于处理事务时，切忌去打扰，以免尴尬。

### 二、使用名片的礼仪

商务人员在各种场合与他人进行交际应酬时，都离不开名片的使用。而名片的使用是否正确，已成为影响人际交往成功与否的一个因素之一。

名片使用一般涉及三个问题，第一、索取；第二接受；第三、如何递上名片。如何索取名片，最好不要主动索要，除非非常必要，万不得已。递送名片要表示谦恭，要用两只手拿着上方，起身递给。顺序要由尊贵到一般，由近而远。在圆桌上要按顺时针方向传递。接受别人名片，一要有来有往，没有时要给对方一个交代，二是接过别人的名片要看。

### 三、握手礼仪

握手，是商务交际的一个重要组成部分。握手的力量、姿势和时间的长短往往能够表达出对握手对象的不同礼遇和态度，显露自己的个性，给人留下不同印象。也可通过握手了解对方的个性，从而赢得交际的主动。

在商务洽谈中，握手的时候，眼睛一定要注视对方的眼睛，传达出你的诚意和自信，千万不要一边握手一边眼睛却在东张西望,这样别人从你眼神里体味到的只能是轻视或慌乱。那么,是不是注视时间越长越好呢?并非如此,握手只需几秒钟即可,双方手一松开,目光即可转移。

如果要表示自己的真诚和热烈,也可较长时间握手,并上下摇晃几下。作为企业的代表在洽谈中与对方握手时,一般不要用双手抓住对方的手上下摇动,那样显得太恭谦,使自己的地位无形中降低了,完全失去了风度。

握手的力度要掌握好,握得太轻了,对方会觉得你在敷衍他;太重了,人家不但没感到你的热情,反而会觉得你是个老粗。女士尤其不要把手软绵绵地递过去,显得连握都懒得握的样子,既要握手,就应大大方方地握。

值得一提的是,在通常情况下,一般要用右手与人握手,除非你的右手残疾或者受伤了,那就不妨声明一下。如果你是左撇子,握手时也一定要用右手。

## ▶ 第二节   商务谈话礼仪

在商务交往中,对商务人员的口才有很高的要求。商务人员不一定要伶牙俐齿,妙语连珠,但必须具有良好的逻辑思维能力,清晰的语言表达能力,在谈话之中保持自己应有的风度,始终以礼待人。

遵守谈话礼仪,是顺利进行商务交往的"润滑剂"。

### 一、商务谈话的原则

交谈是商务谈判的中心活动。而在圆满的交谈活动中,遵守交谈礼仪具有十分重要的作用。

#### 1. 尊重他人

谈话是一门艺术,谈话者的态度和语气极为重要。有人谈起话来滔滔不绝,容不得其他人插嘴,把别人都当成了自己的学生;有人为显示自己的伶牙俐齿,总是喜欢用夸张的语气来谈话,甚至不惜危言耸听;有人以自己为中心,完全不顾他人的喜怒哀乐。这些人因为不懂得尊重别人,给人的印象只是傲慢、放肆、自私。

#### 2. 举止得体

以适当的动作加重谈话的语气是必要的,但某些不尊重别人的举动,例如揉眼睛,伸懒腰,挖耳朵,摆弄手指,活动手腕,用手指向他人的鼻尖,双手插在衣袋里,看手表,玩弄纽扣,抱着膝盖摇晃等等不应当出现。这些举动都会使人感到你心不在焉,傲慢无礼。

谈话中的目光与体态是颇有讲究的。谈话时目光应保持平视,仰视显得谦卑,俯视显得傲慢,均应当避免。谈话中应用眼睛轻松柔和地注视对方的眼睛,不要直愣愣地盯住别人。

#### 3. 谈吐文明

谈话中一些细小的地方,也应当体现对他人的尊重。谈话中使用外语或方言,需要顾及谈话的对象以及在场的其他人。假如有人听不懂,那就最好别用,不然就会使他人感到是故意卖弄学问或有意不让他听懂。与许多人一起谈话,不要突然对其中的某一个人窃窃私语,凑到耳边小声说话更不允许。如果确有必要提醒他注意脸上的饭粒或松开的裤扣,那就应该请他到一边去谈。

当谈话者超过三人时,应不时同其他所有的人都谈上几句话。尤其需要注意的是,同女士们谈话要礼貌而谨慎,不要在许多人交谈时,同其中的某位女士一见如故,谈论不休。

**4.温文尔雅**

有人谈话得理不让人,天生喜欢抬杠;有人则专好打破砂锅问到底,这样做都是失礼的。在谈话时要温文尔雅,不要恶语伤人,讽刺谩骂,高声辩论,纠缠不休。在这种情况下即使占了上风,也是得不偿失的。

**5.以礼待人**

在谈话时,以礼待人,善解人意是很最重要的。一个人在谈话中,如果对待上级或下级、长辈或晚辈、女士或男士、外国人或中国人,都能够一视同仁,给予同样的尊重,才是一个最有教养的人。

**6.善于聆听**

谈话中不可能总处在"说"的位置上,只有善于聆听,才能真正做到有效的双向交流。

听别人谈话要全神贯注,不可东张西望,或显出不耐烦的表情;让别人把话讲完,不要在别人讲得正起劲的时候,突然去打断。

在聆听中积极反馈是必要的,适时地点头、微笑或简单重复一下对方谈话的要点,是令双方都感到愉快的事情,适当的赞美也是需要的。

**二、商务谈话的仪态**

在商务谈话的过程中,要讲究仪态。因为谈话时若伴以各种面部表情、神态和手势,往往会更直接地交流感情,更好地表达思想,给人印象深刻,从而使谈话的效果更好。

**1.形体语言**

全世界的人都借助示意动作,有效地进行交流。了解那些示意动作,至少你可以辨别什么是粗俗的,什么是得体的,使你在遇到无声的交流时,更加善于观察,更加容易避免误解。

(1)目光(用眼睛说话)

在商务活动中,用眼睛看着对话者脸上的三角部分。这个三角以双眼为底线,上顶角到前额。洽谈业务时,如果你看着对方的这个部位,会显得很严肃认真,别人会感到你有诚意。

(2)微笑

微笑可以表现出温馨、亲切的表情,能有效地缩短双方的距离,给对方留下美好的心理感受,从而形成融洽的交往氛围;可以反映本人高超的修养,待人的至诚。

微笑是人际交往的润滑剂,是广交朋友、化解矛盾的有效手段。微笑要发自内心,不要假装。

**2.正确体态**

体态无时不存在于你的举手投足之间,优雅的体态是人有教养,充满自信的完美表达。

正确的站姿应该是:抬头,挺胸,收腹,两腿稍微分开,脸上带有自信。

正确的坐姿应该是:后腿能够碰到椅子,轻轻坐下,两个膝盖一定要并起来,不可以分开,腿可以放中间或放两边。如果你要跷腿,两条腿是合并的;如果你的裙子是很短的话,一定要小心盖住。

正确的行姿应该是：抬头，挺胸，收腹，肩膀往后垂，手放在两边，轻轻摆动，步伐轻松，不拖泥带水。

正确的蹲姿应该是：两腿并起，弯下膝盖，臀部向下，上体保持直线。

# 第三节　商务宴请礼仪

从事商务活动，必然要以举行餐饮活动的形式表示欢迎、庆贺、答谢、饯行等，即宴请。宴请是一种交往形式，具有社交性、聚餐式和规格化三个特点，是人们结交朋友、联络感情、建立密切关系的重要手段。商务人员要想做到宴请时与宾主同乐，就必须对各种宴会的礼仪有一定的了解。

## 一、宴请者礼仪

为达到宴请目的，作为宴请者，应当熟悉和遵循宴请方面的礼仪。一次合乎礼仪的宴请，其本身常常就是一次成功的商务活动。

### 1. 迎宾

在宾客到达时，主人及接待人员应热情迎接，并引领到休息厅暂坐休息。开宴前，主人应陪主宾一道入席，作陪或接待人员安排其他人入座。

### 2. 宴会致辞

正式宴会一般均有致辞。致辞安排的时间各国不同。我国一般是一入席即致辞。致辞时手持酒杯，可以在主桌旁起立讲话，也可以到布置好的讲台讲话。致辞内容要简练，用词明快生动，表明设宴的目的和要求，表示谦虚和敬意。致辞时，参加宴会的人员应暂停饮食，认真聆听，以表示尊重。

### 3. 席间敬酒

在宴请的场合都有主人向客人敬酒，宾客之间互相敬酒的习惯。在敬酒时，态度要稳重、热情、大方。宴会上互相敬酒，目的是互致友谊、活跃气氛，宾主都应量力而行，适可而止，切忌强制劝酒、逼酒、甚至酗酒。

### 4. 热情交谈

在宴会过程中，大家可以互相自由交谈，但仍要注意不失礼仪。在整个宴会过程中，主人要注意不要只和自己熟悉的一两个人交谈，或者坐在宴会上话语很少。宴会上的话题很多，应注意选择些大众性、趣味性和愉悦性的话题。

### 5. 适时结束宴会

宴会时间一般在 1～2 小时，不宜过长或过短。主人要适时掌握宴会结束的时间，一般在客人吃完水果后，主人可以宣布宴会结束，同时对客人光临宴会表示感谢。主人和招待人员应把宾客送到门口，热情握手告别。

## 二、参加宴会者礼仪

宴请成功与否，除主办者对宴会是否安排周密细致外，参加宴会者的礼节、礼貌修养密切配合也是很重要的因素。商务人员在赴宴时应在以下几个方面着重注意：

**1. 应邀**

在接到邀请后,应尽早答复对方能否出席。接受邀请后不要轻易改动,万一因故不能应邀出席需致歉意。

**2. 仪表整洁**

出席宴会前,赴宴者要注意服装的整洁和个人卫生,至少要穿上一套合体入时的干净服装。若是参加正式宴会,应穿请柬上所规定的服装。参加宴会时要精神饱满、容光焕发,这样能增添宴会的隆重气氛,适应和谐的环境,也是对主人和其他来宾的尊重。

**3. 抵达入座**

如主人恭迎,则应先向主人握手、问好、致意,然后按照主人事前安排好的桌次和席位入座,不得随意入座,坐姿要端庄、自然。

**4. 进餐**

在主人致辞完毕后,经主人招呼后,即可进餐。要注意餐别不同,应注意的礼仪要求也不一样。

**5. 交谈**

参加任何宴会,无论处于何种地位,都避免不了和同桌人交谈,特别是左右邻座,如互相不认识,可以先作自我介绍。

**6. 礼貌告别**

宴会结束后,应向主人表示谢意。如主人备有小礼品相赠,不论价值轻重,都应欣然收下并表示感谢。

**7. 致谢**

宴会后,在合适的时候给主人打个电话致谢,可加深印象,增进友谊,为今后的进一步合作打好基础。

## 第四节　商务馈赠礼仪

在经济日益发达的今天,人与人之间的距离逐渐缩短,接触面越来越广,一些迎来送往及喜庆宴贺的活动越来越多,彼此送礼的机会也随之增加。但如何挑选适宜的礼品,对每一个商务人员都是值得重视的问题。懂得送礼技巧,不仅能达到大方得体的效果,还可增进彼此感情,有利于商务交往的进一步发展。

在商务活动中,要使对方愉快地接受馈赠并不是件容易的事情,因为即使是赠礼人精心选择的礼品,如果不讲究赠礼的礼仪,也很难使馈赠收到良好的效果。因此,馈赠的礼仪大有学问。

**1. 注意礼品的包装**

包装力图突出自己的特色,增加文化品位。包装材料的色彩要挑受礼者喜欢的颜色。包装完毕再贴上写有祝词和签名的缎带或彩色卡片,以表达自己的情感和诚意。

**2. 注意赠礼的时间**

在商务活动中,一般在双方谈生意前或结束时送礼物,很少在商业交易正在进行之中送。访问时一般在访问开始或结束时送,最好是在访问结束时送。

**3. 注意赠礼时的态度和动作**

赠送礼品时,平和友善的态度、落落大方的动作并伴有礼节性的语言,使受礼者在接收礼品时不好拒绝,同时心情愉快。

**4.注意馈赠的忌讳**

(1)切勿直接去问对方喜欢什么礼物;

(2)千万不要把以前接收的礼物转送给别人;

(3)切忌送一些将会刺激别人感受的礼物;

(4)谨记除去价钱牌及商店的袋装,无论礼物本身是如何不名贵,最好用包装纸包装,有时细微的地方更能显出送礼人的心意。

总之,馈赠本是很好的进行商务交往的方式,但如果不懂得其中的礼仪,就会把事情办糟,既花了钱,又伤了感情,这是特别值得商务人员注意的。

## 第五节 商务通信礼仪

### 一、打电话的礼仪

**1.时间的选择**

打电话应考虑何时去电话让对方方便。在别人不方便时去电话打扰是很不礼貌的行为。如果不得不在对方不方便的时候去打搅,应当先表示歉意并说明原因。

**2.礼貌问候**

电话拨通后,应先说一声"您好",得到明确答复后,报出自己要找的人的姓名。如电话号码拨错了,应向对方表示歉意,切不可无礼地挂断电话。

**3.做好记录**

通话时要用心听,最好边听边做笔记。在电话中交谈时应特别注意集中注意力,思想不可开小差。切不可边打电话边和身边的人交谈,这是很不礼貌的。不得不暂时中断通话时,应向对方说:"对不起,请稍等一会儿。"

**4.适时结束通话**

通话时间要适可而止,具体看情况而定。结束通话时,可以把刚才谈过的问题适当重复和总结一下。放话筒的动作要轻,因为这些声音对方也能听到,否则对方会以为是在故意摔电话。话筒没放稳前,千万不可发牢骚,说怪话,对刚才的交谈妄加评论,以免被对方听到。

### 二、接电话的礼仪

如何接电话,也是一门艺术,要想做一个合格的商务人员,有许多礼仪要学。

听到电话铃声,应尽快放下手中所做的事情去接电话。通话要结束时,请对方先放下电话,再轻放下自己的电话。

需要指出的是,无论在哪里接电话,都要仪态文雅、庄重,应轻拿、轻放,把电话机移向自己身边时,不要伸手猛拉过来。通话时应该声调适中,语气柔和沉稳。

### 三、电话礼仪的注意事项

**1.电话的声音礼仪**

接打电话,双方的声音是一个重要的社交因素。双方因不能见面,就凭声音进行判断,个人的声音不仅代表自己的独特形象,也代表了组织的形象,所以打电话时,必须重视声音的效果。一般要尽可能说标准的普通话,这不仅易于沟通,而且普通话是最富有表现力的语言。其次,要让声音听起来充满表现力,声音要亲切自然,使对方感受到自己是位精神饱满、全神贯注、认真敬业的人,而不是萎靡不振、灰心丧气的人。再次,说话时面带微笑,微笑的声音富有感染力,且可以通过电话传递给对方,使对方有一种温馨愉悦之感。

**2. 电话的语言礼仪**

语言表达尽量简洁明白,吐字要清晰,不要对着话筒发出咳嗽声或吐痰声。措辞和语法都要切合身份,不可太随便,也不可太生硬。

称呼对方时要加头衔,无论男女,都不可直呼其名,即使对方要求如此称呼,也不可用得过分。切不可用轻浮的言语。

**3. 出现线路中断情况**

当通话时线路突然中断时,拨打电话的一方应负责重拨,接通后应先表示歉意。即使通话即将结束时出现线路中断,也要重拨,继续把话讲完。要是在一定时间内打电话的一方仍未重拨,接电话一方也可拨过去。

**4. 准时等候约定的回电**

如果约定某人某时回电话,届时一定要开手机或在办公室等候。有事离开办公室时,务必告诉同事自己返回的准确时间,以防万一有人打来电话他们无从对答。

**5. 妥善处理电话留言**

对电话留言必须在一小时内给予答复。因为不能及时回电话,就意味着不尊重对方。一般也要在 24 小时之内对电话留言给予答复。如果回电话时恰遇对方不在,一定要留言,表明已经回过电话了,即使找不到对方所需要的资料,也要让对方知道自己是诚恳负责的,这是最基本的礼仪。如果自己确实无法亲自回电,也要托付他人代办。

**6. 通话时受到各种干扰**

如果自己走进别人办公室时,正好别人正在通话,应轻声道歉并迅速退出,否则是很不礼貌的。如果通话时间不太长,所谈也并非什么保密的事,接话人也许会示意自己坐下稍候,此时应尽可能坐在一旁等待,但决不可出声干扰。如果确有急事非马上打断正在打电话的人,只能将要谈的问题写在便条上放在他的眼前,然后退出。

## 四、正确使用手机

移动电话是商业活动中最便捷的通信工具。手机和座机一样,使用中也有一些事项应该特别注意:

(1)在参加一些需高度保密的重要会议时,不要携带手机进场,如果携带手机进场,要关闭手机电源,并将手机电池取出。

(2)在重要聚会、重要仪式、音乐会、电影院等场合,应将手机设置为振动状态,或暂时关机,若有重要来电必须接听时,应迅速离开现场,再开始与对方通话;如果实在不能离开,又必须接听,则要压低声音,一切动作以不影响在场的其他人为原则。

(3)平时与人共进工作餐(特别是自己做主人请客户时)最好不要打手机。如果有电话,最好说一声"对不起",然后去洗手间接,而且一定要简短,这是对对方的尊重。

### 五、收发传真、电子邮件礼仪

**1. 收发传真时礼仪**

传真机是远程通信方面的重要工具,因其方便快捷,在商务活动中使用越来越多,可部分取代邮递服务。起草传真稿时应做到简明扼要,文明有礼。

(1)在发传真之前,商务人员应先打电话通知对方。

(2)在收到他人的传真后,商务人员应当在第一时间内采用适当的方式告知对方。需要办理或者转交,转送他人发送的传真时切不可拖延时间,耽误对方的要事。

(3)书写传真件时,在语气和行文风格上,应做到清楚,简洁,且有礼貌。传真信件时必须用写信的礼仪,如称呼、签字、敬语等均不可缺少,尤其是信尾签字不可忽略,这不仅是礼貌问题,而且只有签字才代表这封信函是发信者同意的。

**2. 收发电子邮件(E—mail)礼仪**

电子邮件是一种重要的通信方式,电子邮件礼仪已经成为商务礼仪的一部分。商务人员收发电子邮件时也要讲究礼仪。

书写电子邮件时,语言要简略,所用字体和字号大小要让收件人看起来不费力,写完后检查有无拼写错误和不必要的话。

发送电子邮件时,重要的电子邮件可以发送两次,以确保能发送成功。发送完毕后,可通过电话等询问是否收到邮件,通知收件人及时接收阅读。

接收电子邮件时,应尽快回复来信,如果暂时没有时间,就先简短回复,告诉对方已经收到他的邮件,有时间会详细说明。

### 六、电子商务礼仪

电子商务是指交易当事人或参与人利用现代信息技术和计算机网络(主要是互联网)所进行的各类商业活动,包括货物贸易、服务贸易和知识产权贸易。

电子商务礼仪主要是为客户资料保密和保护客户的隐私权。在网络环境下,人们可以通过网络的便捷服务完成教育、娱乐、购物行为,甚至接受医疗保健、储蓄,参与政府事务,这些都在单一网络上进行,可能产生被侵犯的可能,这时电子商务公司应对客户的个人资料进行保密。如需使用应先征询客户同意。此外,客户应有权利修改或删除个人相关资料,不尊重客户者绝对会失去客户的忠诚。

**复习思考题**

1.商务谈话应遵循哪些主要原则?

2.在商务谈话时,商务人员应注意哪些仪态?

3.在商务宴请过程中,宴请者和参加宴请者各自要注意哪些相关礼仪?

4.简要阐述在商务馈赠过程中,需要注意哪些问题?

5.在商务通信中,商务人员在打电话和接电话的时候要注意哪些礼仪?

# 第三章　商务接待拜访礼仪

接待与拜访是商务活动中最常见的礼仪活动,它是与各种具体的商务活动结合在一起进行的。例如,谈判之前、推销过程、参观等都伴随着接待与拜访活动。令人满意的、健康的、正式的接待拜访活动对于建立联系、发展友情、促进合作有着重要的作用。特别是商业企业更应该了解迎接、拜访的基本礼仪规范,为企业塑造良好的形象。

## 第一节　商务接待礼仪

在经济一体化和世界经济全球化的过程中,商业正扮演着日益重要的角色,商业往来成为人们交往的重要组成部分,甚至是核心部分。

随着企业业务往来的增加,对外交往面的扩大,企业的接待工作越来越重要。

### 一、迎接礼仪

迎来送往,是社会交往接待活动中最基本的形式和重要环节,是表达主人情谊、体现礼貌素养的重要方面。尤其是迎接,是给客人良好第一印象的最重要工作。迎接客人要有周密的部署,应注意以下事项。

(1)对前来访问、洽谈业务、参加会议的外国、外地客人,应首先了解对方到达的车次、航班,安排与客人身份、职务相当的人员前去迎接。若因某种原因,相应身份的主人不能前往,前去迎接的主人应向客人作出礼貌的解释。

(2)到车站、机场去迎接客人,主人应提前到达,恭候客人的到来,决不能迟到让客人久等。

(3)应提前为客人准备好交通工具,不要等到客人到了才匆匆忙忙准备交通工具,那样会因让客人久等而误事。

(4)将客人送到住地后,主人不要立即离去,应陪客人稍作停留,热情交谈,但不宜久留,让客人早些休息。分手时将下次联系的时间、地点、方式等告诉客人。

### 二、招待礼仪

在接待工作之中,对于来宾的招待乃是重中之重。要做好接待工作,重要的是要以礼待客。

客户来访时,主人应微笑着问候客人并与客人握手,招待客人入座或与客人一起入座。入座前,应指示或告诉客人衣帽应挂在何处,也可帮助客人将衣帽挂起来,并会意或用手指引客人该坐于何处。接着应马上奉茶。奉茶前可事先请教客人的喜好是茶、咖啡或其他饮料。奉茶时左手捧着茶盘底部,右手扶着茶盘的外缘,依职位的高低顺序先端给不同的客人,再依职位高低端给自己公司的接待同仁。如有点心则放到客人的右前方,茶杯应摆在点心右边。上茶时应以右手端茶,从客人右方奉上,面带微笑,眼睛注视对方。

茶不要装得太满,以八分满为宜。水温不宜太烫,以免客人不小心被烫伤了。

会见之时,应准备好相关资料,不要在会见进行中随意进出、拿资料,这样容易让人感觉没有安排好。

### 三、送客礼仪

在一般情况下,不论宾主双方会晤的具体时间的长度有无约定,客人的告辞均须由对方首先提出。主人首先提出来送客,或是以自己的动作、表情暗示厌客之意,都是极其不礼貌的。当来宾提出告辞时,主人通常应对其加以热情挽留。若来宾执意离去,主人可在对方率先起身后再起身相送。

主人在送客时可送至大门外、电梯口甚至送上车并帮客人关车门。身份地位愈高的贵宾通常也愈有礼貌,往往于上车后将车窗摇下挥手道别,因此接待人员不可于客人上车后就离去,应等待客人座车离开视线后再离去。

## ▶ 第二节   商务拜访礼仪

商务活动中,商界人士免不了要经常前往不同的地方拜访客户。拜访客户的目的无外乎就是广泛开展业务联系,发展新客户,巩固老客户,不断加强联络,沟通感情。拜访工作要想达到预期效果,商务人员就必须遵守一定的礼仪惯例和规范。

### 一、办公室拜访礼仪

办公室是企业、行政机关及各种社会组织处理往来事务的重要场所,而且也是商务性拜访的常至之处。做好办公室拜访,应从以下几个方面加以注意:

**1. 拜访前要预约**

拜访要事先和对方约定一下,具体的联系方式可以是打电话,也可以是写信。约定好时间后不能失约,要按时到达,不要迟到,以免对方着急。也不可过早到达,否则对方来不及准备。确实因特殊原因不能如约前往时,要及时向对方说明,另行约定时间。

**2. 拜访前要注意修饰仪表**

拜访前应整理头发,刮净胡须,服装要整洁,鞋子要干净,显示出对对方的尊重和对会面的重视。仪容不整、满身脏污地去拜访是极不礼貌的。

**3. 到达后要礼貌地进入室内**

到达办公室门口,要再稍稍整理一下头发和服装,然后轻叩两三下门,经允许后方可进入。

**4. 节省时间进入正题**

到办公室拜访,尽早将话题转到正题上来,简要说明来意,待对方表示同意并达到目的后,应及时告辞,以免影响对方的工作。

**5. 礼貌告辞**

拜访结束时,应礼貌地告辞,对拜访成功的结果表示满意,对对方的热情接待表示感谢,对进一步接触表示信任和诚意。

## 二、宾馆拜访礼仪

商务活动中经常有同本企业或个人有联系的外地客商到本地来参观、学习、考察或进行其他活动。在得知此消息后,应该前往客人下榻的宾馆,进行礼节性的拜访。

### 1.约定时间

到宾馆拜访客人时,拜访前应先同对方约定好时间。时间的确定多由对方决定,在约定时间的同时,要问清楚对方下榻宾馆的位置楼层、房间及联系电话等。

### 2.服饰整洁

宾馆是较正规的场所,进出时服饰一定要整洁。若是穿着不当,有可能被拒之门外,即使不被阻挡,也会招来别人异样的目光。

### 3.敲门入内

进入客人房间以前,要先核对房间号,证实无误后,可轻轻叩门。客人开门后,进行自我介绍,双方身份得到证实,待客人允许进入时,才可入内。

### 4.及时告辞

到宾馆拜访客人大都是礼节性的。一切安排妥当后,要及时告辞,到宾馆拜访客人时间不宜太长。

### 5.遵守宾馆的各项规定

到宾馆拜访客人,应遵守宾馆的各项规定。如不在禁止吸烟处吸烟;不要在宾馆的前厅及走廊上跑动,等等。走路时脚步要轻,与服务员或客人讲话时声音要小、态度要友好。

## 三、拜访异性客商礼仪

因工作的需要,单独拜访异性客商是常有的事。由于性别的差异,在拜访时应特别注意礼节、礼貌,以免引起对方的误会或其他人的猜疑,影响拜访效果。

### 1.提前预约

拜访异性客商,同样要事先约好时间。无论拜访对象之间是熟悉的还是不熟悉的,都需要预约,并且最好由对方确定拜访时间。未曾约定的任何异性拜访多半是不受欢迎的,有时甚至是令人尴尬的。

### 2.选择合适的拜访时间

对异性客商的拜访在时间的选择上一定要考虑周到,要避免时间过早或过晚,以及用餐时间和节假日,否则会造成对方的不方便,也容易造成其他人的猜疑和误解。

### 3.服饰要整洁大方

在拜访异性客商时,对服饰做一番准备是必要的,可以根据被拜访者的身份和拜访的场所等因素进行选择,但不能过分打扮。

### 4.言语要真诚得体

拜访异性客商时,讲话的态度要自然诚恳,不要闪烁其词,更没必要羞怯不安。用语要谨慎,不可乱开玩笑,动作手势不宜幅度过大,保持稳重平和的态度,争论问题须有节制。如果不是代表公司,最好不要向异性客商送任何礼物。

**5. 适时告辞**

拜访异性客商,时间上不宜过长,拜访过程中,基本目的已经达到,应选择时机适时告辞。具体应以拜访进程情况具体而定。过早走,会被认为拜访者心不诚,是出于商务上的应付,过迟走,又易引起被拜访者的厌烦。所以要选择恰当时机适时告辞,使拜访工作圆满完成。

## 四、拜访外商礼仪

在拜访外商时,需要严格遵守的礼仪规范,主要涉及以下六条:

**1. 有约在先**

拜访外国人时,切勿未经约定便不邀而至。尽量避免前往其私人居所进行拜访。在约定的具体时间通常应当避开节日、假日、用餐时间、过早或过晚的时间,及其他一切对对方不方便的时间。

**2. 守时践约**

这不只是为了讲究个人信用,提高办事效率,而且也是对交往对象尊重友好的表现。万一因故不能准时抵达,务必及时通知对方,必要的话,还可将拜访另行改期。在这种情况下,一定要记住向对方道歉。

**3. 进行通报**

进行拜访时,倘若抵达约定的地点后,未与拜访对象直接见面,或是对方没有派人员在此迎候,则在进入对方的办公室或私人居所的正门之前,有必要先向对方进行一下通报。

**4. 登门有礼**

当主人开门迎客时,务必主动向对方问好,互行见面礼节。倘若主人一方不止一人之时,则对对方的问候与行礼,必须在先后顺序上合乎礼仪惯例。标准的做法有二:其一,是先尊贵后一般。其二,是由近而远。在此之后,在主人的引导下,进入指定的房间,切勿擅自闯入,在就座之时,要与主人同时入座。倘若自己到达后,主人处尚有其他客人在座,应当先问一下主人,自己的到来会不会影响对方。为了不失礼仪,在拜访外国友人之前,随身携带一些备用的物品。主要是纸巾、擦鞋器、袜子与爽口液等,简称为"涉外拜访四必备"。入室后的"四除去"是指帽子、墨镜、手套和外套。

**5. 举止有方**

在拜访外国友人时要注意自尊自爱,并且时刻以礼待人。与主人或其家人进行交谈时,要慎择话题。切勿信口开河,出言无忌。与异性交谈时,要讲究分寸。对于主人家里遇到的其他客人要表示尊重,友好相待。不要在有意无意间冷落对方,置之不理。若遇到其他客人较多,既要以礼相待,一视同仁。切勿明显地表现出厚此薄彼,而本末倒置地将主人抛在一旁。在主人家里,不要随意脱衣、脱鞋、脱袜,也不要大手大脚,动作嚣张而放肆。未经主人允许,不要在主人家中四处乱闯,随意乱翻、乱动、乱拿主人家中的物品。

**6. 适可而止**

在拜访外商时,一定要注意在对方的办公室或私人居所里停留的时间长度。从总体上讲,应当具有良好的时间观念,不要因为自己停留的时间过长,从而打乱对方既定的其他日程。在一般情况下,礼节性的拜访,尤其是初次登门拜访,应控制在一刻钟至半小时之内。最长的拜访,通常也不宜超过两个小时。有些重要的拜访,往往需由宾主双方提前议定拜访的时间和长度。在这种情况下,务必要严守约定,绝不单方面延长拜访时间。自己提出告辞时,虽主人表示挽留,仍须执意离去,但要向对方道谢,并请主人留步,不必远送。在拜访期间,若遇到其他重要的客人来访,或主人一方表现出厌客之意,应当机立断,知趣地告退。

## 复习思考题

1. 在商务接待前,接待员要做哪些准备工作?
2. 在迎接客人的到来时,应注意哪些事项?
3. 在拜访客人时,到办公室和到宾馆拜访各自要注意哪些礼仪?
4. 在拜访异性客商时,我们要注意哪些方面的礼仪?
5. 在拜访外国商人时,我们应遵循哪些礼仪?

# 第四章 商务会议礼仪

商务人员在日常交往中必不可少的一件事情,就是要组织会议、领导会议或者参加会议,因此会议自然而然地成为商务活动的有机组成部分之一。商务会议主要包括展览会、展销会和洽谈会等,是商务人员交流信息、开展活动的重要方式。

## ▶ 第一节 商务会议概述

会议,又称集会或聚会。在现代社会里,它是人们从事各类有组织的活动的一种重要方式。在一般情况下,会议是指有领导、有组织地使人们聚集在一起,对某些议题进行商议或讨论的集会。

在商界之中,由于会议发挥着不同的作用,因此便有着多种类型的划分。依照会议的具体性质来进行分类,商界的会议大致可以分为如下四种类型:

第一,业务型会议。它是商界的有关单位所召开的专业性、技术性会议,例如,展览会、供货会,等等。

第二,行政型会议。它是商界的各个单位所召开的工作性、执行性的会议,例如,行政会、董事会,等等。

第三,社交型会议。它是商界各单位以扩大本单位的交际面为目的而举行的会议,例如,茶话会、联欢会,等等。

第四,群体型会议。它是商界各单位内部的群众团体或群众组织所召开的非行政性、非业务性的会议,例如,职代会、团代会等,旨在争取群体权利,反映群体意愿。

一般而论,以上四种类型常见于商界的会议,除群体型会议之外,均与商界各单位的经营、管理直接相关,因此世人称之为商务会议。在商务交往中,商务会议通常发挥着极其重要的作用。

在许多情况下,商务人员往往需要亲自办会。所谓办会,指的是从事会务工作,即负责从会议的筹备直至其结束、善后的一系列具体事项。

商务人员在负责办会时,必须注意两点:一是办会要认真。奉命办会,就要全力投入,审慎对待,精心安排,务必开好会议,并为此而处处一丝不苟;二是办会要务实。召开会议,重在解决实际问题,在这一前提下,要争取少开会、开短会,严格控制会议的数量与规模,彻底改善会风。

## ▶ 第二节 参加者礼仪规范

### 1. 主持人的礼仪

商务会议的主持人,一般由具有一定职位的人来担任,其礼仪表现对会议能否圆满成功有着重要的影响。

（1）主持人应衣着整洁，大方庄重，精神饱满，切忌不修边幅，邋里邋遢。

（2）走上主席台应步伐稳健有力，行走的速度因会议的性质而定，一般地说，对快、热烈的会议步频应较快。

（3）入席后，如果是站立主持，应双腿并拢，腰背挺直。持稿时，右手持稿的底中部，左手五指并拢自然下垂。双手持稿时，应与胸齐高。坐姿主持时，应身体挺直，双臂前伸。两手轻按于桌沿，主持过程中，切忌出现搔头、揉眼、拦腿等不雅动作。

（4）主持人对会场上的熟人不能打招呼，更不能寒暄闲谈，会议开始前，或会议休息时间可点头、微笑致意。

### 2. 会议发言人的礼仪

会议发言有正式发言和自由发言两种，前者一般是领导报告，后者一般是讨论发言。正式发言者，应衣冠整齐，走上主席台应步态自然，刚劲有力，体现一种成竹在胸、自信自强的风度与气质。发言时应口齿清晰，讲究逻辑，简明扼要。如果是书面发言，要时常抬头扫视一下会场，不能低头读稿，旁若无人。发言完毕，应对听众的倾听表示谢意。

自由发言则较随意。应注意，发言要讲究顺序和秩序，不能争抢发言；发言应简短，观点应明确；与他人有分歧，应以理服人，态度平和，听从主持人的指挥，不能只顾自己。

如果有会议参加者对发言人提问，应礼貌作答，对不能回答的问题，应机智而礼貌地说明理由，对提问人的批评和意见应认真听取，即使提问者的批评是错误的，也不应失态。

### 3. 会议参加者礼仪

会议参加者应衣着整洁，仪表大方，准时入场，进出有序，依会议安排落座，开会时应认真听讲，不要私下小声说话或交头接耳，发言人发言结束时，应鼓掌致意，中途退场应轻手轻脚，不影响他人。

## ▶ 第三节　几种常见的商务会议礼仪

### 一、展览会礼仪

展览会，简称为展览，或称之为展示、展示会。对商界而言，主要是指有关单位和行业组织，甚至是政府所组织的推广介绍商业产品和技术、促进商品宣传和流通的商业性聚会。

展览会礼仪，通常是指商界单位在组织、参加展览会时，所应当遵循的规范与惯例。举办展览会要注意以下礼仪：

（1）在展位上工作的人员应当统一着装，最佳的选择是身穿本单位的制服，或者是穿深色的西装、套裙。参展单位若安排专人迎接宾客时，则最好请其身穿色彩鲜艳的单色旗袍，并胸披写有参展单位或其主打展品名称的大红色缎带。全体工作人员除礼仪小姐外，都应佩戴标明本人单位、职务、姓名和有本人彩照的胸卡。

（2）要努力维护整体形象。工作人员不应佩戴首饰，男士应当剃须，女士则最好化淡妆。站立迎客，不迟到、早退，不无故脱岗、东游西逛，时时注意礼貌待人。

（3）当观众走近自己的展位时，工作人员应面向对方，稍许欠身，面带微笑，伸出左手，掌心向上，指尖直指展台，并告知对方："请您参观"。

（4）当观众在本单位的展位上进行参观时，工作人员可随行于其后，以备对方向自己进行咨询；对于观众所提出的问题，工作人员要认真做出回答。不允许置之不理，或以不礼貌的言行对待对方。

（5）当观众离去时，工作人员应当真诚地向对方欠身施礼，并道以"谢谢光临"，或是"再见！"

（6）在任何情况下，工作人员均不得对观众恶语相加或讥讽嘲弄。对于个别不守展览会规则而乱摸乱动、乱拿展品的观众，仍需以礼相劝，必要时可请保安人员协助，但不允许对观众擅自动粗，进行打骂、扣留或者非法搜身。

### 二、展销会礼仪

展销会是边展览、边销售的一种商业活动形式，它兼有展览和销售两种功能，用于集中宣传某类产品或突出宣传企业的各种产品。举办展销会要注意以下礼仪：

首先，展销会的环境布置要隆重、典雅，体现出一种文化氛围。展区布置得要具有鲜明的特色和富有感染力，展销产品的摆放要讲究艺术性和技巧性，既要突出产品特点，又要方便顾客购买。

其次，展销会的营业员和工作人员要给来宾留下良好的印象，服饰要整洁划一，仪容要修整，佩戴有关标志，面带微笑迎送每一位来宾。在展销厅的各个商品展区，都要有礼仪小姐或礼仪先生，为顾客提供礼貌的服务，主动为顾客介绍商品，并耐心回答顾客的咨询。

最后，展销会的目的是扩大业务联系，扩大宣传，增加营业额，因而对所有客户，无论是新客户或老客户，大客户或小客户，都要给予同样的礼遇。

在有许多竞争产品参展时切不可为推销自己的产品而贬低别人的产品，这是失礼的行为，可以着重介绍自己的产品的优点，不可以进行比较性介绍。

### 三、洽谈会礼仪

洽谈会也是重要的商务活动。一个成功的洽谈会，是既要讲谋略，更要讲礼仪的。

#### 1. 洽谈会的礼仪性准备

洽谈会是单位和单位之间的交往，所以应该表现的是敬业、职业、干练、效率的形象。在仪表上，要有严格的要求。如男士不准蓬头垢面，不准留胡子或留大鬓角。女士应选择端庄、素雅的发型，化淡妆。摩登或超前的发型、染彩色头发、化艳妆或使用香气浓烈的化妆品，都不可以。在服饰上，应该穿着正统、简约、高雅、规范的最正式的礼仪服装。男士应穿深蓝色或深灰色两件套或三件套西装和白衬衫、打素色或条纹式领带、配深色袜子和黑色系带皮鞋。女士要穿深色西装套裙和白衬衫，配肉色长统或连裤式丝袜和黑色高跟、半高跟皮鞋。

#### 2. 洽谈会的座次礼仪

在洽谈会上，不仅应当布置好洽谈厅的环境，预备好相关的用品，而且应当特别重视礼仪性很强的座次问题。

在进行洽谈时，各方的主谈人员在自己一方居中而坐。其余人员则应依照职位的高低先近后远、先右后左地分别在主谈人员的两侧就座。如果有翻译，可以安排就座在主谈人员的右边。

举行双边洽谈时，应使用长桌或椭圆形桌子，宾主应分坐在桌子两侧。桌子横放的话，应面对正门的一方为上,属于客方。桌子竖放的话,以进门的方向为准,右侧为上,属于客方。

举行多边洽谈时,为了避免失礼,按照国际惯例,一般要以圆桌为洽谈桌举行"圆桌会议"。这样一来,尊卑的界限就被淡化了。即便如此,在具体就座时,仍然讲究各方的与会人员尽量同时入场,同时就座。最起码主方人员不要在客方人员之前就座。

**复习思考题**

1.什么是商务会议?

2.在参加商务会议时,参加者要注意哪些礼仪规范?

3.简述几种常见的商务会议规范?

# 第五章 商务谈判礼仪

商务谈判是商务人员从事的最重要的商务活动。商界人士所进行的谈判,是指在商务交往中,为了建立联系、达成交易、拟定协议、签署合同、要求索赔,或是为了处理争端、消除分歧而进行的面对面的讨论与协商,以求达成某种程度上的妥协。凡是正规、正式的谈判,都是按照一定的礼仪和规范来进行的。只有了解并能熟练应用谈判的策略和礼仪的商务人员才能称得上是称职的商务人员。

## 第一节 商务谈判过程礼仪

为了达成某项协议,满足谈判的各种要求,商务人员需经常进行谈判活动。商务谈判是比较常见的公务活动之一,要在平等、友好、互利的基础上达成一致意见,消除分歧,因此在参加商务谈判时要注意一定的礼仪。

### 一、谈判之前

商务谈判之前首先要确定谈判人员,参加谈判的代表应与对方谈判代表的身份、职务相当。

谈判代表要有良好的综合素质,首先从外表上得以体现,如整理好自己的仪容仪表,穿着要整洁正式、庄重。男式刮净胡须,穿西服必须打领带。女士穿着整洁朴素,不宜穿细高跟鞋,应化淡妆。

布置好谈判会场,采用长方形或椭圆形的谈判桌,门右手座位或对面座位为尊,应让给客方。

谈判前要对谈判主题、内容、议程作好充分准备,制定好计划、目标及谈判策略。

### 二、谈判之始

谈判双方代表接触时的第一印象非常重要。谈判之始,言谈举止要尽可能创造出友好、轻松的谈判气氛。

商务人员做自我介绍时仪态要自然大方,不可露傲慢之意。被介绍到的人应起立一下微笑致意,可以礼貌地道:"幸会、请多关照"之类。询问对方要客气,如"请教尊姓大名"等。如有名片,应双手接递。介绍完毕,可选择双方共同感兴趣的话题进行交谈。适当做一些寒暄,以沟通感情,为谈判创造一种轻松氛围。

开始时的姿态对把握谈判气氛起着重大作用,应目光注视对方双眼至前额的三角区域正方,使对方感到被关注,觉得你诚恳严肃。手心朝上比朝下好,手势自然,不宜乱打手势,以免造成轻浮之感。不要双臂交叉在胸前,显得你十分傲慢无礼。

### 三、谈判之中

要事先准备好有关问题，选择在气氛和谐时提出，态度要开诚布公。切忌气氛比较冷淡或紧张时查询，言辞不可过激或追问不休，以免引起对方反感甚至恼怒。但对原则性问题应当力争不让。对方回答查询时不宜随意打断，查询完了应向对方表示感谢。

在磋商即俗语中的"讨价还价"阶段，由于这关系双方利益，容易因情急而失礼，因此要特别注意保持风度。坦诚相见是最好的礼仪，磋商应心平气和，求大同，存小异。发言措辞应文明礼貌，在坚持原则的情况下可以做些必要的让步。

### 四、谈后签约

谈判达成协议后要举行签约仪式，一般选在宽敞的会议室，设一张长桌，盖深色台布，桌后并排放两张椅子。面对门主方在左，客方在右，将事先打印好的文本摆放桌上，分别放好签字用具，正中放一束鲜花。签字桌后墙上可贴上会标，写明"××合同签约仪式，×年×月×日"之类的标题。

举行签约仪式时，双方参加谈判的全体人员都要出席，共同进入会场，相互致意握手，一起入座。双方都应设有助签人员，分立在各自一方代表签约人外侧，其余人排列站立在各自一方代表身后。

仪式开始后，助签人员协助签字人员打开文本，并用手指明签字位置。双方代表各自在己方的文本上签字，然后由助签人员互相交换，代表再在对方文本上签字。

签字完毕，文本就产生法律效力，这时双方应同时起立，交换文本，并相互握手，祝贺合作成功。其他随行人员则应该以热烈的掌声，表示对签约喜悦和祝贺。

签约后通常都安排礼节性的干杯礼仪，或者合影留念，以示双方长期合作的愿望。

## 第二节 商务谈判涉外礼仪规范

在涉外交往中，遵守国际惯例和一定的礼节，可以赢得人们的尊敬和爱戴，广交朋友，避免隔阂和怨恨。如果一位商务人员在涉外工作中，彬彬有礼，待人接物恰如其分，诚恳、谦恭、和善，就必定受到人们的尊重。

### 一、涉外交往中的服饰礼仪

在国际社交场合，服装大致分为礼服和便装。正式的、隆重的、严肃的场合着礼服或西装，一般场合则可着便装。目前，除个别国家在某些场合另有规定（如典礼活动，禁止妇女穿长裤或超短裙）外，穿着趋于简化。

在涉外交往中，着装应注意下列事项：

（1）任何服装都应做到清洁、整齐、挺直。上衣下装均应熨平整。衣领、袖口要干净，皮鞋应上油擦亮。穿中山装要扣好领扣、领钩、裤扣。穿长袖衬衣要将前后摆塞入裤内，袖口不要卷起，长裤裤筒也不允许卷起。两扣西服上衣若系扣子，可系上边一粒扣，多扣西服上衣，下边一粒不扣。男同志在任何情况下均不应穿短裤参加涉外活动。女同志夏天不可光脚穿凉鞋，穿长筒袜,袜口不要露在衣、裙之外。

(2)参加各种涉外活动,进入室内场所均应摘去帽子和手套,脱掉大衣、风雨衣等送入存衣处。西方妇女的纱手套、纱面罩、帽子、披肩、短外套等,作为服装的一部分允许在室内穿戴。在室内外,一般不要戴黑色眼镜。有眼疾须戴有色眼镜时,应向客人或主人说明,并在握手、交谈时将眼镜摘下,离别时再戴上。

在家中或旅馆房间内接待临时来访的外国客人时,如来不及更衣,应请客人稍坐,立即换上服装、穿上鞋袜,不得赤脚或只穿内衣、睡衣、短裤、拖鞋接待客人。

### 二、涉外交往中的问候礼仪

在交际场合中,一般是在相互介绍和会面时握手;遇见朋友先打招呼,然后相互握手,寒暄致意;关系亲切的则边握手边问候,甚至两人双手长时间握在一起;在一般情况下,握一下即可,不必用力。但年轻者对年长者、身份低者对身份高者时应稍稍欠身,双手握住对方的手,以示尊敬。

握手也有先后顺序,应由主人、年长者、身份高者、女士先伸手,客人、年轻者、身份低者见面先问候,待对方伸手后再握。多人同时握手时切忌交叉进行,应等别人握手完毕后再伸手。男子在握手前应先脱下手套,摘下帽子。握手时应双目注视对方,微笑致意。

此外,有些国家还有一些传统的见面礼节,如在东南亚信仰佛教的国家见面时双手合十致意;日本人行鞠躬礼;我国传统的拱手行礼。这些礼节在一些场合也可使用。

公共场合远距离遇到相识的人,一般举起右手打招呼并点头致意,也可脱帽致意。与相识者在同一场合多次见面,只点头致意即可;对一面之交的朋友或不相识者,在社交场合均可点头或微笑致意。

### 三、涉外交往中的谈吐礼仪

涉外交往中,在与外商谈话时表情要自然,语言和气亲切,表达得体。谈话时可适当做些手势,但动作不要过大,更不要手舞足蹈,用手指点人。谈话时的距离要适中,太远太近均不适合,不要拖拖拉拉、拍拍打打。

参加别人谈话要先打招呼,别人在个别谈话时,不要凑前旁听;有事需与某人谈话,可待别人谈完;有人主动与自己说话,应乐于交谈;发现有人欲与自己谈话,可主动询问;第三者参与谈话,应以握手、点头或微笑表示欢迎;若谈话中有急事须离开,应向对方打招呼,表示歉意。

谈话时若超过三人,应不时与在场所有人攀谈几句,不要同个别人只谈双方知道的事情,而冷落其他人。如果所谈的问题不便让其他人知道,可另约时间。

在交际场合,自己讲话要给别人发表意见的机会,另一方面、在别人讲话时,也应适时发表个人的看法。对于对方谈到的不便谈论的问题,不应轻易表态,可转移话题。要善于倾听对方的讲话,不要轻易打断,不提与谈话内容无关的问题。在相互交谈时,应目光注视对方,以示专心。别人讲话不要左顾右盼、心不在焉、或注视别处、老看手表等做出不耐烦的样子,或做伸懒腰、玩东西等漫不经心的动作。

在交际场合结识朋友,可由第三者介绍,也可自我介绍。为他人介绍,要先了解双方是否有结识的愿望,不要贸然行事。无论自我介绍或为他人介绍,都要做到自然。例如,正在交谈的人中,有你所熟知的,便可趋前打招呼,这位熟人便将你介绍给其他客人。自我介绍时,要主动讲清自己的姓名、身份、单位(国家),对方则会随后自我介绍。为他人介绍时还应说明与自己的关系,以便于新结识的人相互了解与信任。介绍其他人时,要有礼貌地以手示意,而不要用手指指点别人。介绍也有先后之别。应先将身份低的、年纪轻的介绍给身份高的、年纪大的,把男子介绍给女士。介绍时,除女士和年纪长者外,一般应起立。但在宴会桌上、会谈桌上可不必起立,被介绍者只要微笑点头有所表示即可。交换名片也是相互介绍的一种形式。在送给别人名片时,应双手递出,面露微笑,眼睛看着对方,在接受对方名片时、也应双手接回,还应轻声将对方的姓名等读出,然后郑重地收存好。

涉外交往谈话时,内容不能涉及疾病等不愉快的事情,也不要提起一些荒诞离奇、耸人听闻、淫秽的话题。不应径直询问对方的履历、工资收入、家庭财产等私人生活方面的问题。对方不愿回答的问题不应究根寻底,对方反感问题应表示歉意或立即转移话题。在谈话中一定不要批评长辈、身份高的人,不要议论当事国的内政,不要耻笑讽刺对方或他人,不要随便议论宗教问题。

男子一般不参加女士圈内的议论。与女士谈话更要谦让、谨慎。不宜询问女士的年龄和婚姻状况,不要说对方的身材、健康、收入及私生活方面的话题。不要与女士开玩笑,更不要无休止的攀谈,以免引起对方和他人的反感。

社交场合的谈话话题,还可涉及天气、新闻、工作业务等方面,但一定注意内外有别,保守国家秘密。

**复习思考题**

1. 简述商务谈判过程礼仪规范。
2. 说一说涉外商务谈判有哪些礼仪规范。

# 第六章 商务仪式礼仪

商务仪式是企业为了庆祝或纪念某个重要日子、重大事件而举行的气氛热烈而隆重的仪式，如开业典礼、剪彩仪式、签字仪式、交接仪式等。举办商务仪式既可表明企业对此项活动庄重、严肃的态度，又可借此扩大企业的社会影响，提高企业的知名度和美誉度。如果企业能抓住这个有利时机，借助商务仪式的特定内容、主题和场景气氛来树立企业形象，往往会收到意想不到的效果。

## ▶ 第一节 开业典礼

开业典礼是商务活动中各类企业、商场、酒店等在成立或开张时，举行的一种庆祝仪式。而开业礼仪，一般指的是在开业仪式筹备与运作的具体过程中所应当遵从的礼仪规范。通常，开业礼仪包括两项基本内容，其一是开业仪式的筹备，其二是开业典礼的礼仪要求。

### 一、开业仪式的筹备

筹备开业仪式，一般遵循"热烈"、"节俭"与"缜密"三原则。所谓"热烈"是指要想方设法在开业仪式的进行过程中营造出一种欢乐、喜庆、隆重的气氛，而不应令整个典礼过程过于沉闷、乏味。所谓"节俭"，是要求主办单位勤俭持家，在举办开业仪式以及为其进行筹备的整个过程中，在经费的支出方面量力而行，节制、俭省。所谓"缜密"，则是指主办单位在筹备开业仪式时，既要尊重礼仪管理，也要具体情况具体分析，认真策划，注重细节，分工负责，一丝不苟，力求周密、细致，确保临场不出差错。

具体而言，筹备开业仪式时，舆论宣传、来宾邀请、场地布置、接待服务、礼品馈赠、程序拟定等六个方面的工作，尤其需要做好认真安排。

#### 1. 要做好舆论宣传工作

首先，利用有限的大众传播媒介，进行集中性的广告宣传。其内容多为：开业仪式举行的日期、开业仪式的举行地点、开业之际对顾客的优惠、开业单位的经营特色等等。

其次，邀请有关的大众传播界人士在开业仪式举行之时到场进行采访，以便对本单位进行进一步的宣传报道。

#### 2. 要做好来宾邀请工作

开业仪式影响的大小，往往取决于来宾身份的高低与其数量的多少。在力所能及的条件下，要多邀请一些来宾参加开业仪式。地方领导、上级主管部门与地方职能管理部门的领导、合作单位与同行单位的领导、社会团体的负责人、媒体人员，都是邀请来宾时应予以优先考虑的。为慎重起见，用以邀请来宾的请柬应认真书写，并应装进精美的信封，由专人提前送到对方手中，以便对方早作安排。

**3.要做好场地布置工作**

开业仪式多在开业现场举行,其场地可以是正门之外的广场,也可以是正门之内的大厅。按照惯例,举行开业仪式时宾主一律站立,一般不布置主席台或座椅。为显示隆重与敬客,可在来宾尤其是贵宾站立之处铺设红色地毯,并在现场四周悬挂横幅、标语、气球、彩带、宫灯。此外,还应当在醒目之处摆放来宾赠送的花篮、牌匾、来宾的签到簿、本单位的宣传材料、待客的饮料等等。对于音响、照明设备,以及开业仪式举行之时所需使用的用具、设备,必须事先认真进行检查、调试,以防其在使用时出现差错。

**4.要做好接待服务工作**

在举行开业仪式的现场,一定要有专人负责来宾的接待服务工作。在接待贵宾时,需由本单位主要负责人亲自出面。在接待其他来宾时,则可由本单位的礼仪小姐负责此事。若来宾较多时,须为来宾准备好专用的停车场、休息室,并应为其安排饮食。

**5.要做好礼品馈赠工作**

根据常规,向来宾赠送的礼品,应具有以下三大特征:

(1)宣传性:可选用本单位的产品,也可在礼品以及外包装上印上本单位的企业标志、广告用语、产品图案、开业日期等等。

(2)荣誉性:要使之具有一定的纪念意义,并且使拥有者对其珍惜、重视,并为之感到光荣和自豪。

(3)独特性:它应当与众不同,具有本单位的鲜明特色,使人一目了然,过目不忘。

**6.要做好程序拟定工作**

从总体上来看,开业仪式大都由开场、过程、结局三大程序构成。开场,即奏乐,邀请来宾就位,宣布仪式正式开始,介绍主要来宾。过程是开业仪式的核心内容,它通常包括本单位负责人讲话,来宾代表致辞,启动某项开业标志等等。结局则包括开业仪式结束后,宾主到现场进行参观、联欢、座谈等等。它是开业仪式必不可少的尾声。为使开业仪式顺利进行,在筹备之时,必须要认真草拟具体的程序,并选定好称职的仪式主持人。

## 二、参加开业典礼的礼仪要求

**1.企业方礼仪**

对于开业典礼的组织者来说,整个仪式过程都是礼待宾客的过程,每个人的仪容、仪表都要重视。首先要注意整洁。其他要特殊注意的有下面几项:

(1)准备要周到。首先,请柬的发放应及时,不得有遗漏。席位的安排要讲究,一般来说,按照身份与职务的高低确定主席台座次和贵宾席位,为来宾准备好迎送车辆等。

(2)要遵守时间。仪式的起始时间应该遵守。不要拖延,以免让人觉得言而无信。

(3)态度要友好。开业庆典的特点是喜庆气氛的营造。所以,首先要让来宾高兴才能铺垫良好气氛的基础;另外要为发言的来宾鼓掌。

(4)服饰要规范。有条件的单位最好穿统一式样的服装。没有条件的,应要求每个人穿着礼仪性服装。

**2.宾客礼仪**

(1)要守时。要准时参加开业典礼,为主办方捧场。如有特殊情况不能到场,应尽早通知主办方,以让对方另作安排。

(2)宾客应在开业典礼前或开业典礼时送些贺礼,如花篮、楹联等,并在贺礼上写明庆贺对象、庆贺缘由、贺词及祝贺单位。

(3)见到主人应向其表示祝贺,入座后应礼貌的与邻座打招呼,可通过自我介绍、互换名片等方式结识更多的朋友。

(4)在典礼上祝贺词时,应简短精炼,不能随意发挥,拖延时间。而且要表现得冷静沉着、心平气和,注意文明用语。

(5)在典礼的进行过程中,宾客要做一些礼节性的附和,如鼓掌、跟随参观、写留言等。

(6)宾客离开时要与主办单位领导、主持人、服务人员等握手告别,并致谢意。

## ▶ 第二节 剪彩仪式

剪彩仪式,严格地讲,指的是商界的有关单位,为了庆贺公司的设立、企业的开工、宾馆的落成、商店的开张、银行的开业、大型建筑物的启用、道路或航线的开通、展销会或展览会的开幕等而隆重举行的一项礼仪性活动。

在一般情况下,在各式各样的开业仪式上,剪彩都是一项极其重要的、不可或缺的程序。剪彩仪式上有众多的惯例、规则必须遵守,其具体的程序亦有一定的要求。剪彩的礼仪,就是对此所进行的基本规范。

### 一、对剪彩者的礼仪要求

剪彩者是剪彩仪式的主角,由于他们的特殊身份,更易于为人们和媒体关注。他们在仪式上的举止行为,要特别注意做到符合礼仪规范。

第一,修饰自己的仪表着装。剪彩者的仪表要庄重、整齐,着装要正规、严肃。着中山装、西装或职业制服均可,以剪彩内容的需要而选定。头发要梳理,颜面要洁净,给人以容光焕发、干净利落的好印象。

第二,注意剪彩中的举止行为。剪彩者在仪式全程中,应始终保持稳重的姿态、洒脱的风度和优雅的举止。起身剪彩时,应面带微笑地稳步走向待剪的彩带,从礼仪小姐的托盘中自取剪刀,并向礼仪小姐及两边的拉彩带者微笑示意,然后严肃认真地将彩带一刀剪断。如果剪彩者不止一人,还应当兼顾各位,彼此尽量同时开剪。剪完后,将剪刀放回托盘,并举手向人们致意或鼓掌庆祝。

第三,尊重主办单位,尽力配合仪式进程。剪彩者一定要按照约定的时间提前来到仪式现场,应当理解此时主办单位盼望嘉宾到位的心情。到现场后,可与主办单位或其他先到一步的嘉宾交流谈心,不宜独坐一隅。仪式开始后,则应专心听取别人发言,关注仪式进展程序,不宜喋喋不休地与人谈笑。剪彩归来回位之前,应先和主办单位的代表握手致贺,礼节性地谈几句,或与他们在一起长时间地鼓掌。在后续活动中,也应善始善终,听从主办单位的安排。

### 二、对礼仪小姐的礼仪要求

剪彩仪式上,通常都有礼仪小姐参加,她们承担着装点仪式、具体参与仪式的服务等重任,在仪式上虽说是配角,但却体现着举办单位的形象和员工的素质,礼仪在她们身上显得尤其重要。

首先是仪容要高雅。剪彩仪式上的礼仪小姐,多数情况下统一身着中华民族传统的礼仪服装——旗袍(也有穿西式套装的),脚穿黑色高跟皮鞋,化上淡妆,盘起头发,面带微笑,步履轻盈。要争取一举一动、一颦一笑,都能给人以美的感受,做到典雅大方、光彩照人。

其次是举止行为要规范。在仪式进行中,礼仪小姐应训练有素,走有走姿,站有站相,整齐有序,动作一致。尤其应注意做到的是,始终保持应有的微笑,这一点最重要,又最不容易做得好,主办单位必须加以强调。如果在仪式进行中有点小意外(比如剪了几次,仍未能剪断彩带)发生,礼仪小姐应平静地处理,不可手忙脚乱、大呼小叫,以确保仪式顺利进行。

最后是工作责任心要强。礼仪小姐在剪彩仪式中,应以规范的举止在服务中展示本单位的形象和风采,她们应当意识到,自己在仪式上的一点点粗心大意都会给来宾留下深刻的印象,给本单位带来损失。所以礼仪小姐的工作需要有坚强的自控力和高度的责任心。如果在仪式进行中,礼仪小姐却不知去向或丢三落四或毫无表情等,势必破坏剪彩仪式的热烈气氛,影响仪式的最终效果。

## 第三节　签字仪式

商务签字仪式,是商务活动中的合作伙伴经洽谈,就彼此之间进行商务合作、商品交易或某种争端达成协议或订立合同后,由各方代表正式在有关的协议或合同上签字的一种庄严而隆重的仪式。

签字仪式礼仪性极强,所有参加签字仪式的人员都应注意自己的仪表、仪态,穿着打扮要整洁、得体,举止要大方、自然,既不能严肃有余,也不能过分喜形于色。

在举行签字仪式之前,有关各方应预先确定好参加签字仪式的人员,并向其有关方面通报。双方签字人的身份应该对等,人数最好大体相等。为了表示重视,双方也可对等邀请更高一层的领导人出席签字仪式。

举行签字仪式的场地,一般视参加签字仪式的人员规格、人数多少以及协议中的商务内容重要程度来确定。多数是选择在客人所住的宾馆、饭店,或东道主的会客厅、洽谈室。无论选择在何处举行,都应征得对方的同意。

签字场地的布置,一般是在签字厅内设置长方桌作为签字桌,桌面覆盖深绿色呢台布(但要注意双方的颜色忌讳),签字人就座时,一般应当面对正门。如与外商签署协议或合同时,还应将各自一方的国旗摆放在该方签字者的正前方。如签署多边协议时,各方的国旗则应按一定的礼宾顺序插在各方签字者的身后。

签字结束,应先请双方的最高领导人以及客方先退场,然后东道主再退场。整个仪式以半小时为宜。

## 第四节　交接仪式

交接仪式,在商界一般是指施工单位依照合同将已经建设、安装完成的工程项目或大型设备,例如厂房、商厦、宾馆、办公楼、机场、码头、车站,或飞机、轮船、火车、机械、物资,等等,经验收合格后正式移交给使用单位之时,所专门举行的庆祝典礼。

举行交接仪式的重要意义在于,它既是商务伙伴们对于所进行过的成功合作的庆贺,是对给予过自己关怀、支持、帮助和理解的社会各界的答谢,又是接收单位与施工、安装单位巧妙地利用时机,为双方各自提高知名度和美誉度而进行的一种公共宣传活动。

在商务交接仪式中,有关交接仪式的准备和程序见本书实际操作部分,在此不再重复。现在就交接仪式的东道主和来宾的礼仪要求作一简单介绍。

在参加交接仪式时,不论是东道主一方还是来宾一方,都存在一个表现是否得体的问题。假如有人在仪式上表现失当,往往就会使之黯然失色。有时,甚至还会因此而影响到有关各方的相互关系。

对东道主一方而言,需要注意的相关礼仪有:

一是要注意仪表整洁。东道主一方参加交接仪式的人员,不仅应当是"精兵强将"、"有功之臣",而且应当使之能够代表本单位的形象。为此,必须要求他们妆容规范、服饰得体、举止有方。

二是要注意待人热情。不管自己是否专门负责接待、陪同或解说工作,东道主一方的全体人员都应当自觉地树立起主人翁意识。一旦来宾提出问题或需要帮助时,都要鼎力相助。即使自己力不能及,也要向对方说明原因,并且及时向有关方面进行反映。

三是要注意保持风度。在交接仪式举行期间,不允许东道主一方的人员东游西逛、交头接耳、打打闹闹。在为发言者鼓掌时,不允许厚此薄彼。当来宾为自己道喜时,喜形于色无可厚非,但切勿嚣张放肆、得意忘形。

对于来宾一方而言,在应邀出席交接仪式时,也应当对自己的礼仪行为严格要求:

其一,应当致以祝贺。接到正式邀请后,被邀请者即应尽早以单位或个人的名义发出贺电或贺信,向东道主表示热烈祝贺。有时,被邀请者在出席交接仪式时,将贺电或贺信面交东道主,也是可行的。不仅如此,被邀请者在参加仪式时,还须郑重其事地与东道主一方的主要负责人一一握手,再次口头道贺。

其二,应当略备贺礼。为表示祝贺之意,可向东道主一方赠送一些贺礼,如花篮、牌匾、贺幛等等。它可由花店代为先其送达,亦可由来宾在抵达现场时面交主人。

其三,应当预备贺词。假若与东道主关系密切,则还须提前预备一份书面贺词,供被邀请代表来宾发言时之用。其内容应当简明扼要,主要是为了向东道主一方道喜祝贺。

其四,应当准点到场。若无特殊原因,接到邀请后,务必牢记在心,届时正点抵达,为主人捧场。若不能出席,则应尽早通知东道主。

## 第五节 庆典礼仪

庆典礼仪,即有关庆典的礼仪规范,是由组织庆典的准备和参与庆典者的礼仪等两项基本内容所组成的。有关组织庆典准备的相关程序见本书实际操作部分,下面来着重谈谈参与庆典者的礼仪。

参加庆典时,不论是主办单位的人员还是外单位的人员,均应该注意自己临场时的举止表现。其中,主办单位人员应注意以下礼仪:

**1. 遵守时间**

无论是本单位的最高负责人，还是级别最低的员工，都不得无故缺席或中途退场。如果庆典的起止时间已有规定，则应当准时开始，准时结束。

**2. 态度友好**

主要是对来宾态度要友好。遇到了来宾，要主动热情地问好。对来宾提出的问题，都要立即予以友善的答复。当来宾在庆典上发表贺词时，或是随后进行参观时，要主动鼓掌表示欢迎或感谢。

**3. 表情庄重**

在举行庆典的整个过程中，都要表情庄重、全神贯注、聚精会神。庆典之中一般都安排了升国旗、奏国歌、唱"厂歌"的程序，一定要依礼行事。起立、脱帽、立正，面向国旗或主席台行注目礼，都要认认真真，表情庄重肃穆。

**4. 行为自律**

在出席庆典时，主方人员在举止行为方面应当注意的问题有：不要在庆典举行期间到处乱走、乱转，不要找周围的人说"悄悄话"、开玩笑，不要有意无意地做出对庆典毫无兴趣的姿态。

**5. 仪容整洁**

参加庆典的主办单位人员，一定要干净整洁，男士应剃胡须，女士应化淡妆。

**6. 服饰规范**

有统一式样制服的公司，应要求以制服作为本公司人士的庆典着装。无制服的公司，应规定届时出席庆典的本公司人员必须穿着礼仪性服装，即男士应穿深色的中山装套装，或穿藏蓝色或深灰色西装套装，配白衬衫、素色领带，黑皮鞋。女士应穿深色西装套裙，配长筒肉色丝袜、黑色高跟鞋，或者穿深色的套裤。此外，旗袍作为礼服，在很多庆典场合也很受欢迎。

**复习思考题**

1. 在筹备开业仪式前，一般需要做哪些准备工作？
2. 参加开业典礼要注意哪些礼仪要求？
3. 在企业举行剪彩仪式时，需要注意哪些礼仪要求？
4. 在商务签字仪式中，需要注意哪几个主要的环节？
5. 在企业举行交接仪式时，在礼仪方面有哪些要求？
6. 一个企业筹备一次庆典，在做一个总体的计划前需要做哪些准备工作？

# 第四部分　社交公共礼仪

# 第一章　社交公共礼仪概述

礼仪是社会文明的产物,随着时代与社会经济的飞速发展,礼仪现已渗透到人们社会生活的各个领域,占据着越来越重要的位置。

在社会生活中,社交公共礼仪已经成为我们必不可缺少的一部分,社会公共礼仪知识是每个人必须会掌握和了解的基本常识。

## ▶ 第一节　社交公共礼仪的含义

在社会交往中,人际关系是通过人与人之间的交往和联系而表现出来的,这些交往和联系得以正常进行,需要用一定的行为规范来调节和增进彼此间的关系。社交礼仪正是在这种情况下根据实际需要而产生的。特别是随着商品经济的大规模发展,社交礼仪更成为人们社会生活中不可缺少的内容。讲究礼仪,注重礼貌,遵守一定的礼仪规范,已成为文明社会生活的一项重要指标。因此,社交礼仪就是人们在社会交往活动中必须遵循、掌握的礼节和礼貌行为。是人们用以沟通思想、联络感情、促进了解的一种行为规范。它往往通过人的行为特征、举止言谈、处世态度、衣着打扮表现出来。它反映出一个社会组织乃至整个社会的行为特征和文明程度,也能体现出人本身的修养、涵养、教养和素质水平。它包含在常规礼仪之中,又具有鲜明的个性。

公共礼仪,指的就是人们置身于公共场合时,所应遵守的礼仪规范。它是社交礼仪的重要组成部分之一,也是人们在交际应酬之中所应具备的基本素养。公共场合,又叫公共场所,它所指的是可供全体社会成员进行各种活动的社会公用的公共活动空间,例如楼梯、走廊、街头、巷尾、公园、娱乐场所、商厦、银行、邮政、车站、码头、机场、公共交通工具、公共卫生间等等。公共场合最显著的特点,是它的公用性和共享性。它为全体社会成员所服务,是全体社会成员进行社会活动的处所。

人是社会的人,除了个人生活、家庭生活之外,人们还必不可少地要置身于公共场合,参与社会生活。在这种情况下,与他人共处,彼此礼让、包容、理解、互助,也是做人的根本。公共礼仪的基本内容,就是人们在公共场合与他人共处时和睦相处、礼让包容的有关行为规范。

## 第二节　社交公共礼仪的意义

社交公共礼仪在公共活动中应用的范围很广,涉及到我们生活中的方方面面。无论是个人社交,还是社会组织工作环境,或是公共场合,都离不开公共礼仪。因此,公共礼仪在日常活动中具有不可替代的作用。

### 1. 有助于提升人们的文明程度

社交公共礼仪是体现人们素质水平、文明程度的重要标志之一。它不仅仅是些程序性、应酬性的形式,还蕴涵着极其丰富内涵,并能够深刻反映一个人的学识、修养、涵养、教养、品格、风度,是一个人道德风范的外化,是社交活动的重要内容。公共礼仪是属于道德范畴的,人们讲礼用礼,处处用礼约束自己的行为,时时用道德的力量支配自己的行动,是人们做好社交工作的基石。无论是干事业,还是做学问,首要的是先做人,而做人的首要条件是要讲公德和职业道德,这既是继承和发扬我国礼仪优良传统,又是人们取得社交成功的保证。

### 2. 有利于与他人和谐相处

公共礼仪对协调人们之间的关系,造成一种融洽和谐的气氛,使人们相互间施之以礼、与人为善、互相尊重,使人们和善地与他人相处,具有重要作用。

公共关系的对象是人,公共关系学是"人和"的科学。公共关系人员的工作是与社会各方广泛地交往,与各种人打交道,需要善于建立和谐有效的人际关系环境。在人与人的交往中,规范的社交公共礼仪会使人们相互真诚对待、和睦相处,达到相互理解、相互信任、相互帮助的目的。

### 3. 有助于树立良好信誉

我们知道,无论是国家的形象,还是社会组织的形象,都是由人来体现的。人们形象如何,直接关系到国家、社会组织的形象。因此说,优雅规范的礼仪礼节能够辅助社会组织树立良好的形象。

**复习思考题**

1. 什么是公共礼仪?
2. 什么是社交礼仪?
3. 在人际交往的社会生活中,社交公共礼仪有什么社会意义?

# 第二章　日常个人礼仪

个人礼仪是一个人的生活行为规范与待人处事的准则,是个人仪表、仪容、言谈、举止、待人、接物等方面的具体规定,是个人道德品质、文化素养、教养良知等精神内涵的外在表现。个人礼仪的核心是尊重他人,与人友善,表里如一,内外一致。

对个人来说,个人礼仪是文明行为的道德规范与标准,个人礼仪所形成的一种具有较强约束力的道德力量,使每一位社会成员能够自觉地将自己的言行纳入符合时代之礼的轨道,以顺应社会发展的潮流。

可见,个人礼仪不仅是衡量一个人道德水准高低和有无教养的尺度,而且也是衡量一个社会、一个国家文明程度的重要标志。

## ▷ 第一节　仪容礼仪

**一、仪容整洁礼仪**

仪容主要是指一个人的容貌。它包括头发、脸庞、耳朵、眼睛、鼻子、嘴巴等。仪容的整洁与否反映了一个人的精神面貌。我们每个人要时时刻刻保持仪容整洁。

**1. 口腔的清洁**

保持口腔清洁,是当今社会交往所必需的。有些人有口臭的毛病,当与人对面讲话时,应注意闭嘴呼吸,避免呼出的不良的气味影响到他人。与人交往时要保持一定的距离,千万不要凑到他人身边去。如必须在人耳边低声交谈,应用手加以掩盖,必要时可以用口香糖来减少口腔异味。但应指出,在别人的面前嚼口香糖是不礼貌的,特别是与人一边说话一边嚼,更应避免。

**2. 胡须的清洁**

依据我国当代风俗,男子不应蓄胡须,胡须最好每天剃一次。胡须比较多的人在出席重要活动时,事先也应刮一次。特别要指出的是,不可以当众剃须,更不可以在人前一根根地拔胡须,这既不文明又不卫生。

**3. 手的清洁**

在人的仪表中,手占有重要的位置。手的清洁与否能反映出一个人的修养与卫生习惯,所以要随时清洗自己的手。指甲要及时修剪整齐,但不要在任何公众场合修剪指甲,因为那是不文明、不礼貌的举止。同时要保持干净,最好不要留长指甲。

**4. 脚部的清洁**

脚部的清洁要十分重视脚部的卫生护理。要常洗脚,常换袜,尤其是汗脚,更要注意脚和袜子的清洁,以免脚臭引起他人讨厌和自己难堪。

**5. 服装鞋帽的整洁**

在任何情况下,服饰都应该是干净整洁的,不能粘有污渍,衣领和袖口处尤其要注意。服装应该是平整的,扣子应齐全,不能有开线的地方,更不能有破洞。内衣亦应该勤洗勤换,特别是西服衬衫,尤其要非常洁净。

穿皮鞋应该经常打油,保持鞋面光亮,注意不要在别人面前擦皮鞋。袜子也要经常洗换,特别是汗脚的人,更要注意袜子的清洁。

## 二、化妆的礼仪

化妆,是一种通过对美容用品的使用,来修饰自己的仪容,美化自我形象的行为。简单地说,化妆就是有意识、有步骤地来为自己美容。

化妆可使人变得楚楚动人,化妆的礼节则更能显示出一个人的修养。因此,化妆时,应遵循以下礼仪规范:

**1. 正式场合要化妆**

当出席一个正式的场合时,女士应适当化妆,让自己容光焕发富有活力,不化妆则被视为失礼。男士也要进行面容的适当修饰,比如刮干净胡须等等。

**2. 不要在公共场所化妆**

女士在公共场所之下化妆是非常失礼的。这样做既可能有碍于人,也不尊重自己。如果真的有必要化妆或进行修饰的话,要在化妆间或无人的地方去做,切莫当众化妆。

**3. 不要在男士面前化妆**

女士化妆一定要避开男士,特别是当着男同事的面化妆,即使是男朋友或丈夫也不例外。

**4. 不要非议他人的化妆**

由于民族、肤色和个人文化修养的差异,每个人的化妆不可能都是一样的。因此,既不要少见多怪,也不要以为自己的化妆才是最好的。对外宾的化妆尤其不要指指点点,也不要同外宾切磋化妆术。

**5. 不要借用他人的化妆品**

当你看见新的化妆品或是有时可能忘了带上化妆盒,除非化妆品的主人心甘情愿为自己提供方便,否则千万不要借用别人的化妆品,因为这是极不卫生的,也很不礼貌。

## ▶ 第二节　仪态礼仪

仪态,又称体态,是指人的风度和身体姿态。优良的仪态礼仪表情达意往往比语言更让人感到真实、生动。

## 一、站姿

站姿是指人的双腿在直立静止状态下所呈现出的姿势。得体的站姿的基本要点是:双腿基本并拢,双脚呈 $45°\sim60°$ 夹角,身体直立,挺胸,抬头,收腹,平视。

在日常的社交礼仪中,养成良好的站姿还需注意以下礼仪规范:

不论男女,站姿切忌缩颈、探脖、耸肩、含胸、驼背、腆肚、撅臀。站立时不要过于随便,不要无精打采地东倒西歪、耸肩勾背,或者懒洋洋地倚靠在墙上或椅子上,更不可双腿弯曲或不停地颤抖。在庄重场合下,双手不可插在衣兜或裤袋里,不可交叉在胸前,更不可下意识地做小动作。

## 二、行姿

行姿是指一个人在行走过程中的姿势,也可叫做走姿。得体的行姿最基本要点是:抬头挺胸,上身直立,双肩端平,两臂与双腿成反相位自然交替甩动,手指自然弯曲,身体中心略微前倾。

女士在较正式的场合中的行路轨迹应该是一条线,即行走时两脚内侧在一条直线上,两膝内侧相碰,收腰提臀挺胸收腹,肩外展,头正颈直收下颌。男士在较正式的场合中的行路轨迹应该是两条线,即行走时两脚的内侧应是在两条直线上。

关于走姿,还应了解一些在一些特殊场合下走姿的礼仪要求。如走进会场,步伐要稳健、大方;探望病人,脚步应轻而柔;参加吊丧活动,步态要缓慢、沉重,等等。

## 三、坐姿

坐姿是举止的主要内容之一。端庄优美的坐姿,会给人以文雅、稳重、自然大方的美感。坐姿的基本要求是:轻盈、和缓、平稳、从容自如。

落座之前,先要环视周围,看看长辈、领导及至女士们是否已经落座,不要自己抢在尊长之前先坐下。在西方,还有从左侧入座、离座,男士要帮助女士入座的传统。

入座时注意动作要轻盈舒缓,从容自如。落座的声音要轻,不要猛地墩坐,也不要忽地坐下,以免给人一种缺乏教养或赌气的感觉。

坐姿最忌讳的是弓腰曲背,两腿摇抖。落座时要保持上身挺直,不要耷拉肩膀,含胸驼背,不要摆弄手指,不要拉衣服,不要抠鼻子,不要掏耳朵,不要把脚跨在椅子或沙发扶手上、架在茶几上,也不要两腿笔直地向前伸。女士切忌双腿分开和高跷"二郎腿";穿裙子时切忌衬裙露出,以侧坐为美。

总之,坐姿要求端庄大方、舒适自然。

## 四、表情仪态

表情是思想感情的自然外露,它是通过人的面部情态表现出来的。真诚的微笑和坦诚的眼神就像无声的语言默默地传达着信息,表情礼仪探讨的正是眼神、笑容等方面的问题。

### 1. 眼神

眼神,是最富有感染力的表情语言。眼神的交流是人类文明长期进化的成果之一,也是人们内心世界丰富的感情流露。

一个良好的交际形象目光是坦然、亲切、和蔼、有神的。特别是在与人交谈时,目光应该注视对方,不应该躲闪或者游移不定。人际交往中诸如呆滞的、漠然的、疲倦的、冰冷的、惊慌的、敌视的、轻蔑的、左顾右盼的目光都是应该避免的,更不要对人上下打量,挤眉弄眼。

### 2.微笑

"相逢开口笑"是一种常用的见面礼节,它使人觉得和蔼、可亲、文明,也是"仪表吸引"的一个构成要素。

微笑应是发自内心、渗透感情、自然流露的表情。轻松友善的微笑,要自然、美好、真诚,切忌虚假造作、故作欢颜、曲意奉承。

另外,在融洽的气氛中,当对方向自己笑时,要有所回应,这也是最起码的礼貌。

### 五、手势仪态

手势是人们交往时不可缺少的动作,是最有表现力的一种体态语言。手势的运用要规范适度,简洁明确,自然亲切。

#### 1.使用手势礼仪

手指伸直并拢,手臂成一条直线,肘关节自然弯曲,掌心向斜上方;手势的上界不要超过对方的视线,手势下界不要低于胸区;手势的左右摆范围不要太宽,应在人的胸前或右方进行,摆时欲扬先抑,欲左先右,欲上先下;使用手势动作宜亲切自然,手势的曲线宜软不宜硬,动作表现要慢,切忌快猛;注意不能掌心向下,不能攥紧拳头,也不能用手指点。

#### 2.使用手势应该注意的问题

(1)手势的运用要规范和适度。与人谈话时,手势不宜过多,动作不宜过大,要给人以优雅、含蓄和彬彬有礼的感觉。一般认为,掌心向上的手势有一种诚恳、尊重他人的含义。掌心向下的手势意味着不够坦率、缺乏诚意等。攥紧拳头暗示进攻和自卫,也表示愤怒。伸出手指来指点,是引起别人注意,含有教训人的意味。在指路、指示方向时应注意手指自然并拢,掌心向上,以肘关节为支点指示目标,切忌伸出食指来指点。

(2)用手指点他人的手势是不礼貌的。在任何情况下,都不要用大拇指指自己的鼻尖和用手指点他人。谈到自己时应用手掌轻按自己的左胸,那样会显得端庄、大方、可信。

(3)介绍某人、为某人指示方向、请人做某事时,应该掌心向上,即把手臂伸平,手指自然并拢,掌心向上,以肘关节为轴,上身稍向前倾,以示敬重。这种手势被人认为是诚恳、恭敬、有礼貌的。

## 第三节　着装与服饰礼仪

随着礼仪从简趋势的发展,许多国家对服饰的要求也有逐渐简化的趋势。现在人们对于服装的要求,着重合身、得体、舒适、美观、大方,讲究适合自己的身份、年龄、性格和场合。

### 一、西装

西装是一种国际流行、经久不衰的服装,是男性服装中最受欢迎也最受看的一种。它样式美观大方,穿着方便简捷,显得潇洒精神,适应场合很广。

穿西装需注意如下礼仪规范:

### 1. 必须合体

领子应紧贴衬衣领口而且领口低于衬衣,袖子的长度以达到手腕为宜,西装衬衣的袖长应比上衣袖长点,胸围以穿一件羊毛衫后松紧适中为宜。要特别注意后背不起吊,也就是使上衣的下摆线与地面平行。

### 2. 必须整洁笔挺

西装必须干净、笔挺,袖口不应向上翻卷。

### 3. 配好衬衫

西装必须穿长袖衬衣,并将衬衣的纽扣扣好,领口一定要硬实、挺括,外露的部分一定要平整干净。衬衣下摆要掖在裤子里。衬衣的领子和袖口要干净。

### 4. 系好领带

凡在比较庄严、正规的场合,穿西装都须系领带。领带的长度以到皮带扣处为佳,色彩和图纹则可依西装色彩搭配,一般以冷暖色相间为好。领带夹一般在第四、五个扣之间。

### 5. 必须穿皮鞋

不论男女,穿西装必须配皮鞋,西服一般配黑色硬底皮鞋。皮鞋无论新旧,保持鞋面的清洁是第一位的,参加重大公共活动特别是涉外交际活动前一定要擦皮鞋,这是对宾客的尊重。

## 二、中山装和旗袍

(1)穿中山服时,应将前门襟扣、领扣、袋盖扣全部扣好;口袋内不宜放置杂物,以保持平整笔挺;着中山装时还要注意上下身衣料、颜色应一致,质地要考究。可以穿擦亮的黑色皮鞋,亦可穿洁净的布鞋。

(2)作为礼服的旗袍,最好是单一的颜色,面料以典雅华丽、柔美挺括的织锦缎、古香缎和金丝绒为佳;在隆重的正式场合,旗袍长度最好达到穿者的脚背;开衩的高度,原则上应在膝盖以上、大腿中部以下;穿旗袍可配高跟或半高跟皮鞋,亦可穿面料高级、制作考究的布鞋。

## 三、牛仔装

穿牛仔装时一定要注意场合,一般出席正式场合时不能穿牛仔装,而在休闲、郊游等场合时,穿牛仔装则是最佳的选择。

## 四、风衣

风衣是外套的一种。在正式场合一般不宜穿风衣。在其他场合,风衣可使人增加不少潇洒的风采。穿风衣时让领子竖起七分高,腰带随意缚上,最下面的纽扣可以松开。

## 五、男士服饰礼仪

### 1. 围巾

男士在上班时,或在较正式的场合应该选用棕色、灰色、深蓝色的围巾,酱紫色也可以。进入室内后,应将围巾连同外衣、帽子一齐脱下。注意男士任何时候在室内都不可以戴围巾、帽子、手套。

### 2.手帕

男士应该配备有手帕。男士的手帕分装饰用和普通用两种。装饰用手巾不可以当普通手帕使用。男士应该配有另一块整洁的手帕用来擦汗、擦手等。

### 3.鞋袜

适合男士穿着的皮鞋为黑色、深棕色和深咖啡色。黑色皮鞋可以和各色衣服相配,而且适用于各种场合。最正规的男士皮鞋为系带式。个子矮的男士,鞋跟可以适当加高。在工作场合,穿西装配穿的袜子应该是深色的,高及脚踝。绝对不可以穿很短的、松松垮垮的袜子。当坐下来的时候,露出腿上的汗毛是不雅观的,袜子上不应有破洞。若是穿旅游鞋,最好穿便装或是牛仔服,不要穿西装。

### 4.包

男士的手提包或是公文包上不宜带有装饰物,以深棕色或黑色为宜。

### 5.伞

男士用的伞应该是黑色的不折叠的伞。当然,若为方便使用,折叠伞也可以。

### 6.笔

职业男士最少应该携带一支笔,应插在西装上衣内侧口袋中。

## 六、女士服饰礼仪

### 1.帽子

根据服饰礼仪要求,女士在参加正式的仪式时,要戴上与自己服装相般配的帽子。在公务活动中,通常在室内不宜戴帽子,尤其不宜戴装饰性过强的帽子;在社交活动中,女士在室内允许戴帽子,但在对长者表示敬意时或在看演出时,应把帽子暂时摘下来。

### 2.围巾

女士的围巾应与服装协调。若是服装色彩单纯,或是色彩较为暗淡,应该用花色围巾。若服装本身很花哨,则应选择素色的围巾。女士的围巾应与体型协调:个子高的人,围巾宜大一些;身材纤细的人,围巾宜小一些。

### 3.腰带

作为男女共同的装饰物,腰带的选择也要考虑身材。小个子系细腰带,身材高大而腰部细者系宽带;上身较长的人应该用较宽的腰带,且向上系腰带,上身较短的人则应该把腰带向下系;腰较粗的人不宜使用闪亮的金属腰带,也不宜使用颜色过艳的腰带,而使用深色、中等宽度的腰带则比较合适。

### 4.鞋袜

女士的皮鞋从色彩上讲适应最广的也是黑色。若是经济条件许可,可以多配几双不同色彩的皮鞋与不同色彩、款式的服装搭配。应该注意的是腿根粗的人不宜穿细高跟的皮鞋;腿细的人,不宜穿粗鞋跟的鞋;X型腿或是O型腿的人,不宜穿高跟鞋。身穿新款时装,脚蹬旅游鞋或是黑布鞋也显得不伦不类。女士的袜子也应该搭配好,若穿裙装应配高筒袜,其颜色最好是用肉色的,它可以与各色衣裙搭配。腿太细的人不宜穿黑色的长袜,那样腿会显得更细。腿粗的人不宜穿白色长袜,那样腿会显得更粗。需要注意的是,浅色的衣裙配黑色的长袜是错误的,带有大花纹的袜子穿到正式场合是不得体的。袜子的长短应该以裙子的下摆掩盖住袜子为好,连裤袜更好。

### 5.佩带首饰

首饰是指宝石、戒指、耳环、项链及其挂件、手镯、手链、足链、胸针等饰物,它是服装美感的一种延伸。首饰选配得当,会使人增添魅力,但若使用不当,则会影响服饰的整体美。首饰的选配应当与场合、身材、脸型、服装、身份协调。

(1)耳环

佩戴耳环要与脸型相适应。圆脸型的人适宜选用链式耳环,不要戴又大又圆的耳环;方脸型的人适宜选用小耳环,不要戴过于宽的耳环;长脸型的人适宜选用宽宽大大的耳环,不要戴过长而且下垂的耳环。肤色深的人宜用浅色耳环;肤色浅者宜用深色耳环。

(2)项链

佩戴项链时,要注意与个人条件相配。脖子细长的女性适宜戴直径较细的项链;尖型脸或瓜子脸的女性,可选择较细、较短、秀气的项链;方型脸或圆脸的女性,宜选细长些的项链。

佩戴项链还要注意与服装相配。一般说穿运动便装或是工作服不应佩戴大耳环之类的饰物。艳丽的衣裙宜配简洁的项链,素色的衣裙则可配色泽明艳款式别致的项链。身着旗袍或彩裙时,配系的项链不仅要注意长短,还要考虑与其衣色、衣式是否相宜的问题。

(3)戒指

戒指一般只戴一枚,而且戴在左手上。戒指有宽有窄,镶的宝石也有大有小。年轻女性或少女戴戒指,以整镶大块宝石为佳。中年女性可戴大块宝石或小碎宝石拼镶的戒指。不要一次戴两只戒指。短而粗的手指头不宜戴重而宽的戒指。

(4)手镯与手链

手镯与手链都是手腕部的装饰品。手镯一般戴在右手上。宝石镶的手镯应紧贴在手腕的上部,只有成对的手镯才能同时戴在手腕上。如果是短粗胖的手型,不宜戴宽手镯,戴手镯时不应同时戴手表。

最后,值得一提的是,在上班、运动或旅游时少戴首饰为好;晚宴、舞会或喜庆场合最适宜佩戴首饰;吊唁、丧礼场合只允许佩戴结婚戒指、珍珠项链等素色饰品。

**复习思考题**

1.谈一谈,在实际生活中,一个人该怎样保持自己的仪容整洁?

2.女性在化妆时,需要遵守哪些礼仪规范?

3.在仪态礼仪中,一个人的站姿、坐姿和行姿分别有哪些礼仪要求?

4.简要阐述一个人的服饰礼仪包括哪些方面?

# 第三章　家 庭 礼 仪

所谓家庭礼仪,指的就是人们在长期的家庭生活中,用以沟通思想、交流信息、联络感情而逐渐形成的约定俗成的行为准则和礼节、仪式的总称。

家庭礼仪在现代社会生活中发挥着重要的作用。简单地说,家庭礼仪是维持家庭生存和实现幸福的基础,家庭礼仪能调节家庭成员之间达成和谐的关系,家庭礼仪也有助于社会的安定、国家的发展。

## 第一节　夫 妻 礼 仪

夫妻关系是一种亲密的家庭关系和人际关系。夫妻关系是家庭人际关系的主体和核心,是血亲和姻亲的基础。夫妻之间要讲究哪些礼仪呢?

### 1.夫妻之间要互相平等

夫妻平等是我国婚姻法所确认的一项基本原则,也是现代伦理道德的基本要求。感情是夫妻关系的基础,平等是夫妻之间维系感情的前提。因此,夫妻间必须平等相待,绝不因为社会地位的不同或经济收入的多少等因素而相互歧视。

### 2.夫妻之间要互相尊重

尊重对方主要是尊重对方的人格、性格、爱好、隐私及对方的感情需求。在日常的家庭生活中,不能说有损对方自尊的话,不能有有损对方尊严的举止,如拿自己妻子或丈夫的缺点跟别人的妻子或丈夫的优点比,或经常提及对方的缺点或为了提高自己而贬低对方等等。

### 3.夫妻之间要互相赞赏

在夫妻关系中,经常地赞美对方,特别是当对方取得了一定的成绩以后,适时地加以由衷的赞美,会令夫妻感情更深一步。

### 4.夫妻之间要互爱互谅

夫妻间要互敬互爱,继续培育爱情。特别在对方遇到烦恼、不幸的时候,关怀和体贴会增添夫妻的情意。夫妻相互谅解,是解决生活中的矛盾的一个重要方面,具体地说,应注意"大事不糊涂,小事不计较",对一些原则问题,要讲究方式、方法,对非原则问题,要学会"一笑置之";夫妻之间当一方发火的时候,另一方必须冷静,切不可"针尖对麦芒"、"硬碰硬",即使对方无理,最好等以后再说;遇到不顺心的事,要互相安慰、互相鼓励,不要雪上加霜;对待家庭中的各种问题要事先商量,口径一致,尤其在对子女的教育问题上更应如此;要善于"转弯"善于"下台阶",不要认为夫妻吵架后,谁先与对方说话,就是"屈服"。

### 5.夫妻之间要互相关心

夫妻间的互相关心不仅体现在关心对方的事业、前途等大的问题上,更主要的是体现在日常生活中的细微之处。日常生活中的许多看似鸡毛蒜皮的小事,都能表达和体现出对对方的关心：如道别与相见要亲切问候；出差归来不空手；记住对方的生日和兴趣爱好，等等。

**6. 夫妻之间要相互宽容**

夫妻长期在一起生活，为了和睦相处，必须对对方的缺点和失误大度一些，不能过于指责和挑剔。生活中夫妻双方性格、爱好、生活方式等存在着差异是正常的，当这种差异发展成为矛盾时，必须以一方的妥协才能告终。这时，只能是有一方妥协，才能化解矛盾，否则可能导致矛盾激化。

**7. 夫妻之间要相互扶助**

即互相支持，互相帮助，夫妻应共同承担家务事，丈夫不妨多干点力气活。夫妻在事业上更要互相帮助，互相支持，共同走向人生的辉煌。

## ▶ 第二节　父母与子女之间的礼仪

### 一、父母对子女的礼仪

**1. 悉心培养，言传身教**

父母对子女的培养应该从大处着眼，从小处着手，在言传和身教方面下好功夫。

对子女的言传，一方面要有耐心，不论自己多忙多累，都要争取条件，多做交谈。另一方面，就需要真心。交谈时要力求真诚，力戒虚伪。

与言传相比，身教有着更加现实的意义，即要求父母以身作则，身体力行，有意识地发挥自身的示范作用。

父母对子女的培养，主要是传、帮、带，即传授知识、帮助指点、带领进步。在这一过程中，父母要言行一致，凡事身体力行，任何时候都不要对孩子撒谎。许诺孩子的事，要尽量兑现。

**2. 严加管教，方法得当**

在管教的过程中，要注意摆事实，讲道理，以理服人而非以势压人。尽量不要当着外人的面批评孩子，平时应注意观察和表扬子女的优点，多鼓励孩子。对孩子提出的问题，父母要尽量给予答复。父母发现孩子不足和过错，要及时予以指正，以便于防微杜渐。对于子女在人际关系中出现的问题，尤其是与他人产生矛盾瓜葛时，更不可护短，对子女的短处熟视无睹。

### 二、子女对父母的礼仪

**1. 敬重父母，听从管教**

子女对待父母，应当以敬重为先，认真做到言行一致，表里如一，一以贯之。与父母讲话、办事时，一定要讲礼貌，守规矩，时时刻刻按照礼仪规范行事。对于父母的批评与指教，子女应洗耳恭听，认真接受，切不可强词夺理，当场顶撞，或是不屑一听，扬长而去。

**2. 孝顺父母，体贴老人**

孝顺长辈，是中华民族为世人称道已久的千古美德，是一个人应尽的起码义务之一。

首先要尊敬孝顺。做儿女的应该对父母养育之恩、报答，不仅要有物质上的赡养，还要有精神上的安慰。所以，即使不在父母身边，经常性的问候是非常必要的，即使父母再唠叨，绝不可以嫌他们烦甚至出现抵触情绪。

其次不要干涉父母的事。父母有自己的社交、人情、利益开支,更有自己的思想感情,做子女的切忌越俎代庖。尤其是失偶父母再婚问题,子女应为父母自身的幸福着想,支持理解,不能粗暴干涉。

还要注意一些小事。比如和父母在一起的时候,应尽可能地帮父母多做一些家务活,多和他们聊聊天。父母生日的时候,在可能的情况下,为他们准备一点小礼物,一家人在一起吃顿饭。这些看似不起眼的事情,对于父母失落、孤独的心,是最好的安慰。

## ▶ 第三节　婆媳之间的礼仪

婆媳关系可以说是中国家庭内部人际关系中的一个传统难题。即使在今天,相处融洽的婆媳关系也并不十分普遍。那么,婆媳关系应怎样相处呢? 婆媳之间需要遵守哪些相关礼仪呢?

### 1. 相互尊重与谅解

作为媳妇,要尊敬婆婆,因为婆婆年岁大,管家经验丰富;做婆婆的也不要总是在媳妇面前摆架子,要看到儿媳的长处,多尊重儿媳的意见。也就是说双方要相互配合,彼此尊重。遇到问题要遵循"设身处地","以己度人"、"己所不欲,勿施于人"等原则,要多从对方的立场去考虑问题,切忌总是以自己的利益为中心。

### 2. 避免争吵

婆媳之间出现了分歧、产生矛盾时,双方一定要保持冷静的头脑。当一方情绪反应激烈时,另一方应保持冷静与沉默,或者寻机走脱、回避,等事态平息后再交换意见,处理问题。此外,婆媳双方平日有了意见,切忌向邻居、同事或朋友乱讲。

### 3. 物质上的孝敬与情感上的交流相结合

作为儿媳要和婆婆搞好关系,除了物质上孝敬之外,还应注意和婆婆搞好感情交流,消除心理上的隔阂。因此,做媳妇的平日里要经常向婆婆问寒问暖,每逢老人身体不适,更需悉心照料,使老人在精神上得到安慰。

### 4. 发挥儿子的中介作用

儿子可以帮助婆媳进行心理沟通。例如平日家中有什么关于婆婆的好事,儿子可以多叫妻子出面,母亲过生日,买了东西叫妻子出面送给老人等。这些策略都有助于婆媳之间的情感交流。

婆媳之间发生矛盾时,儿子可以起疏导作用。由于婆媳之间既缺少母子间的亲切,又没有夫妇间的密切,因而出现了隔阂往往不容易消除,通过儿子从中周旋,可以消除心理屏障,使婆媳和好如初。

## ▶ 第四节　翁婿礼仪

一般说来,比起婆媳之间,岳父母与女婿之间,关系是比较好相处的。要想处理好他们相互之间的关系,也要掌握其中的一些礼仪的。

### 1. 在岳母面前多夸奖妻子

夸奖妻子,赞美妻子,夸的是妻子,高兴的却是岳母。如在岳母面前夸妻子手巧,会织毛衣,又会做家务;夸妻子善良、心眼好、善良,会为人处世;夸妻子孝道、贤惠,上尊父母,下和兄嫂;夸妻子善于精打细算,治家有方,会过日子,等等。

### 2. 多奉献少索取

女婿要博得岳父母的爱,过年过节拿些礼物去看望看望,岳父母的生日要去祝贺,平时有空多陪他们拉拉家常,有条件的话接他们到自己家里小住几天,等等。随说这些平凡的小事,很容易拉近女婿与岳父母的距离,同时也赢得妻子对你的信任和赞美。

女婿还得处理好与妻子家的兄弟姐妹的关系,不必明确岳父母的开支,这是他们自己的事,女婿没有权力干涉。切记不要让妻子回娘家索取东西。

### 3. 岳父母要宽宏大量

夫妻之生活中,难免有磕磕碰碰,如果小两口一旦发生矛盾,父母亲千万不要偏袒闺女,应批评女儿,女儿在父母亲这里没有得到好处,就会认真反思,改正自己的错误。同时更不要当着女儿的面指责女婿,要好言相劝,平息事端。

## 第五节 亲朋礼仪

夫妻任何一方的亲戚朋友来时,都要以礼相待,热情待客。不管是妻的,还是夫的,不论是贫的,还是富的,都应一视同仁,过年过节,红白喜事,亲戚来了,要一样热情地对待。让座、敬茶,入席吃饭,首先应让年龄大、辈分高的,然后依顺序而让。

如果夫妻一起走亲访友时,在亲朋家说话要口径一致,要么妇唱夫随,要么夫唱妇随。有不一致的意见时,不要当亲朋面争吵。也不要把家里的矛盾或不愉快带到亲朋家。

## 第六节 妯娌礼仪

有人说:"亲兄弟,仇妯娌"。这话并不正确,但确实说明在家庭关系中,最紧张最难处的恐怕就要数妯娌之间的矛盾,这种矛盾必然要反映到兄弟关系和家庭关系中来。因此,帮助妯娌之间建立融洽关系,合情合理地解决好她们之间的矛盾,会有助于处理好兄弟关系和整个家庭关系。

因此,妯娌之间要尽量做到以下几点:

### 1. 妯娌之间要宽容

妯娌之间要有宽厚之心,不能一有相碰的地方就揪住不放、耿耿于怀,应度量大些。

### 2. 凡事多商量

妯娌之间应当是遇事多商量,这种商量不是客气的商量,而是真心诚意地相互协商,这样做一可以表示相互尊重,二可以交流感情,三可以增进友谊,四可以统一认识便于合作。

### 3. 要有共患感

一个家庭不可能总是一帆风顺,总会遇到这样或那样的问题,作为妯娌之间应在困难中鼎力相助,要知道患难中的友情最深,千万不要一方有困难,另一方不伸手,不出力相助,这是最伤妯娌之间感情的事。

**4.妯娌之间互相体谅,要与人为善,多为对方着想**

妯娌之间,贵在谦让。如果都能体谅谦让一些,事情就好办了。特别是遇到爱计较的妯娌,如果一方主动热情相帮,双方关系也会逐渐得到改善的。

总之,这就需要妯娌们顾大局,讲风格,少猜疑,少计较,互相关心,互相尊重。同时作为兄弟,他们的作用也不能忽视。这就要当兄弟的多做工作,教育自己的爱人开阔胸怀,不要斤斤计较个人得失,正确对待妯娌之间容易产生矛盾的问题。

## ▶ 第七节 邻里之间的礼仪

人在社会上生活,都有左邻右舍,搞好邻里关系,既能增加相互的友谊,又有利各自的家庭生活。因此,要与邻里和睦相处,形成一种互敬、互信、互助、互让、互谅的新型邻里关系。

邻里关系要讲究礼让友好地和睦相处,不为区区小事而斤斤计较,多体谅别人家的难处,发生矛盾时要保持冷静,不要发怒,说理要和气。要学会尊重别人,语言更要讲文明。邻里争吵,旁观者要劝解,幸灾乐祸是极不道德、极不文明的行为。

具体还应该做到如下几点:

**1.不打扰左邻右舍**

早出晚归进出居室要保持安静,不要大声喧哗和说笑;使用音响设备要掌握适宜的音量;尊重邻居的生活习惯;管理教育好孩子,不要不分场合任意吵闹等。

**2.要以礼相待,互相体谅帮助**

平时邻居见面要互相打招呼,点头示意或寒暄几句,不要旁若无人,径直而过。日常生活中,邻里间要互相关照。当邻居家遇有婚丧嫁娶,要尽可能给予帮助,对邻居的老人和小孩,要给以尊重和照顾,特别是孤寡老人,当他们遇到困难时,要及时给以帮助。

**3.处理好住房公用部位的使用**

这是邻里关系中比较敏感的问题,应本着严于律己,大度为怀的态度来处理。在使用公用部位时,应力求平等合理,照顾各方利益。还要替他人着想,如公用水龙头、公用厕所,在早晚大家集中使用时间,不要占用较长时间。要爱护公用设施,对公共事宜,要主动承担责任,如打扫环境卫生,交纳公共区域的水电费,参加居(家)委会组织的义务劳动等,不能个人利益第一,只图自己方便,做出损人利己的事情。

**4.要互相信任,友好相处**

邻里相处信任是第一位的。遇到鸡毛蒜皮的生活琐事,不要互相猜疑,勾心斗角,通过坦率交换意见,妥善地协调解决各种矛盾。特别要注意为人要宽容,处事要谨慎,要本着"互不干涉内政"的原则,不要总是把眼睛盯着别人家里的私事,说三道四,搬弄是非,不仅破坏了邻里团结,也降低了自己的人格。

**5.要教育好自己的孩子,与大家和睦相处**

当孩子间发生纠纷时,家长应多做自我批评,宽容谦让,既为孩子树立榜样,也避免邻里间伤了和气。

复习思考题

1.什么是家庭礼仪?

2.夫妻关系是家庭人际关系的主体和核心,他们之间需要讲究哪些礼仪?

3.父母与子女之间是一种血缘关系,他们之间需要注意哪些方面的礼仪?

4.婆媳之间、妯娌之间,一般认为是家庭中最紧张最难处的两对矛盾,说一说她们之间的关系应如何处理?

5.邻里之间是家庭外部的关系,如想处理好又需要注意哪些问题?

# 第四章 校园礼仪

校园礼仪是传承中华民族文化、宏扬民族精神的重要形式,是校园文化建设中一个不可或缺的重要组成部分,是创建文明校园的有效载体。它对提高了师生的文明礼仪水平,树立学校的社会形象,促进社会主义精神文明建设等方面都发挥着积极的作用。

## 第一节 校园生活礼仪

### 一、校园生活礼仪概述

古人常说"不学礼,无以立","人无礼而不生,事无礼而不成,国无礼则不宁"。学校生活礼仪是指学校师生、员工之间在校相处时待人接物的礼貌行为及应有的仪表仪态的行为规范要求。

校园生活礼仪有其特定的对象,主要是指同学之间、师生之间以及学校员工间的礼仪。它有特定的应用范围,主要是学生在校内与教师相处,学生与学生之间日常行为,个人仪容、仪表方面的规范要求。

这些礼仪要求不仅是一个学生应遵守的日常行为规范,而且是对做人的基本要求。如,同学之间要互相团结、友爱;学生对师长要有礼貌;衣着打扮要符合学生的身份;在公共场所要注意社会公德,等等。主要来讲,校园生活礼仪有助于维护学生的形象;有助于学生正确处理人际关系;有助于学生提高自身的综合素质。

### 二、师生仪表礼仪

关于仪表礼仪,在前面已有过详细的叙述,这里将结合教师、学生身份的特殊性,分别予以说明。

#### 1.教师的仪表要求

教师是学校工作的主体,不仅是科学文化知识的传播者,而且是学生思想道德的教育者。老师在传播知识的同时,以自己的言行举止、礼仪礼貌对学生进行着潜移默化的影响,从而对学生的言行举止发生作用。

（1）端庄高雅的仪容

教师的容貌基本要求是整洁。教师要有良好的卫生习惯,面要净,发要理,牙要洁。一般来说,年青男教师不宜留长胡子,满脸不加修饰的络腮胡子,容易给人懒散的感觉;年长教师留长胡子,不失为长者风度,但也要经常修饰。

对女教师来说,不要讲究美容化妆。在日常教学活动中,不宜浓妆艳抹,日间化妆宜淡雅,晚宴则可以稍为浓艳。

在仪容修饰方面,应注意自己的发型,最好能体现为人师表的庄严持重特点,以美观、朴实为宜。

教师的着装应为文雅、庄重和朴素,既不呆板,又不矫饰,这既符合教师文质彬彬的气质,又合乎教师审美情趣和倾向于含蓄、朴素的特点。同时,教师的着装打扮,同样要符合审美性要求,这就是:合体、和谐、合度、整洁和显示个性。

(2)斯文和谐的举止

教师为人师表,其举止总体要求实稳重,稳重就是举止斯文和谐,庄重潇洒,不卑不亢,落落大方。为此,就要注重自己在语言、表情、身体动作方面的要求。

**2. 学生的仪表要求**

衣冠端正、举止文明、遵守纪律、生活俭朴,便是对学生的起码要求,而良好的仪表无疑是其中的重要内容。

学生尚处在求学阶段,仪表应以端庄、自然、朴素为好;服饰应以朴素大方、活泼整洁为好。

(1)发式

男同学最好是短发。它显得整洁、干净,富有朝气。女同学的发式以梳辫子、理短发为宜。这样可给人一种清新、活泼、纯真和稚气之感。不要烫发,烫发显得老气和成人化。

(2)服饰装扮

学生的服饰应以色彩鲜明,线条流畅,明快简洁为好,不要穿奇装异服。女生不要涂口红、胭脂、指甲油、画眉毛,也不要戴金银首饰。

(3)穿统一的校服和佩戴校徽

在学校里,学生要穿统一校服和佩戴校徽。这样可以培养学生的集体观念和遵守纪律的精神;显示出整齐和谐的校风、校貌,使学生焕发出勃勃生气,显示良好的精神状态。

(4)培养风度气质

作为学生,应培养风度气质。男同学要有阳刚之气,风度稳重,气质高雅,表现出刚劲、强壮、英武、坚毅、坦率、潇洒的面貌,不要动不动"兰花指"、"娘娘腔",更不要过于轻浮。

总之,学生的仪表在心灵美的前提下,应追求气质美、风度美、形象美,只有这样,才能体现青年人的涵养和品位。


**三、课外交往礼仪**

学校礼仪,除了课前、课上之外,还有一个重要部分,那就是课外礼仪,而且所涉及的礼节规范是多方面的。例如,师生之间在课外的礼仪、同学之间在课外的礼仪、同学之间在宿舍的礼仪,都是学习、工作、生活的重要部分。相互以礼相待,既是人际关系的内容,也是当代学生良好风貌的体现。

**1. 与教师交往礼仪**

(1)尊重教师,信任教师

教师是值得尊敬和信任的。学生要理解教师,服从教师的正确管理和教育,要理解教师的苦心,尊重教师的劳动,服从教师的管理和教导,当有不同意见时,也应以诚恳的态度、恰当的方式向教师提出。

（2）勤学好问，虚心求教

要向教师虚心求教。勤学好问不仅直接使学习受益，还会增多、加深和教师的交流，无形中就缩短了与教师的距离。常向教师请教学习上的问题会加深师生彼此的了解，增进师生之间的感情。

（3）正确对待教师的过失，委婉地向教师提出意见

如果教师冤枉了你，学生不要当面和教师顶起来，否则，不但无助于问题的解决，还会激化师生的关系，会使所有人都感到为难。暂且放一放，等都心平气和时再与教师谈一谈，其结果可能更好。

（4）犯了错误要勇于承认，及时改正

学生错了，应主动向教师承认，改正了就是好学生。教师是不会对你有成见的，要相信教师是会全面、客观地评价学生的。

（5）主动向教师问好

在校外公共场合中遇到教师，学生应向教师打招呼。切不可懒于或羞于打招呼，更不可假装未见，故意躲开。

在进出门口、上下楼梯时和教师相遇，学生应主动招呼，请教师先行。

教师来家访问，学生应热情迎接，主动向家长介绍教师，同时请教师坐下，给教师倒茶、递烟；为了便于教师和家长交谈，学生应暂时回避；当教师离开时，学生应热情送别。

毕业后，遇到教师，要主动热情地向教师问好，并汇报自己的工作情况和成绩，同时感谢教师的教育、帮助。重要节日（元旦、春节），特别是教师节，应给教师写慰问信、贺卡或拜望教师，使教师感到欣慰，感到自己的辛勤劳动没有白费，从而更加热爱教育事业。

**2．与同学交往礼仪**

同学之间的交往过程中，仅有友爱的良好愿望是远远不够的，更要注意情感的交流与沟通。与同学交往要遵循交友原则，才能与同学友好地相处。

（1）热情待人，相互帮助

这是与同学相处的一个基本原则。俗话说得好：给人方便，就是给自己方便。关心别人的人常常会得到别人更多的关心。当同学有求于你时，应主动帮助。早出晚归要顾及同寝室其他的同学。借用同学的东西时要讲礼貌，归还东西时要表示感谢。当同学有客人来访而同学本人又不在时，应主动热情地代为接待。

（2）尊重别人，注意礼貌

在集体生活中，每位同学都要注意尊重和保护别人的隐私权，尊重别人的人格。凡是同学不愿谈的，就不要去打听，不要去追问。无论在任何时候，都不应该翻看和私拆、私藏同学的日记和信件。不要给同学起绰号和嘲笑同学的生理缺陷。积极地关心和爱护他们，尽力帮助他们，而绝不是奚落、嘲笑和歧视他们。

异性同学相处要光明正大、心胸磊落，相互尊重，相互勉励。不能讲粗俗甚至卑劣的言语、传闻；更不宜以恶意去对异性的容貌、身体和衣冠评头论足；对异性的弱点，不可嘲讽，在提意见时更须慎重。男同学彬彬有礼，女同学文雅大方，彼此以高素质处理各种事情，完全不需要心存顾虑和杂念。

（3）维护集体生活秩序

学生要遵守宿舍的作息制度,各项活动都应按规定的时间进行。到宿舍串门,一定要注意时间,不要随便串门打扰别人的学习和生活。进寝室后,应主动向其他同学打招呼问好,而后坐在邀请你的同学的座位或床铺上,不能随便乱坐。其他同学的座位或床铺应在得到他们许可后,方可去坐。不可随便移动和翻看其他同学的东西,不能随便动用别人的茶具、毛巾等物品。谈话时声音要轻,谈话的时间要短,不能坐得太久,以免影响其他同学的学习和休息。

## ▶ 第二节　校园学习礼仪

### 一、课堂教学礼仪

教学活动是学校所有工作的核心,也是教师、学生花大部分精力和时间去参与的内容。所以,在课堂上的礼仪就是师生关系的基本礼仪。教师准时到教室,学生做好准备,师生互相尊重,共同维护秩序,都是课堂上师生起码的共同礼貌。

#### 1. 师生课前的礼仪

听到上课钟铃后,学生应迅速走进教室,准备好课本、练习本、文具等学习用品并摆放整齐,安静端坐,恭候老师的到来,是对老师最起码的尊重。老师走进教室,班长要喊"起立",声音要洪亮有力。全班同学应立即起立站直后并立正站好,向老师鞠躬问好并行注目礼,待老师回礼后方可坐下。

如果老师出现迟到的情况,学生一定要以理解、冷静、正确的态度来对待。不要大惊小怪,不要喧哗,不要大声议论,而仍应起立向老师致礼。当老师就迟到的原因作出解释并表示歉意时,学生应表现出谅解和宽容的态度。

如果学生出现迟到的情况,应先在教室门外喊报告,待老师允许后再进入教室,未经允许,不可擅自推门而入,应在老师的谅解和批准后,方可回到座位。回座位时,速度要快,脚步要轻,动作幅度要小。在放置书包与拿课本时,尽量不要发出声响。更不能为了掩饰自己的窘况,反而故意做出惹人发笑的举止。

#### 2. 学生上课时的礼仪

课上学生坐姿要端正,认真听讲,认真思考,有疑问提出或回答问题时,应先举半臂右手,经老师允许后起立发言,不应边举手边说话或坐在位上冲口而出。上课主动发问或要求回答老师提出的提问,应先举手得到老师的允许后,在原位处起立发问或回答提问,态度要严肃认真,姿势、表情要大方,不要故意作出松松垮垮或引人发笑的举止。说话声音要清脆,音量大小适中。点名回答问题时自己没把握,而偏偏被点到名,切不可有情绪抵触。应该大大方方地站起来,以抱歉的语调向老师解释。在其他同学回答提问时,不要随便插话。别人回答错了,或者回答不出,不可在旁讥讽嘲笑。

对老师讲述的内容有异议时,最好下课后单独找老师交换意见,共同探讨。若课上非提不可时也要注意场合和方式。态度要诚恳,谦虚恭敬,不可扰乱课堂秩序,影响授课计划。

#### 3. 学生下课时的礼仪

下课铃响,老师宣布下课时,班长喊"起立",每个同学都要起立站直站好,两眼注视老师行注目礼,并鞠躬齐声问候"老师好!"或"老师再见!"以表示对老师辛勤劳动的感谢。待老师离开课堂或经老师允许再自由活动。如有听课老师,应先请听课老师退席后,同学才能活动。

## 二、图书馆礼仪

图书馆是学生在校查阅资料、借阅图书或进行自修学习的地方,是学生的知识殿堂。因此,进入图书馆要遵守特别的行为规范或礼仪要求。

在图书馆里讲究礼貌公德,体现出的是一个人的文化知识素养。在借书时要按先后次序排队,不要争先恐后,更不要后来居上。进入图书馆阅览,不可为他人预先占座,这对其他阅读人来说是非常不礼貌的行为。

在图书馆内就座阅览时,移动椅子要特别注意不发出声响,以免干扰其他人阅读。在别人暂时离开座位时,不要因为人家的位置好而抢占。阅读时坐姿端正,不要在室内座位休息和睡觉,不断地打瞌睡也是非常不礼貌的。遇到熟人时不要和其高声谈笑,尽量少说话,更不能大声喧哗。

在阅览图书时,遇到有价值的资料,应与管理人员联系,经允许后可复印或照相,以保存资料。绝对不可以为了个人的利益,撕毁或私自占有图书资料。对开架图书应逐册取阅,不要同时占有多份,造成借阅多看不完的尴尬。阅后应立即放回原处,以免影响其他人阅读。定期借阅的图书应按期归还,给别人留出阅读的时间。

## 三、参加学术报告会礼仪

参加学术报告会应衣着整洁、仪表大方、准时入场、进出有序,依会议安排落座。具体来说,要注意以下几点要求。

(1)遵守集会纪律,做到准时、有序。参加集会,每个学生都要有较强的时间观念,应提前几分钟到达集会地点,以保证集会准时开始。不能拖拖拉拉,延误集会的时间和影响集会的气氛。入场时,不要勾肩搭背、大声谈笑、东张西望或打招呼。必要时要在最短的时间内整好队列,并以较快的速度进入会场。入场后要在指定地点入座。集会结束后,应让贵宾及教师先离开会场,然后学生按次序退场,切忌一哄而散。

(2)尊重报告人,适时向报告人表示敬意。报告人未入场前,与会学生应端坐恭候报告人。当报告人出现在主席台上时,全场应立即安静下来,并报以热烈的掌声,这是一种基本的礼貌。报告人做报告时,学生要端坐静听,不要交头接耳、窃窃私语,不要看报刊杂志、吃零食、打瞌睡、东张西望,否则会影响报告人的情绪,也会干扰其他同学听报告。在一般情况下,学生不要随意离开会场,如有特殊原因需退场,也应悄悄退场,以减少对报告人和听众的干扰。借故离场、扬长而去都是对报告人的不恭,是一种极不礼貌的行为。

(3)自由发言要注意礼貌。要求发言应先举手。集会是有组织、有领导的,如要发言,要先举手,得到主持人的同意后,方可发言。在别的同学发言时,应认真听,不要做出无所谓或不耐烦的样子,不要随便插话,更不能强行打断别人的讲话。假如不同意发言人的观点,在他没有讲完之前,既不要立即反驳,也不要和周围的同学议论,扰乱会场纪律,更不能公然露出鄙夷的神色或拂袖而去。

## ▶ 第三节　校园仪式礼仪

### 一、升降旗仪式礼仪

当升降国旗和奏国歌时对国旗和国歌的尊重，实际上就是对我们伟大祖国的尊重。作为中国学生，我们每人都应懂得尊重和热爱国旗和国歌。在升降国旗和奏国歌时，同学们应做到如下几点：

升降旗仪式要规范，参加升、降国旗仪式，仪表要规范，仪态要庄重，穿着要干净，脱帽肃立。

在升降国旗时，队列要整齐，所有的人都要保持安静，切忌喧哗，走动、嬉闹、东张西望，心不在焉。

在整个仪式过程中全体师生都要保持肃立的姿态，并行注目礼或少先队礼。当同学们来晚时，恰逢升旗奏国歌要立即停止走路，严肃立正，等待升旗仪式完毕后，方可继续行走。

全体师生和旗手、护旗要树立起严肃的使命感和光荣感，神态严肃庄重。唱国歌要有激情，曲调准确，声音洪亮。

### 二、开学典礼仪式礼仪

开学典礼对于学生来说，是入学后参加的第一项集体活动，因此，无故不要缺席，不要迟到，应随班集体提前到达会场，并到指定位置就座。在主持人宣布开学典礼开始或介绍学校各级领导和来宾时，在领导及教师、学生代表发言时，应适时地报以热烈掌声。奏《国歌》时，要听从主持人的指挥。原地起立，呈立正姿势。在开学典礼的整个过程中，要注意认真听讲，不要交头接耳讲话，不要做任何与开学典礼无关的事情。不要随地吐痰，不要乱扔杂物，保持会场的清洁卫生。开学典礼结束时，应等主席台上的领导、来宾退席后再按顺序退场。

### 三、毕业典礼仪式礼仪

毕业典礼是同学们在校期间参加的最后一次学校性集会。作为一名毕业生一定要认真对待，积极参加，不要无故缺席。要严格遵守会场纪律，切不可因为即将离开学校就随随便便，无所顾忌，破坏良好的会场秩序。

在毕业典礼上，校领导、教师和学生代表发言时，在毕业生代表接过校领导授予的毕业证书、荣誉证书时，在毕业生先进个人、先进集体代表登台领奖时，都要适时地鼓掌表示欢迎和祝贺。要以留恋、严肃、认真的态度开好毕业典礼，在结束时，要等主席台成员退席后，要按照要求有秩序地退场。

### 四、校庆典礼仪式礼仪

校庆对每一个学校来说都是一种非常盛大的仪式。一般都很隆重热烈，而且对学校的发展来说有着很深远的影响。

无论师生在参加校庆的时候都应该注意礼仪,在校庆期间邀请来许多贵宾、校友,在校学生以及老师的一言一行都代表着学校的风貌。所以语言要文明,要有礼貌,举止得当要热情,积极参与主动做事,把对母校的爱化为实际行动。

### 五、加入组织仪式礼仪

我国少先队、共青团、共产党,都有加入组织的宣誓仪式。这是一种颇具礼仪性的活动。

仪式举行时,先由主持人宣布组织关于接纳某人为该组织成员的决定,然后由领誓人率领新加入组织的人宣誓。宣誓时,宣誓人面对旗帜,举右拳,随领誓人念诵誓词。此时,宣誓人应态度坚决,神情严肃,当然也要衣着整洁,其他参加仪式的人也都应神情庄重。

## 第四节　大学生礼仪

讲究礼仪,遵从礼仪规范,可以有效地展现一个人的教养、风度与魅力,更好地体现一个人对他人和社会的认知水平和尊重程度,从而使个人的学识,修养和价值得到社会的认可和尊重。

据报载,在人才招聘会上,言谈儒雅、服饰得体、仪表端庄、神态大方、礼仪到位的大学生更能受到用人单位的青睐。也就是说,在市场经济大潮之下,社会对大学生的个人素质提出了更高的标准和更加具体的要求。在就业竞争日趋激烈的背景之下,有必要对大学生礼仪加以普及与规范。

普及大学生礼仪有助于提高大学生的整体素质。在我国高等教育大众化的发展进程中,一项极为重要的任务就是要不断提高大学生的整体素质。普及大学生礼仪,将直接有助于提高大学生的文明素质。具体来说,加强礼仪训练,有助于提高大学生的自身修养。

普及大学生礼仪,将促使大学生从一点一滴小事着眼,从检点一举一动自身行为着手,逐步提高其自身修养;有助于维护高校的形象。在社会上,大学生个人形象往往与高校形象划等号,所以大学生对个人形象的维护将直接有助于高校形象的维护,甚至有助于对高等教育整体形象的维护;有助于增进人际沟通。大学生想在今后的工作中有所作为,必须注重人际沟通。

### 一、大学生校园礼仪

当代大学生作为一个特殊的文化群体,不单是一种存在形态、一种个性,而且是一个多层面的群体。大学生的总体印象的核心要求就是应该具有振兴中华、以天下为己任的远大抱负;对社会、对国家的高度的历史责任感和使命感;广博精深的学识;执著追求的事业心;对真、善、美不懈追求的人格美。知书达理,待人以礼,应当是当代大学生的一个基本素养。

关于校园礼仪,在前面已经详细地讲述了,在此就不重复了。与小学和中学校园礼仪不同的是,在大学校园还有一些特殊的礼仪要求,那就是与外国留学生交往的礼仪。与外国留学生友好相处,不仅体现了我国现在的大学生热情好客的一面,而且也是大学生校园礼仪的一项重要内容。

与外国留学生交往的礼节,主要体现在以下几方面:

(1)遵时守约。这是国际交往中非常重要的礼貌。参加外事活动和赴约,要按时到达,因不可避免的原因不能到达,应想办法提前通知对方并诚恳致歉。

(2)仪表整洁得体。衣着要整齐美观,衣领袖口要干净,皮鞋要上油擦亮,男士穿西装打好领带,梳理好头发,刮净胡子,修剪好指甲。

(3)举止要落落大方,端庄稳重,表现自然,站有站相,坐有坐相。交往前不要吃带有刺激味的食物。

(4)言谈要文雅。言谈的态度要诚恳、自然、大方,语气要和蔼可亲,表达要得体,不要询问工资、财产、婚否等隐私问题。

(5)尊重各国的风俗习惯。不同的国家、民族,由于不同的历史、文化、宗教等因素,各有其特殊的风俗习惯和礼节,在涉外交往中要予以重视。不要随意谈论当事国的内政、外交、宗教等问题。

(6)送礼不必有太多的谦卑之词,礼品不必太贵重,但包装一定要精美,送礼一定要公开大方。

礼仪体现细节,细节体现素质。不积跬步,无以至千里;不积小流,无以成江河。文明行为的形成,需要养成习惯;良好习惯的养成,则需要平时细节、行为上的不断自我约束。大学生应当从我做起,从校园礼仪做起。

## 二、大学生个人修养礼仪

古人云:"修身、齐家、治国、平天下"。把"修身"列在首位说明良好的个人修养是成就事业的前提。做一个文明的大学生是学校和社会对他们的基本要求。

"修养"一词原意包括修身养性、反省自新、陶冶品行和涵养道德。马克思主义赋予"修养"新的含义,就是要进行自我教育、自我改造。这种教育和改造离不开群众的社会实践,离不开在实践中个人的主观努力。"修养"这个词,从广义看是指人们政治、道德、学术以至技艺等方面进行的勤奋学习和涵养锻炼的功夫,以及经过长期努力达到的一种能力或思想品质;从狭义看,"修养"通常是指思想品德修养。思想品德修养是以人的政治态度、思想意识和道德品质为基本内容的。

俗话说:"玉不琢,不成器"。人之所以要进行修养,就是为了把自己培养成社会发展所需要的新人,就是为了能担负起重任。当代大学生,是四化建设的栋梁之才,要把我国建设成为富强、民主、文明的社会主义强国,就必须自觉、认真加强思想品德修养,按照有理想、有道德、有文化、有纪律的方向严格要求自己,必须爱祖国、爱人民、爱劳动、爱科学、爱社会主义,遵守社会公德,还应以共产主义思想品德来激励自己。只有这样,才能赶上时代的步伐,适应形势发展的需要。

当今大学生应该怎样加强自我修养呢?

**1.认真学习理论,不断提高自我修养的自觉性**

理论是行动的指南,思想是行动的先导,理论越彻底,认识越正确,进行修养的自觉性就越高,在修养实践中的盲目性就越少,就能及时地识别错误倾向,少走弯路,免遭挫折。修养要按照"有理想、有道德、有文化、有纪律"的方向努力,必须认真学习马列主义、毛泽东思想的基本原理,掌握辩证唯物主义、历史唯物主义的基本观点,深刻理解社会发展的客观规律,树立正确的人生观、世界观。必须认真学习党的文件,学习党的路线、方针、政策,特别是当前改革开放的总方针、总政策。必须认真学好必修和选修的思想教育课程(即德育课)。还必须认真学习与思想品德修养学方面有关的知识如伦理学、心理学、人才学、社会学以及现代管理科学等学科。只有理论上的坚定,才能有行动上的坚定,才不至于随波逐流,附和错误潮流。

**2.积极参加社会实践、第二课堂活动**

一个人的思想品德状况如何,主要以社会实践来检验。俗话说:"听其言,观其行",这个"行"就是社会实践。社会实践不仅是智慧的源泉,而且是道德的源泉。人们思想品德的形成,正是在社会实践中,在待人处事中表现和形成的。人们要进行自我修养,自我改造,也必须通过社会实践,离开了社会实践,便谈不上自我修养,自我改造。

在平时,大学生在学校的许多活动包括第二课堂活动中,都包含有思想品德教育的内容,也是思想品德修养的重要途径。例如担负党、团、学生会、系班干部职务,工作实践、参加集体组织的各项有益活动:参观访问、社会调查、教育实习、专题报告会、讨论会、听录音、看录像、电影、开展书评、影评以及文娱、体育的比赛等。每个同学参加这些活动,既充分表现了自己的才能,又表现了自己的思想品德,可以从同学们的议论中得到大家对自己思想品德的评价,学习他人的优秀品质,从而促进自己思想品德的修养。只有在实践中,才能找到所学理论与社会需要之间的结合点,才能架起书本知识与现实之间的多层次的立交桥,也只有这样,才能了解社会,丰富思想,坚定信念,陶冶品德。

**3.向先进人物学习**

思想品德修养的目的在于学会如何做人,培养高尚的情操。大学生正处在人生观、世界观形成时期,以先进人物作为楷模,就会不断激励自己向更高的思想境界攀登。俗话说:"榜样的力量是无穷的",是很有道理的。学习先进人物,可以从历史上学习,也可以从现实中涌现出来的大量英雄人物身上吸取高贵的品质,更要注意学习身边先进典型的精华。学人之长,补己之短,特别是同龄人的先进事迹更能发人深省。因为其所处的时代、环境差异不大,主要是努力程度的不同。

**4.思想品德修养同学习遵守校纪、校规相结合**

一个人的思想意识修养,主要是通过理论和实践的结合才能收到应有的效果。通过理论的学习,能动地指导修养,通过实践,检验修养的效果。而法律、法规,则是从理论、实践的结合上去指导人们进行思想、意识行为的修养,是对人们偏执行为的制约。大学生在学校里,应该认真学习,模范地贯彻执行学校所制定的一切规章制度。因为这些规章制度是密切结合高校的实际情况而具体地贯彻执行法律、法规的行为准则,是保证高校贯彻执行德、智、体、美全面发展教育方针的需要,是促使大学生沿着有理想、有道德、有文化、有纪律方向健康成长的需要。

思想品德修养是一项艰巨的、长期的任务,要使自己具有高尚的思想情操,就必须善于总结提高,狠下功夫。思想品德修养,贵在自觉,贵在实践,从点滴做起,从我做起,加强德育、智育、体育、劳动教育、美育等多方面的教育,树立坚定的信念,全面和谐发展,成为一个品学兼优、服务社会、贡献社会的人才。

**复习思考题**

1. 什么是校园生活礼仪?

2. 在仪表礼仪方面,教师和学生各需要注意哪些礼仪?

3. 在图书馆阅览图书时,作为学生应该怎么做?

4. 简要阐述开学典礼、毕业典礼和校庆典礼仪式的相关礼仪?

5. 与小学生和中学生不同的是,大学生需要遵守哪些方面的校园礼仪?

# 第五章 职场礼仪

随着人才市场和劳动就业市场的不断发展与完善,通过受聘方式找到工作,已成为时代的必然。在受聘过程中,求职面试是其中一个极其重要的环节,而注重求职面试礼仪,能够帮助你更好地抓住每一个机会,以最快的速度找到自己理想的栖身之所。

求职面试成功后,进入工作单位后就要讲究职场行为礼仪。职场是人生的重要舞台,每个人在这个舞台上都应表现出良好的举止和责任心。这既是对个人的要求,也是职场的需要。

上述求职面试礼仪和职场行为礼仪就构成了职场礼仪,职场礼仪是指人们在职业场所中应当遵循的一系列礼仪规范。掌握并恰当地应用职场礼仪,会使你在职场中左右逢源,从而获得顺利发展。

## ▶ 第一节 求职面试礼仪

求职面试礼仪是公共礼仪的一种,它是求职者在求职过程中与招聘单位接待者接触时应具有的礼貌行为和仪表形态规范。它通过求职者的应聘资料、语言、仪态举止、仪表、着装打扮等方面体现其内在素质,要认真对待求职过程中的每一个环节,规范守礼,才能找到自己称心如意的工作,才能找准自己在社会中的位置。

### 一、面试时的基本礼仪

在现代生活中比较重要的是礼仪问题,服饰打扮、举止言谈、气质风度、文明礼貌,无一不在影响着你的形象,决定着你的前程和命运。那么,面试过程中,要注意的礼仪是什么呢?

#### 1. 守时第一

守时是职业道德的一个基本要求,提前 10～15 分钟到达面试地点效果最佳,可熟悉一下环境,稳定一下心神。对面试地点比较远,地理位置也比较复杂的,不妨先跑一趟,熟悉交通线路、地形、甚至事先搞清洗手间的位置,这样就知道面试的具体地点,同时也了解路上所需的时间。

#### 2. 注重仪表

树立美好的职业形象在求职面试活动中,主考官首先是通过求职者的仪表来认识对方的。求职者仪表总的指导性原则就是洁净、卫生、自然,穿着整洁大方,自然得体。男士自然得穿上最整洁的服装,但也不必过分刻意打扮。女士应穿得整洁、明亮,给人一个好的初步印象。选择服装的关键是看职位要求。应聘银行、政府部门,穿着偏向传统正规;应聘公关、时尚杂志等,则可以适当地在服装上加些流行元素。

#### 3. 举止得当

面试前,应在门外耐心等待,不要擅自走进面试房间。开门关门尽量要轻,进门后不要用后手随手将门关上,应转过身去正对着门,用手轻轻将门合上。面带微笑,向面试官鞠躬行礼。

面试时,握手是最重要的一种身体语言。与面试官握手时,应双眼直视对方,不要太使劲,更不要使劲摇晃。

### 4.谈吐自然

面试时对所提出的问题要对答如流,恰到好处,又不夸夸其谈,夸大其词。尽量不要用简称、方言、土语和口头语,以免对方难以听懂。当不能回答某一问题时,应如实告诉对方。

### 二、面试后的必备礼仪

为了加深招聘人员对你的印象,增加求职成功的可能性,面试后两天内,你最好给招聘人员打个电话或写封信表示谢意。面试后表示感谢是十分重要的,因为这不仅是礼貌之举,也会使主考官在做决定之时对你有印象。

在一般情况下,求职者不要过早打听面试结果。如超过约定时间没有收到对方的答复时,应该写信或打电话给招聘单位或主考官,询问是否已作出了决定。

## ▶ 第二节 职场行为礼仪

职场,是与人交往,与社会打交道的重要场所,也是实现人生价值的重要舞台。除了要遵守社会生活中的礼仪外,还要遵循一定的职场行为礼仪,因为在职场这个舞台上,你的一言一行、一举一动,都会对你的前途产生一定的影响。

### 一、职员应具备的办公室礼仪

办公室礼仪最能体现一个人是否具备良好的素质和个人修养,因为办公室是人们日常工作的地方,同事们在这里朝夕相处,很多礼节需要人们去注意,良好的礼仪不仅能树立个人和公司的良好形象,也会关系到一个人的个人前程和事业发展。

#### 1.着装礼仪

在办公室工作,服饰要与之协调,以体现权威、声望和精明强干为宜。男士最适宜穿深灰、藏蓝两色的西服套装领带。女士则最好穿西装套裙、连衣裙或长裙。男士注意不要穿印花或大方格的衬衫;女士则不宜把露、透、短的衣服穿到办公室里去,否则使内衣若隐若现很不雅观。

在办公室里工作不能穿背心、短裤、凉鞋或拖鞋,也不适合赤脚穿鞋。戴的首饰也不宜过多,走起路来摇来摇去的耳环会分散他人注意力,叮当作响的手镯也不宜戴。

#### 2.见面礼仪

打招呼在人际关系建立之初,能发挥润滑剂的功效。向办公室的人打招呼,不论是领导还是一般的同事,都应该平等对待。对周围的同事和较熟悉的同事,更应保持有礼、和善的态度。和人打招呼时,一定要注意:说话时注视对方;保持微笑;专注地倾听;偶尔变换话题和说话方式。

#### 3.进餐礼仪

在办公室吃饭,拖延的时间不要太长。准备好餐巾纸,不要用手擦拭油腻的嘴,应该及时擦拭。嘴里含有食物时,不要贸然讲话。他人嘴含食物时,最好等他咽完再对他讲话。

### 4.与同事相处礼仪

同事是与自己一起工作的人,与同事相处得如何,直接关系到自己的工作、事业的进步与发展。处理好同事关系,在礼仪方面应注意以下几点:

(1)尊重同事

相互尊重是处理好任何一种人际关系的基础,同事关系也不例外,处理好同事之间的关系,最重要的是尊重对方。

(2)不在背后议论同事的隐私

每个人都有"隐私",隐私与个人的名誉密切相关,背后议论他人的隐私,会损害他人的名誉,引起双方关系的紧张甚至恶化,因而是一种不光彩的、有害的行为。

(3)与女同事保持一定的"度"

在办公室里最难把握的是男女之间相处的"度"。要注意保持空间距离,不要将身体靠得太近;动作表示不要过于亲昵,不打打闹闹;语言交流时要注意用语恰当,要随和,不要过于随便。

### 5.与上司相处的礼仪

人在职场,不仅要和同事搞好关系,更要和上司相处好。因为你的加薪、升职等等都与上司有密切的关系。如果你想让你的职业之路走得更加顺畅,更加宽广,那么你就必须学会和上司相处的艺术。

(1)对上司绝对尊重

在公司,任何诋毁和藐视上司的言行都是必须禁止的。要想获得上司的信任,首先你要尊重他。不管你的个人能力有多强,他是你的上司,他能做到这个位置上,必有超过你的地方,因此你要对他尊重。

(2)和上司主动沟通

上司对每个下属的工作状态并不全了解,所以你要经常与他沟通。和上司沟通的作用在于:你可以让上司清楚地了解你的处境和个人规划、个人理想,同时你也可以明确上司的意图以及他对你工作的认可程度和期望,从而可以适时调整自己的目标,与整个公司的发展同步。

(3)为上司分担忧患

公司在运行过程中,会面临这样那样的问题,有些问题甚至是带有很大的危害性的。要想为上司分担风险、解决问题、为他排忧,你得帮上司迅速地想出解决办法,而不要优柔寡断,在困难面前显得无能为力。

(4)为上司增光添彩

要时刻牢记,千万不要和上司抢镜。这是职场上的大忌。和上司一起出席重要的活动时,更要把自己摆在次要的位置,以显示出上司的地位,不要因为只顾自我娱乐或是与更高层领导攀谈而冷落了自己的上司。

(5)向上司诚恳认错

人非圣贤,孰能无过。特别是在竞争激烈的职场上,任何人都不可能做得十全十美。如果你犯了错误,千万不要想尽办法遮掩、隐瞒,以图蒙混过关。最明智的做法是,在上司发现问题之前,你要及时与他沟通,承认自己的错误,然后提出建议性的意见去解决问题。

了解你的上司,和他进行有效的沟通,给予他绝对的尊重,并为他分担忧患,善于为他的形象和事业增光添彩,你的职业前景将更加灿烂。

### 二、上司应具备的办公室礼仪

#### 1. 努力提高个人修养

一个优秀的上司,个人的修养水平是事业成功的重要保证。有来宾到办公室时,不论长辈或同辈,都应起立相迎以示尊重,主动向他人介绍引见,把男士介绍给女士,把辈分、地位低的人介绍给辈分高、地位高的人。对公司的下属一视同仁,不偏袒,不私心。

#### 2. 培养自身人格魅力

作为领导,除权力外,还应有自己的人格魅力。如良好的形象、丰富的知识、优秀的口才、平易近人的作风等,这些都是与领导的权力没有必然联系的自然影响力。

#### 3. 与下属友好相处

(1)尊重下属的人格。下属具有独立的人格,领导不能因为在工作中与其具有领导与服从的关系而损害下属的人格,这是领导最基本的修养和对下属的最基本的礼仪。

(2)宽待下属。领导应心胸开阔,对下属的失礼、失误应用宽容的胸怀对待,尽力帮助下属改正错误,而不是一味打击、处罚、更不能记恨在心,挟嫌报复。

(3)善于听取下属的意见和建议。领导者应当采取公开的、私下的、集体的、个别的等多种方式听取下属的意见,了解下属的愿望,这样既可提高领导的威信,又可防止干群关系的紧张。

(4)尊重有才干的下属。作为领导,对下属的长处应及时地给以肯定和赞扬。如接待客人时,将本单位的业务骨干介绍给客人;在一些集体活动中,有意地突出一下某位有才能的下属的地位;节日期间到为单位作出重大贡献的下属家里走访慰问等,都是尊重下属的表现。

### 三、使用办公设备礼仪

办公室的公用设备是公共财产,是每位职员工作必备的工具,所以,维护这些看似与自己没有多大关系的设备的礼仪是我们的责任和义务。

#### 1. 使用会议室礼仪

(1)提前预约。为了使各项工作顺利进行,应该尽量避免在使用公用办公设备时与别人发生冲突,使用会议室,应该事先与管理人员进行预约。

(2)保持会议室的整洁干净。不管你是用于什么事务,应该注意会议室的干净和整齐,不要把会议资料留在会议室,走之前要进行清理,保持会议室有一个好的卫生环境。

(3)使用完毕后按时交还,如需要应锁好门及时交还会议室钥匙。

#### 2. 其他各类公用设备使用礼仪

(1)使用公司书籍礼仪

使用书籍时应尽量保护书籍完好,不批画、涂改、污损书籍,不对书籍进行撕扯、割页。使用完毕,应立即还到书籍保管处,以免丢失。不得擅自把公司书籍携出公司外,私自将图书带回家。

(2)使用公用电脑礼仪

注意保养电脑,注意文件的保密,不要偷看别人的东西。不要占用他人的存储空间或软盘。不要在工作期间玩电脑游戏。

（3）使用复印机礼仪

复印机是公司里使用频率较高的公共设备,这时同事容易在使用时间上发生冲突,一般来说,遵循先来后到的原则,在公司里一般不要复印私人的资料。

### 四、现代办公室礼仪禁忌

办公室其实就是一个小社会,如何迅速赢得大多数人的好感,尽快融入其中,营造良好的人际关系呢? 一定要注意以下礼仪禁忌:

（1）忌过分注重自我形象。在办公桌上摆着化妆品、镜子和靓照,还不时忙里偷闲照照镜子、补补妆,不仅给人工作能力低下的感觉,且众目睽睽之下不加掩饰,实在有伤大雅。

（2）忌偷听别人讲话。旁边两人私下谈话,遇到这种情况,有可能的话还是暂且回避一下的好。

（3）忌高声喧哗,旁若无人。在办公室,不应大声地谈着与工作无关的话题,有说有笑,应慢慢讲,小声讲,不要影响到别人,因为办公室是工作的地方。

（4）忌零食、香烟不离口。女孩子大都爱吃零食,且以互换零食表示友好。常抽烟的男士也在办公室吸烟,弄得乌烟瘴气。这都是不尊重别人,有失教养的表现。

（5）忌形象不得体。坐在办公室里,浓妆艳抹、环佩叮当、香气逼人、暴露过多 ,或衣着不整、品味低俗,都属禁忌之列。

（6）忌语言、举止粗鲁。在工作中,语言、举止要尽量保持得体大方,过多的方言土语、粗俗不雅的词汇都应避免。无论对上司、下属还是同级,都应不卑不亢,以礼相待,友好相处。

（7）忌随便挪用他人东西。未经许可随意挪用他人物品,事后又不打招呼,甚至用后也不归还原处,这是对同事很不礼貌的行为。

（8）忌使用公共设施缺乏公共观念。单位里的一切公共设施都是为了方便大家,以提高工作效率。打电话也好,传真、复印也好,都要注意爱惜公共设施。也要注意不要在办公室里打电话聊天,以免影响他人工作。

（9）忌对同事的客人表现冷漠。无论是谁的朋友踏进你的办公室的门,就是你们的客人,而你就是当然的主人。做主人的,一言两语把客人推掉,或不认识就不加理睬,都有失主人的风度。而客客气气招待同事的客人,客客气气地记录电话,改日你出外办事,你的朋友也同样不会遭受冷落。

**复习思考题**

1. 在求职面试过程中,求职者需要注意的礼仪是什么?

2. 在求职面试后,求职者又该做些什么?

3. 在工作岗位上,应怎样与领导和同事相处?

4. 在使用公司的办公设备时,需要注意哪些方面的礼仪?

5. 在现代办公室礼仪中,需要注意哪些方面的礼仪禁忌?

# 第六章 公共场所礼仪

公共场所是指全体社会成员进行各种活动的社会公用的公共活动空间。例如餐馆、公园、商场、剧院和歌舞厅等。公共场所礼仪是指人们在公共场合进行活动和交往时应遵守的礼仪规范和基本素养。

## 第一节 公共活动场所的礼仪

### 一、餐馆

在今天,到餐馆进餐是再平常不过的事情了,家庭消闲、款待朋友等等,在餐馆用餐也得注意相关的礼仪,这样才能吃得开心,也让客人满意。

#### 1. 选择和到达餐馆

如果请客人到餐馆里用餐,主人应考虑的第一件事是餐馆的选择。选择餐馆,主人可以首先向客人推荐,也可由客人自己选择,还可以双方共同商定。

选定餐馆后,双方约定到达餐馆。客人如是女士,男士一般应把靠墙或靠窗的位置让给女士,不要把女士们安排在人来人往的道路口上。不论谁先到餐厅,都应该给后到的人留下较好的位置,这是公共礼仪中的一个原则,当然如果餐厅中十分拥挤就又另当别论了。

在较大的餐馆中吃饭需要点菜,如果主人已经有了安排,客人就无须过问了。但不管送上什么样的菜,合不合自己口味,都应该吃一点,这也是做客的一种礼貌。如果主人事先没有安排,服务员送上菜单后,主人可以请在座的女性点菜。

#### 2. 餐桌上的礼节

餐桌上应注意礼貌。如想在餐桌上吸烟,应征得女士同意。

就餐中如发生什么特殊情况,如饭菜中有异物,质量有问题等,可以找服务员彬彬有礼地交涉,不要大发脾气,不依不饶,更不能争吵不休。

在餐馆看到附近席位上有相识的朋友或熟人,可迎上去寒暄几句,但不要停留过久,以免影响他人就餐或妨碍交通。

餐厅或餐馆中人较多时,应该加快进餐速度,吃完后及时离开,以方便他人就餐。后来的人应站在门口等候,不要站在就餐的人旁边。

#### 3. 付账礼仪

当主客双方都用完餐后,千万不要客人还在吃就叫服务员过来结账。这样很是不礼貌的。若主人发现账单上有算错的地方,应向服务员示意并静悄悄地指出错误,由服务员去更正。如服务员或者餐馆经理态度不好,这时也不要闹什么纠纷,因为客人在场,否则弄得客人很尴尬的,最好的办法就是尽快离开。

## 二、博物馆与画廊

到博物馆或画廊参观展览,要严格遵守社会公共秩序。买票、排队进场,不能拥挤。进场后不可大声喧哗,东奔西跑,要顺着人流自然行进。有讲解员讲解时,要认真听,但不要往前挤;有什么问题可以向讲解员或主办者请教,但不能影响别人的工作。

在参观文物或作品时,要注意遵守场内纪律,绝不可伸手随便触摸,隔着玻璃柜时,注意不要压碎玻璃等。在写着"请勿拍照"的牌子旁边,就不要拍照。

## 三、乘电梯

现代社会高楼大厦林立,即使是为了赶时间,搭乘电梯的时候也要注意应有的礼节。

要注意安全。当电梯关门时,不要扒门,或是强行挤入。当电梯在升降途中因故暂停时,要耐心等候,不要冒险攀援而行。

要注意出入顺序。与不相识者同乘电梯,进入时要讲先来后到,出来时则应由外而里依次走出,不可争先恐后。与熟人同乘电梯,尤其是与尊长、女士、客人同乘电梯时,则应视电梯类别而定:进入有人管理的电梯,应主动后进后出。进入无人管理的电梯时,则应当先进去,后出来。

电梯内由于空间狭小,千万不可抽烟,不能乱丢垃圾。在前面的人应站到边上,如果必要应先出去,以便让别人出去。

## 四、商场购物

商场或购物中心都属于公共场所。作为一个文明的市民在公共场合,必须具备良好的公德意识,必须遵守公共秩序。

(1)尊重营业员,态度需谦和。如果营业员正在为别的顾客进行服务,则应来耐心地等待,不应急切地催逼对方,这样做,都是极不礼貌的。

(2)发生差错,应妥善解决。如果营业员在服务时发生差错,应给予谅解,同时可耐心指出,作出善意的提醒。不应当面呵斥,甚至与之争吵,而应将情况反映给商场有关负责人,以求妥善解决。

(3)文明排队,礼让三先。如果已有人在排队购物,那么,第一,不应插队而应自觉地排队;第二,也不宜委托前面的熟人代为购买,那样其实是变相的插队;第三,如果确有急事要办,时间紧张,可向营业员及其他顾客讲明情况,征得他们的同意后,方可提前购买;第四,如有老弱病残者排在自己后面,则可主动让其提前购买。

(4)购物完毕离开柜台时应向营业员表示谢意。尤其是当对方帮助自己解决了某些特别的困难时,更应如此。为郑重起见,除口头致谢外,还可在留言簿上留言致谢。

## 五、公共浴场

在人多聚集的公共浴场,浴场礼仪是很重要的一环。下面为您介绍室内公共浴场一些注意事项和礼仪:

(1)不可在浴池附近吃东西、喝饮料、嚼食口香糖、吸烟。

（2）不要在浴池内大声喧哗、打闹或奔跑,要保持安静。

（3）在不穿衣的大众池中,不可对其他泡澡者有异样的眼光。尊重自己,也尊重他人。

（4）快要出浴时,在浴室将身体擦干之后再进到更衣室。不可将更衣室的地板弄湿或留下湿脚印。

（5）在化妆台梳理之后,要将掉落的发丝清理干净。不要将浴室内的吹风机,化妆品,梳子等带出浴室。

以上讲述的是室内浴场的礼仪规范,同样在户外的浴场也应如此。如海滨浴场、沙滩浴场等。

与在公共游泳场一样,在公共浴场,夫妇或恋人之间堂而皇之地表现亲热也是不合时宜的。泳装穿着也应该注意合乎礼节。

**六、公共洗手间**

洗手间是人们每天必须光顾的地方,由于公共场所的洗手间是共用的,所以在使用时必须遵守相关礼仪,以免影响下一位使用者的使用。而洗手间的使用礼仪最能体现出一个人的文明程度。

首先,按顺序排队等候。不论男女,在洗手间都有人占用的情况下,后来者必须排队等待,一般是在入口的地方,按先来后到依序排成一排。

再次,保持清洁卫生。用完后,一定记得冲水,这是习惯问题。女性卫生用品千万不要顺手扔入马桶以免造成马桶堵塞。其他如踩在马桶上使用、大量浪费卫生纸导致后来者无纸可用等行为,都是不文明的举止。

## ▶ 第二节　公共娱乐场所的礼仪

**一、公园**

公园是公众游览参观的好去处,既可开阔视野,陶冶情操,又可放松心情,强身健体。

到公园去游览,必须遵守公园的开放时间,凭公园门票或有关凭证进园,不要私自翻爬围墙进入园内;入园后要爱护公物,不能折损、刻画、摇吊树木,不践踏花坛、封闭的草坪和树丛;不采摘花卉、果实和种子;不捕捉园内蟋蟀、蝉类等;也不要携带猫、狗等动物进园;不要攀爬雕塑、观赏性假山、树木等;不能擅自去湖内游泳;也不能焚烧草坪、玩火或擅自烧烤;更不能携带易燃易爆物品及其他危险品入园。

需要摄影留念时,应注意不能到危险场所或不宜攀登、不能入内的地方去,以免发生意外。需要别人帮忙拍照,或请人稍避一下时,说话要有礼貌,拍完照后向人家道谢。

在公园内还应爱护自然环境。要保持公园清洁卫生,不乱扔果皮杂物,不随地吐痰,不在公园内张贴广告,做到文明游园。

**二、旅游场所**

随着我国人民物质和文化生活的不断提高,旅游观光爱好者的队伍也在日益扩大。旅游观光本身是一项文明而高尚的活动,参加这项活动的人理应多讲究一些礼仪。

(1)应十分爱护旅游观光地区的公共财物。具体地说,大至公共建筑、设施和文物古迹,小至花草树木,都要珍惜和爱护,不能随意损坏。还要十分注意爱护亭廊水榭等建筑物的结构、装饰,不要用脚去踩,以免把鞋印留在上面。在柱、墙、碑等建筑物上,不能乱写、乱画、乱刻,也不要用棍棒去捅逗或用东西去投掷动物取乐。

(2)要尽量保持旅游观光地区的环境卫生和静谧气氛。进入旅游观光区后,不要大声喧哗,嬉笑打闹;不要任意把果皮纸屑、杂物弃置在地上或抛入水池中,影响观瞻和卫生。野餐野炊之后,一定要将瓜皮果壳连同包装材料收拾处理干净,将所挖灶坑恢复原状后再离去。

(3)旅游观光中要关心他人,注意礼让。如有人同时在景色好的地方拍照,要主动谦让,不要与之争抢占先。当旁边有游人妨碍你拍照时,应有礼貌地向其招呼,不可大声叫嚷、斥责和上去推拉。照完相后,应向协助的人道谢。

(4)要多为他人提供方便。如行经曲径小路或小桥山洞时,要主动为老幼妇孺让道,不可争先抢行。当游人较多时,不可在长椅上睡觉,也不要人坐在椅背而脚踩在凳面上。见到老、幼、病、残、孕妇和怀抱小孩者,应主动让座和请人让座。当自己见到空位时,应征得别人同意后方可入座,并要表示谢意。

(5)在旅游场所谈情说爱时,要因时、因地为之,不可有失礼节,使游人不堪入目,退避三舍,既要尊重别人,又要自尊自爱。

### 三、剧院

各种剧院的礼仪大同小异,一般来说,应遵循以下一些礼仪:

(1)到剧院欣赏表演,一般要穿格调较高的正式礼服。

(2)严守开场时间,如果迟到,就要站在后面等到中场休息时再进场。在通过陌生人前面的时候,男士和女士都应该面对舞台并且紧贴着前排座位的靠背走过去,注意不要让手提包等东西从前面观众的头上拖过去。落座以后,如果戴着帽子,一定要脱下来,以免有可能挡住后面人的视线。

(3)在剧场观看戏剧演出不宜中途退场,如需要退场要安排在幕间或一个节目结束后。幕间休息时,可以站起来走动走动,放松放松,吸烟者可以到休息室吸烟。

(4)演出结束时,要按顺序有秩序地退场。坐在走道边或最靠近走道的男士,自然要在走道上等一会儿让跟在身后的女士可以和他一起走。一般情况下,应由女士走在前面;只有当走道实在太挤时,由男士在前面开道。

### 四、音乐会

出席音乐会是一件高雅而庄重的事,因而出席音乐会的服饰很讲究,男士西装革履、打领带,女士则要穿上礼服并化妆。衣冠不整地进入音乐厅,必定会令人侧目。

听众均应于音乐会开始前入座。一旦演奏开始,听众就将被禁止入内,而只能在门外静听,等候中场休息时方可入内。

进入场内,对号入座,不携带易发生噪声的物品进场,进场后关闭手机等发声装置。一般来说,音乐会上不允许中途退场。

音乐会上要保持肃静。观众来到音乐厅入口处则应停止说话，脚步放轻，任何惊动场内观众的言行都是失礼的。因而在音乐会上不许交谈、打哈欠、甚至是咳嗽和翻动节目单。

每支乐曲演奏完毕，听众应以掌声向演奏者致谢。演出结束后可向演奏者献花，但在音乐会演出中途登台献花是不适宜的。演出结束后，听众应在座位上停留片刻，不要急于退场，待演奏者谢幕时，全场应起立鼓掌，以示尊敬，然后方可有秩序地退场。

### 五、电影院

在电影院看电影较在剧院、音乐会上的礼仪要求相对松一些，但仍要求言行举止文明。具体做到：

（1）穿着要正规，不能太随便。电影院中不准许穿背心、短裤、拖鞋，这是观看电影的起码要求。

（2）购票时排队，进入电影院时主动出示票，并对号入座。电影院在开映前15分钟开始收票，最好能够在这时间之前进入电影院寻找座位。

（3）注意清洁卫生，不要随地扔果皮核，不要吸烟。电影院是公共场所，应注意公共场所的卫生。瓜子壳、果皮核应扔到指定的垃圾箱里，如需要吸烟，要到洗手间或者吸烟室，切忌在电影院内吸烟。

（4）不要不断交头接耳，高声议论，情侣间举止要文明。

（5）打喷嚏、吐痰要悄悄进行。如果要离位去洗手间而应该向两边的人致歉，带小孩子的观众不要让孩子在走道上乱跑、哭闹。手机应调到振动挡或静音，尽量少对别人造成影响。

（6）影片结束，影院亮灯时才起身离开。电影近尾声时不要抢先站起离开，应该等剧情完全结束再起立，否则很招人反感的。

### 六、歌舞厅

在歌舞唱歌、跳舞时同时也要讲究一定的礼仪：一是服饰上可更艳丽，化妆可采用浓妆；二是男士应尽可能多邀请同去的女士跳舞；三是对于客人的邀请，不管是否会跳，应表现出乐于陪同，礼貌迎合；四是招待客人点歌选曲，应征求客人的喜好；五是对演员和服务员要用语文明、举止得体；六是在客人尽兴时，提出结束玩乐。

**复习思考题**

1. 什么叫公共场所礼仪？
2. 在餐馆吃饭，我们应该注意哪些方面的礼仪？
3. 在乘电梯时，我们应该注意哪些方面的礼仪？
4. 在商场购物时，我们应该注意哪些方面的礼仪？
5. 在公共洗手间，我们应该注意哪些方面的礼仪？
6. 简要阐述在剧院、音乐厅和歌舞厅、电影院，我们应该注意哪些礼仪。

# 第七章　医 院 礼 仪

医院礼仪指的是患者、医护人员以及来医院探病的人员在医院日常交往中所要遵守的礼仪规范和准则。

医院是救死扶伤、治病救人的场所,关系到人们的生与死,患者与医护人员之间的人际交往关系十分重要。而医疗卫生服务作为一个特殊的服务行业,医务人员的职业礼仪修养对提高行业服务质量起着重要作用。同样,患者及其他人员也应当具有良好的礼仪素养和礼仪规范。

## 第一节　探 病 礼 仪

人生在世,难免碰上生、老、病、死,其中又以病是每个人都会经历的重复过程,前往探访住院的亲友,也是人际交往的基本礼节,可是兼顾人情之余,也要注意勿干扰病人的情绪,给予关怀祝福,但不增加别人的精神负担。

(1)探访对象住在医院里,应先了解探病时间。一般医院都定有一定的探病时间,先行咨询,才不会徒劳无功,尤其是加护病房,更是严格规定探病时间。

(2)进入病房,宜先敲门,得到应允,才可进入,有些病人可能在擦拭身体,或是在床上方便,贸然进入,病人会尴尬不已。

(3)探病时间以不超过半小时为宜,除非病人要求做陪,如有其他探病的客人到访,应先行离去,才不会让病房空气不佳,造成病人的疲累。

(4)病床空间不大,与病人交谈,勿坐在床沿,以免占用病床空间,让病人产生压迫感。

(5)人在病中,意志力会较敏感薄弱,所以勿当着病人面前,与其家属窃窃私语,引起病人的怀疑,以为自己病入膏肓了。

(6)当病人叙述病情时,应关切的聆听,并说些励志话语,让病人充满信心,如病人不愿多谈病因时,则勿追问。

## 第二节　看 病 礼 仪

人食五谷杂粮,难免会生病。有了病,就免不了要去医院就医。去医院看病时,就应当注意相关的礼仪。

### 1.不大声喧哗,说话要轻声

到医院看病,首先不要大声喧哗,在医生身边大声喧哗或打电话,更会影响医生的诊治。同样,到病房探视病人,也不宜在病房内夸夸其谈,影响其他病人的休息。

## 2. 遵守秩序，依次排队

无论是挂号还是候诊，均应遵守秩序，依次排队。此外，候诊时，要保持安静和环境的整洁，如不要高声谈话、吸烟、随地吐痰及乱丢各种废弃物品等。听到医务人员叫到自己的就诊号时，应主动积极并有礼貌地予以应答，然后按照指定的诊台就诊。

## 3. 就诊时要尊重和信赖医生

到医院看病，应听从医院的安排，对新老医生应同样尊重，特别是当较年轻的医生为自己诊断病情时，要积极配合，主动提供病情症状，协助医生做出正确的诊断。假如对医生的诊断产生怀疑，应该有礼貌地向医生述说自己的疑虑，请医生再作考虑，并尽可能解释清疑虑，切不可看到诊断结论和自己的臆想不符，就随意打断医生的话，甚至和医生争吵。

## 4. 如遇到不合理的问题，应尽量克制情绪

如果偶尔遇到不负责任的医生，对疾病作出了自己认为可疑的处理时，作为病人也切忌随便发火，而应该耐心地询问医生有关处理的依据，请医生采取必要的措施帮助释清疑虑。如果当时不能解决问题，可向其他医生或医院领导反映情况，请他们根据医务工作者的工作准则判断是非并作出处理。

最后，需要注意的是，病人在看病时尽量不要打手机，一方面影响医生看病，另一方面耽误医生和后面病人的时间，再者对医生也不礼貌。

# 第三节　医院服务礼仪

医院，是患者就医问药的场所，是社会公共服务的窗口。因此，在"硬件"上，要有优美的自然环境，先进的医疗设备，技术精湛的医疗队伍；在"软件"上，也是最主要的，那就是要有一流的服务质量。因为，医护人员与患者接触密切，他们的容貌、服饰、言谈、举止、姿势、礼节等各方面都会对患者产生直接的影响，这些都是衡量服务质量高低的重要因素。

所以，医院服务礼仪就显得十分重要。医院服务礼仪也就是医护人员在与患者的接触中所要遵守的规范和准则。具体的要求，需要注意以下几点：

## 1. 规范的仪表形象

在医院里，医护人员应统一着各岗位服装，衣冠端正，服装干净、整齐，胸卡佩带规范，给患者一个利落的感觉；其次是淡妆上岗，不浓妆艳抹，不戴戒指、耳环，除特殊工种外，工作时间不许穿拖鞋、高跟鞋，不许穿背心，给患者以整洁俊美之感；再次是要精神饱满，以赢得患者的尊重和信任，这是建立良好医患关系的开端。

## 2. 得体的形体语言

形体语言是非语言交流的一个方面，在日常工作中要特别注意。站立时要挺胸、立腰，双臂自然下垂，轻松自然，略带微笑；坐下时重心垂直，腰部挺立，双肩平整放松，双手自然放在膝部或桌子上，双腿自然弯曲并拢，目光向前平视；行走时抬头、挺胸、收腹、目光平视、脚尖向前，落脚轻稳，不晃身体，双臂自然前后摆动。进病房时要先敲门，做到"四轻"，即关门轻、操作轻、说话轻、走路轻。在与患者交往中，态度诚恳，表情自然、大方，语气亲切，目光要注视对方，认真倾听，不能干其他事情，并时常点头表示尊敬与谦虚。患者提出问题时应做好解释、解答和安抚工作。

### 3.文明的职业用语

医护人员在工作中熟练掌握和使用文明用语是非常重要的。工作中应该"请"字当头，"谢"字结尾，在接待患者或进行各项护理操作时，应根据不同的病人、病情、年龄、性别、职业、地位、文化背景等给患者一个合适的称谓，以表示对患者的尊敬。

还有，在日常的工作中，医护人员要努力钻研业务，更新知识，提高专业技术水平。宣传卫生保健知识，对患者进行健康教育。从而提高医院的整体形象，达到减少医患矛盾、提高医院服务质量、更好地为患者服务的目的。

## 复习思考题

1.亲友到医院探病时，需要注意哪些方面的礼仪？

2.患者在医院看病时，需要注意哪些方面的礼仪？

3.为了提高医院的服务质量，医护人员需要遵循哪些礼仪规范？

# 第八章 体 育 礼 仪

体育运动,人类共有和喜爱的运动。它不仅能强身健体,而且还是团结人们友谊的桥梁。它表现出的公平公正、热情奔放、积极向上、团结友爱的精神风貌被世界各国人民所喜爱。从世人瞩目的奥运会到风靡全球的足球世界杯,从使人疯狂的 F1 赛车比赛到激情澎湃的 NBA 篮球赛场,还有各种大小不同的锦标赛以及各项体育比赛,都让人们感受到了体育的魅力和狂热。

随着奥运会在我国举行,宣传和推广体育礼仪知识,显得尤为重要。体育礼仪涉及的知识方方面面,在这里,我们主要简要介绍赛场礼仪和各种主要体育项目的观赛礼仪,希望对我们广大的体育爱好者有一定的帮助。

## ▶ 第一节 赛 场 礼 仪

观看体育比赛时,要注意自己的举止言行。你的一举一动、一言一行是会影响在场的其他人的。这不仅是个人涵养如何的问题,也关系到社会风气问题。遵守赛场礼仪、做文明观众是必要的。

**1. 进场与退场礼仪**

在体育馆或体育场观看体育比赛,要遵守公共道德,自觉维护秩序。

观看体育比赛,尽量提前或准时入场,在入口处,主动出示票证请工作人员检验;背包入场必须安检。进出场时,不要拥挤,遇到老幼病残者应主动礼让。进场后对号入座。进入比赛场地后,应关闭随身携带的手机等通信工具。

比赛结束时,要向双方运动员鼓掌致意;待比赛完全结束再有秩序地退场,不随便中途退场。散场的时候,要跟着人流一步步地走向门口。

**2. 比赛中礼仪**

在比赛中,举行升旗仪式时,观众应当面向国旗,肃立致敬,不能嬉笑打闹或者随意走动。对于其他国家的国旗、国徽,也应当本着相互平等、相互尊重的原则,给予应有的尊重和礼遇。

观看比赛时,不抽烟,不吃带响声的食品;不大声喧哗,切忌起哄、吹口哨、怪声尖叫、喝倒彩、扔东西。

观看体育比赛时应热情地为双方运动员加油,要给对方运动队、运动员以礼貌的致意;不嘲讽、辱骂裁判员、运动员、教练员,不做有损国格、人格之事。

衣着整洁,举止文明,室内观看比赛时不戴帽,不把衣物垫在座位上。爱护公共设施,不蹬踏座椅,不乱涂写刻画。

观看体育比赛时的衣着,当然随气候、场所与个人爱好而定。但也要注意公共场所礼节。冬天在暖和的室内观看比赛,事先应将外衣脱好,不要在观看比赛中又脱又穿,影响他人。在盛夏季节,不能只穿一件小背心,更不能光着膀子观看比赛,这样是很不雅观的行为。

## 第二节 各项体育比赛观赛礼仪

赛场礼仪规范要求每一位观赛者做文明观众,除了遵守赛场礼仪外,还要懂得各项体育比赛的观赛礼仪,因为每一项体育项目都有不同的比赛规则,所以它的观赛就不一样。下面对主要的体育项目的观赛礼仪作一简要介绍。

### 一、田径运动观赛礼仪

田径运动是奥运会最受欢迎的项目之一,特别是短跑及接力项目是历届奥运会上最受关注的比赛。

看田径比赛,不仅需要为运动员鼓掌、欢呼、叫好,更要学会配合运动员的比赛适时地进行有节奏的助威,比如说跳跃项目的运动员在助跑的时候,观众的鼓掌是有节奏的,是配合运动员的步点的,而这种节奏又是不一样的,因为跳远,前几跳的助跑节奏跟跳高又不太一样。还有投掷项目,在运动员投掷的时候,他们又有另外一种方式,因此鼓掌的方法又不一样。

在田径项目比赛中,最激动人心的是马拉松项目,它有更细的要求,观看马拉松比赛的礼仪要求如下:

观众要服从赛事工作人员的指挥,协助赛事工作人员共同维持比赛秩序,爱护公共设施,自觉维护市容市貌和环境卫生。严禁往比赛路线投掷物品,要保持道路整洁。

### 二、足球观赛礼仪

观众进入比赛场馆时,要注意遵守赛场规定。

第一,不要将违规的器具和饮料带入场内。因为一些形状怪异的器具和罐装、瓶装饮料很可能对运动员造成人身伤害。为了赛场安全,观众不得妨碍或拒绝配合赛场的安检工作。

第二,在观看比赛时不要对比赛形势和队员表现指指点点、喋喋不休,影响他人观赛。对运动员和裁判的表现不满意便乱喊"黑球"、"黑哨",这是对运动员和裁判员的不尊重。加油助威时,要使用文明的语言行为,同时也要控制自己的情绪,不要一激动就出言不逊,将带来的报纸撕碎抛向赛场。一些观众对不喜爱的比赛队伍发出嘘声,干扰队员的发挥,甚至闯入赛场中,企图左右比赛的结果,这些都是缺乏观赛礼仪、破坏赛场秩序的表现。

第三,比赛结束后,观众应该有序退场,不得聚众闹事,撕毁、焚烧球衣,殴打运动员和裁判员。

### 三、篮球观赛礼仪

在看篮球时,观众可以带上充气棒或写有助威词语的标语牌等物品,但标语牌不要过大,文字不可以粗俗。不要带锣鼓、大镲、小号一类的高噪音乐器进场

在为球队加油助威时,观众应用词文明,不要谩骂队员或教练。当场上发生争执时,观众应当服从裁判判罚,不要对裁判进行无端指责、谩骂。一旦场内比赛双方发生类似打架等突然情况时,观众应保持理智,特别不要向场地内扔杂物,以免砸伤运动员。

比赛结束后,通常会有很多球迷围在运动员出口处等待球员退场,向自己喜爱的篮球明星索要签名和合影留念。这时,球迷要服从工作人员管理,保持现场秩序,不要强行留下运动员。遇到喜爱的外国球星时,尽量用英语与其对话。要求得到满足后,不要忘记说声谢谢。

### 四、网球观赛礼仪

首先,比赛进行时要保持安静。进入球场后切记要把手机关闭或调到振动状态,在比赛开始前要坐到自己的座位上,不要停留在过道或栏杆边看球。球员一旦开始比赛,不能吃东西或聊天、喧哗、接听电话、不能走动。

其次,喝彩要把握好时机。即使选手的比赛打得再精彩,观众也不能在任何时间随意鼓掌喝彩,一定要等一个球死球之后再鼓掌或者喝彩,鼓掌的时间也要适可而止,当球员出现失误时,喝倒彩显然是不合适的。

### 五、乒乓球、羽毛球观赛礼仪

首先,运动员在比赛的时候,特别是在发球时,观众不能使用闪光灯给运动员拍照,无论是发球方还是接球方都会受到很大影响,尤其是对接球员。

其次,运动员在准备发球的时候,整个赛场应该保持安静,观众的助威呐喊和鼓掌应该在一个球死球之后才可以。运动员比赛时,观众不要随意走动,最好在比赛暂停休息的时候再走动。

观看羽毛球比赛同乒乓球比赛几乎一样,唯一不同的是由于羽毛球比赛场地相对比较大,对于观众走动的要求可以稍微放宽,但也不能过于频繁。

### 六、台球观赛礼仪

观看台球比赛的礼仪和大多数室内运动相差无几。在选手的击球过程中,要保持安静,禁止大声喧哗,甚至禁止掌声。在比赛中严禁使用照相机闪光灯,禁止在场地吸烟,并且应关闭移动电话。在比赛结束前,不得随意走动。

在恰当的时机送出掌声也是礼仪之一。掌声只能在选手结束击球之后送出。

### 七、高尔夫球观赛礼仪

高尔夫运动被称为贵族运动,不仅参赛的选手要穿专业的服装,在现场观看的观众也有一定的服装限制。在国外的高水平高尔夫比赛中有一个不成文的规定,就是进入高尔夫球场不让穿牛仔裤。另外,为了保护草坪,严禁观众穿着高跟鞋进入球场。

观看高尔夫比赛时不能进入选手比赛的球道,一般的比赛组织方会将观众区与比赛区分开,如果没有区分的明显标志,观众也不要走到球道上。

高尔夫是一项相对比较"静"的运动,在选手准备推杆和推杆的过程中是要绝对保持安静。所以,观众除了要把手机关掉或者将铃声调成振动外,也不能随意鼓掌喝彩。为了保持安静,比赛要求观众的相机除了不能使用闪光灯之外,快门也不能有声音。

在任何情况下都严禁触摸、移动球员的高尔夫球。

## 八、跳水观赛礼仪

在跳水比赛当中，观众必须首先懂得跳水比赛的规则，在该鼓掌欢呼的时候，尽情地为自己喜爱的运动员加油鼓劲，在需要安静的时候，一定要保证不出声响。

## 九、射击观赛礼仪

射击比赛时，观众需保持绝对安静。

在射击比赛开始之前，射击馆会用广播的形式告知观众，拍照时不要使用闪光灯，要将手机设成振动。这在射击比赛中是硬性的规定，这一点不容商量。

在比赛进行当中不要来回走动、喧哗、晃动宣传条幅、接听手机、交头接耳等，这些行为都会影响运动员注意力。

## 十、花样滑冰观赛礼仪

在观看冰上项目如花样滑冰时，必须关掉闪光灯。抛掷毛绒玩具等礼物和鲜花是花滑运动的一个惯例和习俗，但礼物和鲜花一定要用透明的包装纸包装严密，毛绒玩具往往是礼物的首选。

鼓掌和喝彩要选择合适的时机。当选手摆好开场姿势准备开始表演时，观众应该安静下来，以便选手进入比赛状态，当选手完成了高难度的动作之后观众可以给予掌声和喝彩。滑冰选手最高荣誉是，在节目结束后，全场观众起立鼓掌。

## 十一、击剑观赛礼仪

击剑是一种绅士、贵族运动。在观看击剑比赛时，应该注意两个方面的问题。

一是运动员比赛时，观众要保持安静。在击剑比赛过程中，运动员总会根据对方的特点选择出剑、进攻的方式，这时观众不应发出助威声，以便运动员更好地思考和出招。

二是裁判发口令的时候，观众不能再助威或鼓掌，以便运动员更清楚地听到裁判员发号的口令。裁判宣布开始比赛之后，观众要保持安静，等灯亮后，再鼓掌或者助威。

## 十二、观看残疾人运动员比赛的礼仪

观看残疾人运动员比赛时，要对运动员表示尊重。看比赛时，不要嘲笑、议论运动员。和运动员打招呼时，不要紧盯着运动员的残障部位，更不要因为好奇而随便乱问，避免涉及运动员隐私和伤痛。向运动员表示祝贺时，不要马上冲上去握手或者送花，应该先看一看运动员是不是方便，不要因为自己的冲动而给运动员带来不便和尴尬。

**复习思考题**

1.在观看一项体育比赛的前前后后，作为一名观众，需要遵守哪些方面的礼仪？

2.简要阐述各主要体育比赛项目的观赛礼仪？

# 第九章 交 通 礼 仪

你会走路吗？你会骑车吗？你会开车吗？你会乘船、乘飞机吗？……听到这些问题其实不必惊讶。在人人成为交通参与者的今天，我们除了要掌握适当的交通技能、熟知交通安全法规外，还必须自觉遵守交通的潜规则——交通礼仪。

## ▶ 第一节 出 行 礼 仪

### 一、行路礼仪

一个人在日常工作、学习和社会生活中，总是离不开走路。在这平常的"走路"中，同样包含着一系列的礼仪要求，同样需要注意讲求公德礼仪，遵守交通规范。

（1）行人之间要互相礼让。遇到老、幼、病、残、孕要照顾他们。在人群特别拥挤的地方，要有秩序地通过，万一不小心撞了别人或踩着别人的脚，要主动道歉。如果是别人踩了自己的脚或碰掉了自己的东西，应表现出良好的修养和自制力，切不可口出恶言，厉声责备。

（2）走路要目光直视，不要左顾右盼，东张西望。男性遇到不相识的女性，不要久久注视，甚至回头追视，显得缺少教养。

（3）走路时不要边走边吃东西。这既不卫生，又不雅观。如确实是肚子饿或口渴了，也可以停下来，在路边找个适当的地方，吃完后再赶路。走路时要注意爱护环境卫生，不要随地吐痰、随手抛弃脏物。

（4）行路若遇见熟人，要主动打招呼，互相问候，不能视而不见，把头扭向一边，擦肩而过。这是最基本的礼貌要求。但也不宜在马路上聊个不停，影响他人走路。如果有很多话要说，可以找一个交谈场所，或另约时间、地点继续交谈。

### 二、骑自行车礼仪

骑自行车者应给行人让路，这是最起码的礼貌常识。不要在行人后边大声叫嚷，也不要在行人身边飞快地擦过，以免碰着行人或惊吓着孩子，这时你可按铃提示行人。

停车或拐弯，应伸手示意，否则将会由于你的突然猛拐或猛停，使后面的车辆在毫无准备的状况下与你发生碰撞，若双方又不够冷静，还将发生争吵。为避免这类情况，骑车行进应保持一定距离。万一发生碰撞，双方都要主动道歉，切不可出口伤人，激化矛盾。

骑自行车出入大门时，一定要减速或下车，不能旁若无人地一直骑车穿过。通过窄门，人们有出有入时，一般骑车人要礼让步行人，同时到达门口，要先让里面的人出来，外面的人再进去。

## ▶ 第二节　乘坐公共交通工具礼仪

### 一、乘公共汽车礼仪

乘公共汽车既便宜又方便，但是人多拥挤，尤其在大城市，因此要求每位乘客遵守乘车礼仪就显得相当重要。

（1）乘公共汽车时，要自觉遵守交通秩序。车停稳后，等车上乘客下完再排队上车，同时要照顾老幼病残孕。

（2）进入车厢后要向里走。不要站在车门口处，影响他人上车。乘车时主动给老幼病残孕和抱小孩的乘客让座，对方表示感谢，要以礼回应。当有空位时，要看看周围是否有更需要座位的人，如有，要向别人表示谦让。别人给你让座要表示感谢，不把包放在身边的座椅上。

（3）车内不要吸烟，不乱扔杂物，维护车内公共卫生。下雨天乘车，上车时要将雨具收起，以免沾湿他人衣服。携带物品要放适当位置，如带硬、尖、脏、湿物要提醒周围乘客注意，禁止携带危险品上车。

（4）与乘客友好相待，多替别人着想。由于刹车等情况，车厢内有些碰撞应互相谅解，不可出言不逊。咳嗽、打喷嚏要用手帕或面巾纸捂嘴。车厢内不喧哗，不随地吐痰。坐时不跷腿，不把腿伸到过道上，进出注意不踩碰别人。如自己踩碰了别人要主动道歉。

（5）车到站，等车停稳后才能下车。下车前，应提前换到车门前等候，节省时间，以免影响其他乘客上车。

### 二、乘火车礼仪

火车是中国老百姓常坐的交通工具之一，尤其是春季回家，人多行李多，因此在乘坐火车出行时，需要遵守一定的礼仪：

（1）乘火车要提前到站，在候车厅等候时，要爱护候车室的公共设施，不要大声喧哗，携带的物品要放在座位下方或前部，不抢占座位或多占座位，不要躺在座位上使别人无法休息。保持候车室内的卫生，不要随地吐痰，不要乱扔果皮纸屑。

（2）检票时要自觉排队，不要拥挤、插队。进入站台后，要站在安全线后面等候。要等火车停稳后，方可在指定车厢排队上车。上车时，不要拥挤、插队，不应从车窗上车。

（3）上车应按次序对号入座。国内火车车厢分软席、硬席、软卧、硬卧，因此要根据车票对号入座。若赶上非对号入座，且遇上有空座的时候，不要不打招呼，见座就抢。

（4）入座后，可向临近的乘客点头致意。若要交谈，也以不妨碍他人为前提，如果身旁乘客正在阅读书刊或闭目养神，卧铺车厢的人正在入睡，就应放低声音或停止说话。如果对其他乘客的书刊感兴趣，未经允许不要取阅，也不要悄悄地凑过去盯着别人手中的报纸、杂志看，可在他不看时有礼貌地向他借阅。

（5）火车上要讲究卫生。果皮纸屑不随手乱扔，也不要将废弃物装入塑料袋中投之窗外。

车厢内严禁吸烟。很多高速车辆都是封闭型车厢,若是有人在车上吸烟,必定会影响到车厢内的空气质量,使得其他乘客不满。

(6)火车上要注意行为举止。在座席车上休息,不要东倒西歪,卧倒于坐席上下、茶几上、行李架上或过道上。不要靠在他人身上,或把脚跷到对面的坐席上。男士也不得穿背心甚至上身赤裸,也不得一坐下来就脱鞋,这是很不文明的。开窗时要照顾座位靠迎风窗口的乘客,以免引起不快。

(7)去餐车用餐时,如果人数过多,应耐心排队等候。在用餐时,应节省时间,不要大吃大喝,猜拳行令。用餐完毕,应即刻离开,不要赖着不走,借以休息、聊天。

(8)下车时,应自觉排队等候,不要拥挤,或是踩在坐椅背上强行或从车窗下车。

### 三、乘轮船礼仪

船只,是人们用作水上交通的主要工具。在日常生活里,当人们在江河湖海上进行旅行时,大都优先选乘客船。

(1)客船一般在启程前 40 分钟检票。旅客应提前到码头候船,特别是在中途站候船,更要注意。因为船舶在航行时受到风向、水流的影响,到港时间没有把握。

(2)上船时,一定要等船安全靠稳,待工作人员安置好上下船的跳板后再上船,上船后,旅客可根据指示牌寻找票面上规定的等级舱位。因船上的扶梯陡,所以上、下船时大家应互相谦让,并注意照顾年老者、小孩和女士。

(3)乘客船时要注意安全。风浪大时要防止摔倒;到甲板上要小心;带孩子的乘客要看住自己的孩子;吸烟的乘客要避免火灾;不要在船头挥动丝巾或晚上拿手电乱晃,以免被其他船误认为打旗语或灯光信号。

(4)乘船时要注意小节。如不要在船上四处追逐;不要在客房大吵大嚷;遇上景点拍照不要挤、抢等。另外要注意船上的忌讳,如不要谈及翻船、撞船之类的话题,不要在吃鱼时说"翻过来"或说"翻了"、"沉了"之类的语言。

### 四、乘飞机礼仪

飞机已成为人们常乘的交通工具,人们不仅乘飞机在国内出差、开会、旅行,而且还乘飞机到国外探亲、观光和访问。机场和飞机内是我们与其他乘客接触相当频繁的地方,因此,机场礼仪是必需遵守的,乘飞机也有一些需要通晓的礼节。

#### 1. 登机前的礼仪

(1)随身携带的手提箱、衣物等整齐地放入上方的行李舱中。要小心,不要让东西掉下来砸到下面坐着的乘客。通常,乘务员会在飞机起飞之前检查行李是否放好。不要给乘务员增添太多的麻烦,以免延误起飞时间。

(2)上飞机时,均有空中小姐站立在机舱门口迎接乘客。她们会向每一位通过舱门的乘客热情地问候。此时,作为乘客应有礼貌地点头致意或问好。

#### 2. 登机后的礼仪

(1)按号入座,坐下时可以向你旁边的乘客点头示意。对于很多工作繁忙的人来说,飞机上的时间是非常宝贵的休息或放松的时间。想将座椅向后倾时,要先向后看一看,再缓缓将椅背后倾,以免撞到后座客人或弄翻饮料。

（2）飞机机舱内通风不良,因此,不要过多地使用香水,也不要使用味道浓烈的化妆品。

（3）保持卫生间清洁。飞机上的卫生间是男女合用的,应排队依次使用,入内后要将门闩插紧,并尽量少占时间。用完洗脸池和梳妆台,要保持其清洁,在任何地方都不要留下令人不快的不整洁的痕迹,这是举止文雅的第一要素。

（4）尊重空乘人员。空乘人员的工作非常重要,他们承担着保护乘客安全的重要职责。不要把乘务员当成你的私人保姆,不要故意为难他(她)们。如果你对他(她)们有意见,可以向航空公司有关部门投诉,不要在飞机上与乘务员大吵大闹,以免影响旅行安全。按照国际惯例,所有空乘人员都不接受小费。

**3.停机后的礼仪**

在飞机没有完全停稳之前不要急忙站起,这样很不安全。要等信号灯熄灭后再解开安全带。下飞机时不要拥挤,应当有秩序地依次走出机舱。

### 五、乘坐其他交通工具的礼仪

乘坐地铁、渡船、出租汽车等交通工具时,也要讲究文明礼貌。

（1）乘地铁时,基本的礼仪规则与乘公共汽车大同小异。坐地铁的时候,由于地铁的座位都是相对的,因此如果女性的坐姿稍不注意就很失态。不仅女性应该注意不要叉腿坐,男性坐地铁时也要特别注意身体不可叉开两腿后仰,或歪向一侧,也不要把两腿直伸开去反复不断地抖动。这些都是失礼的表现。

（2）乘渡船时,谨防在码头拥挤及超载。

（3）乘出租车时,站在道路右侧扬手招车,切忌在道路左侧、十字路口、人流密集的道路以及交通规定禁止停车的地方招手。两个乘客同时拦下一辆出租车时,要懂得谦让。

出租车靠边停稳后,应及时从右前车门或右后车门上车,关好车门并告之司机目的地。不要站在车外说到某地或讨价还价,以免阻碍交通。乘客应该坐在后排,一女一男时,女的坐边上,不坐中间。应照顾长辈和女士先上车。

在车内,不与司机聊天,以免引起交通事故。同时要爱护环境,讲究卫生,不吸烟,不吐痰。

到目的地后,男士或晚辈先下,然后照顾长辈或女士下车,禁止从车的左门下车,应从右门下车,以防发生意外。注意带好随身物品,不要将垃圾、废弃物留在车上。

**复习思考题**

1.当我们行走在路上时,我们需要遵循哪些方面的礼仪?

2.在乘公共汽车时,我们需要注意什么方面的礼仪规范?

3.在乘火车时,我们需要遵守哪些方面的礼仪?

4.在乘轮船时,我们需要遵守哪些方面的礼仪?

5.在乘飞机时,我们需要遵守哪些方面的礼仪?

# 第十章 服务礼仪

服务礼仪是指服务行业的从业人员应具备的基本素质和应遵守的行为规范。服务的种类有很多种,大体上可以分为导游服务、宾馆服务、酒吧服务、商场服务、银行服务等几种。出于对客人的尊重和友好,在服务中要注重礼仪、礼节、讲究语言、举止、执行操作规范。服务要力求主动、热情、周到、使客人感受到精神上的愉悦。

服务礼仪不只是要求服务人员要遵守服务礼仪为客人服务,这是每个服务人员都要做到的起码要求。服务礼仪的真正内涵是它体现的是这个行业的规范和文化,小到个人,大到国家和社会,它是一个国家和社会文明程度发展的重要标志,它是一个民族礼仪文化的外在表现。

## ▶ 第一节 导游服务礼仪

导游应提前半小时到达接站地点(如机场、码头、车站),迎接旅游团(者)。认真与领队核对商定的日程,既要尽量满足团内大多数人的要求,同时对制定的日程又不要做较大的变动,如遇到难以解决问题,应及时反馈给组团社,并让领队得到及时的答复。

(1)在餐饮方面,平常用餐,导游员要提前落实本团当天的用餐,对午餐、晚餐的地点、时间、人数、标准、特殊要求逐一核实并确认。用餐时地陪引客人到餐厅入座,介绍设施、饭菜特色,介绍客人可自购的酒水,用餐过程中,导游员应巡视旅游团用餐情况一二次,解答客人问题,监督餐厅提供服务是否符合标准。

(2)在住房方面,导游员积极协助领队办理旅游团的住店手续、请领队分配住房。要掌握住房分配名单,与领队互通房号以便联系。掌握饭店总服务台的电话号码。要记住领队和团员的住房号码,协助行李员照顾行李进房。协助饭店处理可能遇到的、住房标准、卫生状况、行李错投、房间调换等问题。

(3)在文娱活动方面,导游员都应陪同前往,向客人简单介绍节目内容及特点,引导客人入座,介绍剧场情况,解答旅游者的问题。在客人观看节目时,自始至终坚守岗位。如果是大型娱乐场所,要提醒旅游者不要走散,并注意周围环境和客人动向,以防不测。

(4)在旅行途中,导游员应照顾好老、幼、病、残旅游者,同时注意重点,顾及全团,特别在讲解时要注意旅游者的动向,防止个别旅游者走失和意外事件的发生。每次上车都应协助领队清点团员人数,提醒客人不要遗忘随身携带的贵重物品(如钱包、相机、摄像机等)。如出现突发事件,应及时按有关原则处理。

(5)在送客时,送国内航班,应提前一小时到达机场,送国际航班应提前两小时抵达机场,送火车应提前半小时送客人上车厢落座。并等飞机起飞(车船驶离)方可离开机场(车站、码头),以防万一发生事故,客人走不了,可采取应急措施。

## 第二节　宾馆服务礼仪

宾馆,是指为宾客提供住宿、餐饮、娱乐、商谈、会议和其他一系列服务的综合场所。宾馆一般都讲究设施豪华、富丽堂皇,也更重视服务人员形象,讲求高水准的服务质量。

宾馆礼仪规定,对来宾的热情款待,重要的是要求门童、行李员、总台接待员、电梯员、客房服务员等宾馆的从业人员,接待客人的工作中,表现得既尽职尽责、又讲究礼貌。

### 一、门童迎客礼仪

在宾馆服务中,门童的服务乃是首要的环节。门童在上岗时,服装应当干净、整洁、挺直。门童一般均为男性。若以女性取而代之,则往往称之为礼仪小姐。礼仪小姐在上岗时,着装应当简约、保守,可以化淡妆,但不宜佩戴首饰。

在工作岗位上,门童或礼仪小姐均应肃立、直视、面含微笑,绝不允许抱肩、叉腰、弯腿或倚物。与异性、熟人、出租司机聊天、逗乐,更应被禁止。

当客人到来时,门童有义务为之开启轿车车门。有重要客人或团队客人光临时,门童、礼仪小姐应在宾馆负责人的带领下,列队迎候。倘若适逢下雨,门童或礼仪小姐应主动为客人撑伞,碰上行动不便的老人或残疾人,还须上前搀扶。

在客人进入宾馆正门时,门童或礼仪小姐需要主动为之拉门,并在作出"里面请"的手势的同时,对其说"您好,欢迎光临!"在问候对方时,声音切勿过冷、过硬、过高。若来宾不止一人时,应不厌其烦、不怕重复地一一问候到每一个人。遇到常来常往的客人,在问候对方时,还应当表现出对对方的熟悉,比如说:"您好,欢迎再次光临!""您好,请进!""您好,您回来了!"。

当客人离开宾馆时,按照规范,门童或礼仪小姐为之所提供的服务,在操作上大致相似。只是问候语应相应地变为:"您好,再见!"在客人乘坐的车辆驶离时,应肃立一旁,目送其远去。有时,也不必非将客人送至门外不可。

### 二、总服务台接待礼仪

总服务台,在宾馆服务中发挥着接待中心、服务中心和指挥中心的作用。

总台接待员在上岗时,务必要按规定着装,并且在各个细节上力求一丝不苟。总台接待员的标志牌,应一律佩戴于左胸,而且必须戴得端端正正。

在一般情况下,总台接待员在为客人服务时,应当站立。站立时姿势要文明、优美,不要弯腰驼背、或倚或趴、双脚交叉、一脚高踏。两手可在下腹交叉或扶在柜台边缘上,但不准插兜、或随意挥舞,指手画脚。

在工作中,总台接待员应笑容可掬地目视客人,态度和蔼,表情亲切。在讲话的时候,应作到速度适中、口齿清晰、语言文雅、语气轻柔。

### 三、电梯员、行李员接待礼仪

见到客人走向电梯时,电梯员应当首先进入电梯,在电梯间内欢迎客人。他应当面向门口,侧身而立,一手按住门,一手向客人示意。

到达客人预先告知的某层楼之前,应大声报出楼层数,以便对方有所准备。在客人步出电梯间时,应对其道一声"再见!"

行李员陪同客人抵达既定的楼层后,可先与客房服务员取得联系。然后随行于客人身后进入客房。进入客房,将行李放在客人指定之处后,即应及时告退。

当客人离店、需要行李员帮助时,行李员应按约定时间到达客房。在问明白客人行李的件数及具体要求后,应小心而负责地把行李运到客人预约的轿车上,并将其放入行李箱内。当客人到达后,应就此向客人进行详细的交代,免得对方有所遗忘,去而复返。

### 四、客房服务礼仪

客房是宾馆的一个重要组成部分。客房服务,要尽全力让客人感受到和在家一样方便、舒适和亲切。服务员的礼貌水准应达到以下几点。

#### 1. 仪表要整洁端庄

客房服务员,应对自身的卫生、仪表仪态有足够的重视。在上班时间,穿着宾馆统一的工作装,佩带胸卡,并保持服装的干净整洁。个人卫生方面要做到勤洗澡、勤理发。男服务员,每天修面,不留胡须,不蓄长发。女服务员,不留长指甲,化妆不过艳。遇到客人,应主动打招呼问候,除非客人先伸手,否则不必主动与客人握手。在过道行走时,应轻快无声,不要忽快忽慢。不做无谓的其他动作,否则影响客人休息。

#### 2. 行为要循规蹈矩

服务员与客人说话声音以对方听得清楚为限,尽力保持客房区的宁静。不可因自己的情绪不佳影响工作或冲撞客人,不要窥视客人的行动或窃听客人的谈话。为客人服务热情大方,但不宜过分亲切,未经客人同意决不搂抱客人的孩子,也不随便给其食品。应客人招呼进入客房时,应开着门,对客人的邀坐,应谢而不坐,在客房逗留时间不要长,也不要与客人议论别的客人,不打探客人的年龄、职业及收入等等。

#### 3. 服务要规范有礼

客房是宾馆的主体,客房干净和整洁,是礼宾的基本要求。清扫客房之前,应轻敲房门,客人允许后,再推门进入,然后将门敞开清理客房,打扫卫生。清扫过程中,不要翻动客人的物品。对已离店客人遗留的东西,应完整地送交酒店相关部门处理。

#### 4. 送客服务

在得知客人的离开日期后,客房服务人员要以自己的工作来帮助客人做好离开前的各项准备,使其感受到在临行前受到热情的关照。客房服务员要仔细检查客人所有委托代办的项目是否已经办妥,各种账单是否结算、付清。利用客人临行前到房间服务的机会,查看房间内的各种主要配备用品有无损坏或短缺,如发现损坏或短缺,应婉转询问。但要注意,询问应该讲究说话的方式、态度和语言技巧,以免因态度生硬、口气严厉、措辞不当而使客人对这种例行的公事产生不快,同时应向客房部主管报告,妥善处理。

### 五、餐厅服务礼仪

宾馆的餐厅是客人就餐的场所,也是宾馆的重要组成部分。餐厅有精美的膳食,再辅以礼貌、周到的服务,必然能够吸引更多的客人就餐。

**1.待客要礼貌**

仪表清洁卫生,是酒店各个岗位的服务人员都应做到的基本要求,对餐厅服务员来说,要求则更严格。餐厅服务员的礼貌,可以从动作、言语、表情、态度诸方面来体现,即:动作要轻快稳当;言语要得体准确;表情要自然亲切;态度要和蔼可亲。

**2.服务要优质**

迎接客人时,服务员横排对称站立餐厅门口的两侧热情问候,并引领到预订的桌位前,对没有订座的客人,应代为安排餐桌。待客人落座后,再进行斟茶、送上香巾等一系列的服务。

客人基本到齐,服务员可请客人点菜。顺序是把菜单先双手递给长者(也可递给女士),然后,按顺时针移行,等待客人点菜时,服务人员精力要集中,随时准备记录。同客人谈话时,上半身略微前倾,始终保持面带笑容,客人点的每道菜和饮料等,都要认真记录,防止出现差错。

服务员端菜上台,要介绍菜名和特色。端菜时手指不能触及盘碟上口或浸入菜内。菜汤切忌溅在客人衣服上。撤换菜盘通常是右上右撤,撤盘前,先征求客人意见。

服务人员在为客人斟酒水时,要先征得宾客的同意,讲究规格和操作程序。席间,服务员站立一旁,随时按客人的要求提供斟酒服务,斟酒时,量不宜太多,一般以满为宜,酒水不许滴洒在桌面上。斟酒服务应及时、细心、操作规范而以符合卫生要求。

在餐厅内,当着客人的面,服务人员彼此之间说话要自然大方地使用客人能听懂的语言,对国内宾客应一律使用普通话,对外宾则使用相应的外语,不允许用家乡话说粗言俚语或说暗语,或用客人听不懂的语言说三道四。在客人互相交谈时,服务人员应做到不旁听,不窥视,更不能随便插嘴。

客人用餐完毕,应为离座客人拉开座椅,提醒他们别忘带自己的物品,且送客人到餐厅门口,待客人离去,再清理餐桌,不可在客人还没起身时就来收拾。

## 第三节　酒吧服务礼仪

酒吧是客人休息娱乐的场所,可供客人喝酒、休闲、交际使用。这就要求服务中在服务时要耐心细致,讲究礼貌礼仪,灵活处理可能发生的各种情况。

### 一、端酒时的礼仪

**1.对客人要笑脸相迎**

酒吧服务中,不管哪位客人要酒,酒吧服务员都必须动作优雅,笑脸相迎,态度温和,以此显示自重及对客人的尊重。

**2.要恭敬地请客人点酒点菜**

客人就座后,酒吧服务员要及时上前并呈递酒单,同时向客人问候,然后将酒单放在点酒的那位客人的右边。给客人开票时应略弯腰站在客人右边;不可把票簿和笔放在客台上书写。写完后,要把客人所点饮料和菜食等复述一遍。

**3.帮助客人选酒一定要慎重**

如果客人特别强调要你帮助选酒,则千万要慎重一般不要提太多的建议,而只是回答问题和接受点酒;如果客人坚持要你帮助,那么应根据客人的口味和爱好,提出适当的建议。

## 二、开瓶礼仪

整个开瓶过程中,动作要小心、轻捷、迅速,以免摇动酒瓶将酒瓶底部的酒渣混起,影响酒味。

开香槟酒时尤其要细致。开香槟酒之前,千万不可大力摇动酒瓶,以免增加香槟瓶内的气体压力而发生意外。在为客人服务时,一般应站在客人右边,用右手将饮品放在其右面,以方便客人使用。

## 三、其他服务礼仪

(1)在服务中,服务员要注意站立的姿势和位置,不要将胳膊支在吧台上,也不要同事之间相互聊天或读书看报等。不得在客人面前使用为客人准备的酒具、茶杯等,不得在岗时饮食。不得侧耳细听客人谈话,不要在客人窃窃私语时随便插话。

(2)接听电话时要注意礼貌,态度要和缓,语调要适中。呼唤客人来接电话时,不要在远处高声叫喊,应尽量避免惊扰其他客人。可根据发话人提供的特征有目的地寻找,到客人面前告之。

(3)对于醉酒的客人,为防止意外,酒吧服务人员应团结协作,将其搀扶至休息厅(一般应男服务员去搀扶男客人,女服务员去搀扶女客人)。不要对醉酒的客人做出鲁莽不礼貌的举动。如果醉酒的客人借机闹事,不听劝阻,应及时报告上司和保安人员帮助处理。

## ▶ 第四节 商场服务礼仪

商场服务礼仪,是指商场工作人员在接待顾客、满足顾客选购商品的过程中,对自己的言行加以约束,以达到尊重顾客、礼貌交易的一系列礼仪规范,它是文明经商、优质服务的主要内涵,也是商业竞争重要手段的一部分。

为了满足消费者的要求,保障消费者的权利,商场应有良好的售货礼仪。

## 一、迎客礼仪

迎接顾客,是商场营业员为顾客服务的第一步。营业员要在柜台内端庄站立,亲切微笑,用目光欢迎顾客的到来。礼仪人员迎宾时,都应着装整齐、站姿规范、自然大方、诚恳热情,柜台内的营业员应呼应配合。

## 二、服务礼仪

广义上讲,顾客进入商场。就意味着服务开始,但具体服务,是从顾客挑选商品时开始的,营业员应礼貌、热情、周到和耐心接待每一位顾客,优质完成商品的销售工作。

### 1.介绍商品

向顾客介绍、宣传商品,要实事求是,目的是让顾客了解商品,促其购买。如果介绍的情况不真实,会误导顾客。从长远看,既失礼,又失败。

**2．有问必答**

无论顾客提问的商品是不是你推介的,都必须礼貌作答,不能因为顾客对你介绍的商品不感兴趣,对于他的提问就充耳不闻,不予理睬,也不能因为你介绍得已很详细,顾客还在不断提问,就嫌烦。有问必答,是优质服务的内容之一。

**3．百拿不厌**

顾客购物总爱挑选,这是人之常情。营业员给顾客拿递商品时,动作要轻快,不能扔摔,以免引起误会。顾客反复挑拣,反映买意坚定,所以,营业员不能嫌烦,服务要耐心、诚恳。

**4．接待有序**

顾客来到柜台前有先有后,营业员应按先后依次并交给顾客。给顾客找零钱时,要本着"困难留给自己,方便让给顾客"的原则去处理,设法解决。收款时偶尔发现假币,可向顾客提出,并讲清道理,按国家有关规定和手续处理,不要斥责、难为顾客,引起争吵。

**5．告别顾客**

顾客购货完毕,营业员要点头目送并礼貌道别。营业员不可按购物多少来决定服务态度的好坏,顾客在商场买与未买,买多买少,营业员都应同样热情对待,欢迎再次光顾。

## 第五节　银行服务礼仪

银行服务礼仪是指银行工作人员在其工作岗位上,通过言谈、举止、行为等,对客户表示尊重和友好的行为规范和惯例。简单地说,就是银行工作人员在工作场合适用的礼仪规范和工作艺术。

银行服务礼仪要求工作人员在自己的工作岗位上严格遵守行为规范。即在自己的工作岗位上向服务对象提供标准的、正确的做法。因此,银行服务礼仪主要是以银行工作人员的仪容规范、仪态规范、服饰规范、语言规范和岗位规范为基本内容。

在一般情况下,对银行业的服务行为规范的总体要求,主要集中地体现在改善服务态度、提高服务质量这两个方面。

### 一、改善服务态度

改善服务态度,应当表现在银行全体从业人员的举止神情和言谈话语等各个方面。具体来讲,在下述四个方面尤其注意:

(1)要自尊自爱。在自己的工作岗位之上,全体银行从业人员都要对自己的仪表、服饰、举止按照有关的岗位规范,从严加以要求。

在正常情况下,全体银行从业人员在上班时,必须自觉做到仪容清爽整洁、着装端庄得体、化妆自然大方,站、坐姿势端正,佩戴工号上岗,以实际行动作到自尊自爱。

(2)要热忱服务。接待客户之时,全体银行从业人员一定要文明礼貌,热忱而主动地为客户服务。与客户打交道时,在严格地执行本单位已经明文规定的文用语与服务忌语。对于客户所提出来的各种疑问,要认真聆听,用心解释,有问必答。为客户服务之时,态度必须主动、诚恳而热情。对待所有的客户,都要一视同仁。

(3)要客户至上。在工作之中,银行的全体从业人员必须在思想上牢固地树立起"服务第一"、"客户第一"的思想,并且将其认真地落实在自己的业务实践之中,处处急客户所急,处处想客户所想,勤勤恳恳、踏踏实实地为客户服务。

(4)要任劳任怨。在工作之中,难免会有时与客户产生某些矛盾纠葛。在此种情况下,对客户的尊重、对工作的负责,都要一如既往。对于矛盾,要力求妥善解决。得理之时,必须让人一步。失礼之时,必须主动致歉。受到客户的表扬要谦虚,受到客户的批评要虚心,受到委屈要容忍。在任何情况下,都要自觉做到与客户不争不吵,始终笑脸相对,保持个人风度。

## 二、提高服务质量

提高服务质量,则主要地表现为银行的全体从业人员要在做好本职工作的基础上,对自己提出更高的标准、更严格的要求,从而使自己为客户所提供的各项服务在质量方面"更上一层楼"。

就现状而论,要求银行的全体从业人员提高服务质量,特别需要将其具体贯彻落实到如下五个方面:

(1)要提前到岗、按时营业。银行的全体从业人员,在每个工作日里,均必须在上班时间之前到岗,并按照本单位有关的员工个人形象规范的具体要求,做好营业前的各项准备工作,营业时间一到,必须准点开门营业,分秒不差。未到规定的对外营业结束时间,不得提前关门拒客。不得提早关门结账,不准擅自缩短营业时间。

(2)要行为检点、自警自励。全体银行的从业人员,在工作岗位之上皆应立足本职,顾全大局,自重自省,率先垂范。在个人的举止行为方面,特别应当多加检点。

在上岗之前,一律不准饮酒。在工作岗之上,不准吸烟;不允许接打私人电话,读书看报,或是忙于个人私事;不准以任何借口擅离职守,串柜聊天,或是大声谈笑。总之,一切与业务无关的事情,一切与本职工作相抵触的事情,都是不可以做的。

**复习思考题**

1. 什么是服务礼仪?

2. 简要阐述导游服务礼仪的规范和要求?

3. 在宾馆接待客人时,说一说服务人员需要遵守哪些方面的礼仪?

4. 酒吧是休闲娱乐的场所,在为客人服务时服务人员需要注意哪些礼仪?

5. 商场是购物的场所,商场工作人员为顾客服务时应遵循哪些礼仪规范?

6. 简要叙述银行服务礼仪规范。

# 第五部分　军事礼仪

# 第一章　军事礼仪概论

与一般的礼仪相比,军事礼仪有着自身显著的特点和特定的礼仪规范。军事礼仪体现军人的职业素养,代表一个国家的军事水平和国力的强盛。了解和掌握有关军事礼仪的基本概念,起源和发展,有助于我们深入了解军人这个特殊群体的礼仪知识。

## ▶ 第一节　军事礼仪的基本概念

中国素称"礼义之邦",中国文化可视为一种礼文化。受到礼文化长期影响的中国古代军队在军事实践中筛选、过滤着礼文化的有效成分,逐渐形成独具特色的军队礼仪。

军事礼仪是军人的礼节、仪式,在军队内外关系中表示敬意,具有严肃、认真、正规、划一的特点。外交活动中的军事礼仪可以体现军威、国威和对外政策,是对来访贵宾的高规格的尊重。

## ▶ 第二节　军事礼仪的起源与发展

在古代中国,礼深入社会的每一个层面,因而礼的名目极为繁冗,《中庸》有"礼仪三百,威仪三千"之说。人类社会在战争和和平的不断交替中前进着,到了西周时期,军事已经在国家的政治生活中占有极其重要的地位,有关军事方面的活动相当频繁,于是与军事方面的礼仪就因此而诞生了。根据《周礼·春官·大宗伯》记载,西周时已将古代礼仪分为吉礼、凶礼、军礼、宾礼、嘉礼这五礼,后世修订礼典,大体都依吉、凶、军、宾、嘉为纲。由此可见,早在西周时期,军事就被纳入了礼制的轨道,而且沿用至今。

军事列入礼的范围主要有两方面的理由。从理论上讲,王者以礼治国,使天下归于大同,必然会受到内部和外部的干扰,甚至兵火的威胁,因此《礼记·月令》说,需要命将选士,"以征不义,诘诛暴慢,以明好恶,顺彼远方"。礼乐与征伐,犹如车之两轮,缺一不可。

此外,军队的组建、管理等,也都离不开礼的原则。军队必须按照此原则严格训练,严格管理,《礼记·曲礼》说:"班朝治军,莅官行法,非礼威严不行。"

根据《周礼·春官·大宗伯》的记载,古时的军礼,包括大师之礼、大均之礼、大田之礼、大役之礼、大封之礼五种。

此外,军队的车马、旌旗、兵器、军容、营阵、行列、检阅,乃至坐行、进退、击刺等,无不依一定的仪节进行。军队的日常训练,包括校阅、车战、舟师、马政等,都有严格的礼仪规定。得胜之后,又有凯旋、告庙、献俘、受降、饮至等仪节。

虽然西周时期的"五礼"中就有"军礼"。军礼既包括交战的规则,也包括了军队中的各类礼仪和纪律。春秋战国以后不再有完整的军礼,但是却有严密的军纪和严酷的军法。另外也还有一些交战的一般规则。

从春秋战国时期诸子百家的记述以及议论中,可以发现在西周以及春秋早期,确实存在一些基本的交战规则。

春秋晚期到战国时期,这些交战规则已被抛弃。人们已经认为"战阵之间,不厌诈伪",《孙子兵法》"兵不厌诈"、"勿击堂堂之阵"、"出其不意,攻其不备"等等的理论已被人们普遍接受。在后世流传下来的交战规则主要只有"两国交兵,不斩来使"。

新中国成立后,中国的军事礼仪进入了崭新的历史时期。军事礼仪的功能也更加趋于完善。主要体现在规范行为、衡量道德、强化要求和改善形象四个方面。

**复习思考题**

1. 什么是军事礼仪?
2. 古代社会的军事礼仪是怎样起源和发展的?

# 第二章　中国古代军队礼仪

作为与祭祀同等重要的国家大事,军事活动在古代社会被看作是关系国家生死存亡的大事。军事力量的强大与否,不但被视为国力强大与否的寒暑表,而且被看作评判国君是否贤明的试金石。因此中国历代的统治者都非常重视田猎、遣将、大射、受降等军礼。在此我们通过对文献资料的爬梳、整理,将其中的一些重要礼仪作一概述。

## ▶ 第一节　亲 征 礼

在中国古代社会,甚至当今的世界上,战争的胜败,往往关系着一个国家和民族的生死存亡与盛衰荣枯,因此,中国古代的统治者都曾披挂亲征,常常把亲征仪列在众多军礼的首位。在中国古代,从黄帝时起,一些帝王为了向天下的人民表明他顺天应人、除暴安良的德政,常常亲自披甲出征。为了使这一目的更加明显地颁布于天下,他们还制定了一整套亲征礼仪。但直到南北朝以前,亲征的礼节不能详知。从后齐开始,到隋、唐、明、清各朝,亲征仪式日趋完备。亲征礼仪大致包括以下五方面的内容:

**1.戒严**

皇帝出征前,军营所在地要加岗戒严,禁绝无关人员往来、进出。亲征仪式举行的第一天,安排护卫人员手执刀、枪、戟、斧之类的仪仗,排列在各自的位置上。侍从大臣们都穿戴戎装,留守官员穿戴公服,汇集殿庙附近,准备迎接皇帝。侍中奏请击鼓戒严,持银队(古代用铁柄短矛装备的一种军队中的仪仗队)。随后,皇帝穿武弁服,乘御辇奔往大殿,升坐御帐。典仪官高唱"行再拜礼!"文武百官都各在其位行两拜礼。礼毕,文武百官随天子行祭天礼。

**2.皇帝与文武百官清斋、祭天**

在祭天仪式举行的前一天,皇帝要在祖庙或特定的大殿斋戒一天,各位参与告天仪式的侍从大臣、军将与在位高级官僚也要清斋一天,以便能清心静欲地接受上帝与祖先的忠告。

**3.誓师**

历代皇帝亲征时,为了师出有名,鼓舞士气,严明军纪,都要在出师前举行誓师仪式,向随军出征的将士们讲明出兵的理由、目的,申明军纪。周武王十一年(公元前1066年),为讨伐殷纣王在牧野举行了声势浩大的誓师仪式。此后历代帝王亲征时,都要亲自誓师或派遣有关官员传旨誓师。

**4.举行轭祭,即祭祀行道的各种神灵**

历代皇帝为了求得诸神保佑,行军顺利,在行军征战途中,都要祭祀行道诸神及路经的名山大川。如隋朝皇帝亲征时,总要派有关部门的官员先期到大军途经的名山大川进行祭祀。

**5.宣露布、凯旋还朝**

从后魏开始,历代皇帝亲征时,为了鼓舞士气,安定民心,宣扬自己的功德,每当攻克一地或取得一场战斗的胜利后，都要将胜利的消息书写在帛上，挂到竹竿上传令全军，并张贴捷报，通告天下。当亲征目的完全达到或停止进行征讨时，都要奏乐凯旋，告祭宗庙、上天，举行献俘仪式，论功行赏，并再度诏告全国，有时还要举办歌乐、舞蹈、酒宴等多种形式的庆贺活动。

总之，亲征礼仪是中国古代军礼中最烦琐、冗长，也是最重要的礼仪。历代最高统治者通过举行这样的礼仪，既可体现自己的尊严与"受命于天"的合法性，又可宣扬自己除暴安良、"替天行道"的功德。

## ▶ 第二节 遣 将 礼

遣将礼是中国古代皇帝命令大将领兵出征的礼仪。《史记》引《兵书》说："古王者之遣将，跪而推毂。"即天子跪着推动出征主将所乘马车之轮，以示隆重。历朝历代，每当朝廷进行对内对外征战时，朝中君臣都要对领兵出征的人选进行反复讨论。人选一旦确定，最高统治者就要举行庄严而隆重的出师遣将礼仪，以便确立征战大将的统帅权威，使全军上下军令统一、团结一致、调遣便利、夺取胜利。因为这一礼仪事关军事行动的胜败，乃至国家的荣辱存亡，所以历代统治者都非常重视这一活动。我们从诸葛亮《心书》对春秋时期的出师遣将礼仪的详细描述，可以大致了解这一礼仪的轮廓是：

遣将之前，君王要清斋三天，沐浴更衣。接着在太庙举行祭祖仪式，祈求上天和祖宗保佑出兵能大获全胜。随后来到即将出征的将士队伍前，面南背北地站立在高坛之上，面对将士高举起象征有统帅权和生杀大权的钺，把钺柄交到将要统帅全军的大将手中，大声宣布诏令：从即刻起，将军可以独自裁决军中的一切军务。也就是所谓的"将在外，君令有所不受"。并对大将嘱咐临别赠言，希望他能在出兵途中，征战之时集思广益、体恤士卒、身体力行等等。接着，大将向君王表示自己非常荣幸地接受任命，一定要牢记君王的嘱托，不负重托，争取旗开得胜，马到成功，并且用君王赐给的钺凿开象征能逢凶化吉的军门，率领军队出发。君王则要率领文武百官为出征将士送行，并通过跪在路上推动战车轮毂的动作，再次当众宣布：军中之事不由君命，全凭大将做主。礼毕，大军迅速向战场开拔。由此可见，古代的遣将礼主要包括祭祀神祇、祖宗，授符书、斧、钺，赐印，面授谋略，谕诚将士，亲临送行等仪式。

此后历代遣将仪略有变化，如有些王朝先在朝堂之上由皇帝将象征权力的符节、钺交给符节郎或尚书，然后由符节郎或尚书代表皇帝向受命出征的大将传授节、钺，宣读诏书。但更多的王朝还是由最高统治者亲自参加这一仪式，并且将"授权"仪式进行大肆渲染，以示郑重其事。北齐即如此，唐、宋两代遣将仪与北齐基本相同。

明、清时遣将出征礼仪更趋完备。如天聪十年（公元1636年），清太宗皇太极命睿亲王多尔衮等出兵攻打明王朝时，就在大军启程前，亲自祭天神、旗神，并送行。其次是要行赐敕印礼，一般在大将出征前举行。如顺治元年（公元1644年），命英王阿济格为靖远大将军，征讨流寇，曾在午门外举行赐敕印仪式。仪式开始前，先设立御座，东边书案上陈列敕印，王公百官会集于案后。仪式开始，顺治帝升坐御座后，大将军阿济格率领即将出征的部将行跪拜礼，内院大臣奉命宣读用满、蒙、汉三种文字书写的敕书，然后授大将军敕印，大将军登上台阶，跪着接受敕印，然后走下台阶，将敕印转交随军出征的文官保管，行三跪九叩头礼，鸣赞官高喊"退！"

大将军退归原位。第三是行前谕诫、授略、整旅。谕诫，即皇帝在军队出征前，传诏统兵大将，告诫他在行军时要注意的事项；授略，即在大军临行前一天，皇帝召统兵大将面授机宜；整旅，即皇帝在出征将士队列前御赐军械、令箭及标旗，以勉励出征将士团结一致、奋勇杀敌、夺取胜利。第四是举行守土官相见礼，即当出征将士路经各地时，当地的将军、督、抚要穿戴蟒服出城迎候。见面时，经略正坐，将军、督、抚侧坐，文司道、武提督以下，行庭参礼。最后是赐酒宴饯行，如康熙皇帝命大将统兵出征时，令大将军跪伏行近御座旁，由皇帝亲自赐酒一卮，大将军跪伏受酒，一饮而尽，再行跪拜礼谢主隆恩。此后都统、副都统一类高级武官依次进见，由殿前侍卫授酒，众将跪饮而尽，叩谢而退。再下的参领一类低级武官，以十人为一列，跪伏到台阶之上跪饮而尽，叩谢而退。还有的皇帝要赐出征将士宴席，让他们酒足饭饱，心满意足地奔赴疆场，舍身忘死地去拼杀。

总之，中国古代历朝遣将出征礼仪都很庄重。这种礼仪的举行，能起到树立统帅权威、鼓舞征战将士士气、安定军心的作用。

## 第三节　凯旋献俘礼

出师获胜后，军队便凯旋还师。凯旋回京后，要祭告天地、宗庙、太社，并举行献捷献俘之礼，历朝历代都制定了一系列相应的礼仪规范。概括而言，这些礼仪规范可分为奏凯还师、献俘告庙、论功行赏。

### 一、奏凯还师

奏凯还师仪式在周代已初具规模，北魏时有较大的发展，把宣露布作为奏凯还师的第一环。明、清两代，奏凯还师仪式最为完备。如清代奏凯还师，要先期祭告天地、庙社、陵寝，经略大将军凯旋回朝时，皇帝要率领百官出城十里迎接，亲王、贝勒等按次序排列，皇帝率领他们拜谢上天，行三跪九叩礼。礼毕，皇帝升坐御座，王爷、贝勒等进献报捷战表，大将军率领有功官员拜谢皇恩，并缴回印敕。

### 二、献俘告庙

奏凯还师后，一般接着就要举行献俘告庙仪式。这是古代将帅凯旋时把在战争中俘虏的人员进献给太庙，以便告慰列祖、列宗战争胜利的仪式。献俘仪式一般包括致祭、皇帝常服御坐接受战俘、战俘匍匐待罪、皇帝恩赦松绑、赐礼物或下诏处置有关俘虏等内容。宋、明两代献俘仪式最为完备。

### 三、论功行赏

献俘仪式结束后，一般都要论功行赏。历代的仪式各不相同，其中明代的论功行赏仪式最详备。按明朝规定，凡有军队得胜凯旋还朝，中书省都要移文大都督府论功行赏，兵部开列参战各位将士的功绩，吏部准备勋爵职名，户部、礼部出具赏格。中书省把六部议定的功赏名单、意见上报，奏请皇帝裁决。待皇帝裁决后，举行颁布功绩及赏赐官爵、礼物仪式。

## 第四节 大 阅 礼

检阅,亦称"大阅",指帝王亲自检阅军队,习武操练。历代帝王都非常重视军事,每隔三年、五年都要亲临教场,观阅军队按兵法排阵操练,长此以往,这一活动就逐渐演变成了一套有一定规则的讲武、阅兵礼仪。它大致可概括为五项主要内容:

### 一、选择秋冬季节讲武

多数朝代都把讲武仪式定在秋季。如东汉多在立秋之日举行讲武仪式,后齐、北宋、明、清等朝代都在秋季进行讲武,唐代则在仲冬时节讲武。

### 二、除地围场、设观礼台、立进止标志和军旗

唐代举行讲武仪前,先命令部分士卒除地围场,演兵场每边长一千二百步,四面有和门,又圈出步、骑六军营地,左右厢各有三军。每军中间相距三百步,立五表,每表之间相距五十步,以此作为对垒双方军队前进、停止的标志。另在演军场北面设立一个面南的都坛。讲武仪式举行的前一天,讲武将士和士卒要集中在都坛周围,在都坛的中央和四角分别树立五彩牙旗、旗鼓甲仗,并用旗帜组成和门。

### 三、举行斩牲礼,或祭旗纛礼

在讲武仪开始的那天,皇帝要身着戎服,登上观礼台,举行斩牲礼,或祭旗纛礼。如东汉皇帝在讲武时,要在城郊东门举行斩牲礼。明代皇帝大阅前要身穿常服,在内殿行四拜礼,然后特派专门官员到教场去祭祀旗纛。

### 四、演习排兵、布阵仪式

接受检阅的将士要按照兵法、战书的要求,演习战争中的排兵、布阵仪式。这是讲武礼仪中最壮观、最重要的内容。东汉阅兵演武的时候,将士们要演习孙、吴兵法中所讲的六十四阵。唐代讲武、阅兵时,大将要身披战甲,骑上战马,教习士卒。明代皇帝检阅军队演练阵势时,鸣炮三声,马步军开始按常规演练阵势。

### 五、赏赐演武将士

皇帝检阅完毕后,赏赐参加演武的将士酒宴或礼品,用来犒赏三军。如清代康熙皇帝在大阅结束后,回到行宫,下诏宣布赏优、罚劣,以示严明军纪,鼓舞士气。在没有检阅前,要赏赐将士食物,检阅结束后,还要赏赐将士酒宴。

## 第五节 田 猎 礼

上古田猎是一项具有军事意义的生产活动,并与祭祀有关。殷商甲骨文中有大量的田猎记录。礼书说,周代的制度为四时田猎:春蒐、夏苗、秋狝、冬狩。

史籍记载历代君王田猎之事甚多,大都是以田猎作为游嬉玩乐的方式,因而荒废政务,伤害百姓的也不在少数。但是,田猎也有一定的礼规、礼法规定,田猎不捕幼兽,不采鸟卵,不杀有孕之兽,不伤未长成的小兽,不破坏鸟巢。另外,围猎捕杀要围而不合,留有余地,不能一网打尽,斩草除根。

田猎是中国古代一种具有军事意义的射猎、献获礼仪,最高统治者借田猎之便,既可演习军队,显示自己的最高军事指挥权,加强对各部分军事力量的控制,又可表明自己重视对宗庙、社稷、神灵的祭祀,重视保护庄稼,勤政爱民,整兵习武不敢稍有懈怠的态度,还可借机满足自己射猎、出游的嗜好。因此,历代君王借田猎融合各种关系,达到巩固自己统治地位者不胜枚举。

## ▶ 第六节　受　降　礼

受降礼,古代军礼的一种。指战胜方接受战败方的投降时所有的礼节和规范。中国古代历朝历代的受降礼大致相似,其主要内容大致可以概括为以下四点:

### 一、素服请罪

投降的君主或大将带领他的臣属或部将,身穿素服向获胜一方的君主或主帅请罪,并交出降表或玉玺、符节。素服指白色衣服,泛指凶礼服装,投降一方的君主或主帅身穿素服,主要是为了向获胜的一方表达诚服的意愿。

### 二、谢恩致礼

获胜一方的皇帝下诏宣布赦免投降者的罪过,投降的君主或主帅及其下属谢恩致礼。通过下诏书赦免投降者的罪恶,既可以体现获胜一方最高统治者具有宽宏大量的美德,又可以收买敌对一方的人心。

### 三、赏赐袍服

获胜一方的最高统治者当众赏赐给降王、降将袍服,并设酒宴款待对方。当然也有例外,如西晋怀帝司马炽被北汉王刘聪俘虏,刘聪大宴群臣,命令晋怀帝身穿奴仆们穿戴的青衣小帽,依次为群臣斟酒。

### 四、赐封官职

某些皇帝还赐封降王或降将为某一官职,并让他们诏告太庙。这样做,既可以安抚敌方军心民心,使他们心悦诚服,不再为敌,从而达到安定天下的目的,又可以通过诏告太庙这一活动,使降将诏告祖先臣服于获胜者,使获胜者"承天应命",披上一层"君权神授"的闪光的外衣。

总之,由于受降仪式包含有体现获胜一方最高统治者既往不咎、宽宏大量的美德,体现愿化干戈为玉帛,平息与各方面敌对势力矛盾的效能,同时可以向"上天"与"黎民百姓"宣扬自己进行战争只不过是"替天行道",为解救黎民于水深火热之中的意愿,所以场面大都比较隆重,礼节也比较繁杂。但历代统治者却乐于组织这一活动。

## 第七节 大 射 礼

《论语·八佾》有："君子无所争,必也射乎! 揖让而升,下而饮。其争也君子。"指是由国君召集大夫、士比射的礼,叫做"大射",大射礼,射礼之一。周代属嘉礼,后属军礼。起源于上古氏族社会的军事教育。即天子率诸侯、卿、大夫、士进行的射礼,常在祭祖、祭神前进行,并以射选定贡士,其规模在诸射礼中最为盛大。后世帝王举行,表示重视武备。

《礼记》认为,射箭的人只有内心意志坚定,目标专一,前进、后退,左右转动合乎礼仪,才能射中目标。因此,通过观察一个人射箭的动作,就可以看出一个人的德行了。为此,古代天子用射箭来挑选诸侯、卿、大夫、士。也就是说,大射礼也是用来考校诸侯的一种礼仪。因此,诸侯群臣都很重视大射。夏商及此前的射礼已经无法考究,根据《仪礼·大射》的记载,我们可以对周代的大射礼仪有较为详细的了解。

按大射礼仪规定,如果国君有命令通知射箭,冢宰(丞相之类负责辅佐国君的高级官员)要把这一消息通告给百官,而其他的有关人员也要尽快把这一消息通告给可能涉及的所有人员。

射箭前三天,宰夫(负责执掌治朝法令的人)要命令司马做好具体的准备工作。比如查看器皿的洗涤情况、测量射箭的距离等。

到了大射当天,国君登堂,面朝西在席位上就座。庭中奏起《肆夏》乐曲。大臣依次行稽首、洗手之礼。然后司射(负责安排具体的射礼仪式)奏请国君可以开始官行射礼。接着开始为参加者分组,称为耦,一般都设三耦。

司马正命负侯人拿着羽旗背对射布等待着。司射到更衣的地方,让上耦(一耦人中的尊者)射箭。司射接着命令三耦各自和自己的射耦交替取箭,直到射完为止。

接着,司马登堂命令取箭,负侯人答应。司马下堂放弓,返回原位。司射命令摆放丰,并和原先一样在觯中斟上酒。接着命令获胜的一方拿着能射的弓,不胜的一方拿着不能射的弓登堂喝酒。

夜晚,庶子在东阶上拿着火烛,司宫在西阶上拿着火烛,甸人(负责耕种籍田,按照规定进献谷类的人)在中庭(从门到堂的院落)拿着大火烛,门人(负责守门的人)在门外拿着大火烛。主宾已有醉意,面朝北坐下拿取进献的干肉下堂。主宾拿着干肉在门内屋檐处赐予管钟鼓的人,接着出门。卿大夫都出门,国君不送行。国君进入时奏《骜夏》乐曲。

大射礼仪在秦汉以后很少有专书记载,只有《宋史》将这一礼仪列入嘉礼中,到明代编写《明集礼》、《明会典》时,又把这一礼仪开始列入军礼中。从这一变化不难看出中国古代军政一体的特点。

**复习思考题**

1. 亲征仪列在众多的军礼的首位,它包括那些方面的内容?

2. 凯旋献俘礼,有哪些礼仪规范?

3. 大阅礼是古代军礼的重要一种,它包括哪些主要内容?

# 第三章 军人的基本礼仪

为了保持军队对内高度团结统一,严整军容风纪,对外体现军队良好的素养和形象,必须讲究军人的对内对外礼节。各国军队都有条令规定军人的礼节规范和实施细则。本章主要是按《中国人民解放军条令条例》规定在内部遵守实施的礼仪上,结合日常工作和生活的实际情况,所作的细致阐述。

## ▶ 第一节 军人宣誓

军人宣誓是指军人宣读誓约、表达决心的庄严仪式。通常有入伍宣誓、作战宣誓和准备完成突击性任务的宣誓。誓词一般由军队的最高军事领导机关或最高统帅颁发的条令、条例、命令统一规定。军队在执行作战或其他突击性任务时,誓词依当时情况、任务而定。

1990年,我国颁发的《中国人民解放军内务条令》规定,公民入伍后,必须进行军人宣誓。

军人宣读誓约通常在军人入伍时、临战前或战斗间举行。中国人民解放军历来把军人宣誓作为思想教育和政治鼓动的重要内容和方式。在革命战争时期,许多部队于战前举行誓师大会,集体表达战斗决心。中华人民共和国成立后,新兵入伍时,部队都进行誓词教育,举行入伍宣誓仪式。宣誓是一件庄严而神圣的事,因此必须严肃对待。

## ▶ 第二节 军人日常礼仪规范

### 一、军人敬礼礼仪

为体现军队内部的团结友爱和互相尊重,军人必须有礼节。军人敬礼分为举手礼、注目礼和举枪礼三种。

#### 1. 举手礼

行举手礼,是人民解放军中最常用的礼节,通常是军人着军服戴军帽或不戴军帽的时候。行举手礼时,行礼者与受礼者的距离不能太近,也不能太远,一般在1～7米处行礼较为适当。行礼时抬起右手接触帽檐向受礼者表示敬意。

#### 2. 注目礼

行注目礼也是军人最常用的敬礼方式。它是军人携带武器装备不便行举手礼时以注视受礼者并用目送和目迎来表示敬意的一种礼节。行注目礼时,行礼者应面向受礼者成立正姿势,同时注视受礼者并目送或目迎,待受礼者还礼后将头转正。

#### 3. 举枪礼

举枪礼仅限于执行阅兵和仪仗任务时使用。这是专门为仪仗队规定的,在迎接外宾的阅兵仪式中使用的一种敬礼方式。有时宾馆门卫礼兵也采用,举枪礼比其他敬礼方式更为隆重些。行举枪礼时,行礼者把枪举到胸前,转头注视受礼者,并目迎或目送以表示敬意。

## 二、军人操枪礼仪

### 1. 授枪礼仪

枪被军人称为"第二生命"。每当新战士入伍后,部队都要进行一次非常庄重的授枪仪式,以激发他们爱护武器装备,熟练掌握武器的责任感和光荣感。授枪仪式一般以连为单位,由政治指导员主持,连长为新战士授枪。授枪仪式会场布置得庄重、严肃。

授枪仪式的一般程序:全体新战士在仪式开始前入场,面向授枪人成立正姿势。

(1)大会主持人宣布仪式开始。由授枪人发表讲话,向大家讲清爱护武器、苦练杀敌本领的重要意义,同时简要介绍各种枪支的性能和保养要求,让大家明确各种操作使用规定。

(2)由连长授枪。每呼点一个战士的姓名,该战士以正步出列,行至连长面前约一步远处,立正,敬礼,双手接过枪支,然后以持枪姿势向后转,齐步返回队列。

(3)授枪毕,由新战士代表发言,表示决心。至此,即宣布授枪仪式结束。

### 2. 肩枪换挂枪

(口令)挂枪。

(要领)右手移握护木(79式冲锋枪,握导气箍),右臂前伸将枪口转向前,左手掌心向下在右肩前握背带;两手协力将背带从头上套过,落在左肩,使枪身在胸前约呈45°(表尺中央部位位于衣扣线);右手移握枪颈(折叠式冲锋枪,握复进机盖后端),左手放下(阅兵等时机,左边叫握护木),成挂枪立正姿势。

### 3. 挂枪换肩枪

(口令)肩枪。

(要领)右手移握护木,左手移握背带;两手协力将背带从头上套过,落在右肩,枪口向下,枪身垂直;右手移所握背带(拇指由内顶住),左手放下,成肩枪立正姿势。

### 4. 肩枪换背枪

(口令)背枪。

(要领)左手在右肩前握背带,右手掌心向后移握准星座;两手协力将枪上提,左手将背带从头上套过,落在左肩;两手放下,成背枪立正姿势。

### 5. 背枪换肩枪

(口令)肩枪。

(要领)右手掌心向后握准星座;左手在左肩前握背带;两手协力将背带从头上套过,落在右肩;右手移握背带(拇指由内顶住),左手放下,成肩枪立正姿势。

## 三、军容风纪的规定

《中国人民解放军内务条令》对军人的着装、仪容和军人执勤都做了明确的规定,一般要求如下:

### 1. 着装

(1)男军人大檐帽、作训帽帽檐前缘与眉同高;女军人大檐帽、作训帽稍后倾。男女军人不准戴便帽。

（2）男军人鞋跟高度不超过 3 厘米，女军人鞋跟不超过 4 厘米。除工作需要，不准穿拖鞋。

（3）如携带武器时，要扎腰带，其他场合和时机可不扎腰带。

### 2. 仪容

（1）男军人不准留胡须，蓄发不得露于帽外；女军人发辫不得过肩，不准烫发。

（2）着军服时，不准戴耳环、项链、胸饰、戒指等饰物，不准戴有色眼镜。军人不准文身。

（3）只准佩带国家和军队统一颁发的勋章、奖章、证章、纪念章和院校徽章，不准佩带其他徽章。

### 3. 执勤

担任警戒任务的战士，站岗时要按规定着制式军服，戴正军帽，举止端庄，思想集中，精神饱满，保持岗哨周围清洁整齐。

当执勤卫兵交接班时，应互相敬礼。根据哨位的地形情况，可采取同向并列、相向面对面或异向肩并肩的方法交接。

哨兵执勤中要提高警惕，防止坏分子乘机破坏。夜间有人询问情况时，要提高警惕，与对方保持一定距离，以防范其行凶夺枪。

## ▶ 第三节　军人相互之间的礼仪

礼节，体现军人相互间的团结友爱，表示部属与首长、下级与上级的相互尊重，是精神文明的具体表现之一。军人必须有礼节。

### 一、晋见首长的礼节

军人对首长或上级，必须注意礼节。到首长办公室去，应在门前喊"报告"，或轻轻敲门，经允许方可进入。如办公室无人或首长未允许，都不得擅自入内。进入首长办公室后立即敬礼，等首长让座后再就座，并简明扼要地说明自己的来意。首长讲话时要认真听记，准确领会其意图。在首长办公室内，不能随意翻阅文件、信件。未经首长同意，不要随便在首长办公室里打电话。离开时，应有礼貌地向首长告别，并询问首长还有什么指示。告别时，应向首长敬礼。

### 二、对军外人员的礼节

军人与党政机关工作人员、人民群众和外宾接触时，要讲文明，有礼貌。

（1）进见、遇见党和国家领导人时，应当敬礼。

（2）与地方党政机关领导人员接触时，对比自己职位高的应当敬礼。

（3）遇见军队首长陪同的来队外宾时，对比自己职位或军衔高的应当敬礼。

（4）参加外事活动与外宾接触时，对比自己职位或军衔高的应当敬礼。

### 三、军人相互之间的礼节

#### 1. 分队礼节

（1）分队在行进间相遇，由带队指挥员互相敬礼；遇见首长和上级，由带队指挥员敬礼。

（2）分队在停止间，当上级首长来到时，带队指挥员向分队发出"立正"口令，而后向首长敬礼和报告；当上级首长两人以上到场时，只向职务最高的首长敬礼报告；当职务相当的首长先有1人在场，对后到者不发"立正"口令，只由分队在场职务最高者向后到的首长敬礼和报告。

（3）未列队的分队，不论在室内还是在室外，当上级首长来到时，由在场职务最高者或先见者发出"立正"口令，并由在场职务最高者向首长敬礼和报告。

## 2．集会礼节

军人参加集会，当奏国歌和升国旗时，列队军人应当自行立正，行注目礼；位于指挥位置的军官，行举手礼；未列队的军人，戴军帽者行举手礼，未戴军帽者行注目礼。

## 四、军人称谓

军人称谓，是军人间相互表示尊重和体现上下级或同级之间关系的称呼。

军队内，上级对下级的称呼，通常称职务，也可以称姓名或在姓名后加"同志"两字。

军队内，下级对上级的称呼，通常有四种称呼法：称职务；称姓并加职务；称职务另加"同志"两字；在公共场所和不知道对方职务时，可称军衔加"同志"两字。前两种称呼在日常工作和生活中多用，第三种称呼主要用于下级对上级的报告词中。需要强调的是，在军队内，除了党的会议上之外，下级对上级，一般不直呼其名。

军队内，同级之间的称呼，一种是以称职务为主，包括姓名加职务、职务加"同志"两字；另一种是以称姓名为主，包括姓名加"同志"两字。

### 复习思考题

1．什么是军人宣誓？

2．军人日常礼仪规范包括哪些方面？具体内容是什么？

3．简要阐述军人相互之间的礼仪关系？

# 第四章　军人军服礼仪

军服是军人统一的制式服装,也是军事礼仪的一种具体体现。军服不同于普通服装,穿着不能太随意,其各军阶、各军种的军服也有其特定含义和礼仪规范。本章介绍军服的基本概况,以及古代军服与现代军服各自的特点。

## ▶ 第一节　军服概述

军人着制式服装,亦称军装。有统一规定的式样、颜色、用料和穿着方式,是军队的识别标志之一,也是军队礼仪的一种形式。军装的设计要求突出国家和民族的特色,不但用料要考究,而且种类要多样,军装既能够体现军队的威严,还要能够区分识别军队、军种、兵种和官兵的等级。军装由军帽、军服、军鞋和服饰组成。其中,军服最重要,故军装又称军服。

按着装场合的不同,军服分为常服、礼服、作训服和工作服四类。按军种分,有陆军服、海军服、空军服等。按穿着季节分,有夏服和冬服。军服有防护、识别和象征三大功能。军服的式样通常由国家最高权力机关制定。中国人民解放军的军服式样,由中华人民共和国中央军事委员会制定。

礼服是军队参加重大礼仪活动时的着装,配以相应的礼帽与皮鞋。礼服主要展现军人威严雄壮的军容。礼服强调的是色彩明艳、用料考究,服饰的军标明显,还具有强烈的民族性。

常服是军人在平时的着装。常服既保持礼服的基本特点,又保持有穿着方便、舒适,适合于日常生活的特点。

作训服是军人在作战、训练和劳动时的着装,亦称"野战服"。因为要适应作战训练的需要,所以对作训服的用料要求也比较讲究,现代作训服分普通式、迷彩式两种。

特种军服是军队承担特殊任务时的着装,是礼服、常服、作训服以外的特种工作服。特种服种类多达100多种。

服饰是军装的重要部分,具有象征国家军队,区分军种兵种的,标示军衔和装饰军容等项作用。服饰包括帽徽、臂章、肩章、胸章以及纽扣,服饰的图案都有极其丰富含义。

## ▶ 第二节　中国古代军服

军队,封建社会的政权支柱,在国家政治中始终占据着举足轻重的地位。历朝历代的帝王、政治家无一不对军队的建设给予高度的重视,这其中自然包括督造、制定最能发挥军队战斗力、便于指挥的军戎服饰和服饰制度。所以中国古代的军戎服饰是比较系统、规范的服饰,这种系统和规范的程度,能体现出历代的战争、军队的建设和武官制度的发展演变。

据史书记载,我国古代军服的演变,是从简到繁,又从繁到简这样一个发展过程延伸至今的。这种变化是与当时社会的冶铁业、制革业、手工加工业和服装服饰业的发展状况及经济水平息息相关的。军服可显示国威、士气,军服也可以向人们述说它的功绩和败北的原因。

在周代,制革业已有相当规模,已经取得一定经验。因此,周代戎服主要用皮革制成。

在秦汉时期,铁甲开始出现,有铁片和革片共用的。汉代军服,还有一种软甲叫"絮衣",是一种用丝、麻原料做面衣,加絮里的甲衣,以软弹作用来防御刀枪。

到了唐朝初年,由于阶级矛盾比较缓和,国家的统一比较稳固,社会经济能较快地恢复和发展起来,相对来说战事减少,用于实战的铠甲随时代的进展,更具有唐代的鲜明特色。军戎仍以皮甲和铁甲为主,此外,还增加了为武将们仪仗检阅或平时服用的绢布甲,这种以纺织原料制作的轻巧精美的黑色甲衣,外观十分美观,但无实际的防御意义。

唐朝灭亡后,中国进入连年混战的五代十国时期。前后约 50 年,政权更迭,朝令夕改,因此在军装服饰等方面基本沿袭唐末制度。

宋代的军服是在五代的基础上经过改变形成的。

根据《宋史》记载,宋代的军服分两类,一类是继承传统,一实战要求而备制的头盔铠甲,有皮制和铁制的两种,这里指的是从盔到甲全身。宋代另外一类军服,是用于仪仗、巡逻、守卫。根据规定,定为战袍和战袄。这种军服衣身长短不一,紧身窄袖。守卫者身穿的甲胄是仿战将的样式,不用皮或铁做甲片,而用粗布做面,细布做里,然后在甲面上用青、绿颜色画出甲片形状。战马装束也随主人,在实战中饰以马面帘和马身甲,总称"马甲",与战将军戎十分统一协调。

元代军戎,仍以甲胄为基本形制。甲胄以水牛皮做里,外层挂满铁甲片,甲片以皮条相连。由于以交错的鱼鳞状排列,箭弩透不过,所以十分牢固。

明代军戎大体与宋、元时期相同。盔、甲、护臂等全副武装,只是质地上大多采用钢铁,因此比较前一代又进一步。

清代的甲胄与前代均有所不同,虽也按上衣下裳分开,总的来说仍依传统形制,但其配置与满族旗装紧密相连。军中将领的服饰是,上身甲衣以马褂为基本式样,衣身宽肥,袖端是马蹄袖,设有左右两块用带联系的护肩,腋下有护腋,胸前后背有护心镜,镜下底襟边有护腹的"前裆",左边缝上同样的一块"左裆"。军服的下身是"裳",此"裳"由于不是筒形,而是左右两片,故用围穿形式,在围裳的中间,用一块绣有虎头的蔽膝遮盖住。此外镶边还代表了八旗兵的标志。步兵的标志是"兵""队""勇"字样,水兵的襟前缝"某船"等字样。清兵的足下以绑腿、鞋或短靴相配。

清代中后期,满清统治集团中出现的"洋务派",倡导按照西方军队的样式编练新军,这些新军的建制和训练、武器和装备、兵种和军服都参照欧洲各国。新军军服虽然仍然掺杂很多旧色戎服,但无疑是中国近代军服的开始。旧式戎服从历史舞台上完全消失,则是在满清皇朝被推翻以后。

综上所述,军戎服饰具有明显的时代特征。这些特征有的体现了统治阶层的政治需要和封建帝王的个人好恶,有的则是受了当时文化艺术及审美倾向的熏陶。在这些服饰中,有一部分后来成为当时的流行服装。少数服饰还曾为前后几个朝代连续使用,流行时间达一千多年,直到今天,在现代服装中依然可以看到它的痕迹。所以军戎服饰还从各个不同的侧面反映出古代社会的政治文化、宗教艺术等方面的变异与进步。

## 第三节　中国现代军服

军服是军人的外在标志,是国威、军威的象征。随着历史的演变,社会经济的发展,军服在不断的变革着,军服的作用也在不断地扩展。从世界范围来看,现代军服已不单纯起识别象征作用,而是朝着识别、象征、调节、防护等综合性功能发展,朝着系列化方向发展。中国人民解放军的军服发展到今天新式的系列化服装,同样经历了多次大的变革和不断发展的过程。

1927年8月1日南昌起义的枪声,向全世界宣告:中国共产党领导的一支新型的人民军队诞生了。起义部队着穿国民革命军的服装,系红领巾以示区别。在土地革命战争时期,具有代表性的典型红军服装是灰色粗布中山装,戴八角帽;缀布质红五星帽徽和红领章。

1937年7月7日抗日战争全面爆发,红军改编后,服装样式基本上与国民党军队服装相同,仅以左臂佩戴的"八路军"、"新四军"布臂章以示区别。干部与战士的衣服样式仅在口袋上稍有区别。

在1945年至1947解放战争的这段时期,我军的服装样式与抗日战争时期相同,只是不佩戴"八路军"、"新四军"臂章,服装材料有粗布也有细布,颜色以土黄色为主,中原军区部队仍着灰色军服。

1949年1月,军委后勤部规定了全军统一的服装样式。军服为草绿色棉平布中山装,胸前佩带长方形布胸章,印有"中国人民解放军"字样,头戴解放帽,帽徽为"八一"红五角星。1949年10月参加开国典礼阅兵式的部队穿的就是这种军服。

建国后,人民解放军自从1949年统一军服制式,经历了1955年军衔服装、1962年定型生产的"六二"式军装。此后,解放军军服几经更新换代。

虽然这些服饰在很大程度上提升了全军官兵的威武形象,但随着世界军事的发展,社会的进步,我军单调的服饰已经远远落后于外国军队,并且满足不了现在的审美需求。信息化条件下的作战,由于武器装备侦察手段的变化,对服装的要求越来越高了,我军未来服装要有防护的功能,防核生化、防热辐射等等。

**复习思考题**

1.什么是军服?

2.简要阐述我国古代军服发展过程?

3.概述中国人民解放军军服的历史发展和演变历程?

# 第五章 军旗礼仪

军旗是军队的象征,也是建制部队的旗帜。军旗由旗幅、旗杆、旗顶组成。军旗是团结、统一和荣誉的象征,并由军队最高领导机关正式批准颁发。

## 第一节 八一军旗的来历

中国人民解放军的军旗是在革命战争时期产生和逐步定型的。从毛泽东领导的湘赣边界秋收起义开始,就制定了旗帜。1927年9月初,为筹备秋收起义,刚成立的中国工农革命军第1军第1师奉命研制了起义的旗帜样式:旗幅为红色,象征革命;中央为白色五角星,象征中国共产党领导;星内嵌交叉的镰刀斧头,表示工农大众紧密团结;靠旗杆一侧旗幅的白布条上竖写"中国工农革命军第一军第一师"。9月11日,该师指战员高举鲜红庄严的军旗,举行了著名的秋收起义。

此后,中国工农革命军(后改称中国工农红军)的军旗样式曾作过多次修改,但组成军旗的基础图案(五角星、镰刀、斧头或锤子)和鲜红的旗色没有变。1930年4月,中央军事委员会发布的《关于红军各级军旗的规定的通知》中,规定旗幅上方增加横写的"全世界无产阶级联合起来"字样,旗边加饰旗须,并确定了旗帜的规格、斧头样式和刃锋的方向等。1931年3月,中央革命军事委员会颁布了《苏维埃和群众团体红军旗帜印信式样》,红军军旗样式有较大变化,镰刀斧头改为金黄色镰刀铁锤,五角星由白色改为金黄色,单独置于旗幅内上角,以旗须颜色(红、黄、黑、白、蓝、绿)区分部队属性(步、骑、炮、工、辎、医)。还规定了授旗范围和红军各级旗帜规格。抗日战争开始后,中国工农红军改编为国民革命军第八路军和新编第四军,统一使用国民革命军旗帜。

1949年6月,中国人民革命军事委员会颁布命令,规定中国人民解放军军旗样式为:旗幅为红地,长方形,横竖为5:4,靠旗杆上方缀金黄色五角星和"八一"两字,故简称"八一"军旗。五星和"八一"两字表示中国人民解放军自1927年8月1日南昌起义诞生以来,经过长期奋斗,以其灿烂的星光普照全国。

"八一"军旗是荣誉、勇敢与光荣的象征,是鼓舞全军指战员团结战斗的旗帜。1992年9月5日,中央军事委员会主席江泽民签署命令,公布了中国人民解放军仪仗队使用的陆军、海军、空军军旗样式。陆军、海军、空军军旗旗幅的上半部(占旗面的八分之五)均保持中国人民解放军军旗基本样式,下半部(占旗面的八分之三)区分军种:陆军为草绿色;海军为蓝白条相间;空军为天蓝色。

中国人民解放军的军旗,主要授予团以上部队和院校,由司令部门保管,通常在典礼、检阅、隆重集会等时机使用。全军指战员必须自觉尊重和保卫自己的军旗,战时如由于部队怯懦而丢失军旗者,该部指挥员应受到军纪惩处。

## 第二节　授军旗礼仪

军旗是"军队之魂",它对一支部队全体官兵战斗意志的凝聚或涣散举足轻重,非同小可;军旗也是一支部队的象征。所以,授予军旗是一件极为严肃的事情。

给一支部队、院校授予军旗时,必须举行仪式。仪式一般由该部队的上级首长主持并授旗。

授军旗的主要仪式是:

(1)主持人宣布授旗仪式开始;

(2)奏中国人民解放军军歌;

(3)宣读命令;

(4)迎接军旗。当由掌旗兵掌持、护旗兵护卫军旗到达会场时,在主席台上的首长及台下各分队位于指挥位置的军官向军旗行举手礼,其余人员行注目礼。军旗送至主席台前时,全体人员礼毕,掌旗兵将军旗持至主席台,在授旗首长身后立正站立,授旗首长由批准授予某部队番号和军旗的首长或其代表担任;

(5)授旗。授旗首长从掌旗兵手中接过军旗,这时被授予军旗部队的最高首长跑步登上主席台,向授旗首长敬礼后,双手接过军旗,并交由本部队新派出的掌旗兵掌持。此时,被授予军旗部队的全体官兵应向军旗敬礼(位于指挥位置者行举手礼,其余人员行注目礼);

(6)被授予军旗部队的主要领导讲话,表示全体指战员愿为军旗增添新的光彩的决心;

(7)授旗首长讲话,向部队提出要求;

(8)送军旗。按照送军旗的礼仪要求,全体人员应向军旗行礼;

(9)送军旗礼仪毕,即宣布授军旗大会结束。会后,军旗由受旗部队保密室或军务部门派专人保管。

### 复习思考题

1.简述"八一"军旗的来历过程?

2.简述授军旗的主要仪式?

# 第六章　军队军衔礼仪

所谓军衔,与古代的官衔一样,本意是层层相互衔接的军人(官员)等级。唐朝学者封演说过:"官衔之名,盖兴近代,闻奏之时,先具旧官名品于前,次书拟官于后,使新旧相衔不断,故曰官衔,亦曰头衔。所以名为衔者,如人口衔物,取其连续之意。"

军衔是区别现役军人等级的符号,分军官、军士和士兵三种,由此构成军队的等级体系。

## ▶ 第一节　军衔的历史与内涵

军衔产生于 15~16 世纪资本主义萌芽和职业军队建立的时期,我国古代从春秋时期陆续出现了元帅、将军、校尉的称号,这比西欧国家早了十几个世纪。中国古代军队的武官阶品体制,与西欧军衔体制职能一致,但形式不同,各自独立,两者没有承袭关系。

中国古代有一套独特的武职官员等级制度。秦汉时期,官员的等级称"石"。魏晋以后,官员的等级称"品",多数朝代的武职官员等级设 9 品 18 级(每品分正、从两级)。唐宋时期,武职官员等级设 9 品 32 级。隋唐以后,在"品"之外还设有"武阶"。清朝末年,清政府参仿西方军事制度,实行营制改革。从 1904 年至 1911 年,中国军队逐步建立了一套完整的军衔制度,取代了传统的武阶制度。

军衔是区分军人等级、表明军人身份的称号、标志,国家给予军人的荣誉。通常由将官、校官、尉官、准尉、士官、士兵构成其等级体系,有的国家还设有元帅。以置于肩、领或袖、帽等处的专门徽章符号,标志军人的军衔等级和所属军种、兵种及专业勤务。

军衔授予的条件和程序,各国都以法律形式加以规定。授予军衔,一般以军人所任职务的编制军衔、政治品质、业务素质、服役经历及劳绩贡献为依据。军官军衔的授予,许多国家集中在国家最高权力机关、国家元首或政府首脑手中,也有的国家将中、下级军官军衔的授予权赋予国防部和高级军事机关。

军衔晋升是军人的一种权利。各国对校级以下军官及士兵军衔的晋升期限,都有具体、严格的法律规定;将官军衔的晋升,通常实行择优选升,不规定具体期限。和平时期,军衔一般都是按期逐级晋升,因职务提升而军衔低于新任职务的编制军衔,或在工作中建有突出功绩的军官,军衔可提前晋升。

## ▶ 第二节　中国人民解放军授衔仪式

中国人民解放军授予军衔是一个庄重的仪式,因此,必须周密组织授衔工作。授衔前,应根据授衔命令,为每一个授衔者准备领花、肩章。授衔仪式一般应由批准机关组织,也可由批准机关派人至受衔者所在单位进行。可邀请驻地党政主要领导同志参加,授衔大会会场的布置要庄严隆重,会标应用红底白字冠以"授衔典礼"等醒目的字样。主席台两侧要插上红旗,中央挂"八一"军徽。

中国人民解放军授予军衔,授衔大会的主要仪式是:

(1)会议主持人宣布授衔大会开始,全体人员起立,奏《中华人民共和国国歌》;

(2)宣读授衔命令,当被授衔者听到自己的授衔命令时,应自行注目礼;

(3)为授予军衔的军人颁发授衔命令状,受衔者在接领时应向首长行举手礼;

(4)部队首长讲话,勉励大家珍惜荣誉,恪尽职守,为加强部队革命化、现代化、正规化建设而努力奋斗;

(5)地方党政主要领导同志致贺词;

(6)宣布授衔大会结束,奏《中国人民解放军军歌》。

**复习思考题**

1.怎样理解军衔的历史与内涵?

2.中国人民解放军是怎样进行授衔仪式的?

# 第七章　中国军乐礼仪

谈到军事礼仪,就不得不谈军乐。在中国古代,说"礼"就离不开"乐"。"乐"是礼仪的一个重要组成部分。

中国的军乐礼仪经过漫长的发展,既保留了中国古代军乐的特点,又吸收了西方军乐的优点,逐渐形成了一套具有中国特色的现代军乐礼仪,这对理解军事礼仪有着重要作用。

## 第一节　军乐概述

随着时代的变化和国家政权的更迭,军旗是时常进行变动的。就是一个军队,当其所处时期不同也时有变化。我国的军旗是八一军旗。军乐则是供武装力量人员队列训练使用和为军人品德教育服务的音乐。军乐是军事礼仪中重要内容之一。进行队列训练、军队列队行进时均奏军乐。军乐也是联络和指挥部队的手段。军乐通常由军队特殊编制的军乐队演奏。在一般部队中,也有并非由专职军乐人员组成的军乐队。

军乐的主要形式是进行曲和礼仪曲(包括队列曲、行军进行曲、迎宾曲、祝颂曲、殡葬曲、军号合奏曲等)。广义的军乐还包括军乐队演奏的具有爱国主义和英雄主义内容的交响乐曲以及部队演唱的队列歌曲。

表演军乐的队伍通常称为军乐队或军乐团。历史上形成了两种类型的乐队,即单一乐队和混合乐队。单一乐队只有铜管乐器和打击乐器,而混合乐队则配备有木管乐器、铜管乐器和打击乐器。乐队根据人数的多少还可分为小型军乐队、中型军乐队和大型军乐队。

军乐是表现和弘扬一个国家和民族的开拓奋进及其勇武精神。这可谓军乐的基本精神。军乐也有其一定的社会功能,主要表现在以下方面:

第一,表现与认识功能。军乐作为一种特殊体裁和形式的音乐,它没有那种靡靡之音,即使演奏那些低沉悲壮的乐曲,也绝没有让人们颓唐的感觉。正是军乐的这种独特的表现,可以使人们获得一种感受和认识,即感受和认识到某一国家和民族的军事、政治和经济力量之所在。在这一意义上,可以说军乐的表现与认识功能主要为政治功能。

第二,教育培养功能。所谓军乐的教育培养功能,就是通过对于军乐活动的宏大声势所表现出来的军威和国威,培养人们具有昂扬和奋进的精神,树立爱国主义的崇高境界,同时又培养人们的勇武精神,以使人们的昂扬奋进精神和爱国情操更具有现实性和成效性。军乐所表现的情感和情绪应该说是较为单纯和明晰的。军乐也代表着一种信念,这种信念就是对国家和民族的认识和体验的对象化,其本质是对自己祖国和民族尊严的确认和崇拜。

## 第二节　中国古代军乐礼仪

民乐源于劳动,军乐始于战争。战争双方需要鼓舞士气,指挥进退,于是发明击鼓、吹角、鸣金等军乐形式。

有战争就有军乐,有关军乐起源的历史记载并不完善,但在有限的资料中,我们幸运地发现黄帝时期的一些记载,可视为军乐的最早形态,也是我们中国军乐史的开端。

西周初年,贵族阶级喜欢举行射箭竞赛表演集会,即所谓"大射仪",每逢"大射仪"都要安排乐队为集会壮威。从史书上看,当时已经非常讲究乐队的排列层次对音响效果的作用,把歌唱的乐工和音量最小的弹弦乐器"瑟"放在离听众(贵族们)最近的地方;而音量最大的打击乐器如建鼓、编钟、编磬、钹等就安置在远一些的地方。这也说明,早在三千多年前,我国已经拥有了专事礼仪的大型军乐队了。

汉代是我国军乐发展繁荣时期,汉军的军乐体制已初具规模,并从西域音乐和游牧民族的马上音乐中取了大量营养,综合了"北狄乐",先秦时期的"恺乐"和"北方萧鼓"的演奏形式,通过不断地发展,完善成一种固定的军乐种类,称为"鼓吹乐"。

到了隋、唐、宋朝,鼓吹军乐有了长足的进步。乐器的种类也大大地丰富了。音乐配属也清晰地分出若干吹奏声部,并在阵列礼仪等方面有了一整套的统一规则。

纵观鼓吹军乐的发展,它既受到社会进步的发展所影响,同时也强有力地反作用于社会,并以自身所具有的强大生命力而衍繁不息。在唐宋这一中国历史发展的鼎盛进期,帝王的仪仗隆重无比,仅鼓吹军乐一项,动辄千人,令后人望尘莫及。到了明清更为声势浩大。

鼓吹军乐的成功出现,使它牢牢占领东方军乐阵地达 2000 多年之久。但是随着 19 世纪末和 20 世纪初八国联军的入侵和中西方文化交流的深入开展,中国鼓吹军乐以它固有的残存弊端终于被西洋军乐无情地取代,结束了它那漫长的一生。

## 第三节　中国现代军乐礼仪

军乐在各国各个时期均有所不同。中国古代、近代和现代也各不相同。在推翻清政府前后,中国的军队军乐是由所谓洋鼓、洋号组成的。那时军队行进,无论是北伐军或吴佩孚、张作霖的部队均由小银号(5 音号)、大鼓、小鼓等组成,很像现在中小学校的鼓号队,以后逐渐才有长号、圆号、小号、黑管等管乐加人进来并可演奏一些较复杂的乐曲。

列宁在十月革命胜利后的第二年就说:"军乐非常适合工人的情绪,它使我们踏着军乐的节拍去战斗"。毛泽东主席在建国前后更为关注中国军乐的建设。特别是在国庆一周年庆典的天安门城楼上,毛主席当面对当时的代总长聂荣臻元帅做了组建解放军军乐团的指示:"中国这么大的国家、这么多的人口,应该成立一个千人军乐团"。代表中国国威和军威的中国人民解放军军乐团于 1952 年 7 月 10 日光荣诞生。在其后半个世纪的岁月里,这个军乐乐团一直是我国发挥军乐社会功能的一个标范。

军乐团自组建以来,以严整的军容、严明的纪律和精湛的技艺完成各类司礼任务 5000 余次,先后迎送过 100 多个国家的元首、政府首脑和军事代表团,承担并完成了国家庆典和全国党代会、人大、政协等重要会议的音乐演奏任务。军乐团每年组织人员深入部队慰问基层官兵,在全国各地巡回演出。迄今已演出军乐团在欢迎美国总统尼克松访华宴会上演奏音乐会2000余场。作为国内管乐艺术的重要基地,军乐团经常组织专家为全国全军近百个管乐队进行辅导,为普及和提高我国的管乐艺术水平发挥了重要作用。近年来,军乐团还应邀赴日本、泰国、法国、芬兰、新加坡、意大利、荷兰等国家及香港、澳门地区参加国际性军乐比赛和访问演出。

军乐团在艺术上追求民族化、专业化、大众化,并以演艺上乘、形式多样、格调清新、雅俗共赏、气势恢弘的特色而独树一帜。演出形式有:不同规模和形式组合的合奏、重奏、齐奏,各种管乐器独奏,声乐独唱、重唱、队列行进吹奏表演及说唱艺术表演等。在长期的艺术实践中,创作和演出了一大批观众喜闻乐见的音乐作品。

近年来,乐队合奏水平日益提高,能较完美地演奏不同时代、不同体裁和风格的中外作品;培养出艺术造诣较深的指挥、独唱、教学等人才;建立了具有丰富军乐写作经验的创作队伍。军乐团经常接待来自各个国家的元首和首脑。乐团还经常举办音乐会,出访世界各地。乐团以雄壮、磅礴的气势,明快、清新的风格,高超的演奏水平,为中国军乐事业的发展作出了贡献。

**复习思考题**

1.什么是军乐?
2.简述中国古代军乐礼仪的历史发展过程?

# 第八章　中国军队礼炮礼仪

礼炮礼仪作为流行于全球的最高礼遇,其礼仪也将更加严整和规范。对于鸣炮的对象、响数、时间等,都有严格的要求,稍有差错,也将被视为失礼。

## ▶ 第一节　军队礼炮礼仪概述

礼炮礼仪是通过鸣炮或枪齐射表示隆重欢迎或致敬的礼仪。

目前,鸣放礼炮已是流行全球的最高礼遇。那么这种主要用于作战的火炮是怎样成为一种庆祝礼节的呢?

鸣放礼炮起源于英国。17～18世纪,英国已成为当时头号殖民帝国,世界上几乎每块大陆都有它的殖民地。英国军舰驶过外国炮台或驶入外国港口时,蛮横地要求所在国向他们鸣炮致礼,以示对英国的尊重和臣服。作为回礼,英舰一般鸣炮7响。但是,英国殖民主义者认为弱国与强国、殖民地与宗主国不能平起平坐,英舰鸣一声礼炮,别国应报3声。这样三七二十一声,礼炮的习俗就诞生了。不过,后来随着英国在国际上的地位逐渐走下坡路,英国军舰也开始改为鸣21响礼炮,以示平等。

后来,鸣放礼炮不再限于海军军舰进港,而成为在各种盛大的庆祝场合经常使用的一种礼仪。随着人类文明程度的提高,鸣放礼炮成为各国政府表达对来访贵宾的尊重的一种重要形式,即,国家重大庆典活动和迎接外国元首来访,鸣放21响礼炮;在迎接外国总理、首相官员来访时,鸣放19响礼炮。鸣放17响、15响等,是欢迎更低一级的外宾。鸣放礼炮都是单数。

一般来说,鸣放礼炮要与军乐演奏和旗仪同步。如国庆大典,升旗、奏国歌、鸣礼炮必须同步;如果是欢迎外国国家元首,则根据宾主两国的国歌演奏时间的总和,设计出等距离鸣放21响的程序,歌起炮响,曲尽炮停,一炮不能多,一炮不能少。

## ▶ 第二节　中国海军礼炮礼仪

中国人民解放军舰艇礼炮仅用于外事活动,分国家礼炮和个人礼炮两类。

国家礼炮一般用于出访时表示对东道国的敬意,或当来访的外国军舰鸣放国家礼炮时表示答礼,按照国际惯例为21响。

个人礼炮规格视来宾的身份而定。向国家元首或政府首脑示敬,为21响;向国防部长、海军司令、海军元帅或职级相当的海军官员示敬,为19响;向海军上将、海军舰队司令、或职级相当的海军官员示敬,为17响;向海军中将、海军基地司令或职级相当的海军官员示敬,为15响;向海军少将、水警区(支队)司令或职级相当的海军军官示敬,为13响;向有资格悬挂海军代将旗帜的军官或职级相当的海军官员示敬,为11响。当双方鸣放个人礼炮的规格不同时,应协商处理。

鸣放礼炮,通常要根据海军司令员的命令或双方事先商定的协议,由二级以上舰艇实施。一般用2门57～100毫米火炮,用专用礼炮炮弹鸣放,每门礼炮均应有备用礼炮。每响礼炮的间隔时间要掌握在7～10秒之间。

一方鸣放礼炮示敬时,对方均应答礼,通常应紧跟着示敬礼炮之后答以相同响数的礼炮,但国家元首、政府首脑接受个人礼炮时无须答礼;如对方职级低于11响规格,则一律以7响答礼。

鸣放礼炮前20分钟,火炮区队长指挥鸣放礼炮人员做好准备工作。鸣放礼炮时是否悬挂双方国旗,须双方事先商定。如悬挂双方国旗,信号兵应把虚卷的对方国旗升至主桅上横桁右侧,我国国旗升至左侧(如向军官鸣放个人礼炮示敬,则应悬挂双方军旗)。

鸣放礼炮由值更官下令:"鸣放国家(个人)礼炮××响!"枪炮长即指挥炮手执行。如挂有两国国旗,信号兵应将两国国旗(军旗)展开,依次奏两国国歌(如向军官鸣放礼炮示敬,则仅奏欢迎曲)。礼炮鸣毕,徐徐降下上横桁的国旗或军旗。

鸣放礼炮时,可视情形分区列队。如不分区列队,甲板上人员必须向受礼舰立正,干部行举手礼,水兵行注目礼。

**复习思考题**

1. 什么是军队礼炮礼仪?
2. 简要阐述中国海军礼炮礼仪?

# 第九章　军事阅兵礼仪

军事阅兵,是向全国人民汇报武装部队建设的成就,鼓舞全国人民爱国热情和建设社会主义的豪情壮志的国家大型礼仪活动,它对促进人民军队革命化、现代化、正规化建设具有重要的促进作用。国庆阅兵还邀请外国贵宾观礼,显示新中国崭新的豪迈的外交姿态,能够产生更深远的国际影响。为此,阅兵仪式有着一套严谨的礼仪规范。

## 第一节　阅兵仪式概述

阅兵是古今中外一种隆重的军事仪式,通常在国家重大节日和大型军事演习时进行。

阅兵仪式起源很早,公元前的古埃及、波斯、罗马等国,便已有阅兵的活动。中国古代的讲武阅兵仪式,既是皇帝通过检阅军队,检验军队战斗力的一种仪式,更是最高统治者显示自己是三军统帅,重视军事训练,体恤将士,赏罚严明的说明。有时也是为了向敌对一方显示军事实力,借以示威的一种形式。18世纪以后,在西欧等国广泛普及阅兵活动。

在我国古代,春秋时期的阅兵是以打猎的形式进行的。后来发展为定期检阅军队或战车,以及不定期地在战前或战斗间隙进行"观兵"或"观师"。到东汉末年,皇帝阅兵已有定制,军礼颇为隆重。献帝建安二十一年(公元216年),以立秋择吉日大朝东骑,号曰"阅兵"。自此之后,历代王朝皆有大阅之制。唐玄宗先天二年(公元713年)曾在骊山山麓举行过一次历史上规模最大的阅兵,受阅部队达20万人之众。至清代,督抚每三年举行一次"大阅"。这种军事礼仪一直延续至今。

但现代的阅兵与古代不一样了。现代的阅兵,受阅部队多,礼仪时间较长。一般分为阅兵式和分列式。阅兵式是指首长或贵宾在阅兵指挥员的陪同下,乘车、骑马或步行从受阅部队队列前通过,进行检阅;分列式是指受阅部队列队从检阅台前通过,接受首长的检阅。受阅时,受阅的地面部队编组成若干徒步或机械化方队,以护旗方队为前导行进,并配置有司礼部队,军乐团(队)等。阅兵进行时,受阅的空中飞行梯队也依次飞过检阅台上空。

我党我军一向重视阅兵。在革命战争年代,部队出征或重大战役前后,大都举行阅兵。1934年8月1日,中国工农红军在江西瑞金举行过盛大的阅兵。新中国成立时,根据全国政协决定,把阅兵列为国庆大典的一项重要内容。从1949年开国大典至2006年建国五十七周年,共举行了13次国庆阅兵。

## 第二节　阅兵典礼规范

阅兵,由党和国家领导人、中央军事委员会主席、副主席、委员及团以上部队军政主要首长或者被上述人员授权的其他领导和首长实施。通常由1人检阅。它是展现武装力量建设成就,树立民族自信心和自豪感的重要形式。

一般而言,阅兵包括两部分,一是阅兵式,即阅兵者从受阅部队队列前通过,进行检阅;二是分列式,即受阅部队列队从检阅台前通过,接受阅兵者的检阅。

不管是哪一种形式的阅兵,都包含以下几项礼仪规范:

**1. 建立阅兵指挥机构**

凡师以上部队组织阅兵时,应建立相应的指挥机构,设阅兵指挥和副指挥,负责阅兵的组织指挥。团级部队组织阅兵,可不组建指挥机构。

(1)阅兵式

师以上规模的阅兵式,受阅部队可根据具体情况确定阅兵队形。队形一般分为徒步方队和机械化方队。团阅兵式的队形,通常为营横队或连横队,或由部队首长临时规定。

当阅兵首长乘车阅兵时,阅兵指挥员乘车到达阅兵首长车的右前方约5米处,停车向首长报告。当阅兵首长接近各分队队列时,由各分队最高指挥员下达"敬礼"的口令,位于指挥位置的指挥员行举手礼,其余人员行注目礼,目迎目送首长。当首长通过后,指挥员下达"礼毕"的口令,队列人员即礼毕。

当阅兵首长行至团机关、各营部、各连及后勤分队队列右前方时,团机关由副团长或者参谋长、各营部由营长、各连由连长、后勤分队由团指定的指挥员下达"敬礼"的口令。听到口令后,位于指挥位置的军官行举手礼,其余人员行注目礼,目迎目送首长(左、右转头不超过45°)。

(2)分列式

团分列式队形由原阅兵式队形调整变换,或者由团首长临时规定。团分列式应设四个标兵。

各机械化方队指挥员应立于指挥车上,坦克、步兵战车的乘员(除一炮手和驾驶员外)应立于自己的座位上,受阅汽车要打开驾驶室右门玻璃窗,坦克、步兵战车要开窗驾驶。

**2. 首长讲话**

团阅兵时,阅兵首长通常在分列式结束后讲话;师以上部队阅兵时,阅兵首长通常在阅兵式结束后讲话。

**3. 迎、送军旗**

团阅兵时通常在阅兵开始前迎军旗,分列式结束后送军旗。师以上部队阅兵时,单一军种、兵种带受阅部队最高单位的军旗;不同军种联合组织阅兵时,分别带各军种受阅部队最高单位的军旗,但均不统一组织迎、送军旗。阅兵中,受阅人员在迎送军旗时,应按要求向军旗行举手礼或注目礼。

在阅兵式上,当阅兵首长行进至军旗前时,应向军旗行举手礼;在分列式上,当军旗通过检阅台前时,阅兵首长应向军旗行举手礼。

**复习思考题**

1.什么是阅兵仪式?

2.简要阐述我国现代阅兵典礼规范?

# 第十章　中国三军仪仗队的风范

仪仗是古代帝王、官员外出时护卫所持的旗帜、武器等。仪仗队就是军队派出执行礼仪任务的小部队。现在的仪仗队由陆海空三军或单一军种的人员组成,人数和使用的场合各国的规定和习惯不尽相同。中国军队的仪仗队是最标准的军人礼仪,是全体军人的楷模。了解三军仪仗队的礼仪,有助于了解整个军事礼仪。

## 第一节　仪仗队的历史演变

仪仗古称卤簿,是封建社会中皇权及等级制度的具体体现和象征。

卤簿制度源远流长,据记载,传说中的轩辕氏就以狮兵为营卫。到了周代"其仪大备",先秦及西汉以后,不仅皇帝、皇后、太后、皇太子、诸王有"卤簿",甚至公卿以下的文武百官至三百石以上的县官,出行时都有规模、形制大小不等的仪仗、骑从。

卤簿的使用范围是祭祀、朝会、外出和行幸。魏、晋、唐、宋、元、明诸朝嗣君即位,虽仪式不尽一致,但有两点是共同的:一是祭告天地、宗社;二是乐器设而不奏。仪式隆重肃穆而无欢乐气氛。先是派遣官员代表嗣君祭告天地、宗庙和社稷,然后在宫内举行登基仪式。

明代卤簿制度已经十分完备。满清是东北偏远的少数民族,原本没有卤簿制度,清代的卤簿制度是逐步向明代学习,承袭而来的。它是清王朝接受中原汉族文化,继而入主中原,实行200多年统治的一个重要因素。

1911年,辛亥革命宣告了中国封建王朝永远退出了历史舞台,皇帝权威和尊严的象征——卤簿制度也瞬间烟消云散。作为封建制度的附属物,被视为历史的糟粕而被永远地否定和遗忘了。

到了现代,仪仗队不再是用来区别封建等级的象征,而是国家重大事典的专门执行礼仪任务的小部队。因此,各个国家都有自己的仪仗队。

我军早在延安时期,就曾临时组建过一支仪仗队,这是我军最早的仪仗队。

1952年,周恩来总理按照毛主席指示,正式组建仪仗队。1953年,中国人民解放军三军仪仗队正式诞生。1956年,中国人民解放军仪仗队正式改建为陆、海、空三军仪仗队。

## 第二节　中国三军仪仗队的规格

中国人民解放军陆海空三军仪仗队隶属于北京卫戍部队,它与军乐队、礼炮队共同承担不同规格的司礼任务。三军仪仗队的任务通常分为三种规格:最大阵容由151人组成,队长一名,副旗手两名,队员147名,用来迎接外国首脑;第二种规格是由127人组成的陆海空三军仪仗队,用来迎接外国军队的高级将领;第三种规格是由101人组成的单军种仪仗队,用来迎接外国军队的单军种司令。此外,仪仗队还担负着外国领导人向天安门广场人民纪念碑献花圈,重大活动升旗的仪仗任务。

外国国家元首、政府首脑及其副职、议会领导人以及国防部长、三军总参谋长等要求向人民英雄纪念碑献花圈时,可安排军乐队以及24人组成的陆、海、空三军仪仗兵。其他身份较高的外宾、代表团等,可视情况设若干仪仗兵,不安排军乐队。

新任驻华大使向国家主席递交国书,于出入门处设仪仗兵。凡部长级以上的党、政、军及议会正式代表团与我国领导人会见,可视需要和条件,在外宾出入大门处设仪仗兵。

## ▶ 第三节　三军仪仗队的检阅规范

### 一、中国人民解放军仪仗队

首长陪同主宾登上检阅台。主宾站右侧。乐队奏宾、主两国国歌。奏国歌时,军人行举手礼,非军人立正。

国歌奏毕,仪仗队长向前一步,面向左下达口令:"向右看——举枪!"之后,队长正步行至主宾前5～7步处,敬礼报告:"×××阁下,中国人民解放军仪仗队列队完毕,请您检阅!"报告后左跨一步,待首长和外宾走过,在右后一、二步随陪检阅。

阅兵完毕,队长下达口令:"枪放下!"并指挥部队做分列式准备。首长陪同主宾返回检阅台,分列式开始。如果受检阅场地或其他条件限制,也可只举行阅兵式,不举行分列式。

### 二、舰艇仪仗队

#### 1.规格

外宾到我海军舰艇参观,通常按其职务,用接待我国相应首长的礼仪规格(或按上级指示)布置仪仗队迎接。一级礼仪仪仗队由24名水兵组成,可列两列横队;二级礼仪仪仗队由12名水兵组成,成一列横队。仪仗队员一律着制式军服,戴白手套,穿皮鞋,扎制式腰带。水兵持自动步枪或半自动步枪,队长佩戴手枪。

#### 2.分区列队

这是用于迎送首长(或外宾)、海上阅兵、检阅舰艇(首长和外宾不登舰时)等场合使用的以示隆重的列队形式。舰员按规定着装,沿主甲板直到舰侨指挥台的各层甲板左、右两舷,成单行,保持间距,面向舷外列队。在每层甲板上,干部均在舰首方向。

#### 3.检阅程序

当首长陪外宾踏上跳板(舷梯)时,更位长鸣笛一声,列队舰员立正;首长陪外宾登舰时,舰长向外宾和首长报告。报告毕,军乐队奏宾主两国国歌。奏国歌时,全体人员肃立,干部行举手礼。舰长陪外宾和首长依次通过军乐队、仪仗队。当外宾和首长距仪仗队适当距离时,仪仗队长下令:"向右(左)看!"仪仗队持枪立正,行注目礼,视线随外宾和首长移动。外宾和首长通过后,仪仗队长下令:"向前看!"外宾和首长进入舱内后,更位长鸣笛两声,列队舰员稍息。

### 三、空中仪仗队

空中仪仗队又称空中飞行表演队。中国人民解放军空军的"空中仪仗队"是八一飞行表演大队。

空中仪仗队每次须 9 机结伴而飞。9 为吉数，9 为大数。但飞机密集飞行的难度很大，飞机与飞机之间，前后左右距离仅 10 米左右，高低距离仅 0.5 到 0.1 米，这样的距离以 200 米/秒的速度飞行，稍有疏忽，就可能在一瞬间造成机毁人亡。但是，在这样的情况下，空中仪仗队还是一次又一次地圆满完成了飞行任务。

**复习思考题**

1. 简述我国古代卤簿制度的发展过程？
2. 简要说明我国现代三军仪仗队的规格和检阅规范？

# 第十一章 部分国家军队礼仪大观

军队是每个国家国防建设的主力军,也是国家机器的重要组成部分。每个国家的军事礼仪既有相通之处,又根据各国的国情各具特点。因此,对各国军队礼仪作一个大致巡礼,可以更深入地了解军事礼仪的更多知识。

## ▶ 第一节 外国军队一般军事礼节

### 一、敬礼

**1. 敬礼场合**

(1)着军服的军人在室外相遇时职衔低者向职衔高者敬礼,受礼者应当还礼;

(2)升国旗、军旗和奏国歌、军歌时,应敬礼;

(3)向上级报告时应敬礼;

(4)参加有关仪式时,按规定敬礼。

**2. 免礼场合**

(1)在室内(除非向首长进行报告或卫兵值勤),如影剧院、体育馆、俱乐部、商店等;

(2)在明显不便敬礼的时候,如双手提物品、驾驶车辆、乘坐车、船、飞机和操作武器等场合。

**3. 脱帽场合**

(1)进入室内;

(2)参加官方举办的招待会;

但是,在适合平民妇女戴头饰的场合,身穿军服的女军人可以不脱帽。

### 二、称呼

**1. 对军官的称呼**

在西方,军官之间一般互称军衔。在一般场合(书面除外),无论是上将、中将、少将、准将,一律称"将军";如果是上校或中校,则统称"上校";中尉或少尉,统称"中尉"。军衔高的军官称呼军衔低的军官,可呼其军衔,也可直呼其名。但下级军官对上级军官不得直接呼其姓名,只能称"长官"或其军衔。称呼随军牧师,一律简称"牧师"即可。在社会主义国家,将军级军官一律称"将军",其他军官则按职衔称呼。在俄罗斯军队中,经常在军衔后加"同志"称之,如"将军同志""上校同志"等。

**2. 对士兵的称呼**

军官称呼士兵,一般叫士兵的军衔名或姓名。

**3. 对文职人员的称呼**

一般称其技术职称或学衔,如"博士""教授";或索性称"先生""女士"。

### 三、旗仪

外国军队使用的旗帜通常有国旗、军旗、军种旗、国际军事组织（如北约、华约）旗、单位（如师、团）旗。有的国家（如芬兰）还有民族旗。

#### 1. 军旗的悬挂

外军的挂旗规定不一，但大致可分为两类：一类规定须每天悬挂旗帜，大多在营级以上地面部队营区、机关和军舰上悬挂国旗，如美军、原联邦德国国防军、法军、丹麦军队就是如此；有的国家（如英国）军队不挂国旗，只悬挂军旗或军种旗。另一类规定只在重大节日（如国庆节、建军节、圣诞节、元旦、全国大选、王室人员生日）悬挂旗帜，意大利、挪威军队就是如此。

在一些西方国家，团以上军事主官的办公室内每天插有国旗或军种旗帜。

#### 2. 升、降旗仪式

一般规定日出升旗，日落降旗。个别国家军队（如挪威军）规定日出后升旗，日落后降旗。

有哨兵守卫的军事单位和办公区，一般需举行升、降旗仪式，由数名值勤人员实施。法军升、降旗仪式人员一般为 6 人，团以上单位为 12 人，还要有一名司号员吹奏"致国旗"的乐曲。但挪威军队升、降旗只要 2 个人就行了。在举行隆重升旗仪式时，有的军队还要安排仪仗队和军乐队参加。

升旗时，2 名升旗兵和数名护旗兵在值日军官的带领下，携旗行至旗杆处。护旗兵挎枪面向旗帜，升旗兵分立在旗杆两侧，正面相对，将旗帜固定在旗绳上，准备升旗。降旗时，人员位置如升旗，降旗兵将旗展开，准备降旗。待值日军官发出升（降）旗口令后，升（降）旗兵将旗帜缓缓升起（降下）。升（降）旗时，在场的所有着军装的军人必须面向旗帜立正敬礼；着便装的军人行注目礼；行进中的队伍应立定；汽车和自行车应停止行驶。

遇国家元首、军政首脑、本部军人死亡或悼亡日，经上级通知或批准，可降半旗。降半旗时，先将旗升到顶，然后降半旗；若旗早已升到顶，降旗一半即可。若有多种旗帜同挂时，则将所有旗帜同时降半。半旗收旗时，先将旗升到顶，然后降下。

## ▶ 第二节　美国军队礼仪

美国军队，是当今世界上武装力量最强、武器设备最先进的军队。有关美国军队的军事礼仪也很复杂，在这里就其中的某一个方面择一简单介绍。

### 一、宣誓仪式

美军在军官接受委任或士兵入伍时都要举行庄严的宣誓仪式，用宣誓明确服役动机，使他们在不断重温誓言中强化军人意识。"支持和保卫美国宪法，使之不受国内外任何势力的破坏"，"不为个人的乐趣、利益、安全而污损我的军装、我的部队、我们的国家"，"愿以条令和《军事统一法典》约束自己，坚决服从来自美国总统及其他所任命的官员的命令"等是军人誓词的主要内容。

军官的任用取决于是否宣誓就职，若留任现职则要不断地重温誓言。宣誓时要举起右手，请求上帝作证，他讲的是实话，并愿意自觉以誓言约束自己："一旦按宪法产生的政府制定出全国性的政策，全军官兵必须像誓言中所要求的那样坚决支持，而决不能对政策是否明智表示怀疑或流露不满"，"要挑起一个公民的真正责任"，为"保卫美国无比宝贵的传统和自由而接受一切考验"、鼓励士兵做"优秀士兵"。

## 二、迎送仪式

美军为了激发官兵的爱国热情和民族感,在官兵出国执行任务和作战时都要举行欢送仪式和游行活动,以激励参战人员。

当参战军人从国外归来,无论何时到达,都能受到群众的热烈欢迎。有时总统、副总统、指挥作战的总司令也要出席欢迎仪式。对于那些非自愿投降,被俘后尽一切手段进行反抗、抵制审讯、并想方设法逃跑,不向敌人告密、不背叛国家、不发表任何有悖信仰和有损美国利益的声明的战俘,归国后也能受到热烈欢迎。国防部长、参联会主席一般都要亲自到空军基地迎接他们,同时还要为战俘登报扬名,邀请战俘亲人到华盛顿出席欢迎仪式。美军认为,这样做既可以坚定官兵被俘后进行反俘斗争的信念,而且会极大安慰、鼓励战俘,激发更加强烈的爱国热情。

## 三、葬礼仪式

美军对因公牺牲的军人和那些退出现役死亡的军人,通常要举行隆重的葬礼。葬礼仪式有严格的程序和要求,由专门的葬礼军官负责,以表明国家对那些为国服役并捐躯军人的认可和感激,并宽慰和激励活着的军人。

美军在进行军葬时,在灵车到达前,灵柩护送人员要先到达举行葬礼仪式的教堂,面对面成两列站立于教堂前入口处。灵车到达后,在抬送灵柩人员从车上抬下灵柩时,灵柩护送人员要行举手礼。当移动灵柩和入墓穴时,鸣放排枪和吹响礼号时,所有身着军服、以个人名义参加葬礼的人员都要面对灵柩行举手礼。着军服的灵柩护送人员,在静止时也是如此。着便装的男性人员在上述场合和在墓地祈祷时,要立正脱帽,右手持帽并放在左胸前。如果没有戴帽,就右手放在左胸前致礼。除灵柩抬送人员外,女士要跟随司仪牧师行事。如果牧师脱帽,其他人员也要脱帽。如果牧师不脱帽,其他人员也不需要脱帽。举行墓地宗教仪式的司仪牧师如果头戴牧师四角帽,所有人员要脱帽。如果司仪牧师戴圆顶小帽,所有人员则无需脱帽。军人的哀悼标志是将一条 4 英寸宽的平整黑纱带或黑布戴在外衣左肘之上,通常着军装不戴黑纱。军人灵柩上覆盖美国国旗,通常由炮兵弹药车运送到公墓。灵柩由 6 名军人从炮兵弹药车上抬送到墓地。除抬送人员外,通常还有灵柩护送人员与炮兵弹药车并排行进。到墓地后,将灵柩放置在墓穴上方,6 名抬送灵柩人员同时将国旗从灵柩上平平拿起,与自身腰同高。牧师宣读祷词,葬礼鸣枪队朝天空放三排枪。位于墓穴前部的司号兵对灵柩吹响礼号,标志着死者开始长眠。至此,军人葬礼仪式结束。抬送灵柩人员折叠国旗后,将其赠给死者最亲近的眷属。

军人葬礼被赋予了深刻的含义,用国旗覆盖灵柩象征着这位牺牲的军人曾为合众国武装部队服役,国家承担安葬士兵的责任,把它作为庄严和神圣的义务。葬礼号是夜晚临睡前士兵听到的最后号声,标志着死者开始最后长眠,表达他终有一天会醒来的希望和信念。

## ▶ 第三节 俄罗斯军队礼仪

在这里主要介绍俄罗斯军队海军礼炮礼仪。俄罗斯海军礼炮分为庆祝礼炮、国家礼炮和个人礼炮三种。

**1. 庆祝礼炮**

停泊在本国港口的俄罗斯军舰，如遇外国军舰来访，适逢来访军舰国家节日或军队节日，应根据上级首长指示鸣放礼炮以示祝贺。

军舰在外国港口访问期间，如遇国际节日、俄罗斯的国家节日和军队节日，应根据有关规定鸣放礼炮，但必须在节日前将鸣放礼炮的有关事项通知东道国的当地海军首长；如遇外国（包括东道国及有军舰在场的第三国）的国家节日和军队节日，则由俄罗斯驻外使节确定是否鸣放礼炮。

如与外国军舰共同鸣放礼炮时，鸣炮时间、地点、响数及挂旗方式等均应事先商定。

**2. 国家礼炮**

出国访问的军舰进入东道国领海的规定地点或与前来欢迎的东道国军舰会合时，应向东道国鸣放国家礼炮，对方应如数鸣炮答礼。

非正式访问的军舰进入外国港口，如港内泊有东道国的军舰或设有海岸礼炮台，应向东道国鸣放国家礼炮，对方应如数答礼。但如果港口内未停泊东道国军舰，且未设海岸礼炮，则礼炮应留待东道国军舰到达时再行鸣放。

上述礼炮仅在第一次进港时鸣放。如一连访问该国数个港口，经过协商，可以只在进入第一个港口时鸣放国家礼炮。

**3. 个人礼炮**

军舰在公海上航行与外国编队以上指挥官的军舰相遇，若该指挥官的职衔高于俄舰首长职衔，俄舰应先向对方鸣放个人礼炮示敬，对方也应按规定规格答礼。

军舰在海上迎接乘有编队以上指挥官的来访军舰，如俄方迎接首长的职衔与对方指挥官职衔相等或不如，俄方应先向对方鸣放个人礼炮示敬，对方应如数答礼。

军舰出访进入东道国港口，如港内停泊有其他国家的编队以上指挥官的军舰，且该指挥官的职衔高于俄舰首长职衔，俄舰应对东道国鸣放国家礼炮后，向他国指挥官鸣放个人礼炮，对方也应按规定还礼；如他国指挥官的职衔与俄舰首长对等，则双方同时互鸣个人礼炮。这种个人礼炮只对悬挂有指挥旗（职衔旗）的指挥舰鸣放。

出国访问的军舰，如遇外国国家元首莅临停泊的港口，在见到东道或在场的第三国的军舰上升起元首旗时，俄舰应对其鸣放个人礼炮。

### 第四节　英国军队礼仪

英国海军是英国军队的生力军，也是礼仪最为完备的军种。这里以英国海军为例，阐明英国军队礼仪。

**一、英国皇家海军礼节**

（1）军人登舰或到达甲板时应敬礼；着便服戴便帽者按照传统习惯应脱帽致意；遇到上级首长可立正问好；水兵如遇军官从身边经过，应立正，如果舰上条件不便执行，可由舰上指挥官下令免礼；

（2）军人晋见或遇到女王、王室或其他外国王室成员时，应当敬礼；

（3）晋见或遇见皇家海军、皇家海军陆战队、海军后备队和海军陆战队后备队资历较深的着军服的军官时，应当敬礼；水兵应当向海军学员队和学生联合军训队的军官学员敬礼；

（4）晋见或遇见英联邦国家海、陆、空军着军服的资历较深的军官时，应当敬礼；

（5）晋见或遇见其他海、陆、空军资历较深的着军服的军官时应当敬礼；

（6）遇见着便服的并比自己资历深的军官时，应当敬礼；

（7）遇见乘坐挂有高级军官识别旗、将官标志旗或高级军官识别牌的车辆时，应当敬礼；

（8）站着的士兵应面向从身边经过的军官敬礼；坐着时，应起立，立正，敬礼；

（9）初级军官与高级军官同行，如遇其他军官，只需向比同行军官职更高的军官敬礼；

（10）上级军官均应向下级军官或水兵还礼。如两个或两个以上军官同行时，由职衔高者还礼；

（11）检阅期间，高级军官受卫兵敬礼时，陪同军官不敬礼；

（12）列队分队停止间如遇上级军官来到时，带队军官或水兵应发出"立正"口令，然后单独向军官敬礼；

（13）分队列队行进间，如遇海军或其他军种上校以上军官时，带队军官发出"向左（右）看"口令后，单独向迎面军官敬礼；如遇其他上级军官、分队或不带军旗的仪仗队（带军旗但不展开）时，分队带队军官单独敬礼即可。如遇下级军官或士兵向其敬礼时，带队军官应还礼；

（14）士兵带队行进时，不论遇到任何军官、皇家海军军旗、英国军队女王旗以及武装分队时，带队士兵应发出"向左（右）看"口令，然后单独行举手礼；

（15）皇家海军妇女勤务队、皇家陆军妇女队和皇家空军妇女队长官登舰或离舰、进出海军机关时，值勤军官应向其敬礼；值勤哨兵遇到上述女军官时应敬礼；武装哨兵遇到上述女军官时，不论其职衔大小，均应行持枪礼；

（16）皇家海军妇女勤务队内部，士兵应向军官敬礼；职衔低的向职衔高的敬礼；

皇家海军妇女勤务队队员着便服时不敬礼，护士或军官穿护士服时不敬礼也不受礼。

**二、英国皇家海军旗仪**

英国为君主立宪制国家，女王不但是国家元首，也是全国武装部队司令。一旦女王前往海军视察，所有在港舰艇、政府建筑物以及入口处均应悬挂君主旗标，这些旗标则应悬挂于最引人注目的地方，直至女王离去。

英国海军舰艇一般不悬挂军队女王旗和皇家海军旗，只有在下列场合才允许在舰上和岸上悬挂：为女王陛下、菲利普亲王殿下、爱丁堡勋爵、女王母亲伊丽莎白皇太后及其他皇室成员派出仪仗队时；为外国君主、总统派出仪仗队时；女王生辰庆典时；以国防委员会名义进行重大庆典活动时。

一旦女王、皇室其他成员、外国君主、外国国家元首逝世，国防部将统一发布降半旗致哀的通知。如在外国港口停泊，正遇该国元首以外的重要人物逝世，当该国军舰挂半旗时，英国军舰也应挂半旗；如外国军舰在英国港口停泊而发生上述情况时，同港停泊的英国军舰在举行葬礼的当天下半旗，除非国防委员会另有通知。

### 三、英国皇家海军礼炮

英国皇家海军礼炮分为庆典礼炮、国家礼炮、皇家礼炮和个人礼炮四种。

#### 1.庆典礼炮

在以下场合鸣放庆典礼炮 21 响:英联邦国家重要纪念日和重大节日,女王诞辰、成年、加冕仪式;女王母亲伊丽莎白皇太后诞辰;外国君主或其配偶生日庆典;外国重要的庆典活动。

在英联邦国家总督或行政长官授权认可的宗教仪式、议会或立法机构开幕式或闭幕式上鸣放庆典礼炮 19 响。

#### 2.国家礼炮

在下列场合可鸣放国家礼炮 21 响:

(1)当挂有皇族旗标、大总统旗标的来访军舰抵达英国港口时,来访舰应向英国国旗鸣放国家礼炮,岸炮答礼后,英国军舰应向来访君主、总统鸣放皇室礼炮。

(2)英国军舰抵达外国港口访问时,如港口悬挂有英国或外国君主旗标或大总统旗标,按惯例,应先向东道国国旗鸣炮,然后再向在场君主或大总统旗标鸣炮。

(3)舰艇访问外国港口时,如遇港内挂有东道国君主或大总统旗标,客舰对东道国国旗的礼炮也应视为对该国元首旗标的个人礼炮。此时,一般不须鸣答谢礼炮。但若主方鸣放答谢礼炮,客舰则应再鸣 21 响礼炮。

(4)单舰或舰艇编队访问备有礼炮炮台或泊有东道国军舰的港口时,应向东道国国旗鸣炮致敬,对方应以相同响数答礼。但在军舰临时离开港口再次返回时,经与东道国协商后可不鸣炮。

(5)对外国港口进行访问时,应按惯例鸣放礼炮,除非双方另有协定。

(6)对北约组织国家港口进行正式或非正式访问时,应按国际惯例鸣放礼炮,但日常进出其港口时不必鸣炮。

(7)军舰抵达不设礼炮炮台,也无军舰停泊的外国港口时,待东道国派来陪同军舰和双方高级军官经过协商后才向东道国国旗鸣放礼炮。

#### 3.皇室礼炮

向以下人员鸣放礼炮 21 响:女王,爱丁堡勋爵,女王母亲伊丽莎白皇太后,皇室其他成员,外国皇储及其配偶,外国在位皇族的亲王和公主,外国共和制国家元首以及罗马教皇。

皇室礼炮在以下时机和场合鸣放:

(1)以上人员到达或最后离开英联邦国家任何地方时都应鸣放皇室礼炮,但如舰艇悬挂皇室旗标或大总统旗标途经礼炮台又无意在其附近停泊时不必鸣炮。

(2)以上人员登上或离开军舰。

(3)海军舰艇遇见或路过其他悬挂上述人员旗标或旗章的舰艇。

(4)海军舰艇到达或离开某港口、岸上悬挂有上述人员旗标或英国皇室任何人员旗标时,应鸣放礼炮。

#### 4.个人礼炮

皇家海军舰艇向有资格的高级军官、外宾鸣放个人礼炮。

个人礼炮响数规定如下:

19 响:海军元帅或相当陆军元帅的军官

17 响：海军上将

15 响：海军中将

13 响：海军少将

11 响：海军准将或担任中队或支队司令官的上校

## 四、英国女王阅兵式

英国女王阅兵式实际上是为庆祝女王生日而举行的。按照英国的习惯，女王的生日就是国庆日，因此，女王阅兵式就是英国的国庆典礼。女王阅兵式的正式名称叫做"军旗敬礼分列式"。这一仪式在英国已有 200 多年的历史。

按照惯例，阅兵式准时于上午 11 时在市中心的骑兵广场举行。10 时半过后，王室成员先乘马车抵达广场。接着，伊丽莎白女王二世乘坐一辆当年为维多利亚女王特制的敞篷四轮马车，离开下榻的白金汉宫。

女王登上广场中央的检阅台，军乐队高奏英国国歌《上帝佑我女王》，阅兵式正式开始。奏完国歌，女王重新上车，绕场一周检阅部队。

女王回到检阅台，分列式开始。参阅御林军共有 5 个团队：步兵近卫第一团，金旗近卫团，苏格兰龙骑兵团，爱尔兰近卫团和威尔士近卫团。

受阅部队由军乐队先导，后面是步兵团队。通过检阅台时，受阅士兵一律红衣黑裤，左手护枪，右手随着步伐抬得与肩同高，动作整齐划一。骑兵队伍是阅兵式的高潮。阅兵式结束，女王及其护卫队沿着原路返回白金汉宫。

## ▶ 第五节 德国军队礼仪

### 一、敬礼

德国军人的敬礼形式有三种：

**1. 军礼**

举起右手，掌心伸展向外，大拇指抵近掌心，其余四根手指并拢抵至军帽或钢盔前缘。当敬礼时，手中和嘴中严禁有任何物件。而且只有当自己身穿制服，头戴军帽或钢盔时才可向对方敬礼。

**2. 德意志礼**

德意志礼敬礼方式为高抬右臂 45 度，手指并拢向前。

**3. 持械礼**

在持枪时，以左手四指弯曲握住枪身中部，右手四指并拢握住扳机以下部位，枪身紧贴身体左侧，保持枪支与地面垂直。后来在战争时期，除了纪念阅兵场合以外，所有其他场合的持械礼全部被废除。

### 二、德国仪仗队礼仪

西方国家仪仗队一般隶属于国防部（如原联邦德国）或军种参谋部，但英国的仪仗队隶属于皇家卫队,定期换防;意大利的专职仪仗队是总统卫队,而军种不设专职仪仗队;法国的仪仗队隶属于国民警卫队。

西方国家仪仗队的规格大同小异。这里仅以原联邦德国为例加以介绍。

仪仗营:12名军官,9名士官,81名士兵,另加军乐队和军旗组。使用对象:外国元首。

仪仗连:4名军官,9名士官,81名士兵,另加军乐队和军旗组;使用对象:外国政府首脑、国防部长、国防部国务秘书、三军司令、总参谋长、军种司令、军种参谋长、北约秘书长、北约军事委员会主席、北约总司令和地区司令等。

仪仗排:1名军官,3名士官,27名士兵,另加军鼓手。使用对象:本国高层官员陪同外国贵宾访问部队时一般使用仪仗排。

仪仗班:1名军官,1名士官,6名士兵。

仪仗兵:1名士官,2名士兵。

### 1. 检阅仪仗队程序

主人陪客人至仪仗队列前20步处,面向仪仗队长,仪仗队长站在客人的左边。当客人立定后,仪仗队长向后转,下达持枪口令,然后向后转,向客人敬礼。乐队演奏"欢迎曲"。客人和主人向前走3步。乐队停止奏乐。仪仗队长敬礼报告:"×××阁下,×××仪仗队为欢迎您,列队完毕,请您检阅!"仪仗队长位于客人的右边,带领客人检阅仪仗队。主人位于仪仗队长的右边。如果客人向仪仗队问好,仪仗队要回礼:"×××阁下好!"客人经过旗帜时,要向旗帜敬礼。检阅完毕,军乐队奏乐,宾主归位。客人归位后,仪仗队长与客人互相敬礼。仪仗队长归位,下达口令:"持枪!"军乐奏客人国歌,接着奏本国国歌。奏毕,仪仗队长下达口令:"枪放下!"军乐队奏军乐,尔后,仪仗队长向客人报告:"×××阁下,仪式结束!"仪仗队保持立正姿势,直到客人离去。

### 2. 仪仗队护卫

为了给来访贵宾以礼遇和安全保障,通常在贵宾抵达和离去时,提供仪仗队护卫礼遇。护卫队一般由2个班战士,1名军士长,1名卫队长和1名主人组成。如有必要,可使用军乐队和旗帜。迎接贵宾的程序:客人乘坐的飞机或车辆抵达时,护卫队以出口为中心,成两列纵队站立,每人间隔3步;当客人和迎接人员离开出口,接近主人至3步远时,护卫队长下达口令:"持枪!"护卫队同时向客人致敬。待客人和所有迎接人员经过护卫队列之后,护卫队长命令护卫队:"枪放下!"

欢送贵宾的程序:护卫按照迎接客人的程序列队。护卫队长和军士长在护卫队队列的一侧。当客人和主人走向分别地点时,护卫队长下达口令:"持枪!"护卫队同时向客人致敬。当客人上车后,护卫队长下达口令:"枪放下!"等候车辆离去。如果客人乘坐飞机,护卫队长则下达口令:"枪放下,面向我!"然后带领护卫队离去。

**复习思考题**

1. 简要说明外国一般的军事礼节?
2. 简述美、英、德、俄等四大国的军队礼仪?

# 礼仪操作

Liyi Canzuo

# 第一章　婚姻嫁娶

在我国传统的人生礼仪中,人们体会最深的恐怕就是婚礼了。在我国,生子固然是大事,婚姻嫁娶也不可轻视;生子是延续世袭的标志,婚姻嫁娶则是其手段。几千年来,我国在这方面积累了丰富的礼俗、仪规。

## ◆ 第一节　婚礼筹备

结婚是人生大事,是全家的大喜事,一家人为一对新人婚礼往往会准备半年以上,特别是新娘新郎,那更是事前事后认真筹备。

### 一、订婚戒指的选择方法

订婚乃人生大事,每个程序、每个细节都必须细致张罗,所以在选择象征婚姻信物的订婚戒指时,就更加要一丝不苟。

订婚戒指是订婚的信物,佩戴订婚戒指具有誓死守约的意义。如何选择订婚戒指,是纯金还是合金,是珍珠还是宝石,并没有明确的标准,这要根据男方的经济条件和女方的个人情趣爱好而定。

一般来说,在我国选择纯金戒指,以表示爱情的纯真。而国外则喜欢选择宝石戒指。据说宝石含义深刻,其光辉经久不变,象征爱情天长地久,永远不变。例如:

红宝石:象征爱情专一和忠贞,它帮助戴它的人抵抗肉欲的诱惑,获得名誉和尊敬;

蓝宝石:象征永恒不灭的爱情;

绿宝石:象征希望,它使戴它的人保持身体和人格的清白与贞洁;

紫水晶:认为有保护作用,可以防止梦魇和酗酒;

月长石:据说会带来好运和幸福;

黄金戒指:象征着高贵和富有。

订婚戒指可以和结婚戒指一起选购,也可以在订婚期间选择。选择订婚戒指,最好男女双方一起去挑选。

女方可能会选择传统的钻石戒指,也可能更喜欢她的生肖宝石。如果有家传的珠宝,新郎可以让新娘按她自己的品味去挑选。当今社会,许多女性会选择体积更大的宝石,较小的钻石正在失去它的吸引力。海蓝宝石是独粒钻石替代品中的首选。紫水晶,黄水晶和透明的蛋白石都是订婚戒指不错的选择。

此外,诞生石也是较好的选择:一月为石榴石;二月为紫晶;三月为蓝宝石,属上品,其次是血纹绿宝石或碧玉;四月为钻石;五月为绿宝石;六月为珍珠;七月为红宝石;八月为缠丝玛瑙、橄榄石或五光石;九月为蓝宝石;十月为蛋白石;十一月为黄玉;十二月为绿松石或天青石。

第一次在公开场合佩戴订婚戒指是在宣布订婚的那一天。在美国,它应该戴在左手无名指上。在有些国家,它戴在右手上。在结婚典礼上,它被摘下来,然后很快换上结婚戒指。

订婚戒指并非是证明订婚有效性的必需品。有些人认为订婚戒指和结婚戒指一样必不可少,事实并非如此。结婚戒指是婚礼所必需,而订婚戒指只是双方计划结婚的一种明确的证明。

## 二、传统聘礼的准备

聘礼是在订婚的当天,由新郎家的人(或父母)交给新娘家的礼物。它分为实物和现金。

### 1. 男方应备的礼品

通常订婚时男方的聘礼,可选用简单的六件礼或隆重的十二件礼。并以"办盘"为单位送至女方家中。聘礼的多寡可依个人的预算安排,同时不妨托媒人向女方家长请教,询问女方意见,做个两全其美的排场。

六色礼和十二色礼的内容通常与各地习俗相关,但大致相差不多,大约有以下几种:

(1)大饼:中式汉饼,以感谢女方家长养育之恩,并用以分赠亲朋好友,表示女儿出嫁。

(2)礼饼:又称西式喜饼(即包装精美的点心)。

(3)米香饼:中式小饼,俗称"吃米香嫁好男"。

(4)礼烛、礼炮、礼香:成对的龙凤喜烛、鞭炮、排香和祖纸,比喻敬神祈福、平安幸福。

(5)糖仔路、福圆:糖仔路是万字糖和八字糖,取团圆美满之意;福圆就是龙眼干,代表新郎的眼睛,女方家人只能偷两颗给新娘吃而不能收下,意喻看住新郎的眼睛,让他以后不再看其他女孩子。福圆也有团圆、多子多孙之意。

(6)金饰、衣饰、布料:金饰是一整套的项链、耳环和戒指;衣饰是从头到脚的衣服、裙子、皮包、皮鞋等,都由男方母亲挑选准备,当作给媳妇的见面礼。布料是给新娘做新衣,通常以红色为主。以下项目供参考:皮包;鞋子;腰带;衣料;手表;手镯;耳环;头饰;化妆品;针线盒;领巾;丝袜。所有的口袋、皮夹、皮包皆须放置红包。

(7)四色糖:冬瓜糖、橘糖、冰糖和福圆,象征新人甜甜蜜蜜、白头偕老。

(8)猪:全猪半猪或一条猪腿都行(也可用火腿),女方会将猪肉切开,送给参加订婚仪式的女方亲友。

(9)阉鸡、母鸭:取婚姻永固之意。

(10)鲜鱼生鸡:各六条(只),象征年年有余、朝气蓬勃。

(11)酒:12瓶好酒,让女方敬拜祖先用,也象征全年二十四个节气中都平安顺遂。

(12)面线:象征白头偕老、美满姻缘一线牵,同时有延年益寿、福泽绵长之意。

### 2. 订婚仪式中男方给女方的红包礼

(1)见面礼——准新郎给对方女长辈或小孩的见面礼。

(2)吃甜茶礼——男方每人准备一份,主订婚人应包大礼。

(3)舅子礼——送给准新娘弟妹未婚者红包礼,已婚者免送。

(4)点烛礼——给母舅点烛的礼金。

(5)牵新娘礼——奉茶时由媒人给予引导准新娘奉茶的好命妇人的红包礼。

(6)梳妆礼——给准新娘的化妆礼。

（7）厨师礼——给厨师的红包。

（8）分菜礼——给端菜的服务生。

（9）捧脸盆水礼——给送洗手水之人。

（10）压桌礼——订婚当日酒席红包。

（11）媒人礼——给媒人的红包，男方礼金较女方家多。

（12）工作人员红包——给帮忙的工作人员，感谢之意。

（13）赏面礼——宴毕婆婆给准媳妇。

以上礼金项目可根据当事人的心意、经济状况及物价指数、币值酌情给予。

**3. 女方应备的礼品**

（1）红包礼若干个。

（2）预备甜茶。

（3）甜汤圆、点心。

（4）招待男家宾客的酒席。

（5）女方事先备好送男方从头到脚的随身用品 12 件（下列项目供参考）：

皮夹；皮鞋；皮带；领带；衣料（西装）；领带夹；袜子；手表；袖扣；衬衫；礼帽（可用红包代替）；剃须刀。

（6）媒人礼（红包）若干。

**4. 女方回礼应注意的细节**

中国人一向讲究"礼尚往来"，当男方行过大礼后，女方也必须准备几项礼品回赠，装在男方携来的"办盘"内带回，避免空手回去。

至于男方所送之礼，有些可收有些则应退回，以下是回礼惯例：

（1）女方家长向媒人表明"聘金"只收"小聘"，不收"大聘"，媒人当场向男方家长说明。大聘不收时，媒人自女方家长手中接下，转交退还男方家长。

（2）女方将"坤书"（婚书）交给媒人转男方。

（3）行聘礼品中"福圆"即龙眼干代表女婿的眼睛，有些地方俗称"福圆"，一定要送回，但不可整包回，只可"取两颗回礼"，可收日后新郎"非礼勿视"——不会"乱看其他女人"之效。也有些地方礼俗，则认为"福圆"一定要"璧还"（整包回），女方绝不能收。必要时只能偷偷"挖取两颗"给新娘吃，表示看住新郎的眼睛，使他婚后不乱看其他女人。以上两种方式不同，目的则是一样的，均是希望婚后新郎官"用情专一"、"非礼勿视"。

（4）鸡及鸭代表男方的福气，须原封退回。

（5）猪肉可收，但猪脚及带骨之部分须退回男方，谚云："食你肉，无啃你的骨。"此项女方切莫疏忽。

订婚中女方给男方的红包礼：

扛夫礼——为了讲究气派，不用车送，采用二人抬一箱，给抬聘礼人的礼金。

车夫礼——送给运送聘礼者（司机）的红包。

贺礼官礼——送给押箱先生的红包。

### 三、传统订婚仪式的流程

如今,越来越多的年轻人热衷在婚礼之前先办一场订婚仪式,在爱情的旅程中留下更多的甜蜜回忆。订婚仪式分为传统仪式和现代仪式。在这里,我们先来了解一下传统订婚仪式的流程。

**1. 出发前**

(1)男方要在祖先的牌位前上香并祭告列祖列宗,他将要前往某地女家下订婚的聘礼,请老祖宗们保佑订婚成功。

(2)下聘前应准备好携带的六色礼或十二色礼(即6种或12种礼物)。

(3)男方家随同前往的"贡礼官"或"押箱先生"的人应包括父、母、准新郎(要有6人或10人或者12人),因为下聘的人数应成双。并且这些人员应由男方家族中年龄较长的亲朋来担任,而且载聘礼的车队应有6辆车,必须为双数,应避免4或8的人数。

**2. 到女方家时**

当男方的聘礼车队到达女方家门口约100米时,男方要点燃鞭炮,宣告自己的到来,女方家亦应及时点燃鞭炮以示相迎,并由女方的兄弟一人替男方开门,再端洗脸水让准新郎洗手擦干,然后准新郎拿红包以示答谢。

**3. 接受聘礼**

(1)押箱先生将聘礼交与准新娘的父兄。女方收下聘礼后要给"抬礼品人员"红包礼,由准新娘父兄赏予红包。

(2)这时男方的纳彩亲友们应依序进入女家,此时由媒人来介绍双方的家长及亲友相互认识,并说些吉祥的话,增添喜气,双方的亲友也可借此机会寒暄问候。

(3)然后由女方家族中一位福寿双全的长辈,在列祖列宗的神祇前,进行点烛燃香献饼及献礼之仪式,并默祷预祝此女的婚姻幸福。

**4. 仪式开始**

(1)准新娘在媒人的陪同下,捧着甜茶献给前来送聘礼的对方的亲友们,这时媒人会一一加以介绍,而对方的亲友们则可以借机端详准新娘。这个过程被称作奉甜茶。

(2)当甜茶饮毕,准新娘再捧出茶盘收杯子,这时,来客们应将红包与茶杯同置于茶盘上,即俗称"压茶瓯"。

(3)压茶瓯之后,准新娘由媒人或由福气好的妇人牵出,坐于大厅中一高脚椅上,脚踩在小圆凳上,面朝外,若是招赘则面朝内。这个过程被称作"踩圆凳"。

(4)坐稳之后,由准新郎取出系有红线的金戒、铜戒,套在准新娘的左手中指上,戒指上系红线,寓意为"联结",而铜戒取"同"的谐音取意"永结同心"。然后,再由准新娘为准新郎套上一枚金戒指,也是左手中指。这个过程被称为"戴戒指"。

(5)当订婚仪式进行至此,可谓大功告成,此时女方家人应燃鞭炮,双方家长互相道贺结成儿女亲家,并将喜饼或喜糖之类分与亲友们共享。这个过程称"燃炮"。

**5. 仪式结束**

(1)订婚仪式完成后,女方家设宴款待男方来客及媒人,宴毕男方应送红包压桌(即酒席礼,视女方备办酒席而定,以现款给付)给女方,酒宴结束后,整个订婚仪式也就到了尾声。这个过程叫"宴客"。

（2）宴毕，男方应尽速离去不宜久留，女方应回赠男方 6 件或 12 件礼品，如新郎衣料、皮鞋等，同时应让男方带回几盒喜饼及礼香、礼烛及礼炮 1 份。另外，男方回家时绝不可互相道再见，因为下聘的事不可再来第二回。这个过程叫"回礼"。

（3）待男方回到自己家后，要再行一次告祖礼，告诉祖宗们自己已完成行聘纳彩之礼。并将女方回敬的喜饼与亲友分享。

#### 四、现代婚礼筹备进度安排

筹备婚礼是一件既琐碎又繁重的工作，下面的这份进度表可以给你一些参考。

**1. 婚礼前 6 个月**

（1）确定婚礼形式，如饭店婚礼、教堂婚礼、集体婚礼等；可以让朋友们想出新颖的形式，做一对与众不同的新人。

（2）确定婚礼预算，讨论婚礼的预计花费和费用分担问题。如果自己实力不够，一般父母也会贴补一些。

（3）寻找合适的主持人及傧相，应及早在亲友和同学中物色，确定婚礼筹备人员名单，如伴郎伴娘和主持人等。充分动员自己的家人、亲友、同学等，甚至还要有备用人员。

如果想请婚庆公司服务，此时可以开始搜寻有关婚庆公司的相关资讯，或上门接洽，以考察自己满意的公司，在合适的时机预约一下，如果有特别要求的话，也好给婚庆公司以准备之机。

（4）可以开始布置新房，采购家具、电器等。

（5）制定蜜月计划，寻找合适的旅行社。

（6）订制新娘婚纱和新郎西装。

**2. 婚礼前 3 个月**

（1）确定举行婚礼仪式和举办婚宴的场所，预订酒店准备婚宴和新婚房间。请教朋友关于饭店的特色菜肴选定，以确定是否符合自己的要求。若自己准备婚宴则需考虑婚宴食物和餐具。

（2）挑选或是订制结婚戒指。

（3）确定客人名单。

（4）婚纱摄影。

（5）准备婚宴节目。如果需要，可提前预约准备婚宴所需的娱乐项目，如乐队和背景音乐等一些活动节目，在婚宴时表演，以增加婚宴的喜庆气氛。

（6）和婚礼筹备人员聚会一次，商量一下分工和一些具体事宜，根据每个成员的特点，分配适合他们干的工作。

（7）确定旅行地点，并开始预约旅行社。

**3. 婚礼前 1 个月**

（1）迁户口。迁户口的图章、程序非朝夕之功，因此要尽早做工作。

（2）发送结婚请柬。一般由新郎和新娘各自向自己的亲友、同学分别发送结婚请柬。对于住在远方的亲友，更应在此时及时将结婚请柬从邮局寄出。

297

（3）准备蜜月旅行的物品。确认蜜月安排,并开始购买一些适合蜜月旅行的衣服与用品。

（4）试穿婚纱礼服并设计婚礼发型。

（5）安排客人座次。客人座次的安排较为敏感,此时可根据客人的名单,按民俗约定的亲疏远近,以及长幼次序来排列,比较容易解决。

#### 4. 婚礼前 2 周

（1）订礼车、订蛋糕、订酒席。

（2）仪容整理。新娘要修剪头发,并试妆。还要为结婚时的衣服鞋子逛街采办。试着自己或是请化妆师演示一下婚礼当天的发式和化妆;提醒新郎修剪头发。

（3）确认工作安排。确认婚礼筹备人员是否把自己的工作安排妥当。

#### 5. 婚礼前 1 周

（1）召集所有工作人员,确定各自任务,汇报完成工作情况,协调下一步工作。

（2）确认客人名单。

（3）美容全身护理。

（4）为蜜月准备行装。

（5）列一份婚礼当日所需物品的详细清单进行核查,并把它带到婚礼上。

#### 6. 婚礼前 3 天

（1）布置婚庆礼堂,写好各席名单。

（2）订购鲜花,无论是婚宴场地所用的鲜花,还是新娘手拿的鲜花,都应在这时开始预定了。

（3）取礼服。

#### 7. 婚礼前 1 天

（1）请所有工作人员汇报各自情况,分配明天任务,确认万事俱备。

（2）好好休息,为明天的婚礼储备精力。

### 五、筹备人员的协调与安排

婚礼筹备人员常分为:证婚人、主婚人、伴郎、伴娘;酒店总管、车队总管;司仪、摄像师、照相师等。他们在婚礼中各担任不同的职务,同时也肩负不同的职责;在婚礼筹备期,应有几次定期的集体会议,以明确每个人的职责和工作配合关系,督促他们早点做好准备工作,以免婚礼当天出问题。

在婚礼的当天,全体工作人员应听从司仪的安排和指挥,然后大家各司其职,各负其责,并相互配合,在约定的时间内把自己承诺的服务工作准时完成。

#### 1. 证婚人

证婚人顾名思义是婚姻合法的证明人。证婚人通常由媒人担任。现在多由女方或男方聘请那些有社会地位或有声望的长辈来担任,证婚人常在婚礼开始时,在司仪的安排下向新人和来宾讲话,讲话的内容多是吉利的婚嫁祝词之类。

初次做证婚人的人,由于心情紧张,在念证婚词时,往往不免出现口吃、错漏及不流畅的情况,为免尴尬或留下不完美的回忆,最好在婚礼之前准备一个完整的证婚词,并进行熟读。参加婚礼的当天,证婚人需佩戴红花,必须准时到达酒店。

## 2. 主婚人

按传统礼俗主婚人是由新郎的父母担任的,其用意在于让父母表达对子女婚事的期望和对美好姻缘的祝福。现在的父母大多不亲自主婚而是委托别人替自己主婚,所以主婚人的工作就是替新人父母主婚,因此,主婚人致辞的要点应简明扼要,抓住重点,一般为感谢嘉宾,叮嘱新人,提些成家以后的要求等,主婚人必须由男方来聘请。

## 3. 伴郎

伴郎即是在婚礼上一直陪伴在新郎左右,协助新郎应付婚礼的人。其具体工作如保存好届时由新郎交给新娘的戒指,还要陪同新人给来宾敬酒等。因此,挑选合适的伴郎一定要谨慎小心,马虎不得。伴郎可以从密友、兄弟、同学中间挑选,不过,无论伴郎是谁,他都至少应该对伴娘有所了解,并且从身高上尽量不要比新郎高太多,还应该有点品位,并善于社交辞令,富于责任心。至于伴郎的数量,可根据个人喜好而定,并无特殊限制,按照惯例,伴郎伴娘最好保持男女一致。

伴郎在婚宴开始时是要讲祝酒词的,伴郎可以从与新郎开始认识谈起,接着再讲二人之间发生的趣事、友谊,以及一两件感人至深的事例。最后告诉新娘她选择了一位多么好的伴侣,如果和新娘也很熟的话,不妨再插入一些新娘与新郎的相爱故事,并称赞他们的结合是多么的完美,最后说自己非常希望能继续和新郎及新娘保持友谊。这样的祝酒词讲出来后,不仅能引起听者的兴趣,还能保证和朋友将来的友谊。

## 4. 伴娘

伴娘的人选可以是同学、要好的朋友,或者姐妹或姑嫂都可以。但是要选择那些与新娘年龄最接近的人作为伴娘。不要仅仅为了还人情而请上你不愿请的人。

伴娘不一定必须是女性。当前许多新娘(和新郎)的伴亲队伍中都有异性成员。在这种情况下,新娘这边的男性简单地成为随亲人员或称为新娘伴郎,新郎那一方的女性则称为新郎伴娘。

## 5. 婚礼司仪

婚礼司仪即是在婚礼上安排、主持行礼时间及行礼过程,控制酒席开始时间的工作人员。他必须能适时带动全场气氛,并与总招待或总策划密切配合,掌握时间流程。

选择一位优秀的婚礼司仪是婚礼成功与否的核心。在确定婚礼司仪时,最好是多了解可能人选的相关资料,如录像带资料,或亲眼所见最好,这样就知道他的主持风格是否适合自己,以便作出取舍和提出要求。

司仪必须具有经过大场面的经验,往往在众人面前能够举止大方,从容不迫,随机应变,同时普通话也能说得华美流畅而又风趣幽默。他能够适时调动婚庆气氛,使其既隆重又热烈,既欢快又有度,一波三折,环环相扣,妙趣横生,高潮迭起。

## 6. 婚礼总招待(总管)

婚礼上的总招待是专门负责整体工作的人员,他主要在婚礼上负责调配工作人员及控制现场情况,必须对结婚全部的流程、时间及宾客对象了如指掌,控制宴会的流程与秩序,并指挥工作人员、分派任务。如果是在饭店里举办婚礼的话,那么这个角色则是由饭店派出一名总管人员,对他们的准备工作进行整体负责,并由他牵头,加上五六名婚礼招待人员互相配合。

**7. 车辆调度人员**

在婚礼上,车辆调度人员要总体安排所有车辆的活动,帮助新人协商拟定行车路线,确定迎娶时间,明确双方迎娶人数,以便安排足够的迎亲车辆。当行车路线确定后,最好能在婚礼前沿路线跑一遍,以便摸清这条线路的交通情况,如车辆的管制、是否禁行、是否容易塞车。做到心中有数,必要时画出行车路线图。

在迎娶的当日,调度人员还要分派车队人员布置礼车(在礼车上系红布条、红花,贴"喜"字),并按照当地习俗和礼车档次的高低依次排好车队的顺序,考虑、指挥、调度车队的行进、摆放、调头等问题。

**8. 其他工作人员**

(1)迎娶人员。迎娶人员是受男方父母委托参与迎娶的人员,其工作重点是迎接女方的亲友。当迎娶人员到达女方家后,要陪女方家人与亲友寒暄致意、互相道喜,出门时陪同并引导女方家人及亲友们上礼车,待到达酒店后,还要陪同并引导女方家人及亲友到指定的酒席座位就座,避免大家都簇拥着新人而娘家人却没人照顾的局面,迎娶人员要使女方亲友自始至终感觉到有专人照顾。

(2)收礼人员。婚礼当天,收礼人员通常 4 人左右,其中两位收礼金、两位写回卡。如果宴请桌数超过 20 桌以上,最好增加签名台的台数,以免造成宾客皆聚集在签名台,收礼人员出现手忙脚乱的窘状。

(3)礼炮手。礼炮手放礼炮时要仔细阅读礼炮的说明书,观察风向,一般顶风打,并注意按司仪要求的时间、方位准时打响。

(4)灯光师。在婚礼当天,灯光师要一直不离摄像师左右,按摄像师的要求配合灯光。

(5)压车童。一般男女双方人数对等,年龄以 5～12 岁为好,双方家长都要为对方压车童准备红包。

**六、婚礼宴会场所预定要点**

在考虑宴会的具体会场之前,新人们应先对婚礼仪式的形式、来宾人数、费用和酒店会场的地理位置有详细规划和深入了解。此外预定婚宴场所还要考虑以下几点:

**1. 确定场地**

春秋季是婚礼日期的热选时间,但也是诸多商业活动、体育赛事的高峰;夏冬两季是婚礼淡季,又是各大公司年中、年末会议的高峰期。新人们不仅要确认中意的会场场地是否有空,还要确认婚期当天是否有某些项目因为旺季的到来而导致的成本浮动。

**2. 确定菜式套系**

菜式套系价格和宾客的人数将最终决定婚礼预算的价格区间。中式婚宴以桌数计算,根据会场环境、氛围、星级的差异以及菜式的不同价格不断升级;西式婚宴以人数计算,根据菜式的不同价格逐级递增,如果采用自助餐会则更有最低人数的限制。

**3. 会场布置方案**

新人要通过与会场工作人员的交流以及实地考察了解会场的形状、面积和功能,从而安排仪式进行区(舞台)的方位以及主桌和其他餐桌的摆放方式,进而设计婚礼仪式的主题。虽然会场都会推荐具有会场特色的布置,但新人们更喜爱具有独特风格的会场布置方案。

### 4.签订合同

如果对酒店所提供的服务和报价大致满意,就可以考虑签订合同了,毕竟合同才是落实一切的法律文件。签订合同时可能还需要交纳一定的定金以确认对会场的预定。签订合同时一定要仔细小心,将所有的要求变成文字,才可以得到真正意义上消费者权利的保护。

### 5.再次确认

即便是签订了合同,在婚礼仪式前两周,也需要就婚礼的日程安排、会场布置、仪式流程与酒店作再次的确认,才能确保所有的美好构想能够有条不紊地实现。

## 七、婚礼席位编排

婚礼的席位安排虽然不是结婚准备中最重要的问题,但安排不好很容易使原本该赢来喝彩的婚礼得到相反的效果:婚礼气氛尴尬、来宾不够尽兴、甚至还会带来不必要的误会和矛盾。所以在婚礼准备期间,一定要仔仔细细地敲定来宾的人数、研究来宾的类型、安排每位来宾的席位,才能确保婚礼顺利进行。

### 1.估计来宾人数

来宾人数的最初敲定一般在预订会场的时候,新人们一般要考虑两方面的因素:一是自己理想中的婚礼氛围,二是所订会场的大小,根据邀请来宾的主要类型和需要约请的人数。在确定最初想邀请的人数时,最好预留 10% 的空间以应对宾客不能前来的情况。

### 2.列名单,发喜帖

根据确定的最初宾客人数,将需要邀请的男女双方亲戚、朋友、同学、同事等,详细按类别列出名单,在婚宴前 2～3 个月发送喜帖,虽然现在网络传播非常发达,但用请柬这种书面的形式,更显得礼貌而又有诚意。有一点需要注意,别忘了在喜帖里用温婉的语气提醒来宾回复自己的时间。

### 3.确定大致人数

在发出喜帖 1～2 周之后,就可以开始人数的确认工作了。将来宾按照三个类型区分:一是排除因故不能前来的,二是确定会出席的,并在人名前画上钩,三是在一些回答得模棱两可的,并在人名前画上问号,还要在旁边标明对方可能确定的最终期限。再按来宾类别统计人数,以肯定能够参加婚礼的人数为基数,加 10%,以便为具体安排做准备。

### 4.初步安排座位表

一般的编排规则是将男女双方的亲友,以新人入场的红地毯为界,安排在婚礼会场的左右两个方向,家中的亲戚长辈按照习俗安排在靠主桌的内圈;与新人同辈的同学朋友等通常比较爱闹,则安排在较远的外圈。这样既能表现对长辈的尊敬,又易于制造热闹的婚礼氛围。

### 5.追加确认人数

大约在婚前 1 周左右,新人应该对所有受邀宾客开始最后的确认,无论是之前答应前来参加的宾客,还是需要考虑的朋友,都请再次电话确认一次,这样做虽然麻烦,但却是席位编排是否完善的关键一环,一方面出于礼节,一方面也是预防临时变化。将最终确认的名单列好,再预留大约一桌的空间,供当天临时的调度之用。

### 6.最终确定桌号、位置

根据最终确定的出席宾客名单,最终确定桌号、位置安排席位号的时候考虑某些数字的禁忌,比如 4 和 13 在很多长辈眼中是很不吉利的,最好去掉。最好将每一位宾客的席位号都安排好,既是对宾客的尊重,也能防止当天客人找不到位置的尴尬。

### 八、婚礼场地的烘托布置

婚礼场地的布置对烘托婚礼起着十分重要的作用,它主要包括婚礼的灯饰、喜幛的挂饰、气球的装饰以及鲜花的布置等。

#### 1. 婚礼灯饰

对于有较大装饰而且临交通要道的饭店的外观,可用彩灯、满天星、霓虹灯等发光器材组成双喜的图案和文字。常见于外墙的布置,如"百年好合"、"喜结良缘"等。图案和文字在夜色中不断闪烁变幻,流光溢彩。大厅内除原有的灯饰外,还可增加红烛或其他彩灯。

#### 2. 悬挂喜幛、剪纸等饰物

在婚礼中非常流行的是悬挂用红纸剪刻的各种吉祥图案。如:"龙凤呈祥图"、"喜上眉梢图"、"花开富贵图"、"喜事成双图"等,还有亲友送的写在红布上的吉祥语,也被悬挂在会场里做装饰,显得很有喜气洋洋的味道。

#### 3. 花艺布景

鲜花是最能表达浪漫气氛的布置,运用鲜花来点缀能营造出色彩盎然的高雅气氛。一般来说,鲜花最常适用在迎宾门,如拱形的花门、心形的装饰花圈;另外一个重点则是舞台上的布置,如舞台周围的包花、花柱、背景花艺等。如果预算更宽裕,那么餐桌花也可以使会场更美丽。有观礼、长红地毯走道的花廊等,也不可或缺。

#### 4. 用气球来装饰

由于气球的色彩丰富、造型有趣多变,近来也成为颇受欢迎的婚礼会场布置道具。而且其价位经济,婚宴结束后还可让宾客带走,可说是宾主尽欢。气球除了可以用来装饰相框、拱门之外,也可搭配花卉作设计,而且还能将气球做成卡通人物的新郎、新娘及花童的造型,颇富趣味及创意。

### 九、礼堂入口处的布置

礼堂入门接待处是给予宾客第一印象的地方,基本装备有以下几项:

#### 1. 设置签名台

桌数如果在 12 桌以内,签名台设在入门右手边即可,收礼人员约 4 位,两位点收现金,另两位可以写回卡。如果桌数超过 12 桌,则左手边最好也设签名台,否则到入席的高潮时刻,宾客蜂拥而至,会出现手忙脚乱、宾客无处安身的尴尬。

若遇黄道吉日,有时会碰到同一处所有他人或多人同时举行婚礼的情形,最好将签名台设在入口最明显处,以方便亲友们礼金礼品的收受、签名及赠送谢卡的活动,最好还要标明男女双方姓氏某府喜事等。

#### 2. 布置婚纱照片

现代新人,大都花了一大笔钱拍婚纱照,在现场"秀"照片给宾客看,可以挑一两张你们最得意的结婚照,放大摆在婚宴礼堂入口处,另外,精心拍摄成一本的结婚照也不妨放在招待台上,供众宾客欣赏,让人羡慕二人的郎才女貌。这样做的目的不仅有展示的作用,也能起到明确标示的作用,还能够方便亲友宾客辨认。放照片的高架,事先要问清楚宴客的地方是不是有免费提供,否则就要向婚纱店商借妥当,质感是金属的较华丽,木质的则朴素大方。

### 3. 放置点心与装饰品

经济比较宽裕的新人,为了体贴早来的客人坐着等饭吃的无聊,也可以在入门处摆上鸡尾酒与菜点,当作饭前垫肚子的点心。较气派豪华的婚礼布置,可在婚宴入口处或观礼台上摆上冰雕等装饰品,整个礼堂顿时让人感到气派与不凡。一般喜宴冰雕以刻成喜字、天鹅、凤凰,或设计成拱门为多,不过,也可以创意地刻上新人两人的姓氏,抑或一对佳偶的图案,旁边再缀鲜花,使宾客一入门,心情不禁兴奋起来。

### 4. 安排好收礼人员

收礼人员端坐收礼台两边收礼处,也是入门处的主要人物,他们最好站在显眼的地方,让宾客一眼就瞧出他们的角色与身份,有任何需要,可就近询问。收礼人员其实也是婚礼整体气氛的营造者,如果宾客一进门看见收礼人员服装不优雅、面容不修饰,且精神散漫萎靡地散坐各处,宾客先有了坏印象,当然也直接影响了婚礼的喜庆感。收礼人员还要注意的是,如果来客没有在礼金包上书名,最好当时就把他(她)的名字写上,将来很可能会有需要"礼尚往来"的时候。

### 十、婚礼礼堂的布置

婚礼礼堂的布置,可以依据结婚的地点不同来布置、筹办和规划。下面是几种类型的礼堂布置。

### 1. 中式婚礼礼堂的布置

(1)布置气氛宜讲究庄严、祥和与宁静等原则;

(2)礼堂场地尽可能选择较为宽广者为佳,狭窄、拥挤不堪的场地应避免;

(3)礼堂门口可悬挂"八仙彩"以示吉庆;

(4)礼堂应设礼台,摆放礼桌(案)。礼堂正中央通常悬挂或张贴大"喜"字,为了增加喜庆气氛,也可加挂"和合二仙"、"财子寿星"、"福禄寿星"等吉祥图案。礼堂两旁悬挂亲友宾客之喜幛与贺匾,礼桌(案)上放置一对大红蜡烛,及结婚证书两份、印泥、盆花等;

(5)礼台前可摆放一对或数对鲜花或盆景。新郎新娘通过的步道可铺地毯、设置花架。

### 2. 西式婚礼礼堂布置

在教堂举办婚礼几乎用不着做太多的装饰,完全可以利用教堂现有的建筑、现有的宗教用品及饰物,还有神职人员的独特服装以及教堂音乐的伴奏。

通常教堂婚礼分备茶点和不备茶点两种,若想直接在此宴客,那就找个有绿茵庭院的教堂,由餐饮公司包办餐饮。而仪式方面,只要租金谈妥,教堂内部会提供场地设施及神职主婚人,演奏等服务通常是不另收费的。教堂的色调和气氛,足以让身着白纱的新娘看来高贵典雅,值得一试。

### 3. 露天婚礼场地的布置

婚礼也可在自家附近举行,搭个棚子,挂上喜幛,铺上红桌巾,再摆好座椅,就可以大大方方地开"流水席"了。在家门口搭起了棚架,加上厨师手艺和邻居的捧场,婚礼场面同样热闹非凡。

### 十一、礼车的租赁与装饰

以前用轿子用马车接新娘,现在有了礼车,结婚礼车的安排在整个婚礼过程中有举足轻重的作用。

结婚当天新郎迎娶新娘的礼车数目,按习俗以 6 辆车为好。但是需配合考虑男方的人数,加上女方伴嫁的人数,再作适度的调整,尽可能避开忌讳的数字。但现在的交通状况很复杂,车队拖太长也是有点惹人厌,故也有人只用 2～3 台车,车队的行进顺序由新人来安排,主车一定是第二部,上面坐乘者为新郎、新娘、伴郎、伴娘、花童、媒人。

新人在租用礼车时,还必须了解以下几点:

(1)为避免租车者不谙车性,顾及场面气派等因素,礼车公司会考虑是否随车派遣司机服务。如果有专门的司机服务,新人可以要求礼车公司派遣那些品行端正、无不良嗜好的司机人员等,还要要求司机人员着装整齐,以符合婚礼的要求,比如一律穿西服、衬衫、打领带等。

(2)由于礼车一般提供基本车彩及车内所供之电视、放映机、音响、录音带、录影带(国、台、日、英语写真集、影集等),新人也可依自己的需要准备卡带、饮料等。

(3)如新人另有特殊需求,像是车身彩饰要精致或用车头花等,则要由新人自行准备打理了。

(4)派车前,新人要与调度人员商量好行车路径,以免遇上塞车、太小的巷子进不去、转弯等问题。

(5)弄清礼车公司在突发故障时,能否提供同等级车辆替换,或进行及时的免费维修与保养,以确保迎娶顺利进行。这些要写在合约中,以免出现意外故障时,发生纠纷影响婚礼进程。

(6)礼车公司一般要求客户先预约来确定日期,并要先缴总款的 1/3 作为订金,其余款项则于派车前缴清。

(7)小费无硬性规定,一般视司机服务态度及个人诚意给予。

通常在婚纱礼服的配套服务中,会包含有礼车的装饰部分,新人可省去不少麻烦,但如果觉得不合意,也可以自行设计或是另外安排花店制作,以显示自我风格。但是,礼车的装饰首先要符合下列原则:

安全性——不妨害司机视线及车辆机械运作功能,以保行车安全(应特别留意水箱进气孔保持流通)。

牢固性——布置在礼车上的装饰物即使在高速行驶中也不会脱落。

效率性——装与拆能快速运作,提高工作效率。

经济性——使用素材也应考虑是否超出预算。讲究排场的新人,主车后必跟着大型车队。这些车队不必太招摇,简单地绑上缎带即可显出效果。

区分性——留意丧车用的车彩,千万不可用到喜车上,要绝对区别。

### 十二、结婚"吉日"的选择

选择什么日子结婚,是一对新人及其父母都很重视的事情。当今社会上流行选择偶数日作为吉日良辰的做法,如二月二、八月八等等,认为有成双成对之意,预示婚后夫妻恩爱、白头偕老,且"八"的谐音为"发",也是对未来生活的一种期望。选择"吉日"应征求双方父母的意见,同时要从科学的角度做出安排。

**1.要考虑双方工作、学习的实际**

如果一方正在业余时间读书,应避开紧张的复习考试日期;如果一方正夜以继日地投身于单位的重大技术攻关项目,对方就要耐心地等待一段时间,待得捷报传来之时再择"吉日"。

**2.要考虑双方家庭的实际**

选择"吉日",需兼顾双方老人都有时间参加,都能目睹喜庆和谐的场面。

**3.要考虑双方的身体状况**

如果一方身体暂时有点不适,或者生病,最好不要急于安排婚事,而要及时诊治,恢复健康再作商议。否则可能会影响新生活的和谐,也容易加重身体的病情。结婚日期要避开女方的月经期,女方不能羞于启齿。选"吉日"时,男方要特别注意倾听女方的意见。

**4.要考虑各方的安排**

如果婚期与节假日统一,或许是明智之举。这样做的好处是:有纪念意义;新婚披上节日盛装,增添情趣;亲朋好友有时间参加婚礼,气氛热烈,并且款待亲朋与家中过节合而为一,既节省又喜庆。

现代结婚"吉日"列举如下:

(1)"五一"和"十一"。在此期间结婚,不仅天气温暖适宜。而且婚后可以利用长假时间出行或好好休息。

(2)七夕和情人节。"七夕"、"情人节"是典型的表达男女爱情的日子,在这种浪漫的日子里结婚,是许多人的选择。

(3)新年。新年本就是传统喜庆节日,这时结婚有喜上加喜之意。

(4)月圆的十五。"正月十五"或"八月十五",能体现"花好月圆"的内涵,象征夫妻之间关系的圆满。

(5)选择"谐音"方面,有某种"好意头"的日子。每一年的8月8日、9月9日、12月12日,都是结婚的热门日子,因为"8月8日"即"发月发日"(暗示婚后发财);"9月9日"即"久月久日"(暗示婚后两人能长长久久);12月12日的英文读法念起来是结婚时说的"我愿意"谐音,因此成为热门好日子。

(6)选择生日或邂逅日。

### 十三、婚礼乐曲的选择

婚礼中的音乐,多数是欢乐、优美、抒情,可以给人以浪漫的遐想,可以静化人的灵魂。当婚礼进行曲响起的时候,当一对新人迈着庄严的步子,带着神圣的情感走进结婚礼堂的时候,没有人不会为一对相爱的男女而感动,每一位来宾,都洋溢在幸福中,不少人曾在这一刻,在这音乐声中热泪盈眶。人们从心底赞美人间至高无上的爱情,人的灵魂在瞬时间变得纯净、高贵。这一切在很大程度上归于婚礼乐曲的功劳。

婚礼中常用的乐曲有:

(1)《婚礼进行曲》(门德尔松);

(2)《婚礼进行曲》(瓦格纳);

(3)《百鸟朝凤》;

(4)《彩云追月》;

(5)《紫竹调》;

(6)《青年圆舞曲》;

(7)《友谊圆舞曲》;

(8)《步步高》;

(9)《好人一生平安》。

这些乐曲中有的适合庄重的婚礼仪式,如《婚礼进行曲》;有的适合喜宴和娱乐活动,如《百鸟朝凤》《彩云追月》等,这些音乐或庄重、高雅,或欢乐、抒情,或平和、温馨,都能烘托婚礼的气氛。

### 十四、婚礼司仪的工作范围

婚礼司仪最早被称为主婚人,最主要的职责就是控制婚礼进行的步骤,并在开始时向所有的来宾致辞。

现在的婚礼中,在举行隆重的婚礼仪式时,婚礼司仪用简短的语言营造出欢乐祥和的气氛。要让新人感到幸福与神圣,让数百位来宾共同感染婚礼的热烈情绪,并非一件简单的事,所以选择一位优秀的婚礼司仪就成为婚礼成功与否的核心。

为了主持好婚礼,婚礼司仪一般要做哪些工作呢?

(1)婚礼前3天前与新人见面,策划婚礼节目表,婚礼当天行程安排,新人服饰,用品表以便婚礼在周详准备下顺利进行。

(2)于开席前扮演统筹角色,视察场地、音响布置、座位安排、处理有关临场变故及最后决定,以助婚礼准时及流畅地举行。

(3)与当天负责婚宴婚礼总招待的调度做最后协调,令整个程序更清晰流畅。

(4)协助新人做最后彩排,以便正式仪式时信心十足。

(5)喜宴开始前安排乐队参加新人迎宾、拍摄程序及其他仪式,令场面更有气氛及秩序。

(6)宣布婚礼正式开始,介绍一对新人及主婚人,致欢迎词及祝福。

(7)协助新人构思演讲词,帮助新人大方得体地倾诉心中情意。

(8)按新人的意愿及要求,设计游戏,歌曲曲目,魔术等,以活跃婚庆气氛。

(9)设计特别效果,如鸣放巨型彩炮,荧光肥皂泡,缤纷气球等等。

## 第二节 婚礼的程序

### 一、参加婚礼的礼节

参加婚礼的有关人员,应在婚礼前选送适当的礼物以示祝贺。一般来说,结婚礼品选择,可以是家中的一些陈设、床上用品、厨房用品、餐具、茶具或美化房间的物品等,也可以考虑选择一些有特别意义的礼品。结婚送礼除礼物外,还可以送现金,称为"礼金"。礼金应用红纸包成红包,红包内要写上送礼者的名字。一般礼物和礼金不宜在婚礼后送,除非特殊情况,应加以说明。

参加婚礼的那天,作为宾客,应当修饰自己的仪容,打扮整洁,准备赴会;不可不修边幅,一副邋遢相参加他人婚礼,也不可迟到,这是对主人的起码的尊重。在修饰方面,不可过度,如果女宾打扮得红艳异常,就可能产生喧宾夺主的效果,会引起主人不快。在婚礼上,可对新郎、新娘说一些祝福、祝愿的贺词。用词用语一定要三思,切忌随意瞎说,产生不快。在闹洞房时,应杜绝低级、庸俗的行为,要分寸有度,不可恶作剧,让新郎、新娘下不来台。闹洞房一定要以新郎、新娘为重,力求高雅,给新婚夫妇增添喜庆欢快的气氛为目的。

如自己身处异乡,不能及时赶回参加亲朋好友的婚礼,到时可以通过贺电、贺信的形式,来表示自己的真诚祝贺。

庆贺的场合也须注意,当众人欢情正浓时,祝词宜简洁有力,鼓舞性强。千万不要语词拖沓冗长,更不能失口,使人啼笑皆非,冲淡欢乐的气氛,影响祝贺的效果。

除了讲究语词之外,祝贺时还应注意仪态端庄、举止适度,与喜庆的气氛相协调。既要避免粗俗,也不要故弄风雅,真挚、热情即可。如遇鼓掌的场合,应等对方话告一段落鼓掌,乱拍一通是不礼貌的。

## 二、婚礼司仪的口才要求

每一位新郎、新娘都希望婚礼既温馨浪漫,又热烈喜庆。婚礼能否圆满成功,固然与环境、各方面准备等因素有关,但其主要因素之一,就是看有没有一个善于随机应变、口才出众的司仪。

一个好的司仪能使婚礼热闹非凡,不仅能使来宾们在笑声中享受到乐趣,而且能使人们增长知识,得到教益。那么,一名好的司仪应该做到哪些呢?

### 1. 善于恰当选择话语

例如,在酒店举办婚礼,司仪可以这样说:"各位来宾,请让我们共同举杯,首先祝新郎新娘结为百年之好;再祝夫妻比翼双飞,互敬互爱,相敬如宾,白头到老。为他们祝福,干杯!"在酒店的婚礼上,司仪的言辞可以与酒相联系,气氛适宜。在不设宴的婚礼上,司仪可把香烟和喜糖作为话头:"各位来宾,现在新郎新娘正怀着深深的敬意和谢意,把特别的爱献给特别的您,一支烟,会带给您一份真诚的祝福;一块糖,将祝愿您生活美满。"

### 2. 要会借题发挥

司仪要根据婚礼现场的情况即兴发挥,这样才能推波助澜,使婚礼的气氛益趋生动、活泼。

例如,当证婚人宣读结婚证书时,司仪发现新娘的名字中有"燕"字,而新郎名字中有"英",于是索性即席吟诗一首,作为对新婚夫妇的祝福:"爆竹声中比翼飞,莺(英)歌燕舞紧相随。事业征程互勉励,双双携得捷报归。"顿时会场上掌声雷动,连新娘都情不自禁地鼓起掌来。又例如:在新郎、新娘喝交杯酒时,司仪可以这样说:"喝了这杯酒,生活美满全都有;喝了这杯酒,夫妻恩爱心中留;喝了这杯酒,祝福你们天长又地久!"这一番巧妙和祝福的话,怎能不使新郎、新娘高兴万分?

总之,在婚礼进行的过程中,借题发挥的机会很多,只要注意寻找,动脑思考,便可捕捉到。

### 3. 语言要幽默风趣,意味深长

幽默风趣、意味深长是司仪语言的主要特色。幽默风趣并不等于无聊地插科打诨,更不等于庸俗地耍贫嘴。所以,司仪的语言要含蓄、文雅,切忌低级粗俗。有口才的司仪都长于用幽

下篇 礼仪操作

默隽永的语言取代低级、无聊的玩笑,寓教于乐,使婚礼在欢声笑语中充满高尚的情趣。

### 4. 善于控制场面

婚礼程序复杂,场面较大,难免出现意外。这就要求司仪要善于控制气氛,免得使新娘感到过于尴尬难堪。例如,如果新娘性格比较内向,而一些人由于兴奋,会问一些生僻、直露的问题,致使新娘下不了台,造成现场秩序混乱,这时司仪要善于掌握火候,善于弥补,说话得当,使尴尬变潇洒。这就要求司仪有敏捷的思维,机智的语言。

含义迥然不同的几个词往往发音相同,即使同一个词也可能有着完全相反的意义。语言的这个特点为司仪扫除意外情况带来的不吉利阴影提供了很多转机。利用谐音,随机应变地进行联想和转义,就可以巧妙地把人们忌讳的情况用吉祥欢庆的语言描述出来,把令人尴尬的话语改编成人们受欢迎的祝福。这样就能重新调动快乐的气氛,冲散人们心中的阴影。

例如:一对新人正在举行婚礼,按照家乡风俗,新婚那天,新郎、新娘要入席吃茶用饭,然后分桌敬酒。新郎和新娘在众人簇拥下入席,各位来宾也分别入席。第一盘盛满喜糖和糕点的金色塑料盘,由一个帮忙的伙计端了上来。可是就在伙计把盘子放在餐桌上的时候,只听"咔嚓"一声脆响,盘子裂成了两半。宾客们听到刺耳的声音,全部的目光都集中了过来。端盘子的伙计慌了神,脱口而出:"怎么是个破货?"这句话就像一声惊雷,所有的人都真真切切地听到了,气氛一下子紧张了。司仪见此情景,灵机一动,高声说:"破旧立新,移风易俗,这为我们带了个好头啊!"听了他的话,全场一片欢腾。打破了装喜糖的盘子本来已经让人感到震惊和不祥,再加上端盘子伙计的一句话,更让当时的情况雪上加霜。可这位机智的司仪抓住这个"破"字做文章,赋予其去旧立新的意义,既激励人们打破陈规陋俗,符合年轻人新婚的场合,又迅速扭转了伙计不合时宜的话语造成的难堪局面,使婚礼得以顺利进行。

### 5. 要面面俱到

许多人为了婚礼忙前忙后,做了许多的奉献。作为一个好的司仪,在把新郎、新娘作为主角突出时,不忘那些默默努力工作的人们,肯定他们的工作,一定会使他们感到周全,让他们心里觉得热乎乎的。例如,司仪在举杯庆贺的间隙,不失时机地插入几句:"借此机会,我们衷心感谢所有为这次婚宴付出辛勤劳动、给予优质服务的酒店经理及工作人员,感谢为这次婚礼的顺利、圆满而劳累奔波的司机同志、摄影师、摄像师、伴郎、伴娘及所有为婚礼做出贡献的朋友们。"这几句热乎乎的话必定使所有付出劳动的人在高兴之余也得到了心理上的极大满足。

### 三、婚礼司仪发言的主要内容

司仪的主持发言是指司仪在主持婚礼时为保证婚礼各道程序顺利进行同时带动整个婚礼气氛所作的发言。对于婚礼而言,司仪是不可或缺的,司仪的发言直接影响到了婚礼气氛的调节和婚礼程序的进行,因而是非常重要的。

司仪主持发言的主要内容:

(1)自我介绍,表达有幸担任司仪的喜悦之情,然后向新人及家长贺喜,向各位来宾表示热烈欢迎。

(2)宣布婚礼开始。

(3)按照既定的程序主持婚礼(如宣读结婚证书,介绍新郎、新娘,请双方家长讲话,请领导或来宾致辞,向父母或来宾鞠躬,新人互相鞠躬、互喝交杯酒以及其他一些小节目等)。

司仪在主持发言时应注意以下问题：

（1）主持的风格也可庄重可诙谐，但总体上要把握"努力营造喜庆祥和的气氛"这样一个原则。

（2）注意语言不可过于随意，虽然可以添加幽默的作料，但要适可而止，切莫失之于低俗。

（3）应善于针对不同年龄和身份的婚礼参加者发表言论，使大家都能够深切感受到婚礼的喜悦。

（4）应善于通过一些小节目或即兴机智的语言来增加婚礼的乐趣。

### 四、传统婚礼仪式的流程

**1. 迎娶礼**

（1）喜车由男方择吉时出发（喜车数取偶数，且最好是6的倍数，接嫁人数也以偶数为佳），每部车均坐偶数人。出发前先编整车队，第一部为前导车，负责路线及沿途放鞭炮。新娘礼车不可编在第四部。一切安排妥当后，新郎分发红包给接嫁人员，并持捧花上车出发。此外，应携带的物品有：礼帖（记载礼品之数目）、聘金、喜饼、冰糖、冬瓜、橘饼、面线、猪羊各半只、福圆（龙眼肉）、砂糖、鸡2只、鸭2只、礼烛、礼香、爆竹1对、盘头、手环、戒指、汤圆12粒等。

（2）喜车抵达女方家门口附近时，即放鞭炮。而女方家也会立即鸣炮表示欢迎。这时女方由一位男亲友（晚辈）为新郎开车门，新郎给该人一个红包。

（3）呈12版帖，又称丈人帖、母舅帖。对于未来的岳父母及舅父母不能用一般的喜帖，新郎应亲自呈上此帖，说明喜宴之地点和时间，并安排礼车接送岳父母前往，以示尊重。

（4）新郎由媒人陪同一起进门，接嫁人员将车上礼品搬下交给女方亲友，并请男方吃汤圆。

（5）新娘用过"姊妹桌"后，由媒人及亲属女长辈扶出厅堂。由新娘"母舅"（或女方长辈）点烛及点香，新郎新娘（男右女左）并立面向仙佛祖先神案，在长辈的祝福下向仙佛、祖先各行上香礼，俗称"辞祖"。

（6）新郎见到新娘后，交给捧花，并帮新娘将头纱盖下，挽着她出大厅。由长辈带领新人上香祭拜祖先，向祖先禀明女儿今日出嫁，然后新娘向父母行跪拜礼，新郎鞠躬即可。

（7）吉时到，新娘应由一位年岁高、有福气的女性长辈持竹筛或黑伞护送其上礼车，因为结婚当天新娘地位最大，头顶不能见阳光。新娘上车时要哭，俗称"哭好命"，哭了才会好命，因此哭声愈大愈好。向新娘父母及长辈与家人辞行，并接受众人的祝福。

（8）新娘上礼车前，由一名生肖吉祥之小男孩持扇给新娘，扇子需置于茶盘上，新娘则以红包答礼。

（9）在新娘上礼车后，女方家长应将一碗清水、白米泼向新娘，代表女儿已是泼出去的水，并祝女儿事事有成，有吃有穿。

（10）礼车启动后，新娘应将扇子丢到窗外，俗称"放性地"，意谓不将坏性子带到夫家，掷扇后必须哭几声，且新娘不能回头看，并且在礼车之后盖竹筛，象征繁荣之意。

（11）由女方家前往男方家的一路上也要燃炮，抵达男方家时，则燃炮表示庆贺、欢迎之意。

**2. 成婚之礼**

（1）抵达新郎家后，男方立即鸣炮欢迎，媒人先进厅门，唱道："人未到，缘先到；进大厅得人缘。"

（2）由一位男童捧红色喜盘，盛着两个橘子或苹果，请新娘出轿，新娘要轻摸一下橘子，意喻吉祥甜蜜,是俗称的"拜轿",然后赠红包作为答礼。这两个橘子要放到晚上,让新娘亲自来剥皮,意寓可招来长寿。

(3)牵新娘。新娘由礼车走出时,应由男方一位有福气之长辈(好命婆)持竹筛顶在新娘头上,并扶持新娘进入大厅。门槛代表门面,所以进门时绝不可以踩门槛,而应横跨过去。

(4)男方厅门槛前需置一个"火盆",新人过火以避邪,亦有用"踩瓦片"破煞。"过火"与"破煞"后,接着就"拜堂"。

(5)男方由母舅或族长主持"拜堂"仪式。新郎新娘男左女右并立,禀告列祖列宗,并向父母行拜见礼,其次夫妻行三鞠躬礼才进入洞房。

(6)新郎新娘进洞房后,并坐于"铺一件新郎长裤"的椅子上,象征夫妻同心协力,荣辱与共。另一说法是,坐在一条长裤上有两人同穿一条裤子,两人一体,同心协力的意思。女方的伴嫁女性也纷纷入洞房。

(7)新娘的兄弟一人将"新娘灯(舅子灯)"两座,提进新房置于床上,唱道:"舅子进灯,新人出丁"。

(8)利用空当时间新人及双方亲友可合拍照片。

(9)接着男方安排观礼及宴客事宜。

(10)喜宴结束后,新人回房(或由餐厅、饭厅返男家),男方安排女方亲友人客厅休息,并安排车辆送女方亲友返女家。

(11)男方安排"食新娘茶",由新娘端茶逐一敬男方亲属,对方则以食茶"四句联"(吉祥韵语)祝福,并送给新娘一个红包作为见面礼。

(12)新婚后第二天,新娘由新郎陪同,向直系尊亲及旁系尊亲一一请安问候,并赠送如男用皮包、女用手帕(巾)、鞋子、饰品等见面礼。

(13)从婚后第二天起,由妯娌或小姑陪伴认识环境,由此新娘成婚礼遂告完成。

### 五、现代婚礼仪式的流程

现代婚礼是从传统婚礼简化而来,同时又融入了西式婚礼的部分因素,形成了时下最普遍的婚礼模式。以下是较为普遍的现代婚礼模式之一——饭店婚礼的流程。

#### 1. 迎娶

(1)清晨大约5点钟,新娘就要起床洗漱,吃完早餐后,等待化妆师为新娘做发型、穿婚纱,然后化妆。

(2)早上7点,新郎带领迎亲车队前往新娘家接新娘。礼车的数目以双数为好,一般新娘花车要排在先导车和摄像车的后面,但不可排在第四位,因为"四"与"死"谐音,有不吉的含义,因此要回避。

(3)喜车抵达女方家的时间,最好掌握在早上8点左右。一旦男方的礼车队到达,即由女方的一位男亲友(晚辈)为新郎开车门,新郎给该人一个红包。

(4)新郎将手捧花、胸花等新娘花饰亲自送给新娘,由化妆师为新娘别好。待新娘收拾停当,新郎挽着新娘的胳膊,向父母与家人告别,走出家门,然后由新郎为新娘拉开花车的车门,请新娘上花车,新郎则从另一侧上车。

(5)礼车队到达饭店婚礼现场的时间最好是上午10点钟左右,待新娘下车时,现场要撒喜片、燃放礼花。然后新娘先到休息室休息。此时新娘可借机提前吃午餐(否则一个下午都没时间吃东西),并及时补一下妆容。

**2. 成婚礼**

(1)上午10～11点,新郎、新娘要双双到酒店门口亲自迎客。

(2)大约上午11点,宾客纷纷开始入座。一般由接待人员或服务人员引领客人在签名台签名后,引领客人至事先安排好的座位上。

(3)大约11点10分,司仪宣布婚礼开始,演奏婚礼进行曲(一般演奏5～10分钟)。

(4)大约11点20分,司仪发言,请证婚人、介绍人、来宾、主婚人及亲属入席。

(5)由男女傧相引新郎新娘入席。

(6)11点35分,由证婚人宣读结婚证书。

(7)上午11点40分新郎新娘简单介绍恋爱经过,并交换信物。新郎新娘相向行三鞠躬礼。

(8)证婚人祝贺词并授给结婚证书。

(9)11点50分,双方主婚人率新人向证婚人媒人致谢并三鞠躬。

(10)11点55分,男女傧相引新人退席,奏乐,礼成。

(11)正午12点,司仪宣布喜宴开始。

**3. 喜宴礼**

(1)12点10分,新娘新郎到休息室换礼服。

(2)12点半左右新郎、新娘向来宾敬酒,并接受来宾的祝福。

(3)下午2～3点婚宴结束,新郎、新娘送宾客。

(4)下午4点新郎新娘在伴娘伴郎的陪伴下到达新房。

(5)下午5～8点30分开始闹洞房。

(6)晚上9点,宾客离开,婚礼结束。

## 六、教堂婚礼仪式的流程

现在,越来越多的新人选择了教堂婚礼,是因为他们喜欢教堂仪式的庄严和神圣。在长长的红地毯上,是如今很多新娘的梦想,因此具有浪漫风格的西式教堂婚礼已成为当今最受欢迎的婚礼仪式之一。

一般来说,教堂婚礼的程序大致为:

**1. 奏乐**

司琴奏乐表示婚礼即将开始,牧师及司仪请观礼亲友就座,准备等待新人进入礼堂。

**2. 进入礼堂**

司琴演奏结婚进行曲,新郎与伴郎进入礼堂站在圣坛前,随后依序为花童、伴娘;最后新娘由父亲或兄长陪同进入礼堂,观礼的众人会起立。

**3. 询问**

新娘抵达圣坛前,牧师会询问:“是谁送××(新娘的名字)出嫁?”新娘的父亲回答后,新郎向新娘的父亲行礼,从父亲手中接过新娘。

**4. 宣召和祷告**

牧师在众人面前宣告新人婚礼开始。宣告婚礼开始后,牧师带领众人祷告,祈求上帝赐福今日的婚礼,并表明新郎新娘愿意在神、在人面前共结连理的心愿。

**5. 点烛**

司琴演奏音乐声中,由伴郎、伴娘或新人的家人或新人自己点燃象征家庭和婚姻的蜡烛。

**6. 读经**

婚礼中通常会读两三段经文,可由家人、亲戚、朋友或教会会友担任,最后一段经文则由牧师诵读。除了经文之外,诗歌或是与婚姻有关的文章都可以诵读。

**7. 证婚**

牧师询问新娘新郎是否愿意婚嫁,无论贫困、喜乐、顺境、逆境,两人永远携手同行。新人在誓约之后交换戒指,牧师宣告两人成为夫妻。新郎揭开新娘头纱亲吻新娘,伴郎伴娘协助新人及双方主婚人在结婚证书上用印。证婚完成后,牧师带领众人祷告。

**8. 献诗**

由教友或朋友组成的唱诗班献唱。

**9. 主婚人祝福**

双方主婚人致辞祝福新人的婚姻。

**10. 谢恩及答礼**

新人献花给双方父母,感谢父母养育之恩,接着可发表结婚感言,感谢有关亲友的参与。

**11. 牧师的祝福**

牧师带领众人祝福新人,最后念主祷文。

**12. 礼成、殿乐**

司琴演奏音乐声中,新人步出礼堂。

**13. 照相及茶会**

新人走出红毯后,再回到圣坛前与亲友合照,礼堂外可准备简单的茶点供参加者享用。

### 七、公证结婚仪式的流程

公证结婚是由婚姻登记部门无偿提供颁发结婚证书的仪式。公证结婚虽不若饭店行礼般热闹,但别有一番庄严、神圣感。一般而言,公证结婚由各地公证处办理,无须受户籍的限制,但请提前数日于上班时间向公证处登记。它是一种简单又方便的结婚仪式,其流程如下:

(1)结婚宣誓仪式在结婚公证处专属的宣誓礼堂举行,新人要提早半小时到公证礼堂,在确定双方姓名后,由婚姻登记处登记员主持,新婚夫妇在约定的时间内走到宣誓台上。

(2)在主持人的带领下重温《中华人民共和国婚姻法》的有关规定。

(3)新人不仅要聆听颁证员对婚姻法的有关宣传,还要如实回答颁证员提出的五个问题。这五个问题是:

①你们是自愿结婚的吗?

②夫妻双方在家庭中地位平等,你们能做到吗?

③夫妻双方有互相抚养的权利和义务,你们能做到吗?

④你们能够做到自始至终善待双方老人吗?

⑤夫妻双方都有实行计划生育的义务,你们能做到吗?

(4)宣誓完毕后,男女双方在结婚证书上签字、按手印,然后由公证员将结婚证书颁发给新郎、新娘。

（5）由男方向女方献上一枝红玫瑰，接受祝福。

一般的颁证大厅也会为结婚宣誓仪式进行特殊的布置，如整个房间以红色为基调，显得喜气又庄重。屋子里设有颁证员询问和宣读颁证词的台面，还为双方亲友准备有凳子，仪式全过程有专人拍摄，为新人留作纪念。

### 八、集体婚礼仪式的流程

集体婚礼一般是由政府机关主办或事业单位主办，不失为节省又热闹的结婚方式。婚礼程序与公证结婚大致相同，不仅省去了一些花费，而且热闹的气氛也是其他婚礼所少有的。

参加集体婚礼的新人须准备：一寸半近照各两张、身份证正本、私章、单身证明及其他相关证件。当准备齐全后，就可到指定地点领取申请表两份。经婚姻登记部门审核批准后即可参加集体婚礼。

军人的集体婚礼手续上略有不同，必须填写"结婚报告表"，公文到隶属军事单位申请，奏准结婚后才能结婚。

婚礼当日，新郎必须穿着西装礼服，而新娘则穿着白色婚纱，到指定地点集合，并坐上统一备好的花车。时间一到，车队即沿设计好的路线开始花车游行，场面颇为壮观。

举办仪式的地点一般选在公共大礼堂或城市广场。在规定时向内花车一定得按时到达，证婚人则由市长或法院院长等担任，仪式一般会进行半个小时。

集体婚礼的仪式流程大致如下：

（1）由司仪宣布证婚人入场并开始奏乐；

（2）司仪宣布新人入场；

（3）证婚人发言。主要讲一些政府的关怀和对新人的祝福之类的话；

（4）新人代表发言。主要讲对政府的感谢以及新人兴奋快乐的心情；

（5）证婚人宣读结婚证书，并开始颁发结婚证；

（6）在司仪的引导下新人向证婚人鞠躬致谢；

（7）在司仪的引导下新郎新娘相互三鞠躬；

（8）礼成，奏乐，在音乐声中新人退场。

### 九、喜宴的进行程序

#### 1. 中式喜宴进行程序

通常，中式喜宴的进行程序有以下几个环节：

（1）宣布开宴：当司仪宣布"现在开宴"，宾主即可入席。

（2）出场：新郎、新娘在音乐声中携手出场（有些新人会依照西洋礼俗，以特定的步伐出场；并有花童、男女傧相陪伴，最好事前演练数遍）。观礼来宾鼓掌欢迎，亲友或小朋友会在新人头上撒花瓣或礼彩。此时，新娘通常穿着结婚礼服出场。

（3）换装出场：大约每隔三道菜，新郎携新娘悄悄离开，新娘换穿新的礼服再次出场，此时正常步伐行走即可，如此离场、换装、出场共三次。

（4）谢客：大约在最后第三道菜上桌或最后一次换装出场后（视宴席桌数而定），新人与双方家人依序一桌桌向来宾敬酒、道谢,这也是喜宴的最高潮,新人将接受亲朋好友的祝贺或考验,新人必须"来者不拒",此时双方父母最好在旁观看,由交际手腕灵活的兄弟或好友打圆场。

(5)送客:新人与男方家长在门口送客,新娘双手捧喜糖与香烟招待来宾。意犹未尽的来宾会在此时再度考验新郎、新娘。担任喜宴招待的亲友应适时扮演维护新人的角色。

**2.西式喜宴进行程序**

西式喜宴的程序与中式的大同小异,只是不用每席祝酒,流程大致是切蛋糕—致辞—祝酒(在台上即可)—抛花球—戏新人—跳舞—送客。具体情况如下:

(1)婚礼结束后,新郎、新娘要尽可能赶紧回到设宴的场所。他们要给自己梳理打扮,准备摄影,他们要等候男傧相、女傧相、小侍从们以及双方的父母,一起出现在结婚照片中。

(2)侍者们引导陆续到达的宾客到衣帽间照料他们的外衣,接着引导他们排成非正式的行列,等待新郎、新娘和他们的家人摄影结束。

(3)摄影刚结束,就组成接待行列,组成整个接待行列的人员如下:新娘的父母、新郎的父母、新郎、新娘。

(4)宾客按到达的先后顺序排成一队。祝酒人(或担任这一职务的任何人)询问每一位宾客的姓名,当来宾走近接待行列时,祝酒人就会用洪亮的声音宣告来宾的姓名。宾客即与每一位接待者握手,最后与新娘、新郎握手。

(5)待最后二位宾客经过接待行列后,新郎、新娘向各位宾客周旋,但任何人不应独占他们太多时间。

(6)在通往宴会室的入口处,在新人的后面,一位男侍者拿着一盘饮料,根据宾客的需要给每一位宾客端上香槟酒、白酒或饮料。

(7)男女侍奉者川流不息地送上食物,并保证宾客的酒杯总是满的。由于新人只能作最简单的介绍,所有宾客应主动互相应酬,特别是难得见面的稀客,尤其如此。

(8)一个小时后,新郎和新娘被男傧相引到结婚蛋糕附近,祝酒人讲话,要求大家肃静,讲话开始。

(9)新人向父母、宾客和男女傧相分别表示感谢。

(10)新人开始进行切蛋糕仪式,新娘用剑或刀切糕,新郎的一只手放在新娘的手上,帮助她用力切开,这时宴会承办者会取走蛋糕,把它们迅速切分成小块,男女侍者在女傧相们的帮助下把蛋糕分给宾客。

(11)切糕仪式结束后,如果有抛花球、戏新人、跳舞等活动项目的话,都会在此时进行,不管有没有活动项目,时刻注意着时间的安排。

(12)新郎新娘离席,换上出门的衣服,新娘由她的首席伴娘陪着。男傧相先去检查一下他们的汽车是不是已经停在房子外面,然后回到新郎身边,一旦能够启程帮他们搬行李,装上汽车。

(13)宾客们向主家告别,收拾他们自己的东西离去。

# 第二章　生日与贺寿

生日,顾名思义就是一个人出生的日子。一般在中国比较重视老人的生日,每一年的生日都是一次家庭的聚会,所以在中国生日可以看作是一个家庭的节日。

贺寿亦称"祝寿",是一种庆贺老人生日的活动。在中国,民间以 50 岁以下为"做生日",50岁以上为"做寿"。

在我国,不管是过生日还是贺寿,都形成了一套传统的礼仪,千百年来,世代相传。

## ▶ 第一节　生　　日

### 一、家庭生日聚会应注意的礼节

在家中举办生日晚会,应事先搞好卫生,对房间进行适当装饰。晚会开始前,生日主人应站立在门口迎接客人,并对每位客人说:"感谢光临。"

应邀前往的客人应准时到达,赠送礼物,可根据生日主人的爱好或需要进行挑选。送鲜花是普遍受欢迎的。客人到齐后,生日晚会即可宣布开始。

生日蛋糕与生日蜡烛是必备的。生日蛋糕上所插的生日蜡烛的枝数要同生日主人的年龄相对应。20 岁以下可用 1 枝蜡烛代表 1 岁,有几岁插几枝,20 岁就插 20 枝。20 岁以上者,可用 1 枝大蜡烛代表 10 岁,1 枝小蜡烛代表 1 岁来表示。

一般的生日晚会程序如下:

首先,点燃生日蜡烛,来宾向生日主人致祝词,并向他敬酒,生日主人应向来宾致答谢词。

其次,众人齐声唱《祝你生日快乐》这首歌,生日主人应在歌声结束后用一口气把点燃的生日蜡烛全部吹灭,来宾以掌声来烘托喜庆气氛。接着,由主人把生日蛋糕切成数份,分给在场的人每人一份。

再次,大家共同要求生日主人第一个表演节目,然后共同表演些活泼轻快的节目,或举行舞会助兴。客人一般不要中途退场。

生日晚会结束后,生日主人应将来宾送至门外,并再次向大家表示感谢。

值得一提的是,在家开生日晚会,一定要注意时间的节制,不要打扰了左邻右舍,应适可而止。

### 二、民间为孩子祈寿的方法

无论古今中外,新生命的诞生都是一件大喜事。在中国民间,婴儿出生之后,三朝、满月、百天、周岁时,都有许多礼仪活动。其中许多活动都寄寓着父母希望自己的儿女将来能够健康长寿的殷切期望。

### 1. 降生

婴儿刚刚来到人间,长辈们对婴儿生命和寿期的关心也就随之开始了。在浙江金华地区,婴儿出生以后,家里就用一只泥钵(叫做长寿钵),将婴儿的胎盘装起来藏在床底下,一直要等到婴儿长大以后,再悄悄扔掉。在浙江地区,妻子产下婴儿以后,女婿即到岳母家"报生"。去时必须带一把锡壶,内装黄酒,壶嘴插柏树枝或万年青,寓意长命百岁;返回时岳父母家则必送米或蛋一类食品。

### 2. 三朝

指婴儿出生后的第三天举行的正式礼仪。在这一天,生子之家要摆宴席招待亲朋,还要举行象征性的开荤仪式。一位妇女一边用手指把几滴黄连水抹在婴儿嘴上,一边说:"好乖乖,三朝吃得黄连苦,来日天天吃蜜糖。"然后,把用肉状的圆糕、酒、糖、鱼等混成的汤水抹在婴儿嘴上,同时念道:"吃了肉,长得胖;吃了糕,长得高;吃了酒,福禄寿;吃了糖和鱼,日子有富余。"然后,让婴儿吃一口别的母亲的乳汁。最后,由接生婆为婴儿施行洗礼,叫做洗三。在大多数地方,女方娘家还要在这天送来小孩周岁以内所需要的东西,其中包括寿桃、福寿糕等。

### 3. 满月

婴儿出生满一个月时,许多地方都要为婴儿举行满月礼,又叫弥月礼。主要的内容是由外婆或舅舅抱着孩子到大街上或邻居家里去走一走,亲友也要来祝贺送礼。

### 4. 百日

百日礼本身没有什么特别的仪式,只是亲友前来送礼祝贺,大抵是送些食品衣物之类。其中最主要的就是百家衣和长命锁。

百家衣是一种为婴儿祈寿的服饰,是用从各家各户讨来的碎布做成的。"百家"是形容敛布的人家越多越好,最好是一百家,但并不一定非要凑够一百家不可。百家的碎布(百碎)寓意为"百岁",民间认为,小孩穿了这种用百家碎布做成的衣服,能够消灾驱邪免病,保佑小儿长命百岁。

百家锁,是集百家的金银打制而成。旧时江西一带,当小孩初生之时,家长就用红纸包上七粒白米;七片茶叶,差不多要包上二三百包,送给亲友,亲友每家回赠铜钱几十或几百枚。然后小孩的家长就用这些钱买一把专门用来挂在小孩脖子上的小金锁或银锁,叫做百家锁。民间以为,小孩戴上这样的锁,就可以防病避灾,保命延寿。百家锁上一般都刻着文字或图案,文字大多是"长命百岁"、"长命富贵"之类吉祥祝语,图案则为象征福寿绵延不断的内容。

系百家锁所用的绳子叫做长命索,又称长命缕、续命缕,长命缕通常用红、黄、蓝、白、黑五色丝线编织而成,象征东、西、南、北、中五方之神,人们认为佩带此索可以获得五方神灵的保护,辟邪除瘟,后来引申为可以"锁住"生命。

在有些地方,百索和百锁逐渐合而为一,被项圈所代替。也有一些地方,百锁或百索是在孩子周岁时才戴上的。

### 5. 百岁毛

这是小孩的一种发式,给小孩子特别是男孩剃发时在脑后留一小撮,叫做百岁毛。民间认为,这样小孩不容易夭折。我国大多数地区都有这种习俗。

### 6. 送百岁钱

婴儿满月时亲友所送礼钱,流行于江南地区。办满月酒时,亲友须送衣饰或银钱。旧时上海送 100 枚铜钱,有祝福婴儿长命百岁的意思。

### 7. 吃百家米(或饭)

旧时乞丐乞讨时,农民们常在给他米时从其米袋里抓一把珍藏起来,叫做百家米;也有的人家用红布做成口袋,由幼儿父母或至亲挨户乞讨。用百家米或乞讨得来的米作的饭就叫作百家饭,民间认为,孩子吃了百家饭可以消灾祛病,身体健康,长命百岁。

### 8. 穿虎头鞋

在婴儿满周岁时,许多地区还流行着一种给孩子穿虎头鞋的习俗。虎头鞋用黄布精心制作而成,鞋子头上绣一虎头,中间绣一个"王"字,所以叫作虎头鞋;因为虎为百兽之王,民间认为小孩穿虎头鞋可以为他壮胆驱邪,保佑他长命百岁。北方有些地方是小孩满周岁时由外婆给孩子送虎头鞋或其他动物形象的鞋子,叫作送岁鞋,其意义和家长给孩子作虎头鞋是一样的。

### 9. 认干亲

这是一种相当普遍的祈愿婴儿健康长寿的民间俗信活动。认干亲就是让孩子认义父义母,地方不同,所拜的干亲也不同。大多数地区所拜的干亲是外姓旁人,但也有的地方拜物或拜鬼神为干亲的。

## ▶ 第二节　贺　　寿

贺寿其实是庆贺生日。在给长辈祝寿时,"礼数"稍多一些。给同辈朋友过生日,则不必拘于形式送礼品最容易。给长辈祝寿,除了衣服要讲究之外,还必须带有一份含有健康长寿意义的物品,如设计精美的蛋糕,或有纪念性的金贺卡。

### 一、寿礼的筹划工作

#### 1. 由晚辈操办

一般来说,寿礼都是由子女和其他晚辈亲友出面筹划并操办的。

在操办寿礼的时候就必须十分注意这种基本的礼仪,即在祝寿的各种场合,都应当由晚辈出面,而不能由寿星自己出面,虽然有时在祝寿活动中的很多事情是由寿星自己在作决定。比如请客,哪怕是寿星自己拟定的名单,也不能由寿星自己出面发出邀请,而只能由晚辈出面发出邀请。

#### 2. 时间自由安排

举行寿礼的时间,无论古今,都可以不一定就在生日的那一天,时间是可以变动的。只不过按多年来的传统习惯,日期如果要变动的话,是只能提前,而不能延后,这是因为:

第一,给老年人祝寿主要的晚辈是必须亲自到场的,所以为了祝寿者大家的方便,祝寿的时间可以有所变动。

第二,如果寿星的身体不太健康,还得要考虑寿星的身体情况。

第三,如果能将祝寿活动与寿星的事业、工作结合起来,既是若干周年大寿,又是从事某项事业(比如从教、从医、任职等)若干周年,这样就更有意义,寿星也会更加高兴。如果有这类安排,时间当然也可以稍有改变。

与筹划婚礼相比,筹划寿礼要简单些,主要是邀请、布置寿堂和接待客人、准备寿宴等。

### 二、如何发庆寿请柬

庆寿的请柬,也叫寿帖。当代做寿,一般首先由做寿者家属发大红请柬,通告寿诞日期,邀请亲朋好友光临庆贺。

现在市场上有印制精美的寿帖出售,需由使用者填写的内容都留有空白。亲友具名的寿帖,落款时,是列载亲友代表的姓名,还注重落社会上或政治上比较有名望的人名。

请柬,最迟在寿礼前半月发出。也有的不发请柬,用一封书信或用口信邀请。直系亲属一般不发请柬。

一般来讲,农村中不发大红请柬,得知某人做寿,亲朋好友送来贺礼,做寿主家则口头邀请;也有的是主家先口头邀请,待做寿日祝寿者携礼祝寿的。

### 三、寿堂的布置

寿堂就是寿星(被祝寿的人)拜寿的厅堂。现代人的寿宴一般多在宾馆或酒店举行,因此举行寿宴的厅堂自然成了寿堂。在偌大的一个餐厅,有时是一个包房里,正面墙壁上,被挂上大红的"寿"字,两边是寿联或寿图,有时还摆上十个案桌,供上寿烛和寿香。寿堂的中间则摆上数桌或数十桌豪华酒席,整个环境显得富丽堂皇。

若寿宴设在家中,平时的客厅或客堂就是祝寿时的寿堂。

当代城市一般在寿堂挂一横幅,上书某某几十大寿。在寿堂的正面的墙壁上挂一个很大的寿字或百寿图。农村还在大门、二门上贴较小一点的寿字,在其他有关的器物和食品上则有仙庆寿、五福捧寿、蟠桃献寿、鹿鹤同春等寿图。讲究一点的,则男女有别,如果是给男性祝寿,就挂南极仙翁图、双龙献寿图;如果是给女性祝寿,就挂瑶池王母图、麻姑献寿图。这类挂在墙上的大型的祝寿图,一般都讲究装裱,装裱之后则叫做寿幛。有的还在堂屋中间悬彩带。

在寿堂正面的墙壁之下,一般要摆上一张礼案(即一张方桌),上面则根据不同情况,摆放祝寿用的鲜寿桃或用白面蒸馍制作的工艺品寿桃、寿糕、寿面以及祝寿鲜花、水果之类。农村则很重视点上一对大红的寿烛。寿烛一般为红色,长一尺左右,重约一斤,烛面印有金色"寿"字或"福如东海"、"寿比南山"等吉语。祝寿时置于寿堂香案烛台之上,寿礼开始时点燃,既有祝贺之意,又增欢庆气氛。

在寿堂和寿幛的两边,要挂上或贴上专门为祝寿而准备的寿联。寿联可以由寿星自己编写,也可由寿星家中自行准备,但大多是亲友送的。在农村,寿堂的两边,主要是摆放客人坐的椅子,有的在一边或一角放一张较大的桌子,专门陈列客人送来的寿礼。

### 四、祝寿仪式

祝寿,俗称"过生日"、"做寿"。祝寿时,子女要给老人磕头拜寿,设丰盛宴席,招待亲友,酒后用饭,必食面条,寓意老人长寿。老人生日这天,已婚嫁分居的子女要全家前来祝寿,以示隆重。子女若不前来,谓之"不孝",有"父母生辰不可忘"之说。既然祝寿的要求这么多,它自然有它的一套礼仪。

### 1. 确定司仪

首先是要确定一位司仪来主持仪式,这位司仪一般是由晚辈中最有号召力和组织能力的人担任,如果是由寿星的兄弟或长子来担任最好。

与确定司仪的同时,还必须确定一位或两位寿星的子孙辈在门口代表寿星迎接客人,接受礼品。

### 2. 请寿星出堂

在祝寿典礼开始之时,第一是要请寿星出堂,最好是由儿孙辈中的最小者或儿孙辈中最受寿星钟爱者在旁边搀扶着,坐于寿堂正中、礼案之前的椅子上。

### 3. 亲友向寿星祝寿

寿星坐定之后,由司仪根据到场的亲友的情况,分批安排到场的亲友向寿星祝寿。

祝寿的顺序应当是:先是家中晚辈,后是有关亲戚,最后是无亲戚关系的朋友、同事、学生等。

在祝寿时,晚辈都应当行三鞠躬礼,其余的可以灵活掌握,或是一鞠躬,或是三鞠躬。

### 4. 献寿礼

在行礼之后,要献寿礼(指各种礼物)的就把寿礼献上(这在过去就叫做"上寿")。要注意的是,寿礼不能由寿星亲自接收,而由司仪或寿星身边的子孙代收。然后把各种寿礼放在旁边事先准备好的礼品桌上。

### 5. 致祝寿词

行礼完毕,就由参加祝寿的子孙辈代表一人和来宾代表一人先后致祝寿词。这种祝寿词都宜短不宜长,为了慎重,最好是事先写好。

如果到场的来宾中有比较重要的人物,而大家又不太熟悉的话,司仪应当向大家进行介绍。如果到场的来宾送来的贺词、贺信、寿联、寿诗等比较多,可以选择其中有代表性者由司仪当场宣读。

### 6. 晚辈答谢

祝寿词致毕之后,就由司仪或寿星指定的一位晚辈代表寿星表示答谢。由于多年来的传统习惯,在这种场合,是不能由寿星本人来作正式的答谢的,因为寿星应当很有礼貌地进行回避,表示自己不愿意兴师动众地有劳大家前来为自己祝寿。这种做法过去叫做"避寿",以示谦虚。

祝寿结束之后,就可以请大家一起参加寿宴了。

## 五、寿宴的安排

寿宴是传统式祝寿的重要一环。就宴会本身来讲,寿宴与一般的宴请没有更多的差别,但是有几项内容是必不可少的。

(1)安排宴席席位。

现在城市不讲究席位排列的精细,寿星是主要当事人,是大家祝寿的对象,自然应该上座,次是以靠近寿星接受拜寿的方位为重要席位,安排寿星的直属亲戚和贵宾坐在这主席位上,其余的则任由坐席。农村则仍讲究席位排列,一般是按长幼尊卑排定席位。

(2)至少要安排一道有吉祥寓意的工艺菜。

寿宴上的菜在菜数、菜种、菜名等方面讲究。菜数重"九",即菜的总数要取九或九的倍数。因为"九"在个位数中是最大的数,是阳之极数;再者"九"谐音"久",有"天长地久"的寓意,是个吉数,借以比喻老人高寿,祝愿老人高寿;故上菜的总数要取九或是九的倍数。

寿宴上的不少菜名均暗切三、六、九,如三鲜(仙)兽头、挂炉(六)烤鸭、韭(九)黄鸡丝、罗汉(十八)大会、重阳(九九)寿糕等。"三"和"六",都与"九"相关,三加六得九,三乘六得十八,而十八又是九的倍数。菜名多用民间故事或神话传说来命名,借以烘托喜庆氛围。如双龙抱柱、瑶池赴会、麻姑献寿、八仙过海、鹿鹤同春、寿星罗汉、福如东海、寿比南山等等。

(3)要根据寿星的身体情况和饮食爱好,专门为寿星准备一些适合其口味的菜。

(4)吃长寿面。寿日吃面,表示延年益寿。吃长寿面是我国千百年来祝寿的传统。有的地方寿面是中餐晚餐都吃。有的地方则是中餐吃。

(5)寿宴中,先给寿星敬寿酒,祝健康长寿,然后宾客共饮。有的主持人或司仪还安排顺序,轮流向寿星敬酒,并尽可能说一些寿星喜欢听的话,让寿星高兴。

(6)席散时,主家要给参加寿礼的人赠送答谢礼物。有的送含有吉祥意义数字的礼金红包,有的送糖果和烟,文人还赠送自著的图书。遵循传统礼俗的则赠送寿桃,并加赠饭碗一对,名为"寿碗",俗谓受赠者可沾老寿星之福,有延年益寿之兆。

### 六、花甲寿的过法

60岁寿诞称花甲寿。旧时年满60称"花甲",认为60岁的人真正达到了寿数,故寿庆要大办,一般由寿者儿孙出面张罗。诞日之前,子女还得把丧葬用的一切准备好。所备之物,其名以"寿"字起首,如"寿衣"、"寿材"、"寿坟"等。

东北地区的朝鲜族把60岁生日寿仪叫做"还甲宴",意思是活了60年以后,就等于重新回到了自己出生的时候,从此开始了自己的第二次生命周期。所以举行特别隆重的还甲宴寿礼。寿礼的仪式和汉族的寿礼相仿,只是在寿宴结束以后,主人和客人要在一起载歌载舞,共庆老人健康长寿。

### 七、六十六寿的过法

六六寿是长江下游各省流行的一种专为年满66岁的老人做寿的寿诞习俗。当父亲或母亲年满66岁时,出嫁的女儿要为自己的父亲或母亲做寿。在这一天,女儿将猪腿肉切成66小块,形如豆瓣,俗称"豆瓣肉",红烧以后,盖在一碗大米饭上,连同一双筷子一齐放在篮子内,上面用一块红布盖上,由女儿女婿送给父亲(岳父)或母亲(岳母)品尝。肉块多,寓意老人多福多寿。父母在鞭炮声中高高兴兴地美餐一顿。江南地区有"六十六,女儿家中吃碗肉"的谚语,就是指的这一习俗。

因为民间有这样一种说法:"六十六,阎罗大王请吃肉。"六十六岁是杀年,女儿烧六十六块肉给老人吃,认为能化凶为吉。若吃素则以烤麸代替。

### 八、"过九"的方法

在民间许多地方,流行一种"做九不做十"的俗信,因为民间认为:"十"意味着"满","满"则"溢","满"又意味着完结,所以许多地方不在整十周岁时做寿,而是提前到头一年时,即虚岁满整十岁时做寿。我国许多地方流行所谓逢九之年是厄年的说法,不少地方在老人生日逢九之年,一般都提前做寿,并作大庆,叫作"过九"。

例如在江苏地区就是这样,届时在正堂挂寿幛,点寿烛,设置拜垫,寿翁接受小辈叩拜祝福。中午吃寿面,晚上亲友聚宴。宴席散后,主人向亲友赠桃,同时加赠饭碗一对,俗称"寿碗",民间以为这样受赠者可以沾老寿星的光,有延年益寿之福。

不但59岁、69岁、79岁等"明九"之年要有忌,有的地方还要忌"暗九",即为九的倍数的年份,如63、72、81等。在"明九"和"暗九"之年做寿时,不但需要提前一点做寿,而且还要有其他的化解方法。例如,穿红衣服,小孩可以穿在外面,大人则穿在里面,还要系上红腰带。

### 九、为老年人祝寿的注意事项

祝寿是对老年人的生日而言的,年轻人只能称为"过生日",比如父母给小孩过生日,请亲朋好友吃生日宴,祝愿孩子快快长大、顺利成长。年轻人过生日,主要是召集朋友同学聚在一起,想方设法寻求点快乐,仪式倒是其次。为老人祝寿,则礼节仪式比较讲究。目前,家庭祝寿比较盛行;在政府机关中,一般对德高望重的艺术家、老教授、科学家等老人,也开展祝寿活动。

参加祝寿活动,不同于一般性的走亲访友或赴宴。因为这是社会交往中的礼仪性活动,因此参加这类活动务须作好必要的准备工作。

#### 1. 寿礼

参加祝寿活动,除了团体性的给社会名流、要人祝寿由集体准备外,凡参加个人祝寿活动,都要携带一些寿礼。寿礼一般可选包装精美、做工精细的,含有祝贺健康长寿、吉祥如意意义的食品或物品。在农村,如至今仍习惯赠送糕团、寿面的,还应放上红纸或由红纸剪成的"寿"、"福"字,或者寓意长寿和兴旺发达的饰花。城市中习惯赠送蛋糕的宾客,亦应注意请糕点师傅在裱花时裱上"寿"字,或画上寿桃等。

如身在异地他乡,不能前去祝寿,作为晚辈可以特意用贺电、贺信的方式,向老人祝寿,或托人顺便带上贺寿礼,以表自己的孝心。

#### 2. 服饰

参加祝寿活动的服饰宜选用色调明快、含有吉庆之意的红、黄等色。切忌穿全黑、全白的服装,也忌穿黑白相配的服装。

#### 3. 语言

寿日在我国民间被看作是大吉大利的日子,因此语言以祝贺、颂扬为主。不仅对于"寿星"如此,对于"寿星"的亲属以及宾客也应如此。一切易引起争论的话题都不宜在祝寿活动或宴席间交谈。即使过去曾与谁发生过不愉快的事,在祝寿活动中见面时也应有宽宏气度,将往事搁置在一边。

宴饮要节制,不能酗酒,也不能饮酒过量,以防止失态或失礼。当自己带有小孩参加祝寿活动时,不能让小孩哭闹。当然最好是尽量避免带小孩出席。

#### 4. 行礼

举行祝寿礼仪,过去一般是同辈只须抱拳打躬;晚辈则须鞠躬;儿孙辈有的地方还行跪拜礼。现在,同辈一般改为握手;晚辈或儿孙也只需鞠躬就行。如"寿星"思想守旧,希望行旧礼而自己又不乐意时,可以托词稍作回避,不要当场拒绝以免引起不快。

**5. 回礼**

当祝寿活动结束时,主人家多适当赠给客人一些回礼,俗谓"敬福"。对此,祝寿者不应拒绝收受。

**十、为名人和要人祝寿的方法**

中国共产党曾经作出过关于不给党的领导人祝寿的决定。因此,名人和要人的概念,是不包括中国共产党领导人在内的。

在这里,我们所说的名人和要人指党外的从事科学、教育、理论研究、文学艺术、体育等各方面工作的著名人士,以及民主党派领导人和无党派民主人士。当这些人士逢高龄寿辰时,有关部门会出面为他们祝寿。这种祝寿活动,又常常和研究他们的学术和思想结合起来,具有更为积极的意义。

对于对社会有特殊贡献,或者在事业上有卓越成就的那些人,人们常常在他们生日的时候,给他们授奖授勋,或以其他方式给他们以"殊荣",来表示祝贺。老红军陈琮英是任弼时同志的夫人,她 1926 年参加革命,经历过长征、抗日战争和解放战争,默默地为人民工作了一辈子。在她 90 岁生日的时候,人们特地为她在人民大会堂举行了茶会。国家主席、副主席和许多领导人送来了花篮,一些老战友为她演唱歌曲,对她表示祝福。

为名人和要人祝寿的活动目前多数由当事人的所在单位或学术团体发起举行。其大致步骤是:

(1)发起单位通过刊登广告、散发请柬,将即将举行的祝寿活动向社会宣布;并向有关部门、团体及各界知名人士寄送请柬。将在何时、何地举行祝寿活动通知各方。

(2)布置祝寿会场。会场中央或厅堂正中,通常张挂有"寿"字的大红寿幛;上面高悬寿匾;两旁可张挂寿联。如"寿星"年事已高,且条件许可,也可在其家中客厅里布置"寿堂"。寿堂设在家中,还可在茶几上摆上几盘水果,屋里设置松柏、翠竹、梅花、万年青等象征高寿与情操的花卉盆景。同时播放热烈的喜庆乐曲。

(3)举行祝寿仪式。祝寿仪式由司仪主持。首先宣读党和政府向"寿星"发来的祝寿函电;接着由声望最高、地位最高的来宾致祝寿词;然后各界代表陆续发言道贺。致辞内容,主要是赞颂"寿星"对国家、对人民和对其所从事事业的贡献。致辞完毕后,各界代表向"寿星"赠送寿礼,一般大都是文房四宝、精美书籍及名人字画。"寿星"本人在收受贺礼后应致答谢词,但也可由其学生、子弟代为答谢。

(4)茶点余兴。大型的祝寿活动,无论在会场或家中,都可采用茶点形式。即预先定做一只较大的奶油蛋糕,然后众人分吃,并佐以水果茶点。这样既经济实惠,又能宾客尽兴。用茶点的同时,可由文艺体育团体演出一些节目,或请著名艺人客串表演节目。

(5)摄影留念。参加祝寿活动全体宾客,可与"寿星"一起摄影留念。因为这些人一般年事较高,这种照片弥足珍贵。有条件的,还可摄制一些录像片,日后也将成为极珍贵的历史资料。

# 第三章  丧葬与祭扫

人的死亡与诞生一样,也有许多的礼仪。有关丧葬与祭扫的礼仪,丝毫不比生辰寿诞一类的逊色。丧葬与祭扫正同寿礼,并且更进一步,它关系到当事人的一生,也关系到各方面的最终关系。现代丧葬与祭扫是隆重的,严肃的,是诸多人生礼仪中需认真对待的重要部分。亲人去世时,亲属们会感到打击和孤独,这时候礼仪会起到抚慰作用,并可以帮助处理好必要的人际关系。

## ▶ 第一节  丧  葬

死亡对于人们来说是没有办法避免的,茫茫宇宙,大千世界,人们在这里诞生、成长,直到最后的死亡。几千年来人们形成的丧葬礼仪,是既要让死去的人满意,也要让活着的人安宁。在整个丧葬的过程中,是生者与死者的对话,两者之间存在着一个坚韧的结——念祖怀亲。

### 一、遗嘱的一般内容

人临终时,一般都有些心里话要说,把最关心的或最不放心的事作出安排,嘱托给亲人或亲朋好友。各人的情况不同,要留下完全由本人决定,如因记忆或其他原因,对应该嘱托的问题忘记嘱托,其身边的人可以提醒,但不可强加或包办代替。

一般遗嘱的内容包括以下内容:

(1)对主要遗产的处置意见。

(2)对自己后事的安排意见,包括安葬地点、安葬形式、治丧规模等。

(3)对自己遗体器官的处置意见,包括是否解剖、是否捐献医疗单位等。

(4)对抚养的意见。

(5)对自己未完工作的安排意见。

(6)对主要亲朋好友的嘱托。

(7)对所在单位的期望和要求。

(8)对其他问题的嘱托。

### 二、灵堂的布置

当人去世后,中国和世界的许多地方都有布置、搭设灵堂的习俗,借以哀悼死者,接受人们吊唁。中国的南、北方以及许多少数民族地区对灵堂的布置各不相同。普通家庭一般不专门搭设灵堂,如果是吊唁人数太多,确需搭设灵堂的,可以就近在家庭或者另外选点搭设。

搭设布置灵堂的具体方法是:

(1)家庭灵堂,一般搭设在客厅或不住人的房间内,在桌子上置放一个放大了的遗像,遗像下端可写上："×××永垂不朽"或"×××千古"。

（2）在盛装遗像的镜框上端用黑纱结成三个黑花，中间一个花结，两侧各垂一个花结。遗像周围可以摆放些鲜花，在摆放遗像的桌子前面，能够放置花圈的可以安放一个小型花圈，需要在室外或其他场所搭设灵堂的，一般在桌子上面放置遗像，周围布置些鲜花，桌子两侧摆放几个花圈。

（3）迎面上方可以书写横标，如"沉痛悼念×××同志"或"×××同志永垂不朽"等。现在灵堂内一般不停放尸体，可摆放遗像或骨灰。

无论在家庭或经组织批准另外选点搭设灵堂，都必须本着勤俭节约的原则，防止铺张浪费。同时，应注意不要影响家庭和其他人员的正常生活和工作秩序。

### 三、悼念堂和告别厅室的布置

人逝世后，一般情况，其家属或单位都举行一定的仪式，以吊唁逝者，示慰亲朋和亲属。党和国家号召移风易俗、简办丧事，除特殊情况举行追悼会之外，一般只作遗体告别。

举行追悼会或遗体告别一般都在殡仪馆进行，也有的在医院专定地方进行的。

悼念会场和遗体告别厅室的布置：正面台墙悬挂遗像，上端悬挂横标（会标）"×××同志（先生、女士）追悼会"或"×××同志（先生、女士）千古"或"沉痛悼念×××同志（先生、女士）"，有的还在横标两端垂挂"竖联"概括逝者一生业绩风范。

正面台墙前摆放松柏或长青盆花，然后，将其嫡亲或单位送的花圈摆放在前面，其他花圈依次绕墙摆放。

### 四、办理遗体火化注意事项

#### 1. 要取得死亡证明书

人死后，逝者亲属或单位必须持有卫生、公安部门出具死亡证明。在医院死亡的，由医院出具死亡证明；在家因病死亡的，由公安机关出具的死亡证明；非常规原因死亡的，由公安、司法部门出具死亡证明或火化意见书。然后凭上述证明到住地派出所注销户口。

#### 2. 要办好死亡说明

领取死亡证明后，即打电话或派人与殡仪服务部门如殡仪馆或火化场联系，预定接尸时间，告知死者姓名、住址、年龄、性别、死亡原因、死亡时间、尸体所在地点、死者户口所在地点；家属姓名、住址、电话、与死者关系；死者是否脱穿衣服、是否需要整容、是否需要举行追悼和告别仪式等。在接运尸体时，逝者亲属或单位应在接尸车到达之前准备好死亡证明、所需衣物等，死在医院的应办理好出院手续。

#### 3. 要办好火化手续

尸体运到殡仪馆后，随车家属首先先到业务厅，交验死亡证明，选购骨灰盒，领取火葬证，办好交款等项手续。领取骨灰应办理取灰手续，在取骨灰时要持火葬证在取骨灰处领取。如果尸体运到殡仪馆后因故不能马上火化，可在业务厅办理尸体冷藏手续或延期火化手续。

#### 4. 举行告别仪式

需要在殡仪馆举行告别仪式或召开追悼会，逝者亲属或单位要事先与殡仪馆业务承办人员联系，确定好治丧时间，租赁礼堂、告别室、花圈、鲜花、小白花、黑纱等各类事宜。

**5.寄存骨灰**

需要寄存骨灰的,按寄存骨灰的规定,有的凭火葬证在火化地可直接联系办理,有的凭火葬证到指定的骨灰堂联系办理,寄存时间,一般 3 年,超过时间的可以续存。如果过期不取也不办理续存手续时,要填发给骨灰寄存管理单位依照殡葬法规处理。在办理骨灰寄存手续时,要填发给骨灰寄存证,逝者亲属或单位应妥为保管,持证可随时到骨灰堂瞻仰亲属骨灰,瞻仰时应遵守骨灰堂的有关规定。

### 五、怎样在骨灰盒上刻字

在骨灰盒上刻字是为了标明死者身份,长久纪念死者。镌刻的底质,可因不同质料的骨灰盒而异,有的直接刻在骨灰盒上,有的刻在有机玻璃板上或铝板、铜板上,然后镶嵌在骨灰盒上。镌刻的内容和形式可以立字者的身份而异。

骨灰盒上的刻字应有主题词,即是在骨灰盒的正面上方中间位置刻写的内容。

如单位为死者立字,主题词可刻为:"×××同志永垂不朽"!"中共党员×××同志千古"等;

如死者的子女为亡父立字,主题词可刻为:"先父×××千古""先父×××永垂不朽"等;

如丈夫为亡妻立字,主题词可刻为"爱妻千古""爱妻×××永垂不朽"等;

如子女为亡母立字,主题词可刻为"慈母×××千古"、"尊母×××永垂不朽"等。

在骨灰盒的正面两侧,可上下刻成对联形式,右侧即上联,左侧即下联。

一般上联竖排刻成:"×年×月×日生于×省×县,×年×月×日故于×省×县",在两竖行的下面刻上:"终年××岁"。在下联竖排刻上立字者的姓名或单位名称。字体一般采用楷或仿宋等端庄易辨形体。

### 六、骨灰安放程序

举行这种仪式,一般不通知生前友好,仅限于少量治丧工作人员和死者的亲属参加。举行安放仪式时,一般是将骨灰盒放在一米左右高的桌台上,前面布置些鲜花,两侧对等摆放少量花圈,骨灰盒上没有镶贴遗像的,可在桌台上置放死者遗像。仪式中可以播放哀乐,也可以不播放。

大体程序是:

(1)主持人宣布:×××同志骨灰安放仪式开始;

(2)主持人宣布:向×××同志默哀三分钟(奏哀乐);

(3)默哀毕,由一名亲属主要成员作简短致辞;

(4)致辞后,由死者亲属将骨灰盒捧放到预定的安放位置;

(5)骨灰放安后,参加人员行三鞠躬后,依次退出。

一般情况下,在为死者开过追悼会或举行过遗体告别仪式后,不必再举行骨灰安放仪式。如果情况特殊,确有必要,一定尽量从简。如果不开追悼会,也不举行遗体告别仪式,可以举行小型的骨灰安放仪式。

### 七、追悼会的组织与安排

追悼会是在专门的会场为逝者举行的哀悼仪式。用开追悼会的形式悼念逝者是近代在进一步简化丧礼的基础上产生的。

城市的追悼会场一般设在殡仪馆。仪式堂通常要布置黑色或蓝色横幅,用白纸黑字书写"××追悼会"字样,还要挂逝者遗像,放置松柏、鲜花、花篮、花圈、挽联、挽幛等。在仪式堂的门外右边放一处用来签名的桌子。有的在装殓、整容后的遗体旁边还放一些逝者生前的喜爱物,或代表其业绩的物品,比如所著的书等。参加追悼会的人均身着素服,左臂上佩戴黑纱,黑纱用普通黑布裁成长45厘米、宽15厘米的长条,将两端缝合成筒状,不锁边。如不戴黑纱,则用纸做的小白花戴在左胸前,也可以绑在左臂上。

在农村,追悼会一般在丧堂举行。农村丧事是在家里办,吊唁仪场设在家中,叫做"丧堂"。所设丧堂是根据家中的具体情况,安排在客厅或不住人的房间里。首先是要制作较多的黑纱,用普通黑布裁成长45厘米、宽15厘米的长条,将两端缝合成筒状即可,不要锁边(有条件的可以在晚辈使用的黑纱上面用白线绣个"孝"字),凡是逝者的家属亲友在吊丧过程中都可以佩戴在左臂上。家属佩戴黑纱的时间各地不一,短者7天,长者半月,更长的是七七四十九天。也可以不用黑纱而用纸做的小白花,小白花可以戴在左胸前,也可以绑在左臂上,其作用和黑纱是一致的。

追悼会一般由逝者所在的单位、团体、社区或村组织召开。在追悼会仪式上,亲属一般站左边,主要亲属在前排,吊唁者站正中,面向遗像或遗体。主持者站前排右边,侧身,一半向着逝者家属,一半向着吊唁者。家属们此时虽然都难忍悲痛之泪,但为不影响整个仪式的气氛,是不能放声大哭的。如果有年老体弱者参加追悼会,身边均安排有年轻人陪伴照顾,也还备有医生和急救药品,以防出现因悲伤过度而发生急病的意外情况。

### 八、追悼会的仪式

参加追悼会的来宾到场后,追悼会可以正式开始。其主要程序如下:

(1)司仪宣布逝者追悼会开始。接着宣读治丧委员会名单,宣布前来参加追悼会来宾的姓名、职务,宣布有哪些人送了花圈。

(2)鸣炮。

(3)向逝者遗像致敬,一鞠躬、二鞠躬、三鞠躬。

(4)向逝者默哀,奏哀乐,默哀毕。

(5)请某某同志致悼词。或者请逝者生前好友代表讲话。

(6)宣读唁信、唁电。

(7)请逝者亲属代表讲话。

(8)向逝者遗体或遗像告别。向遗体或遗像告别时,由主持人带头,大家跟着从右至左绕遗体或遗像一圈,然后转向逝世者亲人握手安慰。

在召开追悼会时以下几点要加以注意:

(1)布置灵堂要本着节俭的原则,从简办理。

(2)放鞭炮要在灵堂外边放,不要引起火灾。

(3)逝世者生前好友的讲话要短小精悍。

(4)对唁信、唁电不要每篇都读,可说明收到篇数。

(5)亲属代表讲话,也要先写出底稿,主要讲逝世者生平和功绩对领导、群众、亲友无微不至的关怀表示感谢,并表明要继承遗志,化悲痛为力量,搞好工作和学习,报答领导和亲友的厚爱。

### 九、吊丧的礼节

吊丧应酬是一种非常重要的交际应酬。关心亲友间的丧事,这是很重的一份人情,也是一种崇高的精神活动。

#### 1. 需吊丧的情况

办丧事不发请柬,一般是在报纸刊登讣告,或者在某处张贴讣告,不具体通知个人。是否前往吊丧全凭自己据情况决定。一般来说,逝者家属总是欢迎尽量多的人前来吊丧。所以,如果得知亲友去世的消息,或是亲友家中有丧事的消息,都理应前往吊丧。尤其是交情较好的亲友、师长、长辈去世,不参加吊丧是失礼的。

#### 2. 吊丧的方式

（1）参加追悼会

吊丧的最好、最简单的方式是参加逝者的追悼会。参加追悼会,一般送个花圈表示我们的悲悼之情。可以单独送,也可以几人合送,还可以以一家人的名义或单位的名义送。追悼会是庄严肃穆的场合,参加者应怀着沉痛的心情,带着严肃的表情,认真履行追悼会的每一项仪式。参加追悼会的人打扮以清淡、素雅为宜,言谈举止以端庄沉静为宜。

有些人参加追悼会时三五成群、谈笑风生,也有些人在举行告别仪式时漫不经心,或中途退场;还有些人浓妆艳抹,披红戴绿。凡此种种,都是对逝者极不尊重、对家属极不礼貌的行为,是参加追悼会的大忌。

（2）抚慰逝者亲属

这种方式一般用于知道消息较晚,或因出差等原因错过了追悼会的。

首先,抚慰亲属,说明没有参加追悼会的原因和歉意,表示对逝者的哀悼之情,劝慰亲属节哀。

然后,在逝者遗像前肃立默哀一二分钟即可。用这种形式,态度要自然,表情要真挚,服饰要朴素,言谈举止要得体。让逝者亲属感到你的真情,得到精神的慰藉。

（3）书面吊丧

这种方式可用于由于种种原因不可能用以上两种方式亲往吊丧的,如逝者在外地,或吊丧者行动不便等情况。这时可用唁电、唁信吊丧。

#### 3. 赠钱、赠物吊丧

吊丧一般赠送花圈或鲜花就行了,不必赠送钱物。但有些和逝者或和逝者亲属关系比较密切的,或有亲戚关系的,或者是逝者亲属生活比较困难的,也可适当赠送钱、物。

送钱的一般用白纸信封装,外面写"奠仪",俗称"白封包"。

送物者一般是送布料,以色彩素雅沉着的为佳。

还有一种是送整幅布制作的挽联,挽词用纸写好再用别针别在布上就成了挽联。

#### 4. 安慰逝者亲属

安慰逝者家属不仅仅是表示同情,或者相伴流泪。一般来说,要注意以下几个方面:

（1）了解逝者亲属的身体健康状况

因为过度的悲伤和因对逝者临终前连日侍奉的劳累(特别是久病不愈),会使逝者亲属的体力下降,甚至因哀伤过度而致病。如本来就患有慢性病症的,则更应劝其节哀止悲。此外,可找几个平日知心的朋友一起相劝,尽量转移话题,分散其注意力。对于特别会引起亲人悲伤的送葬或火化场面,如逝者亲属身体多病或年迈,则应劝阻其不要去现场。以免因悲恸过分而发生意外。

(2)了解逝者亲属的家庭情况和子女教育

了解逝者亲属在逝者去世后的主要思想顾虑,或是家庭困难,或是子女教育,或者有未竟之遗业。对此,要有的放矢地做好劝慰。如需通过组织、亲友、师长或子弟解决的,则应积极协助解决。以使亲属打消顾虑,减轻忧虑和悲痛。

(3)多提起逝者亲属高兴的事

针对亲属的喜好,拣他(或她)高兴的事多讲。例如亲人虽已亡故,但子女们已经成才,且学有长进,工作有成绩的,则应多多提及子女情况,使亲属看到希望。如果能让子女同时进行劝慰,效果当然更好。

(4)配合逝者亲属做好各项事务

如逝者亲属由于悲痛而对丧事的料理或接待工作有所疏忽或不周之处,都应予以谅解,还要积极配合亲属处理好各项事务。

## 十、追认仪式

追认仪式指的是为保卫祖国安全或人民生命财产的过程中等献出生命的人士而举行的会议。它一般由政府部门或者社会团体主办,被追认者一般追认为烈士、共产党员、共青团员,或授予某某光荣称号。

追认仪式一般在墓地、陵前举行,也可在被追认者献身的地方举行。一般的追认仪式如下:

(1)布置会场。会场要悬挂横幅,上面标明仪式名称;悬挂被追认者遗像,周围布置花圈、鲜花;一般还要在正面设一个主席台等等。

(2)众人鞠躬。与会人员面对被追认者遗像肃静站立,然后由主持者带领与会人员向死者遗像三鞠躬。

(3)宣读追认文件。与会人员有关领导人宣读追认文件,对被追认者予以追认合适的称号。

(4)介绍事迹。一般由有关领导人介绍被追认者的英雄事迹,号召大家发扬追认者的大无畏的精神。

(5)代表讲话。一般会邀请相关的代表上台讲话,表明对追认者的致敬和哀思。

(6)家属讲话。在一般情况下,也可以请被追认者家属讲话。

(7)慰问家属。与会领导人及来宾同被追认者家属一一握手,表示慰问。

(8)仪式结束。与会领导人及来宾和被追认者家属先行退场,其他与会人员后退场。

## 十一、葬礼礼仪

葬礼,对死者的处理方式。随着国家提倡丧事从简的原则,现在的葬礼也比以前简单多了,但是葬礼的基本礼仪不变,人们更注重礼节了。

**1. 接受通知**

在举行葬礼之前，逝者的家属应该发出相应的通知。如果希望其务必参加的亲友，则应该有专门的通知。通知要讲清楚举行葬礼的时间、地点等。接到一般文字性通知的亲友，首先应决定是否参加葬礼。如果是比较疏远的亲友，又不好抽身出来，不去参加也是可以的。如果是关系较密切的、来往较多的，或者曾得到逝者的帮助等，就非去参加不可了，否则就会显得失礼。

**2. 注意服饰**

参加葬礼应该注意服饰，参加葬礼或吊唁活动时，男女均应穿黑、蓝等深色服装，男士可内穿白色或暗色衬衣，女士不应涂抹口红，不戴鲜艳的围巾，尽量避免佩戴饰物，如需要可考虑白珍珠或素色饰品，避免佩戴黄金。总之，衣着打扮应该朴素淡雅。

**3. 注意言辞**

参加葬礼时关怀及安慰对于亡者的亲属很必要，一些过当的举动，例如号啕大哭应避免，在措辞上也应注意，作为慰问语一般可以说，"这次事情真令我悲痛，请节哀顺便。""这次事情太突然了，衷心表示哀悼，请保重身体。"丧事时忌讳使用"死"、"惨"等使人联想到不幸的词汇；葬礼会场是肃穆的，吊唁者言辞应收敛，高谈阔论、嬉笑打闹都是对亡者及家属的不敬，说话压低声音，举止轻缓稳重，才能显出您的诚意和风度。

## 十二、国葬的一般程序

逝世当日，发布讣告，介绍其生平，同时规定吊唁时间和火化日期。

吊唁时间，即为全国致哀期。全国下半旗致哀，停止娱乐和宴请活动。

吊唁时，遗体置于水晶棺内，遗体上覆盖党旗或国旗，周围是苍松翠柏，棺材两侧礼兵守护，棺材前面置放家属花圈。灵堂内党和国家领导人等赠送的花圈一字排开。前来参加吊唁者身着深色服装，佩戴黑纱白花，缓步前行，在遗体前鞠躬或行注目礼。

驻外使领馆用正式照会通知驻在国外交部、外交团、领团和有关机构设灵堂接受吊唁的时间。灵堂内安放遗像，备有吊唁簿，使领馆馆长和外交官佩戴黑纱白花，接待前来吊唁的驻在国领导人、外交人员和各界人士。

停泊在国外的轮船在吊唁期间降半旗致哀。

追悼大会在吊唁结束后举行。会场内安放遗像和遗体，上方悬挂"×××同志永垂不朽"黑底白色横幅，横幅两侧悬挂用黄布扎成的花球。遗体前站立家属，遗体四周安放苍松翠柏，两侧站立礼兵。党和国家领导人，外国领导人，人民团体等敬献的花圈按礼宾次序排列在会场内，遗体前置放家属敬献的花圈。

追悼大会由党和国家领导人参加，领导人站立在最前列，其他参加吊唁者在划定的区域内站立。参加者一律佩戴黑纱、白花。大会由领导人主持，由领导人致悼词。追悼大会结束后，党和国家领导人等依次向家属表示哀悼。然后遗体由礼兵抬上灵车，由领导人和家属护送前往八宝山火化。

举办国葬时，一般不邀请外国代表团来华参加。至于在京的外国驻会使节、外国专家和港澳台同胞，可以参加吊唁活动。如赠送花圈，可接受，并安放在灵堂内。为了表示哀悼，外国领导人常发来唁电。我方通常视情分批给予全文报道或列名报道，以讣告统一答谢。

### 十三、国外的丧葬礼仪

各国丧葬活动不尽相同,许多国家的丧葬活动还带有宗教色彩。

**1. 普通人的葬礼仪式**

在国外,人去世后,其家属或治丧机构要尽快发布讣告,将逝世的消息尽早通知逝者的亲友、同事和商业上的合作者,并说明葬礼将于何时何地举行。讣告可以以信函的方式发出,也可以用电话电报传递;如需要通知更多的人也可登报。讣告所用的信笺、信封,往往带有黑色的边框。

接到讣告的亲友熟人,可以写唁函、发唁电给逝者的家属,以示哀悼。在许多国家都有为殡葬服务的殡仪馆、丧葬服务社等,承办丧葬的有关事宜,根据逝者亲属的要求,协助安排后事。

西方国家,葬礼一般在教堂举行。葬礼前,灵柩停放在教堂中,由亲友轮流守灵。举行葬礼时,参加葬礼人员在教堂入座,通常是至亲好友在前面,一般亲友在后面。葬礼程序包括祷告、颂赞美诗和牧师致辞等。葬礼毕,人们向遗体告别,然后用灵车将遗体送去墓地安葬。

并且,参加葬礼一般不号啕大哭,穿深色或其他颜色暗淡的衣服。男子系无花黑领带,左臂可戴黑纱(也可不戴),女子的饰物更简朴。

给葬礼送花,可在葬礼举行前,通过葬礼承办人或花店办理。送花时,应附上写有悼唁字句或"献给××"字样的飘带,并附有赠花者的姓名。外国人习惯不用纸花。

**2. 国家高级领导人的葬礼仪式**

在西方国家,如国家高级领导人去世,特别是在职的主要领导人去世,一般都要举行隆重的丧葬仪式,并下半旗致哀。有的国家还规定,致哀期内停止娱乐。在国家元首或政府首脑的遗体下葬时,停靠在车站码头的火车、轮船、军舰以及工厂等要鸣笛并挂半旗致哀。有的国家还要为国家领导人去世举行"国葬"。

同时,国家的驻外代表机关应向驻在国有关单位和外交团发布讣告,设置灵堂和签名簿(驻外机构的灵堂布置一般比较简单,有的只挂遗像和设签名簿)。在规定时间内,接受驻在国官方代表、各界人士及外交团的吊唁。驻在国官方代表前来吊唁时,治丧国使节应亲自守灵,接受吊唁,并表示感谢。

驻外机构如遇驻在国领导人去世举行葬礼仪式,应遵从驻在国礼宾部门的通知,参加各种吊唁活动,并视情况送花圈,致唁函。对于宗教性的活动,可视情况回避,或参加而不履行某些纯宗教性的动作。驻在国停止娱乐活动期间,驻外机关也应停止举行一般交谊活动,并按规定下半旗致哀。

如果其国家是联合国的会员国,联合国旗下半旗一天,同时不升所有会员国国旗。安理会和其他委员会开会时,由执行主席宣布默哀。

丧葬仪式过后,对于曾来信、来电、送花圈、送挽联,表示吊慰的国家、团体或个人,应以适当方式致谢。

## 第二节 祭 扫

### 一、传统祭扫先人墓的仪式

对先人墓的祭扫,一般在清明节、中元节或春节举行。传统的祭扫先人墓地,有以下几项内容:

(1)上馨香三炷,鞠躬悼念。点燃馨香,摆设一些水果或先人生前所喜好的食品作为供品。有的还要烧化冥钱、行跪拜大礼,现在也只要三鞠躬就行了。

(2)整修陵墓。一般是给坟墓培土,并整修墓道。由于每年雨水冲刷或其他原因,会使墓道或坟头受损,利用祭扫之际,可以进行整修和加高。墓表可铲些草皮贴上,草蔓延覆盖后可减少水土流失。有的还可植树以作纪念。

现在,农村中许多地方都已平坟还田;有的地方实行火葬,骨灰寄放在殡仪馆;有的则埋入公墓。因此,祭扫仪式也有新的改革,不再像传统的形式那样复杂。

### 二、祭扫烈士陵园的仪式

祭扫烈士陵园,一般在清明节或烈士诞生或牺牲纪念日进行,也可在有重要意义的纪念日进行。少先队或共青团组织,也可利用祭扫日过队日或团日活动,或举行新队员和新团员的入队或入团仪式。

祭扫烈士陵园要有组织地进行,一般都应举行祭扫仪式。其仪式的主要内容如下:

(1)主持人宣布扫墓仪式开始;

(2)统一组织向烈士默哀三分钟;

(3)简要介绍所扫之墓中烈士的英雄业绩;

(4)推举一名代表向死难烈士致辞;

(5)组织清扫墓尘;

(6)向烈士墓园献花,行三鞠躬;

(7)绕烈士墓一周,祭扫仪式即告结束。

鉴于烈士墓具有严肃性,除献花圈、花篮等外,不宜搞燃点香烛和设置供品等活动。其他规定也应遵照烈士墓的管理章程执行。有条件的,可组织祭扫者在烈士墓近旁进行植树、清扫等公益劳动。

### 三、参加祭扫活动的礼节

祭扫活动,是民间一项重要的传统礼节,在应邀或自动参加这一活动的时候,必须注意有关的风俗礼节,不要因失礼而带来不愉快。一般应该注意下列事项:

#### 1. 服饰庄重

参加祭扫活动,服饰宜庄重,色彩宜深沉,切忌穿红着绿,花花哨哨,与庄重严肃的祭扫气氛不协调。

### 2. 态度严肃

祭扫活动一般都笼罩着庄重肃穆的气氛。人们表情严肃,语调沉重。因此,切忌在这种场合嬉笑打闹,吃零食或做其他有碍于严肃气氛的言谈或动作。

### 3. 遵守纪律

祭扫活动一般都有成文和不成文的规矩,都有人统一指挥号令。参加祭扫活动的人,应入乡随俗,不要迟到早退,而应听从安排。

### 4. 注意礼貌

参加祭扫活动,有时会遇到许多相识与不相识的首长、长辈和朋友,按理应一一招呼,但不能大声寒暄。同时,还要注意应对恰当,既不能失礼,又不能喧宾夺主。如一般熟人,则只需点头握手示意即可;对新相识的亲友,应按辈分称呼,并向其致意问候。

### 5. 慰问亲属

参加祭扫活动时,一般都应向逝者亲属表示诚挚的慰问,不能冷漠置之,当然也不宜多提伤心之事。

## 四、名人诞辰纪念活动的形式

对于我国历史上或当代在教育、科技,文化等各方面做出杰出贡献的教育家、科学家、文学艺术家及从事其他社会科学研究的社会名流,以及无产阶级革命家和杰出的革命前辈们,我国政府机关和民间团体都在一定时间为他们举行诞辰纪念活动。

这些名人的诞辰纪念活动,一般都是每逢 50 周年或 100 周年时举行一次,对我国现代史上杰出的领袖人物如孙中山、毛泽东等的诞辰纪念活动,目前则每逢 5 周年或 10 周年举行一次。

这类纪念活动,一般有以下几种形式;

### 1. 召开纪念大会

在纪念大会上,由社会名流或当地政府首长发表纪念演讲。一般是评价名人功绩,肯定其对社会的贡献,并指出举行诞辰纪念的现实意义。

### 2. 利用新闻媒介

利用新闻媒介,播映或刊载被纪念名人的照片或生平事迹,请著名学者、生前好友或亲属发表纪念文章,广为传播他们的功绩与思想。

### 3. 举办展览会,讨论会

可举办图片或实物展览会,也可举办学术成果及学术思想的理论研讨会。

### 4. 设立永久性纪念建筑物

如设立名人故居、纪念碑、纪念雕塑或铜像等永久性纪念物。但进行这项工作事先要经过上级领导机关的审批。

### 5. 到被纪念名人的墓地或铜像前敬献花篮。如果季节适当,还可举行植树种花活动,以示纪念。也可举行瞻仰故居仪式。

## 五、谒墓仪式

谒墓主要指来访国宾,为了表示对被访国人民的友谊和对该国先烈的敬意,一般在访问期间都去拜谒被访国已故领导人的陵墓或无名英雄纪念碑。

谒墓程序是：

(1)仪仗队列队向国宾致敬,乐队奏乐;

(2)东道国礼兵(或谒墓者的随员)抬着花圈缓行在前列,谒墓人随后而行;

(3)将花圈安放在陵墓或纪念碑前,谒墓人及随员面向陵墓(或纪念碑)三鞠躬,或肃立默哀三分钟。此时乐队奏致敬曲;

(4)谒墓人及随行、陪同人绕陵墓或纪念碑一周;

(5)礼毕。

# 第四章 仪态规范

仪态,是人们在外观上可以明显地察觉到的活动、动作,以及在动作、活动之中身体各部分呈现出的姿态。在人际交往中,优雅的仪态可以透露出自己良好的礼仪修养,增加不少的印象,并进而赢得更多合作和被接受的机会,创造财富。

## ▶ 第一节 站姿与行姿

美是一种整体感受,再绝伦的容貌,再标准的身材,却加上一副萎靡不振的姿势、粗鲁无礼的举止,美根本无从谈起。站立、行走、坐卧三个方面是人体最基本的姿态。其中的站立和行走的姿态在礼节中是用得最多的两个方面。

### 一、什么是基本站姿

采取基本站姿后,从其正面来看,主要的特点是头正,肩平,身直。如果从侧面去看,其主要轮廓线则为含颌,挺胸,收腹,直腿。

头正:两眼平视前方,嘴微闭,收颌梗颈,表情自然,稍带微笑。

肩平:两肩平正,微微放松,稍向后下沉。

臂垂:两肩平整,两臂自然下垂,中指对准裤缝。

躯挺:胸部挺起,腹部往里收,臀部向内向上收紧。

腿并:两腿立直,贴紧,脚跟靠拢,两脚平角成60°。

#### 1. 男、女性服务人员的站姿

(1)男性服务人员的站姿:男性服务人员在站立时,要注意表现出男性刚健、潇洒、英武、强壮的风采,要力求给人一种壮美感。在站立时,男性服务人员可以将双手相握、叠放于腹前,或者相握于身后。双脚可以叉开,大致上以其与肩部同宽,为双脚叉开后两脚之间相距的极限。

(2)女性服务人员的站姿:女性服务人员在站立时,则要注意表现出女性轻盈、妩媚、娴静、典雅的韵味,要努力给人以一种"静"的优美感。具体来讲,在站立时,女性服务人员可以将双手相握或叠放于腹前。双脚可以在一条腿为重心的前提下,双腿并拢。

#### 2. 几种常用站姿

(1)叉手站姿:即两手在腹前交叉,右手搭在左手上直立。这种站姿,男子可以两脚分开,距离不超过20厘米。女子可以用小丁字步,即一脚稍微向前,脚跟靠在另一脚内侧。这种站姿端正中略有自由,郑重中略有放松。在站立中身体重心还可以一两脚间转换,以减轻疲劳,这是一种常用的接待站姿。

(2)背手站姿:即双手在身后交叉,右手贴在左手外面,贴在两臀中间。两脚可分可并,分开时,不超过肩宽,脚尖展开,两脚夹角成60度,挺胸立腰,收颌,收腹,双目平视。这种站姿优美中略带威严,所以常用于门童和保卫人员。如果两脚改为并立,则突出了尊重的意味。

（3）背垂手站姿:即一手背在后面,贴在臀部,另一手自然下垂,手自然弯曲,中指对准裤缝,两脚既可以并拢也可以分开,也可以成小丁字步。这种站姿,男士多用,显得大方、自然洒脱。

## 二、服务人员的常用站姿

服务人员每天都要和宾客打交道,服务人员良好的仪态是风度和气质的表露,具体来说包括站、坐、行走,总的要求是站有站姿,坐有坐相,行走自然,姿态优美,端正稳重,落落大方。这里着重介绍站姿。

### 1. 恭候顾客的站姿

双脚可以适度地叉开,两脚可以相互交替放松,即允许在一只脚完全着地的同时,抬起另外一只脚的后跟,而以其脚尖着地。双腿可以分开一些,但不宜离得过远。肩、臂应自然放松,手部不宜随意摆动。上身应当伸直,并且目视前方。头部不要晃动,下巴须避免向前伸出。

### 2. 柜台待客的站姿

采用柜台待客的站姿,要求如下:

（1）手脚可以适当放松,不必始终保持高度紧张的状态;

（2）可以在以一条腿为重心的同时,将另外一条腿向外侧稍稍伸出一些,使双脚呈叉开之状;

（3）双手可以指尖朝前轻轻扶在身前的柜台之上;

（4）双膝要尽量地伸直,不要令其出现弯曲;

（5）肩、臂自由放松,脊背伸直。

### 3. 为顾客服务的站姿

采用为顾客服务的站姿时,头部可以微微侧向自己的服务对象,但一定要保持面部的微笑,手臂可以持物,也可以自然地下垂。小腹不宜凸出,臀部同时应当紧缩。双脚一前一后站成"丁字步",即一只脚的后跟靠在另一只脚的内侧;双膝在靠拢的同时,两腿的膝部前后略为重叠。

## 三、交通工具上的站姿

目前我国主要的交通工具除了自行车,就是公共汽车了。公共交通的现状决定了在汽车上基本上乘客之间都是很"团结体贴"的。所以,就必须做到自我约束,互敬互让,文明用语常挂嘴边,才能够避免很多不必要的摩擦。

如乘坐其他交通工具,像火车、地铁或是飞机,保持安静是文明的表现,公共场所排队等候是必要的。

一般来说,不管是公共汽车还是火车、飞机,乘客都比较多,尤其是节假日和春运时间人更是多。因此在乘坐这些交通工具时,保持正确的站姿尤为重要,应当注意的有:

（1）双脚之间以适宜为原则张开一定的距离,重心要放在自己的脚后跟与脚趾中间。不到万不得已,叉开的双脚不宜宽于肩部。

（2）双腿应尽量伸直,膝部不宜弯曲,而是应当有意识地稍向后挺。

（3）身子要挺直,臀部略微用力,小腹内收,不要驼背弯腰。

（4）双手可以轻轻地相握胸前,或者以一只手扶着扶手、拉着吊环,但不要摆来摆去。

（5）头部以直为佳,最好目视前方。在交通工具上站立时,应尽可能地与他人保持一定的身体距离,免得误踩、误撞到对方。

### 四、应避免的不良站姿

所谓不良的站姿,指的就是人们不应当出现的站立姿势。它们要么姿态不雅,要么缺乏敬人之意。如果你任其自然,不加以克服,往往会无意之中使你的形象受损。

需要你努力克服的不良站姿大致上有如下 8 种:

**1. 身躯歪斜**

古人对站姿曾经提出过基本的要求:"立如松"。它说明,在人们站立之时,以身躯直正为美,而不允许使其歪歪斜斜。在站立之时,若是身躯出现明显的歪斜,例如头偏、肩斜、身歪斜、腿曲,或是膝部不直,不但会看上去东倒西歪,直接破坏人体的线条美,而且还会令人觉得你颓废消沉、萎靡不振、自由放纵。

**2. 弯腰驼背**

弯腰驼背,其实是一个人身躯歪斜时的一种特殊表现。除去腰部弯曲、背部弓起之外,它大都还会同时伴有颈部弯缩、胸部凹陷、腹部挺出、臀部撅起等一些其他的不良体态。凡此种种,显得一个人缺乏锻炼,健康不佳,无精打采,往往对个人形象的损害会更大。

**3. 趴伏倚靠**

在工作岗位上,你要确保自己"站有站相",就不能在站立之时自由散漫,随便偷懒。在站立之际,随随便便地趴在一个地方,伏在某处左顾右盼,倚着墙壁或者前趴而后靠,都是不许可的。

**4. 双腿大叉**

不管是采取基本的站姿,还是采取变化的站姿,你均应切记:双腿自由站立时分开的幅度在一般情况下以越小越好,在可能之时,双腿并拢最好。即使是将其分开,通常也要注意不可使二者之间的距离较本人的肩部还宽,切勿使其过度地"分裂"。注意到了这一点,才有可能使自己的站姿中看。

**5. 脚位不当**

你在工作岗位上站立时,双腿的具体位置是有一定之规的。在正常的情况下,双脚在站立之时呈现出"V"字式、丁字式、平行式等脚位,通常都是允许的。所谓"人"字式脚位,指的是站立时两脚脚尖靠在一处,而脚后跟之间却大幅度地分开来。有时,这一脚位又叫"内八字"。所谓蹬踏式,则是指站立时为图舒服,而在一只脚站在地上的同时,将别外一只脚踩在鞋帮上、踏在椅面上、蹬在窗台上、跨在桌面上。这两种脚位,看上去都是不堪入目的。歪着脚站立,也不甚美观。

**6. 手位不当**

在站立时,与脚位不当一样,你的手位如果不当,同样也会破坏站姿的整体效果。不当的手位在站立时主要有:一是将手放在衣服的口袋之内,二是将双手抱在胸前,三是将两手放在脑后,四是将双肘支于某处,五是将两手托住下巴,六是手持私人物品。

**7. 半坐半立**

在工作岗位上,你必须严守自己的岗位规范,该站就站,当坐则坐,而绝对不允许在需要自己站立之时,为了贪图安逸,而擅自采取半坐半立之姿。当一个人半坐半立时,既不像站,也不像坐,只能让别人觉得他有些过分的随便。

**8. 浑身乱动**

在站立时,是允许略作体位变动的。不过从总体上讲,站立乃是一种相对静止的体态,因此不宜在站立时频繁地变动体位,甚至浑身上下乱动不止,手臂挥来挥去,身躯扭来扭去,腿脚抖来抖去,都会使一个人的站姿变得十分难看。

**五、行姿的基本要求**

行进姿势,指的是人在行走之时所采取的具体姿势。在许多时候,行进姿势又被人们叫作行姿或走姿。从总体上来讲,行进姿势是一种人体的动态。它以人的站立姿势为基础,实际上,属于站立姿势的延续动作。

人应当掌握的行进姿势的基本要点是:身体协调,姿势优美,步伐从容,步态平稳,步幅适中,步速均匀,走成直线。

为此,在行进之时,应当特别关注对行进姿势正确与否举足轻重的下述 6 个主要环节。

**1. 方向明确**

在行走时,必须要保持明确的行进方向,尽可能地使自己犹如在一条直线上行走。做到此点,往往会给人以稳重之感。具体的方法是,行走时应以脚尖正对着前方,形成一条虚拟的直线。每行进一步,脚跟部应当落在这一条直线上。

**2. 步幅适度**

步幅,又叫步度。它所指的是,是人们每走一步时,两脚之间的正常距离。通俗地讲,步幅就是人们在行进时脚步的大小,虽说步幅的大小往往会因人而异,但对大多数人来讲,在行进之时,最佳的步幅应为本人的一脚之长。即行进时所走的一步,应当与本人一只脚的长度相近。即男子每步约 40 厘米,女子每步约 36 厘米。与此同时,步子的大小,还应当大体保持一致。

**3. 速度均匀**

人们行进时的具体速度,通常叫做步速。一般来说,步速固然可以有所变化,但在某一特定的场合,一般应当使其保持相对稳定,较为均匀,而不宜使之过快过慢,或者忽快忽慢,一时间变化过大。一般认为,在正常情况下,每分钟之内走上 60 至 100 步都是比较正常的。

**4. 重心放准**

在行进时,能否放准身体的重心,极其重要。正确的做法应当是:起步之时,身体须向前微倾,身体的重量要落在前脚掌上。在行进的整个过程之中,应注意使自己身体的重心随着脚步的移动不断地向前过渡,而切勿让身体的重心停留在自己的后脚上。

**5. 身体协调**

人们在行进时,身体的各个部分之间必须进行完美的配合。在行进时如欲保持身体的和谐,就需要注意:走动时要以脚跟首先着地,膝盖在脚部落地时应当伸直,腰部要成为重心移动的轴线,双臂要在身体两侧一前一后地自然摆动。在以上具体细节中若是出了一点差错,行进的姿势就有可能变得不伦不类。

### 6.造型优美

行进的时候,保持自己整体造型优美,是不容忽视的一个大问题。要使自己在进行之中保持优美的身体造型,就一定要做到昂首挺胸,步伐轻松而矫健。其中最为重要的是,行走时应面对前方,两眼平视,挺胸收腹,直起腰、背,伸直腿部,使自己的全身从正面看上去犹如一条直线一般。

在行进之时,如果真正掌握了上述六个环节,其行进姿势往往便会令他人刮目相看了。

应当指出的是,由于男女状况有别,所以男性与女性在行进时,除了在原则性问题上大体一致以外,各自行进的具体姿势,看起来又具有一些不同的风格。

一般地说来,男性在行进时,通常速度稍快,脚步稍大,步伐奔放有力,充分展示着男性的阳刚之美;女性在行进时,则时常速度较慢,脚步较小,步伐轻快飘逸,得体地表现女性的阴柔之美。既然是一种常态,这种区别早已为人们所默认。

### 六、陪同引导时的行姿

陪同,指的是陪伴着别人一同行进;引导,则是指在行进之中带领别人。

陪同引导服务对象时,若双方并排行进,陪同引导者应居于左侧;若双方单行行进时,则陪同引导者应居于左前方约一米左右的位置;当服务对象不熟悉行进方向时,一般不应请其先行,同时也不应让其走在外侧。

陪同引导客人时,一定要处处以对方为中心。行进的速度须与对方相协调,切勿我行我素,走得太快或太慢。每当经过拐角、楼梯或道路坎坷、照明欠佳之处时,须关照提醒对方留意。

陪同引导客人时,有必要采取一些特殊的体位。请对方开始行进时,应面向对方,稍许欠身。在行进中与对方交谈或答复其提问时,应以头部、上身转向对方。

### 七、变向行走的规范

所谓变向行走,就是在行进之中变换自己的方向,主要包括除常规前行之外的后退、侧行、前行转身、后退转身等等。

### 1.后退

当扭头就走失礼时,可采用先面向交往对象后退几步,方才转体离去的做法。通常面向他人后退至少两三步,且后退时步幅宜小,脚宜轻擦地面。转体时,应身先头后。若先转头或头与身同时转向,均为不妥。

### 2.侧行

在行进时,有两种情况需要侧身而行。一是与同行者交谈之时。此时的具体做法是,上身转向交谈对象,距对方较远一侧的肩部朝前,距对方较近一侧的肩部稍后,身体与对方保持一定距离。二是与他人狭路相逢时。此时宜两肩一前一后,胸部转向对方,而不应背向对方。

### 3.前行转身

前行转身,指在向前行进之中转身而行。在前行中向右转身,应以左脚掌为轴心,左右脚落地时,向右转体 90 度,同时迈出右脚;在前行中向左转身,应以右脚掌为轴心,在右脚落地时,向左转体 90 度,同时迈出左脚。

### 4.后退转身

后退转身,指在后退之中转身而行。它可分为三种情况:一是后退右转。先退几步,以左脚掌为轴心,向右转体 90 度,同时向右迈出右脚。二是后退左转。先退几步,以右脚掌为轴心,向左转体 90 度,同时向左迈出左脚。三是后退后转。先退几步,以左脚为轴心,向右转体 180 度,然后迈出右脚;或是以右脚为轴心,向左转体 180 度,然后迈出左脚。

## ▶ 第二节　蹲姿与坐姿

蹲是由站立的姿势转变为两腿弯曲和身体高度下降的姿势。蹲姿其实只是人们在比较特殊的情况下所采用的一种暂时性体态。

人人都要坐,要说“不会坐”简直有点令人发笑。但其实并不是每个人都能掌握坐姿的奥妙,什么样的人该怎么坐,坐姿保持如何状态最佳,这些可都是你需要知道的。

### 一、蹲姿的适用情况

在许多场合,通常不允许采用蹲的姿势。只有遇到了下述几种比较特殊的情况,才允许我们酌情采用。

(1)照顾自己。有时,我们需要整理一下自己的鞋袜,这时可采用蹲的姿势。

(2)捡拾地面物品。当本人或他人的物品落到地上,或其他需要从低处取物品的情况发生时,不宜弯身捡拾拿取,不然身体便会呈现前倾后撅之态,极不雅致。面向或背对着他人时这么做,则更为失态。此刻,采用蹲的姿势最为恰当。

(3)整理工作环境。在需要对自己的工作环境进行收拾、清理时,可采取蹲的姿势。

(4)给予客人帮助。需要以下蹲之姿帮助客人时,可以这样做。当客人坐处较低,以站立姿势为其服务既不文明、方便,亦可改用蹲的姿势。

除了上述情况之外,一个人毫无缘由、旁若无人地蹲在那里,是失礼的表现。

### 二、得体的蹲姿

女性在公共场所拿取低处的物品或拾起落在地上的东西时,不妨使用下蹲和屈膝动作,可以避免弯上身和翘臀部;特别是穿裙子时,如不注意背后的上衣自然上提,露出臀部皮肉和内衣很不雅观。即使穿着长裤,两腿展开平衡下蹲,撅起臀部的姿态也不美观。

蹲姿的基本要领是:站在所取物品的旁边,蹲下屈膝去拿,而不要低头,也不要弓背,要慢慢地把腰部低下;两腿合力支撑身体,掌握好身体的重心,臀部向下。

优雅的蹲姿,一般采取下列两种方法:

### 1.交叉式蹲姿

下蹲时右脚在前,左脚在后,右小腿垂直于地面,全脚着地。左腿在后与右腿交叉重叠,左膝由后面伸向右侧,左脚跟抬起脚掌着地。两腿前后靠紧,合力支撑身体。臀部向下,上身稍前倾。

### 2. 高低式蹲姿

下蹲时左脚在前,右脚稍后(不重叠),两腿靠紧向下蹲。左脚全脚着地,小腿基本垂直于地面,右脚脚跟提起,脚掌着地。右膝低于左膝,左膝内侧靠于左小腿内侧,形成左膝高右膝低的姿势,臀部向下,基本上以右腿支撑身体。男士选用这种蹲姿时,两腿之间可有适当距离。

## 三、标准的蹲姿

蹲姿不像站姿、走姿、坐姿那样使用频繁,因而往往被人所忽视。一件东西掉在地上,一般人都会很随便弯下腰,把东西捡起来。但这种姿势会使臀部后撅,上身前倒,显得非常不雅。讲究举止的人,就应当讲究蹲姿。

### 1. 高低式蹲姿

男性在选用这一方式时往往更为方便。其要求是:下蹲时,双腿不并排在一起,而是左脚在前,右脚稍后。左脚应完全着地,小腿基本上垂直于地面;右脚则应脚掌着地,脚跟提起。此刻右膝低于左膝,右膝内侧可靠于左小腿的内侧,形成左膝高右膝低的姿态。臀部向下,基本上用右腿支撑身体。

### 2. 交叉式蹲姿

交叉式蹲姿通常适用于女性,尤其是穿短裙的人员,它的特点是造型优美典雅。其特征是蹲下后以腿交叉在一起,其要求是:下蹲时,右脚在前,左脚在后,右小腿垂直于地面,全脚着地右腿在上,左腿在下,二者交叉重叠;左膝由后下方伸向右侧,左脚跟抬起,并且脚掌着地;两脚前后靠近,合力支撑身体;上身略向前倾,臀部朝下。

### 3. 半蹲式蹲姿

半蹲式蹲姿多于行进之中临时采用。基本特征是身体半立半蹲,其要求是:在下蹲时,上身稍许弯下,但不宜与下肢构成直角或锐角;臀部向下而不是撅起;双膝略为弯曲,其角度可根据需要可大可小,但一般均应为钝角;身体的重心应放在一条腿上。

### 4. 半跪式蹲姿

半跪式蹲姿又叫单跪式蹲姿。它是一种非正式蹲姿,多用于下蹲时间较长,或为了用力方便之时。它的特征是双腿一蹲一跪,其要求是:下蹲之后,改为一腿单膝着地,臀部坐在脚尖之上,而以其脚尖着地;另外一条腿则应当全脚着地,小腿垂直于地面;双膝应同时向外,双腿应尽力靠拢。

## 四、入座的礼节

入座,又叫就座或落座。入座时的基本要求如下:

### 1. 在适当之处入座

在大庭广众之处入座时,一定要坐在椅、凳等常规的位置,坐在桌子上、窗台上、地板上,往往是失礼的。

### 2. 在他人之后入座

出于礼貌,与他人一起入座,或与对方同时入座,一定要先请对方入座,而自己切勿抢先入座。

**3. 从座位左侧入座**

最得体的入座方式是从左侧入座。当椅子被拉开后,身体在几乎要碰到桌子的距离站直,领位者会把椅子推进来,腿弯碰到后面的椅子时,就可以坐下来了。用餐时,上臂和背部要靠到椅背,腹部和桌子保持约一个拳头的距离。两脚交叉的坐姿最好避免。

**4. 注意尊卑**

与他人同时入座时,应当注意座位的尊卑,并且主动将上座相让人。

**5. 毫无声息地入座**

入座时,要减慢速度,放松动作,尽量不要坐得座椅乱响,发出噪音。

**6. 坐下后调整体位**

为使自己坐得舒适,可在坐下之后调整一下体位或整理一下衣服。但是这一动作不可与入座同时进行。

**7. 以背部接近座椅**

在他人面前入座,最好背对着自己的座椅,这样就不至于背对着对方。得体的做法是:先侧身走近座椅,背对其站立,右腿后退一点,以小腿确认一下座椅的位置,然后随势坐下。必要时,可以一手扶座椅的把手。

**8. 向周围之人致意**

在入座时,若附近坐着熟人,应主动跟对方打招呼。若身边的人不认识,亦应向其先点点头。在公共场合,要想坐在别人身旁,则还须先征得对方同意。

**五、坐下时上身的体位规范**

当你入座以后,身体的躯干部位是坐着不动还是左右不停摆动,这些都是失礼的行为。尤其是你的上身,最易受到周围的人的关注。

**1. 端正头部位置**

坐好后,不要出现仰头、低头、歪头、扭头等情况。坐定之后,应当头部抬直,双目平视,下巴内收。出于实际需要,允许低头俯看桌上的文件、物品,但在回答他人问题时,则务必要抬起头来。在与人交谈时,可以面向正前方或者面部侧向对方,但不准将后脑勺对着对方。

**2. 端正躯干部位**

就座时,躯干要挺直,胸部要挺起,腹部要内收,腰部与背部一定要直立。

在尊长面前,一般不宜坐满椅面。坐好后占其3/4左右,于礼最为适当;与他人交谈时,为表示对其重视,不仅应面向对方,而且同时应将整个上身朝向对方。不过一定要注意,侧身而坐时,躯干不要歪扭倾斜。

**3. 摆正手臂的位置**

(1)放在身前桌子上。将双手平扶在桌子边沿,或是双手相握置于桌上,都是可行的。有时,亦可将双手叠放在桌上;

(2)放在一条大腿上。侧身与人交谈时,通常宜将双手置自己所侧一方的那条大腿上。具体方法有二:其一,是双手叠放;其二,则是双手相握;

(3)放在两条大腿上。具体办法有三:其一是双手各自扶在一条大腿上;其二是双手叠放后放在两条大腿上;其三是双手相握后放在两条大腿上。要强调的是,将手放在小腿上,是不

下篇 礼仪操作

可以的；

（4）放在皮包文件上。当穿短裙的女士入座，而身前没有屏障时，为避免"走光"，一般可将自己随身携带的皮包或文件放在并拢的大腿上，随后，即可将双手或扶或叠或握，后置于其上。

### 六、坐下时下肢的体位规范

上身的体位已经规范了，现在要做的是怎样做好下肢的规范，有人认为下肢的体位无所谓，那就错了。从礼仪角度来讲，下肢的礼仪同样重要。

一般来说，下肢的体位主要由双腿与双脚所处的不同位置所决定。所常用的，主要有以下几种：

（1）双腿垂直式。它适用于最正规的场合。主要要求是：上身与大腿、大腿与小腿，都应当形成直角，小腿垂直于地面双膝、双脚包括两脚的跟部，都要完全并拢。

（2）垂腿开膝式。它多为男性所用，亦较为正规。主要要求是：上身与大腿、大腿与小腿皆为直角，小腿垂直于地面。双膝允许分开，但不得超过肩宽。

（3）双腿斜放式。它适于穿裙子的女士在较低处就座所用。主要的要求是：双腿首先并拢，然后双脚同时向左或向右侧斜放，力求使斜放后的腿部与地面呈45°夹角。

（4）前伸后曲式。它是女性适用的一种坐姿，主要要求是：大腿并紧之后，向前伸出一条腿，并将另一条腿屈后，两脚掌着地，双脚前后要保持在一条直线上。

（5）大腿叠放式。它多适合男性在非正式场合采用，主要要求是：两条腿在大腿部分叠放在一起；叠放之后位于下方的一条腿的小腿垂直于地面，脚掌着地；位于上方的另一条腿的小腿则向内收，同时宜以脚尖向下。

（6）双脚交叉式。它适用于各种场合，男女皆可用，主要要求是：双膝先要并拢，然后双脚在踝部交叉。交叉后的双脚可以内收，也可以斜放，但不宜向前方远远地直伸出去。

（7）双脚内收式。它适合在一般场合采用，男女皆宜。主要要求是：两条大腿首先并拢，双膝可以略为打开，两条小腿可在稍许分开后向内微屈，双脚脚掌着地。

### 七、端庄的坐姿

坐是一种静态造型，是非常重要的仪态。在日常工作和生活中，离不开这种举止。对男性而言，更有"坐如钟"一说。端庄优美的坐姿，会给人以文雅、稳重、大方的美感。

**1. 男子六种优美坐姿**

（1）标准式。上身正直上挺，双肩正平，两手放在两腿或扶手上，双膝并拢，小腿垂直地落于地面，两脚自然分开成45度。

（2）前伸式。在标准式的基础上，两小腿前伸一脚的长度，左脚向前半脚，脚尖不要翘起。

（3）前交叉式。小腿前伸，两脚踝部交叉。

（4）屈直式。左小腿回屈，前脚掌着地，右脚前伸，双膝并拢。

（5）斜身交叉式。两小腿交叉向左斜出，上体向右倾，右肘放在扶手上，左手扶把手。

（6）重叠式。右腿叠在左腿膝上部，右小腿内收、贴向左腿，脚尖自然地向下垂。

**2. 女子八种优美坐姿**

（1）标准式。轻缓地走到座位前，转身后两脚成小丁字步，左前右后，两膝并拢的同时上身前倾,向下落座。如果穿的是裙装,在落座时要用双手在后边从上往下把裙子拢一下,以防坐出皱折或因裙子被打折坐住,而使腿部裸露过多。

坐下后,上身挺直,双肩平正,两臂自然弯曲,两手交叉叠放在两腿中部,并靠近小腹。两膝并拢,小腿垂直于地面,两脚保持小丁字步。

(2)前伸式。在标准坐姿的基础上,两小腿向前伸出两脚并拢,脚尖不要翘。

(3)前交叉式。在前伸式坐姿的基础上,右脚后缩,与左脚交叉,两踝关节重叠,两脚尖着地。

(4)屈直式。右脚前伸,左小腿屈回,大腿靠紧,两脚前脚掌着地,并在一条直线上。

(5)后点式。两小腿后屈,脚尖着地,双膝并拢。

(6)侧点式。两小腿向左斜出,两膝并拢,右脚跟靠拢左脚内侧,右脚掌着地,左脚尖着地,头和身躯向左斜。注意大腿小腿要成 90 度,小腿要充分伸直,尽量显示小腿长度。

(7)侧挂式。在侧点式基础上,左小腿后屈,脚绷直,脚掌内侧着地,右脚提起,用脚面贴住左踝,膝和小腿并拢,上身右转。

(8)重叠式。重叠式也叫"二郎腿"或"标准式架腿"等。

二郎腿一般被认为是一种带有不严肃,不庄重的坐姿,尤其是女子不宜采用。其实,这种坐姿常常被采用,因为只要注意上边的小腿往回收,脚尖向下这两个要求,不仅外观优美文雅,大方自然,富有亲近感,而且还可以充分展示女子的风采和魅力。

## 八、离座的礼节

入座时事事都做得很顺利,做事要有始有终,因此离座时也非常重要,主要的要求如下:

### 1. 先有表示

离开座椅时,身旁如有人在座,须以语言或动作向其先示意,随后方可站起身来。

### 2. 注意先后

与他人同时离座,须注意起身的先后次序。地位低于对方时,应稍后离座;地位高于对方时,则可首先离座;双方身份相似时,可同时起身离座。

### 3. 起身缓慢

起身离座时,最好动作轻缓,无声无息,尤其要避免弄响座椅,或将椅垫、椅罩弄得掉在地上。

### 4. 从左离开

有可能时,离座起身后,宜从左侧离去。

### 5. 站好再走

离开座椅站定之后,方可离去。要是起身便跑,或是离座与走开同时进行,则会显得自己过于匆忙,有失礼节。

## 第三节　手、臂仪态规范

### 一、手部正常垂放规范

在一般情况下,手部正常垂放,是广大服务人员站立服务时双手垂放的姿态。有时也叫做服务人员的基本手势。

具体做法,有以下几种:

(1)双手指尖朝下,掌心向内,在手臂伸直后分别紧贴于两腿裤线之处;

(2)双手伸直后自然相交于小腹之处,掌心向内,一只手在上一只手在下叠放在一起;

(3)双手伸直后自然相交于小腹之处,掌心向内,一只手在上一只手在下地相握在一起;

(4)双手伸直后自然相交于背后,掌心向外,两手相握;

(5)一只手紧贴裤线自然垂放,另外一只手则略为弯曲,掌心向内搭在腹前;

(6)一只手掌心向外背在背后,另外一只手则略为弯曲,掌心向内搭在腹前;

(7)一只手紧贴裤线自然垂放,另外一只手则掌心向外背在身后。

## 二、手部自然搭放的规范

手部自然垂放是广大服务人员的姿态,但对于大多数人来说,一般人们所采用大多是自然搭放的手势,这个又分为在其站立或就座之时,又各有一定的差异。

### 1.在站立时

(1)将手部自然搭放在桌面或柜台上,身体应尽量靠近桌子或柜台,上身挺直;两臂稍有弯曲,肘部朝向外侧;两手以手指部分放在桌子或柜台上,指尖朝前,拇指与其他四指稍有分离,并轻搭在桌子或柜台的边缘之处。

(2)不要将上半身趴伏在桌子或柜台上,或将整个手掌支撑于桌子、柜台之上,甚至两只手掌都这么做,则更不合适。

### 2.在就座时

(1)将手部自然搭放在桌面上,身体趋近桌子或柜台,尽量挺直上身。

(2)将双手放在桌子或柜台上时,双手可以分开、叠放或相握。但不要将胳膊支起来,或是将一只手或双手放在桌子或柜台之下。

## 三、手持物品的规范

人是用手来劳动的,手在我们的生活中起着不可替代的作用。当我们在手持某种物品时,要做到稳妥、到位、自然、卫生。

### 1.稳妥

手持物品时,可根据其具体重量、形状以及易碎与否,采取不同的手势。既可以使用双手,也可以只用一只手,最重要的是要确保物品的安全,尽量轻拿轻放,同时也要防止伤人或伤己。

### 2.到位

有不少物品,在需要手持时,应当将手置于一定之处,这就是持物到位的含义。

### 3.卫生

持物之时,还要注意卫生问题。为人取拿食品时,切忌直接下手。敬茶、斟酒、送汤、上菜时,千万不要把手指搭在杯、碗、碟、盘边沿,更不能无意之间使手指浸泡在其中。

### 4.自然

手持物品时,可依据本人的能力与实际需要,酌情以拿、捏、提、握、抓、扛、夹等不同的姿势。不过一定要避免在持物时手势夸张、失之于自然美。

#### 四、递接物品的规范

递物与接物是日常生活中一个小小的举止动作,却能给人留下难忘的印象。

递接物品的原则是尊重他人。双手递物或接物体现出对对方的尊重。如果在特定场合下或东西太小不必用双手时,一般用右手递接物品。

递接物品的方法也需讲究。

**1. 双手为宜**

有可能时,双手递物最佳。不方便双手并用时,也要采用右手。以左手递物,通常被视为失礼之举。

**2. 递于手中**

递给他人的物品,以直接交到对方手中为好。不到万不得已,最好不要将所递的物品放在别处。

**3. 主动上前**

若双方相距过远,递物者理当主动走近接物者。假如自己坐着的话,还应尽量在递物时起身站立为好。

**4. 方便接拿**

在递物时,应为对方留出便于接取物品的地方,不要让其感到接物时无从下手。将带有文字的物品递交他人时,还须使之正面面对对方。

**5. 尖、刃内向**

将带尖、带刃或其他易于伤人的物品递于他人时,切勿以尖、刃直指对方,应当使其朝向自己,或是朝向他处。

接取物品时,主要应注意的是:应当目视对方,而不要只顾注视物品,一定要用双手或右手,不宜单用左手。必要时,应当起身而立,并主动走近对方。当对方递过物品时,再以手前去接取,而切勿急不可待地直接从对方手中抢取物品。

#### 五、展示物品的规范

在大庭广众之前展示物品时,有三点重要的注意事项:

**1. 便于观看**

展示物品时,一定要方便现场的观众对其进行观看。因此,一定要将被展示之物正面面对对方,举至一定的高度,当四周皆有观众时,展示物品还须变换不同角度。

**2. 操作标准**

在展示物品时,如果需要动手操作,应符合有关标准。应手法干净利索,速度适宜,并经常进行必要的重复。

**3. 手位正确**

在展示物品时,一般有四种手位。其共同之处,是应使物品在身体一侧展示,不宜挡住本人头部。

(1)将物品举至高于双眼之处。这一手位适于被人围观时采用。

(2)将物品举至双臂横伸时,自肩至肘之处。其上不过眼部,下不过胸部。这一手位易于给人以安定感。

(3)将物品举至双臂横伸时肘部以外,上不过眼、下不过胸之处。这一手位便于他人看清展示之物。

(4)将物品举至胸部以下之处。这一手位显得不够大方。

### 六、招呼别人时的手臂姿势规范

俗话说:"良言一句三冬暖,恶语伤人六月寒。"礼貌用语就属于良言之列。礼貌用语在公关活动中起着非常重要的作用。

招呼用语表示的是打招呼人与被打招呼人之间的一种交往关系。如果遇到熟人不打招呼或者别人给你打招呼你装作没听见,都是不礼貌行为。打个招呼发生在瞬间,但却影响久远。

招呼别人,在此主要是指对他人进行引导或为其指示方向。

在招呼别人时,要使用手掌,而不能用手指,并且要掌心向上,而不宜掌心向下。具体而论,根据手臂摆动姿势的不同,又可大体分为下述形式:

#### 1. 横摆式

即手臂向外侧横向摆动,指尖指向被引导或指示的方向。它多适用于请人行进时指示方向所用。

#### 2. 直臂式

它也要求手臂向外侧横向摆动,指尖指向前方。与前者不同的是,它要将手臂抬至肩高,而非齐胸。它适用于引导或指示物品所在之处。

#### 3. 曲臂式

它的做法是手臂弯曲,由体侧向体前摆动,手臂高度在胸以下。请人进门时,可采用此方式。

#### 4. 斜臂式

其最大特点是手臂由上向下斜伸摆动。多适用于请人就座。

以上四种形式,都仅用一只手臂。做上述姿势时,另外一只手臂此时最佳的位置,应为垂在身体一侧或背于身后。

#### 5. 双臂式

做法是:双手先叠放于腹前,然后抬至胸部之下,同时向身体两侧摆动。有时,亦可双臂同向摆动。它适用招呼较多人员之时。

### 七、举手致意与挥手道别

有时看见相熟的同事、朋友,而自己正在忙碌,无暇分身相迎,常会以举手致意。举手致意既可伴以相关的言词,也可代以手势表示。

举手致意的正确做法是:

(1)全身直立,面带微笑,目视对方,略略点头。

(2)手臂轻缓地由下而上,向侧上方伸出,手臂可全部伸直,也可稍有弯曲。

(3)致意时伸开手掌,掌心向外对着对方,指尖指向上方。

(4)手臂不要向左右两侧来回摆动。

挥手道别也是人际交往中的常规手势,采用这一手势的正确做法是:

(1)身体站直,不要摇晃和走动。

(2)目视对方,不要东张西望,眼看别处。

(3)可用右手,也可双手并用,不要只用左手挥动。

(4)手臂尽力向上前伸,不要伸得太低或过分弯曲。

(5)掌心向外,指尖朝上,手臂向左右挥动;用双手道别,两手同时由外侧向内侧挥动,不要上下摇动或举而不动。

# 第五章　见面与告别

见面与告别的礼节很多,有握手礼、吻手礼、拥抱礼、鞠躬礼、碰鼻尖礼、曲膝礼,有双手合十礼、跪拜礼,还有其他一些礼节。用哪一种礼节要看对象,看场合。

## ▶ 第一节　致意礼节

致意是一种人们最为常用的礼节,表示问候、尊敬之意。随着现代生活节奏的加快,致意礼节逐渐成为一种日常人际交往中使用频率最高的一种礼节。它没有十分严格的模式与要求,但功效却是不可忽视的。通常用于相识的人或只有一面之交的人之间在各种场合打招呼。致意时,应该诚心诚意,表情和蔼可亲。若毫无表情或精神萎靡不振,则会给人以不尊重对方的感觉。

### 一、点头礼

点头作为见面礼,大多适用于与对方不宜交谈的场合。例如,会议或会谈正在进行;行进在人声嘈杂的街道上,或是置身于影院、剧院等公交场合之中。与仅有一面之交者在营销商务交往相逢,或是与相识者在同一场合中多次见面时,可点头致意。在外交场合,遇到身份高的领导人,有礼貌地点头致意,表示欢迎。

点头礼操作要领:
(1)头部向下稍许晃动一两下,同时目视被致意者。不应把头高高扬起,用鼻孔"看"人,或是头部晃动的幅度过大,点头不止。
(2)点头时,要注意面带微笑。微笑即面含笑容,是不显著、不出声、不露齿的笑。在营销商务交往中,它可以替代其他见面礼向友人"打招呼"致意。具体而言,它可以用于同不相识者初次会面之时,也可以用于向在同一场合反复见面的老朋友"打招呼"。微笑的要旨是要求真诚、自然、朴实无华,否则会有悖于与人为善的初衷。

### 二、握手礼

握手礼是流行于许多国家的一种见面、离别、祝贺或致谢的礼节。此礼源于原始社会:人们扔掉棍棒武器而相握结好的动作。

握手是人们在交往中彼此用于表达友好的常用的礼节。握手,也是营销人员在营销活动中的重要表达方式。握手的力量、姿势与时间的长短往往能够表达出对对方的态度,显露自己的个性,给人留下深刻印象。因为握手是一种语言,是一种无声的动作语言。

#### 1. 握手的场合

一般来说,握手的场合很多:见面时握手、道别时握手、祝贺时握手、感激时握手、鼓励时握手、慰问时握手等等。

**2.握手的方式**

（1）控制式握手：握手时，手心向下握住对方的手，显示着一个人强烈的支配欲，用无声的语言告诉别人，他此时处于高人一等的地位。实验研究表明，地位显赫的人习惯用此方式。

（2）谦恭式握手：握手时，手心向上同他人握手，则显示出一个人的谦卑与恭敬，如果是伸出双手去捧接，就更是谦恭备至了。

（3）标准式握手：伸出右手，手心与身体处于垂直状态，身体微微向前倾斜，握手时，双目要注视对方，面带笑容，3～5秒钟即可。

**3.握手的先后顺序**

（1）应由主人、年长者、身份职位高者和女子先伸手；客人、年轻者、身份职位低者和男子见面时先问候，待对方伸手后再握。

（2）无论谁先向我们伸手，即使他忽视了握手礼的先后顺序而已经伸出了手，都应看作是友好、问候的表示，应马上伸手相握；拒绝他人的握手是很不礼貌的。

**4.握手的时间把握**

（1）握手时间的长短可根据握手双方亲密程度灵活掌握。

（2）初次见面时握手时间不宜太长，一般不要超过5秒钟。

（3）多人相聚的营销商务交往，不宜只与某一个人长时间握手，以免引起他人误会。

（4）切忌握住异性的手久久不松开。

（5）即使握同性的手，时间也不宜过长，以免对方欲罢不能。

**5.握手的体态表现**

（1）与人握手，神态要专注、热情、友好，面带笑容。

（2）上身微微前倾，趋向于对方。

（3）应双目注视对方，让两手相握时，通过双方的目光形成一个情感的"闭合回路"。

（4）握手同时伴有问候语："你好！你好！""见到你很高兴！""欢迎您！""恭喜您！""辛苦啦！"等等。

**6.握手的禁忌**

（1）不要坐着与人握手。除长者或女士，坐着与人握手是不礼貌的，只要有可能，都要起身站立。

（2）不可太用力。一般情况下，握一下即可。男子与妇女握手时，虎口相对，满掌相握。

（3）不要戴着手套或戴着墨镜，另一只手也不能放在口袋里。只有女士在社交场合可以戴着薄纱手套与人握手。

（4）不能是左右晃动。握手应是双方相握的两手上下抖动。

（5）不宜发表长篇大论，点头哈腰，过分客套，这只会让对方不自在，不舒服。

（6）与阿拉伯人、印度人打交道，切忌用左手与他人握手，因为他们认为左手是不洁的。

（7）不要交叉握手。在多人同时握手时，当自己伸手时发现别人已伸手，应主动收回，并说声"对不起"，待别人握完后再伸手相握。交叉握手在通常情况下是一种失礼行为。如果要是在丹麦人面前交叉握手，则会被看作是最无礼也最不吉利的事情。与基督教徒交往时，也要避免交叉握手。这种形状类似十字架,在基督教信徒眼中,被视为不吉利。

### 三、拱手礼

拱手礼,也叫作揖礼,已经有两三千年的历史了,从西周起就开始在同辈人见面、交往时采用了。古人通过程式化的礼仪,以自谦的方式表达对他人的敬意。拱手礼不仅是最能体现中国人文精神的见面礼节,而且也是最恰当的一种交往礼仪。

一般来说,拱手礼姿势是:起身站立,上身挺直,两臂前伸,双手在胸前高举抱拳,通常为左手握空拳,右手抱左手,拱手齐眉,上下略摆动几下。

在我国,拱手致意通常用于以下场合:

(1)双方告别,互道珍重时可用拱手礼;有时向对方表示歉意,也可用拱手表示。

(2)婚礼、生日、庆功等喜庆场合,来宾也可以拱手致意的方式向当事人表示祝贺。

(3)每逢重大节日,如春节等,邻居、朋友、同事见面时,常拱手为礼,以表祝愿;为欢庆节日而召开的团拜会上,大家欢聚一堂,互相祝愿,常以拱手致意。

拱手致意时,往往与寒暄语同时进行,如:"节日快乐"、"后会有期"、"恭喜、恭喜"、"久仰、久仰"、"请多多关照"等等。

### 四、鞠躬礼

鞠躬,本来意为不抵抗,相见时把视线移开,郑重地把头低下,告诉对方我对你不怀有敌意。用鞠躬表示敬意是产生于后代的事,表示对他人敬重的一种礼节。

鞠躬礼既适用于庄严肃穆、喜庆欢乐的仪式,也适用于一般的社交场合。在一般的社交场合,晚辈对长辈、学生对老师、下级对上级、表演者对观众等都可行鞠躬礼。领奖人上台领奖时,向授奖者及全体与会者鞠躬行礼;演员谢幕时,对观众的掌声常以鞠躬致谢;演讲者也用鞠躬来表示对听众的敬意。

#### 1. 鞠躬的方式

(1)行鞠躬礼时,须脱帽、呈立正姿势,脸带笑容,目视受礼者。男士双手自然下垂,贴放于身体两侧裤线处,女士的双手下垂搭放在腹前;

(2)然后上身前倾弯腰,下弯的幅度可根据施礼对象和场合决定鞠躬的度数,一般为60度,90度大鞠躬常用于特殊情况。

#### 2. 鞠躬的禁忌

(1)切忌边工作边鞠躬;

(2)鞠躬不可速度太快;

(3)切忌上身不动,只膝盖处弯曲,歪歪头;

(4)切忌一边摇晃着身体一边鞠躬;

(5)切忌边看着对方边鞠躬,这是十分不雅的;

(6)不可连续地、重复施礼,鞠躬一次即可。

### 五、拥抱礼

拥抱礼是流行于欧美的一种见面礼节。其他地区的一些国家,特别是现代的上层社会中,亦行有此礼。

拥抱礼多行于官方或民间的迎送宾朋或祝贺致谢等场合。行礼时，通常是两人相对而立，各自左臂偏上，右臂偏下，右手环抚于对方的左后肩，左手环抚于对方的右后腰，彼此将胸部各向左倾而紧紧相抱，并头部相贴，然后再向右倾而相抱，接着再做一次左倾相抱。当代，许多国家的涉外迎送仪式中，多行此礼。

阿拉伯人一般不以握手为礼，而行拥抱礼，但仅限于同性之间使用。巴基斯坦人常以拥抱为礼，其拥抱的方式也很独特，他们不像大多数通常只是象征性地拥抱一下即可，而是先头靠左边拥抱一次，再靠右边拥抱一次，又再左边一次，如此三遍。此礼只限于同性之间使用。至于妇女之间的见面礼，首先彼此间相互拥抱后，停留良许，接着是一阵频繁亲吻对方双颊和额头，然后再抱，再吻，如此三遍。

### 六、亲吻礼

亲吻，是源于古代的一种常见礼节。人们常用此礼来表达爱情、友情、尊敬或爱护。据说它产生于婴儿与母亲间的嘴舌相昵，也有人说它产生于史前人类互舔脸部来吃盐的习俗。据文字记载，在公元前，罗马与印度已流行有公开的亲吻礼。有人认为，古罗马人爱嚼香料，行亲吻礼足以传口中芳香。也有人说，古人用亲吻时努唇的形状来表示爱情的心形。还有人考证，法国是世界上第一个公开行亲吻礼的国家。当代，许多国家及地区的上流社会，此礼日盛。

西方现代的亲吻礼，在欧美许多国家广为盛行。美国人尤其受行此礼，法国人不仅在男女间，而且在男子间也多行此礼。法国男子亲吻时，常常行两次，即左右脸颊各吻一次。比利时人的亲吻比较热烈，往往反复多次。

在当代，许多国家的迎宾场合，宾主往往以握手、拥抱、左右吻面或贴面的连动性礼节，以示敬意。

亲吻礼，一般分为吻手礼和接吻礼两种形式。

**1. 吻手礼**

男子同上层社会贵族妇女相见时，如果女方先伸出手作下垂式，男方则可将指尖轻轻提起吻之；但如果女方不伸手表示，则不吻。如女方地位较高，男士要屈一膝作半跪式，再提手吻之。此礼在英法两国最流行。

**2. 接吻礼**

多见于西方、东欧、阿拉伯国家，是亲人以及亲密的朋友间表示亲昵、慰问、爱抚的一种礼，通常是在受礼者脸上或额上接一个吻。

亲吻礼的注意事项：

（1）行亲吻礼时，动作要轻快，勿过重过长或出声；

（2）要注意口腔清洁无异味，不要把唾沫弄在对方脸上、额上或手背上；

（3）长辈与晚辈之间，一般而言，宜吻脸颊和额头；

（4）平辈之间，宜轻贴面，关系亲密的子女之间可吻脸；

（5）异性之间，宜贴面，男士对女士表示敬意可吻手；

（6）如果不是特殊关系和特殊场合，年轻、地位低者，不要急于抢先施亲吻礼。

### 七、抚胸礼

抚胸礼又称按胸礼,一般是指以手部抚按胸前的方式来向他人致意,在信奉基督教、伊斯兰教的国家里普遍流行。

行抚胸礼一般的做法是:上身稍躬,眼睛注视交往对象或目视前方,头部端正或微抬,以右手掌掌心向内、指尖朝向左上方,然后将其抚在本人的左胸前。

抚胸礼通常也会与一些其他的见面礼节同时使用,最常见的是与鞠躬礼同时使用。在某些国家里,人们习惯先行抚胸礼,然后再与交往对象握手。

### 八、脱帽礼

脱帽礼,起源于中世纪的欧洲。当时武士打仗要戴头盔,以防敌人的袭击。若来者是自己人,就把头盔掀开,露出面孔,以防止误会。这种习惯流传下来,就是今天的脱帽礼。在东西方国家里,此礼都较为流行。

脱帽礼有几种不同的方式,有的国家只把帽子稍脱一下立即戴上;有的是拿在手中向对方点头致意;有的则是把帽子脱下来,用左手小臂托着。

行脱帽礼时,戴制服帽者,通常应双手摘下帽子,然后以右手执之,端在身前。戴便帽者,则既可以右手完全摘下帽子,又可以右手微抬帽檐代之。不过越正规的场合越要求完全摘下帽子。一般准许女士不必摘下帽子,男士则不享有此项待遇。

脱帽礼除适用于见面之时,还适用于其他场合,比如路遇熟人,进入他人居所或办公室,步入娱乐场所,升挂国旗、演奏国歌时等等。

在西方,男女相遇,男子又戴着容易摘下的有边帽,通常要将边帽略略提起以示礼貌。学生也用这种方法向老师致意。如果有人向与你在一起的人脱帽致意,即使你并不认识,也要脱帽回礼。假如帽子不容易摘下,可以不脱,但要用手触一下。

### 九、合十礼

合十礼又称"合掌礼",属佛教礼节,通行于印度和东南亚信奉佛教的国家与地区,我国傣族聚居区也用合十礼。

行礼时,两掌合拢于胸前,十指并拢向上,掌尖和鼻尖基本齐平,手掌向外倾斜,头略低,神情安详、严肃。

合十礼可分为跪合十礼、蹲合十礼、站合十礼三类。

**1. 跪合十礼**

适用于佛教徒拜佛祖或僧侣的场合,行礼时右腿跪地,双手合掌于两眉中间,头部微俯,以表恭敬虔诚;

**2. 蹲合十礼**

盛行佛教国家的人拜见父母或师长时所用的礼节,行礼时身体下蹲,将合十的掌尖举至两眉间,以示尊敬;

**3. 站合十礼**

信奉佛教的国家平民之间、平级官员之间相见,或公务人员拜见长官时所用的礼节,行礼时端正站立,将合十的掌尖置于胸部或口部,以示敬意。行合十礼时,可以问候对方或口颂祝词。

在我国,因佛教中不兴握手,所以一般非佛教徒对僧人施礼,也以行站合十礼为宜。

### 十、致意的注意事项

一般来说,在社交场合,男性应当首先向女性致意;年轻女性应当首先向年长男性致意;下级应当首先向上级致意。

当然,实际交往中绝不应拘泥于以上的顺序原则。长者、上级为了倡导礼仪规范,为了表示自己的谦虚、随和,主动向晚辈、下级致意,无疑会更具影响力和风度,更能引起受礼者的敬仰与尊重。

向对方致意的距离一般在2~5米比较合适。如果相距较远,应挥手致意;切忌大嚷大叫,特别是在公共场合。

招呼致意时把手插在衣裤袋里是不礼貌的。如果需要致意时正在抽烟,应将烟拿在手上,而不应该在口中向他人致意。

### 十一、路遇他人该怎么办

路上遇见他人,这是很平常的事。当我们遇见了该怎么办呢?怎样才算很有礼节呢?

(1)若遇见熟人,要主动打招呼,互相问候,不能视而不见,把头扭向一边,擦肩而过。但也不宜在马路上聊个不停,影响他人走路。

(2)女士偶然遇见不很熟悉的男士,应点头招呼,但不要显得太热情,亦不要用冷冰冰的面孔来点头。

(3)男士偶然遇见不太相熟的女士,应首先打招呼,但表情不可过分殷勤。

(4)见到很久不见的老朋友,不要大声惊呼,也不要隔着几条马路或隔着人群就大声呼唤。寒暄之后,如果还想多谈一会儿,应该靠边一些,避开拥挤的行人,不要站在来往人流中进行攀谈。

(5)如果男女两人一同上街,遇到女士的熟朋友,女士可以不把男伴介绍给对方,男士在她俩寒暄时,要自觉地隔开一定距离等候,待女伴说完话后继续一同走;女士对男伴的等候应表示感谢,且与人交谈的时间不可太长,不应该让同伴等很长时间。

(6)如果男女两人一同上街,如果遇到男士的熟人,男士应该把女伴介绍给对方,这时女士应向对方点头致意。如果是两对夫妇或两对情侣路遇,相互致意的顺序应是:女士们首先互相致意,然后男士们分别向对方的妻子或女友致意,最后才是男士们互相致意。

## ▶ 第二节　介　　绍

在日常工作当中,只要双方见面就少不了介绍这一环节。注意介绍的礼节是行为大方得体的表现。如何使双方正确记住对方的姓名和相关情况是介绍者的责任。

一、自我介绍

自我介绍,就是在必要的社交场合,把自己介绍给其他人,以使对方认识自己。恰当的自我介绍,不但能增进他人对自己的了解,而且还可以创造出意料之外的商机。

1. 把握时机

在商务场合,如遇到下列情况时,自我介绍就是很有必要的:

(1)与不相识者相处一室。

(2)不相识者对自己很有兴趣。

(3)他人请求自己作自我介绍。

(4)在聚会上与身边的陌生人共处。

(5)求助的对象对自己不甚了解,或一无所知。

(6)前往陌生单位,进行业务联系时。

(7)在旅途中与他人不期而遇而又有必要与人接触。

(8)初次登门拜访不相识的人。

(9)初次利用大众传媒,如报纸、杂志、广播、电视、电影、标语、传单,向社会公众进行自我推介、自我宣传时。

(10)利用社交媒介,如信函、电话、电报、传真、电子信函,与其他不相识者进行联络时。

2. 介绍方式

(1)工作式。工作式的自我介绍的内容,包括本人姓、供职的单位以及部门、担负职务或从事的具体工作等三项。

(2)交流式。它是一种刻意寻求交往对象进一步交流的沟通,希望对方认识自己、了解自己、与自己建立联系的自我介绍。适用于在社交活动中,大体包括本人的姓名、工作、籍贯、学历、兴趣以及与交往对象的某些熟人的关系等。

(3)问答式。针对对方提出的问题,做出自己的回答。这种方式适用于应试、应聘和公务交往。在普遍性交际应酬场合,它也时有所见。

(4)礼仪式。这是一种表示对交往对象友好、敬意的自我介绍。适用于讲座、报告、演出、庆典、仪式等正规的场合。内容包括姓名、单位、职务等项。自我介绍时,还应多加入一些适当的谦词、敬语,以示自己尊敬交往的对象。

(5)应酬式。这种自我介绍的方式最简洁,往往只包括姓名一项即可。它适合于一些公共场合和一般性的社交场合,如途中邂逅、宴会现场、舞会、通电话时。它的对象,主要是一般接触的交往人。

3. 掌握分寸

(1)力求简洁,尽可能地节省时间。通常以半分钟左右为佳,如无特殊情况最好不要长于1分钟。为了提高效率,在作自我介绍时,可利用名片、介绍信等资料加以辅助。

(2)在适当的时间进行。进行自我介绍,最好选择在对方有兴趣、有空闲、情绪好、干扰少、有要求之时。如果对方兴趣不高、工作很忙、干扰较大、心情不好、没有要求、休息用餐或正忙于其他交际之时,则不太适合进行自我介绍。

#### 4. 讲究态度和语言

（1）态度要保持自然、友善、亲切、随和，整体上讲求落落大方，笑容可掬。

（2）语气自然，语速正常，语言清晰。生硬冷漠的语气、过快过慢的语速，或者含糊不清的语音，都会严重影响自我形象。

（3）充满信心和勇气。忌讳妄自菲薄、心怀怯意。要敢于正视对方的双眼，显得胸有成竹，从容不迫。

#### 5. 追求真实

进行自我介绍时所表达的各项内容，一定要实事求是，真实可信。过分谦虚，一味贬低自己去讨好别人，或者自吹自擂，夸大其词，都是不足取的。

### 二、介绍他人

在人际交往活动中，经常需要在他人之间架起人际关系的桥梁。

介绍他人又称第三者介绍，是经第三者为彼此不相识的双方引见、介绍的一种交际方式。介绍他人，通常是双向的，即对被介绍者双方各自作一番介绍。有时，也进行单向的他人介绍，即只将被介绍者介绍给另一方。

介绍他人，需要把握下列要点：

#### 1. 掌握介绍的方式

由于实际需用的不同，为他人作介绍时的方式也不尽相同。

（1）一般式。也称标准式，以介绍双方的姓名、单位、职务等为主，适用于正式场合。例如："请允许我来为两位引见一下。这位是安利公司营销部主任王小姐，这位是刘氏集团副总胡先生。"

（2）礼仪式。是一种最为正规的他人介绍，适用于正式场合。其语气、表达、称呼上都更为规范和谦恭。例如："方先生，您好！请允许我把深圳利格公司的执行总裁董亮先生介绍给您。"

（3）推荐式。介绍者经过精心准备再将某人举荐给某人，介绍者通常会对前者的优点加以重点介绍。通常，适用于比较正规的场合。如："这位是刘洋先生，这位是天海公司的赵天海董事长。刘先生是经济博士，管理学专家。赵总，我想您一定有兴趣和他聊聊吧。"

（4）引见式。介绍者所要做的，是将被介绍者双方引到一起即可，适用于普通场合。如："OK，两位认识一下吧。大家其实都曾经在一个出版社共事，只是不是一个部门。接下来的，请自己说吧。"

（5）简单式。只介绍双方姓名一项，甚至只提到双方姓氏而已，适用一般的社交场合。如："我来为大家介绍一下：这位是胡总，这位是钱董。希望大家合作愉快。"

（6）附加式。也可以叫强调式，用于强调其中一位被介绍者与介绍者之间的关系，以期引起另一位被介绍者的重视。如："大家好！这位是远大公司的业务主管周小姐，这是小儿高星，请各位多多关照。"

#### 2. 了解介绍的顺序

根据商务礼仪规范，在处理为他人做介绍的问题上，必须遵守"尊者优先了解情况"的规则。先要确定双方地位的尊卑，然后先介绍位卑者，后介绍位尊者。这样，可使尊者先了解位卑者的情况。

根据规则,为他人作介绍时的礼仪顺序大致有以下几种:

(1)介绍长辈与晚辈认识时,应先介绍晚辈,后介绍长辈。

(2)介绍女士与男士认识时,应先介绍给男士,后介绍女士。

(3)介绍已婚者与未婚者认识时,应先介绍未婚者,后介绍已婚者。

(4)介绍上级与下级认识时,先介绍下级,后介绍上级。

(5)介绍同事、朋友与家人认识时,应先介绍家人,后介绍同事、朋友。

(6)介绍与会先到者与后来者认识时,应先介绍后来者,后介绍先到者。

(7)介绍来宾与主人认识时,应先介绍主人,后介绍来宾。

### 3.注意介绍时的细节

在介绍他人时,介绍者与被介绍者都要注意一些细节。

(1)介绍者为被介绍者作介绍之前,要先征求双方被介绍者的意见。

(2)被介绍者在介绍者询问自己是否有意识认识某人时,一般应欣然表示接受。如果实在不愿意,应向介绍者说明缘由,取得谅解。

(3)当介绍者走上前来为被介绍者进行介绍时,被介绍者双方均应起身站立,面含微笑,大大方方地目视介绍者或者对方,要注意自己的态度。

(4)介绍者介绍完毕,被介绍者双方应依照合乎礼仪的顺序进行握手,并且彼此使用"您好"、"很高兴认识您"、"久仰大名"、"幸会"等语句问候对方。

介绍他人认识,是人际沟通的重要组成部分。良好的合作,可能就是从这一刻开始。

### 三、介绍集体

介绍集体,实际上是介绍他人的一种特殊情况,它是指被介绍的一方或者双方不止一人的情况。介绍集体时,被介绍双方的先后顺序依旧至关重要。

具体来说,介绍集体又可分为以下两种基本形式:

### 1.单向式

所谓单向式,就是指当被介绍的双方一方为一个人,另一方为多个人组成的集体时,往往可以只把个人介绍给集体,而不必再向个人介绍集体。

### 2.双向式

所谓双向式,是指被介绍的双方皆为一个由多人所组成的集体。在具体进行介绍时,双方的全体人员均应被正式介绍。它的常规做法是,应由主方负责人首先出面,依照主方在场者具体职务的高低,自高而低地依次对其进行介绍。接下来,再由客方负责人出面,依照客方在场者具体职务的高低,自高而低地依次对其进行介绍。

### 四、介绍后如何记住他人姓名

很多成功的推销员发现:一般人对自己的姓名都很关心。如果你记住了对方的名字,并随时能轻易而准确地叫出他的名字,他便会对你产生莫名其妙的好感。相反的,忘记或叫错、写错别人的名字,会使对方产生不快,进而对你产生不良的印象,这样你就在人际关系中处于一个不利的地位。

记住别人姓名有时并不是一件容易的事。

首先,记住对方的姓名时,注意力一定要高度集中,不要受当时环境因素和内心其他情绪的干扰;有时为了增强记忆,可以请对方本人或介绍人重复一遍。

其次,对于那些外在形象有一定特征,而且这些特征与他的姓名又似乎有一定关系的人,可以将其姓名脸谱化或将其身材形象化,采用"脸谱、形象记忆法"。

无论我们当时采用什么方法记,都不可能过目不忘,因此,我们很有必要把每次社交新结识的人的姓名记在我们的通讯录上,稍有闲暇时经常重复温习。这样,我们就很难忘掉我们的新朋友了。

所以,"记住别人"是交际谋略之一,因为只有记住别人,才能与别人进一步交往,发展友谊;常常把别人忘掉,别人还怎么有兴致与你交往? 所以社交专家说,学会记住对方姓名吧,这是商务交往中通向成功的有效手段。

## ▶ 第三节　名　　片

名片是当代社会不论私人交往还是公务往来中最经济实惠、最通用的介绍媒介,被人称作自我的"介绍信"和社交的"联谊卡",具有证明身份,广交朋友,联络感情,表达情谊等多种功能。

### 一、交换名片的时机

遇到以下几种情况,需要将自己的名片递交他人,或与对方交换名片:

交换名片的时机是:

(1)希望认识对方;

(2)表示自己重视对方;

(3)被介绍给对方;

(4)对方想要自己的名片;

(5)提议交换名片;

(6)初次登门拜访对方;

(7)通知对方自己的变更情况;

(8)打算获得对方的名片。

碰上以下几种情况,则不必将自己的名片递给对方,或与对方交换名片:

(1)对方是陌生人;

(2)不想认识对方;

(3)不愿与对方深交;

(4)对方对自己并无兴趣;

(5)经常与对方见面;

(6)双方之间地位、身份、年龄悬殊。

当对方递给你名片之后,如果自己没有名片或没带名片,应当首先对对方表示歉意,再如实说明理由。

## 二、如何索取名片

不管你公关也好,营销也好,见了客人你要索取名片,一要保证你把名片"要"过来,要而不给没面子;二是在"要"的过程中,给别人留下良好印象。那么索取名片有一定之规,可采用如下技巧:

(1)向对方提议交换名片;

(2)主动递上本人名片;

(3)询问对方:"今后如何向您请教?"此法适于向尊长索取名片;

(4)询问对方:"以后怎样与您联系?"此法适于向平辈或晚辈索要名片。

当他人索取本人名片,不想给对方时,应用委婉的方法表达此意。可以说"对不起,我忘了带名片",或者"抱歉,我的名片用完了"。

若本人没有名片,又不想明说时,也可以用上述方法。

## 三、递交名片的礼节

你向别人索取了名片,同时你也要向别人递交你的名片,这样别人也会了解你的,这叫做礼尚往来吧。在递交名片时,要注意以下几个要点:

### 1.观察意愿

除非自己想主动与人结识,否则名片务必要在交往双方均有结识对方并欲建立联系的意愿的前提下发送。这种愿望往往会通过"幸会"、"认识你很高兴"等一类谦语以及表情、体姿等非语言符号体现出来。如果双方或一方并没有这种愿望,则无须发送名片,否则会有故意炫耀、强加于人之嫌。

### 2.把握时机

发送名片要掌握适宜时机,只有在确有必要时发送名片,才会令名片发挥功效。发送名片一般应选择初识之际或分别之时,不宜过早或过迟。不要在用餐、戏剧、跳舞之时发送名片,也不要在大庭广众之下向多位陌生人发送名片。

### 3.讲究顺序

双方交换名片时,应当首先由位低者向位高者发送名片,再由后者回复前者。但在多人之间递交名片时,不宜以职务高低决定发送顺序,切勿跳跃式进行发送,甚至遗漏其中某些人。最佳方法是由近而远、按顺时针或逆时针方向依次发送。

### 4.先打招呼

递上名片前,应当先向接受名片者打个招呼,令对方有所准备。既可先作自我介绍,也可以说声"对不起,请稍候"、"可否交换一下名片"之类的提示语。

### 5.表现谦恭

对于递交名片这一过程,应当表现得郑重其事。要起身站立主动走向对方,面含微笑,上体前倾 15 度左右,以双手或右手持握名片,举至胸前,并将名片正面面对对方,同时说声:"请多多指教","欢迎前来拜访"等礼节性用语。切勿以左手持握名片。递交名片的整个过程应当谦逊有礼,郑重大方。

还有,在一般情况下,交换名片时,如果双方是坐着的,应当是起立或欠身递送。

#### 四、接受名片的礼节

递交名片要讲究礼仪,接受名片也不例外。当接受客人名片时,一定要讲究礼貌。主要应当做好以下几点:

**1. 态度谦和**

接受客人递过来的名片,态度要毕恭毕敬双手去接。要面带笑容,点头或道声"谢谢"。使客人感到你对他的名片感兴趣,并对他的举动表示欢迎。

**2. 认真阅读**

接受名片者应当礼貌地阅看名片上所显示的内容,必要时可从上到下、从正面到反面看一遍,以表示对赠送名片者的尊重,同时也加深了对名片的印象。切不可马马虎虎地用眼睛瞟一下,然后漫不经心地塞进衣袋,或随手弃置一旁,或拿在手中折来折去,这是对赠送名片者不尊重的举止。若对方名片上的内容有所不明,可当场请教对方。

**3. 精心存放**

接到他人名片后,切勿将其随意乱丢乱放、乱揉乱折,而应将其谨慎地置于名片夹、公文包、办公桌或上衣口袋之内,且应与本人名片区别放置。注意:如客人名片放在桌子上,切不可在名片上放置别的东西。那会被认为是带侮辱性的。

**4. 有来有往**

接受了他人的名片后,一般应当即刻回给对方一枚自己的名片。没有名片,名片用完了或者忘了带名片时,应向对方作出合理解释并致以歉意,切莫毫无反应。有时你想得到对方的名片,可对方没有给你,不要伸手去要,应以请求的口吻说:"如果没有什么不方便的话,是否能给我一张名片。"

#### 五、如何放置名片

接受了别人的名片,应如何放置呢? 这里面也有一定的学问的。

**1. 名片的放置**

(1)放在名片夹里。随身携带的名片应使用较精致的名片夹,在着西装时,名片夹只能放在左胸内侧的口袋里。左胸是心脏的所在地,将名片放在靠近心脏的地方,其含义无疑是对对方的一种礼貌和尊重。不穿西装时,名片夹可放在自己随身携带的小手提包里。

(2)其他合适的地方。接到他人名片后,除了放在名片夹里,也可以将其谨慎地置于公文包、办公桌或上衣口袋内,且应与本人名片区别放置。如果将名片放置于其他口袋,甚至后侧裤袋里是一种很失礼的行为。

**2. 名片的管理**

及时把所收到的名片加以分类整理收藏,以便今后使用方便。不要将它随意夹在书刊、文件中,更不能把它随便地扔在抽屉里面。若一次需要接受的名片很多,最好将人家的名片夹在一起,将自己的名片夹在一起,便于区分。

存放名片要讲究方式方法,做到有条不紊。推荐的方法有:

(1)按姓名拼音字母分类。

(2)按姓名笔划分类。

（3）按部门、专业分类。

（4）按国别、地区分类。

（5）输入商务通、电脑等电子设备中,使用其内置的分类方法。

名片是一个展现自己的小舞台,一定要充分认识和发挥它的功用。另外,在它的设计上最好也多花一点心思。使别人对您的名片喜欢多一点,印象深一点。

## 第四节 告 别

举止是一种不说话的"语言",它真实地反映了一个人的素质、受教育的水平及能够被人信任的程度。

告别,通常是在来宾离去之际,出于礼貌,而陪着对方一同行走一段路程,或者特意前往来宾启程返回之处,与之告别,并看着对方离去。

### 一、告别的礼节

告别时打招呼是非常重要的礼节。在离开聚会时,应该向组织者打招呼;在离开办公室时,应该向你的老板打招呼;在离开公务活动时,应该向邀请者打招呼;在离开朋友家时,要向主人打招呼;即使在集体聚餐的餐桌上暂时离开打电话或者去洗手间,也应该向旁边的人打招呼。不声不响的离开和见面不理不睬,都是非常失礼的行为。

向他人提出告辞后,应立即从座位上站起来,不能虽然提出要走,而丝毫没有走的意思。

在分别时常用告别语以示礼貌。告别语有以下几种类型:

**1. 主客之间的告别语**

客人向主人告别时,常伴以"请回"、"请留步"等语言,主人则以"慢走"、"恕不相送"等语回应。如果客人是远行,可说"祝你一路顺风"、"一路平安"、"代问××好"等告别语。

**2. 熟人之间的告别语**

如果两家距离较近,可说"有空再来"、"有时间来坐坐"、"有空来喝茶"等,也可说"代问家人好"以示礼貌。

**3. "再见"**

这是当今比较时兴的告别语,适用于大部分场合的告别。类似的还有"Byebye"、"晚安"等。

### 二、得体的告辞技巧

每做一次探访,除非对方是熟识的朋友或有特别事情要商量,否则不宜打扰太久。不要以为主人的谈锋甚健,你就毫无告退之意。善于接待朋友的人,他绝不会在客人面前露出倦意。得体的告辞技巧是:

**1. 选择适当时间**

当你向主人提出有事先走时,最忌的是当别人说完了一段话之后,你就立刻提出,因为这会使人误认为你对那一番话听得不耐烦了。所以,最适当的告辞时间,是在你自己说完一段话之后。

**2. 向主人道谢**

临别时,先和女主人握手,然后和男主人打招呼,还要向他们道谢及祝晚安,最好有如下表示:"今天过得非常愉快,欢迎到我家做客。"

**2. 兼顾其他客人**

如你是走得最早的一位,应顾及整体气氛,别大声叫喊,可静静地向主人告辞。如你告辞时被其他不熟悉的客人发现了,你不妨也有礼貌地打个招呼,然后从容退出。

**3. 姿态要优雅**

如你坐在沙发上,当你准备站起来时,最好先把身体沉下去的重心移到沙发的边沿,用两腿支持身体重量,然后徐徐站起来,这样姿态就显得优雅了。

**4. 忌打呵欠伸懒腰**

告辞前别打呵欠,伸懒腰。

## 三、送客的礼节

客人来访,要以礼相待;客人告辞,也应以礼相送。下面介绍一些送客的基本礼节。

(1)当客人表示要走时,通常要婉言相留,表示希望其再多坐一会儿;或恳请其下次再来。

(2)客人离别时,应暗中帮助他们检查一下,该带的东西是否都已带走;还有没有其他需要商谈、讨论的问题等等。

(3)客人来访,常常会带些礼物来,对此,我们送客时应有所反应,如表示谢意,或请求客人以后来访再也不要携带礼品了,或相应地回些礼物。决不能若无其事,受之无愧似的。

(4)客人提出告辞,应等客人起身后,主人再起身相送。替客人把门开好,站在门里,待客人走后,你随后再出来,或者一边谈,一边同时出来。不可当客人一说要走,就迫不及待地摆出送客姿态。送客时,把客人送到门口并说:"再见,欢迎再来。"

(5)将客人送至门口,应在客人的身影完全消失后再返回。这会给客人一个很深的印象的,一旦客人回头观望时,可再次向客人示意,表达送别之情。

(6)送客返身进屋后,应将房门轻轻关上,不要使其发出声响。那种在客人刚出门的时候就"砰"地关门的做法是极不礼貌的,并且很有可能因此而"砰"掉客人来访期间培养起来的所有情感。

(7)如果送客到车站、码头,最好是等车船开动并消失在视线以外以后再返回,尤其不要表现得心神不宁或频频看表,以使客人误解成你催他赶快离开。

(8)假如客人是年老的长辈或幼儿,我们应搀扶他们送往车站,并送上车,代买好车票,告诉他们应该在什么地方下车,或者托付售票员和同车的乘客,请他们一路多加关照。

以上这些都是平常的待客之道。有时还会遇到意外的情况,客人来访,比如临走前突然天气变冷或下雨了,这时,我们应该主动关心客人,拿出御寒的衣服或雨具给客人使用。有些客人怕给别人添麻烦而推却,我们则应真诚地向他们说明家里不缺这些东西,请他尽管拿去使用,以打消客人的顾虑,使他们高高兴兴地接受我们的友情和帮助。

下篇 礼仪操作

# 第六章 称 谓

人际交往,礼貌当先;与人交谈,称谓当先。使用称谓,应当谨慎,稍有差错,便贻笑于人。恰当地使用称谓,是社交活动中的一种基本礼貌。称谓要表现尊敬、亲切和文雅,使双方心灵沟通,感情融洽,缩短彼此距离。正确地掌握和运用称谓,是人际交往中不可缺少的礼仪因素。

## ▶ 第一节 礼 貌 称 谓

作为一个礼仪之邦,国人在交际过程中,非常注意礼貌称谓用语的运用。这里,稍加综合,作一介绍,以供大家在使用时参考。

### 一、姓名称谓

姓名,即一个人的姓氏和名字。姓名称谓是使用比较普遍的一种称呼形式。用法大致有以下几种情况:

(1)全姓名称谓,即直呼其姓和名。如:"刘大明"、"赵建国"等。全姓名称谓有一种庄严感、严肃感,一般用于学校、部队或其他郑重场合。一般地说,在人们的日常交往中,指名道姓地称呼对方是不礼貌的,甚至是粗鲁的。

(2)名字称谓,即省去姓氏,只呼其名字,如"大明"、"建华"等,这样称呼显得既礼貌又亲切,运用场合比较广泛。

(3)姓氏加修饰称谓,即在姓之前加一修饰字。如"老胡""小王"等,这种称呼亲切、真挚。一般用于一起工作、劳动和生活中相互比较熟悉的同志之间。

在古代,除了姓名之外还有字和号,这种情况直到解放前还很普遍。这是沿用已久的一种古风。古时男子 20 岁取字,女子 15 岁取字,表示已经成人。平辈之间用字称呼既尊重又文雅,为了尊敬不甚相熟的对方,一般宜以号相称。

### 二、职务称谓

职务称谓,就是用所担任的职务作称呼。这种称谓方式,古已有之,目的是不称呼其姓名、字号,以表尊敬、爱戴,如对诸葛亮因是蜀国丞相而被称"诸葛丞相";杜甫,因他当过工部员外郎而被称"杜工部"等。现在人们用职务称谓的现象已相当普遍,目的也是为了表示对对方的尊敬和礼貌。主要有三种形式:

(1)用职务呼,如"胡局长"、"王科长"、"孙经理"、"周院长"、"赵书记"等。

(2)用专业技术职务称呼。如"董教授"、"李工程师"、"张医师"。对工程师,总工程师等还可称作"李工"、"孙总"等。

(3)职业尊称,即用其从事的职业工作当作称谓。如"钱老师"、"牛大夫"、"吕会计",不少行业可以用"师傅"相称。

### 三、敬辞类说

敬辞都是为了表示尊敬有礼,在交往和称谓中应谦称自己,敬称对方。用语中讲究敬辞充分反映了人们在交往中的文明程度,反映了社会精神风貌和人际伦理道德规范。

(1)用"拜"字:用于自己的动作。表示对对方的敬重。如:拜读(阅读对方的文章)、拜访(访问对方)、拜见(求见对方)、拜识(结识对方)、拜托(托对方办事)、拜会(会见对方)、拜谢(感谢对方)、拜望(探望对方)、拜辞(告辞对方)、拜贺(祝贺对方)、拜服(佩服对方)。

(2)用"垂"字:用于别人(多是长辈或上级)对自己的行动,表示对对方的敬重。如:垂爱(在书信中说对方对自己的爱护)、垂青(说别人对自己的重视)、垂问(说别人对自己的询问,又说"垂询")、垂念(说别人对自己的思念)。

(3)用"大"字:称对方或与对方有关的事物。如:大伯(敬称年长的男人)、大哥(敬称年纪与自己相仿的男人)、大姐(敬称女性朋友或熟人)、大妈(尊称年长的妇女)、大爷(尊称年长的男子)、大人(在书信中称长辈)、大驾(敬称对方)、大名(称对方的名字)、大庆(称老年人的寿辰)、大作(称对方的作品)、大札(称对方的书信)。

(4)用"芳"字:用于对方或对方有关的事物。如:芳龄(称对方的年龄,对方应是年轻女子)、芳邻(称对方的邻居)、芳名(称对方的名字,对方应是年轻的女子)。

(5)用"奉"字:用于自己的动作涉及对方。如:奉达(告诉、表达)、奉复(回复)、奉告(告诉)、奉还(归还)、奉陪(陪伴)、奉劝(劝告)、奉送、奉赠(赠送)、奉迎(迎接)、奉托(托对方办事)。

(6)用"俯"字:在公文书信中用来称对方对自己的行动。如:俯察(称对方或上级对自己的理解)、俯就(用于请对方同意担任某职务)、俯念(称对方或上级的体念)、俯允(称对方或上级的允许)。

(7)用"高"字:称对方相关的事物。如:高见(称对方的见解)、高就(称对方离开原来的职位就任较高的职位)、高龄(称老人的年龄)、高寿(多用于问老人的年龄)、高足(称别人的学生)、高论(称别人的议论)。

(8)用"光"字:用于说对方的来临。如:光顾(多是商家说顾客的来到)、光临(称客人的到来)。

(9)用"贵"字:称对方有关的事物。如:贵干(问对方要做什么)、贵庚(问对方的年龄)、贵姓(问对方的姓氏)、贵恙(称对方的病)、贵子(称对方的儿子)、贵国(称对方的国家)、贵校(称对方的学校)。

(10)用"恭"字:表示恭敬地对待对方。如:恭贺(祝贺)、恭候(等候)、恭请(邀请)、恭迎(迎接)、恭喜(祝贺对方的喜事)。

(11)用"华"字:称对方有关的事物。如:华诞(称对方的生日)、华堂(称对方的房屋)、华翰(称对方的书信)。

(12)用"敬"字:用于自己的行动涉及别人。如:敬告(告诉)、敬贺(祝贺)、敬候(等候)、敬请(请)、敬佩(佩服)、敬谢不敏(表示推辞做某件事)。

(13)用"惠"字:用于对方对待自己的行为动作。如:惠存(多用于送人相片、书籍等纪念品时所题的上款,意思是请保存)、惠临(说对方到自己这里来)、惠顾(多用于商店对顾客,说顾客的到来)、惠允(指对方允许自己人做某事)、惠赠(指对方赠予财物)。

(14)用"贤"字:用于称平辈或晚辈。如:贤弟(称自己的弟弟或比自己年龄小的男子)、贤侄(称侄子)。

(15)用"屈"字:用于说对方的行动。如:屈驾(用于邀请人,意思是委屈大驾)、屈就(用于请人担任职务,意思是委屈迁就)、屈居(委屈地处于)、屈尊(降低身份俯就)。

(16)用"雅"字:用于说对方的情意或行动。如:雅意(称对方的情意或意见)、雅正(指出批评,把自己的诗文书画等送给对方时,请对方指教)。

(17)用"玉"字:用于说对方的身体或行动。如:玉体(说对方的身体)、玉音(在书信中,称对方的书信或言辞)、玉照(说对方的照片)、玉成(感谢对方的成全)。

此外,还有一些带谦敬色彩的词语,如:久仰、赐教、指正、止步、留步、笑纳、包涵、斧正、璧还、鼎力等。

### 四、谦词类说

谦词也是为了表示尊敬有礼,在交往中使用谦称来称呼自己,表现了说话者的谦逊和修养,也是对对方的尊敬。用语中讲究谦词充分反映了人们在交往中文明修养礼仪的充分表现。

(1)用"鄙"字:在与别人说话时,说自己或与自己相关的事物,往往在某些词前加上一个"鄙",以表达说话人的谦虚。如:鄙人(称自己)、鄙意(称自己的意见)、鄙见(称自己的见解)。

(2)用"敝"字:在与别人说话时,称自己或与自己相关的事物,有时在某些词前加上一个"敝"字,以示谦虚。如:敝人(在别人面前称自己)、敝姓(称自己的姓)、敝校(称自己的学校)、敝处(称自己所处的地方或自己的家)。

(3)用"薄"字:与人交往时,谦称自己相关的事物,有时可以在某些词前加一"薄"字。如:薄酒(称自己待客的酒)、薄技(称自己的技艺)、薄礼(称自己送的礼物)、薄面(为人求情时,称自己的情面)。

(4)用"敢"字:在向他人有所请求时,在某些行为动词前加上一个"敢"字,表示自己是冒昧地。如:敢问(冒昧地询问)、敢请(冒昧地请求)、敢烦(冒昧地麻烦你)。

(5)用"贱"字:同别人说话时,谦称自己的事物,有时在某些表事物的词前加上"贱"字。如:贱姓(说自己的姓)、贱内("内"是指内人,即自己的妻子,在早期的白话中,有人在别人面前是这样谦称自己的妻子)、贱事(古人称自己的私事)。

(6)用"忝"字:与同行或他人说话时,在某些动词前加"忝"字,表示自己的行为可能是辱没了他人,自己觉得有愧。如:忝列(自己有愧被列入或处在其中)、忝在(有愧处在其中)、忝任(有愧地担任)。

(7)用"小"字:与他人说话时,有时称自己或与自己有关的人事,常用一些带有"小"字的词。如:小弟(男性在朋友面前谦称自己)、小儿(称自己的儿子)、小女(称自己的女儿)、小可(过去白话中常用于称自己)、小人(称自己)、小生(青年读书人称自己)、小店(对别人称自己的店铺)、小照(说自己的照片)。

(8)用"拙"字:有时说自己的书或文章等,在某一名词前加上这个"拙"字,以示说话的谦虚。如:拙著(称自己的著作)、拙作(称自己的作品)、拙笔(称自己的文章或书画)、拙见(称自己的见解)、拙荆(古人称自己的妻子)。

（9）用"愚"字：这个字常用于说自己，表示在别人前说话的谦虚。如：愚兄（在比自己小的人前谦称自己）、愚见（谦称自己的见解）、愚以为（谦说自己认为）。

（10）用"家"字：在他人面前谦称自己家中辈分高的或年纪比较大的亲人。如：家父、家君、家严、家尊（称自己的父亲），家母、家慈（称自己的母亲），家兄（称自己的哥哥），家姐（称自己的姐姐）。

（11）用"舍"字：在他人面前谦称自己家中辈分低的或年纪小的亲人。如：舍弟（称自己的弟弟）、舍妹（称自己的妹妹）、舍侄（称自己的侄子）。

（12）用"老"字：用于谦称自己或与自己相关的东西。如：老粗（谦称自己没文化）、老朽（老年人谦称自己）、老脸（年纪大的人在别人面前说自己的面子）、老身（老年妇女称自己）。

## 五、美称

这里所说的美称，主要是指尊长对卑幼表示亲爱和看重的称谓。书信中用得较多的是以"贤"字构成的一系列美称对称词。比如，称卑幼者为"贤弟"、"贤侄"，称人家兄弟为"贤伯仲"，称对方子孙为"贤胤"等。古代称宰相为"相公"，后来被用作对官宦人家子弟的称呼，渐渐又行于民间，以排行美称人家子弟为"大相公""二相公"。称人家子弟为"大公子"、"小公子"、"女公子"或"公主"的情况，也不乏见。"千金"一词，成为对人家女儿的专用美称。

## 六、婉称

婉称表敬，在旧时书信中频见不鲜。为了表示对收信人的尊敬，不直接指称收信人，而称他的下属办事人员，因卑以达尊，也就是说不敢直接冒渎对方，而由其左右、执事者致意。于是"左右"、"执事"等成了书信常用的敬辞。又如，"阁下"（原意为台阁之下的人），被用以称呼有一定职衔者，"麾下"（意为主帅旌麾之下的人），被用以称呼将帅，都属于婉称表敬的用法。"圣驾"、"御驾"是对君王的婉称，后来人们便以"尊驾"、"大驾"之类作为婉称对称词。一些对人容貌的美称词"慈颜"（女性长者）、"威颜"、（男性长者）、"尊颜"（通用），也常被用作婉称对称词，如"冒犯尊颜"即"冒犯了您"的意思。

## 七、亲属敬称

对人称呼其亲属的时候，当然可以简明地称"你的父亲"，"您的儿子"。然而，人们在交际活动（包括撰写书信）中，为更显庄重优雅，往往会有意识地选择用恰当的敬称美称。在这方面，用得较广泛的是以"令"、"尊"、"贵"、"贤"等构成的一系列敬称词。例如，甲对乙称乙之父为"令尊"，称其母为"令堂"。为了更突出敬意，可称"令尊大人"、"令堂大人"。

"令"、"贤"是含有善美之意的称颂之辞，用作上述称谓时，又包含了第二人称的意义。比如说"令尊"，就是以尊崇的口吻对对方说"您的父亲"；说"令郎"，就是以赞美的口吻说"您的儿子"。因此，在这些称谓词前，切不可再冠以"您"和"你"，弄出"您令尊"、"你令郎"等不伦不类的称呼来。还必须注意，这些敬辞只用于向对方称呼对方亲属的场合，如果称自己父亲为"令尊"，或者面对对方父亲称"令尊"，或者对人称"我令尊"，那可要让人啼笑皆非了。

在向他人称呼自己的亲属时，常在亲属称谓前冠以"家"、"舍"、"敝"等词。这些词的词义虽然相近，都是表达谦恭平凡的意思，但在用作对人称呼自己亲属的谦词时，有着长幼、亲疏之分。一般说来，"家"，用于指称比自己辈分高、年长的亲人，如向他人称己父为"家父"或"家严"，向人称己母为"家母"或"家慈"，称己兄为"家兄"，称己嫂为"家嫂"。"舍"，用以向人谦称比自己卑幼的亲人，如对人称己弟为"舍弟"，称己妹为"舍妹"，称己侄为"舍侄"。"敝"，用以向他人谦称自己亲属关系上较疏的长辈、平辈，如，"敝姻翁"、"敝表兄"。需要说明的是，在向人称自己的儿女时，习惯上不称"舍儿"、"舍女"，而是用其他卑词谦称"小儿"、"小女"，或"犬子"、"犬女"。

上述以卑词向他人谦称自己亲属，并非故意贱视自己亲属，而只是表示敬重对方的意思，与称呼对方亲属时用敬称、美称是一样的道理。这些谦词，用于向人称呼自己亲属的场合，已包含第一人称的意思，因此不可说什么"我家父"，"我舍弟"的，更不要对人称什么"尊家父"、"您家母"而贻笑大方。

## 八、对逝者的称谓

（1）先：尊称已死的人为先，多用于去世的长辈，如先人、先祖（指远代的祖先）、先父、先公、先师等。也有用于平辈的，如先君、先兄、先夫等。殉难的烈士称先烈，死去的贤能者称先贤、先哲等。

（2）考、妣：谓死去的父母。亡父为先考，亡母为先妣。

（3）故：多用于一般的晚辈，如故侄等。亡故：已经死亡的人。

## 九、大称呼

大称呼多用于匾额、幛联、喜帖、花圈等，择要列举如下：
称前辈及平辈年长者：大硕望、大德望、大乡望、大时望、有道、大硕德；
称平辈、小辈、年轻者：大英畏、大英杰、大时彦；
称亲戚：大姻望、大懿望；
称妇女：大懿德、大慈范、大淑德；
称介绍人：大月老、大水人；
称岳父：大望、大泰山；
称授业老师：大恩师、大业师、大师；
称医生：大国手；
称匠人：大班师、大工师；
称读书人：大文元、大案元；
称和尚：大禅师、大国师。

## 十、对外国人的称呼方法

在不同的国家里，人们姓名的排列方式和称呼方式往往也各不一样。所以在称呼外方人士的姓名时，一定要对其差异有所了解。

外国人的姓名与我国汉族人的姓名大不相同，除文字的区别之外，姓名的组成，排列顺序都不一样，还常带有冠词、缀词等。对我们来说难以掌握，而且不易区分。这里只对较常遇见的外国人姓名分别作简单介绍。

### 1. 英美人姓名

英美人姓名的排列是名在前姓在后。如 Edward Adam Davis 译为爱德华·亚当·戴维斯，Edward 是教名，Adam 是本人名，Davis 为姓。也有的人把母姓或与家庭关系密切者的姓作为第二个名字。在西方，还有人沿袭用父名或父辈名，在名后缀以小（Junior）或罗马数字以示区别。如 John Wilson，Junior，译为小约翰·维廉，George Smith，Ⅲ，译为乔治·史密斯第三。

妇女在结婚前都有自己的姓名，结婚后一般是自己的名加丈夫的姓。如玛丽·怀特（Marie White）女士与亚当·戴维斯（Adam Davis）先生结婚，婚后女方姓名为玛丽·戴维斯（Marie Davis）。

书写时常把名字缩写为一个字头，但姓不能缩写，如 D. W. Thomson 等。

口头称呼一般称姓，如"怀特先生"、"史密斯先生"。正式场合一般要全称，但关系密切的常称本人名。家里人，亲友之间除称本人名外，还常用昵称（爱称）。

以英文为本国文字的其他国家，姓名组成称呼基本与英、美人一样。

### 2. 法国人姓名

法国人姓名也是名在前姓在后，一般由二节或三节组成。前一、二节为个人名，最后一节为姓。有时姓名可达四、五节，多是教名和由长辈起的名字。但现在长名字越来越少。

法国妇女姓名，口头称呼基本同英文姓名。如名叫雅克琳·布尔热瓦的小姐与名叫弗朗索瓦·马丹的先生结为夫妇，婚后该女士称马丹夫人，姓名为雅克琳·马丹。

### 3. 西班牙人和葡萄牙人姓名

西班牙人姓名常有三、四节，前一、二节为本人名字，倒数第二节为父姓，最后一节为母姓。一般以父姓为自己的姓，但少数人也有用母姓为本人的姓。已结婚妇女常把母姓去掉而加上丈夫的姓。通常口头称呼常称父姓，或第一节名字加父姓。如西班牙前元首弗朗西斯科·佛朗哥（Francisco Franco），其全名是：弗朗西斯科·保利诺·埃梅内希尔多·特奥杜洛·佛朗哥·巴蒙德前四节为个人名字，倒数第二节为父姓，最后一节为母姓。简称时，用第一节名字加父姓。广大使用西班牙语的拉丁美洲国家，人们的姓名组成与称呼也是如此。

葡萄牙人姓名也多由三、四节组成，前一、二节是个人名字，接着是母姓，最后为父姓。简称时个人名一般加父姓。使用葡萄牙语的巴西人也是如此。

在称呼使用西语、葡语诸国人士的姓名时，正式场合宜用其全称，而在一般情况下，则可只使用其简称，即其父姓，或是其小名加上父姓。

### 4. 俄罗斯人和匈牙利人姓名

俄罗斯人姓名一般由三节组成。如伊万·伊万诺维奇·伊万诺夫，伊万为本人名字，伊万诺维奇为父名，意为伊万之子，伊万诺夫为姓。妇女姓名多以娃、娅结尾。妇女婚前用父亲的姓，婚后多用丈夫的姓，但本人名字和父名不变。如尼娜·伊万诺夫娜·伊万诺娃，尼娜为本人名，伊万诺夫娜为父名，伊万诺娃为父姓。假如她与诺果夫结婚，婚后姓改为诺果娃，其全名为尼娜·伊万诺夫娜·诺果娃。俄罗斯人姓名排列通常是名字、父名、姓，但也可以把姓放在最前面，特别是在正式文件中。名字和父名都可缩写，只写第一个字母。

称呼俄罗斯人，除了在正式场合宜称呼其全称外，在一般情况下可称其姓，亦可呼其名。将其本名与父名连用时，表示比较客气；而在向长者表示尊敬时，则只称其父名。如人们常称列宁为伊里奇,列宁的全名为符拉基米尔·伊里奇·列宁。家人和关系较密切者之间常用爱称。

匈牙利人的姓名,排列与我国人名相似,姓在前名在后,都由两节组成。如纳吉·山多尔,简称纳吉。有的妇女结婚后改用丈夫的姓名,只是在丈夫姓名后再加词尾"ne",译为"妮",是夫人的意思。姓名连用时加在名字之后,只用姓时加在姓之后。

**5. 阿拉伯人姓名**

阿拉伯人姓名一般由三或四节组成。第一节为本人名字,第二节为父名,第三节为祖父名,第四节为姓,如沙特阿拉伯前国王费萨尔的姓名是:费萨尔·伊本·阿卜杜勒·阿齐兹·伊本·阿卜杜勒·拉赫曼·沙特。其中费萨尔为本人名,阿卜杜勒·阿齐兹为父名,阿卜杜勒·拉赫曼为祖父名,沙特为姓。

称呼阿拉伯人时,称呼其全称,往往意味着郑重其事。在一般情况下,称呼阿拉伯人时可省去其祖父名,或将其祖父名与父名一道略去。需要简称阿拉伯人时,通常可以只称呼对方的名字。但是,若对方拥有一定的社会地位,则只宜以其姓氏作为简称。如:穆罕默德·阿贝德·阿鲁夫·阿拉法特,简称阿拉法特。加麦尔·阿卜杜勒·纳赛尔,简称纳赛尔。

**6. 日本人姓名**

日本人姓名顺序与我国相同,即姓前名后,但姓名字数常常比我汉族姓名字数多。最常见的由四字组成,如德川家康,吉田正一,福田英夫等。前二字为姓,后二字为名。但又由于姓与名的字数并不固定,二者往往不易区分,因而事先一定要向来访者了解清楚,在正式场合中应把姓与名分开书写。

一般口头都称呼姓,正式场合称全名。

**7. 缅甸人姓名**

鉴于缅甸人有名无姓,故在称呼对方时,可在其名字之前冠以某种尊称。如意为"先生"的"吴",意为"主人"的"德钦",意为"兄长"的"哥",意为"弟弟"的"貌",意为"女士"的"杜",意为"姐妹"的"玛",意为"军官"的"波",意为"老师"的"塞耶"等等。

**8. 泰国人姓名**

泰国人的姓名是名在前姓在后,如巴颂·乍仑蓬,巴颂是名,乍仑蓬是姓。未婚妇女用父姓,已婚妇女用丈夫姓。

一般场合尊称无论男子或妇女,只叫名字不叫姓,并在名字前加一冠称"坤"(意为您)。如称巴颂·乍仑蓬,口头称巴颂即可。

泰国人姓名按照习惯都有冠称。平民的冠称有:成年男子为"乃",已婚妇女为"娘",未婚妇女为"娘少",男孩为"德猜",女孩为"德英"等。


**十一、常见称呼禁忌**

称呼的使用是否规范,是否表现出尊重,是否符合彼此的身份和社会习惯,这是一个十分重要的问题。在社会活动中,人们之间互相接触,称呼问题必然频繁地出现。

一般来说,在国内,称呼应按职业、年龄来选择。如到机关联系工作,应称"同志",单位内部除称"同志"外,习惯上也可用"小刘"、"小张"之类称谓。在医院称"医生"和"大夫",到工厂叫"师傅",去学校称"老师"、"教授"或"同学"。邻居按辈数称呼,如对长辈可称"大伯"、"叔叔"、"奶奶"等。对小孩叫"小朋友"、"小同学"等等。

在与他人交往时,千万注意不要因称呼而冒犯对方的禁忌。一般而言,下列称呼都是不能采用的:

(1)缺少称呼。需要称呼他人时,如果根本不用任何称呼,或者代之以"喂"、"嘿"、"下一个"、"那边的"以及具体代码,都是极不礼貌的。

(2)绰号性称呼。对与自己关系一般者,切勿擅自为对方起绰号,也不应以道听途说而来的绰号去称呼对方。至于一些对对方具有讽刺侮辱性质的绰号,更是严禁使用。

(3)庸俗低级的称呼。某些市井流行的称呼,因其庸俗低级,格调不高,甚至带有显著的黑社会风格,在正式的交往中亦应禁用。如"哥儿们"、"姐儿们"之类的称呼,以免给人以"团伙"之嫌。

(4)带有剥削阶级道德观念的称呼。如称"掌柜的"、"财主"、"马夫"、"老爷"等。这显然是不正确的。

总之,称谓的选择应根据不同的对象,区别不同场合,以文明礼貌为原则。要防止封建主义和其他腐朽思想的侵蚀,努力造成一个良好的社会主义的称谓新风。

## ▶ 第二节　对亲属的称谓

亲属称谓是对有亲缘关系的人的称呼,我国古人在亲属称谓上尤为讲究,主要有:对亲属的长辈、平辈的称呼;对别人称自己的亲属时的称呼;对自己亲属的谦称等等。

### 一、对父系亲属的称谓

| 称　呼　对　象 | 称　　呼 | 自　　称 |
| --- | --- | --- |
| 父亲的祖父、祖母 | 曾祖父、曾祖母 | 曾孙、曾孙女 |
| 父亲的父亲、母亲 | 祖父、祖母 | 孙子、孙女 |
| 父亲的姑父、姑母 | 姑爷爷、姑奶奶 | 内侄孙 |
| 父亲的舅父、舅母 | 舅爷爷、舅奶奶 | 外孙 |
| 父亲的姨父、姨母 | 姨爷爷、姨奶奶 | 姨外孙 |
| 父亲 | 父亲(爸爸) | 儿子、女儿 |
| 父亲的后妻 | 继母(妈妈) | 继子 |
| 父亲的兄、嫂 | 伯父、伯母 | 侄子 |
| 父亲的弟、媳 | 叔父、婶母 | 侄子 |
| 父亲的姐妹及丈夫 | 姑妈、姑夫 | 内侄 |
| 父亲的侄儿、侄媳 | 堂兄、堂嫂 | 堂弟 |
| 堂弟、堂弟媳 | 堂兄 | |
| 父亲的侄女、侄女婿 | 堂姐、堂姐夫 | 堂弟 |
| 堂妹、堂妹夫 | 堂兄 | |

注:同宗而非嫡亲者称"堂",母亲之后裔为表亲关系,称"表"。

## 二、对母系亲属的称谓

| 称 呼 对 象 | 称 呼 | 自 称 |
|---|---|---|
| 母亲的祖父、祖母 | 外曾祖父、外曾祖母 | 外曾孙 |
| 母亲的父、母 | 外祖父、外祖母 | 外孙、外孙女 |
| 母亲的后夫 | 继父(爸爸) | 继子 |
| 母亲的兄弟及妻子 | 舅舅、舅妈 | 外甥、外甥女 |
| 母亲的姐妹及丈夫 | 姨妈、姨夫 | 外甥、外甥女 |
| 母亲的表兄弟、姐妹 | 表舅父、表姨母 | 表外甥 |

## 三、对兄弟姐妹亲属的称谓

| 称 呼 对 象 | 称 呼 | 自 称 |
|---|---|---|
| 兄弟及其妻 | 哥哥、嫂嫂 | 弟、妹(夫弟) |
| 弟及其妻 | 弟弟、弟媳 | 兄、姐(夫兄) |
| 姐及其夫 | 姐姐、姐夫 | 弟、妹(内弟) |
| 妹及其夫 | 妹妹、妹夫 | 兄、姐(内兄) |
| 叔伯之子及其妻 | 堂兄、堂嫂<br>堂弟、堂弟姐 | 堂兄、堂弟<br>堂姐、堂妹 |
| 叔伯之女及其夫 | 堂姐、堂姐夫<br>堂妹、堂妹夫 | 堂兄、堂弟<br>堂姐、堂妹 |
| 姑父、舅父、姨父之子及其夫 | 表姐、表姐夫<br>表妹、表妹夫 | 表弟、表姐<br>表兄、表妹 |
| 嫂嫂、弟媳、姐夫、妹夫之父母 | 姻家父、姻家母 | |
| 嫂嫂、弟媳、姐夫、妹夫之兄弟及妻 | 姻兄(姻嫂)<br>姻弟(姻弟媳) | 姻弟<br>姻兄 |

## 四、对夫家亲属的称谓

| 称 呼 对 象 | 称 呼 | 自 称 |
|---|---|---|
| 丈夫 | 夫(爱人) | 妻 |
| 丈夫的祖父、祖母 | 爷爷、奶奶 | 孙媳 |
| 丈夫的父、母 | 公公、婆婆(爸爸、妈妈) | 儿媳 |
| 丈夫的兄弟及妻 | 大伯、嫂嫂、阿叔、弟媳 | 弟媳、嫂 |
| 丈夫的姐妹及夫 | 阿姑、姑爷、姑姑、姑爷 | 内弟媳、内兄嫂 |
| 丈夫的姑母、姑父 | 姑母、姑父 | 内侄媳 |
| 丈夫的舅父、舅母 | 舅父、舅母 | 甥媳 |

## 五、对妻家亲属的称谓

| 称 呼 对 象 | 称 呼 | 自 称 |
|---|---|---|
| 妻子 | 妻（爱人） | 夫 |
| 妻子的祖父、祖母 | 岳祖父、岳祖母 | 孙婿 |
| 妻子的父、母 | 岳父、岳母 | 婿 |
| 妻子的兄弟及其妻 | 内兄、内弟（舅子）<br>内嫂、内弟媳 | 妹夫、姐夫、<br>姑丈 |
| 妻子的姐妹及其夫 | 姨姐、姨妹（姨子）<br>姨姐夫、侄妹夫<br>（襟兄、襟弟） | 姨妹夫、姨姐夫 |
| 妻子的姑母、姑父 | 内姑母、内姑父 | 内侄婿 |
| 妻子的舅母、舅父 | 内舅母、内舅父 | 内甥婿 |

## 六、常见亲属合称称谓

常见的亲属合称有：公孙（祖父与孙子女）、父母、父子、母女、叔伯（叔父与伯父）、叔侄（叔父伯父与侄儿侄女）、公婆、翁姑（对丈夫之父母的旧称）、翁媳（公公与媳妇）、婆媳、翁婿（岳父母与女婿）、舅甥（舅父舅母与外甥）、兄弟、姐妹、夫妻、妯娌（兄妻与弟妇）、姑嫂（丈夫的姐妹与弟媳）、连襟（姐妹的丈夫）、郎舅（姐妹之丈夫与其兄弟）等等。

## 七、对亲属的带款式称谓

为使人们遇到婚丧之事，或其他喜事，如寿诞、生子以及来往信件时，对于他人尊称的上款和自称的下款之款式及称呼更为明确，现举例如下：

| 称 呼 对 象 | 称 呼 | 自 称 |
|---|---|---|
| 祖父 | 祖父老大人侍前 | 不肖孙某某鞠躬 |
| 祖母 | 祖母老孺人尊前 | 孙媳某某鞠躬 |
| 父母 | 父（母）亲老大人膝下 | 不肖儿某某鞠躬 |
| 伯（叔）父母 | 伯（叔）父老大人侍前 | 愚侄某某鞠躬 |
| 外公 | 外祖父老大人侍前 | 愚外孙某某鞠躬 |
| 外婆 | 外祖母老孺人懿座 | 愚外孙媳某某鞠躬 |
| 母舅 | 母舅老大人侍前 | 愚甥某某鞠躬 |
| 母妗 | 母妗老孺人尊前 | 愚甥媳某某鞠躬 |
| 姨父 | 姨丈老大人侍前 | 愚甥某某鞠躬 |
| 姨母 | 姨母老孺人尊前 | 愚甥媳某某鞠躬 |
| 姑父 | 姑丈老大人侍前 | 愚侄某某鞠躬 |

| 称 呼 对 象 | 称　呼 | 自　称 |
|---|---|---|
| 姑母 | 姑母老孺人懿座 | 愚侄女(媳)某某鞠躬 |
| 岳父 | 岳父老大人门下 | 门婿某某鞠躬 |
| 岳母 | 岳母老夫人尊前 | 门婿某某鞠躬 |
| 亲家 | 大姻望翁老亲家先生文下 | 姻愚弟某某鞠躬 |
| 表兄 | 表兄某某先生 | 愚表弟某某鞠躬 |
| 表嫂 | 表嫂某某夫人 | 表弟妇某某鞠躬 |
| 表弟 | 贤表弟某某先生 | 愚表兄某某鞠躬 |
| 表侄 | 某某贤表侄 | 愚表伯某某鞠躬、愚表叔某某鞠躬 |

### 八、我国民间对亲属的特殊称谓

曾祖:曾太父、老爷爷、太公、太爷、太翁

祖父:大爷、爷爷、公公、阿翁、王父

祖母:奶奶、王母、大母

外祖父:姥爷、外翁、外祖、外爷

外祖母:好婆、姥姥、老老、老娘、家母、家婆

父亲:爷、爹、大、阿爹、爹爹、阿爸

母亲:阿母、阿娘、姆妈、阿妈、娘

伯父:大伯、大爷、伯伯、在父、从父

伯母:大妈、大娘、伯妈、在母、大大、伯娘

叔父:叔叔、阿叔、爷叔、仲父、季父、从父

叔母:婶、婶母、婶子、婶娘、季母

姑父:姑夫、姑丈

姑母:姑、姑妈、姑娘、姑儿、姑姑

姨父:姨夫、姨丈、姨爹

姨母:姨儿、姨妈、阿姨、姨娘、从母

舅父:舅舅、娘舅、母舅、舅氏、阿舅

舅母:舅妈、舅娘、妗子、妗母

公公:公爹、老公公、阿公

婆婆:婆母、老婆婆、阿婆、阿姑

岳父:岳丈、岳翁、丈人、丈人(阿)爸

岳母:丈母娘、岳母娘、外姑、外母

丈夫:夫、爱人、先生、老公、家主公

妻子:爱人、夫人、老婆、太太、妻室、拙荆、贱内

哥哥:兄、兄长、阿哥、昆

弟弟:弟、兄弟、阿弟、仲氏、棣

姐姐:姐姐、阿姐、姊、阿姊、女兄

妹妹:妹妹、阿妹、妹子、女弟、娣

嫂子:嫂、嫂嫂、阿嫂、大嫂、姆姆

弟妇:弟姊、婶、阿婶、叔姆、弟妹

姐夫:姐丈、姊夫、姊丈、姊婿

妹夫:妹婿、妹丈

儿子:儿、儿子、子嗣、囝、男

女儿:女、闺女、姑娘、囡

媳妇:儿妇、儿媳、儿媳妇儿、子妇、媳

女婿:子婿、婿郎、娇客、半子、女夫

侄子:犹子、从子、贤阮、阿咸

侄女:犹女、从女

外甥:甥、外甥、外侄

# 第七章 言 谈

交谈是人与人之间相互交往的重要工具。交谈能使心灵的聪慧得到交流,碰撞出思想的火花;通过交谈,能互相扩大知识面,开阔视野;交谈还能使人与人之间加强了解、增进友谊。

交谈是一门艺术,愉快的交谈使人身心愉悦;有益的交谈使人增长智慧。优雅而文明的谈吐反映了一个人的思想道德水平和科学文化素养,因此,学习并掌握交谈礼仪十分必要。

## ▶ 第一节 言 谈 技 巧

古人说:"舌为利害本,口是祸福门。"、"良言一句三冬暖,恶语伤人六月寒。"这几句话是说,言谈既能促进事业成功,生活如意,也能伤害别人,招来灾祸。所以,言谈技巧在礼仪交往中显得尤其重要。

### 一、基本的礼貌用语

一个国家的人们能否正确使用礼貌用语,在一定意义上标志着这个国家的文明程度,反映这个民族的精神面貌。对个人来说,表明一个人是否有文明教养,反映一个人道德修养的水平。因此,我们每个人都要正确使用礼貌用语,它是提高思想道德素质的重要内容。

祝福用语:上帝保佑,您真福气,祝您平安、顺意、健康,祝您全家幸福。

迎送用语:欢迎、欢迎光临、欢迎再次光临、再见。

致谢用语:谢谢您、多谢了、十分感谢。

拜托用语:请多关照、承蒙关照。

拜慰用语:辛苦了、受累了、麻烦您了。

赞赏用语:太好了、真棒、美极了。

问候用语:您好、早安、午安、晚安、多日不见您好吗。

祝贺用语:祝您节日愉快、祝您生意兴隆、祝您演出成功。

征询用语:您有什么事情? 需要我帮您做什么事情? 您还有别的事情吗? 如果您不介意的话,我可以做什么……吗? 请您慢点讲。

应答用语:没关系。不必客气。照顾不周的地方请多指正。非常感谢。谢谢您的好意。

理解用语:深表同情、深有同感、所见略同。

道歉用语:实在对不起。请原谅。打扰您了。失礼了。完全是我们的过错,对不起。谢谢您的提醒。我们立即采取措施使您满意。

婉言推托语:很遗憾,不能帮您的忙。承您的好意,但是我还有许多工作呢。

譬如,人们在走路的时候,特别是像在办公楼的走廊、楼梯上,旅馆的厅堂、电梯里"狭路相逢",即使相互并不相识,也要打个招呼,说一声"早上好"或"晚上好",至少也点头微笑致意。

如果彼此是熟悉的,还要停下脚步来寒暄几句,问候一下"您好吗?"之类。不仅如此,"谢谢你"、"对不起"、"请原谅"等客气话是人们的口头语,经常挂在嘴边。在社交中,我们应与这种互相以礼相待的风气相适应。

## 二、常用客套语

### 1.见面客套语

两人见面:你好、您好
回称:你好、您好
初次见面:久仰、久慕盛名
回称:久仰
久别见面:久违、别来无恙
回称:久违、好久不见

### 2.探望客套语

看望他人:拜访、登门拜访
回称:别客气
客人到来:欢迎、请进、赏光、蓬荜生辉
回称:打扰
招待远客:洗尘、接风
回称:不必
望客亲临:屈尊、玉趾、惠顾、光临、赏光、俯就
回称:遵命、恭敬不如从命
陪同客人:奉陪
回称:不客气
请客人不要客气:请便、自便、请随意
中途离去:失陪
回称:请便
客人归去:承蒙款待、告辞
回称:怠慢、招待不周、失敬、对不起
送客出门:慢走、走好
回称:留步
与客握别:再见、有空多来
回称:再见

### 3.馈赠客套语

受人之赐:谢谢、感谢、破费、费心、拜谢、璧谢
回称:不谢、不客气、应该的、笑纳、不成敬意、惠存
受人深恩:雨露之恩
回称:不敢当
谢人恩泽:河润

回称:过奖

谢人帮助:有劳、劳驾、多谢

回称:不谢、不客气、举手之劳

感救命之恩:再造、再生父母、没齿不忘

回称:应该做的、不敢

感德难忘:铭刻在心、铭心镂骨、永世难忘

回称:不必、不必挂心

知恩必报:结草衔环、来日必报

回称:不敢当、不必

### 4. 赐教客套语

请人看稿:阅示、阅批

回称:拜读

受人教导:茅塞顿开、醍醐灌顶、受益匪浅

回称:过奖

请人改稿:斧正、雅正、呈正

回称:班门弄斧

请人评论:指教、指点、指正、高见

回称:互相学习、不敢当

请人指教:请问、借问

回称:请讲

请人解惑:指导、赐教、指点迷津、候教、聆教

回称:共商、商量

受人益言:药石

回称:过奖

求人办事:拜托、借光、鼎助、劳驾、麻烦、请多费心、请多关照

回称:应该的、照办、不麻烦

向人提要求:恳请、恳求、诚请

回称:尽力、效劳

请人回信:敬祈示复

回称:遵嘱

请人寄信:辱承华翰

回称:过奖

请人原谅:海涵、包涵、海量、抱歉、请勿见怪

回称:好说、没关系

自提意见:浅见、肤见

回称:高见

代人做事:代庖、自作主张

回称:劳驾、费心

伴人受益:借光、拌福、托福

回称:哪里哪里

谢人致问:多谢关心、有劳费心

回称:应该的

赞褒其事:玉成

回称:办得不周

托人言事:借重鼎言

回称:过奖

**5.祝贺客套语**

贺人荣归:锦旋、凯旋、衣锦还乡、荣归故里

回称:过奖

贺人中榜:蟾宫折桂、金榜题名、榜上有名

回称:多谢、侥幸

贺人生日:初度之晨、福如东海,寿比南山、大寿、寿诞、华诞

回称:何劳挂齿、多谢

贺人年高:齿德俱尊、德高望重

回称:年老无用

贺人喜庆:恭喜

回称:同喜、谢谢

**6.询问客套语**

询问姓名:贵姓、尊姓大名

回称:鄙姓、免贵姓

询问年龄:贵庚、高寿、青春几何

询问籍贯:府上、老家

询问职业和工作:高就、供职

**7.雅称**

胖:富态、丰满、丰腴、发福

瘦:苗条、纤细、清秀

高:高挑、高大

矮:小巧、短小精悍

生病:欠安、贵恙

死:仙逝、去世、辞世

上厕所:方便、解手、洗手间、卫生间、出恭、如厕

## 三、交谈中的主题

交谈的主题,又叫交谈的话题,它所指的是交谈的中心内容,一般而论,交谈的主题多少可以不定,但在某一特定时刻宜少不宜多,最好只有一个。唯有话题少而集中,才有助于交谈的顺利进行。话题过多、过散,将会使交谈者无所适从。

1. 宜选的主题

在交谈之中，以下几类话题都是适宜选择的：

（1）轻松的主题。轻松的主题，即谈论起来令人轻松愉快、身心放松、饶有情趣、不觉劳累厌烦的话题。例如，文艺演出、流行、时装、美容美发、体育比赛、电影电视、休闲娱乐、旅游观光、名胜古迹、风土人情、名人轶事、烹饪小吃，天气状况，等等。它适用于非正式交谈，允许各抒己见，任意发挥。

（2）时尚的主题。时尚的主题，即为此时、此刻、此地正在流行的事物作为谈论的中心。以2007年为例，国内时尚的交谈主题就有党的"十七大"召开、中国人民解放军建军八十周年、庆祝香港回归十周年、北京2008年奥运会筹办开始"冲刺"等等。它适合于各种交谈，但变化较快，在把握上有一定难度。

（3）高雅的主题。高雅的主题，即内容文明、优雅，格调高尚、脱俗的话题。例如，文学、艺术、哲学、历史、地理、建筑等等，都是高雅的主题。它适用于各类交谈，但要求面对知音，忌讳不懂装懂，班门弄斧。

（4）擅长的主题。擅长的主题，指的交谈双方，尤其是交谈对象有研究、有兴趣、有可谈之处的主题。例如，与医生交谈，宜谈健身祛病；与学者交谈，宜谈治学之道；与作家交谈，宜谈文学创作，等等。它适用于各种交谈，但忌讳以己之长对人之短，"话不投机半句多"，因为交谈是意在交流的谈话，故不可只有谈话，而难以交流。

2. 忌谈的主题

在各种交谈之中，有以下几类主题理应忌谈：

（1）个人隐私的主题。个人隐私，即个人不希望他人了解之事。在交谈中，若双方是初交，则有关对方年龄、收入、婚恋、家庭、健康、经历这一类涉及个人隐私的主题，切勿加以谈论。

（2）非议旁人的主题。有人极喜在交谈之中传播闲言碎语，制造是非，无中生有，造谣生事，非议其他不在场的人士。其实，人们都知道"来说是非者，必是是非人"。非议旁人，不证明自己待人体己，反倒证明自己少调失教，是拨弄是非之人。

（3）捉弄对方的主题。在交谈中，切不可对交谈对象尖酸刻薄，油腔滑调，乱开玩笑，口出无忌，要么挖苦对方所短，要么调侃取笑对方，成心要让对方出丑，或是下不了台。俗话说："伤人之言，重于刀枪剑戟。"以此类捉弄人的主题为中心展开交谈，定将损害双方关系。

（4）令人反感的主题。有时，在交谈中因为不慎，会谈及一些令交谈对象感到伤感、不快的话题，以及令对方不感兴趣的话题，这就是所谓令人反感的主题。碰上这种情况不幸出现，应立即转移话题，必要时要向对方道歉。这类话题常见的有凶杀、惨案、灾祸、疾病、死亡、挫折等等。

（5）涉及格调不高的主题。格调不高的主题包括家长里短、小道消息、男女关系、黄色段子等。双方谈话应注意这些话题，否则会使对方觉得你素质不高，有失教养。

四、如何倾听

在与人交谈的过程中，倾听起着十分重要的作用。认真倾听对方的谈话，是尊重对方的表现；善于倾听对方的谈话，能有效提高交谈的效果。

那么，在交谈中，"说话"与"倾听"应占多大比重呢？外国有句谚语："用十秒钟时间讲，用十分钟时间听。"这是就听的重要性而言的。至于大体的比重,按我国演说家李燕杰的话说:"听是说的一半。"按欧美学者《倾听学》的理论揭示,"倾听"的比重应占40％～45％,"说话"的比重应占20％～30％,其余的时间可以用人体语言来补充,以求相得益彰、和谐互动。当然,这只是一个把握"倾听"的度的原则,而在相当多的情况下,可因人而定,因情境而定。

### 1. 面带微笑

人们常说:"没有笑脸的人不要开店。"微笑会使两个陌生人成为朋友,当你和别人交谈时,发自内心的微笑和眼中流露出的热情就是一种无声的语言。"我喜欢你","很高兴见到你"。这保证会百分之百地提高你的外部形象,改善你与交谈者之间的关系。

### 2. 礼貌谦虚

值得你倾听的人,必定也值得你用眼睛去注视他。另外把你的注意力集中在他说话的内容上,也是不错的方法。

### 3. 适时赞同

赞成对方所说的话,可以轻轻地点一点头,表示赞许。对他们所说的话感兴趣时,要展露一下你的笑容。利用身体语言,如头部、臂部的摆动表达你的意思,可以使对方感到心情愉快,增加谈话的效果。

### 4. 不要插话

我们都知道,思维速度要比讲话快五倍。如果别人讲话不连贯,一下子找不到合适的词,千万不要插嘴。这种帮助一点也不会让人高兴。他会感到很难为情,因为这反映出他的思维反应不够快。

### 5. 不要争辩

不要感情用事地和别人争辩,或有心理上的抵触情绪,这是专心倾听别人讲话的障碍。

## 五、提问的技巧

提问是引导话题,展开交谈的一个好方法。提问有三种功能:一是通过发问来了解自己不熟悉的情况;二是将对方的思路引导到某个要点上;三是打破冷场,避免僵局。发问首先应注意内容,不要问对方难于应对或是难于启齿的隐私以及大家都忌讳的问题等等。

一般而言,交谈中提问要注意如下几个方面:

### 1. 注意提问方式

不同的人有不同的性格,同时还存在着学识水平、人生阅历、生活背景和文化传统上的不同。在提问过程中,也应当把这些因素考虑在内,以适合提问对象的方式进行提问。

### 2. 注意提问时机

提问者要准确地掌握交谈进程,尽量不要打断交谈,若遇到要出现冷场的情况,则可通过提问活跃气氛,改变局面。若一个话题已经谈得差不多了,可以通过提问来转移话题。

### 3. 注意提问话题

提问题要注意内容不能太散,或者过于含糊笼统,要有中心,要抓住问题的关键。对有些敏感性问题的提问正面直接提问往往效果不佳,那么则可将其转化分解为具体问题、侧面问题进行提问。

**4.注意提问语言**

此外,在提问过程中还要避免使用带有盘问、审讯式、讽刺性的语言进行提问。特别是在遇到对方没有认真回答问题或其他特殊情况,要注意克制自己,不要失去礼貌,更不能与别人争吵。

## 六、回答的技巧

在交谈过程中,有问也要有答,我们回答别人的问题也须把握和遵循一定的礼仪要求。

**1.坦诚回答**

这是起码的礼仪要求,即坦然诚恳地回答别人提出的问题,不能对别人提出的问题听而不闻或者简单应付,更不能冲动甚至发脾气。要尊重提问者,尽可能地给别人一个满意的答复。

**2.灵活回答**

在交谈过程中,常常遇到别人提出的一些尖锐敏感的问题,甚至不易正面回答的问题或者不宜公开的问题。这时可以以幽默的方式避其锋芒,也可以用精彩的言辞灵活回答。

**3.出言谨慎**

在回答别人的提问时要出言谨慎,所回答的话只要能清楚地表达出自己的意愿就可以了,不必添枝加叶,更不能随意发挥,甚至任意夸大。

此外,回答问题时的要求还包括言辞要诚恳,态度要和蔼,表情要自然,而且说话要留有余地等等。

## 七、如何反驳他人观点

反驳一般是指在人际交往活动中由于对某个问题产生意见分歧,为了明辨是非真伪或优劣得失而对对方的观点所展开的争辩。所以反驳实际上是思想上的交锋、观念上的碰撞,而不是对人身的攻击。

但是反驳他人的意见实际上也就是对他人的观点提出否定,这可能会让对方十分不悦、难以接受。所以要反驳他人必须考虑到对方的感情,并妥善地加以处理,得体地予以应付,因而就必须注意遵循以下基本要求:

**1.言之有理,合乎逻辑**

所谓言之有理,首先要求在对他人进行反驳时,自己在语言表达上应当合乎逻辑,即遵从一定的逻辑规律,不能不着边际地乱说一通。其次是在反驳他人的观点时,应当有比较充分的理由或论据,绝不能在不占有任何材料的基础上空发议论。

**2.灵活温和,有理有节**

从方式上看,应当力求采取一些机智灵活、婉转温和的方式来反驳对方,最好不要发生激烈争辩,更不能苛责他人。在措辞上也应力求得体,本着商讨问题、达成共识的原则来反驳对方,不应生硬尖刻。

**3.忌势压人,知错便改**

既然反驳是为了澄清事理,那么这一环节要本着"对事不对人"的原则,绝不能以势压人,硬要对方接受自己的观点,更不能以不文明的举止来攻击、刺激对方。如果在交谈辩驳的过程中,随着认识的不断深入,发现是自己在认识上出现偏差,那么绝不能抱着"死不认账"的态度,而要有勇气承认自己的错误,及时主动地平息争辩。

### 八、赞美别人的技巧

大家都知道,赞美是人际关系中非常重要的润滑剂。这不但使人感到舒心与振奋,而且使人觉得被肯定与重视。然而绝大多数的人均非赞美的高手,他们只知道赞美的重要,却不谙赞美的技巧,不着边际的称赞,其结果只会适得其反。

**1. 必须真诚**

赞美必须是真诚的,这是赞美的先决条件。只有名副其实、发自内心的赞美,才能显示出它的光辉。其一,赞美的内容必须是对方所拥有的、真实的,而不是无中生有的,更不能把人家的缺陷和不足作为赞美的对象。比如对一个胖子说:"呀,你真苗条!"或对一个大嘴的人说:"看,你的小嘴多可爱!"还有比这更糟糕的赞美吗?其二,赞美要真正发自内心,要情真意切。言不由衷的赞美无疑是一种谄媚,最终会被他人识破,只能招致他人的厌恶和唾弃。

**2. 赞美要适时**

交际中认真把握时机,恰到好处的赞美,是非常重要的。一是当你发现对方值得赞美的地方,就要善于及时大胆的赞美,千万不要错过机会;二是在别人成功之时,送上一句赞语,犹如锦上添花,使得被赞美者心情格外舒畅。

**3. 赞美要适度**

赞美的尺度掌握得如何,往往直接影响赞美的效果。恰如其分、点到为止的赞美才是真正的赞美。使用过多的华丽辞藻,过度的恭维,空洞的吹捧,只会使对方感到不舒服、不自在,甚至难受、肉麻、厌恶,其结果往往适得其反。古人说的好:"过犹不及"。

**4. 捕捉可赞之处**

人人都有自己的长处,都有自己的闪光点。有时人和人之间很少赞美,其中一个重要的原因就是他们看不见别人值得赞美的地方。其实,只要你细心地观察,就不难发现值得赞美的内容。比如,美丽的服饰、动听的歌喉、有趣的爱好、高尚的人格……有时,甚至一句话,一个动作都可以成为赞美的对象。总之,凡是与对方有关的美好东西都可以成为赞美的话题,关键还在于你是否有一双敏锐的眼睛。

### 九、掌握拒绝的技巧

人生是不断地说服他人,以寻求合作;反过来也可以说,人生是不断地遭到拒绝和拒绝他人。

在社会交往中,一般来说,拒绝的话很难出口,然而,有时候又不得不拒绝对方,这就要求要掌握拒绝的技巧。

**1. 态度要和蔼**

拒绝总是令人不快的,特别是上级、师长拒绝下级、晚辈的要求时,不能盛气凌人,要以同情的态度,关切的口吻讲述理由,使之心服。在结束交谈时,要热情握手,热情相送,表示歉意。

**2. 语气要委婉**

虽然说"不"或"行"要明确表示,却也不是叫你毫无顾虑地就表示"要"或"不要"。语气强硬地说"不行"、"没办法",是会伤害对方的自尊心,甚至遭来对方的怨恨,尤其是当被拒绝的对方是上级时,说话更要留有余地。

**3. 要顾及对方的自尊**

拒绝时不要伤害对方的自尊心,特别是对你有恩的人,来拜访你请你帮忙,的确是非常难以拒绝的。不过,只要你能表示尊重对方的意愿,率直地讲出自己的难处,相信对方也是会谅解的。

**4. 让对方明白自己的处境**

一般来说,一个人有事求别人帮忙时,总是希望别人能满足自己的要求,却往往不考虑给他人带来的麻烦和风险。如果让对方设身处地去判断,这样会使提出要求的人望而止步,放弃自己的要求。

总之,拒绝对方,要给对方留一个退路,也就是给对方留面子,要能让他自己下台阶。你必须自始至终很有耐心地把对方的话听完,当你完全听完对方的话后,心里应该有了主意,这时再来说服对方,就不会使对方难堪了。

有时候,拒绝并非就此盖棺定论,仍需你努力善后,才会有一个良好的结局。如果这时候,你不气馁,不报怨,重视善后工作,下一次交涉就有可能获得成功。

**十、向上司提异议的规则**

每一个人都有一个直接影响自己事业、健康和情绪的上司。与上司保持良好的关系,是与你富有创造性、富有成效的工作相一致的,你能尽职尽责,就是为上司做了最好的事情。但是,有时候我们对问题有自己的见解和想法,也许你的想法与上司是冲突和抵触的,这时如何才能做到既提出异议,而又不冒犯上司呢?以下几条规则可供参考。

**1. 选择时机**

在找上级阐明自己不同见解时,先向秘书了解一下这位上级的心情如何是很重要的。即使这位上司没有秘书也不要紧,只要掌握几个关键时间就行了:当上司进入工作最后阶段时,千万别去打扰他;当他正心烦意乱而又被一大堆事务所纠缠时离他远些;中饭之前以及度假前后,都不是找他的合适时间。

**2. 先消了气再去**

如果你怒气冲冲地找上司提意见,很可能把他也给惹火了。所以应当使自己心平气和,就事论事地谈问题。因为在上司的眼里,一个对企业持有怀疑态度,充满成见的下属,是无论如何无法使他重鼓干劲的。

**3. 鲜明地阐明争论点**

当上司和他的下属都不清楚对方的观点时,争论往往会陷入僵局。因此下属提出自己的见解时必须直截了当,简明扼要,让上级一清二楚。

**4. 提出解决问题的建议**

通常说来,你所考虑到的事情,你的上司早已考虑过了。因此如果你能提供一些即刻奏效的办法,或提出一些对解决问题有参考价值的看法,会让他很高兴。

让上司在多项建议中做出选择,会使上司感到非常舒服,是一种高明的提建议技巧。

**十一、与陌生人交谈的方法**

与生人开口交谈是人际交往中最重要的步骤之一。处理好这一步骤可以使人结识很多有趣的朋友。处理不好会引起尴尬,失去很多机会。

首次谈话,如何取得对方的好感与信任,并能产生共同的语言,这个问题十分重要。下面介绍几种方法可供参考:

**1. 主动自我介绍**

能够主动地把自己的情况较全面地介绍给对方,要使对方从你的自我介绍中了解到你的工作、这次交谈的目的、所要了解的主要问题以及要达到的基本目的。

**2. 巧找话题**

交谈中找话题的方式多种多样,下面介绍几种:

(1)问路法。由于第一次交谈,不了解对方的情况,这样可以采取投石问路的办法,向交谈对方提出一些问题,观察对方对提出的那些问题是否感兴趣,根据对方的反应然后再谈,逐渐引到正题上来。还要善于找话题,不要牵强附会地提问题。

(2)即兴法。交谈双方都没有话了,这时要机智一些,可以借用此时、此地的某些材料为题,借题发挥,引发交谈对方谈话的兴趣。

(3)重复法。这是在对方把该讲的问题都讲完了,再没有什么可说的情况下,把对方没有讲清的问题,请他再谈一谈,特别是对一些重要的问题,必须运用这种方法搞清楚,不然会影响你的工作效果。

(4)归纳法。第一次交谈,双方都不很了解,即使你事先做了些调查研究,情况也不一定掌握得很多很全,交谈中对方可能给你提供出许多线索,因此,要在听取对方谈话的前提下,将对方谈的问题进行归纳、提炼,然后再总结出新问题提出来,请对方给予回答。

## 十二、如何与外国人交谈

对外开放以来,我国国际交往日益增多,越来越多的人会遇到和外国人交谈的问题。同外国交谈,在谈话前尽可能了解对方所属国家、地区的基本情况,与中国关系现状等,以便做到心中有数,有的放矢,以免闹出些笑话甚至引发一些难堪。

下述建议可能有助于你和外国人交谈。

**1. 区别对象,因势利导**

我们的客人来自不同的国家和地区,由于国度、文化、信仰、职业、社会地位差异,他们的兴趣,关心的问题,对华态度也不尽相同,交谈中选择什么样的话题,采取什么样的语言和口吻都应有所不同。注意使用解释和概括的方法,因时、因地、因人制宜,知己知彼,随机应变,有的放矢地交谈,使对方尽快领会谈话意图。

**2. 恰当话题,轻松引入**

不同的文化背景与民族习性及个性差异,使人有不同的兴趣爱好,要使交往愉快,就必须选择双方感兴趣的话题,如一些公共话题:体育赛事、社会热点、电影娱乐、流行时尚等。如果自己缺少广博的知识和控制谈话的能力,可以听外国人谈。一般欧美人都较健谈。你可以询问他们国家的人和事,这往往使对方感到亲切和自豪,他会滔滔不绝大讲特讲,你也长了许多见识。

**3. 态度真诚,虚心倾听**

听人说话,要聚精会神,同时要作出积极反应。有什么想法和感受,通过点头、微笑、手势、体态等表现出来,不要似听非听、东张西望、心不在焉、看手表,不要显出不耐烦的样子。即使不同意人家的意见,一般要耐心等他们把话讲完,然后阐明自己的意见。谈话时,不要过早下结论,过早表态会使交谈中止。如对他人谈话不感兴趣,且十分厌烦,可设法巧妙地转移话题,切忌粗暴地打断人家讲话。

### 4. 落落大方,褒谦适当

同外国人说话时,语言优美,表情自然,语气谦和,语调平稳。称赞对方不宜过分,过分则有讨好之嫌;自谦也要适当,谦虚是美德,但过分谦虚则有虚伪成分。外国人来参观,不可翻来覆去地说:"对我们的工作批评指导"。更不要在外国人并没有提意见的情况下,称赞外国人"提的意见很宝贵"。弄得外国人啼笑皆非,不知如何是好。

### 5. 注意忌讳,顺乎人意

不同国家各有自己的风俗习惯和宗教信仰,有的差异很大。如西方人讨厌别人打听女人年龄、收入、婚姻、学历、胖瘦、体重等问题;日本人和德国人不愿意提起二次世界大战、法西斯等话题;阿拉伯人不喜欢关于女人、他的妻子或者和"猪"有关的话题等。

### 6. 妙趣横生,诙谐适度

语言是表达思想,交流感情的工具。交谈者要力求自己的语言生动活泼,幽默感人,使人乐意接受。幽默的谈吐使人感到被理解和受启发,也使气氛轻松、融洽、利于交流。幽默是一种性格特征,又是一种外事活动的技能,谈吐幽默的人往往受到欢迎。

### 7. 实事求是,讲究诚信

对外谈话要符合实际,不要讲大话、空话。谈方针政策,不强加于人;谈建设成就,要实事求是;谈人民生活,注意发展变化;谈存在问题,要谈解决办法,表明前进信心。对外国人的各种要求,应区别情况,分别处理,不要随便表态,我方的各种安排,未经许可,不得向外国人透露。自己不知道或不清楚的事,不要随便答复。没有把握的事,不要允诺;答应人家的事情一定要做到。总之做到言必有据,言必有信,言必有利。

### 8. 文化差异,小心慎重

东西方国家和民族由于不同的文化造成的沟通差异及障碍是随处可见的。欧美人遇见女子往往说:"你真迷人"或"你真漂亮。"以此来博取女士好感,女士也欣然接受。中国女士和男士都较内向和含蓄,直截了当地说有些女子还接受不了。在我国,朋友见面常说:"天气冷了,多穿点衣服。"这是关心。但外国人可能会不高兴,你认为:我还是孩子?还要你来指导教训。中国人重视朋友间的关怀,而西方人则强调个人独立,尊重隐私。所以在与外国人交谈中,应特别慎重地对待建议或劝告,多了解对方的观念习惯,有利于交谈。

## 十三、谈吐幽默的方法和实用技巧

幽默是一种特殊的情绪表现。它是人们适应环境的工具,是人类面临困境时减轻精神和心理压力的方法之一。俄国文学家契诃夫说过:"不懂得开玩笑的人,是没有希望的人"。可见,生活中的每个人都应当学会幽默。

具有幽默感的人,生活充满情趣,许多看来令人痛苦烦恼之事,他们却应付得轻松自如。用幽默来处理烦恼与矛盾,会使人感到和谐愉快,相融友好。那么,怎样培养幽默感呢?

## 1. 对比

对比是造成幽默的基本方法之一。通过对比可以揭示事物的不一致性,使用对比句是逗笑的极好方法。古罗马政治家西塞罗就常用这一方法,比如:"先生们,我这个人什么都不缺,除了财富与美德。"

## 2. 反复

反复申说同一语句,能够产生不协调气氛,从而获得幽默效果。比如牛群的一段著名相声中的"领导冒号"。

## 3. 故意啰嗦

画蛇添足也能引人发笑。如马季的相声名段《打电话》,主要用的就是这种技巧。

## 4. 巧用歇后语

歇后语也是一种转折形式,它分为前后两部分。前面部分一出,造成悬念,后面部分翻转,产生突变,"紧张"从笑中得宣泄。如:"三九天穿裙子——美丽动(冻)人。"

## 5. 倒置

通过语音材料变通使用,把正常情况下人物关系,本末、先后、尊卑关系等在一定条件下互换位置,能够产生强烈的幽默效果。如有语序的倒置,"连说都不会话"。

## 6. 倒引

比较常用的幽默方法是倒引,能以其人之道还治其人之身。如:老师对吵闹不休的女学生说:"两个女子等于一千只鸭子。"不久,师母来校,一个女学生赶忙向老师报告:"老师,外面有五百只鸭子找您。"即引用对方言论。

## 7. 转移

当一个表达方式原是用于本义,而在特定条件下扭曲成另外的意义时,便获得幽默效果。如,空中小姐用和谐悦耳的声音对旅客道:"把烟灭掉,把安全带系好。"所有的旅客都按照空中小姐的吩咐做了。过了五分钟后,空中小姐用比前次还优美的声音又命令道:

"再把安全带系紧点吧,很不幸,我们飞机上忘了带食品。"

## 8. 夸张

运用丰富的想像,把话说得张皇铺饰,也能收到幽默效果。大家比较熟悉的幽默"心不在焉的教授",也是运用了夸张这一手法的。

教授:"为了更确切地讲解青蛙的解剖,我给你们看两只解剖好了的青蛙,请大家仔细观察。"

学生:"教授!这是两块三明治面包和一只鸡蛋。"

教授(惊讶地):"我可以肯定,我已经吃过午餐了,但是那两只解剖好的青蛙呢?"

语言幽默的方法还有很多,诸如比喻、转折、双关、故作曲解、故作天真、谐称等也都为人们所喜闻乐见。

## 十四、演讲的技巧

演讲是一门综合的高级的语言艺术。它既要语言美,动作美,还要求演讲人具备感情表达及临场发挥的能力及应变能力。

**1. 选题新颖，寻求奇特**

凡是演讲都有一个演讲范围，也就是演讲选题。演讲选题的范围很广，如一些为听众所喜爱、所关心的话题；一些带有浓厚的专业色彩，像军事、外交、法律、学术等专业话题；一些比赛性的演讲话题；一些社会热点、焦点或与自己职业有关的话题等。无论对哪一种选题，我们都要做到：立足时事热点，抓住社会焦点，适合听众论点，寻求奇特的激发点，讲出新颖独特的观点。

关于选题，很多人往往认为只有那些令人兴奋、让人刺激的话题才值得一谈，因而搜肠刮肚，想一些奇闻或惊心动魄的事迹，或是令人神经错乱的经验，以及不堪入目的情形。这类话题，虽然能让一部分人感觉很有趣，可能会获得一定的演讲效果，但毕竟有限。其实生活中演讲的题材很多，只要我们稍加留意，题材可以信手拈来。比如可以讲生命、讲爱情、讲理想、讲同情心、讲责任感、讲流行服装、讲岗位等。

**2. 开场别出心裁，语出惊人**

开头也就是开场白、起始语，一般来说，演讲开始的前几分钟是听众思想最易集中的时候。所以开头肩负着重要的职责。开头必须尽快吸引听众，基本的技巧就是别出心裁、语出惊人，或者运用沟通演说者与听众情感的话语来抓住听众。开头除了要吸引听众以外，还应考虑如何引入正题。

**3. 声情并茂，引起听众共鸣**

现在演讲开始了，要插入适当的动作，更好地表情达意。形体语言不单单是木然摆动你的肢体或不雅的动作，它要服从情绪表现的需要，该笑则笑，该怒则怒，切不可故作姿态，装模作样。

感情是演讲的灵魂，是抒发自己的感情来引起听众共鸣的一种技巧。充沛的感情可通过排比句式来表达，平凡伟大的感情则可通过叙事来抒发，还可以通过语调的变化，速度，重音，升降，停顿来驾驭。情调低沉，慢一些；反之，则急切，慷慨；重音是强调，而升降则是讲话的高低抑扬，将喜怒哀乐表现出来。

**4. 增强自信，以防怯场**

在比赛前，最好多练习，当你练习的次数越多，紧张程度就越低。最后在即将上台时，暗示自己："我已做好准备""不会出错""我是可以的"，增强自己的信心。克服怯场，必须做好演讲前的充分准备，不要让自我意识出卖了自己；让自己对材料内容深思熟虑，反复熟记。这样就会胸有成竹，从而产生了一种安全感。

**十五、如何提高语言表达水平**

语言表达水平，是一个人口才、学识和智慧的集中表现。

有的人出口成章，语言表达极具感染力；有的人却语言枯燥乏味，甚至语言表达难以连贯。其中自身的综合素质和语言表达能力是最主要的原因。语言表达技巧不是一蹴而就的，而是需要长时期有意识地自我培养、锻炼才能形成的。

具体可从以下几方面着手加以提高：

（1）平时注意积累语言素材

积累语言素材主要是指积累词汇。积累词汇的方法是处处留心。平时读书看报、与人交谈、听课、听广播、看电视等,随时都能获得新的词汇。尤其是多阅读中外名著等优秀的文学作品,从中获得丰富多彩的词语。在词汇的学习和积累过程中,要尽量避免粗俗的用语。

（2）要经常辨析词语的特点

词语的妙用,有许多微妙复杂之处,语感的敏锐意味着用词造句又快又准,这就要求平时对每个词的词性、色彩以及相互搭配的特点等都要加以分辨。如果忽视了词语细微的差别,如把贬义词当作褒义词或中性词,把适用于书面的词语用在口头上,就有可能闹出笑话。

（3）养成遣词选句的习惯

培养遣词选句的习惯主要是要多听多读多写,经常接受良好的语言刺激和熏陶。如果我们多读多写多听,经常接受符合规范、质量较高的语言刺激和熏陶,那么无形中就养成了一种良好的遣词选句的习惯。

（4）善于运用易懂的口语

能用易懂的口语来表达深奥思想内容和丰富情感的人,往往是受公众欢迎的人,也是真正有语言表达能力和思想水平的人。那种在公众场合只会咬文嚼字,用专业术语或行话表达的人,只能给公众留下自命清高、酸腐十足的印象。因为口语化的语言表达注重词汇的通俗化,其所表达的思想内容和情感心理常体现出雅俗共赏的特点,所以易与大众心理相吻合,这样也易于为大众接受、运用和传播。

（5）语言表达要声情并茂,抑扬顿挫。言为心声,体表其情,口体相辅,只有动之以情,晓之以理,语音抑扬顿挫,有节奏感,才能达到表达效果。

## ▶ 第二节 交谈注意事项

### 一、如何弥补言行失误

我们在现代生活中比较注重的是礼仪问题,服饰打扮、举止言谈、气质风度、文明礼貌,这些无一不在影响着你的形象,决定着你的前程和命运。由于举止得体,你在与人交谈中赢得了别人的尊重,获得了一个好的发展机会。反之,如果你不注重礼仪,可能由于举止言行的某一个失误,导致终生遗憾。那么,在你言行出现失误的时候,你该怎样弥补这一过失呢?

**1. 及时纠正**

俗话说"亡羊补牢,未为晚也!"每个人的言行不可能永远正确,当你因一时失误,应及时纠正,这才是明智之举。

一次,美国总统里根访问巴西,由于旅途疲乏,年岁又大,在欢迎宴会上,他脱口说道:

"女士们,先生们! 今天,我为能访问玻利维亚而感到非常高兴。"

有人低声提醒他说溜了嘴,里根忙改口道:

"很抱歉,我们不久前访问过玻利维亚。"

尽管他并未去玻国。当人们还来不及反应时,他的口误已经淹没在后来滔滔的大论之中了。这种方法,在一定程度上避免了当面丢丑,不失为补救的有效手段。

**2. 及时移植**

及时移植,就是把错话移植到他人头上。如说:"这是某些人的观点,我认为正确的说法应该是……"这就把自己已出口的某句错误纠正过来了。对方虽有某种感觉,但是无法认定是你说错了。

### 3. 及时引申

迅速将错误言词引开,避免在错中纠缠。就是接着那句错误的话之后说:"然而正确说法应是……"或者说:"我刚才那句话还应作如下补充……",这样就可将错话抹掉。

### 4. 借题发挥

借题发挥就是错话一经出口,在简单的致歉之后立即转移话题,有意借着错处加以生发,以幽默风趣、机智灵活的话语改变场上的气氛,使听者随之进入新的情境中去。曾有一个新毕业的大学生去某合资公司求职,一位负责接待的先生递过来名片。大学生神情紧张,匆匆一瞥,脱口说道:"滕野先生,您身为日本人,抛家别舍,来华创业,令人佩服。"那人微微一笑:"我姓滕,名野七,地道的中国人。"大学生面红耳赤,无地自容,片刻后,神志清醒,诚恳地说道:"对不起,您的名字使我想起了鲁迅先生的日本老师——藤野先生。他教给鲁迅许多为人治学的道理,让鲁迅受益终生。希望滕先生日后也能时常指教我。"滕先生面带惊奇,点头微笑,最终录用了他。

### 5. 将错就错

将错就错这种方法就是在错话出口之后,能巧妙地将错话续接下去,最后达到纠错的目的。其高妙之处在于,能够不动声色地改变说话的情境,使听者不由自主地转移原先的思路,不自觉地顺着我之思维而思维。

某次婚宴上,来宾济济,争向新人祝福。一位先生激动地说道:"走过了恋爱的季节,就步入了婚姻的漫漫旅途。感情的世界时常需要润滑。你们现在就好比是一对旧机器……"其实他本想说"新机器",却脱口说错,令举座哗然。一对新人更是不满之意溢于言表,因为他们都曾各自离异,自然以为刚才之语隐含讥讽。那位先生的本意是要将一对新人比作新机器,希望他们能少些摩擦,多些谅解。但话既出口,若再改正过来,反为不美。他马上镇定下来,略一思索,不慌不忙地补充一句:"已过磨合期。"此言一出,举座称妙。这位先生继而又深情地说道:"新郎新娘,祝愿你们永远沐浴在爱的春风里。"大厅内掌声雷动,一对新人早已笑若桃花。

这位来宾的将错就错令人叫绝。错话出口,索性顺着错处续接下去,反倒巧妙地改换了语境,使原本尴尬的失语化做了深情的祝福,同时又道出了新人间,情感历程的曲折与相知的深厚,颇有些"点石成金"之妙。

## 二、如何避免"冷场"

与人交谈,一个话题谈完了,如果两人不善言谈,而另一个话题又没接上,那么,就有可能出现"冷场"的尴尬局面,别人会显出局促不安的神态,你也会无所适从,怎么办?

一般来说,冷场分为两种情况:一种是单向交流,听的人毫无兴趣,注意力分散;另一种是双向交流中,听者毫无反应,或仅以"嗯"、"噢"之类应付。

不管是哪种情况出现的冷场,根本原因都在于听者不愿听说话人所说的话,听者仅仅出于纪律的约束或处世的礼貌而扮演一个"接受"的角色。

发言者既要发言,必须实施控制,避免冷场的发生。避免和控制的办法是:

### 1. 发言简短

单向交流中那种应景式讲话,越短越好。如某商场举行开业仪式,邀请了市内各方面的人士参加。总经理只说了两句话:"女士们,先生们:热忱欢迎各位光临! 现在我宣布:XX 商场正式开业!"

双向交流中,任何一方都不要滔滔不绝地"包场",要有意识地给对方留下发言的时间和机会。自己一轮讲不完,应待对方有所反应后再讲,不要一轮就讲得很长。

**2.变换话题**

单向交流的话题变换是暂时的,所变换的话题是为了吸引听者的注意力,调动他们的兴趣。这一目的达到后,仍要回到原有话题的轨道。比如教师在讲课过程中发现学生精力分散、东张西望、打瞌睡、窃窃私语、在桌上乱画,可以暂停讲授,穿插几句应景、时髦、诙谐的话;或者简短地讲个与教学多少相关的掌故、趣闻,学生的精力便会一下集中起来,之后,再继续教学。

双向交流的话题变换是不定的,根据现场情况随时进行。比如你与别人谈今日凌晨看的一场世界杯足球赛电视直播,可别人并不喜欢足球,也没有在半夜里爬起来观看,对你所议显得毫无兴趣,出现冷场。这时,你就应及时将话题扯到其他方面去。

**3.中止交谈**

任何人在交谈时都不希望听者不愿接受。但若这种情况出现后,自己又采取了诸如简短发言、变换话题等控制手段,仍然不能扭转冷场的局面,那就应中止交谈。没有人接受的交谈是无意义的,既白白耗费自己的精力,又无端浪费别人的时间。

**三、怎样控制搅场**

搅场就是扰乱、打搅交流活动的现场。这种情况主要出现在单向交流中,如上课、作报告、大会发言、演讲等场合。表现是听众开小会、串座位、随意进出、喧哗、嘲笑、喝倒彩、吹口哨、瞎鼓掌等。

搅场出现的原因有三种,要区别不同原因,采取不同的措施。

(1)听者本就对发言者有成见,是反对派

听者之所以来听,就是想来钻空子、找岔子,不管你怎么说,他都要搅。

对待这种场面的方法是:坚定信心,置若罔闻。

(2)发言者思想、学术、业务等水平不高,听者觉得听下去是浪费时间

对待这种场面应该谦虚谨慎,自剖自责,以诚恳的态度赢得他人尊重。

(3)发言的内容完全不合听者之意

这时,可采取幽默风趣,生动活泼的方式。

某厂宣传部长按厂的宣传工作计划,到一分厂宣传时事政策。分厂一些工人正为下岗问题忧虑,但在这节骨眼儿上又不敢不来听。当分厂厂长讲了部长要宣讲的时事政策内容后,台下吵吵嚷嚷,闹得不可开交。部长扯开喉咙大喊道:"报告大家一个好消息。"台下顿时静了下来。部长故意停了一下才说:"我爱人下——岗——了!"台下先是一愣,随即响起一片热烈的掌声。接着部长就从自己爱人如何主动要求下岗讲起,将夫妻的对话、儿女反对的言辞惟妙惟肖地描述一番。待听众情绪完全调动起来后,才简要地讲了讲为什么要下岗,当前下岗的形势等问题。这样宣传部长赢得了听众的认可。

**四、开玩笑禁忌**

朋友、熟人之间适当开开玩笑,可以活跃气氛,融洽关系,增进友谊。但开玩笑一定要适

下篇　礼仪操作

度,注意下面一些禁忌。

**1.忌男女无别**

男性与女性对语言情境的承受能力是不同的。一般来讲,男性对语言情境的承受能力较强,一般的玩笑不会导致男性的难堪。而女性对语言情境的承受能力较弱,一般的玩笑常使女性感到难堪。所以,切不可过分地对女性开玩笑,使女性感到难堪,下不来台。

**2.忌长幼无序**

开玩笑,也要注意长幼关系。长者对幼者开玩笑,要保持长者的庄重与身份,使幼者不失对长者的尊敬;幼者对长者开玩笑,要以尊敬长者为前提。切不可把长者本身的缺点或不足当笑料。

**3.忌不分亲疏**

一般情况下,与自己比较亲近、熟悉的人在一起,开玩笑是可以的。但与自己比较疏远、陌生的人在一起,就不宜开玩笑。因为可能会在开玩笑中"冒犯"了人家,引起反感,不利于今后的互相了解和友谊的发展。

**4.忌揭人短处**

每个人在生理上、心理上、行为上或能力上,都可能有不足之处,这些不足会使自身感到遗憾、烦恼或痛苦。一个有良好道德修养的人是不会把人的这些不足之处当笑料的。

**5.忌不注意身份**

人在复杂的社会关系中,所处的社会地位是经常变化的,身份也随之变化,所以在开玩笑时,要注意把握好分寸,不要有失身份。

**6.忌不注意场合、环境**

一般来讲,严肃、静穆的场合,言谈要庄重,不能开玩笑。而在喜庆的场合,则要注意自己所开的玩笑能否给喜庆的环境增添喜悦的气氛。工作时间,不宜开玩笑,以免因注意力分散而影响工作。

**7.忌不顾对方性格和心境**

性格不同,决定开玩笑的内容、方式和情境也不同。一般情况下,与性格开朗、大方、豁达、健谈的人开玩笑时,可以在内容、方式和情境上更广泛一些。对那些性格内向、多思多疑的人,一般不要开玩笑。同时,要注意对方心情愉快时,可以适当地多开玩笑,当对方心情郁闷、情绪低落、不爱交谈时,就不宜开玩笑。

**五、交谈禁忌**

人与人之间的交谈是一种双向性的沟通。交谈的内容,交谈的姿态、表情以及许许多多并不为人所觉察到的交谈因素,都有阻碍交谈的可能。而许多不正确的交谈方式,常常是使交谈无法维持的一个根本原因。

**1.忌居高临下**

不管你身份多高、背景多硬、资历多深,都应放下架子,平等地与人交谈,切不可给人以"高高在上"之嫌。

**2.忌自我炫耀**

交谈中,不要炫耀自己的长处、成绩,更不要或明或暗拐弯抹角地为自己吹嘘,以免使人反感。

### 3. 忌心不在焉

当你听别人讲话时,思想要集中,不要左顾右盼,或面带倦容,或连声呵欠,或神情木然,或毫无表情,让人觉得扫兴。

### 4. 忌节外生枝

要扣紧话题,不要节外生枝。如当大家正在兴致勃勃地谈论音乐,你突然把足球赛的话题塞进来,显然不识"火候"。

### 5. 忌搔首弄姿

与人交谈时,姿态要自然得体,手势要恰如其分。切不可指指点点,挤眉弄眼,更不要挖鼻掏耳,给人以轻浮或缺乏教养的印象。

### 6. 忌打断对方

双方交谈时,上级可以打断下级;长辈可以打断晚辈;平等身份的人是没有权力打断对方谈话的。如果有紧急事件发生,或确实有必要打断对方,要在对方说话的间歇,以婉转的口气,很自然得体地将自己的话简短说出,如"你讲的确有道理,不过请允许我打断一下",或"请让我提个问题好吗?"……这样就不会让人感到你轻视他或不耐烦了。打断他人需征得对方同意,但对陌生人的谈话是绝对不允许打断或插话的。

### 7. 忌质疑对方

对别人说的话不随便表示怀疑。所谓防人之心不可无,质疑对方并非不行,但是不能写在脸上,这点很重要,否则,就容易带来麻烦。质疑对方,实际是对其尊严的挑衅,是一种不理智的行为。人际交往中,这样的问题值得高度关注。

### 8. 忌纠正对方

"十里不同风,百里不同俗。"不同国家、不同地区、不同文化背景的人考虑同一问题,得出的结论未必一致。一个真正有教养的人,是懂得尊重别人的人。尊重别人就是要尊重对方的选择。除了大是大非的问题必须旗帜鲜明地回答外,人际交往中的一般性问题不随便与对方论争是或不是,不要随便去判断,因为对或错是相对的,有些问题很难说清谁对谁错。

### 9. 忌补充对方

有些人好为人师,总想显示自己知道得比对方多,比对方技高一筹。出现这一问题,实际上是没有摆正位置,因为人们站在不同角度,对同一问题的看法会产生很大的差异。

# 第八章 邀请与接待

邀请与接待是单位与单位、人与人之间交往中的一项经常性的工作。在邀请与接待中的礼仪表现，不仅关系到自己个人的形象，而且还关系到单位的形象和工作。所以，邀请与接待的礼仪历来都受到重视。

## ▶ 第一节 邀 请

在人际交往中，因为各种各样的实际需要，人们必须对一定的交往对象发出约请，邀请对方出席某项活动，或是前来我方做客。这类性质的活动称之为邀约。

### 一、邀请的方式

在社会生活中，因为各种各样的实际需要，我们必须对一定的交往对象发出邀请，请对方出席某项活动，或是前来我方做客。这类性质的活动，被称之为邀请。

邀请，实质上是一种双向的约定行为。当一方邀请另一方或多方人士，前来自己的所在地或者其他某处地方约会，以及出席某些活动时，他不能仅凭自己的一厢情愿行事，而是必须取得被邀请方的同意。作为邀请者，不能不自量力，无事生非，既麻烦别人，又自讨没趣。作为被邀请者，则需要及早地作出合乎自身利益与意愿的反应。不论是邀请者，还是被邀请者，都必须认真对待，绝对不可以掉以轻心。

对邀请者而言，发出邀请，不仅要力求合乎礼貌，以取得被邀请者的良好回应，而且还必须使之符合双方各自的身份，以及双方之间关系的现状。

在一般情况下，邀请有正式与非正式之分。

#### 1. 正式邀请

正式的邀请既讲究礼仪，又要设法使被邀请者备忘，故此它多采用书面的形式。正式的邀请，有请柬邀请、书信邀请、传真邀请、电报邀请、便条邀请等等具体形式。

在正式邀请的诸多形式中，档次最高、也最为常用的当属请柬邀请。凡精心安排、精心组织的大型活动与仪式，如宴会、舞会、纪念会、庆祝会、发布会、单位的开业仪式等，只有采用请柬邀请嘉宾，才会被人视之为与其档次相称。

请柬又称请帖，它一般由正文与封套两部分组成。不管是购买印刷好的成品，还是自行制作，在格式上行文上，都应当遵守成规。

请柬正文的用纸，大都比较考究。它多用厚纸对折而成。以横式请柬为例，对折后的左面外侧多为封面，右面内侧则为正文的行文之处。

封面通常讲究采用红色，并标有"请柬"二字。请柬内侧，可以同为红色，可采用其他颜色。但民间忌讳用黄色与黑色，通常不可采用。

在请柬上亲笔书写正文时,应采用钢笔或毛笔,并选择黑色、蓝色的墨水或墨汁。红色、紫色、绿色、黄色以及其他鲜艳的墨水,则不宜采用。

目前,人们经常用的请柬,基本上都是横式请柬。它的行文,是自左向右,自上而下地横写的。除此之外,还有一种竖式请柬。它的行文,则是自上而下的,自右而左地竖写的。作为中国传统文化的一种形式,竖式请柬多用于民间的传统性交际应酬。

在请柬的行文中,通常必须包括活动形式、活动时间、活动地点、活动要求、联络方式以及邀请人等项内容。

### 2.非正式邀请

非正式的邀请,通常是以口头形式来表现的。相对而言,它要显得随便一些。

非正式的邀请,也有当面邀请、托人邀请以及打电话邀请等不同的形式。它多适用于非正式的接触之中。

## 二、如何发出正式邀请信

发正式邀请信,需要经过如下几个阶段:

(1)首先将活动预告发出去。

(2)发送较详细的活动纲要,并附上登记表等文件。

(3)活动日期临近时,再次发送有关活动筹备情况的消息报道,如参加者人数,准备工作的进展等等。

政府级国际会议的邀请信,通常由东道国发出。一般情况下,东道国将在邀请信中对手续规则等问题附上本国的提案,如代表团的组成、首席代表是否需要递交国书、如何接待列席人员、议事记录的制作方法、翻译工作、公开及非公开会议使用的语言、投票方式等。

在发送邀请信的同时,附送会议的拟定议题。在听取参加国意见之后,再决定最终议题。这是较正式的做法。

## 三、对邀请的答复

对邀请的答复务必从速。这样便于主人尽早地清楚应邀前来参加的人数,因为他要做周密的筹划和安排。

对正式邀请,应该作出正式答复。若需拒绝邀请,应告知对方自己拒绝的原因,拒绝的语言一定要明确,不可模棱两可,但要注意措辞委婉。

## 四、如何回请

在应邀参加婚礼、为新娘举行的送礼会、舞会和交际舞会、官方的盛大集会或者一个你已付了钱的活动时,这些都没有"回请"的义务。而参加在私人家里举行的宴会,无论是午餐、提前的午餐(或延后的早餐)、鸡尾酒会或晚宴则应回请。

只要情况允许,最好以同样的方式回请对方。如果无条件用同样的方式报答他们的盛情,就应该设法请他们吃饭或去看戏,或以其他能使他们高兴的形式回请。

如果对方谢绝了第一次邀请,至少应该再请一次,最好是两次或者多次。请过多次后,如果还是请不动,也许就可以作罢了,或者至少等将来某个日子有适合他们参加的活动时再邀请。

## ▶ 第二节　接　待

迎来送往,是社会交往接待活动中最基本的形式和重要环节,是表达主人情谊、体现礼貌素养的重要方面。尤其是接待,是给客人良好第一印象的最重要工作。给对方留下好的第一印象,就为下一步深入接触打下了基础。

### 一、一般性的接待

接待客人要注意以下几点:

(1)客人要找的负责人不在时,要明确告诉对方负责人到何处去了,以及何时回本单位。请客人留下电话、地址,明确是由客人再次来单位,还是我方负责人到对方单位去。

(2)客人到来时,我方负责人由于种种原因不能马上接见,要向客人说明等待理由与等待时间,若客人愿意等待,应该向客人提供饮料、杂志,如果可能,应该时常为客人换饮料。

(3)接待人员带领客人到达目的地,应该有正确的引导方法和引导姿势。

①在走廊的引导方法。接待人员在客人二三步之前,配合步调,让客人走在内侧。

②在楼梯的引导方法。当引导客人上楼时,应该让客人走在前面,接待人员走在后面,若是下楼时,应该由接待人员走在前面,客人在后面,上下楼梯时,接待人员应该注意客人的安全。

③在电梯的引导方法。引导客人乘坐电梯时,接待人员先进入电梯,等客人进入后关闭电梯门,到达时,接待人员按"开"的钮,让客人先走出电梯。

④客厅里的引导方法。当客人走入客厅,接待人员用手指示,请客人坐下,看到客人坐下后,才能行点头礼后离开。如客人错坐下座,应请客人改坐上座(一般靠近门的一方为下座)。

(4)诚心诚意的奉茶。

我国习惯以茶水招待客人,在招待尊贵客人时,茶具要特别讲究,倒茶有许多规矩,递茶也有许多讲究。

### 二、如何收集来宾的资料

收集并深入分析来宾的具体资料,可为接待工作提供有力的依据。

#### 1.收集的内容

(1)来宾的基本资料

与会来宾的基本资料包括来宾的国别、地区、所代表的组织机构、人数、姓名、性别、年龄、身份、职务、民族、宗教信仰、生活习俗、健康状况等。

(2)来宾的目的、意图和背景

来宾的目的、意图,决定了其在活动期间的立场和态度,组织活动的工作人员应当通过多种途径和渠道了解和掌握情况,包括了解和掌握与来宾的情况、过去和现在的立场与态度、目前的处境及其他背景材料,以便有针对性地做好接待工作。

(3)抵离时间和交通工具

要准确掌握来宾抵达和返离的具体时间和交通工具,以便安排人员和车辆到机场、码头、车站迎接和送别。

**2.收集来宾资料的途径与方法**

（1）汇总回执或报名表

回执或报名表是了解和掌握来宾情况的主要途径。根据回执可以了解来宾的职业、身份、职务、性别、年龄、民族等基本信息，并通过汇总大致统计出来宾人数、来宾的组成结构和分布情况等数据。这些基本信息和数据对于做好接待工作具有十分重要的价值。

（2）查阅历次活动的档案资料

历次活动的档案资料中保存了活动记录和接待方面的记录，这对于了解来宾基本信息，比较其立场、观点、态度的变化，掌握其生活起居的特点有一定的参考价值。

（3）请有关部门提供资料

为了全面了解来宾的资料，不妨请有关部门协助提供对方一些资料。比如涉外会议，可通过外国驻华使领馆了解与会国国旗悬挂的规则、一些特殊礼仪与礼节等。

（4）要求来宾出示有效证件和介绍证明信函

一些重要会议的接待，应当请来宾出示有效证件和盖有公章的介绍证明信函，以便确认其身份。

## 三、接待方案的一般内容

**1.接待方针**

接待方针是接待工作的总原则和指导思想，应当根据活动实际情况和领导机构对接待工作的要求以及来宾的具体情况确定。

**2.接待规格**

接待规格实际上是来宾所受到的待遇，往往体现了主办者对来宾的重视和欢迎的程度。接待规格主要表现在以下方面：

（1）主办方出面人员的身份，具体可以分为三种情况：

第一种是高规格，即主办方出面人员的身份高于来宾，以体现对对方的重视和尊重；

第二种是对等规格，即主办方出面人员的身份与来宾大体相等；

第三种是低规格，即主办方出面的人员的身份比来宾低。

显然，到场的我方人士身份越高，尤其是到场的我方主要人士的身份越高，越说明我方尊重并重视对方，双方关系较为密切。

（2）活动过程中安排宴请、参观、访问、游览、娱乐活动的次数、规模和隆重程度。

（3）来宾的食宿标准。

接待规格要依据活动的目标、性质、接待方针并综合考虑来宾的身份、地位、影响等实际因素来确定。确定接待规格要适当。涉外接待的规格应严格按有关外事接待的规定执行。

**3.接待内容**

接待的内容包括接站、食宿安排、宴请、看望、翻译服务、观看文艺演出、参观游览、联欢娱乐、返离送别等。接待内容的安排应当服从于整个来宾的大局，并有利于来宾的休息、调整，同时也能够为活动创造轻松、和谐的气氛。

**4. 接待活动的时间安排**

接待活动的时间安排应当同活动日程安排通盘考虑,并在活动日程表中反映出来,以便于来宾了解和掌握。

**5. 接待责任**

接待责任是指各项接待工作的责任部门及人员的具体职责。接待责任必须分解并且落实到人,必要时建立专门的工作小组。如大型会议活动可设置票务组,负责来宾返离时的票务联系。

**6. 接待经费**

接待经费是整个活动经费的构成部分,主要是安排来宾食宿和交通的费用,有时也包含安排参观、游览、观看文艺演出等的支出,涉外活动还包括少量的礼品费。活动接待方案应当对接待经费的来源和支出作出具体说明。在任何情况下,接待来宾都是需要花钱的。来宾接待工作中的费用支出应该既有一定标准,又要反映出接待方对对方的重视。

### 四、接站礼仪

接站指接待人员在机场、码头、车站迎接来宾。接站是大型活动如跨地区活动和国际性会议接待工作的第一道环节。

**1. 确定迎接规格**

重要领导或外宾来访,要事先确定迎接的规格,主办方应当派有一定身份的人士前往机场、码头、车站迎接。接待人员要事先了解他们来宾的具体时间以及所乘的交通工具,并通知迎接人员提前到达迎接现场。

**2. 组织欢迎队伍**

如举行重大活动,为表示对来宾的热烈欢迎,可在机场、车站、码头组织群众性的欢迎队伍。

**3. 竖立接待标志**

来宾集中抵达时,在接站处要竖立醒目的接待标志,以便其辨识。接站现场较大、人员较杂时还要准备好手提式扩音机。个别接站,接站人员可以手举欢迎标志,如上书"欢迎××先生(女士)"即可。

**4. 掌握抵达情况**

接待人员应随时掌握并统计抵达的名单和人数,特别要留意晚点抵达的来宾,避免漏接。

**5. 热情介绍**

来宾到达时,迎接人员应迎上前去自我介绍,并主动与其握手以示欢迎。如果领导人亲自前去迎接重要的来宾,且双方是初次见面,可由接待人员或翻译人员进行介绍。

介绍时要注意将被介绍人的姓名、职务、职称、学衔要说得十分准确、清楚。

**6. 安排献花**

对重要的来宾,如知名专家、劳动模范、获重要奖项者等可安排献花。献花必须注意以下几点:

(1)所献之花必须是鲜花,花束要整齐、鲜艳。

(2)对外宾献花要尊重对方的风俗习惯,花的品种和颜色要根据不同的对象来选择,一般忌用菊花、杜鹃花、石竹花以及以黄色为主的花,因为黄色的花在许多国家和民族被视为不吉利。

(3)一般安排少年儿童或女青年献花。如来宾夫妇同时到达,由女少年向男宾献花,男少年向女宾献花。少先队员献花时,应当先向对方敬礼。有时也可由主办方领导人亲自献花,以表示最诚挚的欢迎。

(4)献花一般安排在主客双方见面、介绍、握手之后。

**7.陪车**

陪同客人乘车时要注意座位次序。小轿车的座位次序通常为"右为上、左为下;后为上、前为下",即小轿车的后排右位为上座,安排坐客人;后排左位为次座,安排坐主办方领导人;接待人员坐在司机旁的座位。接待人员受领导委托单独陪车时,应坐在客人的左侧。

上车时,接待人员应打开右侧车门,请客人从右门上车,自己从左侧门上车,避免从客人座前穿过。遇到客人上车后坐到了左侧,应尊重其意愿和选择,不必请客人挪动座位。但如果是重要的外宾,车前挂有双方国旗时,则应严格做到主左客右。车到达时,自己先下,为客人打开车门,请其下车。

此外,迎接重要的来宾,要布置好安全保卫工作,并与新闻单位联系,准备采访和发布新闻消息。

**五、来宾报到时,接待人员应做好的工作**

来宾报到时,接待人员要做好以下工作:

**1.查验证件**

查验证件的目的是确认来宾的参加资格。需查验的证件包括邀请信、通知书、单位介绍信、身份证和其他有效证件。

**2.登录信息**

即请来宾在登记表上填写个人的有关信息,如姓名、性别、年龄、单位、职务、职称、联系地址、电话等等。报到登记表既可以据以统计参加活动的人数,以便做好活动期间的各项服务工作,又可据此编制来宾通讯录。

**3.接收材料**

即由接待人员统一接收来宾随身带来的需要在活动现场分发的材料,经审查后再统一分发,以免由于在现场自行分发而影响秩序,同时也可防止自行分发材料可能造成的其他不良后果。

**4.发放文件**

除了提前分发的各类文件外,其他文件应当在来宾报到时一并发给。文件应当按照保密要求分类发放和管理。保密文件和需要清退的文件必须履行签收手续,并发给文件清退目录,嘱其妥善保存,活动结束后退回。

**5.预收费用**

有些活动须由来宾支付一定费用,如会务费、食宿费、资料费等等。这类来宾在报到时要安排财会人员现场预收费用并开具收据。

## 六、如何安排来宾饮食

### 1.安排饮食工作的注意事项

（1）饮食卫生

饮食安排，卫生第一。只有清洁卫生的饮食才能使来宾吃得好、吃得满意。因此，要按照有关食品卫生的要求和规定，采取得力措施，实施严格管理，确保饮食安全，从而保证活动的顺利进行和圆满结束。

（2）规格适中

活动中的饮食一定要根据既定的饮食标准来安排。饮食标准应当由组织的领导机构确定，并贯彻勤俭节约的原则，反对大吃大喝和铺张浪费。

（3）照顾特殊

来宾中如有不同饮食习惯的少数民族或其他有特殊需要的人员，要特别予以照顾，尽可能满足他们的需要。

### 2.安排饮食工作的程序

（1）制定饮食工作的方案

持续时间较长的大型活动，要事先依据活动整体要求制定一套详细的饮食工作方案，主要内容包括：

①就餐标准。就餐标准要分解到早、中、晚三餐的具体支出。

②就餐时间。就餐时间一般要同活动的作息时间综合考虑。

③就餐地点。如果人数较多，要多安排几个就餐地点。

④就餐形式。即采取个人分食制还是同桌合餐制。

⑤就餐人员组合方式。即就餐时是自由组合还是按编组的方式组合。

⑥就餐凭证。

⑦保证饮食安全的具体措施。

（2）预定餐厅

餐厅的选择要考虑以下几点：

①餐厅的卫生条件是否达到规定的标准。

②饭菜品种和质量能否满足要求。

③餐厅大小是否能够容纳全部就餐人员。

④餐厅与活动场地和来宾驻地的距离是否适当。

⑤价格是否合理。

（3）印制和发放就餐凭证

就餐凭证一般采取两种办法，一种是印制专门的就餐券，在来宾报到时和文件一起发放，以后每次就餐，由工作人员收取。另一种是凭代表证进入餐厅。

（4）统计就餐人数

准确统计就餐人数是安排好就餐的重要前提。人数不准确，偏多则造成浪费，偏少则会影响部分来宾的就餐。统计人数的方法一是根据签到，二是分组统计，然后汇总。

（5）拟定菜谱

组织活动的工作部门要十分重视菜谱的拟定。要在经费预算的框架内,尽可能与有关餐厅商定一份科学、合理的菜谱,并尽可能满足少数民族代表以及一些有特殊饮食习惯的代表的需求。

(6)餐前检查

就餐之前,要对饭菜质量、份数、卫生状况等进行必要的检查,以便发现问题,及时纠正或者调整。

(7)餐后反馈

来宾就餐后,要注意听取他们对饭菜质量以及餐厅服务态度的意见,以便及时改进服务。

## 七、如何安排来宾住宿

### 1.安排住宿工作的注意事项

(1)住地相对集中

住地相对集中,一是有助于活动期间的信息沟通和事务联系,从而有利于加强对活动的领导与管理,二是有助于来宾之间进行非正式的沟通和交流。

(2)距离活动场地较近

来宾住地要尽量靠近会场,这样可以节省时间和交通费用。

(3)设施齐全、确保安全

来宾住宿的宾馆或招待所除应具备基本的生活设施外,必须具备良好的消防和保安等设施和人员配备,确保安全。

(4)合理分配、照顾特殊

房间的分配有时是一个比较敏感的问题,比如召开一次代表大会,如果各代表团所住的宾馆条件相差太大,会产生一些误会。有些学术活动,出席者的身份高低不等,安排住房时,有必要作适当区别。有时,一些来宾自费出席,对房间有特别的要求,应当尽可能予以满足。

(5)规格适中,勤俭节省

在活动费用中,住宿费用往往占很大比例,因此,要根据活动的实际需要来确定所住宾馆的规格,不要盲目追求高规格,动辄租住豪华宾馆。

### 2.安排住宿工作的程序

(1)制订住宿安排工作方案

大型活动的住宿安排需要事先制订方案,内容一般要包括所住宾馆的地点、规格、费用、房间分配原则等。

(2)统计住宿人数

根据通知的回执统计来宾的大致人数,并据此预算预订的房间数量后统计实际报到的人数,这才是最后落实房间和床位的依据。

(3)分析来宾的情况

预订和分配房间之前,还要仔细分析来宾的基本情况,如来宾的性别、年龄、职务、职称、专业以及生活习惯、相互关系等。一般情况下,应当适当照顾女性、年长者和职务较高者。如果安排两人一间房间,专业相同或相近的与会者同住一间,有利于他们之间进行交流。来宾如果带随行工作人员,可将他们安排在一起或相邻房间,这样可便于他们开展工作。

（4）预订宾馆和房间

预订宾馆和房间除了注意上面提出的几点要求外,还要考虑以下几点:

①宾馆的房间数量能否容纳住宿人数;如果来宾需要在宾馆内会见客人,还需为其预订大小适中的会客厅。

②房间的布局是否集中。

③房间内的生活设施是否齐全并且完好。

④价格是否合理。

（5）分发房间钥匙

这项事务一般在来宾报到时会同宾馆工作人员一起做。

## 八、如何安排来宾作息时间

作息时间是活动举行期间全体人员生活和工作必须共同遵守的具体时间安排。

**1. 安排作息时间工作的注意事项**

（1）服从活动的整体需要。

（2）根据当时和当地的日出和日落的时间适当调整作息时间。

（3）劳逸结合,充分安排休息时间。

（4）作息时间表应在来宾报到时分发,如有变化应及时通知。

**2. 作息时间的构成**

（1）就餐时间,包括每天早、中、晚三餐的时间。

（2）每天上午、下午活动的开始、结束和休息时间。

（3）辅助活动的时间,如晚上的娱乐活动时间安排。

**3. 作息时间表的格式**

（1）标题。

（2）活动举行时间。

（3）正文。一般以时间为线索,写明就餐、活动、休息以及辅助活动的具体时间。

（4）说明或备注。如有特殊的时间安排,可以专门列出说明项或备注具体说明之。

（5）拟定者。

（6）拟定日期。拟定日期一般写领导批准日期。

[例文] ××国内学术交流会作息时间表（×年×月×日～×日）

| | |
|---|---|
| 7:00～7:45 | 早餐 |
| 8:00～9:45 | 举行会议 |
| 9:45～10:15 | 会间休息 |
| 10:15～12:00 | 举行会议 |
| 12:00～12:45 | 午餐 |
| 12:45～14:00 | 午休 |
| 14:00～15:30 | 举行会议 |
| 15:30～16:00 | 会间休息 |

16:00～17:30　举行会议
17:30～18:30　晚餐
18:30～21:30　座谈、娱乐、自由活动

××秘书处
×年×月×日

### 九、如何组织文艺招待

文艺招待的形式多样，如观看文艺演出、电影、戏剧等等。

具体组织工作如下：

**1. 选定节目和影片**

选定节目和影片首先要注意以下几点：

(1)配合宣传活动的主题

活动都有其特定的主题，选定节目时最好选能体现活动主题的，如纪检监察工作会议可选择反腐倡廉题材的节目和影片，教育工作会议则选择反映教育改革题材的节目和影片。

(2)照顾来宾的兴趣

文艺招待在某种意义上说，是对与来宾的慰劳，因此应适当照顾他们的兴趣和要求。

(3)避免因节目中涉及的政治内容、宗教信仰、风俗习惯等问题而引起来宾不愉快。

(4)涉外活动尽可能选择能够体现主办国民族特色的节目，可适当安排客方国家的节目，以体现对对方的尊重和友好。

**2. 安排好时间**

观看文艺演出或电影应安排在休会期间，如晚上或休息天，不要影响活动的进行。

**3. 安排车辆接送**

组织观看文艺演出或电影，应当集体行动，因此要事先统计好人数，安排好车辆，来回接送。

**4. 专场演出的入席与退席**

专场演出即专为欢迎双边会议活动的客人而安排的文艺演出。演出前，安排普通观众先入席。主宾在开幕前由主人陪同入场。演出进行中观众不得随意退场。演出结束后，观众应待主宾退场后方可离去。如果主宾向演员献花篮并合影，观众应在主宾与演员合影并离场后方能退出剧场。

### 十、如何组织参观游览

**1. 项目的选定**

参观游览的项目选定要考虑以下几点：

(1)与活动的目标相主题相适应。

(2)来宾的兴趣、擅长和要求。要尽可能地安排来宾感兴趣的项目来宾兴趣不大或者毫无兴趣，则组织参观游览就显得毫无意义。

(3)考虑当地的实际条件和接待能力。

(4)内外有别，注意保密。涉及国家秘密的项目不宜组织外国客人参观游览。

**2. 安排落实**

(1)项目确定之后,应及时与接待单位取得联系。如果对方无法接待,要及时更换项目。

(2)制订详细计划,安排参观游览的线路、具体日程和时间表,并明确告知来宾,让他们做好思想准备和物质准备。

(3)落实好车辆,安排好食宿。

(4)准备必要的资金和物品,如摄像机、摄影机、手提扩音机、团队标志、卫生急救药品等。

(5)人数较多时,事先编组并确定组长,明确责任。

**3. 陪同游览**

陪同来宾参观游览的人员应当有相应的身份。每到一处,应有一定身份的领导人出面接待欢迎并作概况介绍。如果是游览,应配备导游。陪同外宾参观游览应带上翻译,陪同人员不宜过多。

每参观游览一处,应由解说员或导游人员作具体解说和介绍。介绍情况时,数字、材料要确切,敏感的政治、宗教问题要避开,保密的内容不能介绍。

**4. 注意安全**

参观游览,安全第一。参观施工现场和实验室,进入前要对来宾进行安全教育,佩戴好安全帽。参观完一处,开车前要严格清点人数,避免遗漏。

## 十一、如何安排来宾返离工作

所谓返离,即活动结束后参加活动者的离开和返回。返离工作也是接待内容的重要部分。返离工作的具体内容如下:

**1. 预订返程票**

返程票直接关系来宾能否按时返回。提前做好这项工作,解除来宾的后顾之忧。

(1)在汇总活动通知回执的同时,仔细登记来宾对回程票的具体要求,包括:回程的交通工具(汽车、飞机和火车)、返程日期、航班或车次、舱位或座卧等级、抵达地点等。

(2)及时同有关交通部门联系订票事宜。

(3)来宾报到时,要进一步确认其订票要求,如有变化及时与相关部门联系以更改。

(4)交回程票时要做好记录,一旦出现问题或差错便可查阅。

**2. 结算费用**

报到时如预收了有关费用,在来宾离开之前,要结清有关必须由来宾承担的费用。结算时要做到:

列清每项开支;多退少补;开具正式发票,如预收时曾出具临时收据,则应以收据换正式发票。

**3. 检查有无遗忘物品**

来宾离开时可能会遗忘一些物品和文件,接待人员要仔细检查,一旦发现,及时送还。

**4. 送别来宾**

如同接站一样,来宾离开时也要热情欢送,具体要求是:

(1)活动的主要领导人尽可能安排时间出面告别。告别的形式可以是到来宾住宿的房间走访告别,也可以在活动结束后于会场门口道别。身份较高者还应当由领导人亲自到机场或车站送别。

如果是外宾,在送别会上应向其赠送一些礼物。

(2)安排好车辆,将来宾送至机场或车站。如果其行李较多,接待人员要主动帮助。

(3)进入机场(月台、码头)送别的,当飞机(列车、轮船)启动后,欢送人员应挥手向来宾告别,直至对方的视线看不见欢送人员为止。

### 十二、接待时,如何安排乘车座次

#### 1. 轿车

乘坐车辆,特别是轿车,座次的安排很有讲究。

(1)双排五座轿车

这种轿车在国内最为普遍。当主人亲自驾车时,其座次从高到低依次是:副驾驶座、后排右座、后排左座、后排中座。当是专职司机驾车时,座次由高到低是:后排右座、后排左座、后排中座、副驾驶座。

(2)三排七座轿车

当主人驾驶时,其座次从高到低依次是:副驾驶座、后排右座、后排左座、后排中座、中排右座、中排左座。当专职司机驾驶时,其座次从高到低依次是:后排右座、后排左座、后排中座、中排右座、中排左座、副驾驶座。

(3)三排九座轿车

当主人驾驶时:前排右座、前排中座、中排右座、中排中座、中排左座、后排右座、后排中座、后排左座。有专职司机驾驶时,中排右座、中排中座、中排左座、后排右座、后排中座、后排左座、前排右座、前排中座。

(4)多排座轿车

多排座轿车是特指四排或四排座以上的轿车,不管是谁驾车,座次都是由前而后,自右而左,依距离前门远近排定。

#### 2. 吉普车

吉普车几乎都是四座车,不管由主人或驾驶员驾驶,吉普车上座次由尊至卑依次是:副驾驶座,后排右座,后排左座。

#### 3. 旅行车

一般来说,接待团体客人时,多采用旅行车接送客人。旅行车以驾驶员座后第一排即前排为尊,后排依次为小。其座位的尊卑,依每排右侧往左侧递减。

#### 4. 火车

在火车上,则是朝前方、靠窗的位置是最上席。如果是三人座,最外的座位是次上席,中间的是末席。如果是二人座,当然是里上外下了。不过,三人座时,如果尊者是一对夫妇,就不必非得是里上外次中下的顺序,硬要把夫妇二人分开。

### 十三、商务接待前的准备

为了表现良好的礼仪及风度,在迎接宾客到来之前,需有充分的计划及准备。使商务接待工作做得热情周到,从而增强与企业合作的信心,促进公司发展。

### 1. 准备相关设备

如果没有独立的接待室，要在办公室中腾出一个安静的角落，摆上沙发、茶几等家具，让来访者一进门就有个坐处。接待来访的地方应准备一部电话，以便接待中在谈及有关问题需要询问其他部门时，可立即打电话。准备一台复印机，来访者索取有关资料时，或主动提供有关资料时，可以立即复印。还可以准备一台电脑，以存取、查询资料，制作文件、表格，打印一些材料等。

### 2. 准备名片及茶点

如果有名片，接待时一定要将名片随身携带好，对方给名片的时候，记住回送一张。茶点中茶具包括茶盘、茶杯、杯垫、茶匙、糖罐及奶罐，要有茶叶、茶包和咖啡。茶具的准备可因来访者不同的需要，但必须事先备全。准备茶点时，也要同时准备一些叉子及纸巾。较正式的会议可准备银盘，让来宾知道将所有的杯、盘、纸巾放入盘中，以规范参与会议者东西不可乱放，整体看起来才会干净且整齐划一。香烟、烟灰缸、打火机这三项是一体的，准备时缺一不可，香烟可多准备几种品牌，以供来宾不同的需求。烟灰缸则要清理干净，不让客人看见上次用过的烟头仍摆在里面。打火机也须时常检查燃料是否够用。如果是禁烟的场所则不必准备。准备报纸和杂志，提供给早到的贵宾及等候的客人，让他们打发时间，以免呆坐、干等、无聊。但报纸最好是当天的，杂志也要是最近几期的，以给人新鲜感，不要摆放破旧且过时的报刊。

### 3. 美化空间，布置环境

(1)注意室内的清洁、照明和温度问题

整齐干净的环境会让客人感觉舒适。桌椅要排列整齐，地毯要吸得很干净，玻璃也要擦亮。灯光一定要充足，所有的灯都要能亮，会客室的照明尤其要足够，不可让人有阴森的感觉。温度，指室内空调的温度应配合季节及气候调整，让宾客感觉舒适。另外，一定要事先检查空调设备能否正常运作，并且要在客人来临之前启动空调以调节好温度。因为每一位贵宾都希望进入一个舒适的空间之中，太热或太冷都是招待不周。

(2)贴好海报标语等欢迎标志

欢迎宾客的海报标语一定要事先在显眼的地方张贴好，一般的标语也要贴牢。来宾的地位愈重要，欢迎标志就要愈大愈显眼，因为欢迎标志是写给贵宾看的。标志张贴的地点要选择来宾必经且清楚明亮的位置，欢迎词要注意恰当得体，陪同经过标志时要告诉来宾。

(3)注意室内的装饰问题

注意室内绿化，在办公室或会议室摆上几盆花卉，可以使办公室内显得更有生气。室内的图像、字画注意摆正，因为这些都是反映企业的精神风貌的。新鲜的盆栽要每天浇水、修剪，尤其是公司前台上的"迎宾花"，绝不能令其枯萎凋落，因为它象征着欢迎客人的到来之意，如果花朵垂头丧气的话，便显得没有精神。若有重要的贵宾来访，摆设的花最好是当天或前一天刚插好的，不要超过3天。若特别为了迎宾而插的花，可于前一天先插好，最好买含苞的，让整盆花朵正好于第二天完全开放，展现出新鲜与朝气。花瓶一定要擦干净，水一定要换，以免发生臭味。

### 4. 服装整洁，注意举止

特别是接待人员的服装仪容，往往关系到个人修养及公司形象。有些接待人员在贵宾面前拍头皮屑、拉裤链、扯领带、拉袜子，甚至拉扯内衣带子及衬衣，这些不雅的举止影响很不好。

#### 5. 了解客人的情况

不论客人是主动来访还是接受本公司的邀请，都应了解来访的目的、要求、会谈的内容、参观的项目、来访路线、交通工具，抵达和离开的具体时间，来宾的人数、姓名、性别、职务，来宾的生活习惯、个人爱好、饮食禁忌等，可能的话，找到有关资料，以确定接待规格和日程安排。

#### 6. 确定接待规格

接待规格的高低表现在安排活动的多少、场面规模的大小、招待的档次、迎送陪同人员职务的高低等方面。这要根据来宾的情况和本组织的情况来确定相应的规格。

#### 7. 安排访问日期

安排访问日期包括迎送、宴请、会见、会谈、晚会、参观、交通工具、下榻宾馆等项目。日程的安排应考虑对方的愿望、风俗习惯、宗教信仰，日程力求详细、具体，确定后，应译成来宾使用的文字，打印好，供双方使用。

#### 8. 准备相关文书

当贵宾来临前，应先将公司的宣传简介、目录，公司销售的商品及使用说明等各种相关资料准备妥当。若为房地产及中介公司，则应先把所有与房屋有关的信息资料及介绍资料整理齐全，不可在客人已经来了才慌慌张张地寻找，如此让人觉得很不专业，也缺乏对客人的尊重。必须备有充分的介绍本公司机构、历史、宗旨、服务项目等资料的宣传品，以便随时赠送给客人。

#### 9. 其他准备工作

要事先与有关交通部门联系好，核实客人的班机或车船班次的抵达时间，安排好迎送车辆，定好客人下榻的客房及膳食。在安排接待人员时，要安排与客人职务、身份相当的人员前去迎接，并且要提前抵达迎接地。对身份比较高的外宾应准备好鲜花。

# 第九章　会议与集会

　　会议是为了解决某个共同的问题或出于不同的目的聚集在一起进行讨论、交流的活动,如政务会议、商务会议等等;集会是人们聚在一起,娱乐或讨论某个共同的问题而进行的活动,如舞会、沙龙和俱乐部等等。会议比集会正式、规范。

### 第一节　会议场地布置

**一、常见会议场地的种类**

**1.会议中心**

　　会议中心由于容纳会议代表多,地理位置优越,装备精良,通常还有训练有素的专业人员协助,与会人员、器材设备进出都很方便。大多数会议中心还可以提供一些较小的场地,用于同时举办与主要会议有关的展览、休息区或者举行供少数与会人员另外参加的小型会议等。

　　会议中心大都不提供住宿,这必须由会议组织者另行安排。另外,还要考虑大型会议期间的特别活动,如观光旅游、宴会、看戏、舞会等。如果选择的会议中心位于格外吸引人的地方,最好避开假期,因为假期宾馆饭店房间的需求量很大,较难订房。

　　如果准备举行大型会议,需要使用会议中心里的全部设施,花钱请专业公司承办很有必要。因此,在挑选地点时,必须与已选定的公关公司商量,在提前进行的策划阶段拿出具体方案。一般来讲,策划阶段的工作越提前越好。

**2.宾馆饭店**

　　就专业设备和会议专用设施而言,大多数宾馆饭店自然比不上会议中心。但是宾馆饭店可以提供舒适的环境、精美的食物和良好的服务,在一定程度上可以弥补其他方面的缺陷。宾馆饭店常常被选为举行重要小型会议,虽然与会人员人数很少,甚至不足20人,但是这些人员一般在公司的地位较高,会议的层次、规格也较高。

　　租借饭店作为会议地点应注意的问题较多,保安、电费、餐饮服务、工作人员、音响设备等都必须考虑。

**3.大专院校**

　　大专院校能够提供较先进的会议设施,比较适合于专业团体或者研究机构举办的诸如在会议中有正式报告提交讨论一类的会议。会议期间,与会人员的住宿可以利用校内宿舍,学校宿舍布置虽不豪华,但却很便宜。大专院校浓厚的知识气息,对与会者也是良好的熏陶。

　　但是,有的现代化的大学位于比较偏僻的地区,有的学校的教育设施在假期中不能租用,再者,地面交通也是个问题,这是会议组织中应纳入考虑范围的因素。

**4.海外开会地点**

去海外开会也必须注意许多问题,比如节省开支就是需要考虑的因素。如果计划召开一次大型国际性会议,与会人员来自若干不同的国家,从尽可能节省经费的角度考虑,会议可以在大多数人员花钱不多就能轻易抵达的国家举行。

虽然筹办海外会议与筹办国内会议的难易程度不相上下,但是为人数众多的与会者安排海外旅行,诸如预订机票,安排机场接送,聘用照料旅行事务的服务人员和翻译,安排观光旅行,预订娱乐活动等,就会有很大的难度。除非组织者对处理这些事情得心应手,否则,最好还是委托给专业旅行社办理。

专业旅行社必须清楚要去地方的法律、风土人情、社会治安等情况,以及在开会过程中可能遇到的各种问题,所以,在选择旅行社的时候,应当认真谨慎。

**5.现场**

根据实际需要,有些会议安排有剪彩仪式、交接仪式、开工仪式、纪念会议等,应选择在现场举行。这类会议场地相对较为简陋,设施也不很完善,但可很好地体现会议的主题与性质。

**二、如何安排会场座位格局**

安排会场座位格局是会场布置的首要任务,在实际操作中必须考虑以下问题:

**1.会场大小和与会人数**

会场大小和与会人数多少是制约会场座位格局设计和安排的两个重要因素。会场小而人数多,则应当将座位安排得紧凑一些;反之,则可安排得宽松一些。

**2.会场座位格局的气氛和效果**

不同的座位格局所形成的会议气氛和产生的心理效果是不同的。比如,报告会需专门设主席台或讲台,以突出报告人的主导地位。座谈会则一般都采取围坐的格局,不设专门的主席台,主持人与其他与会者围坐在一起,会议气氛非常融洽。因此,要依据会议的性质和需要创设的会议气氛要求来确定会议的座位格局。

**三、会场座位格局的常见类型**

会场座位格局类型常见的有上下相对式、全围式、半围式、分散式、并列式五种。

**1.上下相对式**

此种座位格局,主席台和代表席采取上下面对面的形式,从而突出了主席台的地位。由于专门设立了主席台,整个会场气氛就显得比较庄重和严肃。

上下相对式又可以具体分成礼堂形、"而"字形等等。礼堂形的座位格局场面开阔,较有气势,适合召开大中型的报告会、总结表彰会、代表大会等等,但其座位一般是固定的,因而无法作适当的调整。"而"字形和倒"山"字形(即在"而"字形中去掉一排代表席)的座位格局,一般安排在座位不固定的会议厅内,形式较为灵活,而且可以最大限度地利用会场面积。

**2.全围式**

此种座位格局不设专门的主席台,会议的领导人和主持人同其他与会者围坐在一起,因此容易形成融洽与合作的气氛,体现平等和相互尊重的精神,这有助于与会者之间相互熟悉了解和不拘形式的发言,可使与会者充分交流思想、沟通情况。同时也便于会议主持者细致观察每位与会者的意向、表情,及时准确地把握与会者的心理状态,并采取措施引导会议向既定目标发展,或根据实际情况,调整目标,从而保证会议取得完满成功。

全围式格局适用于召开小型会议以及座谈性、协商性等类型的会议。

### 3.半围式

此种座位格局介于上下相对式和全围式之间,即在主席台的正面和两侧安排代表席,形成半围的形状,这样既突出了主席台的地位,又增加了融洽气氛,适用于中小型工作会议等。

### 4.分散式

这种格局是将会场座位分解成由若干个会议桌组成,每一个会议桌形成一个谈话交流中心,与会者根据一定的规则安排就座,其中领导人和会议主席就座的桌席,称作主桌。这种座位格局的优点是既在一定程度上突出主桌的地位和作用,同时,也给与会者提供了多个谈话、交流的中心,使会议气氛更为轻松和谐。

分散式适合于召开规模较大的联欢会、茶话会、团拜会等等。不过这种会场座位格局要求会议主持人具有较强的组织和控制会议的能力。

### 5.并列式

即将座位安排成双方纵向并列或者横向并列的格局。

### 四、座区划分与座位排列方法

会议规模较大、参加人数较多、代表资格不同,或者以团组、单位名义参加的会议,往往需要将会场中的坐席划分为若干个区域,让与会者按代表团、小组、单位以及代表性质分区集中就座。每个代表团、小组、单位内部也要按一定的规则排列座位次序。不分团组的会议,有时也需要排列与会者的座位次序。

与会者有固定的座位,这有利于维持会场的秩序,便于在会场内按代表团、小组或单位进行讨论或磋商;便于会议文件的分发与当场清退。

常见座区的划分和排列方法有以下几种:

### 1.按与会者的资格划分和排列

凡有不同资格的与会者参加的会议,应当首先将所有与会者按特邀、正式、列席、旁听的资格加以划分,然后再按资格分别排列座区。

一般做法是:

正式代表的座区在前或居中,列席代表多安排在后排或两侧。较大的会议也可将正式代表安排就座于一楼,而将列席代表安排在二楼就座。

如有特邀的嘉宾,应让其就座于主席台,或安排就座在前排,以表示对他们的尊重和欢迎。会议如允许旁听和记者采访,则应在会场两侧或后排专设旁听席和记者席。

### 2.按团组划分和排列

如会议活动需将与会者编组,则可按团组划分和排列座区。按团组划分和排列座区首先要按一定的原则确定团组排列的先后次序,然后再按一定的方法确定具体的座区。

（1）排列团组先后次序的方法

①按法定的顺序排列,如全国性会议各代表团的先后次序应该依据国家技术监督局有关各省市自治区排列顺序的规定。

②按代表团、小组、单位名称的笔画确定,首字笔画数相同的,根据第二字的笔画数确定,依此类推。

③按代表团、小组、单位名称的汉语拼音的字母顺序来确定,第一个字母相同的,根据第二个字母确定,依此类推。

④国际会议则按与会国家英文名称的当头字母顺序排列,第一个字母相同的,根据第二个字母确定,依此类推。

⑤根据协商达成的约定排列。

（2）确定团组具体座区的方法

①横向排列法。即把每个代表团、小组、单位的坐席从前向后排成纵向的一列,按组别顺序以代表坐席的朝向为准,从左到右依次横向排列。

②纵向排列法。指把每个代表团、小组、单位的坐席排成横向的一行,然后再按团组顺序由前向后纵向排列。

③左右排列法。即把每个代表团、小组、单位的坐席安排成纵向的一列,再以会场的中心线为基点,将顺序在前的排在中间位置,然后先左后右一左一右向两侧横向交错扩展排列其他团组。

④纵横排列法。当会议规模和会场较大、团组数量和会议人数较多时,如单纯按上述三种方法排列,可能会出现一个团组的代表座位排得过于横宽或狭长的现象,使得各团组内的相互联系很不方便。这时可先将会场从前向后和从左到右分成若干个大的矩形座区,再按团组顺序先横后纵或先纵后横依次排列,使每个团组的座区相对集中。

**3.按代表资格和团组顺序混合排列**

如参加会议的代表具有不同的资格,又分成若干团组,则应当先按与会者的资格划分和排列座区,在相同的资格中,再按团组排列先后次序。

常见座位排列方法有:

按职务高低排列;

按姓氏笔画排列;

按上级批复或任命通知中的名单次序排列;

各单位派代表参加时,可按所代表的单位名称笔画排列。

如会议代表的职务高低不同,也可先按职务高低排列,在相同职务的代表中再按单位名称笔画排列。

座位次序排定后,具体座位的安排可参照确定团组具体座区的方法。

**五、如何布置主席台**

主席台布置在整个会场布置工作中占有突出的地位,因此应当高度重视。主席台的布置必须要同整个会场布置相协调。会场气氛的许多方面如会标、会徽、画像、旗帜、花卉等,首先应当从主席台布置中体现出来。除此以外,还要考虑以下几个方面:

**1.主席台的座位格局**

主席台的座位格局一般都采取横式,应根据主席台上就座的人数多少来确定主席台的长短和排数。除前排必须通栏外,后排有时也可分成两栏,中间留出通道。主席台上每排桌椅之间要空开适当的距离,以方便入席与退席。

主席台前排的每个座位都应装有话筒,便于领导人讲话、插话。

**2. 主席台的座次安排**

一般为主办方身份最高者居中,其他来宾按身份高低一右一左、先右后左两边排开。

(1)严格按照会议领导机构事先确定的名单次序安排座次,不得擅自改变。

(2)身份最高的领导人或声望较高的来宾,安排于主席台前排中央就座。

(3)其他领导人按先左后右(以主席台的朝向为准)、一左一右的顺序排列,即以名单上第一位领导人(居中)为准,其左侧是第二位领导人,右侧是第三位领导人,依次排列。

(4)主席台上就座的人数为偶数时,前两位领导人共同居中就座,第一位领导人坐在第二位领导人的左侧。

(5)主持人的座次按其身份高低安排。

**3. 讲台**

设置专门的讲台,有助于突出报告人的地位,体现会议气氛的庄严和隆重。因此,重要的代表大会、报告会等均需设置专门的讲台。

一般情况下,讲台只设一个,可设在中央,也可设在主席台右侧。设在中央的,位置应低于主席台,以免报告人挡住主席台上领导人的视线。较大的会场也可在主席台的两侧设置讲台,以方便代表上台发言。

一些特殊的会议,如辩论会、记者招待会等可不设主席台,只设两个讲台。

**4. 揭幕架**

会议活动如穿插揭幕仪式(如揭碑、揭牌、揭像等),可在主席台的左侧设揭幕架,与讲台对称。揭幕架上放置所要揭幕的碑、牌、像等,上面用合适的丝绒罩住。

**5. 休息室**

重要大会的主席台旁应设有休息室,其作用一是便于领导人到达时集中,依次入场;二是便于领导人休会时在此进行休息和谈话。

## 六、如何做座位标识

座位标识是指引与会者就座的各种标志。座位标识的种类和具体标识方法有:

**1. 座位号标识**

大型的固定会场要有座位号标识,一般为楼层、区号(可用序码编号,如1号区、2号区)、排号、座位号(一般分为单数号和双数号)。

**2. 团组标识**

指一个代表团或小组的座位区域,可以制作落地指示牌,上书代表团或小组名称,置于该团组首座的前方或两侧;或制成台式标志,放置在该团组首座的桌面上。分座区时要把首长席、正式代表、列席代表、来宾席、旁听席、记者席用标志明确区别。

**3. 席卡**

指每个与会者桌上放置的写有姓名的标签,也叫做名签。席卡通常两面书写姓名,一面朝外,一面朝向与会者自己,这样既便于与会者寻找自己的位置,又方便相互辨认、结识。如果与会者是某个国家或组织的代表,也可以用中外文两种文字书写国名或组织的名称。大型会议在主席台上放置席卡,而台下一般只放置团组标识。

**4．桌次**

采用分散式座位格局的会场,如举行宴会、联欢会的现场,要用序号标识桌次。

**5．指示牌**

在较大的会场,为了方便与会者寻找座位,要在会场门口和场内悬挂或放置指示牌,指明各座区的方向和方位。

**6．座次图**

指事先印制全场或主席台的座位分布及具体座次的图表,使每位与会者心中有数。座次图也可张贴或悬挂于会场入口处,主席台的座次图则悬挂在休息室。

座位标识实际上是座位格局安排的符号标志,尤其是对主席台领导人座次高低的体现,因此要准确体现座位格局安排的意图。布置座位标识时,要认真、仔细,绝对不能出现书写错误或放置错误。

### 七、会标的制作与悬挂要求

会标是以会议名称为主要内容的会议信息的文字性标志,如揭示会议主题、性质、主办者等,它可直接显示会议名称的诸项功能,也可体现会议的庄重性、激发与会者的参与感。

会标制作和悬挂的要求如下:

**1．与会议的主题相一致**

会标的格调是由色彩、字体、构图、材质等因素综合构成的。会议的性质和主题决定会议的会标格调,如代表大会的会标格调应当凝重,联欢会的会标格调应当活泼。

**2．内容简洁明了**

会标主要表现会议的名称,如会议名称较为简洁,也可以在名称下面标出会议的主办者、承办者、赞助者以及会议的时间、地点。

涉外会议的会标可以用中文和外文同时书写,也可以用英文书写。

**3．悬挂要醒目**

会标应当醒目,具有视觉冲击力,给人以深刻的印象。会标一般以醒目的横幅形式悬挂于主席台上方的沿口或布景版上,或用计算机制成幻灯图片,映射于天幕上。

### 八、会徽的悬挂

会徽即体现或象征会议精神的图案性标志,一般悬挂在主席台的天幕中央,形成会场的视觉中心,具有较强的感染和激励作用。

一般来说,会徽有两种来源:

一种是以本组织的徽志作为会徽,如党徽、国徽、团徽、警徽等等。

一种是向社会公开征集,选择最能体现或象征会议精神的图案作为会徽。

### 九、旗帜的升挂

隆重的会议宜在主席台及会场内外升挂一些旗帜,以增加会议的气氛。

**1．同时升挂中外国旗的场合**

(1)外国元首、副元首、政府首脑、副首脑、议长、副议长、外交部长、国防部长、总司令或总参谋长、率领政府代表团的正部长、国家元首派遣的特使以本人所担任公职的身份单独或率领代表团来访时,在重大礼仪活动场所,如欢迎仪式、欢迎宴会、正式会谈、签字仪式,以及其住所和交通工具上可以升挂中国国旗和来访国国旗。

(2)国际条约、重要协定的签字仪式、国际会议、文化体育活动、展览会、博览会,可以同时升挂中国国旗和有关国家的国旗。

(3)外国政府经济援助项目以及外商投资企业的奠基、开业、落成典礼和重大庆祝活动,可以同时升挂中国国旗和有关国家的国旗。

(4)民间团体在双边和多边交往中举行重大庆祝活动时,可以同时升挂中国国旗和有关国家的国旗。

**2.升挂国旗的规则**

(1)旗幅一致

中国国旗与外国国旗并挂时,各国国旗应按照各国规定的比例制作,尽量做到旗的面积大体相等。

(2)主左客右

在中国境内举办双边活动需升挂中国和外国国旗时,凡中方主办的活动,外国国旗置于上首(右侧);对方举办的活动,则外国国旗置于上首。即以旗的正面为准,右方挂客方国旗,左方挂主方国旗。这里所谓的主方和客方,不是以活动在哪个国家举行为依据,而以由谁举办活动为依据。例如,东道国举行欢迎宴会,东道国为主人;与会者举行答谢宴会,与会者是主人。

轿车上挂国旗,在驾驶员左手的一边挂主方国旗,右手一边挂客方国旗。

(3)不能倒挂或任意竖挂、反挂

悬挂国旗一般应以旗的正面面向观众,不能随意交叉悬挂或竖挂,更不得倒挂。有的国家规定,国旗如需竖挂,必须另外制旗,将图案或文字转正。如不加注意随便竖挂,会产生外交麻烦。

(4)在中国境内,多国国旗并挂时,旗杆高度应该划一,但中国国旗应置于荣誉地位:

一列并挂时,以旗面面向观众为准,中国国旗在最右方;

单行排列时,中国国旗在最前面;弧形或从中间往两边排列时,中国国旗在中心;

圆形排列时,中国国旗在主席台或主入口对面的中心位置;

升挂时,必须先升中国国旗;降落时,最后降中国国旗。

气氛庄严的会议,如党代表大会、人民代表大会等,在主席台上要以红旗衬托会徽;气氛热烈的会议,如庆功会、表彰会、开工仪式等,可用彩旗布置。

**十、标语的制作要求**

把会议口号用醒目的书面形式张贴或悬挂起来,即成为会议的标语。会议标语能直接张扬会议主题,具有显著的宣传效果。会场内外适当的标语同样可以起到烘托会议主题、渲染会议气氛、影响与会者情绪的作用。

会议标语的制作应当做到:

**1.切合主题**

标语口号是为宣传会议主题服务的,内容一定要切合主题,体现会议的目标。

## 2. 号召力强

标语口号要有强烈的鼓动性,最好使人看了之后精神为之一振,并产生将口号付诸行动的愿望。

## 3. 简洁工整

实践证明,简洁的标语更能引起与会者的注意,也更容易记忆和流传。此外,标语口号也要尽可能工整,使之琅琅上口,这有助于扩大会议的社会效果。

## 十一、如何把握会场的整体色彩与色调

不同的色彩与色调能对人产生不同的心理感受。比如红、橙、黄等颜色给人以热烈、辉煌、兴奋的感觉;青、绿、蓝等颜色给人以清爽、娴静的感觉。因此,时间较长的会议,会场可用绿色、蓝色的窗帘,布置绿、蓝色的花草、树木等,以消除与会者的疲劳。

代表大会、表彰庆祝大会,会场的色调布置要鲜亮、醒目一些,以显示热烈、庄严、喜庆的气氛,如在主席台摆一些五彩缤纷的鲜花,两侧排列鲜艳的红旗,周围悬挂一些红底黄字的标语。

## 十二、会场灯光的要求

灯光的强、弱、明、暗及颜色,会给会场带来不同的视觉效果。

灯光布置要注意以下几个问题:

## 1. 选择合适的灯具

一般情况下,宜使用白炽灯和日光灯作为会场的照明光源;演出用照明一般使用下射式照明灯。

## 2. 掌握光线亮度的比例

由于主席台是会场的中心区域,其照射光线的亮度应当比主席台下稍强,以突出主席台的地位。但为了主席台的领导随时了解台下的情况和反应,台上台下的光线反差不能太大,这一点与舞台演出时的灯光布置有明显的不同。

## 3. 控制好灯光的入射角度

如天幕的光线不能太亮,否则会使主席台处于逆光的效果,造成主席台上领导人正面形象的模糊,同时也容易使主席台下与会人员视觉疲劳。一般不要开启低角度的光源,因为低角度的光源会改变甚至夸张人物的形象。

## 4. 安排大型照明装置

如果会议规模较大规格又高,就需要使用大型照明装置,应考虑在一个大一点的场所举行,或者在大饭店,或者选择专门的会议中心,在这样的条件下一般可以安排大型照明装置,或者已有这类装置了。

## 十三、地毯的铺设原则

地毯的铺设,旨在强调审美功能和艺术性,应根据室内空间的特点,综合考虑家具、陈设等因素,起到烘托室内气氛的作用。

## 1. 图案原则

地毯的图案,有素花的、散点状的、几何纹的、网形的、植物纹样的等等。

会议室地毯的图案宜平稳、安静,色彩、图案纹样不宜太花太杂,在布置的时候,要考虑会议中的礼仪规格、室内的功能要求等因素。

地毯的图案一般不宜选用严肃的主题或标志,也切忌选用凹凸重叠、起伏感突出或对比强烈的色彩和纹样,以免给与会者造成不安定的感觉。

**2. 颜色原则**

一般红色或金黄色的地毯使会议室显得富丽堂皇,驼色和米色地毯使会议室显得幽静、淡雅,给人以安静、恬适之感。

会议室地毯的颜色与会议室的朝向也有关系,朝东南方向的会议室,采光面积大,最好选用冷色调地毯,朝西北方向的会议室,则选用暖色调地毯比较好,这样可以为会议室内阴冷的气氛增添温暖的情趣。

**3. 铺设原则**

地毯铺设,有满铺和局部铺设两种形式。满铺的规格要求较高,在会议室一般采用满铺形式。

**十四、窗帘的选择**

窗帘能调和室内因家具或墙面等直线多的物体产生的生硬感,使呆板的立面产生活泼起伏的曲线美。窗帘既是实用品,又是装饰品,如果在会议室内装饰适当,往往会起到"画龙点睛"的作用。

**1. 类型选择**

窗帘具有遮光、调节光线强弱和阻避户外视线的功用,它增加了会议室内的保密性与安全感。窗帘样式有落地窗帘、半窗帘和全窗帘等多种类型。

落地窗帘是多与大型窗及落地长窗相配合的大型窗帘。气势宏大,使室内显得豪华、庄重与气派。

半窗帘开闭方便,一般安置于窗户的下半部分或横扁形窗户。

全窗帘实用、经济、大方,是会议室常用的窗帘。

有的会议室窗户较小,还可以通过加宽窗帘的装饰办法,窗帘可以配套装置,配备主窗帘和副窗帘。主窗帘应设单棉两种。冬季可配挂稍厚的窗帘,如加衬里的丝绒类窗帘,以利于保温、隔寒;夏季则可以选择较轻薄、透气性良好的织物类窗帘。

**2. 颜色选择**

为会议室选择窗帘前应参考室内装饰色彩的主调,如淡奶黄色墙面适宜配棕色窗帘,湖绿色墙面配浅绿窗帘,乳白适宜配浅红、浅绿或白色窗帘。

如墙面大窗户小,用对比色像红与绿、黄与紫等,也能取得协调效果,但对比不必过于强烈。过于强烈的色彩对比给人以杂乱之感。

在同一会议室内,最好选用同一色彩和花纹的窗帘,以保持整体美。

**3. 尺寸选择**

窗帘尺寸选择,其长度约长于窗台20～30厘米为宜,以免被风吹起,露出窗框。若两扇窗相隔太远,则可以通过两块窗帘将窗连成一个整体。

选用落地窗帘则应高出地板3厘米左右,其宽度可按窗口宽度乘以1.5～2计算。

### 十五、会场中的花卉布置

#### 1. 报告桌上

报告桌是会议主持人或报告人所在位置,是整个会场的焦点。但桌上只宜摆放一盆较小的盆花如文竹、四季海棠、菊花、一品红等,或将花卉摆设在报告者的左方桌上,以免遮挡视线。但多数采取桌上不设花卉而在报告桌或台的前面放几盆高度为报告台 1/2 至 1/3 的花卉,将报告台衬托得更为醒目。

#### 2. 主席台前

主席台前一般布置一行低矮(高度约 30 厘米左右)垂吊的观叶植物如天冬草,并加入直立型的观花植物如月季、绣球、旱金莲等,与天冬草相间摆放,使台边富有生气,又不致过于呆板。

#### 3. 主席台后

主席台后,一般摆放较高大的观叶植物如棕榈、南洋杉、龙柏、大叶黄柏等,以规则的方式排列,密度不宜过大,应使墙壁或帷幕稍露为宜。如帷幕颜色极深时,宜选择叶色较浅的植物或观花植物如海桐(白花)、扶桑等。不论采用哪种花,其高度均应高于台上站立的人,使花与人融为一体。

#### 4. 会场四周

会场的四角可布置较高的观叶植物,也可利用几架布置观花、观果、芳香或垂吊植物如一品红、香园、米兰、悬崖菊等,其高度、大小应根据会场四角的具体条件进行选择。

会场两边的窗台的高度如在人的平视视线中,也可布置一些观叶或观花植物,其高度、大小视窗台的高矮、宽窄而定。

另外,切合主题的花卉布置也很关键,例如过圣诞节可以加上一棵高大的圣诞树和一些圣诞花,再配上一些精美的彩带和气球进行合理搭配,整个会场也会很有气氛的。

### 十六、工艺品陈设原则

会议室内环境的美化,离不开艺术品的陪衬和烘托。室内工艺品陈设可以分为两类:

一类是实用工艺品,如陶器、瓷器、玻璃器皿等等;

一类是观赏工艺品,如书画、挂盘、牙雕、木雕、石雕、漆器、艺术陶瓷、唐三彩、仿古青铜器等等。

会议室内工艺品陈设要遵循以下原则:

(1)呼应会议主题

观赏品的陈设,一定要讲究室内整体装饰风格的和谐,使它们的造型、色彩、质感等因素能与墙面、家具、窗帘等的格调相协调,并能呼应会议主题。

(2)观赏品的陈设宜少而精,宁缺毋滥。

(3)配置工艺品时,要紧密结合室内功能特点。

(4)要讲究构图章法,符合形式美的基本原理,注意均衡、匀称、对比、多样、统一等效果。

(5)要注意视觉效果

观赏品陈设要注意视觉效果,包括考虑欣赏者的站立位置和视野范围等。应把重点工艺品放到视线的焦点上,其高度要与观赏者视线相平;陈设部位要避免大片阴影,以保证观赏者详细品味。

### 十七、门厅、入口大厅和过厅的布置艺术

门厅、入口大厅和过厅是会议建筑物的重要部分,是给与会者产生第一印象的重要空间。

(1)厅内陈设适宜采用有大画面(背景)效果的绿化或艺术品陈设。一些经过精雕细刻、内涵丰富的艺术品不适宜在此处陈设,以免因吸引与会者停留观赏而造成人员拥挤。

(2)入口大厅布置应明亮舒适,给人以亲切、宜人、美好的感觉。

(3)门厅、入口大厅的家具,适宜摆一些沙发。沙发在休息区域内成组地排列组合,放置于门厅的中心或一侧,可以采取不同形式,但都要以不妨碍交通并与门厅大空间相协调为前提。

(4)过厅布置力求简洁,墙角适当布置盆景,略作点缀,为平淡的走道增添一点韵味。

## 第二节　常见会议的礼仪

### 一、一般会议过程礼仪

#### 1. 筹备会议

举行会议,必须先行确定其主题(包括会议名称)。这是会前有关领导集体已经确定了的。负责筹备会议的工作人员,则应围绕会议主题,将领导议定的会议的规模、时间、议程等组织落实。通常要组成专门班子,明确分工,责任到人。

#### 2. 拟发通知

按常规,举行会议均应提前向与会者下发会议通知。它是指由会议的主办单位发给所有与会单位或全体与会者的书面文件,同时还包括向有关单位或嘉宾发的邀请函件。礼仪人员在这方面主要应做好两件事。

(1)拟好通知。会议通知一般应由标题、主题、会期、出席对象、报到时间、报到地点以及与会要求等七项要点组成。拟写通知时,应保证其完整而规范。

(2)及时送达。下发会议通知,应设法保证其及时送达,不得耽搁延误。

#### 3. 起草文件

会议上所用的各种文件材料,一般应在会前准备妥当。需要认真准备的会议文件,主要有会议的议程、开幕词、闭幕词、主题报告、大会决议、典型材料、背景介绍等。有的文件应在与会者报到时就要下发。

#### 4. 常规性准备

负责会务工作时,往往有必要对一些会议所涉及的具体细节问题,做好充分的准备工作。

(1)做好会场的布置。对于会议举行的场地要有所选择,对于会场的桌椅要根据需要做好安排,对于开会时所需的各种音响、照明、投影、摄像、摄影、录音、空调、通风设备和多媒体设备等,应提前进行调试检查。

(2)根据会议的规定,与外界搞好沟通。比如向有关新闻部门、公安保卫部门进行通报。

(3)会议用品的采办。有时,一些会议用品如纸张、本册、笔具、文件夹、姓名卡、座位签以及饮料、声像等用具,还需要补充采购。

### 5.会场的排座

举行会议时,通常应事先排定与会者,尤其是其中重要身份者的具体座次。越是重要的会议,它的座次排定往往就越受到社会各界的关注。对有关会场排座的礼仪规范,礼仪人员不但需要有所了解,而且必须认真遵守。在实际操办会议时,由于会议的具体规模多有不同,因此其具体的座次排定便存在一定的差异。

（1）小型会议

一般指参加者较少、规模不大的会议。它的主要特征,是全体与会者均应排座,不设立专用的主席台。小型会议的排座,目前主要有以下三种具体形式。

①自由择座。它的基本做法,是不排定固定的具体座次,而由全体与会者完全自由地选择座位就座。

②面门设座。它一般以面对会议室正门之位为会议主席之座。其他的与会者可在其两侧自左而右地依次就座。

③依景设座。所谓依景设座,是指会议主席的具体位置,不必面对会议室正门,而是应当背依会议室内的主要景致如字画、讲台等之所在。其他与会者的排座,则略同于前者。

（2）大型会议

一般是指与会者众多、规模较大的会议。它的最大特点,是会场上应分设主席台与群众席。前者必须认真排座,后者的座次则可排可不排。

①主席台排座

大型会场的主席台,一般应面对会场主入口。在主席台上的就座之人,通常应当与在群众席上的就座之人呈面对面之势。在其每一名成员面前的桌上,均应放置双向的桌签。

主席台排座,具体又可分作主席团排座、主持人坐席、发言者席位等三个不同方面。

主席团排座。国内目前排定主席团位次的基本规则有三:一是前排高于后排,二是中央高于两侧,三是左侧高于右侧。

主持人坐席。一是居于前排正中央;二是居于前排的两侧;三是按其具体身份排座,但应就座于前排。

发言者席位,又称讲坛。它是指人们在会议上正式发言时所处的位置。在大型、正式会议上,发言者发言时不应坐而不起。其常规位置有二:要么是主席团正前方,要么则是主席台右前方。

②群众席排座

在大型政务会议上,主席台之下的一切坐席均称为群众席。群众席的具体排座方式有二:

自由式择座,即不进行统一安排,而由大家各自择位而坐。

按单位就座,指的是与会者在群众席上按单位、部门或者地位、行业就座。它的具体依据,既可以是与会单位、部门的汉字笔画的多少、汉语拼音字母的前后,也可以是其平时约定俗成序列。按单位就座时,若分为前排后排,一般以前排为高,以后排为低;若分为不同楼层,则楼层越高,排序便越低。在同一楼层排座时,又有两种普遍通行的方式:一是以面对主席台为基准,自前往后进行横排,二是以面对主席台为基准,自左而右进行竖排。

### 6.例行服务

会议举行期间,一般应安排专人在会场内外负责迎送、引导、陪同与会人员。对与会的贵宾以及老、弱、病、残、孕者,少数民族人士、宗教界人士、港澳台同胞、海外华人和外国人,往往还须进行重点照顾。对于与会者的正当要求,应有求必应。

**7. 会议签到**

为掌握到会人数,严肃会议纪律,通常要求与会者在入场时签名报到。会议签到的通行方式有三:一是签名报到,二是交券报到,三是刷卡报到。负责此项礼仪人员,应及时向会议的负责人进行通报。

**8. 餐饮安排**

举行较长时间的会议,一般会为与会者安排会间的工作餐。与此同时,还应为与会者提供饮料。会上所提供的饮料,最好便于与会者自助饮用,不提倡为其频频斟茶续水。那样做往往既不卫生、不安全,又有可能妨碍对方。如果必要,还应为外来的与会者在住宿、交通方面提供力所能及、符合规定的方便条件。

**9. 安排发言**

大会发言要事先确定人选和秩序,秘书处可以对人选和秩序提出初步意见,请领导确定。确定发言人应注意三个平衡:

(1)领导人之间的平衡。对上一级领导或主要领导的发言,如果是开幕词,且是动员性的、启发性的,应安排在第一发言;如果是总结性的、综合性的,则安排在最后发言;如果是讨论发言、座谈发言,应交叉安排,以使会场气氛更生动活泼。

(2)单位平衡。发言单位的选择,应首先注意典型性,其次才照顾单位与单位之间的平衡。

(3)内容平衡。发言人的发言内容应都是围绕着一个主题内容。不同的内容安排在一起不便于集中思考和会后讨论,因而效果不好。如内容相同,可以安排一个人发言。

**10. 现场记录**

凡是会议,均应进行现场记录,其具体方式有笔记、打印、录入、录音、录像等。可单用某一种,也可交叉使用。

负责手写会议记录时,对会议名称、出席人数、时间地点、发言内容、讨论事项、临时动议、表决选举等基本内容要力求做到完整、准确、清晰。

**11. 编写简报**

一般来说,往往在会议期间要编写会议简报。编写会议简报的基本要求是快、准、简。快,是要求其讲究时效;准,是要求其准确无误;简,则是要求文字精炼。

**12. 宾主合影**

会议后可安排宾主合影,以进一步表示友好,亦可留作纪念。合影要事先设计好参加合影人员的位置图,合影时由工作人员引导宾主双方按预定位置站好。接见下级代表时的合影,领导人的座位上可事先贴上姓名。合影位置的设计要考虑以下几点:

(1)主人居中,主宾居主人之右,第二主宾或主宾夫人居主人之左。如合影人数为双数,则主人居左,主宾居右。

(2)宾主双方其他人员按身份高低相间排列。

(3)两端由主方人员把边。如果主客双方交叉排列出现客方人员把边的情况,应当将两端主客双方人员的位置对换,以确保由主方人员把边,但合影人数较少时,则不必如此。

(4)接见下级人员合影时,领导人坐前排,身份最高者居中,其他领导人先左后右向两边排开。

合影人数较多时,应准备阶梯型合影架,使后排高于前排。

**13. 会后工作**

会议结束,应做好必要的后续性工作,以便使之有始有终。后续性工作大致包括三项:

(1)形成文件。这些文件包括会议决议、会议纪要等。一般要求尽快形成,会议一结束就要下发或公布。

(2)处理材料。根据工作需要与有关保密制度的规定,在会议结束后应对与其有关的一切图文、声像材料进行细致的收集、整理工作。收集、整理会议的材料时,应遵守规定与惯例,应该汇总的材料,一定要认真汇总;应该存档的材料,要一律归档;应该回收的材料,一定要如数收回;应该销毁的材料,则一定要仔细销毁。

(3)协助返程。会议结束后,其主办单位一般应为外来的与会者提供一切返程的便利。若有必要,应主动为对方联络、提供交通工具,或是替对方订购、确认返程的机票、船票、车票。当团队与会者或与会的特殊人士离开本地时,还可安排专人为其送行,并帮助其托运行李。

## 二、听证会

听证会是立法或行政主体在职权范围内就特定问题听取有关人士或组织代表意见或作证的会议。

听证会实务要点如下:

**1. 确定听证内容与发布公告**

听证内容即听证会的主要议题。在我国,听证内容有两个方面:一是征求对某项法案(包括法律、法规和规章)的意见;二是征求对某项行政决策的意见。

一般情况下,听证会是公开举行的,因此内容确定后,听证人应当向社会发布公告。公告的内容包括:

①听证的目的;
②提案人和提案的内容,必要时可将提案文本公布;
③听证会的规模、参加听证人的范围、名额分配和条件;
④参加听证人的报名方法、截止日期、遴选程序;
⑤听证会举行的时间和地点。时间和地点也可另行公告;
⑥听证人名称和公告日期。

**2. 遴选听证参加人**

这一过程包括:

(1)接受报名,分类登记。
(2)确定参加听证人名单以及旁听人名单。
(3)发出通知。必要时将参加听证人名单向社会公布。

**3. 布置会场**

听证会场的座位格局一般应为全围式或半围式,但应突出听证人的中心位置。发言人在前排就座,周围可设旁听席和记者席。会场正面可设会标,会场装饰要简朴。

**4. 听证会程序**

听证会主要程序如下:

（1）主持人宣布听证会开始，说明会议的目的和法律法规依据，介绍参加听证人的组成以及人数，宣布会议注意事项和发言的规则。

（2）提案人介绍法案或决策方案。

（3）听证人宣读对法案或决策方案的初审意见。

（4）参加听证代表发言。

（5）提案人最后陈述意见。

（6）主持人做听证会总结。

由于参加听证会的代表各自的观点、立场和利益诉求不同，会上难免会发生争辩，有的代表还会延长发言时间或要求多次发言。因此，主持人一定要善于控制会议进程，适时运用会议规则进行调节，要保护健康合理的辩论，尽可能让每个与会代表发表意见。

### 5. 做好会议记录

听证会记录是形成听证报告的基础，记录全面与否关系到报告能否全面反映参加听证代表的意见，因此，一定要安排足够的记录人员。记录人的座位要合理，能使他们听清每个人的发言。

在会议结束前，主持人应要求发言人会后留下，核查自己的发言记录，经其确认后签署姓名。发言人有发言稿的，可请其留下发言稿，附在会议记录后一起归档。

### 6. 形成听证报告

会议结束后，工作人员根据会议记录撰写听证报告，上报听证机关领导，作为立法或决策时的参考。

听证报告的格式大致如下：

（1）标题。由听证会名称和报告组成，如"2006年铁路春运列车价格听证报告"。

（2）开头。记述听证会的目的、内容、听证人、参加听证人的范围和人数、时间、地点、发言人数等情况，要求简明概要。

（3）主体。主体部分要按发言者的观点进行分类，分若干层次表述。每一观点都要列举发言内容，并说明发言人姓名。

（4）小结。报告的最后要对本次听证会进行小结，提出意见，供立法会议或决策会议参考。

## 三、报告会

报告会就是请专人作报告的会议。报告会内容不同，具体的名称也不同，有学术报告会、形势报告会、事迹报告会等等。

报告会实务要点如下：

### 1. 选好报告内容和报告人

一般应先确定报告内容，然后根据内容再选择合适的报告人。报告人要选择在某一领域具有深厚造诣的专家学者，或亲自经验、发明技术、具有独到体会的人士。报告人口齿要清楚，能够胜任作大会报告。

### 2. 邀请报告人

报告内容与报告人确定后要通过适当的渠道发出邀请。邀请时要将举办报告会的目的、参加对象和会场的设置告知对方，以便报告人事先了解报告的要求和报告的对象，掌握好分寸。

**3.安排好会场**

报告会一般安排成上下对应式座位格局,也可布置成半围式格局,主席台上放置讲台,突出报告人地位。时间较长的报告会,也可不设讲台,报告人坐着作报告。

主席台上方或背景处要悬挂会标;要根据报告人的要求安装必要的设备,如扩音机、投影仪、计算机等。

**4.介绍报告人**

会议开始后,主持人应对报告人作必要的介绍,并表示欢迎和感谢。

**5.回答提问**

报告人现场回答提问时,主持人要控制好局面。

如果报告会采用录音记录的方式,或会后需散发记录稿,要事先征得报告人同意。

## 四、办公会

办公会议是特定组织的领导人为实施管理而举行的工作性例会。实务要点如下:

**1.收集议题**

由于办公会定期举行,每次会议之前先要收集必须在会上讨论解决或通气的事项。议题收集工作可由办公室负责,收集的对象主要有:向领导班子成员收集,请他们提出议题;向各职能部门收集,看其有没有需要通过上一级办公会议解决的问题;向下级机关收集,包括下级机关的请示、报告以及需要提请审议的事项等。

**2.协调议题**

议题收集之后,还要注意对议题进行协调,议题协调工作可以分为三层次进行:

(1)凡拟在办公会议上讨论的议题,一律请主办部门与有关部门先行协调,使各方达成共识。

(2)有些问题,部门之间一时难以协调,可请分管领导批示,提出意见,批转有关部门负责人进行协调。对一些比较复杂、意见分歧较大的问题,建议分管领导负责直接出面协调。协调意见基本一致的,提请办公会议讨论、拍板;意见仍不一致的,由负责协调的领导人提出倾向性意见,供办公会议决策时参考。

**3.准备好会议文件**

会上要讨论的文件应在会议前印好、装订好,并按领导人分装好。需仔细研究的文件,要在会前分发。

**4.安排好候会**

办公会议讨论的问题较多,列席会议人员有时也较多,为了防止会议内容交叉扩散,会议秘书要估算每项议程大致所花的时间,通知有关列席人员提前在附近的休息室等候。

**5.做好会议记录与会议纪要**

办公会议记录是形成会议纪要的依据,也是会议情况的原始真实的反映,会议秘书要聚精会神做好记录。

办公会议纪要是记载会议议定事项的结果性文件,秘书要根据会议记录认真起草,经主要领导签发后印发给有关方面贯彻执行。

下篇　礼仪操作

### 五、学术研讨会

以学术研究为宗旨,相互切磋、交流的会议称之为学术研讨会。其实务要点如下:

**1. 会前预告**

召开学术研讨会,会前要先发出预告性通知或论文征集通知。预告性通知的内容主要包括:

①会议的目的;

②介绍研讨的主题和具体课题;

③提出提交论文的要求、方法和时限;

④会议的大致安排等;

⑤预告性通知要附上回执或报名表。

**2. 审定论文、确定参加对象**

为保证学术研讨会的质量,要对收到的论文进行审核评定,根据会议的规模,本着学术公正的原则,层层遴选,最后确定参加会议的对象。可以建立学术委员会,专门负责审定论文。

**3. 发出正式通知**

对象确定后,要及时发出正式会议通知。学术研讨会通知的名称以"邀请函"或"邀请信"为宜。通知中要告知开会的具体时间和地点以及报到接待的方式。

**4. 布置会场**

学术会议的会场布置应当简朴、典雅,能够为学术交流提供技术保障。主席台布置应当突出报告人的地位。如果进行分组讨论,要事先安排好分会场。

**5. 印发会议通讯录**

学术研讨会期间,为方便会后代表们相互联系和交流,同时也为留作纪念,会务工作机构要及时为每位代表印发会议通讯录。

**6. 汇编论文集**

编好会议论文集,既能使会议成果集中体现,又能为进一步研究提供学术资料,有时还可正式出版。

### 六、新闻发布会

新闻发布会,简称发布会,也称记者招待会。这是一种主动传播各类有关的信息,谋求新闻界对某一社会组织或某一活动、事件进行客观而公正的报道的有效沟通方式。

新闻发布会工作的准备比较烦琐,一般包括主题的确定,场地和时间的选择,记者的邀请,来宾的确定,会议材料的准备等具体工作。做好新闻发布会的会前准备,可以保障会议的顺利进行,最大限度地减少突发事情的发生。

**1. 主题的确定**

召开一次新闻发布会,首先应确定主题,主题确定是否恰当,往往直接关系到预期目标能否实现。

常见的新闻发布会的主题大致有两种类型。

(1)说明性主题:如企业新产品的推介、企业的经营方针和新思路的确立,特别是重大人事变动等等。

（2）解释性主题：如企业产品出现了质量问题，企业惹上了官司，企业出现了重大事故或引起市民的种种猜测等等。

主办单位可根据具体情况，确定好新闻发布会的相关主题。新闻发言稿一定要言简意赅，因为许多媒体会直接引用散发的材料；同时，要特别注意文字的连贯、逻辑的严谨和意义的完整，不要让人产生误解。

**2. 时间的选定**

时间选择是否理想，对新闻发布会的效果有着重要影响。选定时间时要注意：

（1）避开节日与假日。

（2）避免与本地重大社会活动相冲突。

（3）防止与新闻界的重点宣传报道撞车。

（4）防止与重要来宾（主要是权威部门的领导）的时间安排相冲突。

（5）避开其他单位的新闻发布会。

但有些突发性事件，由于时效性极强，拖延时间举行新闻发布会可能会失去意义，因此，应抢时间，在掌握了事情真相的前提下，要马上组织召开新闻发布会。有些新闻是一点点地水落石出的，那么，就要召开连续的新闻发布会。

**3. 确定举行地点**

新闻发布会举行的地点，可以考虑本单位所在地，事件的发生地，当地较有名气的宾馆、会议厅，也可以在十分庄重的场地，如人民大会堂，等等。

发布会的现场还应考虑交通是否方便，采访条件是否优越，音响效果和录像设备是否完好，座位是否够用等因素。

**4. 确定邀请记者的范围**

新闻发布会主要是面向新闻记者发布消息，所以记者是主宾。邀请哪些记者参加应根据发布会的性质而定。如果是为扩大影响和知名度，可以多种类、多层次地广邀记者参加；如果只在一定范围内进行宣传、解释，则邀请面可小些。

邀请的记者名单确定后，应提前3到4天将请柬或邀请信送到新闻单位或记者本人手中，并及时利用电话联系，落实记者的出席情况。因为有些记者临时有别的事情，媒体一般会派出其他记者来，这样就得做好衔接工作。有时，记者需要单位派车去接送。这类小事都要事先了解到并做出相应的安排。

**5. 人员的选定**

新闻发布会主持人、发言人的选择非常重要，选择是否得当，往往直接关系到会议的成败。因此，新闻发布会的主持人大都由主办单位的公关部部长、宣传部部长、办公室主任或秘书长担任，而且应该是仪表堂堂、反应灵敏、语言流畅、善于把握大局、善于引导提问、对主持会议具有丰富经验的人。

而发言人通常由本单位的领导人（主管领导、直接领导或单位一把手）担任，因为领导人对本单位的方针、政策及各方面情况比较了解，他们回答记者提问更具有权威性。

发言人应具有思想修养好、学识渊博、思维敏捷、能言善辩等特长。

此外，还要挑选一些本公司的员工负责现场的礼仪接待工作，最好选择素质较高的青年男女。

### 6.准备会议材料

新闻发布会前,主办单位通常安排专人准备好如下四个方面的主要材料:

(1)发言人的发言稿。它既要紧扣主题,又要全面、准确、真实、生动。

(2)回答提纲。为了使发言人在现场回答问题时表现自如,可事先预测一下记者将要问到的问题,并准备好答案,以使发言人心中有数,在必要时可以参考。

(3)报道提纲。一个单位召开新闻发布会有自己的宣传目的。因此,可以事先将报道的重点、有关的数据、资料编印出来,作为记者采访报道的参考资料。在提纲上通常应列出单位名称、联系电话、传真号、网址等等,供新闻界人士参阅。

(4)其他辅助或背景材料。这些材料包括图片、实物、模型、录像、光盘等,其目的是增强发言人的讲话效果,加深与会者对会议主题的认识和理解。

### 7.其他准备工作

新闻发布会之前除做好以上准备工作外,还应做好会场的布置、音响设备的调试、礼品的准备、座次的安排、工作人员胸卡的制作以及与会人员的仪态举止训练等等。

### 8.新闻发布会的一般程序

新闻发布会的会议程序要安排得详细、紧凑,以避免出现冷场和混乱局面。

(1)签到

在新闻发布会的入口处要设立签到处,安排专人负责签到、分发材料、引入会场等接待工作,接待人员要热情、大方、举止文雅。

(2)会议三部曲

①主持人将召开新闻发布会的目的、将要发布的消息或要公布的事情经过、真实情况作简要介绍。

②主持人应根据会议主题调节好会议气氛,当记者的提问离会议主题太远时,主持人要善于巧妙地将话题引向主题,当会议出现紧张气氛时,主持人要能够及时调节、缓和。

③主持人要切实把握好会议的进程和时间。

(3)领导人发言

领导人在会上发言时,切忌说大话、空话和套话,一定要突出重点,真实、生动和细致,恰到好处,语言要自然,吐字要清晰,不能用太长的书面语言,宜用精炼恰当的口语。

(4)回答记者提问

领导人在回答记者提问时,要准确、自如,不要随便打断记者的提问。对不愿透露或不好回答的事情,不应吞吞吐吐,要婉转、幽默地向记者做出解释。

遇到不友好的提问,应该保持冷静,礼貌地阐明自己的看法,不能激动发怒,以免引出负面报道,这样于己于公司都是不利的。

(5)会议结束

新闻发布会结束后,主办人员要向参加者一一道别,并感谢他们的光临。对于个别记者有特殊要求时,有关人员还应耐心地予以答复。

新闻发布会后,主办单位还应及时收集到会记者做出的报道,检查是否达到了举办新闻发布会的目的,是否有不利于本单位的报道,并予以更正、说明。

## 七、座谈会

座谈会是一种小型围坐式会议,其实务要点如下:

### 1. 发出通知

座谈会通知除了时间、地点外,要明确告知与会者会议的内容,有时还要告知与会者同时还有哪些人参加会议,以便做好思想准备和发言准备。除了发书面通知外,还要用电话跟踪落实。

### 2. 会场布置

座谈会会场布置灵活多样,可以采取圆形、方形、长方形、椭圆形、六角形等围坐式座位格局,特殊情况下也可以设计成半围式。

较为重要的座谈会应当悬挂会标,会场内可适当放置饮料和茶水,可使与会者感到亲切、自然。

### 3. 安排好发言

座谈会发言形式有两种:一是自由发言,即事先不规定每人都要发言,也不规定发言顺序。与会者发不发言、什么时候发言,完全由与会者自己决定。二是事先确定几位主要发言者,也可以编排好其发言顺序,会上先由主要发言者发言,然后其他与会者再自由发言。

### 4. 对与会者表示感谢

无论与会者同举办者之间有无隶属关系,座谈会结束后,最好对与会者的光临表示感谢。

## 八、展览会

### 1. 确定展览会的规模

展览会有大型展览会、小型展览会与微型展览会之分。

大型展览会,通常由社会上的专门机构出面承办,其参展的单位多、参展的项目广,因而规模较大。因其档次高、影响大,参展单位必须经过申报、审核、批准等一系列程序。

小型展览会,一般都由某一单位自行举办,展示的主要是代表着主办单位最新成就的各种产品、技术和专利。

微型展览会,则是小型展览会的进一步微缩。它只是将展品安排陈列于本单位的展览室或荣誉室之内,主要用以教育本单位的员工和供来宾参观之用。

### 2. 确定展览会的时间

根据展期的不同,可以把展览会分作长期展览会、定期展览会和临时展览会。

长期展览会,大都常年举行,展览场所固定,展品变动不大。

定期展览会,展期一般固定为每隔一段时间之后,在某一个特定的时间之内举行。其展览主题大都既定不变,但允许变动展览场所或展品内容。一般来说,定期展览会往往呈现出连续性、系列性的特征。

临时展览会,则可根据需要与否随时举办。它所选择的展览场所、展品内容乃至展览主题,往往不尽相同,但其展期大都不长。

### 3. 展览内容的宣传

为了引起社会各界对展览会的重视,并且尽量地扩大其影响,主办单位有必要对其进行大力宣传。宣传可以采用举办新闻发布会、发表有关展览会的新闻稿、公开刊发广告等形式。

**4. 参展单位的确定**

主办单位事先应以适当的方式,对拟参展的单位发出正式的邀请或召集。主要方式为:刊登广告,寄发邀请函,召开新闻发布会等等。需同时将展览会的宗旨、展出的主要项目、参展单位的范围与条件、举办展览会的时间与地点、报名参展的具体时间与地点、主办单位拟提供的辅助服务项目、参展单位所应负担的基本费用等等,一并如实地告知对方。

对于报名参展的单位,主办单位应根据展览会的主题与具体条件进行必要的审核。当参展单位的正式名单确定之后,主办单位应及时地以专函进行通知。

**5. 展示位置的分配**

展示位置应处于展览会上的较为醒目之处,设施齐备,采光、水电的供给良好。在一般情况下,展览会的组织者要想尽一切办法充分满足参展单位关于展位的合理要求。假如参展单位较多,对于较为理想的展位竞争较为激烈的话,展览会的组织者可依照展览会的惯例,采用下列方法之一对展位进行合理的分配。

(1)对展位进行竞拍

由组织者根据展位的不同,而制定不同的收费标准,然后组织一场拍卖会,由参展者在会上自由进行角逐,由出价高者拥有自己中意的展位。

(2)对展位进行投标

参展单位依照组织者所公告的招标标准和具体条件自行报价,并据此填写投标单,由组织者按照"就高不就低"的常规,将展位分配给报价高者。

(3)对展位进行抽签

即将展位编号,然后将号码写在纸签之上,由参展的每一单位的代表在公证人员的监督之下,每人各取一个,以此来确定各自的展位。

(4)按"先来后到"分配

以参展单位正式报名的先后为序,谁先报名,谁便有权优先选择自己所看中的展位。

**6. 对展览物品与工作人员的要求**

(1)对展览物品的要求

用以进行展览的展品,外观上要力求完美无缺,质量上要优中选优,陈列上要既整齐美观又讲究主次,布置上要兼顾主题的突出与观众的注意力。

在展览会上向观众直接散发的有关资料,要印刷精美、资讯丰富,并且注有参展单位的主要联络方式。

(2)对工作人员的要求

①统一着装。在一般情况下,要求在展位上工作的人员应当统一着装。最佳的选择,是身穿本单位的制服,或者是穿深色的西装、套裙。在大型的展览会上,参展单位若安排专人迎送宾客时,最好请男士身穿西装,女士则着单色旗袍,并胸披写有参展单位或其主打展品名称的大红绶带。

②佩带胸卡。为了说明各自的身份,全体工作人员皆应在左胸佩戴标明本人单位、职务、姓名的胸卡。礼仪小姐可以例外。

**7. 安全保卫事项**

在举办展览会前,组织者须主动将展览会的举办详情向当地公安部门进行通报,求得其理解、支持与配合。

举办规模较大的展览会时,最好从合法的保安公司聘请一定数量的保安人员,负责展览会的保安工作。

展览会组织单位的全体工作人员,应自觉加强防损、防盗、防火、防水等安全意识,为展览会的平安竭尽全力。按照常规,有关安全保卫的事项,必要时最好由有关各方正式签订合约或协议,并且经过公证。

**8.其他各方面的配合**

主办单位作为展览会的组织者,有义务为参展单位提供一切必要的辅助性服务项目。具体而言,为参展单位所提供的辅助性服务项目,通常要包括下述各项:

其一,展品的运输与安装;

其二,车、船、机票的订购;

其三,与海关、商检、防疫部门的协调;

其四,跨国参展时有关证件、证明的办理;

其五,电话、传真、电脑、复印机等现代化的通信联络设备的准备;

其六,餐饮以及有关展览时使用的零配件的提供;

其七,供参展单位选用的礼仪、讲解、推销人员等。

## 九、赞助会

赞助,通常是指某一单位或某一个人拿出自己的钱财、物品,来对其他活动、单位或个人进行帮助和支持。

在现代社会中,赞助乃是社会慈善事业的重要组成部分之一。它不仅可以扶危济贫,向社会奉献自己的爱心,体现出自己对社会的高度责任感,以自己的实际行动报效社会、报效人民,而且也有助于获得社会对自己的好感,提高自己在社会上的知名度、美誉度,为自己塑造良好的公众形象。

赞助会主要内容包括赞助的方式、赞助的计划、项目的审核、会务的安排、活动的评估等等。

**1.赞助的方式**

赞助的方式,指的是赞助的具体形式。赞助方式选择得当与否,大都对赞助的效果直接产生影响。根据不同的标准,赞助的方式可有各种不同的划分方式。其中最为常见的划分方式有赞助项目和赞助物两种。

(1)赞助项目

具体所指的主要是受赞助的对象。在目前情况下,赞助的项目大致上有以下几类:

①赞助公益事业

它是指对社会的公共设施、公共活动进行赞助,直接地造福于社会、造福于人民,并可赢得公众与舆论的欣赏。

②赞助慈善事业

它是指对社会慈善福利组织或慈善福利活动的赞助,既可以向社会表明本单位勇于承担自己的社会义务、社会责任,又有助于获得政府与社会的好感。

③赞助教育事业

它是指对教育界的赞助。可以给予教育界以有力的支持,并且为本单位日后的进一步发展培养必不可少的广大后备人才。

④赞助科研活动

它是指对科学研究与学术活动的赞助。此举不仅表明本单位对人才与科技进步的重视,而且还可以使自己得到专家、学者的肯定、支持或指导。

⑤赞助专著出版

它是指对确有学术水平的学术专著的出版所给予的赞助。它主要可以表明本单位对知识的无比重视和对学术研究的大力支持。

⑥赞助医疗卫生

它是指对医疗、保健、卫生、康复事业的赞助。它体现着本单位对社会的关怀,同时也是对社会的一种奉献。

⑦赞助文化活动

它是指对文化事业的赞助。它有助于促进我国的社会主义精神文明建设,用高尚的精神去鼓舞人民,教育人民,提高其文化修养与精神境界。

⑧赞助展览画廊

它是指对具有一定艺术品位的非赢利性的展览、画廊的赞助。它体现着本单位的艺术品位以及对艺术界的支持和帮助。

⑨赞助体育运动

它是指对各类体育比赛活动的赞助。体育比赛是当今的社会热点之一,对其进行赞助,往往可使本单位名利双收,一举两得。

⑩赞助娱乐活动

它是指对群众性娱乐休闲活动的赞助。它表达了本单位对广大群众的关怀与诚意,可提高对方对本单位的认同感。

(2)赞助物

在此特指赞助单位或个人向受赞助者所提供的赞助物品。通常,赞助物可以分为如下四类:

①现金

即赞助单位或个人以现金或支票的形式,向受赞助者所提供的赞助。

②实物

即赞助单位或个人以一种或数种具有实用性的物资的形式,向受赞助者所提供的赞助。

③义卖

即赞助单位或个人将自己所拥有的某件物品进行拍卖或出售,然后将全部所得以现金的形式再捐赠给受赞助者。

④义工

即赞助单位或个人派出一定数量的员工,前往受赞助者所在单位或其他场所,进行义务劳动或有偿劳动,然后以劳务的形式或以劳务所得,向受赞助者提供赞助。

**2. 制订赞助计划**

制订赞助计划的指导思想为:赞助活动必须同本单位的经营策略、公共关系目标相一致,赞助活动的终极目标应当是赞助单位、受赞助者和社会三方同时受益。赞助政策的制订、赞助方向的选择，均应以此作为指南。

在一般情况下，赞助计划需要专人草拟，并经本单位的决策机构批准。

**3. 相关项目的审核**

在进行正式的赞助活动之前，对于既定的赞助项目进行审核，往往是极其必要的。赞助项目的审核，主要是指赞助单位事先对自己所参与的赞助项目所进行的核定与审查。

在正常的情况下，它是由赞助单位专门负责赞助活动的工作部门进行的。对赞助活动的各个具体环节逐一进行细致的分析研究，发现问题，防患于未然。审查核定的重点应当放在如下方面：

①赞助项目是否符合本单位的经营策略与公共关系目标；

②赞助的具体方式是不是合适，赞助的时机是否得当；

③赞助将会产生多大的社会作用；

④赞助之后对本单位会有多大的积极作用和负面影响。

**4. 现场布置**

赞助会通常应由受赞助者出面承办，而由赞助单位给予其适当的支持。赞助会的举行地点，一般可选择受赞助者所在单位的会议厅。亦可由其出面，租用社会上的会议厅。

举行赞助会的主席台的正上方，或是面对会议厅正门之处的墙壁上，还需悬挂一条大红横幅。在其上面，应以金色或黑色的楷书书写着"某某单位赞助某某项目大会"，或者"某某赞助仪式"的字样。一般来讲，赞助会的会场不宜布置得过度豪华张扬。

参加赞助会的人士，数量上不必过多，但要有充分的代表性。除了赞助单位、受赞助者双方的主要负责人及员工代表之外，赞助会应当重点邀请政府代表、社区代表、群众代表以及新闻界人士参加。

**5. 赞助会的一般程序**

（1）宣布赞助会正式开始。赞助会的主持人，一般应由受赞助单位的负责人或公关人员担任。

（2）奏国歌。此前，全体与会者须起立。在奏国歌之后，还可奏本单位标志性歌曲。有时，奏国歌、奏本单位标志性歌曲，可改为唱国歌、唱本单位标志性歌曲。

（3）赞助单位正式实施赞助。通常是赞助单位的代表首先出场，宣布其赞助的具体方式或具体数额。随后，受赞助单位代表上场，双方热情握手。接下来，由赞助单位的代表正式将标有一定金额的巨型支票或实物清单双手捧交给受赞助单位的代表。必要时，礼仪小姐应为双方提供帮助。在此过程之中，全体与会者应热烈鼓掌。

（4）赞助单位代表发言。其发言内容，重在阐述赞助的目的与动机。还可以对本单位的简况略作介绍。

（5）受赞助单位代表发言。发言者一般应为受赞助单位的主要负责人或主要受赞助者。发言的中心应当集中在对赞助单位的感谢方面。

（6）来宾代表发言。根据惯例，可邀请政府有关部门的负责人讲话。内容主要是肯定赞助单位的义举，同时亦可呼吁全社会积极倡导这种互助友爱的美德。有时该项议程亦可略去。

此后，宾主双方可稍事晤谈，然后来宾即应一一告辞。在一般情况下，东道主大都不为来宾安排膳食。如确有必要，可略备便餐，不宜设宴待客。

依照常规，一次赞助会的全部时间，不应当长于一个小时。因此赞助会的具体会议议程，必须既周密,又紧凑。

**6.对参与赞助会的评估**

在赞助会结束后,尤其是在整个赞助活动告一段落之后,赞助单位有必要对其进行一次系统的评估。主要是对赞助活动进行综合分析和系统总结,对其社会效果所进行的科学分析与评价。

赞助活动的评估工作,一般应由赞助单位的公关部牵头负责。有时,亦可由专司此事的班子主持此事。在评估完成之后,应形成书面报告,提交本单位的决策机构以及各位主要负责人,以供对方参考。

## 十、茶话会

**1.主题的确立**

茶话会的主题,特指茶话会的中心议题。在一般情况下,大致可分为如下三类:

(1)以联谊为主题

此次茶话会是为了联络主办方同应邀与会的各界人士的感情。在这类茶话会上,宾主通过叙旧与答谢,往往可以增进相互之间的进一步了解,密切彼此之间的关系。

(2)以娱乐为主题

以娱乐为主题的茶话会,指在茶话会上安排了一些文娱节目或文娱活动,并且以此作为茶话会的主要内容。与联欢会所不同的是,以娱乐为主题的茶话会所安排的文娱节目或文娱活动,往往不需要事前进行专门的安排与排练,而是以现场的自由参加与即兴表演为主。

(3)以专题为主题

以专题为主题的茶话会,指在某一特定的时刻,或为了某些专门的问题而召开的茶话会。它的主要内容,是主办方就某一专门问题收集反映,听取某些专业人士的见解,或者是同某些与本单位存在特定关系的人士进行对话。

**2.来宾的确定**

一般情况下,茶话会的主要与会者,大体上可分为下列情况:

(1)本单位的人士

具体来讲,主要是邀请本单位的各方面代表参加,亦可邀请本单位的全体员工或某一部门、某一阶层的人士参加。

(2)社会上的知名人士

所谓社会知名人士,通常是指在社会上拥有一定的才能、德行与声望的各界人士。他们不仅在社会上具有一定的影响力、号召力和社会威望,而且还往往是某一方面的代言人。此类茶话会,可加深对方对主办方的了解与好感,并且倾听社会各界对主办方直言不讳的意见或反映。

(3)合作伙伴

合作伙伴,在此特指与主办方存在着一定联系的单位或个人。以合作伙伴为主要与会者的茶话会,重在向与会者表达谢意,加深彼此之间的理解与信任。这种茶话会,有时亦称联谊会。

(4)各方面的人士

有些茶话会,往往会邀请各行各业、各个方面的人士参加。这种茶话会,通常叫作综合茶话会。

**3. 时间和地点的选择**

（1）茶话会举行的时机

通常认为，辞旧迎新之时、周年庆典之际、重大决策前后、遭遇危难挫折之时等等，都是酌情召开茶话会的良机。

（2）茶话会举行的时间

根据国际惯例，举行茶话会的最佳时间为下午四点钟左右。有些时候，亦可将其安排在上午十点钟左右。需要说明的是，在具体进行操作时，不必墨守成规，而主要应以与会者尤其是主要与会者的方便与否以及当地人的生活习惯为准。

（3）茶话会时间的长短

茶话会往往是可长可短的，关键是要看现场有多少人发言，发言是否踊跃，大都讲究适可而止。一般在一个小时至两个小时之内。

（4）举办地点、场所的选择

按照惯例，适宜举行茶话会的大致场地主要有：主办方的会议厅；宾馆的多功能厅；主办方负责人的私家客厅；私家庭院或露天花园。在选择举办茶话会的具体场地时，还需同时兼顾与会人数、支出费用、周边环境、交通安全等诸问题。

**4. 座次的安排**

根据约定俗成的惯例，目前在安排茶话会与会者的具体座次时，主要采取以下四种办法：

（1）环绕式

环绕式排位，指不设立主席台，将座椅、沙发、茶几摆放在会场的四周，不明确座次的具体尊卑，让与会者在入场之后自由就座。

（2）散座式

散座式排位，多见于举行于室外的茶话会。它的坐椅、沙发、茶几的摆放，可以自由地组合，自行调节，随意安排。

（3）圆桌式

在茶话会中，圆桌式排位通常又分为两种方式：

一是仅在会场中央安放一张大型椭圆形会议桌，而请全体与会者在其周围就座。

二是在会场上安放数张圆桌，而请与会者自由组合就座。当与会者人数较少时，可采用前者；而当与会者人数较多时，则应采用后者更方便。

（4）主席式

主席式排位并不意味着要在会场上摆放出主席台，而是指在会场上，主持人、主人、重要来宾应被有意识地安排在一起就座，并且位于上座之处。

**5. 茶点的准备**

茶话会不安排主食，不安排品酒，而是只向与会者提供一些茶点。

选择茶叶时，应尽力挑选上等品，同时要注意照顾与会者的不同口味。对中国人来说，绿茶老少皆宜。而对欧美人而言，红茶则更受欢迎。

在选择茶具时，最好选用陶瓷器皿，并且讲究茶杯、茶碗、茶壶成套，千万不要采用玻璃杯、塑料杯、搪瓷杯、不锈钢杯或纸杯，也不要用热水瓶代替茶壶。所有的茶具一定要清洗干净，并且完整无损，没有污垢。

在茶话会上还可以为与会者略备一些点心、水果或是地方风味小吃。需要注意的是,在茶话会上向与会者所供应的点心、水果或地方风味小吃,品种要对路,数量要充足,并且要便于取食。为此,最好同时将擦手巾一并上桌。按惯例,在茶话会举行之后,主办单位通常不再为与会者备餐。

### 6.茶话会的一般程序

在正常的情况之下,茶话会大体程序如下:

(1)主持人宣布茶话会正式开始。在会议正式宣布开始之后,主持人还可对主要的与会者略加介绍。

(2)主办方的主要负责人讲话。其讲话应以阐明此次茶话会的主题为中心内容。除此之外,还可以代表主办方,对全体与会者的到来表示欢迎与感谢。

(3)与会者发言。为了确保与会者在发言之中畅所欲言,通常不对发言者进行指定与排序,也不限制发言的具体时间,而是提倡与会者自由地进行即兴式的发言。

(4)主持人控制会议的全局。在众人争相发言时,应由主持人决定孰先孰后。当无人发言时,应由主持人引出新的话题,就教于与会者;或者由其恳请某位人士发言。当与会者之间发生争执时,应由主持人出面劝阻。在每位与会者发言之前,可由主持人对其略作介绍。在其发言的前后,应由主持人带头鼓掌致意。万一有人发言严重跑题或言词不当,则还应由主持人出头转换话题。

与会者在茶话会上发言时,表现必须得体。在要求发言时,可举手示意,但同时也要注意谦让,不要与人进行争抢。

(5)主持人略做总结。随后,即可宣布茶话会至此结束并散会。

## 十一、远程会议

运程会议是运用现代通信技术召集相距遥远的不同地点的人员举行的会议,常用的有远程电话会议和现代化远程电视电话会议。

### 1.远程电话会议

(1)发出会议通知

当会议的内容和时间确定后,秘书先分别通过电话,向各参加单位发出通知。电话通知除了一般会议通知的内容外,还要特别说明是否需要设分会场并强调必须准时到会。

(2)分发会议书面材料

如果在电话会议中要对某些文件进行讨论,可事先将文件通过传真传给与会各方。文件上应标明讨论的顺序编号和标题。会议进行中还可补充传送有关文件。

(3)安排会场

远程电话会议的会场分为主会场和分会场。召集方设主会场,其他参加会议的单位设分会场。分会场应装有扩音设备和话筒,并与电话机连接良好。人数较少或单个人参加会议,可直接使用带有免提扬声器的电话机。

(4)接通电话

所有参加会议的人员应当至少提前 5 分钟进入会场,做好充分的准备。会议时间一到,由召集方以主叫的方式接通与会各方。接通的办法和操作程序因电信局推出的各项电话会议服务业务而有所不同。

电话全部接通后,会议主席宣布会议开始,要求各方相互通报姓名、职务。

(5)做好会议记录

用录音电话系统记录会议,会后整理成书面记录归档保存。

## 2.远程电视电话会议

远程电视电话会议是运用全像电视电话系统召集的远程会议。摄像机拍下各会场的镜头,连同声音一起通过通信线路传送到其他各分会场。

(1)发出通知

通知的形式和要求大致如电话会议通知。

(2)分发文件

需审议的文件应会前通过传真或电子邮件传给与会各方。

(3)安排会场

远程电视电话会议一般都在固定的会场举行,或者向通信公司租借专门的会场。

电视电话会议一般都要设分会场,每个分会场都要配备全套电视电话双向传输设备,既能将主会场的画面和声音传给各分会场,又能把各分会场的信息反馈给主会场。

会场的环境应当安静、清洁;主会场和分会场都要悬挂会标。

会场内可以配备高速传真机,以便同时传送文件;场内会议设备要指定专业技术人员调试、检测。

(4)准时开会、准时散会

因会议费用较高,故必须准时开会、准时散会。为此,对会议讨论的事项一定要在会前通过其他方式进行有效沟通,成熟之后再在电视电话会议上通过。

(5)先集中、后分散与汇总情况

为了减少租用通信线路的时间,在议程安排上,都先集中开大会,然后由分会场各自举行会议。

## ▶第三节　常见会议仪式礼仪

### 一、开幕式与闭幕式

开幕式、闭幕式是各种会展活动正式开始前和结束时的礼仪和庆祝活动。通过开幕式、闭幕式,可以起到扩大社会影响、树立良好的社会形象的作用。

## 1.确定参加对象、范围

开幕式、闭幕式的参加对象应当包括下列人士:

(1)主办单位及其上级机关的领导人;

(2)主办单位以及与活动有关的机关、企事业单位的领导或代表;

(3)涉外活动的开幕式和闭幕式也可邀请有关国家、地区、组织的代表,如有关国家的使节、领事、参赞等参加;

(4)协办单位、赞助单位的领导或代表;

（5）有关新闻单位；

（6）为使开幕式、闭幕式的气氛隆重，可以选派一些群众代表参加。

**2. 确定主持人、致辞人和剪彩人**

开幕式、闭幕式和典礼通常由东道主或主办方主持。主持人应当有一定的身份。

重要的开幕式、闭幕式，主办方可派出身份较高的领导人参加并致开幕词或闭幕词。致辞人的身份一般应当高于主持人，如致辞人为正职，则主持人为副职。仪式较为简单的，可由主持人致开幕词。如果安排其他国家、组织的代表致辞，应事先发出邀请或商定。内容重要的致辞或涉外活动的开幕式、闭幕式致辞，应事先交换稿件或通报致辞的大致内容。国内的开幕式、闭幕式提倡即兴致辞。

如今许多的开幕式中会安排剪彩，剪彩人应当是主办单位身份最高的领导人，也可安排上级领导、协办单位领导与主办单位领导共同剪彩。开幕式由双方或多方联合举办的，各方均应派出代表参加剪彩，剪彩人的身份应大体相当。

**3. 发出邀请**

凡外单位的领导和代表应当书面邀请。书面邀请分为请柬、邀请信和通知三种形式。请柬文字内容简单，用于邀请一般的来宾。邀请信可根据不同的对象拟写，除表达邀请出席的诚意外，还可以提出一些希望和请求。对于内部人员则用书面通知。

书面邀请发出后，还应当用电话跟踪落实。

**4. 会场布置**

开幕式、闭幕式一般在活动现场举行。现场可摆放花卉、悬挂彩旗和标语，也可根据内容需要播放音乐、表演舞蹈、敲锣打鼓，以体现热烈隆重的气氛。

时间较长或规模较大的开幕式和典礼，可设主席台并摆设座位；时间较短和规模较小的，一般站立举行，但事先应划分好场地以便维持现场秩序。如场面较大，应安置扩音设备。

所剪彩球要用绸带联结，每个彩球均应由礼仪小姐用托盘托住。另外，剪彩用的剪刀也应事先准备好，每个剪彩人一把，在剪彩时由礼仪小姐用托盘递上。

签到是举行开幕式、闭幕式的重要环节，即表示对来宾的欢迎，又可以留作纪念。一般用簿式签到。签到簿要美观典雅或体现喜庆气氛。

来宾较多时，可以多准备几本签到簿。签到用的笔墨也应一并准备齐全。签到处要设在会场入口处。如果来宾人数较多，签到处要设在较为宽敞的地方，以免来宾集中到达时出现拥挤现象。

在室外举行的，签到处设在主席台的一侧。签到处要设有醒目的标志，并安排礼仪人员接待。庆祝性的开幕式还要给来宾和领导准备胸带和胸花。

有时，举行开幕式之后还安排参观、植树纪念、文艺体育表演等活动。与这些活动相关的物品也要准备妥当。留言簿是这类活动常备的物品。活动结束后，请领导和来宾留言或题词，既可以使整个活动有个圆满的结尾，又能为日后进一步宣传提供题材。

**5. 一般的程序**

（1）开幕式程序

①大型活动的开幕式前可安排乐队奏乐、表演歌舞等，以增加欢快的气氛。

②来宾签到留念，并由礼仪人员为来宾佩带胸花和来宾证，然后引入主席台或贵宾区。陌

生来宾应由工作人员向主办单位的领导介绍。

③司仪介绍出席开幕式的领导人和主要来宾,并宣布仪式由谁主持。

④主持人宣布仪式开始。重要的开幕式应奏国歌,涉外活动奏各国的国歌。

⑤致辞。

一般的开幕式较为简单,可由大会主持人致开幕词。如果专门举行开幕式,则先由开幕式的主持人宣布开幕式开始,接着介绍参加开幕式的领导和主要来宾,然后由主办方出席会议的最高领导人致开幕词。上级机关派代表参加开幕式的,应当在致开幕词后,安排其致辞或讲话。如邀请兄弟单位参加,也可安排其致贺词或宣读贺电、贺信。会议主持人应当详细介绍每位致辞人的职务、身份和姓名。

举行各种活动的开幕式,先由主办单位领导人发表主旨讲话,然后由来宾代表致贺词,最后由主办方身份最高的出席者致开幕词。这类开幕词十分简洁,往往只有一句话,即:"我宣布:××(活动名称)开幕。"联合主办的活动,也可用共同剪彩的形式代替致开幕词。

⑥剪彩。主持人先介绍剪彩人员的身份和姓名。剪彩时,播放音乐,参加人员鼓掌祝贺。

⑦举行参观、植树、文艺体育表演等活动。参观时,应让身份最高的领导和来宾走在前面,并由解说员介绍。如有外宾参加,还需做好翻译。

⑧请来宾留言或题词。

(2)闭幕式程序

闭幕式中的签到、介绍领导人和来宾、宣布仪式开始等程序与开幕式基本相同。不同的程序主要是:

①一般的闭幕式,由主办单位的领导人致闭幕词。闭幕词一般要对会议或者活动进行总结,对会议精神的贯彻落实提出要求和希望,最后宣布会议或者活动圆满结束。

②党的代表大会闭幕时应齐唱国际歌。

③系列性活动或系列性会议的闭幕式,常常举行交接仪式,由主办单位向下次会议或者活动的主办单位移交主办权。

④节、展、月等大型活动,闭幕式后可举行文艺和体育表演,以示庆祝。

## 二、开工与揭幕仪式

社会各界为了庆祝各种工程项目的奠基和竣工、各种经营单位的开张,各种机构的成立挂牌或揭牌,各种塑像或纪念碑的落成,往往要举行一定的仪式或典礼,统称开工与揭幕仪式。

### 1. 开工与揭幕仪式的准备

开工与揭幕仪式的各项准备工作的要求与开幕式、闭幕式大体相同。不同之处如下:

(1)实施、奠基、揭牌、揭幕、启动、点火等仪式或者下达开工命令的人员一般是主办单位或上级机关参加开幕式职务最高的领导;双边性或多边性仪式,如联合投资的工程举行奠基、开工、挂牌等仪式,各方应派身份相当的人士出席。国内有些工程竣工、通车、交接等仪式,可请对该项目做出贡献的工程技术人员剪彩。

(2)现场布置与物品准备

建设工程的奠基或开工仪式应当在施工现场举行,事先搭好临时性的主席台,设讲台或落地话筒,时间较短的仪式一般不放桌椅,全体人员均站立参加。现场周围可布置各色彩旗、气球和标语。工地上埋好奠基石,准备好扎有红色绸带的新铁锹。打桩机、推土机等机器也要预先进入施工位置,等待开工的命令。

揭牌(碑、像)仪式多在安放现场举行,全体人员站立参加。所揭之碑、牌、像等事先用绸缎罩住,绸缎的颜色,一般为红色或墨绿色。揭牌(碑、像)仪式如在会场内举行,则主席台中间放置桌椅,供领导人和嘉宾就座,右侧(以主席台的朝向为准)设讲台和话筒,左侧放待揭的碑、牌、像等。

举行点火或启动仪式,要事先选择好举行仪式的合适地点,并确保安全;设置好点火或启动的装置,以保证点火或启动一次成功。

通车仪式要准备好足够的车辆,并装饰成彩车,有的还配以锣鼓和乐队。

**2. 开工与揭幕仪式的程序**

专门举行的开工与揭幕仪式,其程序也与开幕式大体相同。但应注意:

(1)仪式开始后,先由主办单位领导致辞,对前来参加仪式的上级领导以及来宾表示感谢,同时介绍工程项目、落成的碑或像等的情况及其意义;然后由其他方面人士致辞,最后请上级机关的领导或代表致辞。联合主办的仪式,各方都应派代表致辞。

(2)剪彩、奠基、揭牌、揭幕后,可安排正式通车、打桩、开工。有的开工仪式不举行剪彩、奠基,而是由现场身份最高者下达开工命令。

## 三、开业仪式

具体而言,筹备开业仪式时,要做好舆论宣传、来宾邀请、场地布置、接待服务、礼品馈赠、程序拟定等六个方面的工作。

**1. 要做好舆论宣传工作**

首先,利用有限的大众传播媒介,进行集中性的广告宣传。其内容多为:开业仪式举行的日期、开业仪式的举行地点、开业之际对顾客的优惠、开业单位的经营特色等等。

其次,邀请有关的大众传播界人士在开业仪式举行之时到场进行采访,以便对本单位进行进一步的宣传报道。

**2. 要做好来宾邀请工作**

开业仪式影响的大小,往往取决于来宾身份的高低与其数量的多少。在力所能及的条件下,要多邀请一些来宾参加开业仪式。地方领导、上级主管部门与地方职能管理部门的领导、合作单位与同行单位的领导、社会团体的负责人、媒体人员,都是邀请来宾时应予以优先考虑的。为慎重起见,用以邀请来宾的请柬应认真书写,并应装进精美的信封,由专人提前送到对方手中,以便对方早作安排。

**3. 要做好场地布置工作**

开业仪式多在开业现场举行,其场地可以是正门之外的广场,也可以是正门之内的大厅。按照惯例,举行开业仪式时宾主一律站立,一般不布置主席台或座椅。为显示隆重与敬客,可在来宾尤其是贵宾站立之处铺设红色地毯,并在现场四周悬挂横幅、标语、气球、彩带、宫灯。此外,还应当在醒目之处摆放来宾赠送的花篮、牌匾、来宾的签到簿、本单位的宣传材料、待客的饮料等等,亦需提前备好。对于音响、照明设备,以及开业仪式举行之时所需使用的用具、设备,必须事先认真进行检查、调试,以防其在使用时出现差错。

**4.要做好接待服务工作**

在举行开业仪式的现场,一定要有专人负责来宾的接待服务工作。在接待贵宾时,需由本单位主要负责人亲自出面。在接待其他来宾时,则可由本单位的礼仪小姐负责此事。若来宾较多时,须为来宾准备好专用的停车场、休息室,并应为其安排饮食。

**5.要做好礼品馈赠工作**

根据常规,向来宾赠送的礼品,应具有以下三大特征:

(1)宣传性:可选用本单位的产品,也可在礼品以及外包装上印上本单位的企业标志、广告用语、产品图案、开业日期等等。

(2)荣誉性:要使之具有一定的纪念意义,并且使拥有者对其珍惜、重视,并为之感到光荣和自豪。

(3)独特性:礼品应当与众不同,具有本单位的鲜明特色,使人一目了然,过目不忘。

**6.要做好程序拟定工作**

从总体上来看,开业仪式大都由开场、过程、结局三大环节构成。开场,即奏乐,邀请来宾就位,宣布仪式正式开始,介绍主要来宾。过程是开业仪式的核心内容,它通常包括本单位负责人讲话,来宾代表致辞,启动某项开业标志等等。结局则包括开业仪式结束后,宾主到现场进行参观、联欢、座谈等等。它是开业仪式必不可少的尾声。为使开业仪式顺利进行,在筹备之时,必须要认真草拟具体的程序,并选定好称职的仪式主持人。

## 四、庆典仪式

**1.庆典准备**

(1)认真确定出席者名单

一般来说,庆典的出席者通常应包括如下人士:上级领导、社会名流、大众媒体、合作伙伴、社区关系单位领导和单位员工等。

人员的具体名单一旦确定,就应尽早发出邀请或通知。鉴于庆典的出席人员较多,牵扯面极广,故不到万不得已,均不许将庆典取消、改期或延期。

(2)精心安排好来宾接待工作

对出席庆典仪式来宾的接待,应突出礼仪性的特点。最好的办法是庆典一经决定举行,即成立对此全权负责的筹备组。筹备组成员通常应当由各方面的有关人士组成。

在庆典的筹备组之内,应根据具体的需求,下设若干专项小组,在公关、礼宾、财务、会务等方面各管一部分。其中负责礼宾工作的接待小组,都不可缺少。

庆典的接待小组,原则上应由年轻、精干、身材与形象较好、口头表达能力和应变能力较强的男女青年组成。

接待小组成员的具体工作有以下几项:

①来宾的迎送。即在举行庆典仪式的现场迎接或送别来宾。

②来宾的引导。即由专人负责为来宾带路,将其送到既定的地点。

③来宾的陪同。对于某些年事已高或非常重要的来宾,应安排专人始终陪同,以便关心与照顾。

④来宾的接待。即指派专人为来宾送饮料、上点心以及提供其他方面的关照。

（3）精心布置庆典仪式现场

依据仪式礼仪的有关规范,商务人员在布置举行庆典的现场时,需要通盘考虑的主要问题有:

①地点的选择。在选择具体地点时,应结合庆典的规模、影响力以及本单位的实际情况来决定。

②环境的美化。为了烘托出热烈、隆重、喜庆的气氛,可在现场悬挂彩灯、彩带,张贴一些宣传标语,并且挂上具体内容的大型横幅。如果有能力,还可以请本单位员工组成的乐队、锣鼓队届时表演音乐或敲锣打鼓。

③场地的大小。在选择举行庆典仪式的现场时,场地的大小,应同出席者人数的多少相适应。

④音响的准备。在举行庆典之前,务必要把音响准备好。尤其是提供来宾们讲话时使用的麦克风和传声设备。在庆典举行前后,播放一些喜庆、欢快的乐曲,对于播放的乐曲,应先期进行审查。

**2. 庆典程序**

（1）预备。请来宾就座,出席者安静,介绍嘉宾。

（2）宣布庆典正式开始。全体起立,唱单位之歌。

（3）本单位主要负责人致辞。其内容是,对来宾表示感谢,介绍此次庆典的缘由等等。其重点应是报捷以及庆典的可"庆"之处。

（4）邀请嘉宾讲话。大体上讲,出席庆典的上级主要领导、合作单位及社区关系单位,均应有代表讲话或致贺词。对外来的贺电、贺信等等,可不必一一宣读,但对其署名单位或个人应当公布。在进行公布时,可依照其"先来后到"为序,或是按照其具体名称的汉字笔画的多少进行安排。

（5）安排文艺演出。对安排节目,应当慎选内容,注意不要有悖于庆典的主旨。

（6）邀请来宾参观。必要时可安排来宾参观本单位的展览厅或车间等等。

在以上几项程序中,前四项必不可少,后两项则可以酌情免去。

## 五、剪彩仪式

按照惯例,剪彩既可以是开业仪式中的一项具体程序,也可以独立出来,由其自身的一系列程序所组成。

**1. 剪彩的准备**

（1）物品准备

与举行其他仪式相同,剪彩仪式也有大量的准备工作需要做好。其中主要涉及到场地的布置、环境的卫生、灯光与音响的准备、媒体的邀请等等。

除此之外,尤须对剪彩仪式上所需使用的某些特殊用具,诸如红色缎带、新剪刀、白色薄纱手套、托盘以及红色地毯等,仔细地进行选择与准备。

①红色缎带。亦即剪彩仪式之中的"彩"。按照传统做法,它应当由一整匹未曾使用过的红色绸缎,在中间结成数朵花团而成。为了节约,可代之以长度为两米左右的细窄的红色缎带,或者以红布条、红线绳、红纸条。

一般来说,红色缎带上所结的花团,不仅要生动、硕大、醒目,而且其具体数目往往还同现场剪彩者的人数直接相关。目前有两类模式可依:

其一,花团的数目较现场剪彩者的人数多一个;

其二,花团的数目较现场剪彩者的人数少上一个。

前者可使每位剪彩者总是处于两朵花团之间,尤显正式。后者则不同常规,亦有新意。

②新剪刀。是专供剪彩者在剪彩仪式上正式剪彩时所使用的。它必须崭新、锋利而顺手。在剪彩仪式结束后,主办方可将每位剪彩者所使用的剪刀经过包装之后,送给对方以资纪念。

③白色薄纱手套。在正式的剪彩仪式上,剪彩者剪彩时最好每人戴上一副白色薄纱手套,以示郑重其事。在准备白色薄纱手套时,除了要确保其数量充足之外,还须使之大小适度、崭新平整、洁白无瑕。

④托盘。是托在礼仪小姐手中,用作盛放红色缎带、剪刀、白色薄纱手套的。剪彩仪式上所使用的托盘,最好是崭新、洁净的。它通常首选银色的不锈钢制品,可在使用时上铺红色绒布或绸布。

就其数量而论,在剪彩时,可以一只托盘依次向各位剪彩者提供剪刀与手套,并同时盛放红色缎带;也可以为每一位剪彩者配置一只专为其服务的托盘,同时使红色缎带专由一只托盘盛放。后一种方法更加正式。

⑤红色地毯。主要用于铺设在剪彩者正式剪彩时的站立之处。其长度可视剪彩者人数的多寡而定,其宽度则不应在一米以下。有时,亦可不予铺设。

(2)剪彩人员选定

剪彩者,即在剪彩仪式上持剪刀剪彩之人。根据惯例,剪彩者可以是一个人,也可以是几个人,但是一般不应多于五人。

一般来说,剪彩者多由上级领导、合作伙伴、社会名流、员工代表或客户代表所担任。确定剪彩者名单,必须是在剪彩仪式正式举行之前。名单一经确定,即应尽早告知对方,使其有所准备。在一般情况下,确定剪彩者时,必须尊重对方个人的意见,切勿勉强对方。需要由数人同时担任剪彩者时,应分别告知每位剪彩者届时他将与何人同担此任。

必要时,可在剪彩仪式举行前,将剪彩者集中在一起,告之对方有关的注意事项,并稍事排练。按照常规,剪彩者应着套装、套裙或制服,不允许戴帽子或者戴墨镜,也不允许穿便装。

助剪者,指的是在剪彩者剪彩的一系列过程中从旁为其提供帮助的人员。一般而言,助剪者多由东道主一方的女职员担任。现在,人们对她们的常规称呼是礼仪小姐。

在剪彩仪式上服务的礼仪小姐,可以分为迎宾者、引导者、服务者、拉彩者、捧花者、托盘者。迎宾者的任务,是在活动现场负责迎来送往。引导者负责带领剪彩者登台或退场。服务者的任务,是为来宾尤其是剪彩者提供饮料、安排休息之处。拉彩者是在剪彩时展开、拉直红色缎带。捧花者的任务,是在剪彩时手托花团。托盘者的任务,则是为剪彩者提供剪刀、手套等剪彩用品。

在一般情况下,迎宾者与服务者应不止一人。引导者既可以是一个人,也可以为每位剪彩者各配一名。拉彩者通常应为两人。捧花者的人数则需要视花团的具体数目而定,一般应为一花一人。托盘者可以为一人,亦可为每位剪彩者各配一人。有时,礼仪小姐亦可身兼数职。

礼仪小姐的基本条件是:年轻健康、气质高雅、音色甜美、机智灵活。最佳装束应为:化淡妆,盘起头发,穿款式、面料、色彩统一的单色旗袍,配肉色连裤丝袜、黑色高跟皮鞋。除戒指、耳环或耳钉外,不佩戴其他任何首饰。有时,礼仪小姐身穿深色或单色的套裙亦可。但是,她们的穿着打扮必须尽可能地整齐划一。

### 2.剪彩的程序

独立而行的剪彩仪式,通常应包含如下的程序:

(1)请来宾就位

在剪彩仪式上,通常只为剪彩者、来宾和本单位的负责人安排坐席。一般情况下,剪彩者应就座于前排。若其不止一人时,则应使之按照剪彩时的具体顺序就座。

(2)宣布仪式正式开始

在主持人宣布仪式开始后,乐队应演奏音乐,现场可燃放鞭炮,全体到场者应热烈鼓掌。此后,主持人应向全体到场者介绍到场的重要来宾。

(3)奏乐曲

可以奏国歌,也可演奏本单位标志性歌曲。

(4)进行发言

发言者依次应为东道主单位的代表、上级主管部门的代表、地方政府的代表、合作单位的代表等等。其内容应言简意赅,每人不超过三分钟,重点分别应为介绍、道谢与致贺。

(5)进行剪彩

此刻,全体应热烈鼓掌,必要时还可奏乐或燃放鞭炮。在剪彩前,主持人须向全体到场者介绍剪彩者。

(6)进行参观

剪彩之后,主人应陪同来宾参观被剪彩之物。随后,可向来宾赠送纪念性礼品,并以自助餐款待全体来宾。

### 3.剪彩的标准做法

当主持人宣布进行剪彩之后,礼仪小姐即应率先登场。在上场时,礼仪小姐应排成一行,从两侧同时登台,或是从右侧登台均可。登台之后,拉彩者与捧花者应当站成一行,拉彩者处于两端拉直红色缎带,捧花者各自双手手捧一朵花团。托盘者应站立在拉彩者与捧花者身后一米左右,并且自成一行。

在剪彩者登台时,引导者应在其左前方进行引导,使之各就各位。剪彩者登台时,宜从右侧出场。当剪彩者均已到达既定位置之后,托盘者应前行一步,到达前者的右后侧,为其递上手套、剪刀。

若剪彩者仅为一人,则其剪彩时居中而立即可。若剪彩者不止一人时,同时上场剪彩时位次的尊卑的一般规矩是:中间高于两侧,右侧高于左侧。需要说明的是,之所以规定剪彩者的位次"右侧高于左侧",主要是因为这是一项国际惯例,剪彩仪式理当遵守。其实,若剪彩仪式无外宾参加时,执行我国"左侧高于右侧"的传统做法,亦无不可。

剪彩者若不止一人,则其登台时亦应列成一行,并且使主剪者行进在前。在主持人向全体到场者介绍剪彩者时,后者应面含微笑向大家欠身或点头致意。

在正式剪彩前,剪彩者应首先向拉彩者、捧花者示意,待有所准备后,右手持剪刀,表情庄重地将红色缎带一刀剪断。若多名剪彩者同时剪彩时,其他剪彩者应注意与主剪者的动作协调一致,力争同时将红色缎带剪断。

剪彩以后,红色花团应准确无误地落入托盘者手中的托盘里,而切勿使之坠地。剪彩者在剪彩成功后,可以右手举起剪刀,面向全体到场者致意。然后放下剪刀、手套于托盘之内,举手鼓掌。接下来,可依次与主办者握手道喜,并列队在引导者的引导下退场。

退场时,一般宜从右侧下台。待剪彩者退场后,礼仪小姐方可列队由右侧退场。

## 六、签字仪式

签字是对特定的书面意见表示确认的行为。会谈中产生的正式文件只有经过会谈各方的签字才能生效。因此,会谈的最后文件一般都要举行签字仪式正式签署,以示确认并据此生效。

### 1. 文本的准备

(1)定稿

定稿即通过讨论和磋商确定正式文件的文字内容,这是文本准备的前提。如果是涉外谈判,还要对不同文字的文本内容及具体表述进行磋商,达成共识。双方并列缔约、在用本国文字写成的文本中并提双方国名或领导人姓名时,本国的国名和姓名列在前面。

(2)文字

①缔约双方如使用不同的语言,签字文本应当用两种文字写成;按主权平等的原则,两种文字文本具有同等效力。除了用双方的语言制作文本外,还可以用双方共同熟悉的第三种语言增加一种文本,三种文本具有同等效力。一些技术性较强的专门文件,经双方同意也可只用某一国际通用语言写成。多边谈判文件的起草,可使用一种或几种国际通用语言。

②签字的文本如用各签字国的文字同时印制,应将各方的本国文字置于各方自己保存的文本的前面(从右向左竖排文字则在右侧)。比如,中美双方签字,中方保存的文本,中文在前,英文在后;美方保存的文本,英文在前,中文在后。多边签字缔约,则以英文国名的顺序确定各国文字的次序。

③各方签字的位置应当安排在各方自己保存的文本签字处的前面(从右向左竖排文字则在右侧),如果双方签字的位置是左右并排,则安排在左边。但如果双方的名称用"甲方"、"乙方"等表示顺序的词、词组或字母来简称,则一般按其顺序签字。

(3)校印

文本排版后,必须经过严格的校对,确认无误后,才能交付印刷、装订。

(4)制作正本和副本

签字文本分正本与副本,正本签字后由各方各自保存。双边签字,双方各保存正本一份。有时为了方便工作,也可以印制若干副本。副本的数量由双方根据实际需要协商确定,也可在条款中加以说明。多边签字,正本也可以仅制作一份,各方签字后,由东道国(方)或发起缔约的组织保存。

(5)盖章

一般在举行签字仪式前,先在文本上盖上双方的公章,这样,文本一经签字便具有法定效力。外交方面的签字文本需事先加盖火漆印。

### 2. 确定参加人员

(1)签字人员

签字人可以是双方参加谈判的主谈人,也可另派更高级别的领导人作为签字人。确定签字人要考虑以下几方面的因素:

下篇 礼仪操作

①签字人必须具有代表一级政府或组织的法定资格。企业之间的合同签字,必须由法人代表签字,或者由法人代表所委托的人员签字。委托签字必须出示委托人亲笔签署的委托书。

②各方签字人员的身份应当大致相等。

(2)领导人

为了表示对谈判成果的重视,签约各方也可以派出地位较高的领导人参加签字仪式,但也应当注意规格大体相等。

(3)见证人

见证人主要是参加会谈的人员,各方人数应当大致相等。有时也可邀请保证人、协调人、律师、公证人员参加。

(4)助签人

助签人主要职责是在签字过程中帮助签字人员翻揭文本,指明需要签字之处。由于涉外签字的文本由中外文印成,各方签字的位置不一,一旦签错,文本就会失效。故助签人必须参加文本的整理、起草和制作工作,且非常熟悉业务。双边签字时,双方助签人的人选应事先商定。多边签字时,也可由主方派一名助签人,依次协助各方签字。

**3.会场布置**

(1)签字桌椅

双边签字,一般设长方桌,上铺深绿色台呢。桌后放两把椅子,为双方签字人员的座位。

如签字方较多,则加长桌子,增加座位。多边签字也可将桌排成圆形或方形,或仅放一张椅子,由各方代表依次签字。

涉外双边签字仪式的座位按主左客右的惯例摆放,即客方的座位安排在主方的右边。

多方签字则按礼宾次序,各方签字代表的座次按英文国名当头字母的顺序排列,排在第一位的居中,第二位排在其右边,第三位排在其左边。

签字桌上可放置各方签字人的席卡。席卡一般写明签约的国家或组织的名称、签字人的职务及姓名。涉外签字仪式应当用中英文两种文字标识。

各方保存的文本置于各方签字人座位前的桌子上。

(2)参加人员位置

双边缔约,参加签字仪式的人员按主左客右的惯例分成左右两边站立于签字人员的后面,各方身份最高的领导人并排站立于中间,其他人员按双方高低向两侧顺排。人数较多时,可分成若干排站立于前低后高的梯架上。有时,也可在签字桌的对面或前方两侧摆放座位,供参加人员就座。多边签字仪式,各方领导人按礼宾次序排列。

签字仪式开始后,助签人应站在各自签字人员外侧协助签字,不要在站在中间,以避免挡住后排领导人的视线。

(3)讲台

如果签字仪式还安排各方领导人致辞,可在签字桌的右侧摆放讲台,或放置落地话筒。

(4)国旗

涉外签字仪式一般要挂各方的国旗。国旗可以按主左客右的惯例交叉插在签字桌中央的旗架上,也可以分别插于签字桌的两端或并挂在背面的墙上。举行多边签字仪式,则放在各方签字人座位前的桌上。

（5）会标

签字仪式的会标要求醒目，并反映签约各方的名称、签约内容。涉外签字仪式的会标应用中文和外文书写。

（6）文具

签字用的文具包括钢笔、墨水、吸墨器（纸）。用笔和用墨必须符合归档的要求，签字笔要防止墨水堵塞，确保签字时书写流畅。

（7）香槟酒

有时在签字仪式结束后，会举行小型酒会，共庆会谈成功。工作人员应事先准备好香槟酒、酒杯等。

### 4. 签字仪式程序

（1）单纯性签字仪式程序

①签字各方在司仪的安排下进入预定的位置。

②签字人在己方保存的文本上签字，助签人为签字人员翻揭文本，指明签字处，并用吸墨器（纸）吸干。文本如系多种文字写成，每种文字的文本均需逐一签字。

③双方在各自保存的文本上签字后，由助签人互相传递文本，签字人员再在对方保存的文本上逐一签字。多边缔约如果只需在一份文本上签字，可由司仪按英文国名当头字母的顺序报国家名称和签字人姓名、职务，由助签人依次请各缔约方签字。

④签字完毕后，各方签字人员应起立，交换文本，并相互握手致意。

（2）复合性签字仪式程序

①介绍主要来宾。

②宣布签字仪式开始。

③双方签字。（过程同单纯性签字仪式程序）

④主客双方先后致辞。致辞也可放在签字之前。

⑤举行小型酒会，举杯庆贺。

⑥双方联合举行记者招待会或新闻发布会。

## 七、交接仪式

### 1. 交接仪式的准备工作

（1）来宾的邀请

来宾的邀请，一般应由交接仪式的交付方负责。

交接仪式的出席人员应当包括：交付方的有关人员，接收方的有关人员，上级主管部门的有关人员，当地政府的有关人员，行业组织、社会团体的有关人员，各界知名人士，新闻界人士，以及协作单位的有关人员等等。

在上述人员之中，除交付方与接收的有关人员之外，对于其他所有的人员，均应提前送达或寄达正式的书面邀请，以示对对方的尊重之意。

（2）现场的布置与物品准备

举行交接仪式的现场，通常应视交接仪式的重要程度、全体出席者的具体人数、交接仪式的具体程序与内容，以及是否要求对其进行保密等几个方面的因素而定。

　　根据常规,一般可将交接仪式的举行地点安排在已经建设、安装完成并已验收合格的工程项目或大型设备所在地的现场。有时,亦可将其酌情安排在主办方本部的会议厅,或者由双方共同认可的其他场所。

　　在交接仪式上,有不少需要使用的物品,应由交付方提前进行准备。

　　首先,必不可少的,是作为交接象征之物的有关物品。它们主要有:验收文件、一览表、钥匙等等。

　　除此之外,还需为交接仪式的现场准备一些用以烘托喜庆气氛的物品,并应为来宾略备一份薄礼。在交接仪式上用以赠送给来宾的礼品,应突出其纪念性、宣传性。被交接的工程项目、大型设备的微缩模型,或以其为主角的画册、明信片、纪念章等等,皆为上佳之选。

　　在交接仪式的现场,可临时搭建一处主席台。必要时,应在其上铺设一块红地毯。在主席台上方,应悬挂一条红色巨型横幅,上书交接仪式的具体名称,如"××工程交接仪式",或"热烈庆祝××工程正式交付使用"。在举行交接仪式的现场四周,尤其是在正门入口之处、干道两侧、交接物四周,可酌情悬挂一定数量的彩带、彩旗、彩球,并放置一些色泽艳丽、花朵硕大的盆花,用以美化环境。

　　若来宾赠送的祝贺性花篮较多,可依照约定俗成的顺序,如"先来后到"、"不排名次"等等,将其呈一列摆放在主席台正前方,或是分成两行摆放在现场入口处门外的两侧,两处同时摆放,也是可以的。不过,若是来宾所赠的花篮甚少,则不必将其公开陈列。

　　2.交接仪式的程序

　　不同内容的交接仪式,其具体程序往往各有不同。主办单位在拟定交接仪式的具体程序时,必须注意两个方面的重要问题:

　　其一,必须在大的方面参照惯例执行,尽量不要标新立异;

　　其二,必须实事求是、量力而行,不必事事贪大求全。

　　从总体上来讲,几乎所有的交接仪式都少不了下述五项基本程序:

　　(1)宣布开始

　　此刻,全体与会者应当进行较长时间的鼓掌,以热烈的掌声来表达对于东道主的祝贺。

　　(2)奏乐曲

　　之后可以演奏交付单位的标志性乐曲。此时,全体与会者必须肃立。该项程序,有时亦可略去。不过若能安排这一程序,往往会使交接仪式显得更为庄严而隆重。

　　(3)开始交接

　　具体的做法,主要是由交付方的代表,将有关工程项目、大型设备的验收文件、一览表或者钥匙等等象征性物品,正式递交给接收方的代表。

　　此时,双方应面带微笑,双手递交、接收有关物品。

　　在此之后,还应热烈握手。如条件允许,在该项程序进行的过程之中,可在现场演奏或播放节奏欢快的喜庆性歌曲。

　　为了进一步营造出一种热烈而隆重的气氛,这一程序亦可由上级主管部门或地方政府的负责人为有关的工程项目、大型设备的启用而剪彩所取代。

　　(4)各方代表发言

　　在交接仪式上,须由有关各方的代表进行发言。

他们依次应为:交付方的代表,接收方的代表,来宾的代表,等等。

这些发言,一般均为礼节性的,并以喜气洋洋为主要特征,通常宜短忌长,只需要点到为止即可。原则上来讲,每个人的此类发言应以三分钟为限。

(5)仪式结束

随后安排全体来宾进行参观或观看文娱表演。此刻,全体与会者应再次进行较长时间的热烈鼓掌。

如果方便的话,正式仪式一旦结束,交付方与接收方即应邀请各方来宾一道参观有关的工程项目或大型设备。

## 第四节　会议干扰因素处理

### 一、如何对付离题者

在举行会议,有些代表在发言的时候可能会出现"离题"的现象。对于这种很尴尬的局面,该怎样来避免呢?

(1)会议上尽可能不安排"即席讲话"或"即席发言",这是避免会议中出现离题的一个技巧。

(2)当会议中出现离题现象时,既可以通过语言来处理,也可以通过传送信号以暗示的方式来解决。

(3)会议主持人应该使用最明白的语言,对议题作出最明确的表述,并清楚地指出会议需讨论的主题。这样,在会议中,当某一个人的发言离题时,能够很快地被发言人和他人所察觉。

### 二、如何对付拖延阻挠会议者

在应付拖延阻挠会议者,不妨采用下面的办法:

#### 1. 实施发言控制制度

例如,对于一个话题,规定每个发言者只能谈 5 分钟。可以利用一种三色灯,绿灯亮时可以发言,黄灯亮时表示只剩两分钟,红灯开始闪时表示只剩 45 秒了。红灯停止闪动时,发言必须终止,如果有可能,把麦克风与之连上,当红灯停止闪动时,麦克风也随之关闭。

#### 2. 发布公告声明

如果会议没有讨论完议题的各项内容,它将会延期,这对企图拖延阻挠者有一定的阻挡作用,但当需要作出一个紧急决定时,这种方法不易成功。

### 三、如何对付不合作者

对于不合作者来说,他们的代表性借口如下:

(1)"我不知道你现在需要它。"

(2)"这不是我们部门的责任。"

(3)"没有人命令我做这件事。"

(4)"我太忙,以至于没有考虑到这件事。"

(5)"我们总是那样做。"

(6)"我忘了。"

如果在会议上得到的是如上一些软弱无力的借口时,以下这些技巧可以帮助与会者确保完成任务:

(1)制定一个议程以及每个议题的时限(在会前发给每一个成员),然后按议程讨论;

(2)在会议期间,按要求分配任务;

(3)给每一项任务拟订固定的最后期限;

(4)在会议结束时,问问每一位成员是否明白自己的任务;

(5)要把这些都写进会议记录。

### 四、如何防止会议被本单位的琐事干扰

许多会议一般都在单位内部举行,有时常常会被本单位的一些琐事干扰。为此,要建立制度、采取措施,防止对会议的干扰。

如秘书做好来电记录和来访登记,以便领导成员会后办理。会议室的电话可设置"免打扰"功能,或设置"转移呼叫"功能,将电话转移至有秘书值班的办公室,这既防止了电话铃声的干扰,又可使来电得到及时处理。

### 五、如何化解会议中遭遇尴尬

#### 1. 异中求同

会议进行时,参会方因不同意某观点而产生严重分歧时,可以试着以"异中求同"的方式来化解僵局。

由于与会者都是针对某一特定议题,通过会议来彼此讨论观点,其中必有部分相似之处,因此,找出相似之处加以讨论来和缓尴尬气氛。

#### 2. 暂停会议

若会议中发生争吵,可由会议主持人宣布休会5至10分钟,先让双方冷静一下,气氛稍稍和缓之后再持续会议讨论。

此外,会议主持人也可以先跳开这个争议的话题,选择有趣的议题或争议性较低的议题来讨论,同时,个性较为活泼、广为大家接受的同事可以主动胡扯些适宜的话,来化解突然冷却的气氛、打破僵局。当气氛和缓后,再继续进行议程。

#### 3. 事前预演

在开会前,单位内部先预演,设定好讨论议题的顺序,针对可能会受到质疑或较为敏感的议题,先做好推演,甚至先假设对方可能提出的各式问题,准备最为合宜的答复,并且及时提出解决之道。

## ▶ 第五节　舞会、晚会与沙龙

舞会、晚会和沙龙等都是人们经常参加的社会活动。社会活动离不开礼仪,一个人只有具备良好的礼仪修养,才能真正在社交中展现良好的自我形象。

### 一、如何组织舞会

舞会是一种最普遍的社交场合,它能促进人们之间的交往和增进友谊。舞会的气氛固然轻松随便,但种种礼仪却不可忽视。

舞会一般可分为团体舞会和家庭舞会两种。舞会的规模可根据具体情况而定,大型舞会一般安排在节假日里,小型舞会可安排在周末。每次舞会以两三小时为宜。

#### 1. 场地选择

舞会的场地要选择宽敞、平滑的地方。场地大小要根据参加舞会的人数而定。如场地大、人员少,则会显得冷清;反之,又会造成拥挤、混乱。一般来说,舞池内平均每两平方米容纳一对舞伴比较合适。

#### 2. 场地布置

舞会场地的布置要突出"欢快"、"热烈"的气氛,场地空间可用彩色花环、飘带、彩灯等加以装饰。

灯光应调整好,既不能太亮,也不能太暗。太亮了影响情绪,太暗了容易使人感到压抑。不能用日光灯,因为日光灯的白色光不能给人以热烈、温暖的效果,最好用白炽灯或彩色节日串灯。

如果有乐队,还要考虑乐队的位置。如没有乐队,则要准备好音响和音乐,录音机应是立体声的,磁带也要事先选好,排好顺序,舞会开始后依次播放。

另外,舞池周围应摆放好桌椅,预备好饮料,供参加者休息、饮用。

#### 3. 票务安排

正式舞会一般要凭票入场,这样可以控制参加者的人数。发放舞票时要把人数统计准确,同时协调好男女比例。举办家庭舞会,事先也应选好邀请的客人,男女比例适当。

#### 4. 舞曲选择

舞曲的选择,要注意安排不同节奏、不同情绪的曲子。要使整个舞会在进行过程中,不同的舞曲——慢的和快的、热烈的和抒情的交替进行,使参加者在跳舞的过程中有张有弛,始终精神饱满。

#### 5. 气氛调动

舞会应有张有弛,每跳半小时至1小时,不妨安排休息几分钟,放几支悠扬缓慢的曲子,让大家自由交谈,或请人演个小节日。这样不仅使参加者得到了休息,又活跃了舞会的气氛。舞会主持人或主人要控制场内的情绪,使整个舞会自始至终保持热烈、欢快的气氛和文明、健康、优雅的情调。

如果在整晚的过程中,都是跳舞,可能有些单调。主人不妨预备一两个团体游戏,在适当的时候插入,这是非常讨好的方法。在选择这些团体游戏时,记得不要有令客人尴尬的事情发生。同时各种游戏,最好能够坐着玩,不必令客人跑来跑去。若是有比赛性质的游戏,要设一些有趣的奖品。

#### 6. 时间把握

舞会如果是在除夕举行的,在到达午夜十二时的时刻,可以特别制造一些戏剧性气氛,庆祝新年的到来。至于采取何种方式,可由主人设计。

每一个舞会都要在一定的时间散会,主人最好在请帖上写明白,或在通知时口头说好,使客人心理上有个准备。等到正式举行舞会的散会前 15 分钟左右,主人可以宣布,这是散会前的多少分钟,请大家要尽情地玩。于是紧接着奏出热闹的舞曲,人人的情绪都被提高,直到散会为止。这样舞会一定很成功,因为它有很好的开始,又有很好的结束。

## 二、舞会着装礼仪

舞会是现代社会交往的重要形式之一,是高雅的社交娱乐活动,可以结识朋友,加深友谊,消除疲劳,陶冶性情,因此,舞会吸引着社会各阶层人士。那么,参加舞会该如何扮装呢?

### 1. 女士打扮

一般来说,女士打扮应以淡雅为主,发型应以清丽自然为原则,不要喷过多的发胶或将头发做成不自然的花形。

在首饰上,如穿的是晚礼服,一定要佩戴首饰。如是露肤的晚礼服,则要佩戴成套的首饰,如项链、耳环、手镯。晚礼服是盛装,因此最好要佩戴贵重的珠宝首饰,在灯光的照耀下,首饰的光闪会为你增添光彩。

最后,穿戴打扮完毕,别忘了洒些香水,使舞会中的你芬芳高贵。

### 2. 男士打扮

男士参加舞会服装要整洁、大方。一般穿西服,显得大方、文雅。头发要梳整齐。检查一下口腔、身上,无蒜味、酒气,洒些香水是相宜的。正式的场合还应戴白色的手套。

## 三、跳舞过程的礼仪

### 1. 注意上场、下场的规矩,给舞伴应有的尊重

上场时,男士应主动跟在女士身后,让对方来选择跳舞地点。下场时,不宜在舞曲未完之际先行离去。男士可在原处向女士告别,或是把对方送回原来的地方再离开。

### 2. 舞姿应当文明优美

跳舞时,身体要端正。通常为男士领舞,领舞与伴舞者之间不宜相距过近,双方胸部应有30 厘米左右间隔,以维护自己的人格尊严。

双方眼睛自然平视,目光从对方右上方穿过。不可面面相向,不要摇摆身体,不要凸肚凹腰,不要把头伸到对方肩上。一般男舞伴的右手搭在女舞伴脊椎位置,不要搅过脊椎,高低可以根据双方身材而定。男子高的,可以搅得高一些,注意这时女子要把左手搭得低一些,甚至搭在大臂中下部。千万不要把女舞伴右臂架起来,那样既不雅观也不舒适。男子右手不要搅得过紧,以力量大小变化来领舞,切莫按得太紧太死,甚至把女方的衣服揪起,搞得很不雅观。

跳舞中间,踩住对方的脚了,要说一声:"对不起,踩着你了。"旋转的方向应是逆时针行进,这才不致碰着了别人。碰着了别人,要道歉,或微微点一下头致歉。

休息时,不要抽烟、乱扔果皮,不要大声喧哗,不要在场内来回走动,不要拉住朋友长谈不止。

## 四、涉外舞会的各项礼仪

(1)参加舞会,服饰要整齐,仪态要端正。国外举行舞会,通常在请束上注明服装要求,以穿晚礼服和西服为多。

（2）较正式的舞会，第一场舞，由主人夫妇、主宾夫妇共舞；第二场舞，男主人和主宾夫人、女主人和男主宾共舞。

（3）男子要避免只和一位女子共舞，也应避免同性之间共舞。

（4）男方邀请女方跳舞，应仪表端正，举止大方，不应勉强对方。

（5）跳舞时，应注意舞姿，舞步不要过大。男方的右手应在女方腰部正中，不能超过女方腰的正中。

（6）自己不熟悉的舞步，不要下场。

（7）跳舞时不得吸烟，不能戴口罩，不允许大声喧哗。

## 五、如何给他人介绍舞伴

在舞会上，主持人或主人要注意照料客人，把害羞的客人介绍给其他人，安排他们坐在一起，但介绍时要考虑他们的个子高矮是否合适，性格是否相近等因素。

主人可以在舞会开始前，或音乐的间歇时，对她（或他）说："我给你介绍一个不错的舞伴吧！"并把她（或他）带到一位女士或男士身边，作个简单介绍，然后鼓励他们一起跳舞。

如果舞会开始了一段时间，仍有比较害羞的人没有舞伴，这时相应的主人应主动邀请她（或他）一起跳舞。

## 六、如何邀请舞伴

### 1.男士要主动邀请女士

根据惯例，在舞会上邀请舞伴时，男士应当主动邀请女士。舞曲响起后，男士可行至拟邀跳舞的女士面前，先跟与她一起在座的男士或其他人点头示意，然后向女士点一下头，或者欠身施礼，目视对方轻声说："请您赏光"或"可以请您跳舞吗"。女士也可以主动邀请男士跳舞。具体做法与男士邀请女士相类似。

但不同的是，一般情况下女士可以拒绝男士的邀请，而男士一般不宜谢绝女士。

在正式的舞会上，一个人不宜单独跳舞，更不宜同性共舞，尤其是有外宾参加的舞会，这是最基本的规矩。在西方人来看，同性共舞有同性恋的嫌疑，尤其是男性共舞。

### 2.拒绝邀请应该得体

在舞会上一般不宜对邀请表示拒绝。如果出于某种原因，不想接受他人的邀请，只要做得得体，也不算失礼。最佳的拒绝方法是"我想暂时休息一下"，或者"这首舞曲我不大会跳"，以便给邀请者一个台阶下。而女士也不要马上接受其他人的邀请。

### 3.服从社交任务，顾全大局

邀请舞伴时不能单凭个人好恶，还须兼顾现实公关任务的工作需要，遵守如下规范：

（1）有意识地多交换舞伴，扩大社交面；

（2）主人要重点照顾好自己的主要客人。自第二支舞曲开始，主人应按尊卑顺序依次邀请主要客人各跳一只曲子。演奏第二只舞曲时，男主人应邀请女主宾跳，男主宾应当回邀女主人；女主人也可以邀请男主宾。演奏第三只舞曲时，男主人应邀请次女主宾跳，次男主宾则应当回邀女主人；女主人也可以请次男主宾……

（3）作为来宾，在邀请舞伴时有较大的选择。但应当主动抽时间邀请一下主人，而不一定等待对方来邀请自己。对于同来之人,以及被介绍给自己的人,如果有可能也应相邀一次。

### 七、如何安排晚会节目

晚会要事先精心安排好节目,要根据来宾的性质、身份、风俗习惯、双方的相互关系,本地的传统文化和实际能力拟定,应以具有本地特色的音乐、歌曲、戏剧、舞蹈为主,必要时可加入一两个来宾所在地知名节目或来宾本人喜爱的节目。

演出时应印制专门的节目单,人手一份,对每个节目略加介绍。

来宾座位的安排要便于安全保卫,位置要最佳,在正规的剧场内观看文艺演出,通常最好的座位在第七至九排的中间。还要让宾主集中就座,来宾进场、退场要比较方便。

演出前,接待人员要在门口迎候,并专门设立休息厅,主人与来宾共同步入剧场,其他观众应起立鼓掌欢迎。

演出结束时,主人与来宾要一同上台,向演员献花、见面、合影,来宾退场后,观众才离开。

### 八、如何观看晚会

参加晚会,主要目的就是观看演出。在观看演出时,既不能妨碍演员的表演,也不能影响其他观众的观看。所以,观众要表现得专心致志,全神贯注。具体来讲,要注意以下几个问题。

**1. 不交头接耳**

在晚会期间,最令他人厌恶的莫过于其旁边的人对演出大声评论,或是与同伴窃窃私语。因此,观看演出时,应当自觉地遵守这一条基本规矩。

**2. 不通信联络**

一旦进入演出现场,每个人就当自觉关闭自己的手机,或使其处于"静音"状态。

**3. 不进食、不吸烟**

在观看演出时,最好别吃东西,尤其是不要吃带壳的食物,也不要喝易拉罐饮料,因为它们都可能会成为噪声之源。另外,观众也应自觉禁烟。

**4. 不心不在焉**

在演出期间,不要睡觉、看报、听音乐、干私活,或是对别的观众注意过多。

**5. 不影响他人**

在观看演出时,不要戴帽子,或坐得过高。不要随意拍照,乱用闪光灯,或是任意进行摄像。

**6. 支持演员**

当演员登台表演或演完退场时,观众应当热情、友善地向演员鼓掌,以示欢迎或示感谢;若演员表演欠佳或在表演中出现失误,对此观众应予以谅解。不要动不动便对自己不喜欢的演员或节目鼓倒掌、吹口哨、哄赶人。演员演出结束,登台谢幕时,观众应当全体起立,鼓掌再次表示感谢,切不可熟视无睹,扬长而去。

**7. 礼貌退场**

在观看演出期间,不允许观众提前退场。只有当演出结束后,观众方可依次退场,做到井然有序。切不可争道抢行,制造混乱。

### 九、交际型沙龙礼仪

"沙龙"是法文 Salon 的音译,法文原意为"会客室"、"客厅"。17 世纪末期至 18 世纪,法国巴黎的文人和艺术家经常接受贵族妇女的招待,在客厅聚会,谈论文艺等问题。后来,就把有钱阶层的文人雅士清谈的场所叫做"沙龙"。到了现在,沙龙已经逐步形成为室内社交聚会的一种形式。

交际型沙龙,主要的目的是为了使参加者之间保持接触,进行交流。因此,它的具体活动形式可以灵活多样。平日商务人员经常有机会参加的座谈会、校友会、同乡会、聚餐会、庆祝会、联欢会、生日派对、节日晚会、家庭舞会等等,实际上大都属于交际型沙龙。

在通常情况下,交际型沙龙的地点、时间、形式、主人和参加者,均应事先议定。它可以由一人发起、提议,也可以由全体参与者群策群力,共同讨论,决定。

**1. 地点**

举办交际型沙龙的地点,应当选择条件较好的某家客厅、庭院、或是宾馆、饭店、餐馆、写字楼内的某一专用的房间。它至少应当做到面积大、通风好、温风适中、照明正常、环境幽雅、没有噪声、不受外界的其他任何干扰。

**2. 时间**

举办交际型沙龙的时间,一般应为 2～4 小时。在具体执行上,则不必过分地"严守规章"。只要大家意犹未尽,那么将其适当地延长一些是完全必要的。通常,为了不影响正常工作,交际型沙龙以在周末下午或晚间举行为好。

**3. 形式**

举办交际型沙龙的形式,应根据具体目的,而加以选择。如果大家只想"见一见",或是"聚一聚",那么就应当选择较为轻松、随便的同乡会、聚餐会、联欢会、节日晚会或家庭舞会。要是打算好好地"谈一谈",或是"聊一聊",则不妨选择不宜"跑题",如咖啡会、座谈会、讨论会等形式。

当然,在具体操作上,这几种形式也可以彼此交叉,或同时使用。有时,不确定交际型沙龙的具体程序或具体"议题",而听凭参与者们任意发挥,也是可行的。

**4. 主人**

如果交际型沙龙是在某家私宅内举行,其主人自然就是此次沙龙的主人。如果它是在外租用场地举行的,则一般应由其发起者或组织者担任主人。若他独身未婚或配偶不在本地,则应由其父母、子女、同事或秘书来临时充任男主人或女主人。按惯例,沙龙的主人应当有男有女,以便"对口"去分别照顾男宾、女宾们。

**5. 参加者**

交际型沙龙的参加者,大体上应当事先确定好。在某些较为正式的交际型沙龙上,参加者彼此之间相识者居多。唯其如此,才有助于大家多交流,少拘束。当然,它也不绝对地排斥"新人"加入。只不过"新人"的加入,应提前征得主人的首肯。

**6. 仪表**

前去参加交际型沙龙之前,应认真对自己的仪表、服饰进行必要修饰与斟酌。男士通常应当理发、剃须、穿西服套装或休闲型西装,女士则需要做发型、化淡妆、并选择旗袍、时装、连衣裙等式样的服装。若夫妇或情侣二人一同赴约,则其穿着打扮,应彼此保持和谐一致。例如,穿"情侣装",戴"对表",配相似款式的鞋子,服饰的色彩相互呼应等等。

作为东道主,男女主人的穿戴,应当尽可能地向自己的身份靠拢。

**7.其他相关礼仪**

(1)恪守规定

所谓恪守规定,就是要求商务人员在参加沙龙时,遵守时间,按时赴约,不得无故迟到、早退或是爽约。

参加交际型沙龙,通常不宜早到。准时到场或迟到三五分钟,是比较规范的。万一临时有事难以准点到达,或不能前往,需提前通知主人,并向大家表示歉意。迟到太久了,一定要向主人和大家说"对不起"。制造任何借口,都不能"以理服人"。

(2)要尊重妇女、长者

妇女是人类的母亲,长者是大家的前辈,鉴于这种原因,包括交际型沙龙在内的一切社交场合,都要主动自觉地尊重、照顾、体谅、帮助、保护妇女和长者,并积极地为其排忧解难。

行走时,应请其优先。就座时,应让其为尊。携带物品时,应为其代劳。安排活动时,应首先考虑他们的状况。

(3)要体谅主人

所谓体谅主人,就是要求在参加沙龙活动时,应当设身处地的、替主人着想,并尽可能地对其援之以手。

参加沙龙之初,不要忘了去问候主人。在沙龙举办期间,可以找机会向主人询问一下"我能做一些什么"。在沙龙结束时,在向主人道别之后,方可告辞。

在沙龙举办期间,即使有些事情不一定尽如人意,也要保持克制、别说怪话。不要对主人所作的安排,品头论足,说三道四。不要当着他人的面,算让主人难堪的"历史旧账",或是指责、非议、侮辱主人。

在主人家中参加沙龙时,不管主人有无要求,都不可吸烟,随地吐痰或乱扔东西。不允许擅自闯入非活动区域,例如书房、卧室、阳台、储藏室等处"参观访问",翻箱倒柜,乱拿或乱动主人的物品。

## 十、休闲型沙龙礼仪

休闲型沙龙这一名称,其实只是相对于交际型沙龙等其他类型的沙龙而命名的。从本质上来说,各种类型的沙龙作为一种社交方式,自然而然地都具有交际性的目的。比较而言,它们大多都一身兼数职,只不过交际、休闲、娱乐所占的比重各自有所不同而已。在休闲型沙龙里,娱乐、休闲的比重更大一些。

休闲型沙龙有多种多样的具体形式。常见的有:游园联欢会、远足郊游会、家庭音乐会、小型运动会等等。

在休闲型沙龙里的表现,必须与在交际型沙龙里的表现有所区别。总的来讲,在休闲型沙龙的表现,应当以玩为主,随意、自然,具体来讲,则又分为三点:

**1.应当表现得像玩**

所谓像玩,就是要求"轻装上阵",脱下西装套装、西装套裙、时装、礼服、皮鞋和首饰,换上与休闲型沙龙的具体环境相般配的牛仔装、运动装、休闲装,穿上运动方便的运动鞋,实实在在地进入自己此时此地的角色之中。

**2.应当会玩**

所谓会玩,有两重含义。它一方面是指玩的技巧,另一方面则是指对玩的内容的选择。

在休闲型沙龙所玩的内容,应当既高雅脱俗,又使人轻松、愉快。总之,是要又能玩,又好玩,而且还要力争做到大家都会玩。一般来讲,打桥牌、下象棋、打网球,或是举办小型音乐演奏会,都是休闲型沙龙宜于优先选择的内容。

**3.应当以玩为主,以玩为中心**

不要表现得过分急功近利,该办的事自然要办,该说的话当然要说,只不过一定要选择最佳的时机。要是玩完之后,或是过上一两天再谈正事,往往可能比在玩的时候"转移话题",更易于奏效。否则,既会败坏他人的雅兴,又会令人侧目。

**十一、如何组织与参加俱乐部**

俱乐部是一群人为了个人的目的、娱乐和方便组成的小团体。俱乐部的规模可根据具体情况而定,有二三十人的,也有上千人的。

**1.俱乐部的组织形式**

(1)单项俱乐部。

即以进行单项活动为主的、人们自愿组成的小团体。它的成员一般是对某一方面活动有着特殊的爱好和兴趣,如"登山俱乐部"等。

(2)综合俱乐部。

即由不同类型的单项俱乐部组合在一起而形成的规模较大的活动团体,是综合性的,下设各类社团。

(3)普通俱乐部。

它没有专一的活动内容。活动内容是以时间、地点等条件而临时确定。成员不限,主要目的在于丰富人们的业余文化生活。

**2.俱乐部的表现方式**

(1)开展健康有益的活动

由于俱乐部是一种自愿组合、结构松散的群众性业余文化团体,因而它能否持续地开展一系列丰富多彩、健康有益的活动,是俱乐部能否生存的重要条件。尤其是普通俱乐部,要保持经久不衰,组织者们就必须深入了解成员的"胃口",不断创新,广泛开展活动。比如可以举办交谊舞培训班,周末音乐茶座,桥牌讲座,棋牌比赛等丰富多彩的活动;还可以根据季节的变化开展活动。比如可以组织春游,举办游泳比赛,组织滑冰、滑雪等等。

(2)成员具有责任感和社会公德心

由于俱乐部的群众自发性,就要求俱乐部组织者和每一位成员具有高度的主人翁责任感和社会公德心。

俱乐部成员之间要相互尊重、相互信任、相互理解、相互帮助。加入或退出俱乐部要遵守一定的社会规则。

俱乐部组织者在经费筹集和开支方面要积极主动,经济公开。俱乐部成员还要注意搞好与非俱乐部成员的关系,要乐于接受那些积极要求加入俱乐部的人们。在俱乐部里也要和在其他社交场所一样,表现出良好的社交态度,要有自制力,不能忘乎所以、放任自流,还要注意保护俱乐部公共场所的环境、卫生和秩序。

下篇 礼仪操作

# 第十章 餐饮礼仪

餐饮,既催生人类文明,又展现人类文明。餐饮礼仪,是现代文明人必备的基本素质,是社会交往和事业成功的重要条件。餐饮礼仪,是投资环境、国家形象的重要体现,是走向世界、与世界交往的名片。

## 第一节 餐饮的筹备与服务

### 一、宴会的组织筹备要点

宴会是国际国内社会交往中一种通行的较高层次的礼仪形式。一般把政府机关、社会团体举办的有一定规模的酒宴,称为宴会;私人举办的规模较小的称为筵席。

宴会常用于庆祝节日、纪念日,表示祝贺、迎送贵宾等事项。宴会的场面一般比较庞大、隆重,能使人得到一种礼遇上的满足。不同的宴会有着不同的作用,概括地说,宴会可以表示祝贺、感谢、欢迎、欢送等友好情感,通过宴会,可以协调关系,联络感情,消除隔阂,增进友谊,加强团结,求得支持,有利于合作等。

宴会具有很重要的礼仪作用,有严格的礼仪要求。宴请宾客是一种较高规格的礼遇,所以主办单位或主人一定要认真、周到地做好各种准备工作。

#### 1. 明确对象、目的、形式

(1)对象。首先要明确宴请的对象。主宾的身份、国籍、习俗、爱好等,以便确定宴会的规格、主陪人、餐式等。

(2)目的。宴请的目的是多种多样的。可以是为表示欢迎、欢送、答谢,也可以是为表示庆贺、纪念,还可以是为某一事件、某一个人等等。明确了目的,也就便于安排宴会的范围和形式。

(3)形式。宴会形式要根据规格、对象、目的确定,可确定为正式宴会、冷餐会、酒会、茶会等形式。目前世界各国礼宾工作都在改革,逐步走向简化。

(4)范围。宴请哪些人参加,请多少人参加都应当事先明确。主客双方的身份要对等,主宾如偕夫人,主人一般也应以夫妇名义邀请。哪些人作陪也应认真考虑。对出席宴会人员还应列出名单,写明职务、称呼等。

#### 2. 选择时间、地点

主人确定宴会时间,应从主宾双方都能接受来考虑,一般不选择在重大节日、假日,也不安排在双方禁忌日。选择宴会日期,要与主宾进行商定,然后再发邀请。

地点的选择,也要根据规格来考虑,规格高的安排在人民大会堂,或高级饭店。一般规格的则根据情况安排在适当的饭店进行。

### 3.邀请

宴会一般都要用请柬正式发出邀请。这样做一方面出于礼节,一方面也是请客人备忘。

请柬内容应包括:活动的主题、形式、时间、地点、主人姓名。请柬要书写清晰美观,打印要精美。请柬一般应提前两周发出,太晚了不礼貌。

### 4.安排席位

宴会一般都要事先安排好桌次和座次,以便参加宴会的人都能各就各位,入席时井然有序。席位的安排也体现出对客人的尊重。

桌次地位的高低,以距主桌位置的远近而定。以主人的桌为基准,右高、左低,近高、远低。

座次的高低,考虑以下几点:

(1)以主人的座位为中心,如果女主人参加时,则以主人和女主人为基准,近高远低,右上左下,依次排列。

(2)把主宾安排在最尊贵的位置。即主人的右手位置,主宾夫人安排在女主人右手位置。

(3)主人方面的陪客,尽可能与客人相互交叉,便于交谈交流,要避免自己人坐在一起,冷落客人。

(4)译员安排在主宾右侧。

(5)席次确定后,座位卡和桌次卡放在桌前方,桌中间。

### 5.拟定菜单和用酒

拟定菜单和用酒要考虑以下几点:

(1)规格身份、宴会范围。

(2)精致可口、赏心悦目、特色突出。

(3)尊重客人饮食习惯、禁忌。

(4)注意冷热、甜咸、色香味搭配。

## 二、中餐与西餐的排位法

饮食礼仪因宴席的性质、目的而不同;不同的地区,也是千差万别。古代的饮食礼仪是按阶层划分:宫廷,官府,行帮,民间等。而现代饮食礼仪则简化为:主人(东道主),客人等。

作为客人,赴宴讲究仪容,根据关系亲疏决定是否携带小礼品或好酒。赴宴守时守约。抵达后,先根据认识与否自报家门,或由东道主进行引见介绍,听从东道主安排,然后入座:"排座次",是整个中国饮食礼仪中最重要的一部分。

从古到今,因为桌具的演进,所以座位的排法也相应变化。总的来讲,座次是"尚左尊东"、"面朝大门为尊"。家宴首席为辈分最高的长者,末席为最低者。

巡酒时自首席按顺序一路敬下。若是圆桌,则正对大门的为主客,左手边依次为 2、4、6、…右手边依次为 3、5、7、…直至汇合。

若为八仙桌,如果有正对大门的座位,则正对大门一侧的右位为主客。如果不正对大门,则面东的一侧右席为首席。然后首席的左手边坐开去为 2、4、6、8,右手边为 3、5、7。

如果为大宴,桌与桌间的排列讲究首席居前居中,左边依次 2、4、6 席,右边为 3、5、7 席,根据主客身份、地位、亲疏分坐。

西餐的位置排列与中餐有相当大的区别,中餐多使用圆桌,而西餐一般都使用长桌。

下篇　礼仪操作

如果男女二人同去餐厅,男士应请女士坐在自己的右边,还得注意不可让她坐在人来人往的过道边。

若只有一个靠墙的位置,应请女士就座,男士坐在她的对面。

如果是两对夫妻就餐,夫人们应坐在靠墙的位置上,先生则坐在各自夫人的对面。

如果两位男士陪同一位女士进餐,女士应坐在两位男士的中间。

如果两位同性进餐,那么靠墙的位置应让给其中的年长者。

西餐还有个规矩:每个人入座或离座,均应从座椅的左侧进出。举行正式宴会时,坐席排列按国际惯例:桌次的高低依距离主桌位置的远近而右高左低,桌次多时应摆上桌次牌。同一桌上席位的高低也是依距离主人座位的远近而定。

### 三、餐厅、宴会厅的布置艺术

一般来说,餐厅要求环境安静、舒适。客人可以在进餐中得到休息,并借此与同伴进行交流,增进了解,加深友谊,得到精神上的安慰。所以餐厅设计应以"闹中取静"为宜。餐桌的造型、结构,都要符合有关的要求。餐厅的装修、照明、色调等,不要使人增添疲劳感,要求营造轻松安逸、舒适愉快的气氛。

宴会场所的设计布置,应根据宴会的特别主题,利用背景装饰、餐桌布置及食品陈列来表达新颖的构想。题目可以取节日或纪念日,也可以利用其他形式突出主题,如特别为某个团体而举办宴会,可以以其产品为主题,例如给汽车制造商设计的宴会,可以使用汽车图案或模型、生产公司的商标等。

#### 1. 餐桌

餐桌应保证有足够的空间布置菜肴。餐桌可以摆成"U"形、"V"形、"L"形、"C"形、"S"形、"Z"形及1/4圆形、椭圆形等。另外,为了避免拥挤,便于供应主菜,可以设置独立的供应摊位,比如可以另外设点心供应摊位而与主要供应餐桌分开。

#### 2. 桌布

桌布应从桌面垂至距地面两寸处,这样既可以掩蔽桌脚,也可避免与会者踩踏。如果使用色布或加褶,可以使单调的长桌更加赏心悦目。

#### 3. 饰架

饰架及其上面的烛台、插花、水果及装饰用的冰块,也能增加高雅的气氛。供应餐桌上的各菜碟之间的空隙可以摆一些装饰用的植物、柠檬树枝或果实花木等,以进一步增强气氛。

#### 4. 照明

在照明方面,利用各种光线可以突出菜肴的美味。用餐处亮度以相当于5～10支烛光为宜。

### 四、宴会布件装饰

宴会上选用何种品牌、质地、颜色、品位的布件,一般是根据宴会的风格、餐厅的等级、进餐的形式、环境气氛、宾客的类型因素而决定,同时饭店人员还会考虑到布件的耐用程度,清洗的难易程度,成本控制等环节,还有以菜单为纲制定的服务方式等。

布件的质地广泛,有亚麻纤维、纯棉、丝绸、绒和纱等。其中亚麻纤维质地的布件手感比较光滑挺括;纯棉的布件则牢固耐用;若是用棉与亚麻纤维混纺的面料制成提花台布和餐巾,将是餐桌上的上等布件。

丝绸质地的布件,色彩较为华丽,质感十分柔滑,因不够耐磨,最适宜做餐台、礼桌或彩结等装饰用布。

绒质布质感华丽,下垂感强,色彩明快而庄重典雅。这种布常被用来做桌裙部位。

纱质布质地轻盈而透明,在台面装饰中常被用于覆盖笼罩台布、桌裙或制成波浪形短帷幔围设桌边。

在餐桌台面装饰过程中所使用的布件,根据具体用途可分为以下几类:

### 1.餐巾

餐巾是餐桌上的保洁布件用品,它以其缤纷的色彩、个性的图案、新颖的图案造型、合理的摆放,使餐桌台面整体装饰效果更加美观。

餐巾的大小规格不尽相同,边长 50～65 厘米见方的餐巾最为合适,餐巾的颜色图案可根据宴会整体风格的需要,力求和谐统一。使用最为普遍的是白色丝光提花餐巾。

从台面装饰的整体效果来看,台布、餐巾的搭配要和谐。如:某婚礼喜宴上,选用白色台布、大红色台布罩和绿色餐巾,而白、红、绿三色有机的结合,使得宴会餐桌既热烈活泼又庄重大方。

### 2.台布

台布的规格一般视餐桌的形状规格而定,在铺设台布时一般以下垂桌边 20～30 厘米,不触及地面为宜。

台布的颜色通常有纯白、乳黄、粉红、淡橙色等。不过,越是隆重正式的场合人们越喜欢用白色的台布。当然,你也可根据自己婚礼并结合当地的风俗习惯,用不同颜色、花型、几何图案或象征性的花台布。一方面可增加喜庆气氛,丰富视觉享受,另一方面也迎合了现代人个性化的审美趣味。

### 3.台布罩

台布罩又称装饰布,就是指斜铺在正常台布上的附加布件,其规格一般为 1 米×1 米,或大小与桌面相同。圆桌台面布罩规格与台布规格相当,覆盖整个台面,铺设角度与台布相错或四边平均下垂平贴于桌裙前。台布罩的颜色与台布形成鲜明对比,习惯使用大红、绿色、深棕色等。台布罩的作用除装饰美化台面外,还能保持台布的清洁,花台布必须用色彩图案风格相协调的台布罩。

### 4.桌裙

在较为豪华的喜宴中,无论是餐桌、酒吧还是自助餐餐台等都必须围设桌裙。具体的方法是,铺好台布后,沿台或桌子的边缘按顺时针方向将桌裙用大头针、尼龙搭或按钮式搭扣固定。

桌裙款式风格多样,根据裙褶的不同可分为三种类型,即波浪形、手风琴形和盒形。

较为华贵的桌裙还附有不同类型的装饰布件,即花边或短帷幔,两者又可细分为体现不同国家和民族特色的类型,这也是桌裙在重大宴会中较为突出的装饰特点。

### 5.其他布件

在布置台面时,先用台呢和毛毡织物将桌裙盖住,其目的是使台布铺好后更富有弹性,在使用时可减弱盘子或刀叉发出的声音,并保护名贵餐具和桌面。

与台饰布件相互对应、相互映衬的椅套也广泛使用在宴会的餐椅和装饰中,颜色以红色、乳黄为主,并在椅套背上配上丝绸蝴蝶结。

### 五、餐巾折花造型与选择

餐巾折花的造型和种类很多,技法也各不相同。作为餐厅服务人员要掌握餐巾折花的基本造型和折叠技法。

**1.餐巾折花造型种类**

(1)按摆放方式分可分为杯花和盘花两种。

杯花需插入杯中才能完成造型,出杯花形即散。由于折叠成杯花后在使用时其平整性较差,也容易造成污染。所以目前杯花已较少使用。

盘花造型完整,成型后不会自行散开,可放于盘中或其他盛器及桌面上。因盘花简洁大方,美观适用,所以盘花呈发展趋势。

(2)按餐巾花外观造型分可分为植物、动物、实物三种。

植物类花形是根据植物花形造型,如荷花、水仙等。也有根据植物的叶、茎、果实造型的,如慈姑叶、竹笋、玉米等。

动物类花形包括鱼、虫、鸟、兽,其中以飞禽为主,如白鹤、孔雀、鸵鸟。动物类造型有的取其整体,有的取其特征,形态逼真,生动活泼。

实物类花形是指模仿日常生活用品中各种实物形态折叠而成,如帽子、折扇、花篮等。

**2.餐巾折花造型的选择**

(1)根据宴会的规模选择。大型宴会可选择简洁、挺括的花形。可以每桌选两种,使每个台面花型不同,台面显得多姿多彩。如果是1~2桌的小型宴会,可以在一桌上使用各种不同的花型,也可以2~3种花形相间搭配,形成既多样又协调的布局。

(2)根据宴会的主题选择。主题宴会因主题各异,形式不同,所选择的花形也不同。

(3)根据季节选择。选择富有时令的花形以突出季节的特色,也可以有意地选择象征一个美好季节的一套花形。

(4)根据宗教信仰选择。如果是信仰佛教的,勿叠动物造型,宜叠植物、实物造型。信仰伊斯兰教的,勿用猪的造型等。

(5)根据宾客风俗习惯选择。如日本人喜樱花、忌用荷花,美国人喜山茶花,法国人喜百合花,英国人喜蔷薇花,委内瑞拉人喜爱兰花等。

(6)根据宾主席位选择。宴会主宾、主人席位上的花称为主花。主花一般选用品种名贵、折叠细致、美观醒目的花,达到突出主人、尊敬主宾的目的。如在接待国际友人的宴会上,叠和平鸽表示和平,叠花篮表示欢迎,为女宾叠孔雀表示美丽,为儿童宾客叠小鸟表示活泼可爱,使宾主均感到亲切。

总之,要根据宴会主题,设计折叠不同的餐巾花。要灵活掌握,力求简便、快捷、整齐、美观大方。

### 六、宴会餐桌用花的构图技巧

宴会餐桌用花的构图取决于喜宴的类型、风格和以及所用的插花器皿等的形状、大小,以及插花所处的饭店环境等诸方面因素。餐桌用花的造型可谓千变万化,有着各种不同的形态,但又有一些规律可循。一般可将造型结构分成两类,即对称的构图法和不对称的构图法。

对称的桌花构图法是在假定的中轴线两侧或上下均齐布置,为同形同量,呈完全相等的状态。欧美插花中较多地采用对称形式。它的特点倾向于统一,条理性强,但须防止单调和呆板。对称的桌上用花常见的造型有球形、半球形、扇面形、金字塔形、瀑布形等。

不对称的桌花通常是以不等边三角形的构图方法来确定造型,充分发挥线条的变化。其特点是以不对称的均衡为原则,富于变化,可以得到活泼自然的艺术效果。

餐桌用花主要以插花的造型为主,不论是古代还是现代,都有一定规律可循。按照插花主枝在花器中装饰的位置,大致可以归纳出四种基本样式,即直立式、倾斜式、悬崖式和平卧式。每种形式都有一定的变化范围。

### 1. 直立式插花

直立式插花是以第一主枝基本呈直立状为基准的,所有插入的花卉,都呈自然向上的势头,趋势也保持向着一个方向。整个作品充满了蒸蒸日上的勃发生机。

### 2. 倾斜式插花

倾斜式插花是以第一主枝倾斜于花器一侧为标志。这种样式的插花具有一定的自然状态,如同风雨过后那些被吹压弯曲的枝条,重又伸腰向上生长,蕴涵着不屈不挠的顽强精神;又有临水之花木那种"疏影横斜"的韵味。姿态清秀雅致.耐人寻味。

### 3. 悬崖式插花

悬崖式插花是以第一枝在花器上悬挂下垂,作为主要造型特征。形如高山流水、瀑布倾泻,又似悬崖上的葛藤垂挂。花枝要求柔枝蔓条,清疏流畅,使其线条简洁而又夸张,这样方能使格调高雅。垂挂式的插花,较多地运用于高花器中,对使用花材的长度没有明确的规定,可以长些,也可以短些,主要是根据花器情况和摆设位置来决定。

### 4. 平卧式插花

平卧式插花是以全部花卉在平面上表现出的样式。造型如同植物匍匐生长的姿态,花枝间没有明显的高低层次变化,只有向左右平行方向作长短的伸缩,同样具有装饰性。平卧式比较适合于餐桌布置,避免挡住就餐人的视线,又适合于俯视的环境和受到环境因素限制的地方摆设。

### 5. 特殊的形式

以上四种插花形式是表现插花的基础,但有一些特殊的形式不包括其中。比如有些造型的个性较强,具有一定的特殊性,久而久之被固定了下来。这些形式有的是基本形中的特殊变化,有的并不完全按照基本的插花比例关系。一种形式的位置可以改变,而总体造型却是固定的。常见有:

(1)L 形构图

这种形式的插花,多运用在水盆插花上。花枝插入点以花器的一侧为宜,左右均可。以左为例:花插座置于盆心的左边,让第一主枝呈直立状,第二主枝微斜插于左侧,第三主枝在右侧横插于贴近盆面。

（2）圆弧形构图

此构图一般是采用不封闭的圆弧状或半圆形的造型手法,似圆非圆,线条流畅。圆弧形插花是将花叶综合利用的艺术形式,以花朵为主体,大花或花朵密集的部分为中心,圆弧状向外发展,最外部可以用细长的叶片勾形,创造延伸效果。

（3）S 形构图

S 形插花是以花体曲线安排似 S 形而得名,与悬挂式插花有相似之处。花材的选择以具有曲线的花枝为主,亦可选用穗状花序的花枝,再配上其他的花朵作陪衬。

（4）放射形构图

放射状的插花方法是以花器的某一点作为中心,花枝向外伸展。花枝的插入可以是对称的,也可以是不对称状,但都应是呈花枝四散状态。花枝的择取多用剑状花叶,如唐菖蒲、银柳、棕榈叶等。

（5）塔形构图

所谓塔形构图是以主体花呈直立状,上尖,向下渐宽,似宝塔状。花材以草本花木为主,使用的量较大。

### 七、餐饮摆台

摆台是餐饮活动中的一项重要工作,它不仅体现餐饮活动的规格,更是营造气氛的重要元素、同时,也是不同餐饮类型、就餐形式的重要标志。常见摆台类型如下:

**1. 中餐摆台**

中餐摆台方法简单一些。餐桌上先铺桌布,有时需要围桌围,然后在上面摆转台,以方便就餐。转台放好之后,将餐盘(三寸碟)、筷架、筷子、酒杯、水杯、汤碗、汤勺、茶碟、茶杯、口布等餐具用品按就餐人数摆放整齐。

**2. 西餐摆台**

西餐摆台相对而言要复杂一些。与中餐一样,要先铺桌布,围桌围。西餐的餐布往往比较讲究,特别在家中举行的宴会,主人一般都会将最好的桌布拿出来。桌布往往与餐巾在颜色、款式、质地上要统一起来,这样会显得比较协调。

铺完桌布以后,在每个人的座位前摆餐具和酒具;餐具一般包括一个垫盘、一张餐垫(花纸),然后再在上面放一张餐盘。

垫盘右侧放餐刀、餐勺和汤勺,左侧摆放正餐叉和沙拉叉。垫盘正前方,从中线往右,按高低顺序摆放酒具。一般应摆水杯、白葡萄酒杯、红葡萄酒杯,水杯外侧可以放咖啡杯。咖啡杯一般放在咖啡杯垫盘上,杯侧放咖啡勺。

餐盘左上方摆面包盘,面包盘上可以放黄油刀。餐盘正前方放甜品刀。口布即餐巾,一般摆放在餐盘中或者餐盘左侧。

**3. 中西混合摆台**

中西餐混合摆台基本与西餐摆台相似,只是餐具的摆放稍有差别:此种摆台只放一把餐刀、餐叉和汤勺,然后在餐刀一侧放筷架和一副筷子。

### 八、走菜的顺序

各种菜肴在后厨准备好后,摆上餐桌的过程,称为走菜。宴会走菜顺序的合理与否,事关宴会的气氛、客人的食兴,它可以体现主人的文化素养和对客人的尊重,宴会的上菜顺序不仅要依当地风俗习惯进行,而且还要视客人情况适当调整,一般次序是冷菜、热炒或大菜、甜菜、点心,质量高的头菜在较前面上席。

中餐的走菜顺序主要有两种,这两种走菜顺序最大的区别是汤的位置。

其中以粤菜为代表的,顺序是先上头盘(也叫冷拼或者凉菜),其次是靓汤(老汤),然后是热菜,最后是果盘。在热菜部分,又分辅菜和主菜(有的地方又称主打菜),主菜一般以鱼、海鲜、各种肉品为主,只有一道,辅菜以蔬菜为主,可以多上几盘。这一派菜系中,汤在热菜前上,认为汤先上一来可以暖胃,二来可以清口,三可以保证食量有度。而主食则可以随时取用。

以川菜为代表的其他菜系,则将汤放在主菜之后,一般的走菜顺序是:冷菜(冷拼)、热菜、主食、汤。这一派认为汤可以起到清口的作用,可以调和整个宴会的口味。最好的川菜,应该是头一道热菜给人以比较味重的口感,厨师会相应地在菜肴中多放些调料,特别是盐,尔后的每一道菜中的调味料放得越来越少,到最后上汤的时候,则已经基本不放盐。这样,汤就起到了清口收味的作用。

西餐的走菜顺序也分两大类,这两类最大的区别是沙拉的位置,一类沙拉在主菜之前,认为沙拉可以起到开胃的作用。这一类的走菜顺序是:冷盘、沙拉、热菜、甜品、水果;另一类放在主菜后,认为沙拉可以起到清口的作用。这类的走菜顺序是:冷盘、热菜、沙拉、甜品、水果。

### 九、中西餐的上菜

在餐饮礼仪中,餐厅除了要向客人提供优质的礼貌服务外,还应不断加强服务技能和技巧。具体工作做好了,客人定会感到满意。

比如,无论宴会或零点,客人所需的上菜位置和服务顺序,都应根据具体要求、具体情况,严格地按规定去做,才会使客人用餐心情愉悦。否则,违反了规律,会造成工作上的无序和混乱,也会造成客人用餐的紧张、等待、急躁和不快。

#### 1.中餐上菜

(1)上菜顺序

不同种类的宴会上菜的程序是不完全一样的,但从总体上说,中餐上菜的程序是基本固定的。中餐上菜的顺序为:冷盘→热菜→炒菜→大菜→汤菜→炒饭→面点→水果。

(2)上菜时机和服务位置

①上菜时,可以将凉菜先行送上席。当客人落座开始就餐后,餐厅员工即可通知厨房做好出菜准备,待到凉菜剩下 1/3 左右时,餐厅员工即可送上第一道热菜。当前一道菜快吃完时,餐厅员工就要将下一道菜送上,不能一次送得过多,使宴席上放不下,更不能使桌上出现菜肴空缺的情况,让客人在桌旁干坐,这既容易使客人感到尴尬,也容易使客人在饮过酒后,没有菜可供及时下酒,易于使客人喝醉。

②餐厅员工给客人提供服务时,一般要以第一主人作为中心,从宴席的左面位置上菜,撤盘时从宴席的右侧位置。上菜或撤盘时,都不应当在第一主人或主宾的身边操作,以免影响主

客之间的就餐和交谈。

（3）上菜中的习惯与礼貌

①菜肴上有孔雀、凤凰图案的拼盘应当将其正面放在第一主人和主宾的面前，以方便第一主人与主宾的欣赏。

②第一道热菜应放在第一主人和主宾的前面，没有吃完的菜则移向副主人一边，后面的菜可遵循同样的原则。

③遵循"鸡不献头，鸭不献尾，鱼不献脊"的传统礼貌习惯，即在给客人送上鸡、鸭、鱼一类的菜时，不要将鸡头、鸭尾、鱼脊对着主宾。而应当将鸡头与鸭头朝右边放置。上整鱼时，由于鱼腹的刺较少，肉味鲜美腴嫩，所以应将鱼腹而不是鱼脊对着主宾，表示对主宾的尊重。

**2.西餐上菜**

（1）西餐上菜的服务位置及顺序

①餐厅员工在提供西餐上菜服务中，总体顺序是先女主宾后男主宾，然后服务主人与一般来宾。

②餐厅员工应用左手托盘，右手拿叉匙为客人提供服务，服务时，员工应当站在客人的左边。

（2）西餐上菜的三种方式

①在厨房里将主菜与色拉放进盘内，而后用垫盘将菜送到宴席上。

②餐厅员工用一大盆菜送到餐桌中央，然后让客人自行选取食用。

③厨师事先将菜装到一只专用的分菜盘内，然后由服务员送到餐桌边分给客人食用。分菜时服务员要站在客人的左边，左手托盘，右手使用服务叉匙为客人分菜。

（3）西餐的上菜顺序

①首先为客人送上面包黄油。餐厅员工应在开餐前5分钟为客人送上面包与黄油。先用小方盘装上热的小梭子面包，上面用清洁的口布盖上；再用小圆盘装上黄油，数量与客数相等。然后将黄油刀移放到黄油盅上，在芝士盆的右上角放上黄油，中间放上面包。

②紧接着是果盘。餐厅员工为客人送上果盘时应将果盘端送到客人的左侧，让客人自己挑选。

③上汤。在西餐中汤有清汤与浓汤之分。清汤又包括热清汤与冷清汤两种。要用热盆放浓汤，从而保持汤的原汁原味。夏天用西餐时一般喝冷清汤，上汤之前首先要将盛放冷清汤专用杯（带两耳）用冰冻冷。

④主菜。食用主菜时要用大菜盆，所以主菜通常又称为大盆。员工在为客人送上主菜的同时还要在大菜盆的前面随送上卤汁和蔬菜，这些配料用半月形的生菜专用盆装盛。

⑤点心。食用冰淇淋时，要将匙放到底盆内与冰淇淋一道端上去。烩水果的则应为客人摆上菜匙。食用热点心，要用中叉与点心匙。

⑥水果。有的西餐服务时已事先在台面上摆好了水果盘，作为点缀之用。在这种情况下给客人上水果时只要为客人送水果刀叉、净手盅便可以。如果桌面上并没有事先摆好水果盘，酒店员工可以在放上辅助工具之后，为客人送上准备好的果盘。

⑦咖啡。西餐中早、中、晚餐饮用咖啡的杯子各不一样，通常情况下，分别使用大、中、小三种杯子。餐厅员工可以在客人食用水果时就将一套咖啡杯送到客人的水杯后面。分派咖啡的

盘上应当垫上口布,并装上糖钳、牛奶盅、咖啡壶等用品。

员工为客人斟好咖啡后,应当先将客人的水果盘与洗手盅收去,然后将咖啡轻移到客人前面,做好这一切后,便可以为客人派送立口酒。

**3．特殊菜肴上菜**

(1)汤羹

①餐厅员工在为客人分派汤或羹时,应当先使用小碗将汤按客人人数分好,然后从客人的左侧送到桌上。

②客人将汤喝完后如表示还需要,员工应立即用小碗为客人装满。

(2)火锅

①在火锅点燃之前,先将搭配好的四荤、四素送到值台服务员处,然后一起送到转盘上,交错放开,另外准备筷子一双、大汤匙一只、火柴一盒、干净的小毛巾一块,一同放到火锅桌上。

②做好准备工作之后,将火锅送到宴席上。火锅内的汤一般在送上之前,已在厨房内热好,因此,服务员在将火锅及火锅汤送上桌面时,一定要注意安全,谨防将汤汁溢出。火锅安放稳妥后,再用火柴或打火机将火锅燃料点上,或打开电源开关,使锅开始加热。

③等到汤煮沸后,按照先荤后素的顺序及先排骨、羊肉、鱼虾的次序将菜一一放下锅,再将锅盖盖上。在等待过程中,可以为每位客人准备好口汤碗,排放在火锅周围。

④当食品在火锅内煮熟后,餐厅服务员应依次给每位客人盛上食品、汤汁,每一碗要尽量荤素搭配,第一碗与最后一碗无多大差别。当火锅汤不足时,应加上新的汤料。

⑤火锅食用完毕后,餐厅员工应当先将火熄灭,然后轻轻撤下火锅,操作时要注意安全。

(3)其他特殊菜肴

①易变形的油炸菜:上这类菜的方法是,厨师先将装在油锅的菜端到操作台旁,当厨师将菜装上盘子后,服务员要立即将菜端上桌面供客人食用,这样才能使菜保持原汁原味,如果动作较慢,菜就会干瘪变形。

②泥包、纸包、荷叶包的菜:上这类菜时,餐厅员工应先将菜拿给客人观赏,然后再送到操作台上,在客人的注视下打开或打破,然后用餐具分到每一位客人的餐盘中。如果先行打开或打破,再拿到客人面前来,则会失去菜的特色,并使这类菜不能保持其原有的温度和香味。

**十、摆菜的方法**

上菜要一定的顺序,同样摆菜也要一些方法的,不能随意乱放,而要根据菜的颜色、形状、种类等因素,讲究一定的艺术造型。

(1)摆菜时不宜随意乱放,而要根据菜的颜色、形状、菜种、盛具、原材料等因素,讲究一定的艺术造型。

(2)中餐宴席中,一般将大菜中头菜放在餐桌中间位置,砂锅、炖盆之类的汤菜通常也摆放到餐桌中间位置。散座中可以将主菜或高档菜放到餐桌中心位置。

(3)摆菜时要使菜与客人的距离保持适中,散座中摆菜时,应当将菜摆放在靠近小件餐具的位置上,餐厅经营高峰中两批客人同坐于一个餐桌上就餐时,摆菜要注意分开,不同批次客人的菜向各自方向靠拢,而不能随意摆放,否则容易造成误解。

(4)注意好菜点最适宜观赏一面位置的摆放。要将这一面摆在适当的位置,一般宴席中的头菜,其观赏面要朝向正主位置,其他菜的观赏面则对向其他客人。

(5)当为客人送上宴席中的头菜或一些较有风味特色的菜时,应首先考虑将这些菜放到主宾与主人的前面,然后在上下一道菜时再移放餐桌的其他地方。

### 十一、分菜的技巧

分菜服务就是在客人观赏后由服务人员主动均匀地为客人分菜分汤,也叫派菜或让菜。西餐中的美式服务不要求服务员掌握分菜技术,俄式服务要求服务员有较高的分菜技术,法式服务要求服务员有分切技术。

**1. 分菜的工具**

(1)中餐分菜的工具:分菜叉(服务叉)、分菜勺(服务勺)、公用勺、公用筷、长把勺等。

(2)法式服务的分切工具:服务车、割切板、刀、叉、分调味汁的叉和勺。

**2. 分菜工具的使用方法**

(1)中餐分菜工具的使用方法

①服务叉、勺的使用方法:服务员右手握住叉的后部,勺心向上,叉的底部向勺心;在夹菜肴和点心时,主要依靠手指来控制;右手食指插在叉和勺把之间与拇指酌情合捏住叉把,中指控制勺把,无名指和小指起稳定作用;分带汁菜肴时用服务勺盛汁。

②公用勺和公用筷的用法:服务员站在与主人位置成 90°角的位置上,右手握公用筷,左手持公用勺,相互配合将菜肴分到宾客餐碟之中。

③长把汤勺的用法:分汤菜,汤中有菜肴时需用公用筷配合操作。

(2)法式切分工具的使用方法

①分让主料:将要切分的菜肴取放到分割切板上,再把净切板放在餐车上。分切时左手拿叉压住菜肴的一侧,右手用刀分切。

②分让配料、配汁:用叉勺分让,勺心向上,叉的底部向勺心,即叉勺扣放。

**3. 分菜的方法**

(1)餐盘分让式:服务员站在客人的左侧,左手托盘,右手拿叉与勺,将菜在客人的左边派给客人。

(2)二人合作式:将菜盘与客人的餐盘一起放在转台上,服务员用叉和勺将菜分派到客人的餐盘中,然后由客人自取或服务协助将餐盘送到客人面前。

(3)分菜台分让式:先将菜在转台向客人展示,由服务员端至分菜台,将菜分派到客人的餐盘中,并将各个餐盘放入托盘中,应先将客人面前的污餐盘收走,将菜托送至宴会桌边,用右手从客位的左侧放到客人的面前。

**4. 分菜的基本要求**

(1)将菜点向客人展示,并介绍名称和特色后,方可分让。大型宴会,每一桌服务人员的派菜方法应一致。

(2)分菜时留意菜的质量和菜内有无异物,及时将不合标准的菜送回厨房更换。客人表示不要此菜,则不必勉强。此外应将有骨头的菜肴,如鱼、鸡等的大骨头剔除。

(3)分菜时要胆大心细,掌握好菜的份数与总量,做到分派均匀。

(4)凡配有佐料的菜,在分派时要先沾(夹)上佐料再分到餐碟里。

5.特殊情况的分菜方法

(1)特殊宴会的分菜方法

①客人只顾谈话而冷淡菜肴:遇到这种情况时,服务员应抓住客人谈话出现短暂的停顿间隙时机,向客人介绍菜肴并以最快的速度将菜肴分给客人。

②主要客人带有少年儿童赴宴:此时分菜先分给儿童,然后按常规顺序分菜。

③老年人多的宴会:采取快分慢撤的方法进行服务。分菜步骤可分为两步,即先少分再添分。

(2)特殊菜肴的分让方法

①汤类菜肴的分让方法:先将盛器内的汤分进客人的碗内,然后再将汤中的原料均匀地分入客人的汤碗中。

②造型菜肴的分让方法:将造型的菜肴均匀地分给每位客人。如果造型较大,可先分一半,处理完上半部分造型物后再分其余的一半。也可将食用的造型物均匀地分给客人,不可食用的,分完菜后撤下。

③卷食菜肴的分让方法:一般情况是由客人自己取拿卷食。如老人或儿童多的情况,而需要分菜服务。方法是:服务员将吃碟摆放于菜肴的周围;放好铺卷的外层,然后逐一将被卷物放于铺卷的外层上;最后逐一卷上送到每位客人面前。

④拔丝类菜宴的分让方法:由一位服务员取菜分类,另一位服务员快速递给客人。

## 十二、换盘与撤盘

1.餐盘撤换时机

(1)在客人用完冷菜之后,准备上热菜之前。

(2)荤菜与素菜交替食用之时。

(3)上甜点与水果之前。

(4)当客人吃过汤汁较为浓厚的菜后。

2.撤换餐盘操作要求

(1)撤换餐盘时应注意礼貌,站在客人的右侧用右手将餐盘撤回放到托盘中。

(2)撤盘时不拖曳,不能当着客人的面刮擦脏盘,不能将汤水及菜洒到客人身上。

(3)如果客人还要食用餐盘中的菜,服务人员应将餐盘留下或在征得客人的意见后将菜并到另一个餐盘中。

(4)撤盘时,应将吃剩的菜或汤在客人右边用碗或盘装起来,然后将同品种、同规格的盘按直径由大到小的顺序自下而上摆放整齐。

## 十三、宴会选酒的方法

吃中国菜时可以喝白酒、黄酒、药酒、啤酒。在国内,白酒是饮用最普遍的酒,它可以净饮干喝,也可以用来帮助吃菜下饭,甚至可以用来作为药引泡药。白酒一旦和其他酒类如啤酒、汽水、可乐等饮料同饮,就很容易醉。

在正式场合最好用专门的"肚量不大"的瓷杯或玻璃杯盛酒,这样就好"对付"我们中国人讲究的"一饮而尽"、"酒满敬人"等不成文的规定。喝白酒时,不用加温、加冰,也不必用水稀释。

西餐用酒分饭前、进餐和饭后三类。

(1)饭前酒或称开胃酒,是在入席前请客人喝的酒类,常用的有:鸡尾酒、威士忌、麦亨登、浮毛斯、马丁尼以及啤酒等。另外还应准备果汁、汽水及可乐等饮料。开胃酒的目的是刺激食欲,所以,不宜多喝。

(2)进餐酒,是上菜时配合菜肴用的酒,常用的有:雪利、白酒、红酒、香槟等,以及我国的黄酒、绍兴酒等。宴会中,如果是喝中国酒类,主人仅供应一种酒,客人无须选择。但最好多备几种酒,请客人自行选用。正式西餐,每上一道菜,侍者就会奉上一次酒,酒随菜不同而不同。

(3)饭后酒或称助消化酒,常用的有:白兰地、雪利及薄荷酒等。

对酒不太了解的人,可以将自己挑选的菜色、预算、喜爱的酒类口味告诉调酒师,请其帮助挑选。

### 十四、酒的搭配

美酒与佳肴匹配,其实不应说何者是"主",以酒佐餐为目的,一方面固然是想增加享受,一方面也要使食物更好吃。"辅以美食"来饮好酒,你对品酒的乐趣也会大有增益。

#### 1.酒和酒的搭配

低度酒在先,高度酒在后;

有气在先,无气在后;

新酒在先,陈酒在后;

淡雅风格在先,浓郁在后;

普通酒在先,名贵酒在后;

白葡萄酒在先,红葡萄酒在后,并最好选用同一国家、地区的酒作为宴会用酒。

#### 2.酒与食物的搭配

酒与食物的搭配是用餐中非常重要的一件事,如同古人所说的"美酒佳肴"。用餐时搭配一点酒不但可增加用餐气氛、增加食物的美味,还可帮助消化。而在西餐中佐餐的酒,最适合的就是葡萄酒了。原则上是"白肉配白酒,红肉配红酒"。

白葡萄酒适合于开胃菜等小菜或者虾、螃蟹、贝类、鱼等菜;

炖牛肉等味浓的肉食菜,配红葡萄酒;

油炸的肉食,配味淡的红葡萄酒;

甜食要选用甜型葡萄酒或汽酒。

### 十五、酒的饮用方法

#### 1.汽酒

实际就是含有二氧化碳气泡的葡萄酒,其酒精度相对较低。此类酒品,开瓶时的一刹那间,瓶内空气冲开瓶塞的响声,被人们认为是增添喜庆气氛的最佳伴奏。汽酒中最有名的是法国的香槟酒。

由于汽酒有很强的观赏性,历来被认为是一种最好的礼仪酒,经常出现在签字和欢庆等仪式上。同时,由于入口顺滑香甜,汽酒也是一种上佳的餐前酒。汽酒在饮用时,可以握住杯身,将倒入杯中的汽酒尽快喝完。

**2.啤酒**

啤酒是一种最受欢迎的酒品,其特点是酒精度数低。

啤酒还含有丰富的二氧化碳,是理想的餐前酒,作餐前酒时,可以用专用啤酒杯饮用,一般饮净之后,再续酒。正式的宴会中,啤酒也可以伴餐;伴餐时,应使用水杯。

**3.葡萄酒**

葡萄酒是以葡萄为原料,经过发酵、陈化后配制的饮用酒品,是非常理想的宴会酒。葡萄酒按甜度分为四种:全甜葡萄酒、半甜葡萄酒、半干葡萄酒、全干葡萄酒,其中全干葡萄酒常用作伴餐酒。根据葡萄酒颜色又分为红葡萄酒、白葡萄酒和桃红葡萄酒。

红、白葡萄酒配餐的基本原则是:红酒配红肉,白酒配白肉。即干红葡萄酒应该与肉质鲜红的荤菜相配,特别是牛、羊、猪肉;干白葡萄酒应该与肉质浅淡的荤菜相配,主要是指海鲜鱼类。在实际的运用中要以菜肴烧制口味的浓淡为主要依据:味浓、汁重的菜肴应以干红葡萄酒为佐餐酒,而味淡、汁轻的菜肴应以干白葡萄酒为佐餐酒。

干红葡萄酒可以在室温下饮用,不用冰镇。在饮用时,可以用手握住杯肚,让体温帮助把温度提一提。

干白葡萄酒最佳的饮用温度在 5℃ 左右。因此,饮用前,最好先将其放在冰箱的冷藏室中。饮用时,将酒瓶置于冰桶中。干白葡萄酒倒入酒杯后,应注意用手握杯柱或者杯托。以免手指和手掌温度传导到酒中,从而破坏酒味。

**4.雪利酒**

雪利酒首先是将葡萄发酵之后,再用白兰地酒进行强化之后制成的一种酒精饮品。它是一种很好的餐前开胃酒,可以用葡萄酒杯饮用,也可以用鸡尾酒酒杯饮用。

**5.威士忌**

威士忌和白兰地是西方酒品中最有名的烈性酒,其酒精度大约都在 45°。其中威士忌被认为是餐前酒,而白兰地则为餐后酒。

威士忌有多种饮法。不加任何其他饮料或冰块的喝法叫净饮,一般经常喝威士忌的人才会选择这种方法。喝时,需要啜饮,要小口喝。另一种方法是与其他饮料混合后再喝,亦即鸡尾酒喝法,这两种喝法都可以加冰。往酒杯中倒威士忌时,一般只倒薄薄一层,在此基础上,可以加冰、苏打水或者其他饮品做成鸡尾酒。

**6.白兰地**

与威士忌相类似,白兰地也是一种蒸馏酒。白兰地酒陈化的时间越久,其酒质就被认为越好。

白兰地主要饮法有:

净饮:白兰地是一种酒香非常浓郁的酒。在净饮时宜用肚大口小的白兰地专用酒杯。这种酒杯适宜于用手指和掌心握住酒杯,这样就可以用体温将酒轻微加温让酒香从中溢出。饮用时,一般可以轻微地旋转酒杯,让酒香充分溢出,然后闻一闻再饮。饮用时,宜小口啜饮。

鸡尾酒饮法:白兰地是鸡尾酒的最主要基酒。以鸡尾酒的方式饮用时,可以根据情况使用不同的酒杯。

**7.伏特加**

伏特加酒主要以发酵谷物为原料蒸馏而成,一般不经过陈化过程。

伏特加酒的酒精度都较高,一般很少做伴餐酒。它是主要的鸡尾酒基酒之一,可以与其他饮料配制很多不同的鸡尾酒,同时也可净饮。

### 十六、开葡萄酒的方法

(1)用小刀沿瓶口突出圆圈下切除封盖,用布将瓶口擦拭干净。

(2)将开瓶器的螺旋体插入软木塞中心点,缓缓地转入,如用蝴蝶形开瓶器,当螺旋体渐渐进入软木塞时,两边的把手会渐渐升起,当把手到达顶点时,轻轻地将它们扳下,把软木塞拔出。

(3)将把手扳下,以便另一端的爪子扣住瓶口,然后缓慢的提起把手,将软木塞拉出来。

(4)开瓶时,如软木塞断裂,请用"夹型开瓶器"把瓶塞夹出来。

### 十七、开香槟酒的方法

将香槟瓶摇晃,使其喷洒而出的开法,多用在庆功宴中,正式的开法如下:

(1)撕开铝箔封套,一手握住瓶塞,一手转开软木塞上固定用的铁丝网;

(2)将瓶身略为向外倾斜,但不可对着人,一手仍握住瓶塞,另一手慢慢旋转瓶身将瓶塞拔出。

(3)注意控制软木塞拔出弹出的声响,愈安静愈好。由于瓶内的压力比瓶外大,有时软木塞会弹出,故要把手放在软木塞上,以免弹出伤人。

### 十八、国庆招待会的准备和程序

国庆招待会的筹备和组织工作复杂、细致。一般在国庆前一个月即着手准备。准备工作大致分为下列阶段:

(1)了解情况。主要是了解将参加国庆招待会的人数,如中央和政府各机关、各群众团体及有关单位的到会人员,在京的重要外宾(一般邀请副部级以上外宾夫妇出席),港澳台同胞和外国专家在京情况。

(2)招待会具体安排。拟定国庆招待会的时间、地点、邀请范围、规模、形式、会场布置、新闻报道、招待会程序等。

由于筹办国庆招待会涉及诸多单位,团结协作十分重要。要对有关各单位的任务、分工、职责范围安排明确,要求各单位各负其责、各司其职,既集中统一,又团结协作。

(3)具体落实。招待会的具体安排确定后,便进入具体落实阶段。需要具体落实的项目包括以下几个方面:

①印制请柬。请柬的基本要求是美观大方,封面印有国徽图案,图案下面写有年号。请柬一般为双页,除中文外,印有英文或法文,行文简洁,格式统一。

②确定菜单。菜单要考虑中餐特点,如:冷盘、什锦海鲜、珍珠虾排、豆瓣牛腩、罐焖鸭块、点心、水果。

③起草祝酒词。起草祝酒词是筹备国庆招待会的一项重要工作。祝酒词定稿后译成英文

和法文。祝酒词一般全文报道。

④确定曲目单。一般为中国乐曲。曲目单选定后附在菜单后面,并同菜单一样译成英文或法文。例如:《欢迎曲》、《歌唱祖国》、《友谊传四海》、《江岸风光》、《高天上流云》、《小白帆》、《乡情》、《友谊圆舞曲》、《南泥湾》、《民族团结尽歌舞》、《新春到》、《欢送曲》。

⑤安排席次。安排席次是筹备国庆招待会中最为复杂和细致的一项工作。安排席次要根据宾主的礼宾顺序,结合职业,考虑工作需要来进行。席次以右为上,左为下,同时将席位分割为区,约请少数有关协作单位协助办理。一般可划分为中方区、重要外宾区、使节区、港澳台胞区、外国专家区等。除中方区外,需要安排中方有关负责人和译员陪同外宾。

⑥现场分工。确定现场分工是保证招待会有条不紊的前提和条件,需要精心分工,仔细安排,各项工作落实到人头。分工应包括负责人、联络、迎宾、统计、分发材料、译员安排、记者管理、车辆安排等各个方面。需要安排专人负责掌握党和国家领导人和重要外宾的出席情况,以便现场及时调整席位。

准备工作做好了,下面就是具体落实了。一般来说,国庆招待会程序是:宴会区内的中外宾客先行入席。主宾席上的中方领导人和重要外宾入场时,军乐团奏迎宾曲。然后全场起立,奏国歌。全体入座后,国务院总理致祝酒词,总结国内外形势,阐述对内对外政策,提出努力方向和奋斗目标。用餐时间一般为一小时。用餐时,军乐团演奏席间乐。宾主热烈交谈,共同庆贺这中国人民的佳节。散席时,军乐队奏欢送曲。

### 十九、宴请外宾时菜肴的选择

安排外宾用餐时,必须对菜肴的选择问题高度重视。在为对方准备菜单时,除了要量力而行之外,关键是要对对方爱吃与不爱吃的东西心中有数。为此,应该做到以下两点:

**1.排除外宾忌食之物**

一般而言,外宾的饮食禁忌可以分为以下五类:

(1)宗教禁忌。许多宗教都有其特殊的饮食禁忌,并且绝对禁止其信徒违反。例如,伊斯兰教禁食猪肉,印度教禁食牛肉,犹太教禁食无鳞无鳍的鱼等等。在所有各类饮食禁忌中,宗教禁忌是最严格的。

(2)民族禁忌。不少民族都有各自的饮食禁忌。比如,美国人不吃鲤鱼,俄国人不吃海参,英国人不吃狗肉,日本人不吃皮蛋等等。出于对外宾所属民族习俗的尊重,须熟记于心。

(3)职业禁忌。一些特殊的工作岗位,对其工作人员的饮食往往也有所限制。例如司机不准饮酒,法官与检察官一般也不得出席有碍其正常执行公务的宴请等。

(4)健康禁忌。对于某些身体条件欠佳者,在为其安排用餐时一定要给予照顾。比方说,糖尿病患者宜用无糖餐,高血脂患者宜用低脂餐,高血压患者忌饮酒等。

(5)口味禁忌。有些人的饮食禁忌并无规律,而仅仅出自其个人口味。如有人不食荤,有人不食素,有人不吃大蒜,有人不吃辣椒。对这些个人口味方面的禁忌,亦不得疏忽大意。

**2.尽量安排受外方来宾欢迎的食物**

依照一般经验,外宾主要欣赏下述三类菜肴:

(1)具有民族特色的菜肴。为外方来宾安排中餐时,自然应当突出民族的特色。主食之中的春卷、水饺、肉夹馍、炸元宵、兰州拉面、扬州炒饭,菜肴之中的狮子头、糖醋鱼、宫保鸡丁、鱼香肉丝、麻婆豆腐等等,往往深受外宾欢迎。

(2)具有本地风味的菜肴。各地菜肴,各具不同风味,而且有着各自的颇负盛名的"代表作"。比如,北京的"全聚德烤鸭",天津的"狗不理包子",云南的"过桥米线"等等。它们通常都是宴请来宾的适宜之选。

(3)外宾本人偏好的菜肴。在以中餐的特色菜、风味菜招待外方来宾时,必须考虑到外方人士尤其是外方主宾的个人口味偏好。应该承认,有人爱吃中国菜,有人却对其未必习惯。因此,在力所能及的时候,应为对方备上一些本国菜、家乡菜,特别是对方爱吃的菜肴。

### 二十、饮茶礼仪

中国人习惯以茶待客,并形成了相应的饮茶礼仪。比如,请客人喝茶,要将茶杯放在托盘上端出,并用双手奉上。茶杯应放在客人右手的前方。在边谈边饮时,要及时给客人添水。客人则需善"品",小口啜饮,满口生香。

日本的茶道,起源于中国。茶艺已成为中国文化的一个组成部分。比如中国的"功夫茶",便是茶道的一种,有严格的操作程序。

嗅茶。主客坐定以后,主人取出茶叶,主动介绍该品种的特点、风味,客人则依次传递嗅赏。

温壶。先将开水冲入空壶,使壶体温热,然后将水倒入"茶船"——一种紫砂茶盘。

装茶。用茶匙向空壶中装入茶叶,通常装满大半壶。切忌用手抓茶叶,以免手或杂味混入。

润茶。用沸水冲入壶中,待壶满时,用竹筷刮去壶面茶沫;随即将茶水倾入"茶船"。

冲泡。至此,才可正式泡茶。要用开水,但不宜用沸水。

浇壶。盖上壶盖之后,在壶身外浇开水,使壶内、壶外温度一致。

温杯。泡茶的间隙,在茶船中利用原来温壶、润茶的水、浸洗一下茶盅串味。

运壶。第一泡茶泡好后,提壶在茶船边沿巡行数周,以免壶底的水滴滴入茶盅串味。

倒茶。将小茶盅一字儿排开,提起茶壶来回冲注,俗称"巡河"。切忌一杯倒满后再倒第二杯,以免浓淡不均。

敬茶。双手捧上第一杯茶,敬奉在座的客人。如客人不止一位时,第一杯茶应奉给德高望重的长者。

品茶。客人捏着小茶盅,观茶色,嗅茶味,闻茶香,然后腾挪于鼻唇之间,或嗅或啜,如醉如痴,物我两忘。

茶艺是我国民族文化的精华。随着精神文明建设的深入,相信茶艺也将得到振兴。

### 二十一、如何选择茶具

茶具又称茶器。最初都称为茶具,到晋代以后则称为茶器了。到了唐代,陆羽《茶经》中把采制所用的工具称为茶具,把烧茶泡茶的器具称为茶器,以区别它们的用途。宋代又合二而一,把茶具、茶器合称为茶具。现在也大都统称为茶具。

常用的茶具有储茶用具、泡茶用具、喝茶用具三类。

(1)储茶用具。储茶用具的基本要求是:防潮、避光、隔热、无味。如果要存放好茶叶,最好用特制的茶叶罐,如铝罐、锡罐、竹罐,尽量不用玻璃罐、塑料罐,更不要长时间以纸张包装、存放茶叶。

(2)泡茶用具。喝茶讲究的人,对泡茶用具也十分挑剔。在比较正规的情况下,泡茶用具和喝茶用具往往要区分开。正规的泡茶用具,最常见的是茶壶,多是紫砂陶或陶瓷制成。

(3)喝茶用具。喝茶用具,主要是茶杯、茶碗。用茶杯喝茶最常见,也正规。使用茶碗喝茶,多出现在古色古香的茶馆里。

为帮助茶汤纯正味道的发挥,茶杯应该选用紫砂陶茶杯和陶瓷茶杯。如果是为了欣赏茶叶的形状和茶汤的清澈,也可以选用玻璃茶杯。最好别用搪瓷茶杯。

如果喝茶时同时使用茶壶,最好茶杯、茶壶相配套,尽量不要东拼西凑。要是同时用多个茶杯,也应注意配套问题。不要选用破损、残缺、有裂纹、有茶锈或污垢的茶具待客。

### 二十二、敬茶的礼节

我国是茶叶的原产地,茶叶产量堪称世界之最。饮茶在我国,不仅是一种生活习惯,更是一种源远流长的文化传统。中国人习惯以茶待客,并形成了相应的饮茶礼仪。按照我国传统文化的习俗,无论在任何场合,敬茶与饮茶的礼仪都是不可忽视的一环。

以茶敬客时,最重要的,是要注意客人的嗜好、上茶的规矩、敬茶的方法、续水的时机等几个要点。

#### 1.客人的嗜好

俗语说:"众口难调",饮茶其实也是如此。有人喜欢喝绿茶,有人喜欢喝红茶;有人喜欢喝热茶,有人喜欢喝凉茶;有人喜欢喝糖茶,有人喜欢喝奶茶。在以茶待客时,若有可能,应尽可能照顾来宾,尤其是主宾的偏好。

有可能的话,应多备几种茶叶,使客人可以有几种选择。在上茶之前,应先询问一下客人喜欢用哪一种茶,并为其提供几种可能的选择。不要自以为是,强人所难。当然,若只有一种茶叶,则务必实事求是地说清楚,不要客套过了头。若客人点出自己没有的茶叶品种,可就难以下台了。

与此同时,也应考虑到,有一些人出于各种原因不喜欢饮茶。因此,如有可能,在上茶前,应征询一下来宾个人的意见。

一般认为,饮茶不宜过浓,否则极可能使饮用者"醉茶",即因摄入过量的咖啡因而令人神经过分兴奋,甚至惊厥、抽搐。所以,若客人没有特殊要求,为之所上的茶水不应过浓。

通常,民间以茶待客讲究要上热茶,而且还有"茶满欺人"、"七茶八酒"之说。其含义,是说斟茶不可过满,而以七分满为佳。这样,热茶便不会从杯中溢出来烫伤人了。

#### 2.上茶的规矩

(1)奉茶之人

以茶待客时,由何人为来宾奉茶,往往涉及对来宾重视的程度问题。在家中待客时,通常可由家中的晚辈或家庭服务员为客人上茶。接待重要的客人时,则应由女主人,甚至由主人自己为之亲自奉茶。

在工作单位待客时,一般应由秘书、接待人员、专职人员为来宾上茶。接待重要的客人时,则应由本单位在场的职位最高者亲自为之上茶。

（2）奉茶顺序

若来访的客人较多时,上茶的先后顺序一定要慎重对待,切不可肆意而为。合乎礼仪的做法应当是:

其一,先为客人上茶,后为主人上茶;

其二,先为主宾上茶,后为次宾上茶;

其三,先为女士上茶,后为男士上茶;

其四,先为长辈上茶,后为晚辈上茶。

如果来宾甚多,且其彼此之间差别不大时,可采取下列四种顺序上茶:

其一,以上茶者为起点,由近而远依次上茶;

其二,以进入客厅之门为起点,按顺时针方向依次上茶;

其三,在上茶时以客人的先来后到为先后顺序;

其四,上茶时不讲顺序,或是由饮用者自己取用。

**3.敬茶的方法**

以茶待客时,一般应当事先将茶沏好,装入茶杯,然后放在茶盘之内端入客厅。如果来宾较多时,务必要多备上几杯茶。

在上茶时,应当借此机会,向客人表达自己的谦恭与敬意。标准的上茶步骤是:双手端着茶盘进入客厅,首先将茶盘放在临近客人的茶几上或备用桌上,然后右手拿着茶杯的杯托,左手附在杯托附近,从客人的左后侧双手将茶杯递上去。茶杯放置到位之后,杯耳应朝向外侧。若使用无杯托的茶杯上茶时,亦应双手捧上茶杯。

从客人左后侧为之上茶,意在不妨碍其工作或交谈的思绪。万一条件不允许时,至少也要从其右侧上茶,而尽量不要从其正前方上茶。

有时,为了提醒客人注意,可在为之上茶的同时,轻声告之:"请您用茶"。若对方向自己道谢,不要忘记答以"不客气"。如果自己的上茶打扰了客人,应对其道一声"对不起"。

为客人敬茶时,一定要注意尽量不用一只手上茶,尤其是不要只用左手上茶。同时,双手奉茶时,切勿将手指搭在茶杯杯口上,或是将其浸入茶水,污染茶水。

在放置茶杯时,千万不要粗枝大叶,以之直撞客人,也不要把茶杯放在客人的文件上,或是其行动时容易撞翻的地方。将茶杯放在客人右手附近,是最适当的做法。

**4.续水的时机**

为客人端上头一杯茶时,通常不宜斟得过满,更不允许动辄使其溢出杯外。得体的做法是应当斟到杯深的 2/3 处,不然就有厌客或逐客之嫌。

主人若是真心诚意地以茶待客,最适当的做法,就是要为客人勤斟茶,勤续水。一般来讲,客人喝过几口茶后,即应为其续水,绝不可以让其杯中茶叶见底。

在为客人续水斟茶时,仍以不妨碍对方为佳。如有可能,最好不要在其面前进行操作。非得如此不可时,则应一手拿起茶杯,使之远离客人身体、座位、身子,另一只手将水续入,但也不要续得过满,也不要使自己的手指、茶壶或者水瓶弄脏茶杯。

**二十三、大型茶会倒水、续水的方法**

大型会议、茶会,由于出席人数较多,入场也较集中,一般不采用高杯端茶的方法,而是提前将放有茶叶的高杯摆在桌上,在活动开始前,由服务人员用暖瓶直接在桌前往杯中倒水。采用这种方法上水的优点是快捷、便利,但要注意防止出现漏倒空杯的情况。服务人员倒过水后,要逐杯加以检查。检查时,可用手触摸一下杯子的外壁,如果是热的,表明已倒过水,如果是凉的,说明漏倒水了,要及时补倒。

续水,一般在活动进行 30～40 分钟后进行。续水时瓶口要对准杯口,不要把瓶口提得过高,以免水会溅出杯外。如不小心把水洒在桌上或茶几上,要及时用小毛巾擦去。不端茶杯,而接在桌上或茶几上往杯中续水,是不符合操作规范的。

在往高杯倒水、续水时,如果不便或没有把握一并将杯子和杯盖拿在左手上,可把杯盖翻放在桌上或茶几上,只是端起高杯来倒水。服务人员在倒、续完水后要把杯盖盖上。注意,切不可把杯盖扣放在桌面或茶几上,这样既不卫生,也不礼貌。如发现宾客将杯子放在桌面或茶几上,服务人员要立即更换,用托盘托上杯盖并盖好。

倒水、续水都应注意按礼宾顺序和顺时针方向为宾客服务。

### 二十四、喝咖啡礼仪

在我国,喜欢喝咖啡的人日渐增多。因此,了解一些喝咖啡的礼仪的要求,是完全必要的。

#### 1. 时间安排

在家里用咖啡待客,不论是会友还是纯粹作为饮料,不要超过下午 4 点钟。因为有很多人在这个时间过后不习惯再喝咖啡。

邀人外出在咖啡厅会客时喝咖啡,最佳的时间是傍晚或午后。

正式的西式宴会,咖啡往往是“压轴戏”。因这些宴会一般在晚上举行,所以在宴会上喝咖啡通常是在晚上。不过为照顾个人嗜好,在宴会上,上咖啡的同时最好再备上红茶,由来宾自己选择。

#### 2. 地点选择

喝咖啡最常见的地点主要有:客厅、餐厅、写字间、花园、咖啡厅、咖啡座等。

在客厅里喝咖啡,主要适用于招待客人。

在写字间里喝咖啡,主要是在工作间歇自己享用,为了提神。这种情况下也没有什么要求。

如果在自家花园喝咖啡,适合家人消闲休息,也适合招待客人。西方有一种专供女士社交的咖啡会,就是在主人家的花园或庭院中举行的。它不排位次,时间不长,重在交际和沟通。

#### 3. 方法介绍

咖啡是西方传入中国的一种饮料,它的喝法与喝茶的方法不太一样。

咖啡杯的正确拿法,应是用拇指和食指拈住杯把而将杯子端起。

给咖啡加糖时,如果是砂糖,可用汤匙舀取,直接加入杯内;如是方糖,则应先用糖夹子把方糖夹在咖啡碟的近身一侧,再用汤匙把方糖加在杯子里。如果直接用糖夹子或手把方糖放入杯内,有时可能会使咖啡溅出,从而弄脏衣服或台布。

在用汤匙把咖啡搅匀以后,应把汤匙放在碟子外边或左边。不能让汤匙留在杯子里就端起杯子喝,也切不可使用汤匙来喝咖啡,因为汤匙只是用来加糖和起搅和作用。

一般来说,喝咖啡时仅仅只需端起杯子。将碟子一起端起来或用手托住杯底喝咖啡的做法都是失礼的。但参加鸡尾酒会，或在宾馆、饭店的大厅里，如果没有餐桌可以依托，则可以用左手端碟子，右手持咖啡杯耳慢慢品尝，如果坐在沙发上，也可照此办理。

## 第二节　赴宴礼节

赴宴，是人与人之间交往中经常性的活动之一。当你接到宴会邀请或准备出席大小形式不同的宴会时，如何成为一个受人欢迎的客人，其中有些礼仪是应当了解的。

### 一、赴宴前的礼仪

宴请是一种常见的社交活动，形式较多，主要有宴会、冷餐会、酒会、共会等。

#### 1. 请柬的处理

接到宴会的请柬，应该及早回复主人；若不能赴宴，一定要讲明原因并向主人致以歉意；接受邀请后不要随意更改，万不得已无法赴宴，尤其是主宾，必须立即告知主人，讲清原因并赔礼道歉。

#### 2. 适当化妆

在赴宴之前，必须把自己打扮得整齐大方，这是属于礼节范围内的，男人赴宴比较简单，只要比平常多留意一下衣装即可。但女子赴宴前的化妆问题，就要留心些。宴会中宾客很多，女宾们大都穿上华丽的新衣，而且容光焕发，你当然不应例外。

#### 3. 准时晚到

关于赴宴时间，国际上的一条惯例是准时晚到制。所谓"准时晚到"有两层含义：

第一，赴宴一定不能早到，以防主人还未做好迎宾的准备，但可以准时到达。准时到达时，如果主人还未准备好迎宾，那就是主人失礼，与客人无关。

第二，赴宴最好是晚到几分钟。这样可保证主人已经做好充分准备。但这种晚到又不是迟到，让主人和其他嘉宾久久等候。晚到的时间可以在 5～10 分钟之间，如果是大型招待会，晚到时间可以放宽到 25 分钟左右。

赴宴时，除了要掌握好时间以外，还要注意以下几件事：

第一，要考虑好是否携带礼品、鲜花。一般而言，如果出席家宴，或者出席带有私人性质的宴请，最好是带一件小礼物或者鲜花送给主人。

第二，要考虑是否带上名片、笔以及便条本。出席宴请活动，特别是大型招待会避免不了要遇到老朋友、结识新朋友，携带名片对于以后互相联络大有好处，而且在收到他人名片时，若无名片回赠，其实也是一种失礼。

第三，温习将有可能在宴请活动时遇到的人的信息。再次相逢而又叫不上名字是一件非常尴尬的事，要想避免这种局面，最好的办法是事先准备，看看以往收到的名片，回忆一些见面的情景。

### 二、宴会前的交流

主人应该在宴会开始前准时站在宴会厅的门前或者门内迎接来宾。比较大型的正式宴会和招待会，还应该安排专门的迎宾人员和迎宾线。

一般而言,宴会正式开始之前都会有一段寒暄问候、相互介绍的时间。这段时间可长可短,一般正式的西餐宴会、大型招待会大约需要 20～40 分钟。这段时间要求赴宴者尽可能与更多的人交谈交流,一般这段时间都会提供各类餐前酒和饮料。大型招待会,如果没有座席安排,这段时间快结束之前,有可能会安排致辞讲话。

### 三、宴会的开始

中西餐宴会开始的方法稍有不同。

中餐一般有两种方式可以表示宴会开始,一种是主人举杯致辞并提议大家干杯,并以此宣告宴会开始:这种致辞可以是一、两句表示欢迎、感谢等的祝酒词,也可以是一段比较简短的讲话;另一种方式是主人请主宾用餐,或者为客人夹菜表示宴会开始,其他人就可以开始用餐。

西餐宴会的开始,一般是以主人或者女主人打开餐巾为标志。看到主人打开餐巾,作为客人就可以开始用餐。

### 四、宴会的入席离席方式

当走进主人家或宴会厅时,应首先跟主人打招呼。同时,对其他客人,不管认不认识,都要微笑点头示意或握手问好;对长者要主动起立,让座问安;对女宾举止庄重,彬彬有礼。

入席时,自己的座位应听从主人或招待人员的安排,因为有的宴会主人早就安排好了。如果座位没定,应注意正对门口的座位是上座,背对门的座位是下座。应让身份高者、年长者以及女士先入座,自己再找适当的座位坐下。

入座后坐姿端正,脚踏在本人座位下,不要任意伸直或两腿不停摇晃,手肘不得靠桌沿,或将手放在邻座椅背上。入座后,不要旁若无人,也不要眼睛直盯盘中菜肴,显出迫不及待的样子。可以和同席客人简单交谈。

如果宴会没有结束,但你已用好餐,不要随意离席,要等主人和主宾餐毕先起身离席,其他客人才能依次离席。

有时,也有另外一种情况。当你有急事要中途离开时,千万别和谈话圈里的每一个人一一告别,只要悄悄地和身边的两、三个人打个招呼,然后离去便可。

中途离开酒会现场,一定要向邀请你来的主人说明、致歉,不可不辞而别。

和主人打过招呼,应该马上就走,不要拉着主人聊个没完。因为对方要做的事很多,现场也还有许多客人等待他(她)去招呼,你占了主人太多时间,会造成他(她)在其他客人面前失礼。

### 五、西餐具的使用方法

正宗的传统西餐餐具都应是金属制品,分金餐具、银餐具和钢餐具。一般规格越高,其餐具也就越好。西餐具中最复杂的是餐刀、餐叉、餐勺的使用方法。

1. **餐刀**

西餐中餐刀有好多种,主要的有三种:

切肉用的牛排刀,这种刀的锯齿比较明显,主要用于切割肉排的时候用;

正餐刀,这种刀的锯齿不明显,或干脆没有,主要是用来配合餐叉切割一些蔬菜、水果等软一些的食品；

牛排刀和正餐刀一般平行竖放在正餐盘的右侧；如果牛排刀放在正餐刀的右侧，一般说明牛排要先于其他主菜上桌，反之亦然；

黄油刀是取黄油用的刀，这种刀比较小一些，一般摆放在黄油盘或者面包盘中。

**2.餐叉**

与餐刀相似，西餐中也有很多种，其中最常见、常用的一般有三种：

沙拉叉、正餐叉和水果叉。这三种叉中最小的一个，一般就是水果叉，横放在正餐盘的上方，主要用来吃水果或者甜品；其次的就是沙拉叉，也叫冷菜叉，主要用来吃沙拉和冷拼。最大的一个叫正餐叉，用来吃正餐热菜。

**3.勺**

勺子最常见的有三种：

一是正餐勺，勺头是椭圆形的，主要是在吃正餐、主食等时使用，起到辅助餐叉的作用；

另一种是汤勺，一般是圆头，最主要用来喝汤。这两种勺子一般平行竖放在餐刀的右侧，汤勺放在正餐勺的外侧。

另外还有甜品勺，一般平放在正餐盘的上方，主要用来吃甜品，大小要明显小于正餐勺或汤勺。

西餐餐具最基本的使用方法就是"从外到里"使用各种餐具，一般先用最外侧的刀、叉、勺，逐步到最内侧的刀、叉、勺。在具体的操作方法上，分为欧式和美式两种。

欧式的刀叉用法，又称英式用法。其最主要的特征是右手拿刀，左手拿叉，叉齿向下。宴会过程中，这个位置基本不变。左手的叉负责将食品送入口中，右手的餐刀负责将菜切开，或者将菜推到叉子的叉背上，而且是每吃完一口再切一次，或者说切一块吃一块。

美国式的刀叉用法比较复杂。其使用方法分切菜和入口两个部分。切菜时右手拿刀，左手拿叉，叉齿向下。这与欧式相同。但是在切完菜之后，就把右手中的刀平放到餐盘顶端，然后把叉子从左手换到右手，叉齿向上，如同铲子，将切好的食品送入口中。每吃完一口，然后又将右手中的叉倒回左手，用右手将刀从盘中拿起，割取食物，为了简单一些，也可以先将所有的菜都切好，然后餐叉倒到右手后再慢慢用餐。

西餐刀叉在使用的过程中，根据摆放的位置不同，可以表示两个寓意：稍息和停止。其中，稍息位置是将刀、叉分开摆放在餐盘上，此时表示就餐者暂时休息，过一会儿还会继续进餐。而停止位置是将刀、叉合拢摆放在餐盘上，此时表示就餐者不准备继续食用该菜，服务人员可以将盘撤走。

如是谈话，可以拿着刀叉，无须放下，但若需做手势时，就应放下刀叉，千万不可手执刀叉在空中挥舞摇晃。应当注意，不管任何时候，都不可将刀叉的一端放在盘上，另一端放在桌上。

**六、中餐具的使用方法**

中餐具与西餐具最大的不同体现在两点：一是筷子，二是碗。

**1.筷子**

筷子是中餐中最主要的进餐用具。握筷姿势应规范，进餐中需要使用其他餐具时，应先将筷子放下。

筷子一定要放在筷子架上,不能放在杯子或盘子上,否则容易碰掉。不要用筷子叉取食物放进嘴里,或用舌头舔食筷子上的附着物,更不要用筷子去推动碗、盘和杯子。有事暂时离席,不能把筷子插在碗里,应把它轻放在筷子架上。

在席间说话的时候,不要把筷子当道具,随意乱舞;或是用筷子敲打碗碟桌面,用筷子指点他人。每次用完筷子要轻轻地放下,尽量不要发出响声。

### 2. 碗

中餐的碗可以用来盛汤、盛饭,在进餐时,可以手捧饭碗就餐。如果汤是单独由带盖的汤盅盛放的,表示汤已经喝完的方法是将汤勺取出放在垫盘上,把盅盖反转平放在汤盅上,这种方法也适用于喝茶时表示需要续水。

## 七、正确使用餐巾

餐巾又称口布。餐巾的用途,主要是防止食物玷污衣服,也可用来擦手上或嘴上的油渍。餐巾纸是一种简便的代用品,也具有餐巾的某种用途。

在正式宴会上,客人需待主人先拿起餐巾时,自己方可拿起餐巾。反客为主的做法是失礼的。

打开餐巾后,应摊放在自己的腿上,以能接住可能滴落的食物为宜。有人喜欢把餐巾别在衣领上或背心纽扣上,这在我国不是通行的规范做法。

如果一打开餐巾或拿起餐巾纸,就揩擦自己的杯盏刀叉,实际上是对餐厅卫生工作的不信任,对餐厅服务员来说,是很不礼貌的。

如果有事临时离座,应将餐巾折好放在餐桌上,不要随意揉成一团或顺手往椅背上一搭。

用餐后,可用餐巾揩拭嘴角或手,但千万不要把餐巾当作抹布,在餐桌上乱擦。

## 八、中餐夹菜的礼节

在中餐礼仪中,宴席开始时,主人一般会先给主宾夹菜,请其先用,以示让餐。在就餐过程中,新菜上台,一般会让主人、主宾或者年长者先用,而主人、主宾和年长者则可以视情况给其他人夹菜。给其他人夹菜,在中餐中是表示关爱、尊敬的意思,受礼人还应表示感谢。为了卫生,现在中餐一般都会预备一到多副专门用来给人夹菜的公用筷子,叫公筷。

正式宴会中,菜台一般都可以旋转,这样方便就餐。但不管菜台是否旋转,要求就餐者就近夹菜,而不横越整个餐桌去夹取远端的菜品。在夹菜时,不能在菜盘中左挑右选,不能一次夹取很多,也不能让菜汤、菜汁随菜遗洒在桌面。如果有筷架,筷子应及时放回筷架,而不能插放在公用的菜盘中,或者自己的餐盘上。

## 九、喝汤有讲究

每当进餐,无论我们享用的是中菜或西菜,在喝汤时有些礼仪应特别注意。

### 1. 不能发出响声

西餐中的喝汤习惯,应是用勺由内往外舀,如果与西方人一起进餐,喝汤时采用由外向里的舀法,将被认为是不知礼俗。汤匙就口的程度,也要以不离盘身正面为限,切不可使汤滴在餐盘外面。

### 2. 切不可对着热汤吹气

汤很烫时,可将汤倒入碗里用汤匙慢慢地舀,等汤降温后,再一口一口地喝。

### 3. 勿将汤碗直接就口

合乎礼仪的正确做法是:用左手端碗,将汤碗稍微侧转,再以右手持汤匙舀汤。如果盛汤用的是汤杯,可以手持杯耳喝。

### 十、祝酒之道

祝酒是宴会中不可或缺的一项内容,往往也是就餐者相互传达各种信息的一种方式。祝酒的方式很多,可以是一对一的祝酒,也可以是对全体就餐者的祝酒。祝酒时,主人往往会说明举办宴会的主要目的,而客人则会表达一种祝贺、祝愿和支持之类的话。

祝酒的时机在中餐和西餐中有所不同。

中餐中,祝酒一般放在就餐之前,或者至少在热菜之前。祝酒时,往往主人先祝酒,然后由客人回应。

西餐中,祝酒一般是在热菜之后,甜品之前。祝酒之前,为了引起大家的注意会轻轻敲击酒杯。在大型的宴会上,主人祝酒完毕后,有时还会由主人方的人引见客人,再由客人祝酒。

如果在祝酒时进行干杯,需要有人率先提议,可以是主人、主宾,也可以是在场的人。提议干杯时,应起身站立,右手端起酒杯,或者用右手拿起酒杯后,再以左手托扶杯底,面带微笑,目视其他特别是自己的祝酒对象,嘴里同时说着祝福的话。

有人提议干杯后,所有人要手拿酒杯起身站立。即使是滴酒不沾,也要拿起杯子做做样子。将酒杯举到眼睛高度,说完"干杯"后,将酒一饮而尽或喝适量。然后,还要手拿酒杯和提议者对视一下,这个过程就算结束。

在中餐里,干杯前,可以象征性地和对方碰一下酒杯;碰杯的时候,应该让自己的酒杯低于对方的酒杯,表示对对方的尊敬。用酒杯杯底轻碰桌面,也可以表示和对方碰杯。当离对方比较远,就可以用这种方式代劳。如果主人亲自祝酒干杯后,要回敬主人,和他再干一杯。

一般情况下,祝酒应以年龄大小、职位高低、宾主身份为先后顺序,一定要充分考虑好祝酒的顺序,分明主次。即使和不熟悉的人在一起喝酒,也要先打听一下身份或是留意别人对他的称号,避免出现尴尬。

如果因为生活习惯或健康等原因不宜喝酒,可以委托亲友、部下、晚辈代喝或者以饮料、茶水代替。作为祝酒人,要充分体谅对方,在对方请人代酒或用饮料代替时,不要非让对方喝酒不可。

在西餐里,祝酒干杯只用香槟酒,并且不能越过身边的人而和其他人祝酒干杯。

在祝酒词方面,不管是中餐还是西餐,一般都应遵循少而精的原则,不能长篇大论。特别是中餐,因为大多是在餐前发表,祝词就更应该短一些。在用词方面,中餐祝酒一般简明直截,而西餐祝酒往往强调幽默风趣和文学色彩。

祝酒词也应当和与场合相吻合。幽默感极少会显得不合时宜,但是在婚礼上的祝酒词应该侧重于情感方面,向退休员工表达敬意的祝酒词则应当侧重于怀旧,诸如此类。

### 十一、喝酒的姿势与方法

酒类服务通常是由服务员负责将少量酒倒入酒杯中,让客人鉴别一下品质是否有误。只需把它当成一种形式,喝一小口并回答"好"。接着,侍者会来倒酒,这时,不要动手去拿酒杯,而应把酒杯放在桌上由侍者去倒。

正确的握杯姿势是用手指轻握杯脚。为避免手的温度使酒温增高,应用大拇指、中指和食指握住杯脚,小指放在杯子的底台固定。

喝酒时绝对不能吸着喝,而是倾斜酒杯,像是将酒放在舌头上似的喝。轻轻摇动酒杯让酒与空气接触以增加酒味的醇香,但不要猛烈摇晃杯子。

此外,一饮而尽、边喝边透过酒杯看人、拿着酒杯边说话边喝酒、吃东西时喝酒、口红印在酒杯沿上等,都是失礼的行为。如果口红不慎印在杯沿上,不要用手指擦,而要用面巾纸擦比较好。

### 十二、中餐与西餐斟酒的方法

#### 1.中餐

（1）选酒

斟酒前一定要请客人自己选酒,客人选定的酒品在开封前一定请客人确认,确认无误后方可开封斟用。

中餐酒席宴会一般选用三种酒:一种是乙醇含量较高的烈性酒,如茅台、五粮液、汾酒及各种大曲酒;另一种是乙醇含量较低的果酒,如中国红葡萄酒、干白葡萄酒等;除白酒、果酒外,大部分配饮啤酒。随着低度酒的开发,目前有些宴会也喜欢选用乙醇含量较低的白酒;根据宾客的习惯不同,除了选用以上酒品外,还可选蜜酒或选黄酒及各种果汁、矿泉水。

（2）方法

中餐饮酒的杯具可一次性地同时摆放于餐台上,摆放的位置自始至终不变。常规的斟酒时间掌握在宴会开始前5分钟左右内进行,先斟果酒,再斟白酒,以便宾主入席即可举杯祝酒。待宾客落座后,根据宾客的不同需要,再斟啤酒或其他饮料。

如有些客人喜欢饮用加温的白酒或黄酒,服务员就立即用准备好的温酒器具,按加温白酒或黄酒的方法和适宜温度予以加温,以满足顾客的特殊需求。

#### 2.西餐

（1）选酒

它与中餐不同。西餐饮用的酒品种类一般以菜肴的品种而定,即吃什么菜饮什么酒,饮什么酒配什么杯,都有严格的规定。西餐较高级的酒席宴会,一般要用七种以上的酒,也就是说,每道菜都配饮一种酒。

西餐斟酒的顺序要以上菜的顺序为准。

上开胃盘时应上开胃酒,配专用的开胃酒杯。

上汤时要上雪利酒（葡萄酒类）配用雪利酒杯。

上鱼时,上酒度较低的白葡萄酒,用白葡萄酒杯并配用冰桶。

上副菜时上红葡萄酒,用红葡萄酒杯,冬天饮这种酒,有的客人喜欢用热水烫热（宴会用酒不烫)。陈年质优的红葡萄酒往往沉淀物较多,应在斟用前将酒过滤。

上主菜时上香槟酒,配用香槟酒杯。香槟酒是主酒,除主菜跟香槟酒外,上其他菜、点心或讲话、祝酒时,也可跟上香槟酒。斟用香槟酒前,应做好冰酒、开酒、清洁、包酒等各项准备工作。

上甜点时跟上餐后酒,用相应酒杯。

上咖啡时跟上立口酒或白兰地,配用立口酒杯或白兰地酒杯。

(2)方法

在斟倒葡萄酒时,首先将酒注入主人酒杯内 1/5 量,请主人品评酒质,待主人确认后再按顺序进行酒水的斟倒服务。进餐当中每斟一种新酒时,则将上道酒挪后一位(即将上道酒杯调位到外档右侧),便于宾客举杯取用。如果有国家元首(男宾)参加,饮宴则应先斟男主宾位,后斟女主宾位。一般宴会斟酒服务,则是先斟女主宾位,后斟男主宾位,再斟主人位,对其他宾客,则按座位顺时针方向依次斟酒。酒液斟入杯中的满度,根据酒的种类而定。

如有些酒水饮用时需加冰块或兑入苏打水、冰水等,针对不同特点的酒水,在服务中应根据不同的需求,提供相应的服务。如为冷饮的酒备好冰酒桶、包酒布,斟酒前备好冰块、苏打水,同时准备好充足的冷水及斟酒时用的酒篮、酒架。

### 十三、在餐馆就座注意事项

一般来说,餐馆里是配备有服务员引领顾客入座的,顾客应尊重服务员的指点,跟随前往;如果没有服务员的引领,则可自己寻找空位入座;如果餐桌上已有先到的顾客,应先礼貌地问一声:"请问,这里可以坐吗?"在得到肯定的答复后才可入座。

餐馆是公共场所,因此要随时注意不要影响别人就餐。在抽出座椅时,动作要轻巧,不要弄出响声。还要注意在自己的座位和邻桌的座位间留出通道,以免影响服务员出入。

如果陪同亲友前往,那么在入座时,应示意请长辈先坐,女士先坐,客人先坐,待别人坐定后,自己方可入座。

在招呼服务员时,一般应用眼色或举手示意,切忌高声大叫,要注意礼貌。

用餐中,如果有顾客想和自己同桌,应表示欢迎。同时,不妨酌情移动一下座位,让后来者可以宽舒地入座。

### 十四、使用筷子的有关忌讳

中国人使用筷子用餐是从远古流传下来的,古时又称其为"箸",日常生活当中对筷子的运用是非常有讲究的。一般我们在使用筷子时,正确的使用方法讲究得是用右手执筷,大拇指和食指捏住筷子的上端,另外三个手指自然弯曲扶住筷子,并且筷子的两端一定要对齐。在使用过程当中,用餐前筷子一定要整齐码放在饭碗的右侧,用餐后则一定要整齐的竖向码放在饭碗的正中。但这要绝对禁忌以下五种筷子的使用方法。

1. 忌敲筷

即在等待就餐时,不能坐在餐桌边,一手拿一根筷子随意敲打,或用筷子敲打碗盏或酒杯。

2. 忌掷筷

在餐前发放筷子时,要把筷子一双双理顺,然后轻轻地放在每个人的餐桌前,相距较远时,可以请人递过去,不能随手掷在桌子上。

**3.忌叉筷**

筷子不能一横一竖交叉摆放,不能一根是大头,一根是小头。筷子要摆放在碗的旁边,不能搁在碗上。

**4.忌插筷**

在用餐中途因故需暂时离开时,要把筷子轻轻搁在桌子上或餐碟边,不能插在饭碗里。

**5.忌挥筷**

在夹菜或说话时,不要把筷子当作道具,在餐桌上挥舞;也不要在请别人用菜时,把筷子戳到别人面前,这样做是失礼的。

### 十五、正确的"吃相"

在入座之后,一面做好就餐的准备,一面可以和同席的人随意进行交谈,以创造一个和谐融洽的用餐气氛。不要旁若无人,兀自呆坐;也不要眼睛碌碌地盯着餐桌上的冷盘等,或者下意识地摸弄餐具,显出一副迫不及待的样子。

当开始用餐时,特别要注意以下几点:

(1)主人举杯示意开始时,客人才能开始;客人不能抢在主人前面。

(2)夹菜要文明。应等菜肴转到自己面前时,自己再动筷,不要抢在邻座前面;一次夹菜也不宜太多。

(3)细嚼慢咽。这不仅有利于消化,也是餐桌上的礼仪要求。决不能大块往嘴里塞,狼吞虎咽,这样会给人留下贪婪的印象。

(4)不要挑食。不要只盯着自己喜欢的菜吃。或者急忙把喜欢的菜堆在自己的盘子里。

(5)动作要文雅。夹菜时不要碰到邻座,不要把盘里的菜拨到桌上,不要把汤碰翻。

(6)不要发出不必要的声音。如喝汤时"咕噜咕噜",吃菜时嘴里"叭叭"作响,这都是粗俗的表现。

(7)用餐结束后,可以用餐巾、餐巾纸或服务员送来的小毛巾擦嘴,但不宜擦头、颈或胸脯;餐后不要不加控制地打饱嗝或嗳气;在主人还没有示意结束时,客人不能离席。

# 第十一章 馈 赠

人们相互馈赠礼物,是人类社会生活中不可缺少的交往内容。中国人一向崇尚礼尚往来。《礼记·曲礼》上说:"礼尚往来,往而不来,非礼也,来而不往,亦非礼也。"原始的"礼尚往来",实质上就是以礼品的馈赠与酬报的方式进行的物品交换。

馈赠,是与其他一系列礼仪活动一同产生和发展起来的。

## 第一节 礼品的选择与赠送

人际交往中,适当的礼品赠送往往能够起到促进友谊、加强交流的作用。这个适当,很重要的一层含义就是遵循礼仪规范。

### 一、礼品的选择

#### 1. 鲜花、艺术类礼物

一般来说,鲜花、艺术类礼物适合每个年龄层的人。鲜花是问候、祝贺、慰问和感谢的象征。鲜花的价格选择范围很大,有时候人们会把鲜花和某个艺术类礼品放在一块儿送人,比如咖啡壶或别致的花瓶。随花送上的礼仪卡可以根据情况具体选择。除了通常隐含着某种浪漫关系的玫瑰之外,谁都可以给对方送鲜花。

#### 2. 食品类礼物

食品作为礼物受到普遍欢迎。"民以食为天"。所以,在不知道要送什么礼物时应首先想到以食物作礼品,没有人会拒绝可口的食品。包装整齐或用密封盒子装的食物非常适合送给家庭使用,如坚果、糖果、饼干、小点心。

#### 3. 公用礼品

公用礼品就是在办公室里大家公用的礼品,如:日历、笔、相框、书签、挡书板、糖果罐、打印机、软件、商务书籍等。文具永远是很受欢迎而且很合适的礼品,如果上面印有公司名称,最好将字体缩小,并将产品适当改装。

#### 4. 赠送礼金

为了节省在选择礼品和携带礼品的麻烦,人们往往送礼金,或者将一定数量的礼金装在红包里或信封里,或者将购物券、或银行的存单赠送给员工或商务方面的朋友。

#### 5. 集体送礼

集体送礼是现在公司里流行的一种主要形式,受到人们欢迎。既让受礼人得到了礼物,送礼人亦可少花钱。因为个人出钱可多可少,负责收钱的人一般应为每个人所交的金额保密。

最后,需要指出的是:一是选择价格合适的礼品。送礼的花费问题是一个重要的棘手的大问题。要花多少钱买礼品才算合适是会让送礼人煞费心思。人们不愿意让人觉得自己小气,但又由于收入的限制,所以,在选择礼品时要量力而行,超过自己承受能力的礼品,别人不会接受,即使接受了也会于心不忍。送礼的原则是价格与情义兼顾。

二是体现对方的爱好和兴趣。在挑选合适的私人礼物时,要了解对方的品味、爱好和兴趣。喜欢书的人就送他一本书,喜欢玩具的人就送他一个玩具,有时,可以根据他的家庭有没有孩子,然后为孩子送一件礼物,这样往往效果最佳。

### 二、常见的馈赠时机

一般来说,每逢各种节日以及生日、结婚、生子等都是送礼的好机会。归纳起来,下面几种情形可考虑送礼:

**1. 喜庆、安慰**

乔迁新居、过生日做大寿、生小孩、嫁女娶亲等亲友喜庆日子,应考虑备礼相赠,以示庆贺。亲友去世或遭不幸,也要适当送礼以帮助解决困难,表示安慰吊唁。

**2. 欢庆节日**

我国传统节日为春节、端午、中秋、重阳等,西方的圣诞节、情人节、母亲节等都可作为送礼的时机。

**3. 探望病人**

去医院或别人家中探望病人应带点礼物。

**4. 拜访、做客**

当你拜访或做客时,一方面对打扰对方表示歉意或接受对方款待表示感谢,一方面向对方表示自己的问候,往往也要带上一份礼物登门。

**5. 亲友远行**

为了祝愿亲友一路顺风,安心离开家人远出外地求学、工作,应送上一份礼品以表心意,表示纪念。

**6. 酬谢他人**

当自己在生活中遭到困难或挫折,亲朋好友对你伸出过援助之手,事后应考虑送点礼物以表酬谢。

**7. 还礼**

接受过对方的礼物,就等于欠着对方一个人情,或者在对方送礼离开时还附一份自己的礼物,或者事后在类似的场合向对方送上一份礼品。

### 三、馈赠的方式

礼物除了当面赠送以外,现在还可以请人代转、邮寄赠送、或专门的礼仪公司专人递送,但一般当面赠送最好。

当面赠送礼品时要考虑以下几点:

(1)会谈、会见、访问等活动中,在活动快结束前赠礼;一般由最高职位的人代表本方向对方人员赠送礼品。

(2)赠礼应从地位最高的人开始,逐级往下赠送;同一级别的人员应该先赠女士,后赠男士,先赠年长的,后赠年少的。

(3)赠送时应双手奉献,或者以右手呈献,应避免用左手。

(4)赠送礼品时,往往需要说一些祝愿的话,要表明赠礼的目的。

(5)不能强人所难。如果赠送的礼品确实没有贿赂之意,则应大胆坚持片刻;如果对方再三坚持拒收,则可能确实有不能接受的理由,不能一再强求。也不可表现出愤怒或者不高兴之意。

### 四、结婚馈赠

**1.赠送现金**

赠送现金,送礼者取其方便,受礼者得实惠。礼金不论多寡,习惯上须双数。这是当今普遍采用的一种方式。

**2.赠送花束花篮**

花束花篮,适宜于新式婚礼,显得较具时代气息,其缺点是无实用价值,必须对象适合才行。

**3.赠送实用品**

适宜于知己亲友。在购买以前,最好能知道受礼者之所需,先期告知,以免受礼者重复购置。这不能算是失礼之处。

**4.贺函贺电**

异地亲友结婚,不能亲往道贺,利用贺函、贺电,甚为方便。贺函可随附礼金,或邮寄礼品。贺电可利用礼仪电报拍发,其中拟有现成词句,只要按所需选用即可,如嫌不能尽意,也可自拟电文。

**5.赠送喜联喜幛**

结婚赠送喜联喜幛,较为高雅,适宜交游广阔、结婚场面较大之受礼者。喜联喜幛一般书画社可选购或代为托裱,只需写明受礼者与送礼者之姓名,及两者关系,并说明是喜庆就可以了。但如能亲笔书写,当然更具意义。

除上述各种送礼方法外,其他诸如送纪念册、影集、工艺品、丝绣品等都可以。

**6.结婚送礼应注意的问题**

(1)等对方发出请束或通知之后,再携礼登门祝贺。因为许多人办婚事时不愿铺张或不愿背负"人情债",如果你贸然送礼,会使对方破费招待你,显然不妥。深交的同事,知道对方有喜庆事,就是请帖还没有送来,也可以先行送礼,浅交的不在此例。

(2)礼物的价值依双方交情深浅而定,交情深厚,可备厚礼;交情泛泛,做到不失礼就可以了。

(3)送礼时间可在接到友人喜帖之后。也可在婚礼举行之前或婚礼进行期间。

(4)结婚送礼不能简单地寄一份礼金了事,最好当面送交,并口头祝贺。注意不能一面送礼祝贺,一面又表现出无可奈何的心态,这会让人觉得你送礼是极不真诚的。

### 五、生子馈赠

人生得子,是一大事,送礼物对他人表示祝贺应考虑如下礼品:

(1)赠送婴儿衣服、鞋帽或玩具等。

（2）赠送婴儿生肖纪念章。这是一种新颖而又有永久纪念意义的礼品。最近几年在我国赠送生肖纪念章比较流行。可根据婴儿的生肖，选送相应的生肖纪念章。如果能在纪念章的背后刻上婴儿的姓名则更佳。

（3）给产妇送一些滋补品。

### 六、探病馈赠

探望病人所带的礼品要根据对象和病情而定，选择探望病人的礼品，应更多地注重精神效应。探望病人时准确地选择可以相送的礼品很不容易，现将适合各类病人的礼品列举如下，供参考。

1. 发烧病人

病人需要清热补液之品，一般适宜选各种新鲜水果、水果罐头或果汁等。如果病人处于恢复期，则可选送不油腻的营养食品。

2. 急性肠胃炎病人

不宜送生冷、粗硬、油多、胀气的食物，而应送有收敛、杀菌作用的上等绿茶、果汁及易消化的食物等。

3. 胃病病人

宜送咸味面包、鸡蛋、水果罐头等，因这些食物能中和胃酸，保护黏膜。

4. 慢性肝炎和肺结核病病人

需要各方面的高营养食品，如奶粉、蜂蜜、香蕉、鸡、鱼罐头等，对结核病人还可以送富含钙的排骨和沙丁鱼罐头。

5. 心血管病病人

病人需要大量维生素和无机盐，以送新鲜水果为最佳。

6. 贫血病病人

病人食欲较差，需要补养，以送芳香味浓的水果、大枣为最佳。

7. 糖尿病病人

病人平时不能过多食用含糖食品，需要补充微量元素锌，以送鱼罐头最好。

8. 外科手术病人

手术后病人一周内很少能吃东西，送些鲜花再好不过。

9. 癌症患者

患者心情很压抑，食物对他们不是主要的，如果送束鲜花或其平时喜欢的小饰物、小玩意等会更好。

### 七、如何赠送果品

人们在探亲访友时，有时要馈赠果品，选送果品也是有所讲究的。

探望老人，送上福橘、红杏、大蜜桃，用来祝愿老人吉祥如意、健康长寿。当礼物送到老人面前时，讲明食用这些果品的功效，老人更会欣然接受。

探望病人时，带去红元帅、黄元帅、国光苹果，很是得体。这几样苹果，色彩艳丽，形体肥硕，维生素丰富，而且寓有"祝君平安康复"之用意。

春节到亲友家拜年,送上红枣、红果、核桃、桂圆四样干果,两红两黄,色彩调和,很讨人欢喜。

青年男女谈朋友期间,送上一大串金黄的香蕉,表示两人愿意相交;送上红橘和苹果,象征热情奔放,有情人终能结出美果。也可以投其所好,选送对方所爱吃的果品。

### 八、子女给父母赠送礼物

子女已经踏上工作岗位,自己有了固定经济收入,特别是已经成立小家庭的,经常不忘给父母送一些物品,会让他们感到子女没有忘记他们的养育之恩,从而感到慰藉。

子女给父母赠送礼物,按理最容易取得对方的欢心,因为他们能充分了解父母的愿望和志趣。譬如:母亲生日到来之际,已出嫁的女儿送来袖珍耳塞半导体收音机,可以让母亲平时干家务时也能欣赏到爱听的曲目。再如:已退休的父亲,平时嗜爱栽培花木。当偶染疾病时,子女送来他所喜欢的茶花、牡丹花或君子兰,愉快的情绪会促使其病情很快地好转,痊愈。

作为子女,给父母赠送的物品,并不在于价格昂贵,而在于对父母的一片孝敬之心。比如到外地出差,不要忘记给父母买些当地的土特产;去参观展销会,不要忘记给父母买点日用衣物等等。这些东西也许不怎么贵重,但却是子女对父母的一份情意,会使父母感到莫大的欣慰。

### 九、晚辈如何给长辈赠送礼物

#### 1.实用性

家庭中晚辈给长辈赠礼,首先要注意礼物的实用性。因为有些长辈平时养成比较节约的习惯,对一些不太急需的用品往往舍不得购买。而当有人送来他喜爱又舍不得买的东西时,会感到非凡的喜悦和满足。

#### 2.针对性

晚辈给长辈赠礼,还要有针对性。最好能预先了解一下长辈的爱好和急需,然后再去购买。万一摸不清长辈的偏爱,也可直接向长辈探询,甚至可以请长辈一块上街去买,切忌盲目送礼。

总之,晚辈给长辈赠礼品,不在于礼物本身的贵贱,而在于赠礼的一片诚意。所以,无论赠什么样的礼品,一般都会使长辈为之快乐。

### 十、平辈亲友间如何赠送礼物

在日常生活中,亲友间互相赠礼是常有的事。它是人际交往中很重要的一个部分。

#### 1.送得自然

因为有意的矫饰,常会使人感到不自在。送给自己亲友的礼物,应是最易博得对方喜爱的东西,所赠的礼品要既不俗气又能表达情意。

#### 2.惯以鲜花为礼物

当今世界上有不少国家和地区的人们,迎送亲友,都习惯以鲜花为礼物。因此,给平辈的亲友赠送鲜花,不失为是一种理想的礼物。因为花是大自然的精华,是人们生活中美好事物的象征。

例如,当老同学结婚时,送上一束并蒂莲,可表示祝愿他们夫妻恩爱;给志同道合的朋友送上一盆万年青,可表示与对方的友谊持久长存等等,它们都会使受赠者感到亲切和喜爱。

### 十一、长辈如何给孩子送礼物

长辈给孩子送礼物要针对他们的年龄、性别和不同的兴趣、爱好,包括其德、智、体的发展情况来选择。

送给孩子的礼物,应以有利于帮助他们的德、智、体全面发展的智力玩具、书籍和学习用品、运动器具等为最佳。例如:可给学龄前的幼儿买些像积木、拼板、游戏棋一类的智力玩具;可给将要念书的孩子买个书包,或送些铅笔等文具用品;可给已经上学的孩子,根据其年级的高低和实际需要,买些文具或工具书等。此外,还可以针对孩子的兴趣爱好,买些能促进他们发展特长的礼物。

这些礼物,不仅本身具有积极意义,而且还会赢得孩子的欢欣。

### 十二、夫妻如何相互赠礼物

人们结婚之后,夫妻双方的心理状态也在不断地发生变化,不可能不发生这样那样的矛盾。夫妻间时常相互赠送一些小礼物,可使夫妻关系更加和谐。

夫妻间的赠礼,最成功的礼物通常并不是其价格来决定的。而是赠礼时让对方得到意料之外的喜悦。

譬如遇到结婚纪念日,各自向对方赠送些小礼品,以表示珍惜相互间的感情;配偶过生日了,买一样他(她)平时极想得到的礼品,以示祝贺等等。这样馈赠礼品,定会使两颗心总是感到十分融洽,十分温暖。哪怕只是一件微不足道的礼物,也会让对方感到满怀喜悦的。

### 十三、如何给外国人送礼

#### 1. 给美国人送礼

可"以玩代礼",邀请对方共度良宵就可算作送礼。当然也可送葡萄酒或烈性酒,高雅的名牌礼物他们很喜欢,尤其是尽量送一些具有浓厚乡土气息或别致精巧的工艺品,以满足美国人的猎奇心理。送礼可在应酬前或结束时,不要在应酬中将礼物拿出来。

#### 2. 给英国人送礼

英国人最不注重送礼,给英国人送礼不必太贵重,可送些鲜花、小工艺品、巧克力或名酒,送礼一般在晚上。

#### 3. 给法国人送礼

法国人最讨厌初次见面就送礼,一般可在第二次见面时才送,礼品常是几枝不加捆扎的鲜花,但不可送菊花,因其表示百万衰。

#### 4. 给德国人送礼

德国人喜欢价格适中、典雅别致的礼物,而且包装一定要精美。但只有与其关系密切时,才可送礼,忌讳数字"13"。

#### 5. 给俄罗斯人送礼

给俄罗斯人送礼不必奢华也不必一本正经,小巧而有新意的纪念物、旅游纪念品都极受欢迎。应邀去俄罗斯人家里聚会,习惯上要送花、糖果或一件纪念品作礼物。

**6.给日本人送礼**

送礼是日本人的一大喜好,他们比较注重牌子,喜欢名牌礼物和礼品的包装,也喜欢中国的书法作品,但不一定要贵重礼品。送礼者不要在礼物上刻字作画以留纪念,以便于对方将此礼品在必要时转赠他人。

**7.给韩国人送礼**

韩国人喜欢本地出产的东西,故你在送礼时只需备一份本国、本民族、本地区的特产为好。

**8.给阿拉伯人送礼**

阿拉伯人喜欢赠贵重物品,也喜欢得到贵重物品,喜欢名牌和多姿多彩的礼物,不喜欢纯实用性的东西。初次见面不能送礼给他们,不能送旧物品和酒。阿拉伯人喜欢中国的木雕和石雕,喜爱绿色和蓝色,忌讳红色。给阿拉伯女人送礼应通过其丈夫或父亲转赠。

**9.给拉美人送礼**

拉美人喜欢送见面礼。他们认为第一次见面就送礼,并不是一件唐突的事情,特别是在办事的时候,送礼在很多拉美国家认为是正常的事情。

拉美人另一个特点是喜欢有实用价值的礼品。送上一瓶酒,一串项链,甚至一双手套等等都会比送一些只有象征意义的礼品更能收到良好的效果。

**10.其他**

如朝鲜人喜欢送花,斯里兰卡人喜欢赠茶,澳大利亚人喜欢鲜花与美酒。一般外国人都喜欢中国的景泰蓝、刺绣品等。

## 第二节 馈赠的注意事项

馈赠作为社交活动的重要手段之一,受到古今中外人士的普遍肯定。馈赠作为一种非语言的重要交际方式,是以物的形式出现,以物表情,礼载于物,起到寄情言意的"无声胜有声"的作用。得体的馈赠,恰似无声的使者,给交际活动锦上添花,给人们之间的感情和友谊注入新的活力。只有在遵循馈赠各项事宜的前提下,才能真正发挥馈赠在交际中的重要作用。

### 一、礼品包装的注意事项

精美的包装不但会极大地提升礼品赠送现场的气氛,活跃赠礼的场面,而且会提高礼品本身的价值和纪念意义。精美的包装本身有时会突显赠礼人的良好祝愿和细微关切,会增加赠礼的效果。除了一些确实难以进行包装的礼品以外,比如说动植物,没有纸盒的酒瓶等,否则,赠送的礼品尽可能事先进行包装。礼品的包装要注意以下几点:

(1)包装礼品前一定要把礼品的价格标签取掉,如果很难取,则应把价目签用深色的颜料涂掉。

(2)易碎的礼品一定要装在硬质材料的盒子里,如硬纸盒、木盒、金属盒等,然后填充防震材料,如海绵、棉花等,外面再用礼品纸包装。

(3)要注意从颜色、图案等方面着手,选用合适的礼品纸。不应选用纯白、纯黑颜色的包装纸。要注意有些国家和民族的人对不同的颜色和图案有不同的理解。如果用彩带扎花,不能结出"十字"形状,日本人则不喜欢"蝴蝶结"的形状。

　　(4)如果礼品是托人转交,或者为了保证受礼人知晓礼品的来源,可以在礼品包装好后,把送礼人的名片放在一个小信封中,粘贴在礼品纸上。

## 二、公开场合赠礼的注意事项

　　如果是在一个公共场合,或者人多的场合赠礼,礼品的选择要考虑两件事:

### 1. 礼品的数量、发放的范围和种类

　　在一个人多的场合发放礼品,往往可能会漏掉一些人,因此,要格外小心礼品的数量。宁可多备一些,不可少发。少发,则可能会导致一些尴尬的局面。也可双方达成协议,只赠主宾,其他客人的礼品另择机赠送。

### 2. 选择合适的礼品

　　人多的场合赠礼,如果礼品过于贵重,且具有针对个人而送的倾向,则很容易让人产生不解。因此,要避免选择容易引起误解的礼品。

## 三、上门送礼的注意事项

　　上门送礼一定要提前约定时间。

　　上午最好在 10 点到 11 点,下午最好在 4 点左右。节假日大家都有睡懒觉的习惯,上午10 点之前到家就显得早了点。

　　上午送完礼后,尽量不要停留在 11 点后,也最好不要在别人家吃午饭。

　　下午 2 点到 3 点,有人有午休的习惯,所以 4 点左右送礼比较合适,如果主人没有盛情邀请,最好不要留下来吃晚饭。

## 四、国内送礼的避讳与禁忌

　　中国普遍有"好事成双"的说法,因而凡是大贺大喜之事,所送之礼,均好双忌单,但广东人、香港人则忌讳 4 这个偶数,因为在广东话中,"4"听起来就像是"死",是不吉利的。

　　白色虽有纯洁无瑕之意,但中国人比较忌讳,因为在中国,白色常是大悲之色和贫穷之色。同样,黑色也被视为不吉利、是凶灾之色、哀丧之色。而红色,则是喜庆、祥和、欢庆的象征,受到人们的普遍喜爱。

　　在港台风俗中,丧事后多以毛巾送吊丧者,所在非丧事的场合一律不能送毛巾;剪刀是利器,含有"一刀两断"之意,以剪刀相送会使对方有威胁之感;甜果是祭祖拜神专用之物,送人会有不祥之感;港台话中"雨伞"音同"给散",若送雨伞会引起对方误解;扇子是夏季用品,台湾俗称"送扇无相见";台湾的居丧之家习惯不蒸甜食、不裹粽子,如果以粽子相送,会被对方误解,十分忌讳。

　　另外,我国人民还常常讲究给老人不能送钟表,给夫妻或情人不能送梨,因为"送钟"与"送终","梨"与"离"谐音,是不吉利的。还有,不能为健康人送药品,不能为异性朋友送贴身的用品等。

# 第十二章 花　　卉

礼仪花卉的起源同礼仪一样,是由习俗形成的。传递感情,寄情鲜花,古时已经开始了。代表东方古代文明的礼仪之邦——中国,在礼仪花卉的应用方面,可以追溯到久远的古代。

"合欢消忿,萱草忘忧"(三国,魏,嵇康《养生论》)。芍药可以分株,一名离草,故朋友相别赠以芍药,表达依依惜别之情。离别赠芍药是古代中国最风行的花卉礼仪。

花卉在礼仪交往中的作用随着社会文明程度的加深而越来越大,并成为社会交际中的一个重要工具。

## ▶ 第一节　花卉赠送常识

赠花是一门艺术,因为送花的目的是联系情感,增进友谊。因此什么时候送什么花,什么场合选什么花,什么人喜欢什么花,都需要根据具体情况,因时因地因对象而精心设计。否则因考虑不周而闹出误解,反而失去馈赠的目的。

### 一、常见送花时机

在人际交往中,以花赠人,已成为很多人所采用的方式。

如果时机选择得当,则能够使小小一束鲜花发挥很好的作用。一般来说,赠送鲜花的具体时机,大体上可以分为九种:

**1.喜礼之用**

碰上与自己相熟的人结婚、生子、做寿、乔迁、升学、晋职等诸般喜事,均可以赠送鲜花作为喜礼,恭喜对方。

**2.贺礼之用**

参与某些应表示祝贺之意的活动,例如企业开张、展览开幕、大厦奠基、周年庆典、演出成功等等,均可赠送鲜花作为贺礼。

**3.节庆之用**

逢年过节,诸如春节、国庆节、母亲节、父亲节、教师节、青年节、妇女节、情人节以及其他民族节日之类的良辰吉日,均可向他人赠送鲜花。

**4.做客之用**

前往他人居所做客时,选择何种礼品经常让人颇费思量。其实,此时假若以鲜花为礼,既脱俗,又不至于让对方为难或产生猜忌。

**5.迎送之用**

当他人即将或者远道来访之际,向其赠送一束鲜花,可以巧妙、委婉地向对方表达自己的热情、友谊。

**6.慰问之用**

当他人或其家人遇到不幸或挫折,或是遇到其他一些天灾人祸时,应前去慰问,并赠以鲜花。

**7.致歉之用**

有些时候,因为阴差阳错而与其他人产生了矛盾、误解甚至严重的隔阂,如果不想将错就错,彻底失去对方的话,比较可行的一个方法是赠送鲜花给对方,必要时还可附以道歉卡。这时,鲜花就会替自己"言难言之事",犹如自己当面向对方"负荆请罪"一般。此种方法,在国外十分流行。

**8.丧葬礼之用**

当关系亲密者或者其家人举办丧事、葬礼时,可送以鲜花,以寄哀思。

**9.祭奠礼之用**

当祭祀、扫墓时,可以花为礼,追思、缅怀故人或表示自己的哀思。

### 二、送花色彩的讲究

鲜花的一大特点,是其万紫千红、色彩缤纷。但是,由于习俗不同,对于鲜花的色彩也有着不同的理解。

举例而言,在国内,人们最喜爱红色的鲜花,因为在中国的民俗里,红色象征大吉大利、兴旺发达。新人成亲时,赠以红色鲜花,方为得当。但在西方人眼里,白色鲜花象征着纯洁无瑕,将其送予新娘,将是对她的至高赞赏。而在老一辈的中国人眼里,送给新人白色鲜花是不吉利的。

再如,在很多西方国家,人们送花时多以多色鲜花相组合,很少会送人清一色的红花或黄花。原来,在他们那里以纯红色的鲜花送人意味着向对方求爱,以纯黄色的鲜花送人则暗示决定与对方分道扬镳。而送人以红白两色相间的花束,在一些西方国家里则暗含与对方诀别之意。

### 三、送花数量的讲究

送花的具体数量,在不同国家、地区的民俗中,是大有说道的。

在中国,喜庆活动中送花要送双数,意即"好事成双",在丧葬仪式上送花则要送单数,以免"祸不单行"。

在西方国家,送人的鲜花则讲究单数。比方说,送1枝鲜花表示"一见钟情",送11枝鲜花则表示"一心一意",送99枝表示"天长地久",只有作为凶兆的"13",才是例外。

有些数字,由于读音或其他原因,在送花时也是忌讳出现的。比如,在欧美国家,送人的鲜花不能是"13"枝。而在日本、韩国、朝鲜,以及中国的广东、海南、香港、澳门、台湾地区,送"4"枝花给人,也会招人白眼,因为其发音与"死"相近。

### 四、如何给外国人送花

出国访问,考察或旅游,有时为表示感谢主人的盛情,送些鲜花以致谢意,但不能乱送,否则会犯忌,因为不同的花在不同的国家表示不同的感情。

在国外,给中年人送花不要送小朵,意味着他们不成熟。不要给年轻人送大朵大朵的鲜花。

在印度和欧洲国家,玫瑰和白色百合花,是送死者的虔诚悼念品。

日本人讨厌莲花,认为莲花是人死后的那个世界用的花。送菊花给日本人的话,只能送品种只有 15 片花瓣的。

在拉丁美洲,千万不能送菊花,人们将菊花看作一种"妖花",只有人死了才会送一束菊花。

在巴西,绛紫的花主要是用于葬礼,看望病人时,不要送那些有浓烈香气的花。

墨西哥人和法国人忌讳黄色的花。

与德国、瑞士人交往:送朋友妻子或普通异性朋友,不要送红玫瑰给他们,因为红玫瑰代表爱情,会使他们误会。

德国人视郁金香为"无情之花",送此花给他们代表绝交。

意大利、西班牙、德国、法国、比利时等国,菊花象征着悲哀和痛苦,绝不能作为礼物相送。

在俄罗斯、南斯拉夫等到国家若送鲜花的话,记住一定要送单数,因双数被视为不吉祥。

在法国,黄色的花是不忠诚的表示。

罗马尼亚人什么颜色的花都喜欢,但一般送花时,送单不送双,过生日时则例外,如果您参加亲朋的生日酒会,将两枝鲜花放在餐桌上,那是最受欢迎的。

百合花在英国人和加拿大人眼中代表着死亡,绝不能送。

## ▶ 第二节　花卉与装饰

装饰是对器物外表或环境进行美化的一种手段,对原物或环境起点缀作用,使之更具魅力。凡用花卉植物进行装饰美化的都可称为花卉装饰。它是用花来装饰环境或人物。

### 一、花卉造型原则

花卉必须遵循主次分明、比例均衡、与环境协调这三点原则。

#### 1. 主次分明

这是根据花卉造型、艺术手法来构思再现花卉的神韵。

#### 2. 比例均衡

花卉造型讲究崇尚自然,往往采用不对称均衡的方法,避免机械地绝对对称。一件作品只要合乎比例、结构平衡,就会显出生动活泼、不呆板枯燥。花材与花器的比例也要协调。

一般来说,插花的高度(即第一主枝高)不要超过插花容器高度的 1.5~2 倍。容器高度的计算是瓶口直径加本身高度。制作插花作品时还要注意质感和轻重,主要通过花材、花器两者色彩浓淡、体量大小、用材多少以及它们自身质地表现出来。

#### 3. 与环境协调

花卉造型也是一门环境艺术,一件作品如果摆放的位置与环境不相适应,就会失去原有的观赏效果。

原则上,高大宽敞的厅馆、会场、大会议室宜选用大型花器,以体现整齐、庄重、高雅的气派;花材色彩宜浓烈花多体硕。

传统中式厅堂以瓶花为宜,古色古香,典雅古朴、不宜采用图案式或抽象式花型。

现代西式厅堂可选用浅色瓶或盆花成图案式或大色块,以显示热情奔放、艳丽多姿。

现代家庭居室中,面积较大的客厅一般比较宽敞明亮,可选用色彩鲜艳夺目的插花以表示对客人的热情。

花材要注意不能有刺鼻的异味,花粉过多的花卉如百合要把花芯剪去,同时,还要注意不取用忌讳的花材,以营造出一个其乐融融的环境。

### 二、花卉颜色与运用

#### 1.红色
红色是原始人类最崇拜、最爱好的色彩。它对人的视觉和情感都有很大刺激,使人兴奋和激动,给人以活泼、热情、愉悦、动力之感。

适用场合:喜庆、节庆、庆典等。

#### 2.黄色
黄色至高无上,给人富丽堂皇、高贵、权威、怀念、尊严及明朗、愉快之感。

适用场合:在喜庆、庄重、华丽场景中做主色调。

#### 3.橙色
橙色兼备红黄两色混合的情感反应,给人以明亮、华美、喜悦、友爱、温暖、庄严、成熟之感。

适用场合:在喜庆、收获场景做主色调。

#### 4.白色
白色有光亮而无热力。给人以纯洁、神圣、朴素、高洁、尊敬、坦诚、高雅、寒冷之感。

适用场合:作间色用,增加其他颜色花卉的鲜明度。

#### 5.紫色
紫色兼有红色的热情、蓝色的悠远,给人以雍容、华丽、典雅、浪漫、高贵、独特之感。

适用场合:作阴影陪衬,增加花簇层次。

#### 6.绿色
绿色是大自然的主宰色,代表生命、健康、活力、青春、美好、抒情和开朗。

在佛教中,表示喜悦、新生和恩爱。

在基督教中,表示希望、喜悦和平安。

适用场合:庄严肃穆的会场、居室、客厅、冷饮店。

#### 7.蓝色
蓝色是冷色调中最寒冷寂寞的一种。和蓝天、大海联系在一起,使人心胸开阔,给人以安宁、清新、秀丽、悠远之感。

适用场合:医院、茶室等安静场所。

#### 8.粉色
粉色给人以温馨、柔美之感。

适用场合:温馨浪漫的地方。

### 三、常见花卉造型及用途

#### 1.水平形
水平形设计重心强调横向延伸的水平造形。此形中央稍为隆起,左右两端则为优雅的曲线设计。其造型最大的特点是能从任何角度进行观赏。

多用于餐桌、茶几、会议桌陈设。

**2. 三角形**

三角形花材可以插正三角形、等腰三角形或不等边三角形,外形简洁、安定,给人以均衡、稳定、简洁、庄重的感觉。

应用范围广,多作典礼、开业、馈赠花篮等用。若在大型文艺会演及其他隆重场合应用,亦显豪华气派。

**3. L 形**

L 形由两面垂直组合而成,左右呈不均衡状态,宜陈设在室内转角靠墙处。L 形对于一些穗状花的构成往往起重要作用,大的花可用于转弯处,小的花自已向前延伸,给人以开阔向上的感觉。

**4. 扇形**

扇形按基本的三角形变化而来,外形如一把打开的扇子,适宜于陈设在空间较大之处。

**5. 倒 T 字形**

整个设计重点成倒 T 字形的构成,纵线及左右横线的比例为 2:1,给人以现代感,适合装饰于左右有小空间的环境中。

**6. 垂直形**

整体形态呈垂直向上的造型,给人以向上伸延的感觉,适合陈设于高而窄的空间。

**7. 椭圆形**

优雅豪华的造型,采用大量的花材,集团式插法,对结构和对比要求比较低,呈自然的圆润感,以古典的花瓶作容器,宜置于教堂或典礼仪式等空间位置较大的场合。

**8. 倾斜形**

主枝的长短视情况而定,整个构图具有左右不均衡的特点。多用于线状花材,可有效的表达舒展、自然的美感。

## 四、花器与花卉的搭配

花器是指放置花材、能容纳一定水分,并起衬托装饰作用的容器。

插花器皿的种类繁多,数不胜数。以制器材料来分,有陶、瓷、竹、木、藤、景泰蓝、漆器、玻璃和塑料等制品。每一种材料都有自身的特色,用于插花会产生不同的效果。

**1. 陶器**

陶器具有精良的工艺和丰富的色彩,美观实用,品种繁多,是中国的传统插花容器,颇受人们的喜爱。在装饰方法上,有浮雕、开光、点彩、青花、叶络纹、釉下刷花、铁锈花和窑变、黑釉等几十种之多。有的苍翠欲滴、明澈温润;有的纹彩艳丽、层次分明。

江西景德镇产的瓷器驰名中外。江苏宜兴,有陶都之称。此外,山东的石湾,浙江的龙泉,河南的禹县等陶瓷产地,在国内外都享有盛名。

**2. 玻璃器皿**

玻璃花器常见有拉花、刻花和模压等工艺,车料玻璃最为精美。由于玻璃器皿的颜色鲜艳,晶莹透亮,是非常美丽的装饰品。

**3.水盆**

水盆是近代出现的插花器皿,式样繁多,形状各异,一般盆口较浅。形状有圆形、椭圆形、正方形、长方形、S形、三角形、半圆形等多种形式。水盆盛花范围很大,但自身无法固定花枝,需要借助于花插座(剑山)和花泥等固定花枝。

**4.花篮**

花篮,常见的是一种编制品,外形很美观。如元宝篮、花边篮、提篮等。有时可以根据需要编制花篮。但是花篮也有不足的地方,它无法盛水和固定花枝,需要另行配置盛花和固花之物。

在艺术插花中,用竹、木、藤制成的花器,具有朴实无华的乡土气息,而且易于加工,形色简洁。

插花造型的构成与变化,在很大程度上得益于花器的形与色。就其造型而言,花器的线条变化限制了花体,也烘托了花体。

现在所使用的花器多以花瓶、水盆和花篮为主,花瓶的造型,有传统形式和现代形式。中国古典风格的花瓶有古铜瓶、宋瓶、悬胆瓶、广口瓶、直桶瓶、高肩瓶等。现代的花瓶形式讲究抽象形体,形式简练,线条流畅,有变形花瓶、象形花瓶、几何形花瓶等。

**五、新娘手捧花的造型与搭配**

**1.造型**

(1)圆形

圆形设计是传统的手花造型,它虽不属于流行趋势的先锋,却典雅庄重,体现出一种欧陆风情。手花的设计以圆满型图案为蓝本,可放大及缩小,其中亦有不少变化,可加入不同配件作点缀,是相当受欢迎的手花形状。

(2)下垂形(瀑布形)

下垂式手花也是传统设计之一,近年来在我国较流行。它有钻石形、新月形等多种样式,在圆形手花基础上加入线条的变化,讲究自然风格,淳朴而清新。下垂形(瀑布形)手花不一定要做成三角形,可以多样变化,如瀑布状或放射状均可,视花的形态及个人喜好。

(3)三角形

向三方伸展的花球,是由下垂形(瀑布形)扩展而来,向上两侧发展,变化大而且夸张,可用许多花材增强其活泼及戏剧性。但只适宜身材较高的新娘使用。

(4)弯月形

日本传统式新娘手花最爱用弯月形线条,取其优雅的形态来烘托新娘的柔媚。弯月形花束要用铁线及胶贴来巩固花材及造成线条,价格较贵,而且不能长时间使用。

(5)S形设计

S形的新娘手花相当精致,但配衬较难,由于其线条修长而扭曲,不适合较矮细的女孩使用,只有个子高而窈窕的女性才使用,其制作亦如新月形花球,必须用铁线及胶贴。

(6)水滴形

近似椭圆形,但下摆收尾处看起来很像心形。

造型多变,可依花材的颜色,塑造出冶艳、清新等不同感受。

（7）火炬形

设计简单大方，末端常系上丝带装饰。

该造型较一般手握型捧花长，末端同样系上丝带装饰，但感觉较为华丽。火炬形、手绑花形较不常见，但可视新娘特殊造型予以搭配。

对于新人来说，在选择手花的造型时，首要考虑的并不是自己对手花形状的喜好，而是应先考虑自己的外貌、体态、婚纱设计款式、发型、头饰等，与什么形状的手花配合较适宜等问题。要让手花造型与新娘有很好的陪衬，来提升新娘的整体感，却又不喧宾夺主。

2. 搭配

（1）手花与婚纱颜色的搭配

由于新娘手花是西式的婚礼中常用的鲜花，而西式婚礼的传统向来是以白色作为主色，因此，在新娘花球的选色上，现代新人亦多以白色或浅色系列为主，当中较多人选用的色调包括纯白色系列、米白系列、浅粉系列和水粉系列等。至于最流行的颜色，则以白色、粉红、桃红、象牙色和香槟色较受欢迎。而且，纯白的颜色有清纯、神圣和浪漫感觉，所以成为不少新人的挚爱。不过，潮流的步伐永远不会停留在某一地方。色彩丰富、颜色鲜艳的花球设计，已逐渐受到新一代年轻人的欢迎，鲜黄、鲜橙、紫蓝等颜色，亦开始受到重视和采用。

一般而言，手花的色调与婚纱有着紧密的联系，大致可以分为下列几种：

白色婚纱：可以配衬各种颜色，亦可以加入金色或银色等装饰来增加花束的古典感觉。衬鲜红色的手花亦很有戏剧性效果。然而，必须有其他装饰互相配搭，如红色手腕花，红宝石首饰，新郎的红背心或红襟花。如果衬浅红、粉红的花，效果会较和谐。

象牙色婚纱：可配衬红、粉红、香槟红的手花。

米色婚纱：宜衬淡紫、白色手花。

奶白色婚纱：可衬香槟色及浅粉红手花。

粉色婚纱：所有粉色都可以配衬同系列的鲜花颜色。

红色婚纱：外国及中国都流行浓艳的红色，而且红色代表了爱和热情，亦具有庆典色彩，可配衬火焰百合，再加入其他碎花。

无论哪一种新娘手花，都以白色为上选，因为白色象征纯洁高雅。

（2）手花与婚纱样式的配衬

在选择新娘手花的样式和色彩时首先要考虑新娘的服装。

无肩的礼服：适合圆形或球形捧花。

平肩和蓬裙礼服：较适合弯月形手花，以衬托出曲线。

高领礼服：可搭配圆形或水滴形手花。

旗袍：比较适合花量少，讲求线条的手花或突出个人风格，制作简单的迷你手花。

短裙或造型较为特殊的礼服：若选择火炬形手花，可为整个造型加分。

大 V 字领、长摆礼服：选择瀑布型手花感觉更为高贵典雅。

（3）手花与气质、个性的配衬

甜美可爱型新娘：适合球形手捧花、小圆捧花能让人感觉更为娇羞可人。

自然大方型新娘：适合造型简单的握式手捧花，花材多以素雅色彩为主。

时尚型新娘：适合特殊捧花，营造出独特、个性十足的感觉。

（4）手花与新娘身材的配衬

高大丰满：用任何一种形状的手花都可以，但要注意服饰配搭，婚纱宜选 V 领长袖，腰线位呈 V 字剪裁，配高耸的发饰及长拖尾，甚至手花上加些丝带拖尾，这样可将视线延长，令人看起来窈窕一点。

高瘦：这类身型毋须刻意增加修长的感觉，选择更具弹性，但注意不要选择过大的手花。

娇小玲珑：婚纱不妨有小拖尾，穿高跟鞋，加高头纱，而手花则宜挑选小巧精致而名贵的手花，法国式圆形花球最合适，略加拖尾丝带亦无妨，但切记不要太大。

肥矮身材：假若你的身型较为肥胖，应避免采用圆形的设计。因为圆形的花球会增加视觉上的空间，令你看起来丰满一点。而且，亦应避免较大朵的花作为主花，否则缺点不消，优点不长，后果不堪设想。手花以瀑布形较佳，不要太大或太小。

阔肩：要转移人们的视线到腰部，花束可以直接缀在腰部，呈修长的瀑布形。缀在礼服上的花要轻巧，必须用铁线及胶贴定位。

上围丰满：手花不宜过大，否则会遮住身材优点，用瀑布形、弯月形都较好。

下围肥胖：应强调肩膊线条，将人的视线转移到上半身，可加些肩花，平衡肩与臀的比例，腰以下的婚纱宜选简捷长裙，手花亦不宜太大而拖长尾，圆形的法式手花，或搭在手臂的花束更好。

## 六、胸花的搭配

在婚礼中，新郎、伴郎、招待、司仪及新娘的父亲都需要胸花。新郎的胸花，通常是新娘捧花中的主花，这是在选择新娘捧花时，也需要列入考虑的要件之一。传统上，新郎将捧花送给新娘，然后新娘自捧花中摘下一朵，别在新郎的胸前。

虽然现在的胸花不再取之于捧花，但是，胸花与捧花的花材、花色等仍应协调默契。

**1. 花材的选择**

胸花用花宜精不宜多。胸花用花材可以根据各个组成部分进行划分。胸花是由主花、辅花和配叶三个部分组成的。主花是以块状花、定形花为主；辅花是以填充花为主；配叶品种有高山羊齿、肾蕨、熊草、星点木叶、常春藤、文竹、蓬莱松、天门冬等。

**2. 胸花配件**

常见的有别针、插针、胸花固定架、绿胶带、铁丝。

**3. 装饰材料**

缎带、天使发、婚纱、铜丝、七彩粉（是撒在花瓣上的亮粉，有多种颜色）。

在胸花装饰上，缎带花结的运用最为广泛。

常用的花结有两款：

一款是波浪结，它平衡柔和，适合单花型胸花的装饰；

另一款是法国结，它活泼而富有动感，在单花型和双花型等有柄胸花上都能使用。

**4. 胸花使用**

胸花佩戴有讲究：

男士佩戴，穿西服者，以左侧衣领为佳；穿衬衣者，以左上袋口为着花点。

女士如果是职业装，可以参照男装方式佩戴，若是礼服，特别是晚礼服，可以将胸花倒过来佩饰。

**5.胸花结构类型**

（1）单尾胸花

只有一个花柄，较简洁大方的形式，最适合男士佩戴。

（2）尾部分叉胸花

所谓尾部分叉胸花，实际上是用20～24号铁丝对每一枝花与叶制作处理，或取代花茎，或缠绕，然后依次用绿胶带包裹起来。花柄部分留出一根根的"花茎"，呈放射状向外张，犹如前部花枝的延续。

尾部分叉胸花是一种比较活泼和引领遐想的形式。较适宜女士佩戴，若倒过来佩戴更具风采。

（3）无柄胸花

无柄胸花是将胸花的花柄进行隐性处理或改变处理，具有装饰性，是对传统胸花形式的一种挑战，富有创造力。

**6.胸花主花配置**

婚礼上使用的胸花，会受到服装款式和其他花饰的影响，花艺设计师在事前应做好相关事项的了解，并做好工作日记。根据不同配置关系，可以从使用主花数量上来应对。

常见的用法有：

（1）单主花胸花

它是由一朵块状花、定型花或其他具有良好视觉效果的花朵担当花体主角的艺术形态。

（2）双主花胸花

花体部分由两朵块状花、定型花或其他具有良好视觉效果的花朵担当主角的艺术形态称之为双主花胸花。

双主花胸花的配置，要寻求变化，两朵主花再分出主次，一朵花大些，一朵花小些，配置时小花在上，大花在下，这种胸花的花柄处理，可以是单尾的，也可以是散尾的。

（3）多花胸花

利用多个花朵进行组合，没有明确焦点花的形式。花材多用小花形的材料，如多头香石竹、小月季、石斛兰等。

多花的制作是将各个花朵分别加工后再行聚合，造型可以是各种几何体。多花的胸花，适合新娘使用，多花胸花的体量较大，要注意在服装上的合理固定，必要时，可以确定两个固定点。

## 七、桌花的类型

桌花是指装饰于会议桌、接待台、演讲台、餐桌、几案等场所的花饰。在实际生活中应用也非常普遍。因其常使用花钵作为容器，因此也被称作钵花。桌花一般置于桌子中央（如中餐桌、圆形会议桌和西餐桌等）或一侧（如演讲台、自助餐台、双人餐桌等）。桌花可以是独立式或组合式，会议主席台、演讲台等还常结合桌子的立面进行整体装饰。

从造型上，可以有单面观、四面观，构图形式多样，有圆形、球形、椭圆形等对称的几何构图，也有新月形、下垂形等各种灵活多变的不规则式构图，构图主要取决于桌子的形状、摆放的位置及需要营造的气氛。

因为花钵有普通式和高脚式,因此桌花也可以做成低式桌花和高式桌花,桌花的高低取决于装饰的场合和需要营造的气氛。

### 八、居室花卉与装饰

随着生活水平的提高,人们利用绿色植物进行居室绿化及装饰已成为一种时尚。最近,美国航空航天局的科学家们发现,常青的观叶植物以及绿色开花植物中,很多都有消除建筑物内有毒化学物质的作用。此次研究还发现,植物不光是靠叶子吸取物质,植物的根以及土壤里的细菌在清除有害物方面都功不可没。

居室内最适合放置的花卉:

(1)吊兰:吸收一氧化碳;

(2)月季:吸收二氧化硫(呼吸道疾病者慎用);

(3)芦荟、虎尾兰:清除甲醛污染;

(4)菊花、常青藤、铁树:吸收苯毒素;

(5)万年青、雏菊:吸收三氯乙烯;

(6)一叶兰、文竹:吸收多种有害气体。

(7)百合、荷兰铁、仙人掌、荷兰花箭、龟背竹:吸收二氧化碳,而龟背竹则具有夜间吸收二氧化碳的功能。

### 九、家庭插花

插花,即把几种色彩和谐的植物插在一起,相互辉映,疏密有致,艳而不俗,雅而有韵,能产生强烈的艺术感染力。

对于家庭来说,插花很适用。一盆上好的插花,既能陶冶情操,又有美的享受。能让你每天都有个好心情。

**1.家庭插花的要点**

(1)客厅插花:客厅是现今活动的主要场所,用来接待亲友。客厅插花一定要突出热烈、祥和。色彩要求艳丽、充实而丰满;

(2)书房插花:清雅飘逸、枝叶疏密,使人感到幽静、清爽;

(3)卧室插花:卧室摆放柔美纤细、典雅质朴的插花,可让人感到安宁舒适。最忌色彩过于艳丽。要以浅色为主(如晚香玉、水仙、腊梅、浅色月季等)。重点体现淡、简、雅三个字,烘托出一个恬静、幽雅的环境。若花材选用有香味者则更佳。轻松舒畅,悠然入梦。

**2.常见的家庭插花形式**

(1)瓶花

也就是以瓶作为插花器皿的插花。

口径较细或适中,多用于草本花材的插花。不需要固定,只要按照"一枝二枝正,三枝四枝斜"的原则摆放,然后插入陪衬花材就完成了。

口径较大的花瓶,更适宜插木本花材,依靠瓶口互相交叉或作"T"字形固定。不过有一点,要选用弯曲有形,错落有致的花枝,再配些陪衬花材,这样才好看。

（2）盆花

圆形水盆，一般花店都有售。多用剑山固定。

常见形式有三种：半圆形、不对称形、自然形。

①半圆形：用于花朵较小的花材，如香石竹、孔雀草等。不过，少说也要用到十几朵才够。插时使花型呈半圆状。花的间距要相等。

②不对称形：用于花朵较大的花材，如月季、菊花、郁金香等。有六七朵就可以了，造型时注意起伏、韵律。体现出不对称形的自然美。

③自然形：用于枝干弯曲的花材。如，梅、牡丹、竹节海棠等。取一二枝盛开的花枝，再取些陪衬花材（不可过多）。

（3）盆景式插花

盆景式插花是中国盆景艺术和插花艺术的结合体。细看颇有些盆景的神韵。多以木本花材为主体，草本花材为辅助。水盆则以腰圆形、长方形为佳。

（4）竹筒插花

原盛行于中国，大约在公元8～11世纪由中国传入日本。

有三种常见形式：单筒、层生（有两个以上的节，在每节中部开一个洞插上花材）、船生（横卧，上部剖开）。

（5）花篮

内部放有盛水的容器，多采用花型较大的花材如香石竹、菊花、唐菖蒲、月季、牡丹、石斛兰、一品红等，再配以少量观叶花材。

常见的花篮形式有：

①圆形：多为庆贺花篮。其造型丰满、匀称，四面都可欣赏。

②L形：外形酷似"L"而得名。花材采用如唐菖蒲、菊花、马蹄莲等干茎较长的为宜。

③自然形：表达心境，抒发情感的最佳方式，你可随心所欲，插出自己心仪的作品。

（6）挂件式插花

就地取材，用墙壁上的挂件（如：相框、工艺品、国画等），插一二朵花略加点缀，既增强挂件的艺术性，又使居室生机盎然。如：在壁灯上插支吊兰，或在插花上配些肾蕨之类的观叶形花材等。

（7）野趣式插花

野趣式插花，不管是什么山花野草皆可入选。随便选些不知名的野草，插起来也随意，全凭个人的喜好。

# 第十三章 礼 仪 文 书

礼仪是礼节和仪式的总称。我国是文明古国,是世界上有名的礼仪之邦,人们的社会交往活动和思想感情的交流,有许多都是通过一定的礼仪形式和一定的文化活动方式来进行的。礼仪文书就是人们在各种礼节中使用的文体之一。

礼仪文书的种类很多,常用的有:如请柬、祝词、题词、讣告、悼词、碑文、对联等。

## ▶ 第一节　喜庆礼仪文书

**一、喜庆柬帖礼仪**

请柬,也称请帖或邀请书,是为邀请客人参加各种纪念活动、婚宴、诞辰或重要会议而发出的通知书。它属于礼仪类书信中的一种。

**1. 满月请柬**

此类请柬与一般请柬格式大体相同,也包括横竖两式。其内容因人而异。

**[例文 1]　生子请客柬**

××先生(女士):

×月×日为小儿××生日(满月),寒舍聊具杯茗以示欢庆!

恭候××兄光临

弟×××鞠躬

×月×日

**[例文 2]　生女请客柬**

×××先生(女士):

兹为我女×××举办满月宴,敬请大驾光临为盼!

×××(孩子父母的姓名)恭候

×月×日

于×××(地点)

**2. 婚礼请柬**

婚礼请柬又称请帖,是新人结婚过程中,男女双方家庭或个人互通信息、意见或邀请亲朋好友、领导参加婚礼的书面通知书或邀请书。现在,一般可由新郎、新娘共同署名,也可分别署名,或由其家长署名。

**[例文1]　本人署名请柬**

我俩谨订于×月×日×午×时,在×××饭店××厅举行婚宴

谨请光临

×××

×年×月×日

**[例文2]　家长署名请柬**

谨订于×月×日×午×时,在×××饭店××厅为小儿×××(女×××)举行婚宴

谨请光临

×××家长

×年×月×日

写婚礼请柬时有以下几点应注意:

(1)被邀请者的姓名应写全,不应写绰号或别名。

(2)在两个姓名之间应该写上"暨"或"和",不用顿号或逗号。

(3)应写明举行婚礼的具体日期(几月几日,星期几)。

(4)写明举行婚礼的地点。

常用婚礼请柬祝贺词:

佳偶天成、诗题红叶、诗咏好逑、相敬如宾、带结同心、钟鼓乐之、美满姻缘、珠联璧合、莺歌燕舞、爱河永浴、鸳鸯比翼、海燕双栖、情深似海、三星在户、才子佳人、天作之合、天缘巧合、天赐良缘、五世其昌、凤凰于飞、心心相印、龙腾凤翔、玉树琼枝、乐赋唱随、永结同心、百年好合、百年佳偶、有情眷属、团结友爱、并肩前进、如鼓琴瑟、花开并蒂、花好月圆、志同道合、连理交枝、幸福美满、昌宜五世、乾坤定奏、情真意切、鸾凤和鸣、笙磬同音、喜成连理、新婚燕尔。

**[例文3]　为儿子完婚请柬**

兹定于×月×日上午十时,在××饭店××厅为小儿和×××举行婚礼,届时敬请光临。

恭请

×××同志

×××敬启

×年×月×日

**3. 寿庆请柬**

寿柬,它是用来告知并邀请亲朋好友来参加自己长辈的寿辰而使用的一种帖子。民间一般是50周岁及50周岁以上的长辈,逢整十的生日举办寿礼、寿筵时使用寿柬。

寿庆柬帖与其他喜庆柬帖不同,通常都是由子孙或亲友署名的,不由寿星自己署名。寿柬的格式和写法除了按请柬要求外,还有其固定的用语,如父亲称"家严",母亲称"家慈",男子生日称"悬弧",女子生日称"设悦"。儿子自称"承庆子",若有祖父母在,则自称"重庆子"。在寿柬的款式上有横排,也有竖排两种。例如:

(1)为子孙署名的寿庆柬帖,父寿用"家严"或"家父"字样;母寿用"家慈"或"家母"字样,双寿则用"家严慈"字样并列。兄弟较多的,可由长子或推举兄弟中对外最有声誉的代表署名,有几代同堂的,只用"率子孙鞠躬"字样,不必附所有人的名字。

(2)为亲友具名的寿庆柬帖,多半适用于在社会较有声望的人士,下面为列载亲友代表的姓名。

[例文1] 为父或为母祝寿请酒帖

×月×日为家严(家慈)六旬寿辰洁治桃觞敬候

阖家光临

×××鞠躬

×月×日

席设某处

[例文2] 通用寿请酒帖

×月×日××寿辰敬备薄筵

敬请

×××　　　　　　玉赐

×××顿首

×月×日

席设某处

### 4. 乔迁请柬

新居落成,乔迁之喜,一般要设宴庆贺,邀请亲朋好友、左邻右舍以及师傅工匠等前来参加,需要发出请柬。此类请柬,在内容上要说明新居落成乔迁和宴请的时间与地点。关于乔迁的庆贺在城市较少,而在农村地区比较普遍。乔迁请柬的用语,以古朴典雅最为适宜,而且要合乎民风民俗。

[例文1] 个人乔迁请柬

谨择于×月×日在迁居处特洁燕酌

敬候

光临

友弟×××敬请

×年×月×日

[例文2] 公司乔迁请柬

××董事长:

兹定于×月×日下午×时于××举行隆重酒会,庆祝我公司乔迁成功,特邀请您及家人同来庆贺,恭请届时光临指导!

地址:××市×路×号(×××大厦旁白楼)

联系电话:×××××××

联系人:×××

此致

敬礼

××公司总经理×××

×年×月×日

### 5. 开业请柬

开业请柬是专用于邀请宾客参加各种企事业单位、工厂、公司、宾馆、商店、医院、学校等开幕仪式的请柬。它除具有一般请柬的款式外,要突出交代开幕、开业的内容、时间、地点和邀请单位。

下篇 礼仪操作

**[例文 1]　商店开业请柬**

×××经理：

　　谨定于×月×日×时,我店正式开业,三楼客厅同时接待业务洽谈,敬请光临赐教。

××商店
×年×月×日

**[例文 2]　工厂开业请柬**

工业处×处长：

　　我厂定于×月×日×时开机试车,敬请剪彩,恭候光临。

×××鞠躬
×月×日

**6.宴会请柬**

　　宴会的目的很多,有婚嫁、寿庆、弥月、开张等,这里所谓的宴会请柬,是除婚嫁、喜庆以外,用于各种场合邀请客人参加宴会的柬帖。

**[例文 1]　新春茶话会请柬**

××先生(女士)：

　　定于二月八日上午九时在政协礼堂举行新春茶话会,敬请届时出席。

　　致以

敬礼

××市政治协商会
×年元月××日

**[例文 2]　政务宴会请柬**

　　为庆祝中华人民共和国成立××周年,谨订于××年×月×日(星期×)下午六时,在××××举行招待会。

　　　　敬请

光临

中华人民共和国国务院××

×年×月×日

　　请着正式服装

　　凭请柬入席,请进×门

　　　您的座位在第×桌

**7.晋升请柬**

**[例文 1]　学生高考中选请柬**

××先生(女士)：

　　谨定于×月×日午时,在寒舍为长子×××高考中选北京大学欢聚,特备小酌

　　恭请

光临

弟×××敬约
×年×月×日

[例文 2]　干部职务晋升请柬

×老舅父大人：

遵慈命×月×日×时,于陋室为胞兄×××晋职××教授,省亲欢聚,聊治淡酌

恭请

阖第光临

愚甥×××鞠躬<br>×年×月×日

[例文 3]　学衔晋升请柬

×府×老砚兄：

谨詹×月×日于兴华酒楼,为长子×××荣晋清华教授小聚,散执杯茗

恭候

光临

砚弟×××敬请<br>×年×月×日

**8.庆典请柬**

庆典请柬,范围极广,一般而言,则有工厂庆、公司庆、宾馆庆、社团庆、校庆、店庆等均可使用。而庆祝的方式则有庆祝会、座谈会、茶话会、招待会、文艺晚会、电影晚会等。所以,拟写请柬,必须将庆典活动的具体内容、时间、地点、邀请对象与邀请单位交代清楚。有的还要附上活动安排表和"入场券"。其规格款式与一般请柬同。

[例文 1]

×××女士：

定于×月×日上午×时,在本社四楼会议室举行××出版社×周年座谈会。敬请光临指导

此致

敬礼

××出版社(章)<br>×年×月×日

[例文 2]

请　柬

×××先生：

为庆祝我校××周年,谨定于×月×日上午×时,在校举办各种庆祝活动。敬请光临指导。

此致

敬礼

××大学(章)<br>×年×月×日

　　附　　　　　　　　×月×日活动安排

一、上行 9 时在校礼堂举行庆祝大会;

二、上午 10 时在科技馆参观校庆展览;

三、上午 11 时半在校食堂大厅举行校友聚餐会;

四、下午 2 时在教学北楼各教室举行校友座谈会；

五、晚上 8 时在新兴大剧院举行文艺晚会（来宾，教授有专车接送）。

## 二、喜庆祝词礼仪

祝词是指对人、对事表示祝贺的言辞和文章。就礼仪规范而言，书面祝词更加郑重，适用于重要人物和重要事件，一般多体现在祝寿、祝酒、祝事业等方面。

祝词一般分三个部分，即起首的祝颂对象、正文和落款。正文部分的末尾，应有一些号召性的祝颂语。祝词正文的大部分内容是回顾祝颂对象的历史，赞颂其业绩、品德或意义，祝寿词的这种特点尤其明显。

祝词常见的文体是散体文的，但旧时也有韵文的。这种韵文的祝词，和正史传记中的赞、墓碑文中的铭近似。

一般来说，祝词的文字要短一些，尤其是祝酒词。祝词的长短应该因具体情形而定，但一般不宜太长。此外，祝词的文字也有古雅和平白之别。旧式书面祝词以古雅为多，韵文类祝词更是如此。现代，口头祝词平白一些，但也应尽可能庄重。有时候，所庆祝事情的性质也制约着祝词的文白，比如祝寿、祝婚词可以文雅些，现代商务活动中的祝酒词则应以平白、庄重为其特色。

### 1. 满月祝词

每个出生的小婴儿都是家中之宝，除了全家人充满欢欣之情，让亲朋好友分享喜讯，并在婴儿满月之时，赠送"报喜之礼"的相关礼俗，自古到今，民间都是非常重视的。亲朋好友除了提礼品前来祝贺，还要准备一份贺词来表达自己的喜悦之情和殷切期望。

〔例文〕 来宾致辞

×先生、各位来宾：

今天我能够参加××的"弥月之庆"，感到无比的高兴。为此，我代表来宾，对小贝贝的满月，表示热烈的祝贺！对×老先生的全家表示亲切的慰问！

×先生的家族世系，是我们家乡的望族大户，丁口兴旺，人才辈出，闻名乡里。祖上曾多人出行入将，真乃文武兼备的将相世家。如今的贝贝，可谓将相龙种，英才后裔。这样的家世，这样的传统，可以断定必然孕育出更为优秀的后人。

我们预祝贝贝，健康成长，拔俗超祖，再创奇迹！

最后，祝×先生的全家，生活幸福，健康长寿！谢谢！

### 2. 婚礼祝词

结婚祝词一般以赞美新郎新娘的品德才貌为主，祝愿他们婚后生活幸福美满。婚礼是充满热闹气氛的，因而祝词也可以从不同角度，亦庄亦谐，寓理含趣。一篇好的祝词，往往能将婚礼推向一个高潮，而且更能增添婚礼的喜庆气氛。

〔例文 1〕 证婚人宣读"结婚证书"并祝词

各位来宾、各位女士、各位先生：

今天，我受新郎新娘的重托，担任××先生与××小姐结婚的证婚人，感到十分荣幸，在这神圣而又庄严的婚礼仪式上，能为这对珠联璧合、佳偶天成的新人作证致婚词而感到分外荣幸，也是难得的机遇。

　　各位来宾,新郎××先生现在××单位,从事××工作,担任××职务,今年××岁,新郎不仅英俊潇洒、忠厚诚实,而且有颗善良的心,为人和善;不仅工作上认真负责、任劳任怨,而且在业务上刻苦钻研,成绩突出,是一位才华出众的好青年。

　　新娘××小姐现在××单位,从事××工作,担任××职务,今年××岁。新娘不仅漂亮可爱,而且具有东方女性的内在美,不仅温柔体贴、知人为人、勤奋好学、心灵纯洁;而且善于当家理财,手巧能干,是一位可爱的好姑娘。

　　古人常说:心有灵犀一点通。是情是缘是爱,在冥冥之中把他们撮合在一起。使他们俩相知相守在一起,上帝不仅创造了这对新人,而且还要创造他们的后代,创造他们的未来。

　　此时此刻,新娘新郎结为恩爱夫妻,从今以后,无论贫富、疾病、环境恶劣、生死存亡,你们都要一生一心一意忠贞不渝地爱护对方,在人生的旅程中永远心心相印、白头偕老,美满幸福。最后,祝你们俩永远钟爱一生,永结同心、幸福美满。谢谢大家!

证婚人:×××

**[例文 2]　主婚人祝词**

各位来宾:

　　今天是我儿子(女儿)与××小姐(先生)喜结良缘的大喜日子,承蒙各位来宾远道而来,在此表示最热烈地欢迎和衷心地感谢!

　　我儿子(女儿)与××小姐(先生)结为百年夫妻,身为父母感到十分高兴。他们通过相知、相悉、相爱、到今天成为夫妻,从今以后,希望他们能互敬、互爱、互谅、互助,以事业为重,用自己的聪明才智和勤劳双手去创造自己美好的未来。不仅如此,还要孝敬父母,正如一句歌词中唱到的那样:"常常回家看看!"

　　今天的喜庆活动,由于时间仓促,操办不周,深感抱歉,敬请贵宾不吝赐教!

　　最后,祝他们俩新婚愉快、幸福美满。

　　也祝大家身体健康、万事如意。谢谢大家!

**[例文 3]　领导祝词**

新郎新娘、各位领导、各位来宾:

　　今天是我公司××部门的工程师×××为其长子和女士×××举行结婚典礼,首先我对×××和×××的美好婚姻致以热烈地祝贺!并承×××工程师之托,对光临的领导和贵宾表示热忱地欢迎和衷心地感谢!

　　×××同志,是我公司的技术骨干,他好学上进,学有专长,刻苦钻研,诚实憨厚,仁柔为怀,志从高远,前程似锦,因而博得全公司员工的一致好评。×××女士,工作认真,业绩斐然,刻苦勤奋,前途恢弘。他们二人的结合,真可谓"郎才女貌,才子佳人"。深信在今后的生活中,定能携手并进,为国为家,再创辉煌!

　　最后,祝新人生活幸福!祝贵宾身体健康,万事如意!

**[例文 4]　来宾祝词**

新郎新娘、各位来宾:

　　今天是一个喜庆的日子,鼓乐声声迎新人,欢天喜地待佳宾!新郎新娘是我的好同事、好朋友,对他们的美满结合,我表示衷心地祝贺!

　　在共同工作的过程中,我早就目睹了他(她)俩相识、相爱的过程。两位新人志同道合,品优情深,今天终于结成伉俪。真是佳偶天成,令人高兴!

结婚是爱情的升华,结婚是新家庭的开始,结婚也是新生活的起点。我深信,两位新人,一定会在今后的生活中,相亲相爱、携手共进,创造美满幸福的家园;刻苦学习、认真工作,为国为民做出更大的贡献;更能尊老爱幼、身体力行,成为侍亲抚幼的模范。

最后,再祝新人,新婚幸福,事业峥嵘!

**3.晋升祝词**

**[例文] 来宾致辞**

各位来宾、女士们、先生们:

今天,我们有幸聚集一堂,欢送×××同学出国留学。首先,请允许我代表所有来宾,向×××同学表示最热烈地祝贺!向他的家人表示最亲切地慰问!

×××同学,一贯好学上进、刻苦勤奋,终经不懈努力,被美国哈佛大学录为博士研究生。这是××同学的光荣,也是他全家的光荣,更是我们××大学的光荣!×××同学,不日即将启程,远赴异域深造。作为同学和朋友,我们为他感到由衷的高兴。并祝他一帆风顺,学业有成!

同窗数载,友谊情深,此时此刻,自然难舍难分。但是,×××同学,是肩负祖国,亲人与朋友的重托,去步入科学的殿堂,去摄取人类文明的结晶。我们再一次衷心地祝愿他,展翅翱翔,鹏程万里,尔后,满载而归,献身祖国、报效人民!

××大学 友×××、×××、×××

××年×月×日

**4.寿庆祝词**

祝寿,俗称贺寿。祝寿词的写作,要把握五点:

(1)对寿者表示热烈的祝贺。

(2)对其功绩作出恰如其分的评价与颂扬。

(3)必须富有真情实感、热情洋溢、易于激人奋进。

(4)篇幅短小精悍、语言简洁畅达。

(5)结尾宜有概括性颂词。

**[例文] 学生对老师的祝寿词**

敬爱的×老师:

时逢盛世,寿临佳辰,在您欢度70大寿之际,我谨代表前来庆贺的30多位同学,对您的杖国华龄,表示最热烈最诚挚地祝贺!对您的培育之恩致以最崇高的敬礼!并对您的全家致以最深切的慰问!

敬爱的×老师,数十年来,作为教育战线的一员,您一贯忠诚党的教育事业,为祖国为人民呕心沥血、默默无闻,为造就革命事业接班人,献出了宝贵的青春。您,刻苦勤学,勇于钻研,精心施教,无私奉献的精神,堪称师表!您,热爱学生,因材施教,严格要求,具体指导的方法,实为教育典范!您,胸怀坦荡,光明磊落、严于律己、宽以待人的作风,配称高风亮节!为了学生,您不惜捐出自己仅有的工资,给穷苦孩子资助,使苦难者至今为之动容……

看今天,您真是桃李满天下,芬芳遍九州。

敬爱的×老师,生我者父母、育我者老师。我们之所以能有今天,除国家、父母养育之外,更主要的是靠您的精心培养和教育。我们可以这样说:没有老师的培养和教育,就没有我们的今天!

为了报答老师的培育之恩,我们决心在今后的生活与工作中,以您为榜样,继续刻苦学习,努力工作,艰苦奋斗,无私奉献,为建设伟大的祖国,做出更大的贡献!

最后,再祝×老师健康长寿,乐度晚年!

×××学生等30人恭贺

××年×月×日

**5.乔迁祝词**

**[例文] 来宾致辞**

××先生、各位来宾:

国逢喜事民欢庆,人有喜事合家乐!今天××老先生乔居庆典,我们能来参加,感到十分高兴。为此,我代表庆贺的来宾,对你们全家表示热烈地祝贺!

新居的落成,是你们全家艰苦奋斗的结果。你们的创业精神,令人敬佩,值得学习。从这里我们还足以看出,在开放搞活政策的指引下,整个农村的旧貌焕然一新,可见这是党的富民政策指引的结果啊!可以肯定,由于亿万民众共同奋斗,社会主义农村的美好前景,在不远的将来一定会变成美好的现实!

我希望你们全家,把现在的生活作为新的起点,在今后的生活道路上,继续努力使自己的幸福生活更上一层楼!

最后,祝你们全家生活幸福美满,万事如意!

**6.开业祝词**

**[例文] 公司开业来宾致辞**

各位领导,各们来宾,各界朋友:

今天是××公司一个值得纪念的喜庆日子,我们在这里庆祝贵公司隆重开业,值此开业庆典之际,请允许我代表××对××公司的开业表示热烈的祝贺;对远道而来专程参加我们庆典活动的各位领导,各位来宾,各界朋友表示热烈欢迎。

××公司是一个朝气蓬勃,充满活力,富有想象力和创造力的企业,历经数年的商海遨游,培养了我们诚信,稳健的为人之道,坚韧求实的办事作风;2007年××公司将以××为市场主要发展方向,我们相信在上级主管部门的领导,在社会各界朋友的帮助,经过自身努力拼搏,××公司一定会逐渐成长壮大!谨此,我向所有曾经关心支持过我们的各界朋友表示衷心的谢意。

一艘刚刚起航的航船,让我们一起向往建设更美好的明天;最后祝××公司开业大吉,祝开业庆典圆满成功!

### 三、喜庆致辞礼仪

致辞泛指礼仪活动中表示祝贺、感谢、勉励等的礼仪类文书。常用的致辞,主要有欢迎词、祝酒词、欢送词、答谢词等。由于致辞是一种面对面进行的交流形式,因而可以起到与客户交流感情、融洽关系的作用,富有感染力。

致辞中的欢迎词,是指客人光临时,主人为了表示热情的欢迎,在举行相应的礼仪活动中所发表的热情友好的讲话。

祝酒词,是指主人设宴招待客人时所发表的令客人愉快的劝酒祝愿之词。

欢送词,是指客人将要离别时,为了表示依依不舍之情,在举行相应的礼仪活动中发表的叙旧惜别、充满情意的讲话。

答谢词,是指在某个特定的社交场合,主人致欢迎词或祝酒词之后,客人为了表示感谢主人的欢迎和招待,所致的相应答词。当然,客人也可以举行必要的答谢活动,如宴会、酒会、招待会等。客人在这种场合发表的对主人的热情接待和多方面关照表示谢意的讲话,也是答谢词。

致辞在内容上,一般要表达对客人的热烈欢迎之情,抒发对客人的依依惜别之情,追忆与客人友好合作的昔日往事,表示对客人的美好祝愿,并表白与客人长期合作的真诚愿望。致辞可以根据所要表达的欢迎、欢送或祝愿、答谢等不同情感的需要,选择其中的内容。

### 1. 满月致辞

**[例文1] 主人致辞**

领导、来宾、舅父、岳父大人:

今天是小儿××满月之日。承蒙各位厚贶祝贺。为此,我代表全家对各位嘉宾的光临,表示热烈地欢迎! 并对大家的深情厚谊致以衷心地感谢!

××是我们家的继承人和接班人,也是我们唯一的宝贝和希望。他生于××年×月×日,到今天整整一月了。我们家族人丁兴旺,兰桂腾芳,松筠并茂。然而到了我们大房,则是三世单传,女辈当户。如今,虽然我们生活好转,资用有余,而唯缺人口,尤乏后人,这已成为全家人沉重的隐忧。××的降生,彻底解除了我们的忧虑,实乃天降麒麟,上苍助人! 因此,我们真是欣喜若狂,精神倍增! 我们也衷心祝愿他:健康成长! 快快长大!

今后,我们一定要精心地照料他、爱护他、抚育他、培养他,使他将来也能成为×门顶门立户、传宗接代的接班人。更能成为国家社会的栋梁之材!

还要说明:由于我们准备不足,照顾欠周,实为抱歉,敬请各位批评指正。

最后祝各位来宾,身体健康、工作顺利,全家安乐,万事如意!

**[例文2] 亲属致辞**

今天小外孙过满月,我这当姥姥的给孩子送几件四季衣服。衣服的尺寸是一件比一件大,我盼着小外孙见风直长,欢欢腾腾,壮壮实实的。另外对刚当妈的××我也嘱咐几句,虽然刚出月子,但身体还是要多加注意,不要过分劳累,孩子要喂养好,但不能过分溺爱,要有一套合理的育儿方法。有不明白的地方,要多问一些同龄妈妈,多看一些这方面的书,慢慢的学会怎样喂养小孩子。

### 2. 婚礼致辞

**[例文1] 新人父母致辞范本**

亲爱的各位来宾:

大家好!

首先感谢各位来宾能够在百忙之中抽出时间来参加×××和×××的结婚典礼,在这里,我想先感谢在坐的领导对他们的帮助与关心,以及朋友、同事对他们的支持,有了你们,他们才能更好的投入工作,取得更好的业绩。

同时,我也祝福他们互敬互爱,白头到老,并希望他们在事业上互相支持,在感情上互相理解,在生活中互相包容。

最后,再一次感谢各位来宾的光临,希望各位为他们二人的婚礼做一个永远的见证。

**［例文2］ 新人答谢词范本**（新郎）

尊敬的各位来宾：

大家好！

今天我由衷的开心和激动，因为我终于结婚了。一时间纵有千言万语却不知从何说起。但我知道，这万语千言最终只能汇聚成两个字，那就是"感谢"。

首先要感谢在座的各位朋友在这个美好的周末，特意前来为我和×××的爱情做一个重要的见证，没有你们，也就没有这场让我和我妻子终生难忘的婚礼。

其次，还要感谢×××的父母，我想对您二老说，您二老把你们手上唯一的一颗掌上明珠托付给我这个年轻人，谢谢你们的信任，我绝不会辜负你们的希望，但我要说，我这辈子可能无法让您的女儿成为世界上最富有的女人，但我会用我的生命使她成为世界上最幸福的女人。

最后，我要感谢在我身边的这位在我看来是世界上最漂亮的女人。当着诸位亲友的面，我想说，×××谢谢你，谢谢你答应嫁给我这个初出茅庐，涉世不深的毛头小子。

但是此时此刻，我的心里对你却有一丝深深的愧疚，因为我一直都没有告诉你，再认识你之前和认识你之后，我还一直深深的爱着另一个女人，并且就算你我的婚姻，也无法阻挡我对她的日夜思念，那个女人也来到了婚礼现场，亲爱的，她就是，我的妈妈。妈，谢谢您，谢谢您在28年前做出了一个改变了您一生的决定，您用您的靓丽的青春和婀娜的身姿，把一个生命带到了这个世界，教他学知识，教他学做人，您让他体会到世界上最无私的爱，您给了他世界上最温暖的家，您告诉他做人要老实，您告诉他家的重要，可是这个小生命时常惹祸，惹您生气，让您为他二十几年来挂肚牵肠，几年前我爸爸的过世，更是让我体会到您对我生命的重要。现在，我想说，妈，辛苦您了，咱家好了，儿子长大了，儿子结婚了。您可以放心和高兴了，我很幸福，因为我遇上了这世界两位最最善良美丽女人。

最后，不忘一句老话，粗茶淡饭，吃好喝好。

**3. 开学典礼致辞**

在开学典礼上，学校领导、教师和学生在开学典礼上致辞是一般的惯例，在开学典礼中，学校领导和老师代表的致辞要表达出对新生的欢迎，同时要总结在过去的一段时间里所取得的成绩，通常还会提出在新的学期对学生的新要求。而学生代表的致辞，一般包括对母校的喜爱之情，以及在新学期里对自己的新要求和制定新的学习计划。

**［例文1］ 校长致辞**

尊敬的各位老师，亲爱的同学们：

新学年好！

过去的一学期里，我们全校师生精诚团结，努力拼搏，取得了骄人的成绩。学校先后被评为：全国艺术教育特色单位，××市科技特色学校，××市中学生预防毒品教育示范学校，××市小公民道德建设实践基地，并被省教育厅推荐申报为全国先进民办学校、省"十佳"民办学校。本学期我们将迎接省一级学校的评估验收，这是本学期一件中心工作，也是全校一件大喜事！上学期有760位同学分别获市、区和学校三好学生、优秀学生干部，优秀团员，优秀少先队员和小公民道德标兵称号，172同学参加全国省、市、区各级各类竞赛获奖，400位同学获学业优秀奖，104位同学获学业进步奖，中考成绩更是令人瞩目，我校今年初中毕业生366人，全部参加中考，上区重点高中分数线163人、××一中分数线59人、××中分数线23人，升学率列

××、××两区第一。

成绩只能代表过去，更重要的是着眼于未来。同学们，今天国旗下的讲话，我想赠送大家四个字——"根深叶茂"，与同学们共勉。

中国有句成语，叫做"根深叶茂"，一棵参天大树，绿荫如盖，归功于它的根，根有两个特性，第一是"沉默性"，根都是扎在地下的，它沉寂，它默然，人们看到冲天的树干，如伞的绿荫，却不能看到根在地下默默地广吸博收。

第二是坚定性，根在地下，地下很可能是瘠土一片，也很可能是岩石成堆，但是根从不退缩，曲折延伸，去达到吸收水分，摄取养料的目的，它为了滋养树干、枝、叶，为了培养参天大树，真正做到了百折不挠。清朝书画家郑板桥有诗云："咬定青山不放松，立根原在乱岩中。"在乱岩中还要立根，根的坚定性多么令人钦佩。

我校的学生，要在今后的学业和事业上取得成绩，就应学习大树立根的沉默性和坚定性，有坚强的毅力，有克服困难能力，要有吃大苦耐大劳的思想准备。冰冻三尺，非一日之寒，没有长年累月的奋斗哪来的成功？

同学们，让我们不失时机地在做人、求知、长身体上深深扎根吧，你将会终生受益。

根深叶茂，这就是我的赠言，祝同学们学习进步，身体健康！祝老师们工作顺利，合家安康！

**[例文2] 教师代表致辞**

尊敬的领导、老师，亲爱的同学们：

大家好！

能成为××一中的一分子，能代表十一位新教师在今天隆重的开学典礼上发言，我倍感荣幸！

首先，请让我代表全体新教师，祝愿各位教师，节日快乐！祝福大家，万事如意！大家可能听说，刚拿到驾照的先生们、女士们都会在自己的汽车上贴这么一条标语——"新手上路，请多关照！"作为新手，虽然我们没贴这条标语，但是领导、老师们都给了我们莫大的帮助，同学们给了我们很好的实践机会。借此大会，向大家深表谢意！

这是一个变幻莫测的世纪，这是一个催人奋进的时代。我们看到了机会和挑战。我们发现，如今的一中，楼宇耸立，大道坦荡，环境优雅；莘莘学子，高奏凯歌，风华正茂，桃李芬芳。学校教风严谨，学风优良，创新不断。更重要的是来自领导和同学们的期待和信任，给我们提供了施展才华的用武之地。然而，要让同学、让学校、让社会满意，我们更感到责任重大。

把握机会，迎接挑战，唯有不断地探索和学习。作为新教师，我们将勤于钻研，勇于改革，努力提高自身的业务素质，适应高级中学的高层次的要求；我们将以各位领导、老师为榜样，用"勤学慎取，求实向上"的校训，以爱校如家的奉献情操，鼓励我们自己；我们将与全体教师共同努力，与时俱进，再创辉煌！谢谢！

**[例文3] 学生代表致辞**

尊敬的各位领导、老师、亲爱的学弟学妹们：

大家早上好！

非常荣幸能有这样一个机会，代表××大学的老生们，对你们的到来表示欢迎。很高兴加入到我们的这个大家庭中来，你们活跃的思想、张扬的激情，将为学校增添无限活力。

经历了高考的洗礼,你们终于如愿的跨入了大学的校门,踏上了这块充满自由、激情、理性和创造力的土地,你们是同龄人中的佼佼者,接受了无数的称赞和鼓励。此时此刻,我想再一次向你们表示祝贺!

想想你们当初的奋斗和拼搏,辅导书、习题集也已经够装几个纸箱了。而今,你们又将面对新的机遇和挑战。相信你们一定能够一如既往,以积极的心态和不懈的努力,走向新的辉煌!

学弟学妹们,一条新的道路展现在你的面前,从今天起,你们同时站在这条起跑线上,准备马拉松之战。发令者已经举起了手,如何起跑,如何坚持,以怎样的速度冲击终点,就看你们的努力了!

最后,让我们在学校领导、老师的帮助培养下,抓住机遇,坚定目标,勤奋刻苦,竭尽全力,共同为我们美好的明天而努力奋斗!

谢谢大家!

### 4. 校庆活动致辞

在校庆典礼上,学校领导以及学生代表致辞,是不可或缺的一项重要内容。校庆典礼上的致辞要包括对学校建校历史的回顾,以及对过去所取得的成绩的总结,其他的内容可以根据学校的不同情况而有所不同。

[例文] 校长致辞

亲爱的朋友们:

你们好!

风雨兼程八十载,桃李飘香五大洲。伴随新世纪的钟声,××大学将迎来八十华诞。

××大学是国家教育部直属的一所全国重点大学。建校八十年来,××大学在学科建设、教学质量、科学研究、师资队伍建设、国际交流与合作、成人教育等各个方面均取得了长足的进步。2004年学校通过国家教育部"211工程"部门预审,2006年9月经国家教育部批复,正式进入"211工程"建设,成为21世纪国家重点建设的百所大学之一。

××大学是××亲手创办的第一所具有光荣传统的理工科大学。经过八十年的发展,经过几代人不懈地努力、拼搏、奋斗,学校已形成了具有鲜明特色的风格和文化。我校以"三个面向"为指导,对传统的办学模式进行大胆改革,积极探索多语种、多学科、多层次的具有中国特色的高等教育办学模式,努力培养适应二十一世纪中国现代化建设需要的复合型的理工科专门人才,学校已由单科型发展为今天的多科型大学。我校已与世界上85个国家和地区的268所高等院校、科研机构建立了密切的联系,进行了全方位、多层次、实质性地交流与合作,取得了良好的办学效果。

到目前为止,已毕业的十万余名校友活跃在祖国各条战线上,遍布在世界各地,他们为中国人民和世界人民的友好往来架起了一道道跨越国界的桥梁。

积八十年成果,铸新世纪辉煌。在已经迈入二十一世纪的今天,在改革开放的新形势下,我们面临着新的机遇和挑战。我们清醒地认识到,高等教育要适应二十一世纪社会发展对高素质人才的需要,任重而道远。面向未来,我们将自豪地肩负起时代赋予我们的使命,不断更新观念,不断深化教育教学改革和管理体制改革,调整专业结构,加强学科建设,为中国的现代化建设培养出更多的高质量的理工科专门人才,迎接二十一世纪知识经济时代的挑战。

今天，我谨代表全校师生，向一如既往关心和支持我校发展的海内外校友、社会各界朋友以及与我校有合作关系的各单位表示衷心的感谢，并真诚地希望您们继续对我校的发展、建设予以极大的关注和支持！

××大学曾同关心她、支持她的人们共同分享过去的成就；××大学还将同关心她、支持她的人们共同迎来二十一世纪的辉煌！谢谢！

### 5. 毕业典礼致辞

**[例文] 校长致辞**

亲爱的毕业生朋友们：

走过了人生的重要驿站，明天，你们将背负行囊，离开生活、学习和奋斗了四年青春岁月的大学校园，登上人生旅程中的下一列快车。首先，我代表校党委、行政及全校教职员工向你们顺利地完成大学学业表示最热烈的祝贺；向你们为母校的建设与发展做出的贡献表示最衷心的感谢；并预祝你们在即将开启的人生大幕中心顺意顺万事顺、越飞越高越精彩！

风雨砥砺，寒窗苦学，在母校这片青春的芳草地上，你们写就了如歌岁月的美好篇章，你们的意志、精神、人格在这里不断厉炼，你们的学识、才华、素养在这里与日升华。你们，明天将以时代主人的姿态开创崭新生活，成为浩浩洪流里的中流砥柱。

明天，你们就要远行，母校会牵挂你们。四年的相处尽管短暂，但你们早已融入了母校的生命。母校的一砖一瓦，镌刻着你们的身影，母校的一草一木，保存着你们的气息，无论炎凉、无论冷暖、无论苦辣、无论酸甜，都将成为母校和学子之间永恒而深刻的记忆。从明天起，你们就是母校长大了的孩子，依靠自己的才能在广阔天地下独自打拼，临行前，母校想说：孩子，你要坚强，你要保重，你要告诉母校你在远方的消息。

亲爱的朋友们，天下没有不散的筵席，离别是为了更好的相聚，离别是为了更好地开创，希望你们走上工作岗位后，继续甘甜与共、患难相知，继续互勉互励、互学互帮，在××大学这面大旗的召唤下，共同进步、共同提高、共同发展、共抒人生豪情、共创美好明天！但愿，你们越学越好、越行越远、越飞越高；但愿你们一路顺风、一生顺意、一切顺心；但愿你们身体好、工作好、学习好、生活好，人生百年，一切都好！

### 6. 就职仪式致辞

**[例文] 嘉宾致辞**

各位嘉宾，女士们、先生们：

在这历史性的庄严时刻，我代表中华人民共和国中央人民政府，对澳门特别行政区政府的成立表示热烈的祝贺！向一切关心和支持澳门回归并为此作出贡献的澳门各界人士，致以深切的谢意！

从今天起，《中华人民共和国澳门特别行政区基本法》开始实施，澳门特别行政区政府开始行使职权。刚才，澳门特别行政区第一任行政长官、特别行政区政府主要官员、特别行政区的立法会主席、终审法院院长、检察长、行政会委员、立法会议员、法官、检察官已经宣誓就职，开始履行他们的神圣职责。中央人民政府将全力支持行政长官何厚铧先生和他领导的澳门特别行政区政府的工作。希望你们继续发扬澳门同胞爱国爱澳的光荣传统，全面贯彻落实澳门特别行政区基本法，恪尽职守，为保持澳门的长期稳定和发展做出自己的贡献，不辜负祖国人民和澳门居民的殷切期望，无愧于历史的重托。

澳门回归祖国,澳门特别行政区政府的成立,标志着在邓小平提出的"一国两制"伟大构想指导下,依照澳门特别行政区基本法,澳门开始了"澳人治澳"、高度自治的新时代。这是中国人民为实现祖国完全统一的崇高事业而取得的又一重大历史成果,海内外中华儿女无不为此欢欣鼓舞。

迎着二十一世纪的曙光,澳门历史揭开了崭新的一页。我相信,在祖国的大家庭中,真正当家作主、掌握了自己命运的澳门同胞一定能以自己的勤劳和智慧,创造出辉煌的成就。澳门的未来一定会更加美好!

谢谢各位。

(选自原国务院总理朱镕基在澳门特别行政区成立暨特区政府宣誓就职仪式上的致辞)

### 7. 奠基仪式致辞

奠基仪式上,领导或工程的负责人讲话,是必不可少的一项,在致辞中,要表达出对所建工程的祝贺,最后还要提出希望工程早日顺利的竣工。

**[例文] 商务中心奠基仪式致辞**

尊敬的各位领导、各位来宾、朋友们、同志们:

经过一番积极而认真的筹备,××商务中心于今天隆重举行开工奠基仪式。这是我市城市建设方面的又一重大举措,是我市经济和社会生活中的又一件大喜事。在此,我代表市委、市政府向商务中心的开工建设表示热烈的祝贺!向专程前来参加奠基仪式的各位嘉宾和社会各界人士表示热烈的欢迎!并借此机会,向多年来一贯关心、支持××发展的各位领导、各位来宾和各界朋友一并表示诚挚的感谢!

商务中心项目由××有限公司投资3.6亿元兴建,由××建筑发展有限公司承建,由××工程建设监理公司负责监理,整个工期将历时20个月。作为整个新城区开发的龙头项目和标志性建筑,商务中心在新城区开发进程中具有里程碑意义。项目的顺利开工建设,对于加快整个新城区开发步伐将起到有力的带动作用。

商务中心项目,倍受全市上下关注。项目的顺利实施,离不开全市各级各部门的大力支持和配合。为此,市委、市政府要求,全市各级各部门尤其是各职能部门,一定要全力以赴地为项目搞好各项优质服务。同时,希望项目的投资者和承建方,一定要高标准、严要求,努力把商务中心工程建设成为我市新城区的样板工程、精品工程,为我市新城区增添一道靓丽的风景线!

最后,预祝商务中心项目早日竣工,早日启用! 谢谢大家!

### 8. 竣工仪式致辞

竣工仪式致辞的竣工典礼中也是必不可少的,它的主要内容与奠基仪式上的稍有不同。主要包括最已经竣工的工程的介绍,以及竣工所带来的积极意义等等。

**[例文] 广场竣工致辞**

同志们、朋友们:

××广场位于××小区××街东端,早在二零零×年,在经省政府批准的上一轮总体规划中就将此处确定为小游园,二零零×年市政府曾召开专题会议,确定实施这项规划。

××广场工程规划总用地面积6.02公顷,包括三中操场、广场和北深沟路、北深北街部分道路三大部分。其中以国槐为主景的四片密林围合的广场面积2.98公顷,分硬化区和绿化区两部分,硬化区面积1.24公顷,主要由东部的圆形主广场、东南部的儿童乐园、中部的散步观赏区和西北部的半圆形副广场等组成,内部配置椅子、座凳,可以满足儿童游玩、青年休闲、老年晨练以及大型文化活动的需要。绿化区面积1.06公顷,主要由树林、草坪、花池、护坡绿化等组成,树种以国槐为主,配以雪松、金丝柳等高乔木;绿篱及花池采用紫薇、红叶李、冬青等小乔灌;护坡用女贞、黄杨等组成色块造型,形成了乔木、灌木错落有致,红花绿草交相辉映的视觉效果。夜晚的阳光广场经过各具特色的灯光装饰,将会流光溢彩、更加美丽。整个广场布置随形就势,造型自然流畅,给人以舒适、愉悦的身心感受。

××广场工程它饱含了建设单位、施工单位广大工作人员的心血和汗水,得到了赞助单位的大力支持和社区群众的有力配合。市领导多次现场办公、精心指导工作;市规划局、市土地局、市建设局、市财政局、城区政府、矿区政府、市三中积极筹集资金,主动配合工作;建总公司、建一公司、建二公司、危改处支持工程建设,垫资进行施工;××司、市政建设公司、××绿化公司、养护处、园林处承担关键任务,保质按时完成;××发电公司、石油公司、铝业公司、煤运公司参与工程建设,慷慨解囊赞助;市供电、自来水、市监理公司提供周到服务,确保工程顺利;审计部门提前介入,规范资金使用;社区群众义务劳动,为工程建设出力等。可以说,这项工程的顺利竣工,凝聚了人心,鼓舞了士气。我们一定要珍惜这来之不易的建设成果,珍爱绿色,保护生命,从我做起,从现在做起,携手共建美好家园。

谢谢大家!

**9.开业庆典致辞**

开业致辞包括两方面内容:一是开业单位致辞,二是来宾(包括领导)致辞。就开业单位而言,必有其负责人,在开业庆典时,由他代表本单位向来宾和观众讲话,称之为单位致辞。

其内容大致包括下列诸项:

一是对来宾表示热烈地欢迎并致以谢意;

二是对本单位的筹建概况、业务内容、服务宗旨、特点等作简要说明;

三是表明自己今后的态度和决心;

四是对来宾表示良好的祝愿与期望。

来宾致辞,称之为贺词,通常由单位或个人致贺。其内容大致包括下列几项:一是对开业单位表示热烈地祝贺;二是对新单位业务活动的意义和作用予以概括评述;三是提出希望或建议。最后再表示良好的祝愿。

**[例文] 商场开业致辞**

各位领导、各位来宾、朋友们、同志们:

今天是我们××市××市场经营开业的日子。承蒙各位领导和来宾光临助兴,我代表商场的全体职工,对大家表示热烈地欢迎并致以衷心地感谢!

我们××市场,是在上级领导的关怀支持下,由个人集资,历经三年开发建设而成的一所集体性商场。它地处城区西北繁华的旅游景点——××公园旁边。占地面积50余亩,设计科学,建筑宏伟。商场建筑面积27000余平方米,营业面积25000余平方米。既有中心20层主楼,又有中心广场;既有地面五条南北街道有序排列,又有地下千平方米商城。主楼1～17层营业,18层为娱乐中心,19层为会议大厅,20层为职工住宿。全楼安装自动电梯、中央空调、烟感报警和自动喷射消防系统、监控系统等现代化设施。街道设有交警指挥设施,并有环保工人按时清洁。为顾客提供安全、方便、优雅、舒适的购物和娱乐环境。

商场的经营方针是：高、中、低档商品全面经营，突出高中档商品和名优新产品。与全国驰名企业广泛联系，以经销、代销、展销和以厂进店等多种形式，广开货源渠道，开创经营全，品种多、档次高的经营特色。

商场的服务宗旨是：信誉第一，服务至上。竭诚为顾客提供周到满意的服务。

商场的经营项目有：日用百货、服装鞋帽、丝绸棉织、成衣布匹、家用电器、文化用品、工艺美术、旅游商品、副食食品、照相器材、儿童用品、车辆营销、医药经销、戏剧道具以及各种饭庄、音乐茶座、舞厅、美容等。还有工商银行、税局邮政，公安保卫等营业场所。

热忱欢迎各界人士前来洽谈业务！

热烈欢迎广大群众前来惠顾！

最后祝各位领导和来宾，身体健康，生活如意！

### 10. 开幕、闭幕式致辞

[例文1] 洽谈会开幕致辞

女士们、先生们：

值此××省国际经济合作和出口商品洽谈会开幕之际，我代表××省人民政府、××市人民政府、××省对外贸易总公司，向远道而来的五大洲各国来宾、港澳同胞、海外侨胞表示热烈的欢迎和良好的问候！

×年×月，在庆祝××对外贸易中心落成典礼时，我们曾在这里举办过一次洽谈会。今年这次洽谈会，规模和内容比上一次洽谈会更加广泛和丰富。这次洽谈会，将进一步扩大我省同世界各国及港澳地区的经济技术合作和贸易往来，增进相互了解和友谊。

××省是我国沿海经济比较发达的省份之一，幅员辽阔，物产丰富，人力资源充足，工农业生产和港口、交通均有一定的基础，对外经贸事业的发展有着广阔的前景。目前，我省已同世界上140多个国家和地区建立了贸易往来和经济技术合作关系，这种合作关系正在日益巩固和发展。

本次洽谈会，我们将提出包括轻工、纺织、机械、电子、化工、冶金、建材、水产及食品加工等200多种对外经济合作项目，供各位来宾选择。所展出的商品不少是我省的名牌产品和新开发的出口产品，欢迎各位来宾洽谈，凭样订货。

今天在座的各位来宾中，有许多是我们的老朋友，我们之间有着良好的合作关系。对你们的真诚合作我们表示由衷的赞赏和感谢。同时，我们也热情欢迎来自各国各地区的新朋友，为有幸结识这些新朋友感到十分高兴。我们欢迎老朋友和新朋友到××地观光游览，发展相互间的友好合作关系。

最后，预祝××省国际技术合作和出口商品洽谈会的圆满成功。

谢谢！

[例文2] 职工代表大会闭幕词

各位代表、同志们：

××市儿童医院·妇幼保健院第七次职工代表大会经过全体代表的共同努力，已经顺利完成各项议程，今天就要闭幕了。

在这次代表大会上，代表们以高度的使命感和主人翁精神，认真审议并通过了周院长所作的《医院工作报告》和《××××年医院工作计划》。代表们认为，×院长所作的报告，客观全面地总结了××××年医院所取得的成绩，也实事求是地指出存在的问题。对××××年的工作计划,提出了五项工作目标,明确了医院效益再上新台阶的目标,适应形势,简明扼要,突出重点,催人奋进。

本次大会收到并立案受理了 16 份代表提案,这些提案内容涉及医疗护理业务、医院管理、医院建设、生活福利、工会建设等范围。反映了职工代表关心科室、关心医院、关心职工的责任感。各职能科室在收到这些提案后,都尽快提地提出受理意见,这些提案的受理和实施将对我院今后的工作和业务建设起到积极的推动作用。各种提案的提出与实施再一次实践了我们职工参与医院的民主决策、民主管理和民主监督的权力。

经过大会主席团和全体代表的努力工作,本次大会经过充分酝酿,民主选举产生了新一届工会委员会和经费审查委员会,为我院工会工作的顺利开展提供了新的组织保证。借此机会,我提议让我们以热烈的掌声,对当选的新一届工会委员会的各位委员表示热烈的祝贺!对各位代表和为本次大会的胜利召开而做了大量工作的同志表示衷心的谢意!尤其是对上届,以及历届工会委员会所付出的辛勤劳动表示崇高的敬意和诚挚的感谢!

各位代表,我们这次会议和前六次职代会一样,是一次民主团结、统一思想、继往开来的大会,希望各位代表会后要以这次大会为契机,认真学习贯彻中共十六大精神,弘扬抗非斗争中"万众一心、众志成城、团结互助、和衷共济、迎难而上、敢于胜利"的精神,团结全院职工,凝聚集体的力量,勇于面对新的挑战和竞争,脚踏实地地做好本职工作,为实现医院提出的×××　×年工作计划和目标而奋斗。

现在我宣布:××市妇幼保健院·儿童医院第七次职工代表大会胜利闭幕!

### 11.节日致辞

(1)元旦致辞

**[例文]　单位领导致辞**

同志们,今天是 2007 年元旦,首先我代表公司党委向同志们致以节日的问候。新的一年又开始了,跨入二十一世纪已有七个年头了。重任在肩,时不我待。世界在发展,历史在前进,而时间却像个铁面无私的法官,它不管人们对事物把握得怎样,总是以它不紧不慢特有的规律往前走,是做时间的主人,还是做时间的奴仆,行动是最好的回答!

回顾过去的一年,我们在公司党委的领导下,深化改革,锐意进取,转换机制,努力拼搏。全公司职工心往一处想,劲往一处使,同心同德,在市场竞争中,掌握了市场的主动权,抓住了机遇,制定了商品的产、供、销一条龙的经营方针,把产品打入了国际市场,在国内市场占据较大份额,并得到了广大用户和消费者的认可,取得了第一回合的胜利,这是全公司职工共同努力的结果。但同时,我们还要看到,前进道路上还有许多困难和阻力,我们工作中还有许多问题和不足,商品质量上还要精益求精,这些都需要我们时刻保持清醒的头脑,才能在市场经济大潮中立于不败之地。

新的一年向我们提出了新的要求,我们要以百倍的干劲,高效和质量,全能的服务迎接新的一年的到来。

最后祝大家元旦快乐!

(2)"三八"妇女节致辞

**[例文 1]　单位领导致辞**

全体妇女同志们:

你们好!

首先,我代表省委、省政府向工作在各条战线上的妇女同志们致以节日的问候,并向受到表彰的先进集体和个人表示热烈的祝贺。你们是妇女界的精英,是我们学习的榜样,希望你们在新的一年里取得更大成绩。

妇女是物质文明和精神文明的创造者,是推动社会发展的伟大力量。妇女同男子具有同等的权利和地位,同等的人格和尊严。但是,要实现这种人格的尊严,要维护妇女的合法权益和地位,根本途径就是全面参与社会发展,特别是全面参与社会生产劳动,在实践中不断提高妇女素质。为此,各级妇联组织和广大妇女群众,一定要认真贯彻十六大精神,通过学习邓小平理论和"三个代表"重要思想,落实科学发展观,构建和谐社会,促进思想解放和观念更新,按照"三个有利于"的标准,敢闯敢试,敢为人先,开创妇联工作和妇女事业的新局面。

在工作实践中,广大妇女同志要不断增强紧迫感和危机感,要树立"四自"精神,锐意进取,奋力拼搏,不断掌握新技术、新思想和新方法。特别是在当前企业改革和政府机关改革过程中,要增强就业意识,再创佳绩,尤其是"双学双比"活动的女能人、女状元,更要带头走产业化、规模化经营的路子,帮助贫困妇女脱贫致富。争取涌现出更多的再就业女状元。

妇女问题是个复杂的社会问题,真正实现男女平等更重要的条件还是要靠妇女自身的努力奋斗。我们应清醒地看到,妇女发展面临着许多压力和困难,除社会上仍存在对女性的歧视和偏见外,最大的压力和困难是妇女自身文化科技素质总体处于的弱势地位,因此,我们要不断地学习,学习,再学习!

我们要以"三八国际妇女节"为契机,在新的一年里更加努力地学习,不断提高自己,在各自的工作岗位上做出贡献。

**[例文2]  女职工代表致辞**

姐妹们:

今天是全世界劳动妇女的节日,我作为其中一份子,内心非常高兴和激动。妇女能有自己专门的一个节日真是不容易。在近一个世纪里,国际妇女们在自己不同的国家、不同的地区、不同的战线,为民族的解放、为民族的振兴和发展做出了卓有成效的贡献,令世人刮目。

在我们国家,各行各业各条战线,都活跃着我们妇女的身影,就连南极洲也留下了中国女性的足迹。这充分说明,男同志能办到的事情,我们女同志照样也能办到,我们就是要巾帼不让须眉,让自己的人生过得更加有意义。

(3)五一节致辞

**[例文1]  单位领导致辞**

同志们:

今天是"五一"国际劳动节,世界各国的工人阶级庆祝它已近一个世纪,这充分说明,它的历史意义和现实意义是巨大的。

虽然现在已不再说什么"工人阶级领导一切"的话了,但我们仍然要以国家主人翁的姿态投入到轰轰烈烈的四化建设中去。我们尽管是一名工人,但在掌握新技术方面绝不能落伍。当今不再是头戴柳条帽,手握大锤,只知下死力气干活的时代了。在今天庆祝"五一"国际劳动节之际,我衷心希望工友们把吃苦耐劳、敢打敢拼的劲头转移到掌握新知识、新技术方面来。因为"科技是第一生产力"这已是共识。我想,随着时代的发展和进步,二十一世纪的工人形象又当是怎样的呢？工友们，请认真仔细地想一想吧。

我的话讲完了,祝大家节日愉快!

**[例文 2] 职工代表致辞**

各位领导、各位同志:

今天是"五一"国际劳动节,是我们工人阶级自己的节日。

每年庆"五一",每年都会给我一个新的感受,这不仅仅是一种当家做主的自豪感,而且还有一种历史的使命感和紧迫感。现在,我国经济体制发生了翻天覆地的变化,社会主义市场经济日趋完善,市场竞争日益激烈。时代已向我们提出了挑战,我们将面临抉择。从我厂目前情况来看,老职工多,职工子女多。工人中,大多数只是初、高中文化程度,仅有个别人有大专学历。这种现状与当今世界科技事业迅猛发展,新科技、新技术不断推陈出新的形势极不适应,如果我们仅仅停留在这种水平,那么,为现代化强国做贡献就无从谈起。因此,从现在起,我们要从自身抓起,不断更新知识,掌握现代科技,刻苦钻研,努力奋进,抢时间、争速度,与时间赛跑,绝不能被时代所淘汰。

**四、喜庆对联礼仪**

对联在我国已经有千余年的历史。

春联之外的寿、婚、挽、建屋、开业等对联,无论是祝福庆贺,还是哀挽慰问,都与礼仪有着密不可分的关系。

无论古今,对联都只有竖式的,横联只是整体中并非必需的组成部分。就联语的书写来说,句子无论多长,都不需打上标点符号:一行可以写完的,写在纸的正中,否则可写两行或多行。第一行要空格,上联从右到左,下联从左到右。如果有对象和落款,要用较小的字写在联语正文下,书赠的对象和落款,分别写在上、下联。

对联的正确挂法是:上联挂右边,下联挂左边,横联挂两联正中上缘。这种挂法叫"平左仄右",这是因为联语一般上联尾韵为仄声,下联为平声。

对联的要求是既要有"对",又要有"联"。形式上成对成双,彼此相"对";上下文的内容互相照应,紧密联系。一副对联的上联和下联,必须结构完整统一,语言鲜明简练。对联的要求如下:

(1)上下联字数要相等。

(2)上下联词组要相同:即组成上联的各个词组分别是几个字,下联的对应词组也必须分别是几个字。

(3)上下联词性要相同:所谓词性,是指词的类别性质,如名词、动词、形容词等等。上联的词性和下联的词性,按照词的先后位置,既要相同,又要相对。这种要求,主要是为了用对称的艺术语言,更好地表现思想内容。

(4)上下联句法要一致:句法,就是语句构成的方法。一副对联中,上联是由几个字组成的一共有几个音节的顿读法,下联也必须相同。

(5)上下联平仄要相调:对联上下联的表现方法,要注意声律相对,也就是平仄相调。这主要是为了音韵和谐,错落起伏,悦耳动听,铿锵有力。

**1.满月对联**

满月对联是专门用于生儿育女之联。既可以表祝贺,又表示期望与鼓励之情。

[例]　(1)生子(孙联)

| | |
|---|---|
| 雄声震屋 | 绿竹生嫩笋 |
| 佳气充闾 | 红梅发新枝 |

| | |
|---|---|
| 桂子呈祥多厚福 | 喜贺红梅新结籽(子) |
| 兰荪毓秀兆佳征 | 笑看绿竹又生笋(孙) |

(2)生女联

| | | |
|---|---|---|
| 双喜临福地 | 绕庭争看临风玉 | 彩悦悬门兰质惠心延美誉 |
| 千金映华门 | 照室更喜入掌珠 | 明珠入掌柳诗茗赋毓清才 |

## 2. 新婚对联

婚联也称喜联,是婚娶时应用的对联。联语的内容是对新婚的庆贺祝福。不过,根据不同的对象,联语也应选择,只有选择了内容适宜的联语,才能表达祝福的愿望。对于婆家来说,无论大门石柱,还是洞房门、洞房内,都应张贴对联,这几个地方的联语要有些区别,大门上石柱上所用联语思想境界要开阔一些,气魄要宏大一些;洞房的联语则应该着重夫妻恩爱,要温馨、甜蜜一些。

(1)通用婚联

| | |
|---|---|
| 永偕伉俪 | 鱼水千秋合 |
| 久缔良缘 | 芝兰百世荣 |

| | |
|---|---|
| 莲子杯中金谷酒 | 绣阁灯明鸳鸯并立齐欢笑 |
| 桃花笺上玉台诗 | 妆台镜照凤鸾和鸣共吐心 |

(2)复婚联

| | | |
|---|---|---|
| 梅开二度花复艳 | 复水不收思旧恨 | 宜室宜家诗再咏 |
| 月缺重圆光更明 | 蓝桥再渡遂初心 | 鼓琴鼓瑟谱更张 |

(3)续娶联

| | | |
|---|---|---|
| 再弹琴瑟聆调和 | 旧调莫谈鸿案事 | 和风将拂千门柳 |
| 重整丝弦奏好音 | 雄才漫引雀屏弓 | 好雨先开二度梅 |

(4)婚联横批

| | | | | | |
|---|---|---|---|---|---|
| 百年佳偶 | 比翼双飞 | 莺歌燕舞 | 珠联璧合 | 开花并蒂 | 良辰美景 |
| 情投意合 | 佳偶天成 | 花好月圆 | 白头偕老 | 和睦家庭 | 喜气生辉 |

## 3. 寿庆对联

寿联是用于祝寿的对联。这在传统社会和现代社会都是应用比较普遍的。一般来说,婚娶、丧葬送礼较多,寿诞也可送礼,但较难选择(宜送实物,不宜送钱),送寿联比较合适。

寿联也可以分出许多种类来,比如因性别的,因年龄的,因寿辰月份的。因寿辰月份而写成的寿联,大多涉及各自月份的节气、物候、花信等等。

(1)通用寿联

| | |
|---|---|
| 元鹤千年寿 | 腾辉宝婺三千丈 |
| 苍秋万古青 | 春发厅花十万枝 |

孙子生孙五代幸逢全盛世　　　　　　　　逾古稀又十年可喜慈颜久驻
老人偕老百年共庆太平春　　　　　　　　去期颐尚廿载预征后福无疆

（2）寿联横披

庚星焕彩　盛世百寿　大椿不老　南极星辉　金萱焕彩　璇阁大喜　婺宿腾辉　萱延丽日
盘献双桃　椿庭永日　灵椿永茂　金母晋桃　庆衍箕畴　蓬岛春光　寿域同登　文星发耀

**4. 乔迁对联**

乔迁对联是人们迁入新居时专用的对联，旨在祝贺与颂扬居处之优美，借以激励鼓舞主人争取美好幸福生活的信心。

（1）通用乔迁对联

门焕奎壁　　　　别墅庭前翠柳扶风飘绿线　　　　河山气象果新奇到处莺歌燕语
栋接云霞　　　　琼楼窗下碧莲擎雨捧珠球　　　　栋宇规模真壮观满眼虎踞龙盘

飞阁凌芳树　　　山河发奇观松茂竹葱涉时秀
高窗度白云　　　庭心生瑞气兰馨桂馥迁地良

（2）上梁用联

立玉柱天长地久　　　砌基安墙千秋永固　　　开百世鸿基龙盘虎踞
架金梁人寿年丰　　　立柱架梁万古长宁　　　护千秋大厦凤起蛟腾

（3）乔迁横披

华屋增辉　乔迁之喜　千秋幸福　人杰地灵　物华天宝　向阳门第
积善人家　福寿永驻　瑞气盈门　栋宇重光　堂构落成　堂开燕喜

**5. 开业对联**

人生礼仪之外，凡建屋、开张、生育、乔迁、店铺等等，对联也都有应用。店铺的楹联如同建筑物的楹联一样，一般都是自写或请人写的，没有多大的礼仪作用；其他的几类，除了自写自贴外，更多别人送来用以庆贺的。这些对联一般都应因事嘱句，和与要庆贺的事吻合，在此基础上谋求文词的新颖独到。

（1）商店开业联

吉祥开业　　　　　　　　　　春满柜台万紫千红缀四化
大富启源　　　　　　　　　　货盈橱架五光十色映九州

（2）百货商店联

云霞呈五色　　　　两厢锦绣藏百货　　　大度誉千家乐得诚中取利
锦绣展千重　　　　一店春风暖万家　　　华堂盈百货专从微处便民

（3）服装店用联

剪绿裁红装春色　　　春柳衣缝金针巧度　　　燕剪飞来敢夸手艺
挑花绣朵美仪容　　　秋兰香纫翠佩多情　　　鸳针度处别出心裁

（4）鞋帽店联

金剪裁成丹凤舞　　　敢谓金针能度世　　　裁凤剪龙激情荡漾三江水
银针引出彩鸾飞　　　莫夸玉尺可量人　　　飞针走线巧艺温暖万家心

(5)钟表眼镜店用联

万千星斗心胸里　　　　　　　　　欲穷千里目试余宝镜

十二时辰手腕间　　　　　　　　　珍摄一瞬间用我神钟

(6)照相、理发馆用联

体态须眉都活泼　　　　　　　　　秦镜高悬须眉毕现

心神毫发不参差　　　　　　　　　庐山在此面目留真


绘色绘香绘声绘影　　　　　　　　并蒂合欢二姓联姻笑不住

有山有水有物有我　　　　　　　　全家同照一门和睦福无穷

(7)杂货店、果品店用联

未登瑶池宴　　　　　　　　　　　集五湖精品能容川黔闽粤

已成蟠桃仙　　　　　　　　　　　散四季美食不分春夏秋冬


色香味俱全食之不厌　　　　　　　名果展销有水中沉李火中灼栗

桃梅李并蓄再了再来　　　　　　　新品应市备红的樱桃绿的香蕉

(8)食品糖果店用联

月中采得吴郎桂　　　　　　　　　南味胥佳饼好更兼糕好

天上分来王母桃　　　　　　　　　村名洵美稻香堪比麦香


兼色香味若原生果　　　　　　　　趁桂魄盈轮东四街前尝月饼

贮桃李梅作瓮头春　　　　　　　　借花灯万盏稻香村内品元宵

(9)饭店酒店用联

酒香文明客　　　　满面春风迎顾客　　　　酒气冲天飞鸟闻香变凤

茶润礼貌人　　　　清香能引月中仙　　　　金樽落水游鱼得味成龙

(10)旅店宾馆用联

鸡声茅店月　　　　以天下为己任红心似火　　国中尚有人手夜半鸡声劝英雄莫忘起舞

人迹板桥霜　　　　将宾客当亲人笑脸如春　　我亦非无意者雪中鸿爪是佳客只管题诗

(11)药店医院用联

聚蓄百草　　　　　　　　　　　　金液银丸都是活人妙剂

平康兆民　　　　　　　　　　　　灵枢玉版无非济世良方


桔井龙吟喜雨　　　　　　　　　　业擅歧黄利泽百年三世业

杏林虎啸和风　　　　　　　　　　学参中外流源一贯万家春


春日带云锄芍药　　　　　　　　　南参北芪匣内丸散延年益寿

秋风和露采芙蓉　　　　　　　　　藏花川贝架上膏丹返老还童

(12)学校用联

风华正茂　　　　　　　　　　　　　万里春风催桃李
意气方道　　　　　　　　　　　　　一腔热血育新人


大地江山如画　　　　　　　　　　　鞠躬尽瘁志在教育革命
满园桃李争春　　　　　　　　　　　埋头苦干誓做辛勤园丁

### 6. 春节对联

**(1) 通用联**

春风迎顾客　民奔小康路　勤劳携福至　　四时为柄　闻鸡起舞　年年大发　东风解冻
淑气溢商场　国臻大治年　科技引财来　　万象皆春　跃马争春　岁岁有余　春日载阳
庆三阳开泰　绿柳迎春舞　民富九州乐　　龙飞凤舞　一派正气　一堂春色　一元复始
喜万象更新　红花应节开　国强五岳高　　月满春盈　两袖清风　七巧良缘　百福骈臻

**(2) 横批(春联通用)**

一心一德　　一身正气　　两人同心　　两袖清风　　四季呈祥　　四海升平　　四季平安
四世同堂　　向阳门第　　积德人家　　幸福人家　　春意盎然　　鹏程万里　　万象更新
国泰民安　　钟灵毓秀　　丹凤朝阳　　春色满园　　万事亨通　　龙凤呈祥

### 7. 庆典对联

庆典对联是专用于各种庆典纪念活动之对联,宜据不同对象祝贺,歌颂。

**(1) 学校庆典联**

春风惠万物　　　　　　　　　　　　志在书山探宝
桃李满天下　　　　　　　　　　　　心向学海采珠


校园逢春绿　　　　　　　　　　　　万里春风陶美德
桃李向阳红　　　　　　　　　　　　百年事业育新人

**(2) 医院庆典联**

杏林三月茂　　　　天益千金集造化　　　　业擅歧黄利泽百世
桔井四时春　　　　堂陈百草总神州　　　　技高中外惠及九州


青囊久积长生药　　学贯中西救人无算
丹鼎犹存不老方　　术精内外济世良多

**(3) 宾馆庆典联**

春风满面顾客喜　　　　　　　　　　美味招来云外客
贴心服务饭菜香　　　　　　　　　　清香引出酒中仙


饭热菜香春满店　　　　　　　　　　饭菜誉满五湖客
窗明几净客如云　　　　　　　　　　情意饱暖四海心

**(4) 商业庆典联**

经营不让陶朱富　　两厢锦绣藏百货　　　大度誉千家诚中取利
贸易常存管鲍风　　一店春风暖万家　　　华堂盈百货微处便民

利似晓日腾云起　　　一片丹心胜万语

财如春风带雨来　　　三尺柜台连千家

### 五、喜庆贺卡礼仪

一提起贺卡,大家都很熟悉了。随着最近几年网络的飞速发展,电子贺卡成为人们传递感情的重要纽带,越来越受到人们的青睐。但现在我们在这里谈的贺卡,是传统的纸质贺卡。

现代市面上常见的纸质贺卡形式上近于旧时的柬帖,但已经发展成为一个独立的门类。这种贺卡有贺信、祝贺联幛等的作用,又使用方便,外观精美,深受人们的欢迎,成为现代社交礼仪中不可或缺的媒介。

#### 1. 贺卡的种类

时下的贺卡和请柬一样,多是双面折叠式的,但无论种类还是印制上,都较请柬为甚。贺卡一般比请柬大,通行的多为 32 开,大小的差别也基本以此为轴增减。此外也有较小的贺卡,但更多的则是更大幅面的贺卡,诸如 16 开贺卡、8 开贺卡、4 开贺卡。贺卡越做越大,其实是受了"礼(品)大情深"观念的影响,贺卡大了,不仅更精美、华贵、气派,也显得送卡人情真意切。

贺卡也有横式、竖式之分,但较常见的贺卡是竖式的。中国贺卡无论竖式还是横式,文字大多是横排的,除非与图案一同设计的需要。封面是贺卡的门面,大多设计精美,且文字多用烫金等手段,以显精美华贵。不过,贺卡不像请柬,一般不印"贺卡"字样,也不印"圣诞卡"、"情人卡"等字样,而是写"圣诞快乐"、"新年快乐"等以标示种类。相对于封面来说,内面比较素洁,尽管也都彩印,多为加网印制,色彩素雅而非大红大紫。内面一般也印有文字,一般是因种类不同而选择的祝贺文字、情语心语;同时留有一定的空间,供寄贺卡的人写上自己的亲笔祝词。封底的情形有两种,一是和封面相连,彩色印制,一是素色(白色),在恰当的地方印上印制厂家的名称、徽号。

不同的贺卡,形式上也有一些区别。比如,不同情形所用的贺卡,色调上就有区别;生日卡有装有电子装置,可以放出音乐的;适用于孩子或年轻人的贺卡,有做成镂空立体的。

贺卡的种类很多,各有各的用途,当然也就各有各的内容、形式。这里摘要介绍生日卡、圣诞卡、新年卡、情人卡等。

绝大部分的贺卡都是和时间有着密切联系的,生日、周年、圣诞、新年等的贺卡莫不如此。生日贺卡是祝贺生日用的贺卡,是一种使用量不大却非常要紧的贺卡。每当亲朋好友生日,寄一张生日贺卡去,对维系亲情、友谊都是有好处的。就市场上流行的贺卡来说,生日贺卡的种类、档次最多,也正说明了它的重要。最普通的生日贺卡和其他贺卡一样,并无二致。音乐贺卡中,以生日贺卡为多,这是生日贺卡突出的一个方面。这种音乐卡一经打开,就放出优美的生日祝福音乐,有的还有与整体图案谐调而设计的彩光(发光二极管),可谓形色辉映,声情并茂。另外一个突出之处,就是生日卡的规模有较大差别,种类较多,特别的生日卡有 4 开的,一般圣诞、新年卡很少如此。

与生日贺卡异曲同工的是周年纪念贺卡。这里的周年,有订婚、结婚的周年,毕业、获得学位的周年,以及其他所有值得纪念的日子的周年。就某种角度而言,这些纪念往往有比生日更重要的意义。其中最突出的是结婚纪念日,这对于夫妻及其家庭都是个重要的节日,那些逢整数的日子更是如此。这种情形下的贺卡也比较特别。

最多见的贺卡要算是新年贺卡和圣诞卡。新年贺卡几乎是全世界都使用的贺卡。

## 2. 贺卡形式

[例文 1]

×××老师：

> 愿我的祝福萦绕着您
>
> 在您缤纷的人生之旅
>
> 健康、快乐、平安、幸福

学生×××敬贺

×年×月×日

[例文 2]

×××同学：

在这除旧迎新的时刻，让曙光照耀着你绚丽的新路旅程，考上称心的学校。

同学×××

×年×月×日

[例文 3]

×××先生：

> 银波为笺
>
> 风帆为词
>
> 祝福您无忧无虑
>
> 乘风破浪，开拓远大前程

×年除夕

## 3. 贺卡贺词

[例文] 节日贺词

• 相隔十万八千里，却沐浴在同一片月光下，迎接同一个节日，中秋，让月光送去我的祝福：团圆，快乐每一天！

• 祝福加祝福是很多个祝福，祝福减祝福是祝福的起点，祝福乘祝福是无限个祝福，祝福除祝福是唯一的祝福，祝福你平安幸福。

• 祝福是份真心意，不是千言万语的表白。一首心曲，愿你岁岁平安，事事如意！

• 您是火种，点燃了学生的心灵之火；您是石阶，承受着我一步步踏实的向上的攀登；您是蜡烛，燃烧了自己照亮了别人。

• 感谢您的关怀，感谢您的帮助，感谢您为我所做的一切。请接受学生美好的祝愿，祝您教师节快乐，天天快乐！

• 妈妈，我感谢你赐给了我生命，是您教会了我做人的道理，无论将来怎么样，我永远爱您！

• 在这个特别的日子里，我想对妈妈您说声：妈妈节日快乐！愿妈妈在今后的日子里更加健康快乐！

### 六、喜庆匾牌礼仪

在民间礼仪交往中,幛是一种既古老而又经常运用的礼物。幛是由匾派生出来的。牌匾最常见于店铺,即以牌匾标示店名等。这种牌匾一般是店铺的主人自家订制的,也有别人送的。与礼仪更多关系的是用于馈赠的牌匾。

匾一般都是横式的,就如同对联中的横联。旧时的匾,长短有着较大的差异,长者可达丈余,短的则只有一两尺。匾本身着有底色,其上的颜色也有好多花样。习惯的搭配法是:祝寿匾用金字,为七旬以上老人上寿用紫底金字,为六旬以下者上寿用红底金字。挽匾和艺苑书斋匾,既可黑底白字,也可以蓝底金字。百岁老人辞世,悲中有乐,可破格用紫底金字。其他类的匾额,除了不用蓝底以外上述各种底色可以自由选用,匾上的文字则必须是金色或红色的。

匾文一般有三个部分,即开头的称贺、正文的匾语和最后的落款。这三部分的形式一般是两竖一横,即匾语横写,其他竖写。开头的称贺语在右,自上而下,起首接近匾的边缘,一行写不下可以拆为二行、三行,但后行的第一字只能与首行的第四字齐平;匾语正中大字写出;落款在左,第一字也不能高于首行第四字,日期的第一字稍后于落款的第一字。如果匾是因庆贺几件事而送出的,就要注意几件事的排列,一般为:造屋升梁、寿诞、结婚、生育、升学、乔迁、开业等;正中的匾语只能用一条,在数事并举的情况下,就要以第一项为主。

常见的匾牌有:

#### 1. 满月镜屏

[例文]

**贺友人小儿满月镜屏**

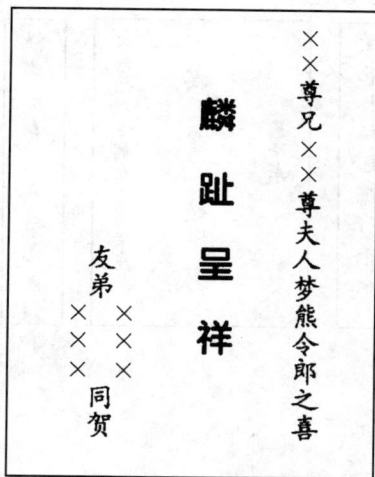

尊兄×× 尊夫人梦熊令郎之喜
××
麟趾呈祥
友弟 ×× ×× ×× 同贺

**贺友人小女周岁镜屏**

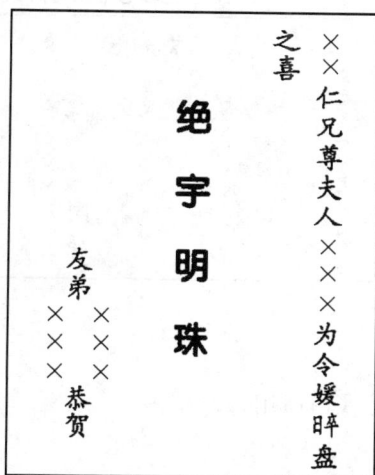

之喜
×× 仁兄尊夫人×××为令媛晬盘
××
绝字明珠
友弟 ×× ×× ×× 恭贺

**2. 婚事匾幛**

[例文]

**舅父娶媳匾**

> ×府×老舅父大人为令郎结婚志喜
>
> # 天作之合
>
> 愚甥×××敬贺

**贺姐夫娶孙媳幛**

> ×府××姐夫为太翁志禧
>
> 玉宇欣看金鹤舞
> 画堂喜听彩凤鸣
>
> 内弟××偕家人××率女×× 男×× 同贺

**同学结婚镜屏**

> ×××砚兄结婚之喜
>
> # 玉树琼枝
>
> 砚弟××× 同贺

**3. 寿庆匾幛**

寿幛,也叫礼幛。一般都是用绸布题字做成的。一般在整幅的红绸缎,剪贴玺纸。有用红纸的主轴,称"寿轴";也有外装玻璃框的,称"寿屏"。

寿幛有直式与横式之分,不论直式与横式,皆采用长方形。寿幛的撰写,应考虑到寿者的身份、年龄、职业等因素,用语多为赞颂性或祝福性的话。寿幛用字简短,有一个字的,如"寿"字;有四个字的,如"寿比南山"等,通常以四个字为多。

寿幛题词为四字的,在四字当中,有一定的平仄声规律。大概是以平声开始,必以仄声收尾;仄声开始,平声收尾。这就是普通所说的"平起仄收,仄起平收"。

[例文]

**岳父母七十双寿牌式**

> 登同域寿
>
> 大淑德赵老岳母 硕德王老岳父 七秩荣庆
>
> 娇愚 同贺
>
> ×× ×× ×× ×× ××
> ××× ××× ×××
>
> 公元×年×月×日谷旦

**岳母九十寿幛式**

> 大懿德刘老孺人耄耋荣庆
>
> # 萱星焕彩
>
> 愚娇李×× 敬贺
>
> 萱花标经色庆衍千秋
>
> 锦瑞动春风寿延九裹

**(1) 通用寿幛用语**

| | | | | |
|---|---|---|---|---|
| 大椿不老 | 福体长泰 | 和睦永年 | 渭水经纶 | 人中真端 | 柏翠松青 |
| 春云霭瑞 | 双寿无边 | 寿衍千秋 | 康乐宜年 | 松鹤延年 | 蟠桃献颂 |
| 兰桂齐芳 | 福寿无量 | 偕老齐眉 | 松柏常青 | 松竹永茂 | 福禄寿考 |

第十三章 礼仪文书

古稀慈寿　　　焕发青春

**(2)双寿通用寿幛用语**

| | | | | | |
|---|---|---|---|---|---|
| 鸾笙合奏 | 福寿双全 | 夫妻偕寿 | 星月争辉 | 双星放彩 | 双星并耀 |
| 鸿案相庄 | 双星朗照 | 笙箫合奏 | 凤凰娱志 | 酒介齐眉 | 仙耦齐龄 |
| 日升月恒 | 柏翠松青 | 椿萱并茂 | 日月齐辉 | 椿萱不老 | 仙眷长春 |
| 福禄鸳鸯 | 福寿全归 | | | | |

**(3)男寿通用寿幛用语**

| | | | | | | |
|---|---|---|---|---|---|---|
| 齿德俱尊 | 备福颐年 | 国光人瑞 | 图开福寿 | 颂祝同陵 | 颂献九如 | 海屋长春 |
| 绛悬仙翁 | 高寿延年 | 畴陈五福 | 诗歌天保 | 南山比寿 | 南极星辉 | 览揆良辰 |
| 钟灵寿考 | 俾寿而康 | 既寿而康 | 椿树长青 | 椿庭日暖 | 蓬壶春到 | |

**(4)女寿通用寿幛用语**

| | | | | | | |
|---|---|---|---|---|---|---|
| 金萱不老 | 萱堂集枯 | 春浓萱幄 | 瑶池益草 | 慈云荫浓 | 寿征坤德 | 宝悦生光 |
| 锦悦呈祥 | 婺曜呈祥 | 祥呈桃实 | 图呈王母 | 慈竹生辉 | 萱帏日永 | 璇闺喜溢 |
| 瑞凝萱室 | 萱茂北堂 | 获教仁凤 | 慈竹恒春 | 宝婺星辉 | 福寿康宁 | |

**4. 就职匾幛**

[例文]

贺铨职牌

公元×年×月×日　　　风可正公　　　王君大平荣任平凉专员纪念
邻里　　　亲友
××××××　××××××
××××××　××××××
同贺

×××荣任要职赠匾

×××同志荣任××省委书记纪念

宏猷大展

中共××县委员会暨县人民政府
公元×年×月×日赠

**5. 晋升匾幛**

××博士荣晋教授赠牌

公元×年×月×日　　　宗师代一　　　××博士荣晋北大教授纪念
××××××××
××××××××
同贺

××女士晋升教授赠匾

×××女士晋升清华大学教授纪念

泽宏施教
乐育骏髦

××县教育局祝贺
公元×年×月×日

529

**6.开业匾幛**

开业贺幛除了常用的吉利称颂词外最好切合该店的特点。语言一般为四字句,要求个性化,富有表现力。因为贺幛一般挂在店堂之中,尤为引人注目,让人过目不忘,从而给店家带来喜庆之色,并能招揽生意。如美容店贺幛可写"别开生面";旅店贺幛可写"宾至如归";诊所贺幛可写"妙手回春"或"华佗再世"等等。

贺幛常用语:

新张俊业　财运亨通　百货泰棋　泰运承平　瑞集德载　业崇财裕　伟业鼎新

大富启源　骏业宏图　亨利通衢

[例文]

百货公司开业锦旗

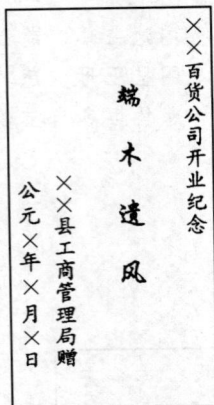

商场开业镜屏

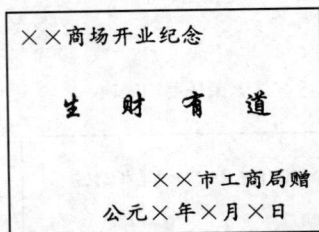

××百货公司开业纪念

端木遗风

××县工商管理局赠

公元×年×月×日

医院开业匾额

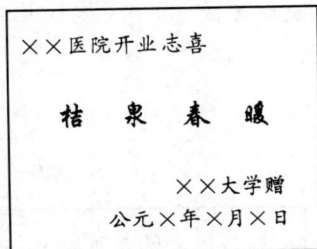

××医院开业志喜

桔杰春暖

××大学赠

公元×年×月×日

××商场开业纪念

生财有道

××市工商局赠

公元×年×月×日

**7.庆典镜屏**

[例文]

××大学五十周年庆典锦旗

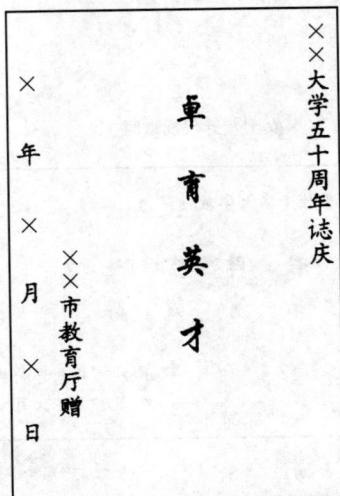

××大学五十周年志庆

育英才

××市教育厅赠

×年×月×日

××医院六十周年镜屏

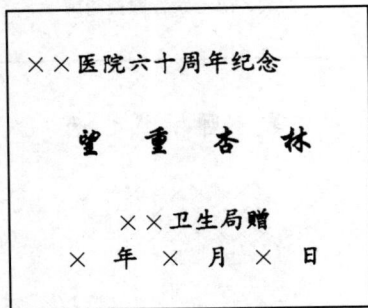

××医院六十周年纪念

望重杏林

××卫生局赠

×年×月×日

## 第二节　悲悼礼仪文书

### 一、讣告礼仪

讣告是报丧的传统文书,一般由死者家属或单位的治丧委员会通过张贴或传媒等方式将人死的消息和追悼仪式告诉亲朋好友。

**1.传统讣告**

传统讣告的内容与写法,有非常严格的规定。

**[例文1]　祖父丧讣告**

承重孙×××等罪孽深重,不自殒灭,祸延显祖考××太府君。恸于×年×月×日寿终正寝。距生于×年×月×日,享年×十有×岁。承重孙×××等呼地叩天,哀号欲绝,随侍在侧,亲视含殓,停枢于堂,遵礼成服。泣卜于×月×日家奠,苦茨昏迷,不及遍告,倘蒙世族亲友,谊赐吊唁,曷胜哀感。

　　　　　　　　谨此讣
　闻

　　　　　　　　　　　　　　　　　　承重孙×××泣血稽颡
　　　　　　　　　　　　　　　　　　孤哀子×××泣血稽颡
　　　　　　　　　　　　　　　　　　降服子×××泣血稽颡
　　　　　　　　　　　　　　　　齐衰期服孙×××枚泪稽首
　　　　　　　　　　　　　　　　　降服孙×××枚泪稽首

**[例文2]　丧父讣告**

不孝男×××等罪孽深重,不自殒灭,祸延显考×府君讳××,恸于×年×月×日坠崖荣归,距生于×年×月×日,享年×十有×岁,不孝男×××匍匐奔丧,悲痛欲绝,亲视含殓,停枢于堂,依礼成服。遵慈命卜于×月×日×时家奠。×时扶榇安厝于×××之阴。苦茨迷濛,倘蒙世族亲友闻谊赐吊,感佩之至。

　　　　　　　　谨哀此
　讣

　　　　　　　　　　　　　　　　　　　孤子×××泣血稽颡
　　　　　　　　　　　　　　　　齐衰期服孙×××泣血稽颡
　　　　　　　　　　　　　　　齐衰五月曾孙×××杖泪稽首
　　　　　　　　　　　　　　　　　小功服侄×××拭泪稽首
　　　　　　　　　　　　　　　缌麻服侄孙×××拭泪稽首

**[例文3]　丧妻讣告**

不德×××寒门不幸,祸及元配×××老孺人。痛于×年×月×日寿终内寝。距生于×年×月×日,享年×十有×岁。不德×××等悲痛欲绝。奉慈命,率稚子×××、×××枚泪含殓,停枢于堂,遵礼咸服。择于×月×日家奠,×时发引。

恭属

宗亲友闻此赐吊,不胜感激

> 不杖期夫×××杖泪稽首
> 哀子×××泣血稽颡
> 齐期孙×××泣血稽颡

**2. 现代讣告**

随着社会的进步,讣告的形式、内容、投送方式有新的变化。新式讣告,可以送、可以邮寄、也可以登报。目前社会上通行的讣告有三种:一般式、新闻报道式和公告式。

(1)一般式讣告

一般式讣告是运用最多的讣告。无论工人、农民、干部、职工等去世后,其家属或工作单位,均可用此形式,通告逝者亲友、同事或告知社会。其格式和写法如下:

一是首行中间写"讣告"二字或冠以逝者名字"×××同志讣告",要求用黑体大字。

二是写明逝者的姓名、身份、职务(职称),因何逝世、时间、地点、终年岁数。对于"死"的用词,一般用"去世"、"逝世"、"谢世"或"停止了呼吸"、"心脏停止了跳动"、"和我们永别了"等同义词语。

三是简介逝者生平。重点写逝者生前重大而有代表性的事迹与经历及其评价。切忌开履历表。

四是通知吊唁、遗体告别,开追悼会的时间和地点。

五是署名发讣告的团体、单位或个人的名称和时间。

讣告的语言应简练、准确、严肃、庄重、明白和畅达。以体现对逝者的哀悼之情。

[例文]

讣　　告

我校教务处处长、教授×××同志,因心脏病、治疗无效,于×年×月×日×时×分不幸在××医院逝世,终年85岁。

×××同志于1933年毕业于××大学中文系,同年参加工作,1934年7月入党。历任××大学中文系主任、校教务处长。四十年来,他为党的教育事业竭忠尽智,呕心沥血,为人师表,在科研中出版专著六部、发表论文二百余篇,做出了突出贡献,曾被评为国家级优秀教师。×××同志全心全意为人民服务,是我党一位优秀的教育专家和学者。

×××同志追悼会于×年×月×日在校礼堂举行,参加者请按时前往。

> ××大学治丧委员会
> ×年×月×日

(2)新闻报道式讣告

这种讣告作为一条消息在报纸上公布。旨在晓喻社会,告诉海内外亲友,某人已经去世,其内容和形式比较简单。社会上有较高声望的科学家、文艺家、政治家、军事家、教育家、全国著名劳模、英雄和革命老干部去世,多用此种讣告。

这种讣告形式,有的写有"讣告"二字,有的虽然不写,但它是专为报丧而发的消息。有的还简要介绍逝者生平,突出贡献和党与国家对其评价。

格式只有标题和正文,不必落款,也不写时间。

［例文］

## 讣　　告

我省著名劳动模范×××同志,因病于×年×月×日×时在省人民医院去世,终年59岁。×××同志参加工作35年,曾两次出席全国群英会,三次当选为省人大代表。

（3）公告式讣告

这种讣告比新闻讣告要严肃、庄重得多,常用于生前有重大贡献的政治家、军事家和文学家以及有广泛影响的知名人士,多由党和国家或有一定级别的机关团体发布。这种讣告通常由三部分组成:

一是写明发公告的单位名称及"公告"二字。正文写逝者的姓名、职务、逝世原因、时间、地点、终年岁数,以及对逝者的评价和哀悼之词。落款只写发布时间。

二是治丧委员会公告。这是讣告的核心部分。首行用粗体大字写明"×××同志治丧委员会公告",正文说明对丧事的安排和具体要求,落款只写发布公告的时间。

三是公布治丧委员会名单。

以上三部分,通常是间隔三或五日先后依次公布。即先"消息"、再"治丧委员会公告",后,"治丧委员会名单"。

［例文］

### 邓小平同志治丧委员会公告

（第2号）

鉴于邓小平同志在党和国家历史发展中的特殊功绩,以及全党全军全国各族人民的共同愿望,现决定:

（一）2月25日,中共中央、全国人大常委会、国务院、全国政协、中央军委在北京人民大会堂隆重举行邓小平同志追悼大会,邓小平同志治丧委员会委员（京外委员派代表）,中央党政军群机关各部门和首都各界代表,生前友好,家乡代表,共一万人参加。

在首都举行的邓小平同志追悼大会,是全党全军全国各族人民悼念邓小平同志的活动,中央人民广播电台、国际广播电台、中央电视台届时将现场转播追悼大会实况,各级党组织要认真组织广大干部群众收听和收看追悼大会的实况转播。

（二）2月25日,全国党政军机关,各边境口岸、海、空港口,企业、事业、学校等单位,我驻外使领馆、新华社香港分社、新华社澳门分社降半旗致哀。

（三）在追悼大会举行时,上午十时整,一切有汽笛的地方,如火车、轮船、军舰、工厂等,鸣笛三分钟致哀。

（四）根据邓小平同志的嘱托和亲属的意见,不举行遗体告别仪式。

特此公告。

邓小平同志治丧委员会<br>1997年2月20日

## 二、祭文礼仪

祭文是祭祀或祭奠时对神或对死者朗读的文章。祭文表达人们对亡亲故友的哀悼之情。

祭文是在古代和今天的农村办丧事时所必用的文体。

祭文的格式可分为四部分:

开头,人们写祭文,习惯以"维"字开头。"维"是助词,作发语词用,无其他意义。

以"维"字开头后,紧接着言明吊祭文时间及吊祭对象,由谁来祭。这是开宗明义,首先要点明的问题。

祭文的内容。主要铺叙逝者生平事迹,借以怀念,并抒发悲哀沉痛之情。这部分内容要充实、精练,语言简洁,感情深沉。

结尾。祭文用"尚飨"一词作结尾。"尚飨"是临祭而望亡人歆享之词。"尚"希望之意;"飨",设牲醴以品尝之义。

### 1.旧式祭文

**[例文1]** 祭祖父文

维公元×年×月×日,不孝孙×××等,谨以薄酒时肴致祭于显祖考××太府君之灵曰:呜呼!我祖之德,忠厚贤良,我祖之功,恩泽无量。方期托我,百岁称觞。胡天不祐,遽尔魂亡。哀哀孙子,号泣彷徨。爰陈牲醴,奠献于堂,唯希祖灵,永鉴不忘。是歆是享,来格来尝。呜呼哀哉!

尚飨!

**[例文2]** 祭祖母文

维

公元×年×月×日,不孝孙×××虔具清酌时馐,致祭于显祖妣××老孺人之灵前而哀曰:天苍苍地茫茫,祖母抛我别家堂。千呼万唤不应声,捶胸顿足断肝肠。我伶仃孤苦,幼失爹娘。饥寒交迫,艰难成长。祖母苦心,含泪抚养,相依为命,甘苦共尝。望我成人,山高永长。孙无祖母,骨早抛荒。祖母无孙,自绝路旁。我今成人,初见阳光。童子扑怀,天伦初享。敬奉余年,晨昏周详。唯愿祖母,长寿无疆。皇天不祐,速归帝乡。哀哀祖母,您晚福未享,我昊恩未报,无尽悲伤!泣血祭奠,痛表衷肠,祖母有灵,来品来尝。呜呼哀哉!尚飨!

**[例文3]** 祭父文

维

公元×年×月×日,不孝男等,谨以清酌时馐致祭于显考××府君之灵前曰:呜呼!痛维吾父,年仅六旬。偶染微恙,一病亡身。嗟余不孝,祸及严君。号天泣血,泪洒沾尘。深知吾父,毕世艰辛。耕耘稼穑,昼夜忙奔,创家立业,俭朴忠信。处世有道,克己恭人。至生吾辈,爱护如珍。抚养教育,严格认真。如斯人德,宜寿百旬。胡天不佑,倏然辞尘,音容莫睹,百呼不应,肝肠哭断,何以伸情?兹当祭奠,聊表寸心,父若有灵,来尝来品,呜呼哀哉!尚飨!

**[例文4]** 祭母文

维

公元×年×月×日,不孝男×××虔具庶馐之奠,致祭于先慈之灵前,吊之以文曰:生死永诀,最为伤神。不孝吾母,一别辞尘。魂迷岵岭,风侵日曛。忆思吾母,克俭克勤。奉侍姑翁,晨省昏定。妯娌相处,钟郝遗风。迨生幼辈,苦育成人,筹谋婚娶,万苦千辛。职尽内助,居贱食贫。心身憔悴,以度长春。具斯懿德,宜寿百旬。菽水承欢,略报深恩。胡天不佑,倏然归阴。儿女号啕,万呼不应,薄酒祭奠,聊表微忱。母若有灵,来尝来品。呜呼哀哉!尚飨!

**[例文5]　祭兄(弟)文**

维

公元×年×月×日,不恭×××等,以时馐之奠,致祭于吾兄××之灵前曰:惟弟与兄,同气情深。少时共被,长则同衾。兄友弟恭,患难同心。支撑门户,兴旺可钦。晴天霹雳,诀别于今。往事已矣,雁群离分。门庭萧条,痛切同根。棣萼凋谢,兄已别亲。浮土一堆,野冢卧身。黄沙白草,寥落英魂。悲风哀号,蓬绕孤坟。杜鹃啼血,惨不忍闻。吾兄何在,睹物思人。阴阳相隔,寻觅无津。悼念吾兄,何以伸情?忱奠椒浆,酒洒言陈。吾兄有灵,鉴此香薰。呜呼哀哉!尚飨!

**[例文6]　祭夫文**

维

公元×年×月×日,贱妻×××闻夫不幸去世,远具庶馐之奠,谨向先夫×××之亡灵,吊以文曰:呜呼我夫,恩同泰岳,情似江河,胡天不佑,倏然仙游。同林好鸟,你归王冥府。撕肝裂胆,昏迷于路。心绪茫茫,只有号哭。欲见无缘,寂寞孤独。吊以斯文,遥伸挚忱。临天祭拜,期夫有灵,来生再缘,永度良辰,谨具薄酒,再奉先君,品尝滋味,妻心方定。呜呼哀哉!尚飨!

**[例文7]　祭妻文**

维

公元×年×月×日,不德夫×××特以时馐果品致祭于亡妻×××之灵前曰:呜呼我妻,一生艰辛。昼耕夜纺,苦度长春。伺奉翁姑,谦让温恭。夫妻恩爱,相敬如宾。抚养子女,诲训成人。操持家务,万事殷勤,宽厚仁慈,闾里称颂。雍熙和睦,全家钦敬。如斯贤惠,应寿百旬。门衰运厄,挽留无津,积劳成疾,一病归阴。生死诀别,百呼不闻。同林孤苦,泪沾我巾。灵前吊祭,义尽情分。莫酒一杯,忱表爱恩。九泉有知,来享醴牲。呜呼哀哉!尚飨!

**2.现代祭文**

现代祭文感情色彩浓厚,偏重于对逝者的追悼哀痛。当然也应追记其生平事迹,称颂逝者,故以抒情为主,如泣如诉,哀婉动人。

**[例文1]　祭英烈文**

当我们迎着晨曦背着书包上学的时候,当我们坐在安静的教室里听老师讲课的时候,当我们结束一天的学习进入香甜梦乡的时候,我们怎能忘记你们啊,祖国的卫士。是你们用自己的青春热血维护和捍卫了这温馨的一切,把幸福留给别人,自己甘愿化为一捧黄土,这是怎样的情操和伟大!共和国不会忘记你们,下一代不会忘记你们,你们的英名将流芳千古,被后人所敬仰!我们要继承你们的遗志,完成你们未竟的遗愿,让祖国更加富强美丽!

英烈们安息吧!

×年×月×日

**3.公祭祭文**

**[例文1]　2006年清明公祭黄帝陵祭文**

公元2006年4月5日,岁在丙戌,节届清明。值此万物复荣之时,炎黄子孙汇聚桥山之麓,高奏钟鼓雅乐,敬奉鲜花素果,公祭我人文初祖轩辕黄帝之陵曰:

桥山苍苍,沮水泱泱,始祖肇启五千年文明曙光。纬天经地,日明月朗,华夏十三亿儿女源远流长。务农桑,筑城室,初定家邦;创文字,造舟车,走出洪荒;定算数,问医药,教化万民;设官制,举贤能,义服天下。巍巍先祖功德,绵绵万世流芳。

斗转星移,国运恒昌。继往开来,十一五再铸辉煌。以人为本,九州共建和谐社会;以俭养德,节用山川江海之享;以工哺农,城乡携手齐奔小康。天人合一,修复生态;坚定改革,鼎新图强;自主创新,引领未来。港澳既归,台澎难分,两岸同胞翘首盼国统;同心协力,和平崛起,全球华人指日望龙腾!

告慰先祖,永赐吉祥。祭礼告成,伏惟尚飨!

**[例文 2] 祭炎帝陵文**

公元 2004 年 10 月吉日,湖南省人民政府省长周伯华谨代表全省各族同胞,敬具香楮清酌时馐之仪,致祭于中华始祖炎帝神农氏之陵前曰:

伏惟炎帝,位列三皇,中华始祖,以火德王。造为耒耜,教民农桑,日中为市,交易始倡,治麻为布,乃服衣裳,琢桐为琴,得调宫商,埏埴为器,陶冶有方,弧矢之利,征彼洪荒,亲尝百草,救死扶伤,罹毒殒躬,安瘗茶乡,历代奉祀,俎豆馨香。今逢盛世,改革开放,百业振兴,国强民旺。统一大业,人心所向,港澳归宗,山河气壮,和平发展,势不可挡。我以菲才,主政是邦,尽职尽责,汲汲遑遑,偕我同胞,齐奔小康,求真务实,遵宪循章,与时俱进,振我湖湘。缅怀祖德,无上荣光,瞻之在上,临之在旁,佑我蒸民,福祉绵长,祖圣有灵,来格来尝。尚飨!

## 三、悼词礼仪

现代性悼词是一种具有高度思想性和现实性的文体,人们以此既寄托哀思,又通过死者的业绩激励后来者。

### 1. 悼词的特征

(1)总结死者生平业绩,肯定其一生的贡献。

(2)悼词的内容是积极向上的,情感基调是昂扬健康的。并不是要一味宣泄情绪,充满悲伤的情调,让人感到愁闷压抑。

(3)表现形式和表现手法的多样性。悼词既可以写成记叙文或议论文,又可以写成优秀的散文作品;既能以叙事为主,也能以议论为主,还可以抒情为主。同时既有供宣读的形式,又有书面形式。概括来讲,充分肯定死者对社会的贡献,真诚表达生者对死者的悼念和敬意,以质朴无华的语言和多种多样的形式体现化悲痛为力量的积极内容。

### 2. 悼词的基本格式和写作

通常来讲悼词没有固定的格式,但宣读体悼词形式却相对稳定,这里主要介绍一下宣读体悼词的格式写法。宣读体悼词主要由三部分构成。

(1)标题

标题的组成方式有两种情况。一种是直接由文种名称承担标题,如《悼词》。另一种由死者姓名和文种名共同构成。如《在宋庆龄同志追悼会上的悼词》。

(2)正文

悼词的正文通常由开头、中段、结尾三部分构成。

开头。以沉痛的心情说明召开或参加此次追悼会的目的,尽可能全面而准确地说明死者的职务、职称和称呼,以示尊崇,要注意这些称呼之间的先后排列顺序。接着简要地概述死者何年何月何日何时何原因与世长辞,以及所享年龄等。

中段。承接开头、缅怀死者。这是悼词的主体部分。该部分主要由两方面组成。一是介绍死者的生平事迹，即对死者的籍贯、学历以及生平业绩进行集中介绍，应突出死者对人民、对社会的贡献。二是对死者的思想、精神、作风、品质、修养等作出综合的评价，介绍其对他人和社会产生的积极影响，如鼓舞、激励了青年人，为后人树立了榜样等。该部分的介绍可先概括地说，再具体介绍；也可先具体地介绍，再概括地总结。

结尾。主要写明生者对死者的悼念及如何向死者学习、继承其未竟的事业、化悲痛为力量，为国家、为社会作出更大的贡献等内容。最后要写上"永垂不朽"、"精神长存"之类的话。悼词的结尾要积极向上，不应该是消极的。

（3）落款

悼词一般在开头就已介绍了参加追悼会的人员情况，所以悼词的最后落款一般只署上成文的日期即可。

### 3. 悼词写作应注意的事项

悼词常常是对死者一生的"盖棺定论"，所以要全面、真实地评价死者的一生，不夸大、不缩小、不粉饰、不歪曲，要客观总结、全面评价。这也是对死者家属的最大安慰。

悼词的主要特点是它的缅怀性和激励性，所以要把握好悼词的情感基调，不可太悲伤、太消极；要语言质朴、感情真挚，既缅怀死者，也使生者得到激励，继承死者遗愿，继续奋斗。

[例文]　由单位或组织所致的悼词

今天，我们怀着十分沉重的心情，深切悼念×××同志。×××同志因患心脏病治疗无效，于×年×月×日在省人民医院去世，终年×十×岁。

×××同志一九五零年一月出生于××省××市。一九七三年毕业于北京大学哲学系。一九七八年参加中国共产党。历任××书记，地区教育处处长、地委宣传部长等职。

×××同志一贯忠于党的事业，他认真学习马列主义、毛泽东思想，坚决拥护十一届三中全会以来党的方针、政策和路线。为发展我区教育事业，弘扬马列主义毛泽东思想和邓小平理论，付出了极大努力，做出了较大贡献。因而深受群众爱戴。

×××同志严于律己，宽以待人，廉洁奉公，赤诚坦白，谦虚谨慎，光明磊落，团结同志，乐于助人。他的一生是革命的一生，是为人民服务的一生。他的逝世，使我们失去了一位好党员、好干部。是我区思想文化建设的一大损失。

我们悼念×××同志，要化悲痛为力量，学习他大公无私的奉献精神，学习他清廉持政，恪尽职守的优秀品质，学习他勇于进取、开拓创新的工作作风。继承他的未竟之业，实现他提高人的精神素质的宏愿，以告慰他的在天之灵！

××同志安息吧！

×××同志治丧委员会<br>×年×月×日

### 四、唁电礼仪

#### 1. 唁电

唁电是祭奠逝者，慰问家属的一种信函。内容既要表示对逝者的哀悼，也可向逝者亲属表示问候安慰。唁电分单位唁电和个人唁电两类。

（1）单位唁电

这是领导机关、单位团体向逝者亲属发的唁电。这种唁电的致哀对象多是原机关或单位团体的重要领导人或在革命和建设中曾做出较大贡献的人物。格式一般是：

开头顶格写收唁电的单位或逝者家属的称呼。称呼应根据收唁电者的身份而选用。诸如："先生"、"同志"、"夫人"、"女士"等。

正文另起一段，先以两三句直抒噩耗传来后的悲痛之情。然后以沉痛的心情简述逝者生前的品德、功绩，激起人们的缅怀、思念并表达致哀者继承逝者遗志的决心和行动。最后向逝者亲属表示亲切的慰问和安慰。

结尾单行写"特电慰问"、"肃此电达"等。

落款在右下方，写发唁电的单位和年月日。

[例文]　单位团体之间拍发的唁电

×××委员会并转×××同志亲属：

惊悉×××同志因公殉职，甚为悲痛。×××同志为党和人民的教育事业奋斗一生，不幸英年早逝，这是×××委员会乃至×××市教育界的重大损失，谨以×××市×××专业委员会的名义对×××同志的逝世表示沉痛哀悼，并向×××同志的家属致以深切的慰问。

专此唁电，不胜哀痛。

×××市×××专业委员会
×年×月×日

（2）个人唁电

个人向逝者亲属或逝世者单位发的唁电。这种唁电的发出者往往与逝世者生前有密切交往，或是志同道合的亲密战友，或是深受教诲、关怀、帮助的老师和同学。对亲密朋友家庭的丧事，亦可发唁电致哀。这种唁电的写作格式基本上与前一类相似，只是正文的内容，应根据逝世者、逝者亲属和自己的不同关系而措辞。

个人发出的唁电有给逝者单位的，也有给逝者家属的。给逝者单位的唁电，主要内容是赞颂逝者生前业绩；而给逝者家属的唁电，除表示自己悲痛的心情之外，还应对其家属表示慰问和安慰。

[例文1]

××县××乡××村×××同志：

惊悉×××老大人不幸逝世，无限悲痛。希节哀，珍重身体。

×××致哀
×年×月×日

[例文2]

×××女士：

惊悉人民的好医生×××同志因病谢世，不胜悲痛，特电哀悼，并致慰问。希节哀保重。

同学：×××
×年×月×日

### 2.唁慰信

唁慰信是当今社会上多用的一种信函。亲朋好友之家突然发生丧事,倘一时无法赶去参加吊唁,即可发函表示哀悼和慰问,称之为唁慰信。

唁慰信按照写信人、收信人和去世者的关系,可分两类:

(1)给亲属、亲戚发的唁慰信

一般应发给与去世者关系最密切的人。通常要对逝者的功德给予适当评价,并交代逝者生前与自己的交往情况,尤其逝者对自己的帮助、关怀等。同时表示自己沉痛的哀悼,并对其家属亲人表示慰问和安慰。如果事隔很久,才得噩耗,则需说明原因。最后还得表示化悲痛为力量,继承遗忘,克成大业。

〔例文〕 ×××知其堂兄逝世,写信给叔父表示哀悼慰问

叔父大人:

你六月一日的手谕及燕茹的信均于近日收到,因我近几月来在外奔波,昨日方归。

从你的信中敬悉一切,短短十余年变化确大。不幸林哥作古,家失柱石,使我悲痛万分。我由己任不能不在外奔走,家中所恃者全在林哥,而今他又与世长辞,实使我不安和痛心。

叔父,我虽一时不能回家,我牺牲了我的一切幸福,为我的事业来奋斗,请你相信这一道路是光明的,伟大的,愿以我的成功的事业报你与我母亲对我的恩爱,报林哥对我的培养和支持。

叔父,承提及你我两家重新统一问题,实给我极大的兴奋。我极望早日成功,能使我年高的母亲及我的嫂嫂与侄儿等,与你家共聚一堂,度些愉快舒适的日子。有蒙重爱,我永远不会忘怀,并力争以一切力量报与之!

待我到达目的地后,再告通讯处。敬请

福安

侄:×××

×年×月×日晚

于×××

(2)为朋友、同事家中的丧事而发的唁慰信

这类唁慰信可先写惊悉噩耗,心情悲痛。接着说明生老病死乃人生的必然规律,进而劝慰友人节哀顺变,保重身体,以便努力完成逝者的遗志。有的还对逝者生前的品行加以赞颂。内容比较简单。

有的唁慰信,则是属于一般朋友之间的往来。

〔例文1〕

××同志:

惊悉尊父因心脏病复发,于五日去世。令人十分悲痛。伯父是一个忠厚的长者,循循善诱的老师。我们都为他的长辞而惋惜不已。大家悲痛的心情是难以用言语来表达的。

我知道你此刻一定悲痛万分,但是你要节哀自重。逝者的重任需要我们来承担,努力完成老人未竟之业,是我们对他最好的纪念。

希望你多多保重。

×××痛达

×年×月×日

出于礼尚往来之信，治丧者收到唁慰信之后，应回信答谢，并表自己今后的态度，内容亦极简短。下面是一封答谢信的例子：

[例文2]

××仁兄：

顷奉唁函，并承厚仪，敬领之下，感激不尽。先慈身体素好，病初发时医生均云无碍。岂知日深一日，针药无效，延至十月十日竟然瞑目长逝。弟正悲痛欲绝之时，乃多劳教慰，足见你我情谊深厚，弟当遵嘱。哀此叩谢

敬请台安

弟×××上
×月×日

**五、遗嘱**

遗嘱是立遗嘱人按照继承法的规定，处理个人财产或其他事务，并在死亡后发生效力的法律行为。遗嘱也可列为治丧中使用的一种实用文书。

遗嘱既可以自己写，也可以请别人代写。自写即由立遗嘱人亲笔书写并签名，注明年、月、日。代写应有两人以上见证人在场作证，由其中一人代写，注明年、月、日，并由代写人，其他见证人和立遗嘱人共同签名。公证遗嘱，由遗嘱人经公证机关办理。

遗嘱的写作应注意四个问题：

(1)名称，即"×××遗嘱"。

(2)立遗嘱人的基本情况，即姓名、性别、年龄、籍贯和住址。

(3)遗嘱的主要内容。这是主体部分，它包括：立遗嘱的原因和目的。如"因年老多病"、"病危临终"、"因子女较多，需要妥善安排继承"、"因无子女，由邻居或亲戚照顾"等等；将要处理的财产、物件名称和数额一一列出；财产由谁继承或赠国家、集体、或无偿赠予法定继承人以外的人，以及其他一些要求。比如有的人还要求将自己的遗体捐赠医院解剖，献给医疗事业等，均可在遗嘱中说明。

(4)立遗嘱人、见证人、代书人等签名盖章，并注明年、月、日。

为使遗嘱有法律效力，一般要由立遗嘱人亲自办好公证手续。

[例文1]

我年已八十岁，患心脏病、高血压多年，近来更觉体质虚弱疲惫不堪，唯恐一旦长逝，家属发生继承财产纠纷，故特邀内弟××、妹夫××为证，并委托××市法律顾问处律师××代书遗嘱，留我家属，各自恪守，毋生争执。

我在原籍××市东二路有旧宅一院，内有瓦房九间，还有旧式家具等物；又在××市东街工商银行存折一张款额拾万元人民币。我身无外债，与他人亦无财产纠纷，现立遗嘱如下：

(一)我后妻×××，现年七十五岁，无亲生子女，切望我子我女对其负责赡养。×××同我结婚三十年来，平素对我关心照顾，悉心爱护；在我病中，尤为体贴入微，我心甚慰。因此，我愿从银行存款中拔出贰万元，连同××市旧宅及其家具由她继承。×××去世之后，其遗产如未处理，我子我女可按份平均继承之。

(二)我大儿××在××省××市东郊××村务农，其所在地现有住宅一处，房屋十间，财

产、家具本是我自备购买,特决定由××全部继承。

(三)我二儿××,大学毕业现在××市××部工作,决定从我的存款中划拨五万元由他继承。

(四)我女儿×××,丧偶孀居,又无职业,一直在我身边生活,我异常惦念和同情,愿将存款叁万元分出,由她继承使用。

(五)我小女×××,现在××国攻读博士后,经济比较宽裕,我的家产可以不给划分。

(六)以上遗嘱一式陆份,内容相同,家庭成员各执一份,以便落实。

立遗嘱人:×××(签名盖章)

证明人:×××(签名盖章)

×××(签名盖章)

代书人××市法律顾问处律师×××(签名盖章)

公元×年×月×日

[例文 2]

立遗嘱人×××,男,现年八十五岁,××市人,现住××市××区××大街××号。

由于我年老多病,体质孱弱,近来尤感严重,鉴于自己无亲生子女,平时生活照料全由单位领导×××承担,所以在我逝世之后,愿将我的全部财产(包括 12 号院内小楼一幢、全部家具、存款贰拾万人民币)无偿赠给×××同志。我的后事亦由×××全权料理,其他任何人不得干涉。恐后无凭,特立遗嘱为证。

立遗嘱人:×××(签名盖章)

证明人:×××(签名盖章)

×××(签名盖章)

公元×年×月×日

## 六、墓碑与墓志

### 1. 墓碑

墓碑是立在坟墓前或后的碑,上刻死者姓名事迹等文字。旧式的墓碑有两种形式,一是标名碑,即只在正面刻墓中人的姓名、立碑人及立碑时间,碑的背面不刻任何文字。标名碑一般在正面中间大字刻墓中人之名,简单的只刻"××之墓",大部分则连带称呼一起刻上,碑的左下刻立碑人名和时间。

墓碑一般由子孙来立,所以墓主的称谓多为祖考妣(祖父母)、先考妣(父母),也有在姓名下加府君、太府君、太夫人等尊称的。旧时忌讳对长辈直呼其名,所以一般在姓名后加公(男性),构成双音节结构,再加"讳"(一般稍偏向右侧)字,下接名字。封建社会重男轻女,女性的名字不被重视,墓碑不刻,只在其姓氏前冠以丈夫的姓氏,写成"××氏"。

落款的立碑人,先要写上与墓主的关系(如孝男、孝孙),接着写名字,如果是几个子孙一起立的,一般中间为长子,以下从右至左按排行把名字都刻上。如果名字中的序辈字统一,则只在中间刻一个即可,其他的字平衡刻在它的下面和两侧。立碑人姓名字体要小,位置靠下,立碑日期也如此。新式墓碑碑文较简单,只写"先父×××之墓"、"孝女××"一类即可。

有的墓碑不只标名,还要在背后刻碑文。碑文的内容一般为姓名、世系、籍贯、行为事迹、学术文章、年寿、逝世年月、子孙大略、葬时葬地，最后是押韵的铭文，这种带铭文的碑文也就是所谓墓志铭。

新式的墓碑也有在背面刻碑文的，内容一般概述逝者的生平事迹。这种墓碑对于铭记烈士、名人的事迹等，有一定的意义。

墓碑文一般包括姓名、籍贯、家世、经历、功绩（包括著述）、品德、逝世时间、葬地。这是文的部分，用散文写成（亦有韵文者）这一部分称为志，有时在"志"之前加点序文，称为序。最后是铭，多用诗赋体写成，是赞颂部分。

一般认为，碑文由序、志、铭三部分构成。其实在写作过程中，有的三者俱全，有的只有志和铭，有的只有序和志。特别是后世的墓碑文、墓志文，多有变异，称为"变体"，干脆是序志为一而无颂诗，或者韵文到底亦常有之。总之碑文的书写，应随时变化，不必拘泥于陈规。

### 2. 墓志

墓志是埋于墓中刻有死者传记的石刻。志，意为记事的书或文章。有的墓志带有铭，故又称墓志铭，墓志为散文，铭似诗，为韵文。

墓志较小，一般为正方形，且要刻石加盖，上书某朝某官某人墓志，叫"书盖"。有了"篆额"和"书盖"，碑文、墓志的前面就不必再刻题目了。当然也并非绝对不能。如果是夫妇合葬墓，书题不书妇名亦可，但要在文中说明。

墓碑、墓志的内容大体相同，只是志求简明，碑尚丰丽。

撰写碑文应注意下列几点：

（1）事迹要真实，重点要突出

墓碑墓志，就其中心来说，就是要通过对逝者品德、业绩的记述，为其歌功颂德以励后人。因此，事迹必须真实，切忌虚拟和浮艳。人的一生所作事情颇多，撰写碑志需择其要者而书之，且勿事无巨细面面俱到，冲淡重点。只要选择二三件甚至一件突出事迹，详加记述，便足以表现人的思想品德和才能。

（2）弃旧扬新，评价公允

人类的精神风貌、道德观念，是社会历史的产物，既有历史的继承性，又有时代的变化性。有些精神品质、道德观念有一定的稳定性，古今相承皆可为用。诸如公正无私、清廉持政、英勇无畏，坚贞不屈，富贵不淫、贫贱不移、孝敬父母、礼贤下士、兼听则明、刚正不阿等即是。而有些观念，诸如多子多福、人不为己天诛地灭、人生最大的幸福就是吃喝玩乐尽情享受、女人应为亡夫殉节、生死有命、富贵在天等迷信陋习，均应抛弃。撰写碑文时务必注意。

（3）语言精炼，篇幅短小

碑文是为亡人树碑立传，除求事迹真实突出外，在用语上应力求精炼、准确，句子不宜过长，文章应短小精悍、意蕴感人。碑文一般在千字之内。以七八百字为宜。墓志更短，一般在五百字之内，以三四百字为宜。

（4）切忌过俗，重视文采

人物传记属历史范畴，它既不能与历史等量齐观，又不能忽视其历史性。如此，便决定了撰写墓碑、墓志，在遣词造句，语言运用上必须讲究。一般短小精悍的碑文，既可以当历史著作看，又可以当文学作品读；既可经得起历史考验，又可供文人学士观赏。因而切忌俗不可耐的方言土语，又要避免词藻的玩弄与堆砌，应做到文而不古，雅而不艰，犹如历史文献者云。

撰写碑文并不是一件容易的事情。碑文本身要求作者，必须有较高的思想认识与理论水平，有丰富的社会阅历，有广博的知识与深厚的文化功底。

写碑文还要排除思想认识上的各种干扰。

现代社会提倡火葬，都市人亡则不修墓，无墓则无碑。但还是有不少公墓，英雄、烈士为了永远垂念，仍要建墓树碑。尤以广大农村，出于传统习惯，至今建墓埋葬、树碑者更多。

**[例文1] 柳子厚墓志铭（唐·韩愈）**

子厚，讳宗元。七世祖庆，为拓跋魏侍中，封济阴公。曾伯祖奭，为唐宰相，与褚遂良、韩瑗，俱得罪武后，死高宗朝。皇考讳镇，以事母，弃太常博士，求为县令江南。其后以不能媚权贵，失御史，权贵人死，乃复拜侍御史。号为刚直，所与游，皆当世名人。

子厚少，精敏，无不通达。逮其父时，虽年少，已自成人。能取进士第，崭然见头角，众谓柳氏有后矣。其后以博学宏词，授集贤殿正字，俊杰廉悍，议论证据今古，出入经史百子，踔厉风发，率常屈其座人，名声大振，一时皆慕与之交。诸公要人争欲令出我门下，交口荐誉之。

贞元十九年，由蓝田尉，拜监察御史。顺宗即位，拜礼部员外郎。遇用事者得罪，例出为刺史。未至，又例贬永州司马。居闲益自刻苦，务记览为词章，泛滥停蓄，为深博无涯矣。而自肆于山水间。

元和中，尝例召至京师，又偕出为刺史。而子厚得柳州。既至，叹曰："是岂不足为政邪！"因其土俗，为设教禁，州人顺赖。其俗以男女质钱，约不时赎，子本相侔，则没奴婢。子厚与设方计，悉令赎归。其尤贫，力不能者令书其佣足相当，则使归其质。观察使下其法于他州，比一岁，免而归者且千人。衡湘以南为进士者，皆以子厚为师。其经承子厚口讲指画为文词者，悉有法度可观。其召至京师复为刺史也，中山刘梦得禹锡，亦在遣中，当诣播州。子厚泣曰："播州非人所居，而梦得亲在堂，吾不忍梦得之穷，无辞以白其大人！且万无母子俱往理"请于朝，将拜疏，愿以柳易播，虽重得罪，死无恨。遇有以梦得事白上者，梦得于是改刺连州。

呜呼！士穷乃见节义。今夫平居里巷相慕悦，酒食游戏相征逐，诩诩强笑语以相取下，握手出肺肝相示，指天日涕泣，誓生死不相背负，真若可信。一旦临小利害，仅如毛发比，反眼若不相识。落陷阱不一引手救，反挤之又下石焉者，皆是也！此宜禽兽夷狄所不忍为，而其人自视以为得计。闻子厚之风，亦可以少愧矣！子厚前时少年，勇于为人，不自贵重，顾籍谓功业可立就，故坐废退。既退，又无相知有气力得位者推挽，故卒死于穷裔。材不为世用，道不行于时也。使子厚在台省时，自持其身，已能如司马刺史时，亦不自斥，斥时有人力能举之，且必复用不穷。然子厚斥不久，穷不极，虽有出于人，其文学词章必不能自力，以致必传于后如今，无疑也：虽使子厚得所愿，为将相于一时，以彼易此，孰得孰失，必有能辨之者。

子厚以元和十四年十一月八日卒，年四十七。以十五年七月十日，归葬万年先人墓侧。子厚有子男二人：长曰周六，始四岁；季曰周七，子厚卒乃生。女子二人皆幼。其得归葬也，费皆出观察使河东裴君行立。行立有节概，重然诺，与子厚结交，子厚亦为之尽，竟赖其力！葬子厚于万年墓者，舅弟卢遵。遵，涿人，性谨慎，学问不厌。自子厚之斥，遵从而家焉。逮其死不去，既往葬子厚，又将经纪其家，庶几有始终者。铭曰：是惟子厚之室，既固既安，以利嗣人。

**[例文2] 黄花岗七十二烈士之碑**

广州辛亥三月二十九日之役，党人死事者，某数不可稽。事后潘君达微收党人尸得七十二，合葬之于人民革命花岗。由是有黄花岗七十二烈士之称。潘君亦党人,自以末名搏;乃于危疑震撼之际,毅然出收死友之骨,可谓难矣。其明年,为中华民国元年,胡君汉民,陈君炯明相继任广东都督,议就当日合葬处修茸而整饰之。省会议通过经费十万圆。二年乱作,遂不果。七年秋,滇军师长方君声涛始募修古墓,规模粗具。参议员议长林君森复募建碑亭及记功坊,俾不致湮没于后世。然欲奉当日死事者姓名、籍贯,同事者非素识不得知,且亦不愿知之。故今日同事未逝者,其所能举,亦为素识者而已。夫死事者既不止七十二人,即此七十二人亦不能尽举基姓名、籍贯、可不痛钦!鲁与朱君大符,皆同事之未逝者也。相与征集事实,胪所得死事者之姓名、籍贯。林君林更约当日未死同事之在粤者胡君毅、何君克夫、吴君永珊、徐君维扬等,以确为之征,计得五十有六人。其中有姓名而无籍贯者,尚有三人。先行勒之于碑,而留空白,以俟续有所积压,得以补勒焉。颜曰:"黄花岗七十二烈士之碑",盖埋骨者固二十人,今日虽有所阙,固望他日能补而足之也。夫马革裹尸,党人之志,埋骨为所期,遑论留名。今之为此,徒以为后人流连凭吊之资,于逝者固无与也!呜呼!此役所丧失者,不特吾党之精锐而已,盖合国中之俊良以为一炬。其物质之牺牲不可为不大,然精神所激发,使天下皆了然于党人之志节操行,与革命之不可以,已故不逾处而中华民国遂以告成,则其关系宁不重钦!然念国难之无穷,贤才之易尽,执笔作记,又不胜后死之感也。

中华民国八年十二月十八日

附:墓碑联

| | | |
|---|---|---|
| 吉人眠吉地 | 慎终须尽三年礼 | 牛山迎龙水 |
| 佳偶奠佳城 | 追远常怀一片心 | 青冢伴佳田 |

| | |
|---|---|
| 伴牛山眠千秋禄 | 一生心性厚 |
| 与虎形居万代福 | 百世子孙贤 |

附:墓碑匾额

| | | | | | |
|---|---|---|---|---|---|
| 余荫泽后 | 功德永昭 | 青史永垂 | 源远流长 | 教思维永 | 治世久远 |
| 佑护后人 | 千秋楷模 | 德音永响 | 明德维馨 | 风范遗世 | 祀事孔明 |

## 七、挽联

挽联也是祭文的一种形式,是为表达对死者的哀悼之情而写的对联式文体。挽联一般要求严格,对仗工整,上下联字数相同,文字平仄相对。在写作时,挽联要符合双方的友谊、地位及称呼,由于与死者的关系不同,所以撰写的内容也就有所区别。

一般来说,挽联大都是评价逝者的业绩,颂扬逝者的精神和情操,言简意赅,一语千钧,使人读后产生敬佩之情,不禁洒下哀痛之泪。

[例文1] 通用男挽联

| | | |
|---|---|---|
| 德传百世 | 星沉处士里 | 看山生悲愁碧汉 |
| 名耿千秋 | 月冷庚公楼 | 望月垂泪染丹风 |

| | |
|---|---|
| 南极星残徒陈椒酒 | 碧海潮空此日扶桑龙化去 |
| 华堂日淡空进桃汤 | 黄山月冷何时华表鹤归来 |

[例文2] 通用女挽联

秋风鹤唳
夜月鹃啼

鹃啼五夜凄风冷
鹤唳三更苦雨寒

淑德标彤史
芳踪依白云

壶范垂型贤推巾帼
婺星匿彩驾返蓬莱

慈竹临风空有影
晚萱经雨不留香

樽酒昔言欢犹忆风姿磊落
慈容今已杳只余梅影横斜

[例文3] 挽祖父联

严君早逝心犹痛
大父旋亡泪更枯

风起云飞空内犹浮诫子语
月明日暗堂前似闻逗孙声

一夜秋风狂摧祖竹
三更凉露泪洒兰荪

抱病授遗言祖训谆谆犹在耳
灵魂归净域孙行戚戚痛于心

[例文4] 挽祖母联

祖母仙游千载去
诸孙泪洒时何干

懿德传诸乡里口
贤慈报在子孙身

抱孙昔日恩如海
随服今朝痛彻心

酷暑痛伤心八秩余年祖妣乘鹤去
新秋垂泪眼一堂群孙于此效鹃啼

[例文5] 挽父亲联

英灵垂天地
美德遗室家

守孝不知红日落
思父常望白鹤飞

洒泪冰天悲失怙
父归乐土痛无依

多年教导音容笑貌永铭心下
一朝诀别言谈举止化作儿行

[例文6] 挽母对联

终天唯有思母泪
寸草何曾报亲恩

空悬月冷人千古
华表魂归鹤一声

椿树风摧悲夜月
萱花霜萎恨秋风

慈母辞尘千载去
儿女灯泪何时干

[例文7] 挽伯父联

伯氏分为尊而今难听阿父论
国事本最大从此愿与棣萼谐

想当年画虎诫严玉树交亲铸厚爱
痛此日乘鹤去杳竹林挥泪有余悲

545

**[例文 8]  挽伯母联**

侄子何知喜每祝萱堂多大寿

遗徽长在愿莫言葱树少贤才

鹤驾驭冬阑我欲招魂百五日问归何处

乌江伤春永情原犹在七十载痛想当年

**[例文 9]  挽岳父联**

甲年病入黄泉路

午夜惊颓太岳峰

丈人峰屹瞻如昨

半子情灰帐在兹

泰岳无云滋玉润

东床有泪滴冰清

德范堪钦惟冀泰山常荫婿

鹤龄方祝孰期冰鉴顿捐尘

**[例文 10]  挽岳母联**

自入婿乡蒙厚爱

何堪甥馆杳慈容

忆半子昔日乘龙东床有幸

痛岳母今朝驾鹤堂北无依

获选昔乘龙欣喜东床夸袒腹

游仙今驾鹤凄凉北堂拜遗容

**[例文 11]  挽师长联**

一生倾心血

万里传芳名

秉烛照千秋秾李天桃齐俯首

文星光万里忠肝义胆见师心

慈惠常留众口颂

典型堪作后人师

品德崇高多能博学昔时为师誉满陇原

谦虚谨慎时诲箴言今日永别泪洒江天

培育桃李曾尽瘁

光辉竹帛永流芳

桃李正盈门藉公一手栽培化雨春风齐应候

芙蓉何促驾奋我五朝名宿文章经济总归空

**[例文 12]  妻挽夫联**

花为春寒泣

鸟因断肠哀

碧水青山谁做主

落花遗孀更伤情

夫果情深楼台冀迎萧史凤

妻实薄命坟前苦作舍鸯人

**[例文 13]  夫挽妻联**

淑德标青史

芳踪依白云

菱镜影孤惨听秋风吹落叶

锦机声寂愁看夜月空照帏

宝琴无声弦柱绝

瑶台有月镜奁空

梦游蝴蝶飞双影

血泪杜鹃泣孤身

苦我半生可怜举案荆妻先归天上

祝卿再世不遇登科夫婿莫到人间

**[例文 14]  挽朋友**

文章卓荦生无死

风骨情韵逝有神

无缘话永诀知音诔时泪泣血

有期解相思苍乌啼处梦传神

悲哉今日成永别

痛兮何时再相逢

能诗能酒能文章瑶岛遽邀名士去

亦和亦介亦豪爽清风时怀故人归

[例文 15]　挽医生联

慈心待人人怀念　　　　　恨百草竟无救汝药　　　　著述有奇仁心仁术业精岐黄传三世
良方济世世留名　　　　　念一生常怀爱人心　　　　针砭惊地医人医国誉满神州垂千秋

[例文 16]　政界挽联

哀声动大地　　　　　　　　　　壮志托日月正气留千古
浩气贯长空　　　　　　　　　　肝胆映山河丹心照万年

驾返新城悲落日　　　　　　　　肝胆比昆仑喜壮志已酬能共黄花矜晚节
名高故里仰遗风　　　　　　　　冰心映日月叹音容顿杳那堪翘首哭忠魂

[例文 17]　军界挽联

中天悬明月　　　　　　　　　　跨鹤人归旗帜不堪风月冷
前军落大星　　　　　　　　　　屠龙技在剑光犹影斗牛寒

天怀长城山河变色　　　　　　　天上大星没万里云山同惨淡
功称大树风雨惊秋　　　　　　　人间寒雨进三军笳鼓更悲哀

[例 18]　商界挽联

感旧有怀同向秀　　　忠厚存心市井咸钦盛德　　　齿德兼优犹执谦恭延后辈
招魂何处失朱陶　　　音容隔世经营空惜贤才　　　典型具在尚留声望属商家

## 八、哀匾、哀幛

人们办丧事时,亲朋好友送匾、牌、幛及镜屏,既是一种礼仪,又是一种习俗,而且由来已久。其规格与喜庆匾幛相同,只是在内容上有所区别,书者万万不可忽视。

[例]

挽烈士镜屏

×××烈士殉职纪念

名　垂　千　古
浩　气　长　存

战友　×××　×××　恭挽
　　　×××　×××
　　　×××

公元×年×月×日　　　谷旦

挽岳父幛

仙游迹杳浓云惊把泰山迷

泰山其颓

×老岳父大人仙逝
公元×年×月×日谷旦
愚婿×××　×××　××× 恭挽

半子情深大厦悲倾梁大坏

# 参 考 文 献

[1] 金正昆.公关礼仪.北京:北京大学出版社,2005.8.

[2] 何浩然.实用礼仪.合肥:合肥工业大学出版社,2004.8.

[3] 钟敬文.中国礼仪全书.2版.合肥:安徽科学技术出版社,2000.5.

[4] 蔡践.礼仪大全.北京:当代世界出版社.2007.1.

[5] 何伶俐.高级商务礼仪指南.北京:企业管理出版社,2003.9.

[6] 石咏琦.奥运礼仪.北京:北京大学出版社,2006.7.

[7] 杨瑞杰,邱雨生.现代公共礼仪教程.徐州:中国矿业大学出版社,2005.8.

[8] 朱燕.现代礼仪学概论.北京:清华大学出版社,2006.2.

[9] 张文菲.青年礼仪教程.北京:中国商业出版社,2005.5.

[10] 刘佩华.中外礼仪文化比较.广州:中山大学出版社,2005.4.

[11] 彭林.中国古代礼仪文明.北京:中华书局,2004.1.

[12] 李蕙中.跟我学礼仪.2版.北京:中国商业出版社,2005.9.

[13] 范莹,王子弋,卢隽美.礼仪基础.上海:华东理工大学出版社.2006.8.

[14] 金波.职业经理商务礼仪培训.北京:高等教育出版社.2004.5.

[15] 吕维霞,刘彦波现代商务礼仪.北京:对外经济贸易大学出版社,2003.4.

[16] 金正昆.国际礼仪.北京:北京大学出版社,2005.8.

[17] 金正昆.外事礼仪.2版修订本.北京:首都经济贸易大学出版社,2004.9.

[18] 张希仁.新礼仪精典.西安:三秦出版社,2001.6.

[19] 首都精神文明建设委员会办公室.文明礼仪普及读本.3版,北京:京华出版社,2006.3.

[20] 王箕裘.现代交际礼仪.北京:中国财政经济出版社,2004.8.

[21] 任之.教你学礼仪.北京:当代世界出版社,2003.6.

[22] 柳建营,熊诗华,张明如.大学礼仪教程.北京:学苑出版社,2005.4.

[23] 孙为,郝铭鉴.中国应用礼仪大全.上海:上海文化出版社,1991.5.

# 礼仪培训师、礼仪（礼宾）师、司仪
# 职业资格认证项目介绍

随着全球经济一体化、知识化、信息化的到来,随着我国市场经济的繁荣与发展,人们的社交活动、对外商务活动和国际交往活动日益频繁,礼仪已成为我们生活中不可或缺的一部分。因此,规范礼仪行为已成为社会经济活动的必备要素,也是提高国民素质、展示中华民族精神风貌的有效途径。

当前,我国直接或间接从事礼仪工作的从业人员超过百万,专项礼仪类公司拥有数千家,已经形成了一个业态规模。但是礼仪行业缺少行业标准和对应的职业标准,许多礼仪从业人员需要一个职业定位和行业归属,而该职业国家标准在我国是一个空白。对此,专业人才教育专家委员会在全国知名学者和著名专家的参与下,根据我国礼仪行业发展的实际情况,经过深入研究和反复论证,从提高我国礼仪从业人员素质入手,编制出礼仪（礼宾）师、礼仪培训师、司仪系列资质体系。体现出当今礼仪类专业资质认证的国内一流水平,具有高度的权威性、专业性和实用性。是礼仪从业人员从事礼仪各项活动的标准。

**礼仪培训师**的概念是指为各企业、院校、礼仪培训机构和礼仪公司培养礼仪教学、咨询、辅导、训练等过程的教师。礼仪培训师是传授、宣扬、倡导、影响礼仪文化的"传播使者"。要求礼仪培训师不仅具有扎实全面的礼仪知识和丰富实效的礼仪教学经验,还应具有较高的指导、解决问题的综合能力。

**礼仪（礼宾）师**的概念是指各级组织、单位和部门开展各种活动时,有关礼仪行为和礼仪仪式的组织者和策划者。礼仪（礼宾）师是整套项目方案从策划、设计、管理、控制、执行到完成全过程的"总设计师"。要求礼仪（礼宾）师不仅自己具有较强的礼仪修养,还应具有较高的礼仪文化知识功底;既要有很强的设计创造能力,还应有很强的组织把控能力。

**司仪**的概念是指各级组织、单位和部门开展各种活动时,有关礼仪仪式的组织者和执行者。是项目运作过程中的"领军人物"。要求司仪对礼仪某类专项具有较强的理论知识,同时具备现场活动流程的组织、管理、控制及执行能力。司仪职业包含庆典、会展、寿诞、婚庆、丧葬、祭祀、军事礼节等内容。

更多详情请直接拨打咨询电话或登陆官方网站查询。

官方网站:http://www.alscm.cn
咨询电话:010-66095571
电子邮箱:ywzy331@188.com
地　　址:北京市复兴门内大街45号院
　　　　　国务院国资委商业机关事务管理局3号楼337
邮　　编:100801

# 专业人才证书申请登记表

填表说明:

申请类别、级别:

[　　　　　　　　　]

填表日期/Date:

[　　]月/[　　]日/20[　　]年

## 1.基本信息(本部分内容请务必填写完整，否则有可能会影响到审核工作的正常进行)

| 二寸彩色照片 | 姓名/Name | [　　　　] | 性别/Sex | □女/F □男/M |
|---|---|---|---|---|
| | 学位/Degree | [　　　　] | 职位/职称 Duty/Position | [　　　　　] |
| | 单位/Unit | [　　　　　　　　　　　　　] | | |
| | 身份证号/ID NO. | [　　　　　　　　　　　　　] | | |
| 邮编/ZIP | [　　　　　] | 电子邮箱/E-mail | [　　　　　　] | |
| 手机/Mobile | [　　　　　] | 微信 | [　　　　　] | |
| 通信地址/Add | [　　　　　　　　　　　　　　　　　] | | | |

## 2.教育经历（从最高学历写起，除小学、初中以外所受的全部教育）

| 起/From | 止/To | 学校名称/Institution | 证书/学位 Diploma/Degree | 专业/Main Field(s) |
|---|---|---|---|---|
| [　]月/[　]年 | [　]月/[　]年 | [　　　　　　] | [　　　　　] | [　　　　] |
| [　]月/[　]年 | [　]月/[　]年 | [　　　　　　] | [　　　　　] | [　　　　] |
| [　]月/[　]年 | [　]月/[　]年 | [　　　　　　] | [　　　　　] | [　　　　] |

## 3.工作(实习)经历（从最近的工作写起）

| 工作时间 /Period | | 工作单位 /Unit | 部门/职位 Dept/Position | 主要工作职责 /Main Duties | 证明人 /Name |
|---|---|---|---|---|---|
| 起/From | 止/To | | | | |
| [　]月/[　]年 | [　]月/[　]年 | | | | |
| 起/From | 止/To | | | | |
| [　]月/[　]年 | [　]月/[　]年 | | | | |
| 起/From | 止/To | | | | |
| [　]月/[　]年 | [　]月/[　]年 | | | | |

## 4.个人声明

我保证所填写内容真实、完整、正确。我明白提供虚假的信息将会导致我丧失申请资格。

I assure that the information provided by me on this form is true, complete and correct. I understand that any untrue information will lead to the withdrawal of my application.

签名/Signature [　　　　　] 日期/Date [　　]年 [　　]月 [　　]日

注:个人介绍说明根据需要可另增附页